모의고사 5회분 수록

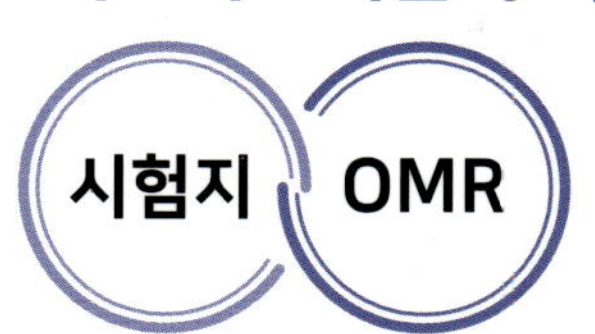

한국어능력시험 고득점을 위한

EBS TOPIK II

실전 모의고사

- 상세한 정·오답 해설
- '시험 직전 학습 자료' 제공(PDF)

모든 교재 정보와 다양한 이벤트가 가득!
EBS 교재사이트 book.ebs.co.kr

본 교재는 EBS 교재사이트에서
eBook으로도 구입하실 수 있습니다.

기획 및 개발

EBS 교재 개발팀

발행일 2025. 9. 21. **1쇄 인쇄일** 2025. 9. 14. **신고번호** 제2017-000193호 **펴낸곳** 한국교육방송공사 경기도 고양시 일산동구 한류월드로 281
표지디자인 ㈜무닉 **편집** ㈜하이테크컴 **인쇄** 동아출판㈜
인쇄 과정 중 잘못된 교재는 구입하신 곳에서 교환하여 드립니다. 신규 사업 및 교재 광고 문의 pub@ebs.co.kr

한국어능력시험 고득점을 위한

EBS TOPIK II

실전모의고사

듣기 MP3 파일은 EBS 자격증 사이트
(https://www.ebs.co.kr/pass)에서
해당 강좌의 수험나눔터를 이용하시면
무료로 내려받으실 수 있습니다.

'종합서'와 '실전모의고사' 학습으로 **TOPIK II** 완벽 대비!

한국어능력시험 고득점을 위한

EBS TOPIK II

실전모의고사

시험 안내

1. 시험 수준 및 등급

TOPIK Ⅰ (초급)		TOPIK Ⅱ (중 · 고급)			
1급	2급	3급	4급	5급	6급
80점 이상	140점 이상	120점 이상	150점 이상	190점 이상	230점 이상

2. 시험 시간

구분	교시	영역	시간	기타
TOPIK Ⅰ	1교시	듣기	40분	*오전 9시 20분까지 입실 완료
		읽기	60분	
TOPIK Ⅱ	1교시	듣기	60분	*오후 12시 20분까지 입실 완료
		쓰기	50분	
	2교시	읽기	70분	

※ 주의사항

① 시험 시간을 잘 지켜야 합니다. 입실 시간이 지나면 시험장에 들어갈 수 없습니다.

② 준비물(수험표, 신분증)을 잘 챙겨야 합니다.

③ 스마트폰, 이어폰, 스마트워치 등 전자 기기는 사용할 수 없으며 반드시 감독관에게 제출해야 합니다.

3. 시험 문항 구성

구분	영역	문항 수	유형	배점	총점
TOPIK Ⅰ	듣기	30문항	선택형	100점	200점
	읽기	40문항	선택형	100점	
TOPIK Ⅱ	듣기	50문항	선택형	100점	300점
	쓰기	4문항	서답형 (문장 완성형/작문형)	100점	
	읽기	50문항	선택형	100점	

※ 쓰기 영역의 문제 유형

① 문장 완성형 2문항

② 작문형 2문항 (중급 수준의 200~300자 설명문/ 고급 수준의 600~700자 논술문)

4. 영역별 세부 문항 구성

듣기

문항 번호		듣기 자료 (지문)	질문 유형
1~3	1	대화	일치하는 그림 고르기
	2		
	3	뉴스	일치하는 그래프/도표 고르기
4~8	4	대화	이어질 말 고르기
	5		
	6		
	7		
	8		
9~12	9	대화	이어질 행동 고르기
	10		
	11		
	12		
13~16	13	대화	일치하는 내용 고르기
	14	안내/공지	
	15	뉴스/보도	
	16	인터뷰	
17~20	17	대화	중심 생각 고르기
	18		
	19		
	20	인터뷰	
21~22	21	대화	중심 생각 고르기
	22		일치하는 내용 고르기
23~24	23	대화	화제 고르기
	24		일치하는 내용 고르기
25~26	25	인터뷰	중심 생각 고르기
	26		일치하는 내용 고르기
27~28	27	대화	중심 생각 고르기
	28		일치하는 내용 고르기
29~30	29	인터뷰	대화 참여자 고르기
	30		일치하는 내용 고르기
31~32	31	토론	중심 생각 고르기
	32		화자의 태도(말하는 방식) 고르기
33~34	33	강연	화제 고르기
	34		일치하는 내용 고르기

35~36	35	공식적인 자리에서의 인사말	화자의 태도(말하는 방식) 고르기
	36		일치하는 내용 고르기
37~38	37	교양 프로그램	중심 생각 고르기
	38		일치하는 내용 고르기
39~40	39	대담	담화 전/후의 내용 고르기
	40		일치하는 내용 고르기
41~42	41	강연	중심 생각 고르기
	42		일치하는 내용 고르기
43~44	43	다큐멘터리	화제 고르기
	44		중심 생각 고르기
45~46	45	강연	일치하는 내용 고르기
	46		화자의 태도(말하는 방식) 고르기
47~48	47	대담	일치하는 내용 고르기
	48		화자의 태도(말하는 방식) 고르기
49~50	49	강연	일치하는 내용 고르기
	50		화자의 태도(말하는 방식) 고르기

쓰기

문항 번호		쓰기 자료	질문 유형
51~52	51	실용문	빈칸에 알맞은 말 써서 문장 완성하기
	52	설명문	
53		도표/그래프	자료를 설명하는 글 쓰기 (200-300자)
54		다양한 주제에 대한 지시문	주제에 대해 글 쓰기 (600-700자)

읽기

문항 번호		읽기 자료 (지문)	질문 유형
1~2	1	짧은 서술문	빈칸에 알맞은 말 고르기
	2		
3~4	3	짧은 서술문	의미가 비슷한 말 고르기
	4		
5~8	5	광고	화제 고르기
	6		
	7		
	8	안내문	
9~12	9	안내문	일치하는 내용 고르기
	10	그래프	
	11	기사문	
	12		

13~15	13	설명문/수필	알맞은 순서로 배열한 것 고르기
	14		
	15		
16~18	16	설명문	빈칸에 알맞은 말 고르기
	17		
	18		
19~20	19	설명문/논설문	빈칸에 알맞은 말 고르기
	20		중심 내용 고르기
21~22	21	설명문	빈칸에 알맞은 말 고르기
	22		일치하는 내용 고르기
23~24	23	수필	인물의 태도나 심정 고르기
	24		일치하는 내용 고르기
25~27	25	신문 기사 제목	중심 내용 고르기
	26		
	27		
28~31	28	설명문	빈칸에 알맞은 말 고르기
	29		
	30		
	31		
32~34	32	설명문	일치하는 내용 고르기
	33		
	34		
35~38	35	논설문	중심 내용 고르기
	36		
	37		
	38		
39~41	39	설명문	문장이 들어갈 위치 고르기
	40		
	41	서평/감상문	
42~43	42	소설	인물의 태도나 심정 고르기
	43		일치하는 내용 고르기
44~45	44	설명문	빈칸에 알맞은 말 고르기
	45		중심 내용 고르기
46~47	46	논설문	필자의 태도 고르기
	47		일치하는 내용 고르기
48~50	48	논설문	필자의 의도나 목적 고르기
	49		빈칸에 알맞은 말 고르기
	50		일치하는 내용 고르기

이 책의 구성과 특징 *Structure & Features*

『TOPIK II 실전모의고사』는 한국어능력시험 II(이하 TOPIK II)의 실전 대비를 위한 교재입니다. 실제 시험과 유사한 5회분의 모의고사를 풀어보며, 시험을 효과적으로 대비할 수 있도록 하였습니다. 한국어 설명만으로는 이해가 어려운 학습자들을 위해 해설에 영어 번역을 함께 수록하였습니다.

『TOPIK II Comprehensive Guide』 a comprehensive preparation book for the Test of Proficiency in Korean II (TOPIK II). It contains five full-length mock tests that closely mirror the format and difficulty of the actual exam, helping learners build confidence and test-taking skills. To support learners who may find it challenging to understand explanations in Korean alone, all answer explanations are accompanied by English translations, ensuring clearer comprehension and more effective study.

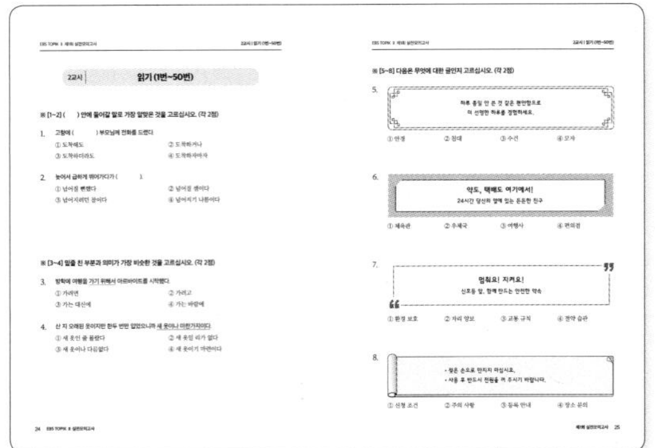

실전모의고사
Practice Mock Test

TOPIK II 시험을 분석하여, 실제 시험과 유사한 문항을 수록하였습니다.
This book is based on an analysis of the TOPIK II exam and contains practice questions similar to those on the actual test.

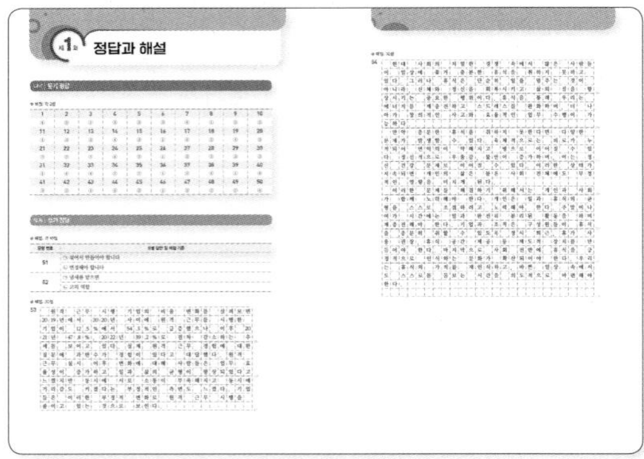

정답과 해설
Answers and Explanations

정답과 오답에 대한 상세한 해설을 통해 부족한 학습 내용을 보완할 수 있도록 하였습니다.
Detailed explanations for both correct and incorrect answers are provided to help learners reinforce their understanding and address areas of weakness.

이 책의 차례 *Table of Contents*

EBS TOPIK Ⅱ 실전모의고사

제1회

1교시	듣기, 쓰기
2교시	읽기

수험번호(Registration NO.)		
이름 (Name)	한국어(Korean)	
	영 어(English)	

유의 사항
Information

1. 시험 시작 지시가 있을 때까지 문제를 풀지 마십시오.
   Do not open the booklet until you are allowed to start.

2. 수험번호와 이름을 정확하게 적어 주십시오.
   Write your name and registration number on the answer sheet.

3. 답안지를 구기거나 훼손하지 마십시오.
   Do not fold the answer sheet; keep it clean.

4. 답안지의 이름, 수험번호 및 정답의 기입은 배부된 펜을 사용하여 주십시오.
   Use the given pen only.

5. 정답은 답안지에 정확하게 표시하여 주십시오.
   Mark your answer accurately and clearly on the answer sheet.

   marking example ① ● ③ ④

6. 문제를 읽을 때에는 소리가 나지 않도록 하십시오.
   Keep quiet while answering the questions.

7. 질문이 있을 때에는 손을 들고 감독관이 올 때까지 기다려 주십시오.
   When you have any questions, please raise your hand.

제1회 실전모의고사

1교시 | 듣기 (1번~50번)

※ [1~3] 다음을 듣고 가장 알맞은 그림 또는 그래프를 고르십시오. (각 2점)

1. 

① 

② 

③ 

④ 

2.

① 

② 

③ 

④ 

3.

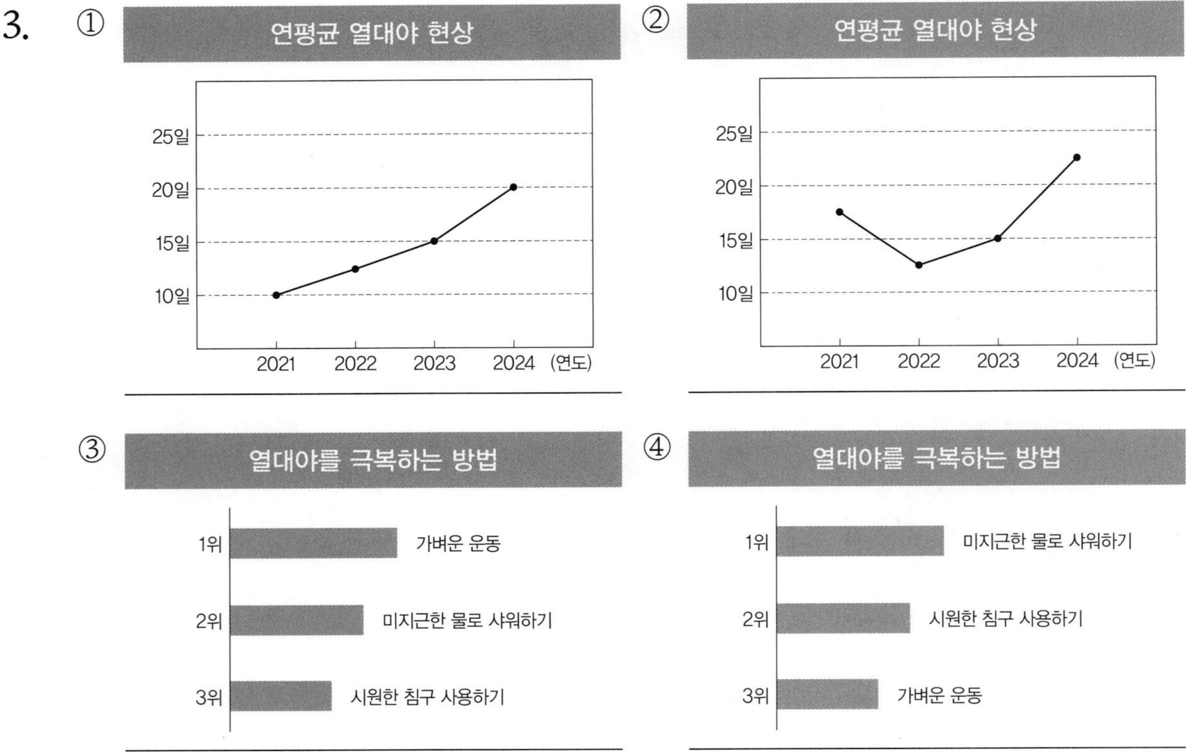

※ [4~8] 다음을 듣고 이어질 수 있는 말로 가장 알맞은 것을 고르십시오. (각 2점)

4. ① 나도 바지 하나 사야겠어.
② 특별한 날에 입으면 좋지.
③ 그럼 빨리 가서 바꿔야지.
④ 그럼 다른 색으로 골라 봐.

5. ① 그래요? 저도 책 있는 거 좋아해요.
② 정말요? 그런 일이 있는지 몰랐어요.
③ 그래요? 그럼 다음 모임은 거기서 해요.
④ 정말요? 그럼 날짜를 조금 미뤄야겠네요.

6. ① 우선 낮에 표가 있는지 볼게.
② 벌써 사람들이 입장한 것 같아.
③ 그럼 오후 6시 표로 하면 되겠다.
④ 아직 영화가 언제 개봉할지 모른대.

7. ① 우리 축하 파티를 해야겠어요.
② 자격증이 있어야 할 수 있어요.
③ 이번 시험이 정말 쉬웠나 봐요.
④ 다음에는 좋은 결과가 있을 거예요.

8. ① 두리공원 정문 앞에 있는 가로등이에요.
② 공원 앞 가로등 수를 좀 더 늘려야겠어요.
③ 가로등이 새로 생겨서 거리가 환해졌네요.
④ 가로등을 설치하는 데 시간이 많이 걸려요.

※ [9~12] 다음을 듣고 여자가 이어서 할 행동으로 가장 알맞은 것을 고르십시오. (각 2점)

9. ① 밥값을 계산한다. ② 화장실에 들른다.
③ 식당에 전화한다. ④ 식당으로 뛰어간다.

10. ① 그릇을 꺼낸다. ② 그릇을 분류한다.
③ 그릇을 상자에 담는다. ④ 그릇을 현관 앞에 둔다.

11. ① 도서관에 간다. ② 점심을 먹는다.
③ 자료를 검토한다. ④ 참고 자료를 찾는다.

12. ① 설문지를 복사한다. ② 설문지를 나누어 준다.
③ 회의 자료를 정리한다. ④ 회의장 상태를 점검한다.

※ [13~16] 다음을 듣고 들은 내용과 같은 것을 고르십시오. (각 2점)

13. ① 여자는 혼자 등산을 가려고 한다.
② 남자는 마라톤 대회에 처음 나간다.
③ 여자는 주말에 민아 씨를 만날 것이다.
④ 남자의 형은 마라톤 대회에 여러 번 참가했다.

14. ① 소방 점검은 오전에 실시한다.
② 소방 점검에 대한 사전 안내가 없었다.
③ 소방 점검을 할 때 조명이 모두 꺼진다.
④ 점검이 모두 끝나면 안내 방송을 할 것이다.

15. ① 이 대회는 시민들의 참가율이 저조했다.
② 이 대회는 한국인만 참여할 수 있는 프로그램이다.
③ 이 대회는 서로 경쟁하지 않고 경기를 즐길 수 있다.
④ 이 대회에서는 수영, 자전거, 걷기 종목에 참여할 수 있다.

16. ① 이 프로그램은 도시 아이들을 위한 것이다.
② 이 프로그램에서는 일 년 동안 집을 빌려준다.
③ 도시 아이들을 위한 농촌 프로그램이 부족하다.
④ 도시 아이들은 부모와 함께 집을 수리해야 한다.

※ [17~20] 다음을 듣고 남자의 중심 생각으로 가장 알맞은 것을 고르십시오. (각 2점)

17. ① 잘 쉬어야 할 일을 더 잘할 수 있다.
② 평소 드라마 보는 시간을 줄여야 한다.
③ 시간을 잘 관리하려면 연습이 필요하다.
④ 숙제를 다 한 후에 드라마를 보는 것이 좋다.

18. ① 발표 준비는 미리 하는 것이 좋다.
② 목소리가 커야 발표 내용이 잘 전달된다.
③ 앞자리에 앉아야 발표를 잘 들을 수 있다.
④ 연습을 많이 해야 발표할 때 긴장하지 않는다.

19. ① 단어를 많이 쓰면 읽기 실력에 도움이 된다.
② 외국어를 잘하려면 단어를 많이 외워야 한다.
③ 친구와 함께 단어를 공부하면 더 효과적이다.
④ 단어를 소리 내어 읽으면 더 쉽게 외울 수 있다.

20. ① 설명이 자세한 요리책이 인기가 많다.
② 쉽게 들고 다닐 수 있는 요리책이 좋다.
③ 요리책은 누구나 쉽게 따라 할 수 있어야 한다.
④ 요리를 처음 배울 때는 요리책을 참고하는 것이 좋다.

※ [21~22] 다음을 듣고 물음에 답하십시오. (각 2점)

21. 남자의 중심 생각으로 가장 알맞은 것을 고르십시오.
① 제품 포장의 색이 매출에 영향을 준다.
② 제품 포장지의 색을 바꾸지 않아도 된다.
③ 주요 구매자가 좋아하는 색을 알아야 한다.
④ 회사 로고 색과 제품 포장지 색이 같아야 한다.

22. 들은 내용과 같은 것을 고르십시오.
① 이 제품의 매출이 최근 감소하였다.
② 이 제품의 주요 구매자는 아이들이다.
③ 최근에 이 제품의 포장지 색이 바뀌었다.
④ 이 제품 포장지 색은 회사 로고의 색과 다르다.

※ [23~24] 다음을 듣고 물음에 답하십시오. (각 2점)

23. 남자가 무엇을 하고 있는지 고르십시오.

① 모바일 중고 거래 앱을 비판하고 있다.
② 모바일 중고 거래 앱 이용을 권유하고 있다.
③ 모바일 중고 거래 앱에 대해 문의하고 있다.
④ 모바일 중고 거래 앱의 불만 사항을 말하고 있다.

24. 들은 내용과 같은 것을 고르십시오.

① 모바일 중고 거래 앱의 제품은 질이 좋지 않다.
② 모바일 중고 거래 앱을 이용하는 것은 위험하다.
③ 이 여자는 모바일 중고 거리 앱을 자주 이용한다.
④ 이 남자는 모바일 중고 거래 앱에서 제품을 구매했다.

※ [25~26] 다음을 듣고 물음에 답하십시오. (각 2점)

25. 남자의 중심 생각으로 가장 알맞은 것을 고르십시오.

① 장난감을 조심해서 사용해야 한다.
② 장난감 수리점이 더 많아져야 한다.
③ 장난감 수리는 빨리하는 것이 중요하다.
④ 장난감 수리 방법을 사람들에게 알려 줘야 한다.

26. 들은 내용과 같은 것을 고르십시오.

① 먼 지역에서 장난감을 보내기도 한다.
② 요즘 장난감 수리점에 일이 많지 않다.
③ 이 남자는 장난감 부품을 쉽게 구할 수 있다.
④ 이 남자는 최근에 장난감 고치는 일을 시작했다.

※ [27~28] 다음을 듣고 물음에 답하십시오. (각 2점)

27. 남자가 말하는 의도로 알맞은 것을 고르십시오.

① 임시 공휴일 제도를 반대하기 위해
② 임시 공휴일에 쉬지 못하는 아쉬움을 말하기 위해
③ 임시 공휴일이 회사에 미치는 영향을 주장하기 위해
④ 임시 공휴일에 아이를 맡길 수 있는 시설을 소개하기 위해

28. 들은 내용과 같은 것을 고르십시오.

① 아이 학교는 임시 공휴일에 쉬지 않는다.
② 남자는 임시 공휴일에 여행을 갈 계획이다.
③ 남자와 여자는 임시 공휴일에도 출근해야 한다.
④ 정부는 이번 주 금요일부터 임시 공휴일로 지정했다.

※ [29~30] 다음을 듣고 물음에 답하십시오. (각 2점)

29. 남자가 누구인지 고르십시오.

① 건물을 관리하는 시설 직원
② 사건 현장을 조사하는 경찰관
③ 사고 현장을 정리하는 전문가
④ 화재 현장에서 불을 끄는 소방관

30. 들은 내용과 같은 것을 고르십시오.

① 현장마다 같은 방법을 사용해서 청소해야 한다.
② 이 일은 감정에 영향을 받지 않고 일할 수 있다.
③ 현장을 분석한 후 특별한 도구를 사용해야 한다.
④ 이 일은 일반적인 청소보다 간단하고 하기가 쉽다.

※ [31~32] 다음을 듣고 물음에 답하십시오. (각 2점)

31. 남자의 생각으로 가장 알맞은 것을 고르십시오.

① 자동차보다 보행자의 안전을 우선해야 한다.
② 속도 제한은 도시 외곽에서만 시행해야 한다.
③ 교통 흐름을 위해 속도 제한을 완화해야 한다.
④ 자동차 속도 제한은 실제로 효과가 높지 않다.

32. 남자의 태도로 알맞은 것을 고르십시오.

① 여자의 의견에 대해 동의하며 동조하고 있다.
② 상대방의 의견을 수용하며 조율하려 하고 있다.
③ 상대방에게 추가적인 자료 제시를 요구하고 있다.
④ 통계 자료를 제시하며 여자의 의견에 반박하고 있다.

※ [33~34] 다음을 듣고 물음에 답하십시오. (각 2점)

33. 무엇에 대한 내용인지 알맞은 것을 고르십시오.

① 낙타가 혹을 가지고 있는 이유
② 낙타가 몸속에 지방을 저장하는 방법
③ 낙타가 사막의 더위를 이겨 내는 방법
④ 낙타가 오랫동안 물 없이 살 수 있는 이유

34. 들은 내용과 같은 것을 고르십시오.

① 낙타는 땀을 많이 흘린다.
② 낙타는 체온 조절을 잘한다.
③ 낙타의 혹에는 물이 많이 들어 있다.
④ 낙타는 긴 시간 동안 물을 마셔야 한다.

※ [35~36] 다음을 듣고 물음에 답하십시오. (각 2점)

35. 남자는 무엇을 하고 있는지 고르십시오.
① 회사의 신제품을 홍보하고 있다.
② 창립 기념식에서 인사를 하고 있다.
③ 회사 고객 불만에 대해 사과하고 있다.
④ 회사 신입 직원 교육을 진행하고 있다.

36. 들은 내용과 같은 것을 고르십시오.
① 이 기업은 정직한 경영을 바탕으로 발전해 왔다.
② 이 기업은 올해 20주년을 맞이해서 기념식을 열었다.
③ 이 기업은 사회적 책임보다 회사의 이익을 중요시한다.
④ 이 기업은 처음부터 큰 기업으로 시작해서 빠르게 성장했다.

※ [37~38] 다음을 듣고 물음에 답하십시오. (각 2점)

37. 여자의 중심 생각으로 가장 알맞은 것을 고르십시오.
① 일회용품을 대체할 수 있는 제품을 만들어야 한다.
② 일회용품 사용을 줄이기 위한 작은 실천이 중요하다.
③ 친환경 제품의 가격을 현실적으로 조정할 필요가 있다.
④ 정부는 환경 보호 정책을 보다 구체적으로 마련해야 한다.

38. 들은 내용과 같은 것을 고르십시오.
① 최근 환경 문제가 조금씩 개선되고 있다.
② 요즘 카페에서는 일회용품을 기본으로 제공한다.
③ 요즘은 친환경 제품이 저렴해 쉽게 사용할 수 있다.
④ 정부는 플라스틱 재활용률을 높이기 위한 정책을 시행하고 있다.

※ [39~40] 다음을 듣고 물음에 답하십시오. (각 2점)

39. 이 대화 전의 내용으로 가장 알맞은 것을 고르십시오.

① 농촌 지역의 인구가 줄면서 많은 어려움이 생기고 있다.
② 농촌 지역 인구 유출에 대한 국민의 인식이 변화되었다.
③ 농촌 지역 인구 유출 문제점에 대한 해결책을 마련하였다.
④ 농촌 지역 인구 유출로 인해 농촌 생활에는 여유가 생겼다.

40. 들은 내용과 같은 것을 고르십시오.

① 농촌 인구가 줄어들면서 범죄가 많아지고 있다.
② 정부의 체계적인 농촌 지원 정책이 마련되었다.
③ 매년 농촌 인구가 도시 인구보다 증가하고 있다.
④ 농촌 인구 정책은 빠르게 해결해야 할 문제이다.

※ [41~42] 다음을 듣고 물음에 답하십시오. (각 2점)

41. 이 강연의 중심 내용으로 가장 알맞은 것을 고르십시오.

① 사무용 의자에는 조절 기능이 필요하다.
② 요즘 다양한 디자인의 의자가 인기를 얻고 있다.
③ 요즘 의자는 인체 공학적 설계가 중심이 되고 있다.
④ 의자는 기능뿐만 아니라 사용되는 소재도 중요하다.

42. 들은 내용과 같은 것을 고르십시오.

① 요즘 의자의 기능이 점점 단순해지고 있다.
② 요즘 팔걸이 위치를 바꿀 수 있는 의자가 있다.
③ 최근 조절 기능이 있는 의자의 판매율이 떨어졌다.
④ 옛날 나무 의자는 오래 앉아 있어도 편안함이 있었다.

※ [43~44] 다음을 듣고 물음에 답하십시오. (각 2점)

43. 무엇에 대한 내용인지 알맞은 것을 고르십시오.
① 종이를 만드는 과정
② 종이를 관리하는 방법
③ 종이가 지닌 문화적 가치
④ 종이가 인간에게 미치는 영향

44. 롤러로 펄프를 누르는 이유로 맞는 것을 고르십시오.
① 종이의 결을 위해서
② 종이의 구김을 막기 위해서
③ 종이의 인쇄 품질을 위해서
④ 종이의 밀도를 높이기 위해서

※ [45~46] 다음을 듣고 물음에 답하십시오. (각 2점)

45. 들은 내용과 같은 것을 고르십시오.
① 이 지역은 철거 후 아파트 단지로 재개발되었다.
② 도시 재생 사업은 외부 전문가 중심으로 추진되었다.
③ 도시 재생 사업을 통해 주민들의 참여가 활발해졌다.
④ 도시 재생 사업은 공연과 전시보다는 주거 환경 개선에 집중했다.

46. 여자가 말하는 방식으로 알맞은 것을 고르십시오.
① 도시 재생의 사례를 통해 주요 내용을 설명하고 있다.
② 도시 재생 사업의 문제점을 비판적으로 분석하고 있다.
③ 도시 재생 사업이 가진 문제의 주요 원인을 유추하고 있다.
④ 통계를 중심으로 도시 재생 사업의 효과를 수치로 제시하고 있다.

※ [47~48] 다음을 듣고 물음에 답하십시오. (각 2점)

47. 들은 내용과 같은 것을 고르십시오.

① 도서관 이용자 중 청소년의 비율이 가장 높다.
② 도서관의 분위기가 새롭게 바뀌면서 장년층이 많아졌다.
③ 도서관은 정보 제공을 넘어 문화 공간으로의 전환이 요구된다.
④ 도서관에서는 이미 청소년 맞춤형 서비스가 충분히 제공되고 있다.

48. 남자의 태도로 알맞은 것을 고르십시오.

① 도서관 활성화 방안에 대해 불신하고 있다.
② 청소년 맞춤형 접근이 필요하다는 입장을 보이고 있다.
③ 도서관의 기존 운영 방식을 긍정적으로 평가하고 있다.
④ 청소년보다는 중장년층을 위한 공간 확대를 주장하고 있다.

※ [49~50] 다음을 듣고 물음에 답하십시오. (각 2점)

49. 들은 내용과 같은 것을 고르십시오.

① 우주 개발에서는 민간 기업들의 참여가 제한되어 있다.
② 우주 개발은 단순한 과학 기술을 넘어 국가 안보와 연결된다.
③ 단기적인 프로젝트를 추진하여 우주 개발의 성과를 내고 있다.
④ 우주에서의 주도권 확보를 위해 국가 간의 경쟁을 금지하고 있다.

50. 남자가 말하는 방식으로 알맞은 것을 고르십시오.

① 우주 개발의 위험성을 인용하며 설명하고 있다.
② 민간 주도의 우주 개발을 비판적으로 접근하고 있다.
③ 주요 국가들의 경쟁 사례를 비교하며 장단점을 분석하고 있다.
④ 우주 개발의 흐름을 설명하며 전략적 중요성을 강조하고 있다.

1교시 | 쓰기 (51번~54번)

※ [51~52] 다음 글의 ㉠과 ㉡에 알맞은 말을 각각 쓰시오. (각 10점)

51.

인주은행 회원 가입 안내 (고객 센터)

비밀번호는 다른 사람이 쉽게 알 수 있는 것으로 만들면 위험합니다. 전화번호나 생일은 사용하지 말고 문자와 숫자를 (㉠). 그리고 안전을 위해 비밀번호를 가끔 (㉡).

㉠: ____________________

㉡: ____________________

52.

음식의 맛은 입안에서만 느끼는 것이 아니라 냄새도 큰 영향을 준다. 사람이 음식을 먹을 때 코로 (㉠) 혀로 느낄 수 없는 향과 맛의 차이를 더 잘 구별할 수 있다. 반대로 감기에 걸려 코가 막히면 평소 좋아하던 음식도 맛이 없는 것처럼 느껴진다. 이처럼 맛을 제대로 느끼려면 혀의 역할뿐 아니라 (㉡)도 매우 중요하다.

㉠: ____________________

㉡: ____________________

53. 다음은 '원격 근무 확산 이후 직장 문화의 변화'에 대한 자료이다. 이 내용을 200~300자의 글로 쓰시오. 단, 글의 제목은 쓰지 마시오. (30점)

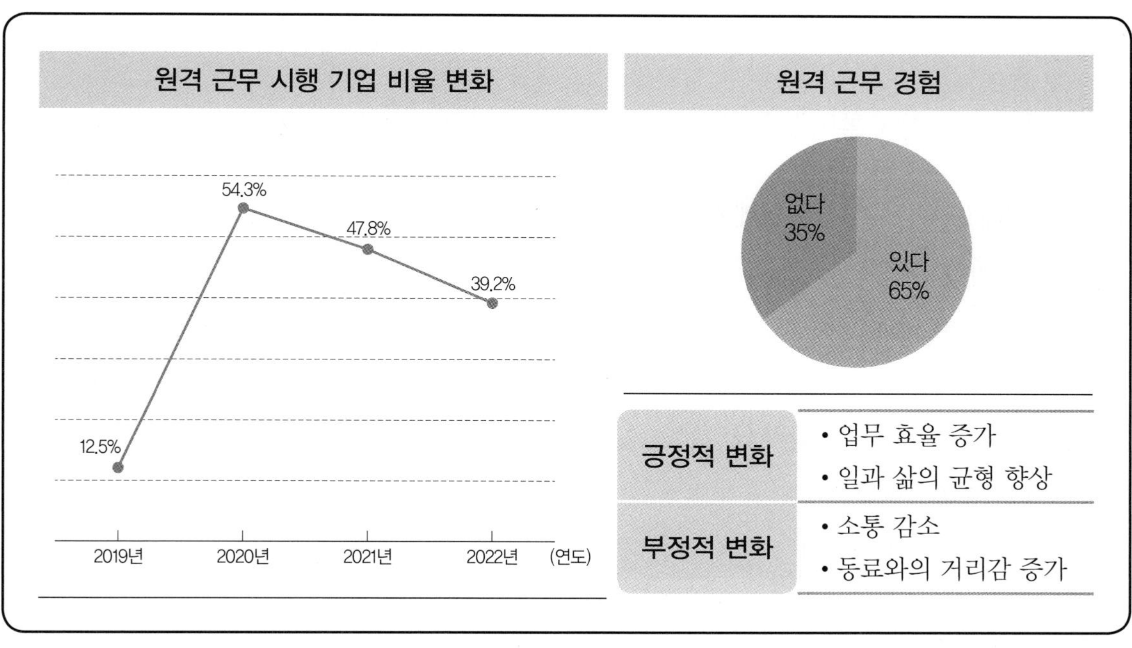

54. 다음을 참고하여 600~700자로 글을 쓰시오. 단, 문제를 그대로 옮겨 쓰지 마시오. (50점)

현대인은 바쁜 일상과 끊임없는 경쟁 속에서 휴식의 중요성을 자주 간과하곤 한다. 그러나 충분한 휴식은 신체적 건강뿐만 아니라 정신적 안정, 일의 효율성에도 큰 영향을 미친다. 아래의 내용을 중심으로 휴식의 중요성과 이를 실천하기 위한 현실적인 방안에 대한 자신의 생각을 쓰라.

- 휴식이 중요한 이유는 무엇인가?
- 충분한 휴식을 취하지 못할 경우 어떤 문제가 생기는가?
- 건강한 휴식 문화를 만들기 위한 방안은 무엇인가?

2교시 | 읽기 (1번~50번)

※ [1~2] (　　) 안에 들어갈 말로 가장 알맞은 것을 고르십시오. (각 2점)

1. 고향에 (　　　　) 부모님께 전화를 드렸다.

① 도착해도　　② 도착하거나
③ 도착하더라도　　④ 도착하자마자

2. 늦어서 급하게 뛰어가다가 (　　　　).

① 넘어질 뻔했다　　② 넘어질 셈이다
③ 넘어지려던 참이다　　④ 넘어지기 나름이다

※ [3~4] 밑줄 친 부분과 의미가 가장 비슷한 것을 고르십시오. (각 2점)

3. 방학에 여행을 <u>가기 위해서</u> 아르바이트를 시작했다.

① 가려면　　② 가려고
③ 가는 대신에　　④ 가는 바람에

4. 산 지 오래된 옷이지만 한두 번만 입었으니까 <u>새 옷이나 마찬가지이다</u>.

① 새 옷인 줄 몰랐다　　② 새 옷일 리가 없다
③ 새 옷이나 다름없다　　④ 새 옷이기 마련이다

※ [5~8] 다음은 무엇에 대한 글인지 고르십시오. (각 2점)

5.

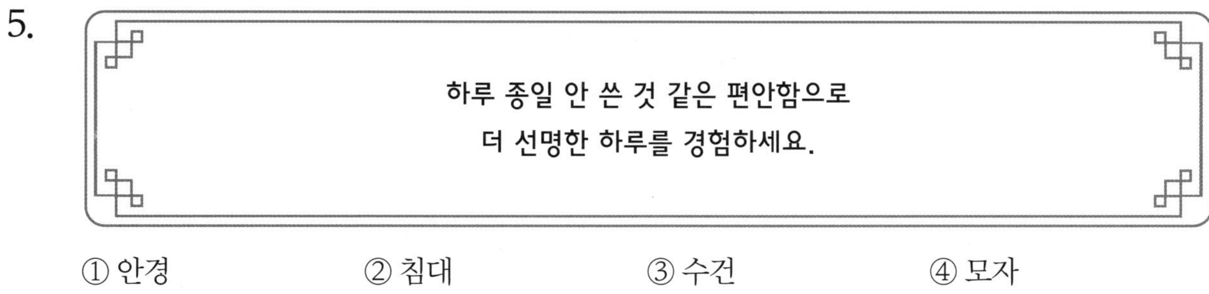

하루 종일 안 쓴 것 같은 편안함으로
더 선명한 하루를 경험하세요.

① 안경 ② 침대 ③ 수건 ④ 모자

6.

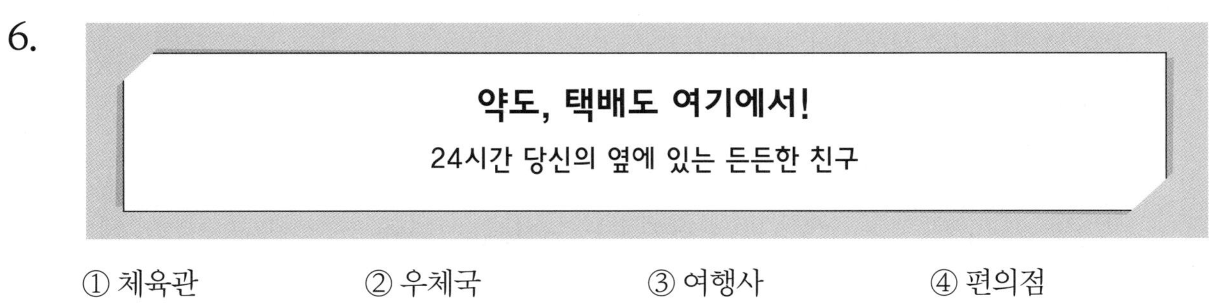

약도, 택배도 여기에서!
24시간 당신의 옆에 있는 든든한 친구

① 체육관 ② 우체국 ③ 여행사 ④ 편의점

7.

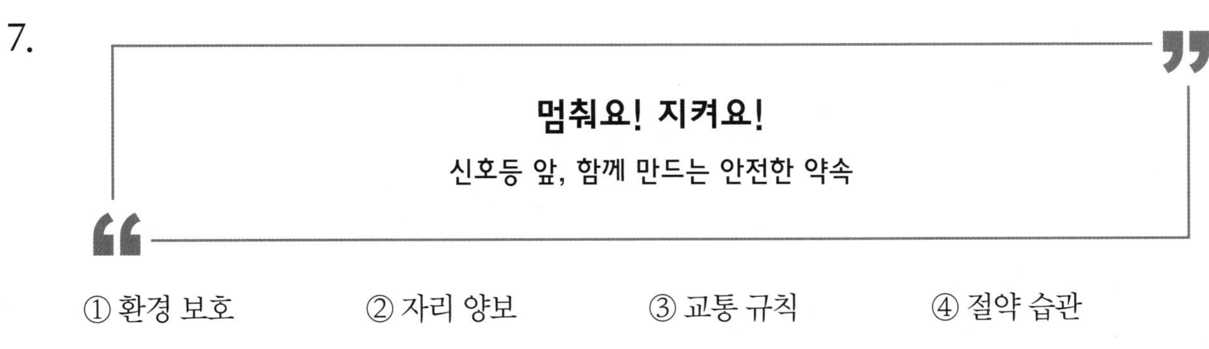

멈춰요! 지켜요!
신호등 앞, 함께 만드는 안전한 약속

① 환경 보호 ② 자리 양보 ③ 교통 규칙 ④ 절약 습관

8.

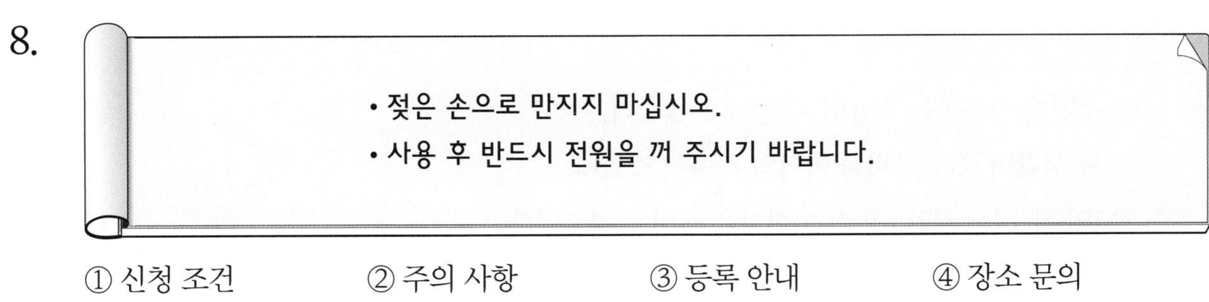

• 젖은 손으로 만지지 마십시오.
• 사용 후 반드시 전원을 꺼 주시기 바랍니다.

① 신청 조건 ② 주의 사항 ③ 등록 안내 ④ 장소 문의

※ [9~10] 다음 글 또는 그래프의 내용과 같은 것을 고르십시오. (각 2점)

9.

제4회 녹색 환경 문화 축제

• 기간: 4월 2일(수) ~ 4월 6일(일)
• 장소: 인주시청 앞 공원
• 내용: 재활용 가방 만들기 체험 및 친환경 제품 전시
※ 체험을 원하시는 분은 현장에서 직접 신청하시기 바랍니다.

① 이 축제는 일주일 동안 열린다.
② 이 축제는 인주 시청에서 진행된다.
③ 축제에서 재활용 가방을 구입할 수 있다.
④ 축제에서 체험을 하려면 현장에서 신청해야 한다.

10.

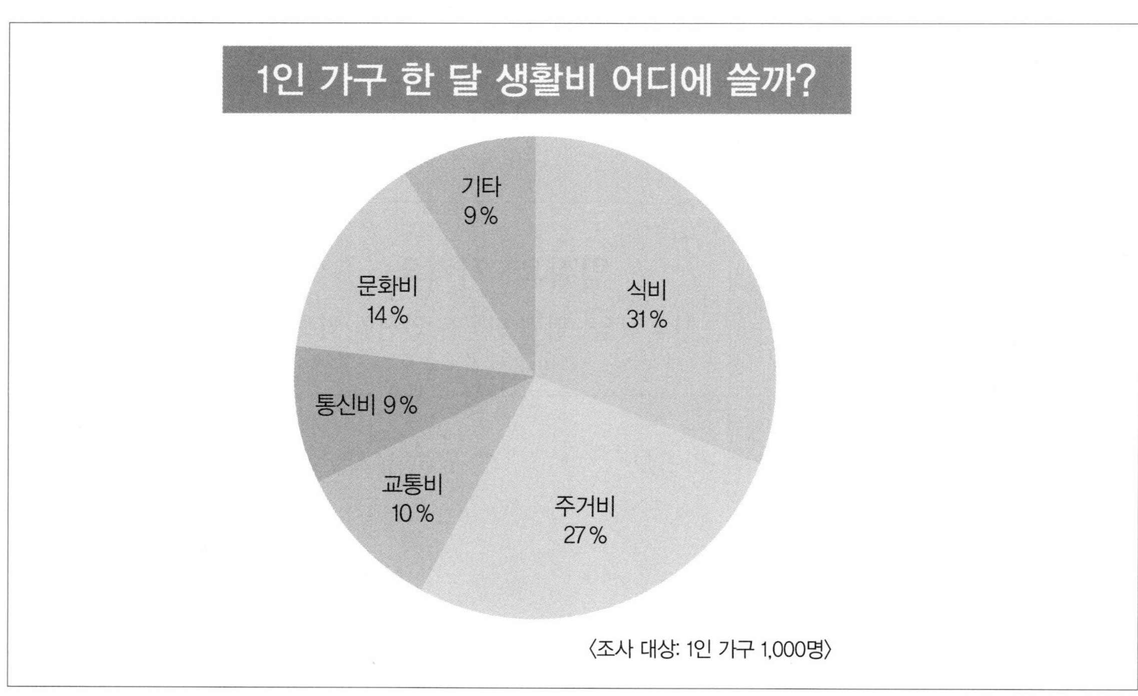

① 주거에 사용하는 비용이 두 번째로 많았다.
② 월 생활비 중 교통비와 기타의 비율이 같았다.
③ 1인 가구는 생활비의 절반 이상을 식비로 지출했다.
④ 통신비가 문화 생활에 쓰는 돈보다 두 배 이상 많았다.

※ [11~12] 다음 글 또는 그래프의 내용과 같은 것을 고르십시오. (각 2점)

11.

인주시가 작년에 이어 올해도 아이를 키우는 가정을 위해 '찾아가는 장난감 도서관'을 운영한다. 이 서비스는 미리 신청한 가정에 장난감 도서관 차량이 직접 방문하여 다양한 장난감을 빌려주는 서비스이다. 이 도서관을 이용하면 새 장난감을 자주 사지 않아도 되기 때문에 이용 가정들의 만족도가 높다. 인주시청은 앞으로도 이 서비스를 확대해 더 많은 가정이 이용할 수 있도록 할 계획이라고 밝혔다.

① 올해 처음으로 이 서비스가 시작되었다.
② 이 서비스는 신청을 해야 이용할 수 있다.
③ 이 서비스를 이용한 가정들의 반응이 좋지 않다.
④ 내년에는 장난감 도서관을 운영하지 않을 예정이다.

12.

최근 폭설로 인해 차량 사고와 불편이 이어지고 있다. 이런 가운데 눈길에 멈춰 있는 차를 학생들이 밀어 주는 장면이 온라인에서 화제가 되고 있다. 학교 근처에서 멈춰 있는 차를 발견한 학생들은 여러 명이 함께 차를 밀며 도왔다. 이 모습을 본 시민이 사진을 찍어 인터넷에 올렸고 많은 사람들이 학생들의 따뜻한 행동에 칭찬을 보냈다.

① 많은 비로 인해 교통사고가 많아졌다.
② 학생 여러 명이 힘을 모아 차를 밀었다.
③ 한 시민이 차량 사고 사진을 인터넷에 올렸다.
④ 많은 사람들이 학생들의 위험한 행동을 말렸다.

※ [13~15] 다음을 순서에 맞게 배열한 것을 고르십시오. (각 2점)

13.

(가) 비타민은 언제 먹느냐에 따라 효과에 차이가 있다.
(나) 따라서 비타민의 효과를 보려면 식사 후에 먹어야 한다.
(다) 전문가들은 비타민을 식사 후에 먹는 것이 좋다고 말한다.
(라) 음식과 함께 먹을 때 속이 더 편하고 효과도 좋아지기 때문이다.

① (가)-(다)-(라)-(나) ② (가)-(라)-(나)-(다)
③ (다)-(나)-(가)-(라) ④ (다)-(라)-(가)-(나)

14.

(가) 작은 일이었지만 좋은 이웃을 알게 되어서 마음이 따뜻해졌다.
(나) 그날 저녁 옆집 아주머니가 직접 만든 쿠키를 한 봉지 가져다주셨다.
(다) 얼마 전 우리 집 앞에 다른 이름이 쓰여 있는 택배 상자가 놓여 있었다.
(라) 주소를 다시 확인하고 옆집에 가져다주었더니 아주머니가 고맙다고 하셨다.

① (가)-(나)-(다)-(라) ② (가)-(다)-(라)-(나)
③ (다)-(나)-(라)-(가) ④ (다)-(라)-(나)-(가)

15.

(가) 그래서 기온이 낮은 아침에 안개가 자주 발생한다.
(나) 공기 중에는 우리 눈에 보이지 않는 수증기가 포함되어 있다.
(다) 안개는 공기 중에 있는 아주 작은 물방울들이 모여서 만들어진 것이다.
(라) 이 수증기가 찬 공기와 만나면 작은 물방울로 변하는데 이것이 안개가 된다.

① (나)-(가)-(라)-(다) ② (나)-(다)-(가)-(라)
③ (다)-(가)-(나)-(라) ④ (다)-(나)-(라)-(가)

※ [16~18] (　　) 안에 들어갈 말로 가장 알맞은 것을 고르십시오. (각 2점)

16.

사람들은 보통 칭찬을 들으면 기분이 좋아지고 더 열심히 하게 된다고 생각한다. 그래서 누군가를 격려하거나 칭찬하는 것은 좋은 일이라고 생각한다. 그런데 상황에 따라 칭찬이 오히려 (　　　　　　) 있다. 칭찬을 받은 사람이 기대에 대한 부담을 느끼면 도리어 실수를 하게 되기 때문이다.

① 부족하게 느껴질 수도　　② 좋은 상황을 만들 수도
③ 실수의 원인이 될 수도　　④ 부담 없는 말이 될 수도

17.

패스트푸드점이나 식당에서는 빠른 음악을 틀어 놓는 경우가 많다. 이는 단순히 신나는 분위기를 위한 것이 아니라 손님들의 행동에 영향을 주기 위한 의도적인 행동이다. 한 연구에 따르면 빠른 음악을 들으며 식사할 때 사람들은 음식을 더 빨리 먹는 경향이 있다고 한다. 빠른 음악을 틀어 놓으면 손님들이 (　　　　　　) 가게는 더 많은 손님을 받을 수 있게 된다.

① 음식을 먹는 속도가 빨라져서　　② 행복한 기분으로 먹기 때문에
③ 좋은 분위기를 만들 수 있어서　　④ 음악이 주문을 방해하기 때문에

18.

지폐에 등장하는 인물은 단순히 유명한 사람이 아니라 그 나라의 역사와 정체성을 보여 주는 상징으로 여겨진다. 그래서 많은 나라에서는 지폐에 들어갈 인물을 결정할 때 (　　　　　　) 정한다. 어떤 나라는 지폐에 과학자나 교육자를 넣어 교육의 중요성을 강조하기도 하고 어떤 나라는 예술가나 작가를 넣어 문화적 자부심을 드러내기도 한다.

① 지폐의 디자인에 따라　　② 나라에서 유명한 인물로
③ 상징성과 의미를 고려하여　　④ 해외에서 알아볼 수 있게

※ [19~20] 다음을 읽고 물음에 답하십시오. (각 2점)

펭귄은 일반적으로 추운 지역에 사는 동물로 잘 알려져 있다. 특히 남극처럼 얼음과 눈으로 뒤덮인 지역에서 살아가는 펭귄이 매체를 통해 자주 소개된다. (   ) 일반적으로 알려진 것과 다르게 따뜻한 지역에서 사는 펭귄도 있다. 호주의 남부 해안이나 아프리카와 같은 지역에도 펭귄이 서식하고 있다. 이처럼 펭귄들은 각기 다른 기후에 맞게 생활하며 다양한 지역의 생태계에서 역할을 하고 있다.

19. (   ) 안에 들어갈 말로 가장 알맞은 것을 고르십시오.

① 반면 ② 만약 ③ 과연 ④ 혹시

20. 윗글의 주제로 가장 알맞은 것을 고르십시오.

① 펭귄은 얼음과 눈이 있는 환경을 선호한다.
② 펭귄은 매체에 소개되면서 서식 지역이 알려졌다.
③ 펭귄은 사는 지역에 따라 생김새와 성격이 다르다.
④ 펭귄은 특정 기후가 아닌 다양한 환경에서 서식한다.

※ [21~22] 다음을 읽고 물음에 답하십시오. (각 2점)

최근 반려동물을 키우는 사람들이 많아지면서 공공장소에서 지켜야 할 기본적인 예절에 대한 관심도 높아지고 있다. 하지만 여전히 공원이나 산책로에서 목줄을 하지 않거나 배설물을 치우지 않고 가는 등 다른 사람들에게 불쾌감을 주는 행동으로 (   ) 하는 사람들이 있다. 일부의 이런 행동 때문에 반려동물을 키우는 사람들에 대한 안 좋은 인식을 갖게 만들 수 있으며 타인에게도 피해를 줄 수 있다. 이렇듯 작은 행동 하나가 다른 사람에게 큰 불편을 줄 수 있다는 것을 잊지 말아야 한다.

21. (   ) 안에 들어갈 말로 가장 알맞은 것을 고르십시오.

① 손을 맞잡게
② 가슴을 울리게
③ 눈살을 찌푸리게
④ 발걸음을 맞추게

22. 윗글의 내용과 같은 것을 고르십시오.

① 최근 공공장소에서 불쾌감을 느끼는 사람들이 증가하고 있다.
② 반려동물과 산책하는 사람들은 공원이나 산책로에서 불편을 겪는다.
③ 요즘 공원이나 산책로에서 반려동물의 배설물을 치우는 사람이 많아졌다.
④ 반려동물과 산책할 때 반려동물의 목줄을 하지 않고 다니는 사람들이 있다.

※ [23~24] 다음을 읽고 물음에 답하십시오. (각 2점)

며칠 전 카페 아르바이트를 할 때 생긴 일이다. 아르바이트가 처음이라서 긴장한 상태로 일을 하고 있었는데 고객이 많은 점심시간에 주문을 잘못 받고 말았다. 너무 정신이 없어서 주문이 잘못된 줄도 몰랐다. 실수를 깨달은 즉시 고객에게 급히 죄송하다고 사과한 후 바로 새 음료를 만들어 드렸다. 그러자 그 고객은 나를 보며 "괜찮아요. 저도 실수할 때가 많으니까요."라고 웃으며 말해 주었다. 그 말을 듣는 순간 다리에 힘이 풀리는 것 같았다. 솔직히 처음에는 너무 당황해서 눈앞이 캄캄했지만 고객의 따뜻한 말 덕분에 다시 힘을 얻어 일할 수 있었다. 그날 이후 나 역시 다른 사람의 실수에 조금 더 너그러운 마음을 가져야겠다는 다짐을 하게 되었다. 사소한 말 한마디가 얼마나 큰 위로가 될 수 있는지 알게 된 날이었다.

23. 밑줄 친 부분에 나타난 '나'의 심정으로 가장 알맞은 것을 고르십시오.

① 화가 나고 억울했다.
② 기분이 나쁘고 불쾌했다.
③ 부끄럽고 신경이 쓰였다.
④ 안심되고 마음이 놓였다.

24. 윗글의 내용과 같은 것을 고르십시오.

① 나의 실수 때문에 점심시간이 더 바빠졌다.
② 나는 고객의 따뜻한 반응 덕분에 위로를 받았다.
③ 고객은 처음에는 웃었지만 결국 나에게 화를 냈다.
④ 고객이 주문을 잘못했지만 너그럽게 용서해 주었다.

※ [25~27] 다음 신문 기사의 제목을 가장 잘 설명한 것을 고르십시오. (각 2점)

25.

청년 농부 증가, 농촌에 새 바람

① 청년 농부들이 새로운 농업 방식을 농촌에 알리고 있다.
② 고령화된 농촌에 청년들이 정착하면서 분위기가 바뀌고 있다.
③ 기존의 농부들은 경쟁을 우려해 청년들과의 거리를 두고 있다.
④ 농촌에 거주하는 청년들이 도시에 비해 일자리를 구하기 어렵다.

26.

정부 지원금 축소, 전기차 판매 주춤

① 전기차 가격이 낮아지면서 소비자들의 관심도 높아지고 있다.
② 전기차 판매자들이 판매 증가 원인을 정부 정책에서 찾고 있다.
③ 정부의 지원이 줄어들자 소비자들의 전기차 구매가 감소하고 있다.
④ 정부는 전기차의 보급을 늘리기 위해 지원금을 대폭 늘리기로 했다.

27.

김유진 선수, 올해에도 세계 육상 선수권 금빛 질주

① 김유진 선수가 이번 세계 대회에서도 우승을 차지했다.
② 김유진 선수는 세계 대회 금메달을 목표로 훈련하고 있다.
③ 김유진 선수의 금메달 가능성이 높아져서 기대를 모으고 있다.
④ 김유진 선수는 작년의 실패를 딛고 올해 대회에서 모두 우승했다.

※ [28~29] (   ) 안에 들어갈 말로 가장 알맞은 것을 고르십시오. (각 2점)

28.

> 요즘 아침 시간을 활용하고자 하는 사람들이 늘어나고 있다. (   )에 따라 하루를 더 효율적으로 보낼 수 있기 때문이다. 아침 시간을 효과적으로 쓰는 방법 중 하나는 일찍 일어나 가벼운 운동을 하거나 독서를 하는 등 자신만의 습관을 만드는 것이다. 습관을 만드는 것이 쉽지는 않지만 아침 시간을 자신만의 방식으로 잘 활용한다면 더욱 계획적이고 여유 있는 하루를 보낼 수 있다.

① 책을 얼마나 읽느냐
② 일과를 어떻게 시작하느냐
③ 아침부터 운동을 열심히 하느냐
④ 충분한 수면으로 휴식을 취하느냐

29.

> 누군가 내 제안이나 부탁을 거절했을 때 우리는 종종 그것을 (   ) 받아들일 때가 있다. 하지만 상대는 나라는 사람을 평가하고 거절한 것이 아니라 특정한 조건이나 상황 속의 부탁을 거절한 것에 불과하다. 그 거절은 개인의 필요나 상황을 반영한 결과일 뿐 나라는 존재의 가치를 부정하는 것은 아니다. 따라서 거절을 지나치게 개인적인 것으로 받아들이기보다는 그것을 상황적 판단으로 이해하려는 태도가 필요하다.

① 단순한 의견 차이로
② 필요하지 않은 내용으로
③ 자신에 대한 부정적인 평가로
④ 능력이 부족함을 나타내는 신호로

※ [30~31] (　　　) 안에 들어갈 말로 가장 알맞은 것을 고르십시오. (각 2점)

30.

> 야간에 도로에서 교통정리나 작업을 하는 사람들이 입는 작업복은 어두운 환경에서도 운전자의 눈에 잘 띌 수 있도록 제작된다. 이 작업복은 일반 옷과 달리 (　　　　　　) 기능이 있는 특수한 소재로 만들어진다. 자동차 불빛이 작업복에 닿으면 작업복의 특수 소재가 그 빛을 운전자 쪽으로 되돌려 보내기 때문에 어두운 곳에서도 발견하기 쉽다. 이러한 원리를 활용해 교통 표지판이나 도로 경계선에도 같은 소재를 활용하고 있다.

① 빛을 반사하는
② 작업을 도와주는
③ 자동차 불빛을 막는
④ 눈의 피로를 줄여 주는

31.

> 한국은 약 복용률이 높은 국가로 알려져 있었다. 감기나 가벼운 통증에도 약을 찾는 경우가 많았기 때문이다. 과거에는 병원 진료 없이 약을 쉽게 구입할 수 있어 약을 잘못 사용하거나 과하게 먹는 일이 자주 발생했다. 이런 문제를 줄이기 위해 한국에서는 병원에서 처방전을 받아야만 약국에서 약을 살 수 있는 의약 분업 제도를 시행하게 되었다. 이 제도는 (　　　　　　) 국민 건강을 보호하는 데 도움을 주고 있다.

① 약 구매처를 늘리고
② 약국에서 쉽게 약을 사고
③ 불필요한 약의 복용을 막고
④ 처방전 없이 약을 구입하고

※ [32~34] 다음을 읽고 글의 내용과 같은 것을 고르십시오. (각 2점)

32.

일부 동물은 주변 환경과 비슷한 색을 띤다. 이를 보호색이라고 하는데 주로 자신을 숨길 때 사용된다. 사막에 사는 도마뱀은 몸의 색을 모래와 비슷하게 바꿔 천적이 쉽게 발견하지 못한다. 또한 숲속에 사는 생물은 잎이나 나무의 색과 비슷해 눈에 잘 띄지 않는다. 이처럼 보호색은 신체적 방어력이나 발톱 등의 공격력이 약한 생물이 외부의 위협으로부터 자신을 지키는 생존 전략이다.

① 보호색을 가진 생물은 보통 나무 위에서 생활한다.
② 보호색은 천적으로부터 안전하게 숨는 데 도움이 된다.
③ 보호색을 가진 도마뱀은 들키지 않고 먹이를 유인할 수 있다.
④ 보호색은 생물이 공격을 위해서 사용하는 대표적인 수단이다.

33.

문해력은 단순히 글자를 읽는 능력이 아니라 글의 의미를 파악하고 상황에 따라 적절히 활용하는 능력을 말한다. 최근에는 교육 수준과 관계없이 문해력 부족을 겪는 사람들이 많아지고 있다. 이런 현상은 단지 학업 성취에 영향을 주는 데 그치지 않고 직장 생활, 사회적 의사소통, 일상 정보 처리 등 다양한 영역에서 문제를 일으킬 수 있다. 그렇기 때문에 문해력은 단순한 학습 능력이 아니라 사회 전반에 영향을 미치는 중요한 역량으로 인식되고 있다.

① 학업 성적으로 문해력을 측정할 수 있다.
② 교육 수준에 따라서 문해력에 차이가 생긴다.
③ 사회적 중요성으로 인해 문해력이 필수 교과로 지정되었다.
④ 문해력은 일상생활 전반에서 중요한 영향을 미치는 능력이다.

34.

한국 전통 건축물의 천장이나 기둥 등에 그려진 색채 무늬를 단청이라고 한다. 대부분의 사람들은 아름다운 무늬와 색깔 때문에 단청을 단순한 장식 요소로만 인식하기 쉽다. 하지만 예로부터 단청은 건물을 아름답게 꾸미기 위한 것만이 아니라 외부 환경으로부터 건축물을 보호하는 기능도 함께 가지고 있었다. 이러한 기능 덕분에 비바람이나 햇빛에 약한 목재 건물이 오랫동안 보존될 수 있었다. 이처럼 단청은 우리 전통 건축의 기능과 아름다움을 함께 담고 있는 중요한 문화 요소이다.

① 단청은 한국 전통 건축물을 보호하는 역할을 한다.
② 단청은 실내 공간의 벽면을 장식하기 위해 사용되었다.
③ 한국 전통 건축물의 천장이나 기둥에는 특별한 장식이 없다.
④ 한국 전통 건축물은 비바람과 햇빛에 강한 튼튼한 소재이다.

※ [35~38] 다음을 읽고 글의 주제로 가장 알맞은 것을 고르십시오. (각 2점)

35.

최근 여러 나라가 달 탐사에 관심을 보이며 기술 개발에 힘을 쏟고 있다. 달에는 에너지 자원을 포함한 희귀 자원이 있을 가능성이 높고 우주 연구의 중심지로 활용될 수도 있기 때문이다. 실제로 일부 국가는 탐사선을 달에 보내 달 표면에서 시료를 채취하는 데 성공했으며 관련 기술력에서도 앞서 나가고 있다. 하지만 많은 나라들은 기술력이나 예산의 한계로 본격적인 탐사를 시작하지 못하고 있다. 인류의 미래 자원을 확보하기 위해서라도 적극적으로 달 탐사에 대한 투자와 기술 개발에 나설 필요가 있다.

① 자원을 공정하게 활용하려면 국제적인 협력이 필요하다.
② 달 탐사를 위한 기술은 이미 대부분의 나라가 보유하고 있다.
③ 희귀한 우주 자원을 개발하기 위해 탐사선을 달에 보내야 한다.
④ 미래 자원 확보를 위해 달 탐사에 대한 적극적인 노력이 필요하다.

36.

사람들의 소비 성향이 변화하고 있다. 요즘 사람들은 단순히 품질과 가격만을 기준으로 제품을 고르지 않는다. 착한 초콜릿, 착한 커피처럼 생산 과정에 인권이나 환경 보호의 가치를 반영한 제품을 찾는 경향을 보이고 있다. 과거에는 제품의 품질이나 가격, 또는 기업이 만들어 낸 일자리와 같은 경제적 가치를 중심으로 평가하던 소비자들의 기준이 달라지고 있는 것이다. 이에 따라 많은 기업들이 사회 공헌 활동이나 친환경 경영을 강조하며 브랜드 이미지를 바꾸려는 노력을 하고 있다.

① 친환경 경영은 기업의 이미지 개선에 효과적인 전략이다.
② 소비 성향과 기업 평가 기준이 윤리 중심으로 변화하고 있다.
③ 기업의 성공은 얼마나 많은 제품을 판매했는가에 따라 결정된다.
④ 착한 소비를 실천하기 위해 소비자들은 일자리가 많은 기업을 선택한다.

37.

스마트폰과 같은 디지털 기기의 발달과 함께 짧은 영상 콘텐츠를 즐기는 사람들이 늘고 있다. 이 콘텐츠들은 짧은 시간 안에 많은 정보를 전달하며 빠르게 소비된다. 하지만 이러한 소비 방식에 익숙해질수록 집중력이 필요한 활동에는 쉽게 지루함을 느끼게 된다. 짧은 자극에만 반응하는 습관이 형성되면 길고 복잡한 내용에 집중하는 데 어려움을 느낄 수 있기 때문이다.

① 짧은 콘텐츠의 자극적인 요소에 대한 개선이 필요하다.
② 짧은 콘텐츠는 정보 전달 효율성을 높이는 데 기여한다.
③ 짧은 콘텐츠의 반복적 소비는 집중력 저하를 초래할 수 있다.
④ 짧은 콘텐츠는 소비 방식에 따라 습관 형성에 영향을 미친다.

38.

자신에게는 쉬운 일이 상대방에게는 어려운 일일 수 있다는 점을 생각하지 못하면 그 행동은 배려가 아닌 강요가 될 수도 있다. 이를 보여 주는 우화로 여우와 두루미 이야기가 있다. 여우는 두루미를 초대해 자신의 기준대로 평평한 접시에 음식을 내놓았고 두루미는 길고 뾰족한 부리 때문에 제대로 먹지 못했다는 내용이다. 이 이야기는 상대방의 입장을 고려하지 않은 배려가 자기중심적인 행동이 될 수도 있다는 점을 보여 준다.

① 우화를 통해 진정한 배려가 무엇인지 배워야 한다.
② 자신만의 기준이 분명할 때 상대방을 배려할 수 있다.
③ 배려할 때 상대방의 입장을 헤아리는 태도가 선행되어야 한다.
④ 내가 좋아하는 것을 상대방에게 해 주는 것이 바람직한 배려이다.

※ [39~41] 주어진 문장이 들어갈 곳으로 가장 알맞은 것을 고르십시오. (각 2점)

39.

사람들이 모이면서 자연스럽게 골목 상권이 살아나고 지역 사회가 활기를 띠게 된다.

도시 재생 사업은 오래된 지역을 새롭게 살려 지역 경제를 활성화하려는 사업이다. (㉠) 특히 최근에는 오래된 골목길을 새롭게 정비하여 상권을 되살리려는 시도가 늘고 있다. (㉡) 새롭게 단장한 골목에는 지역 특색을 살린 가게들이 들어서고 많은 사람들이 이곳을 찾기 시작한다. (㉢) 그러나 지나친 상업화로 인해 원래의 지역 특색이 사라질 위험도 함께 존재한다. (㉣) 이런 점을 고려하여 경제적 이익뿐만 아니라 지역의 고유문화를 지키는 방향으로 도시 재생이 이루어져야 한다.

① ㉠ ② ㉡ ③ ㉢ ④ ㉣

40.

즉, 열이 식는 속도와 균열이 생기는 방향에 따라 기둥의 굵기나 모양, 배열 형태가 달라지는 것이다.

주상절리는 화산 활동으로 인해 생긴 암석 지형이다. (㉠) 화산 활동이 끝나면 용암이 식으면서 열이 급격히 빠져나가게 된다. (㉡) 이 과정에서 표면에 작은 균열이 발생하는데 이 균열은 시간이 지나면서 점점 아래로 뻗어나가 기둥 모양을 이루게 된다. (㉢) 각기 다른 모양과 독특한 형태 때문에 오늘날에는 관광 명소로 널리 알려져 있다. (㉣)

① ㉠ ② ㉡ ③ ㉢ ④ ㉣

41.

이러한 점에서 조선왕조실록은 단순한 역사 기록을 넘어 진실을 자세히 남기려 한 문화적 태도의 상징이라 할 수 있다.

조선왕조실록은 조선 시대의 국왕과 정치, 사회, 외교 등 국가 운영 전반을 연대순으로 기록한 역사서이다. (㉠) 이 기록은 왕이 사망한 뒤 특별한 기관을 만들어 사관들이 편찬하였다. (㉡) 사실을 왜곡하지 않고 충실히 기록하기 위해 국왕조차도 함부로 열람할 수 없도록 하였다. (㉢) 실록에는 왕의 말과 행동, 대신들의 논쟁, 백성의 삶까지 상세하게 담겨 있다. (㉣) 현재 조선왕조실록은 그 가치를 인정받아 유네스코 세계기록유산으로 등재되어 세계적인 역사 자료로 평가받고 있다.

① ㉠ ② ㉡ ③ ㉢ ④ ㉣

※ [42~43] 다음을 읽고 물음에 답하십시오. (각 2점)

재민은 오늘 생애 첫 월급을 받았다. 월급 통장을 확인하고 나니 마음 한편이 괜히 허전했다. 아버지께서 돌아가신 지 3년째 되는 날이어서 더욱 공허하게 느껴지는 것 같았다. 아버지가 살아 계셨다면 퇴근길에 아버지 댁에 들러 같이 밥 한 끼 했을지도 모를 일이었다. (중략)

재민의 아버지는 말이 없는 사람이었다. 늦게 퇴근하고도 말없이 아들을 위해 밥을 차렸고 주말이면 고장 난 전등을 갈거나 오래된 책상을 고치곤 했다. 재민은 중학생 시절에 그런 아버지의 모습이 답답하게 느껴지기도 했다. 가끔 다른 친구들의 아버지처럼 유쾌하게 농담을 주고받는 아버지를 상상한 적도 있었다. (중략)

입대 전 훈련소 앞에서 재민의 아버지는 덤덤하게 아들에게 봉투 하나를 건네며 말했다.

"필요한 거 있으면 쓰고 훈련 끝나면 전화 한번 줘라."

그때 재민은 알겠다고 대답했지만 결국 아버지에게 전화를 한 건 입대한 지 6개월이 지난 어느 주말이었다. 그마저도 아버지와 통화는 하지 못했다. (중략)

재민은 아버지 번호를 눌러 보다가 천천히 손을 내렸다. 손에 쥔 휴대 전화가 유독 무겁게 느껴지는 날이었다.

42. 밑줄 친 부분에 나타난 '재민'의 심정으로 가장 알맞은 것을 고르십시오.

① 서운하다 ② 후회스럽다
③ 후련하다 ④ 의심스럽다

43. 윗글의 내용으로 알 수 있는 것을 고르십시오.

① 재민의 아버지는 무뚝뚝한 사람이었다.
② 재민은 첫 월급을 받고 아버지 집으로 갔다.
③ 재민은 아버지의 유쾌한 농담을 듣는 것을 좋아했다.
④ 재민의 아버지는 훈련소 앞에서 아들에게 전화를 걸었다.

※ [44~45] 다음을 읽고 물음에 답하십시오. (각 2점)

19세기 중반에 등장한 인상주의는 기존 회화의 틀을 깨고 새로운 시도를 한 예술 사조였다. 이전까지의 회화는 사물의 형태와 구도를 정밀하게 묘사하는 데 집중했지만 인상주의 화가들은 자연의 빛과 색채가 순간순간 달라진다는 점에 주목했다. 이들은 정해진 구도나 윤곽선을 따르기보다 (   ) 보이는 인상을 그대로 표현하고자 했다. 하루 중 시간에 따라 빛의 색과 밝기가 변한다는 점에 착안해 같은 장소를 아침, 낮, 저녁 등 시간대별로 여러 번 그리기도 했다. 이는 빛과 색의 변화가 자연의 인상을 결정한다고 믿었던 인상주의 화가들의 생각을 잘 보여 준다. 대표적인 예로 모네는 지베르니 정원의 수련 연못을 250점 이상 그리며 시간과 날씨에 따라 달라지는 빛의 인상을 포착하려 했다. 인상주의는 정적인 재현에서 벗어나 시간성과 순간성을 회화에 도입한 점에서 예술사적 의미를 지닌다.

44. (   ) 안에 들어갈 말로 가장 알맞은 것을 고르십시오.

① 있는 그대로의 자연을 관찰하며
② 상상력을 더해 자연을 단순화하며
③ 특정한 시간대에 자연을 담아내며
④ 이상적인 형태로 자연을 재구성하며

45. 윗글의 주제로 가장 알맞은 것을 고르십시오.

① 인상주의는 형태보다 빛의 순간적인 인상을 중시하였다.
② 인상주의 화가인 모네는 수련을 주제로 다양한 작품을 남겼다.
③ 구도나 윤곽선을 관찰하여 묘사하는 것이 인상주의 회화의 특징이다.
④ 정적인 재현을 통해 자연을 표현하는 인상주의 화풍은 가치가 뛰어나다.

※ [46~47] 다음을 읽고 물음에 답하십시오. (각 2점)

최근 인공 지능 기술이 의료, 금융, 제조업 등 다양한 분야에서 활용되면서 인간의 삶에 큰 변화를 가져오고 있다. 그러나 인공 지능 기술의 급속한 발전은 사회적 · 윤리적 문제에 대한 우려도 함께 키우고 있다. 대표적으로 인공 지능이 생성하는 편향된 정보, 개인정보 침해, 인간의 일자리를 대체하는 문제 등이 지적된다. 특히 채용 과정이나 법률 자문과 같은 중요한 의사 결정에서 인공 지능이 인간의 편견을 그대로 학습해 재생산할 가능성이 제기되고 있다. 이로 인해 사회적 약자나 소수 집단이 불이익을 받을 우려가 있다. 이에 따라 전문가들은 인공 지능 개발 단계에서부터 윤리적 기준을 명확히 설정해야 한다고 강조한다. 정부와 기업은 공동으로 윤리 가이드라인을 마련하고 법적 규제를 통해 강제할 필요가 있다. 단순히 자율 규제에만 맡긴다면 기업들은 비용 절감이나 효율성만을 우선시하여 윤리적 책임을 소홀히 할 위험이 있기 때문이다. 기술의 발전은 필연적이지만 그로 인한 부작용을 최소화하려는 노력이 병행되지 않는다면 인공 지능이 초래할 사회적 문제는 더욱 심각해질 수 있다.

46. 윗글에 나타난 필자의 태도로 가장 알맞은 것을 고르십시오.

① 인공 지능 기술 확산을 긍정적으로 평가하고 있다.
② 인공 지능 기술의 정보 편향 문제를 지적하고 있다.
③ 인공 지능 기술로 인한 다양한 변화에 대해 설명하고 있다.
④ 인공 지능 기술 발전에 따른 윤리적 규제의 필요성을 강조하고 있다.

47. 윗글의 내용과 같은 것을 고르십시오.

① 인공 지능 기술은 다양한 분야에서 일자리 창출에 기여한다.
② 채용 과정에서 인공 지능을 활용하면 채용 공정성이 높아진다.
③ 개인정보 침해가 인공 지능 기술의 문제점으로 지적되고 있다.
④ 정부는 인공 지능 기술 확산을 억제하기 위한 규제를 시행 중이다.

※ [48~50] 다음을 읽고 물음에 답하십시오. (각 2점)

최근 기후 변화로 인한 이상 기후, 해수면 상승, 생태계 파괴 등 환경 문제가 심각해지고 있다. 이에 따라 전 세계는 온실가스 배출을 줄이고 탄소 중립 사회로의 전환을 추진하고 있다. 탄소 중립이란 인간의 활동으로 발생하는 이산화 탄소의 양과 이를 흡수하거나 제거하는 양을 같게 만들어 (   ) 것을 목표로 한다. 이를 달성하기 위해 각국 정부는 산업 전반에 걸쳐 탄소 배출을 줄이기 위한 법과 제도를 정비하고 있으며, 기업은 생산 과정에서 친환경 기술과 에너지 절감 방안을 도입하고 있다. 또한 시민들 역시 에너지 절약, 친환경 소비, 대중교통 이용 등 일상생활 속 실천을 통해 탄소 중립에 기여할 수 있다. 하지만 일각에서는 탄소 중립 달성의 부담을 개인에게 과도하게 전가하는 것이 아니냐는 비판도 제기된다. 구조적 변화 없이 시민의 자발적 실천만을 강조할 경우 실질적인 효과를 내기 어렵다는 지적이다. 따라서 탄소 중립은 특정 주체의 노력에만 맡길 것이 아니라 사회 전체가 각자의 책임을 다하며 협력해야 실현 가능한 과제라고 할 수 있다.

48. 윗글을 쓴 목적으로 가장 알맞은 것을 고르십시오.

① 탄소 중립 정책이 실패하는 원인을 분석하려고
② 탄소 중립의 개념과 역사적 기원을 설명하려고
③ 탄소 중립을 위한 다양한 실천 방법을 소개하려고
④ 탄소 중립 달성을 위한 공동의 책임을 강조하려고

49. (   ) 안에 들어갈 말로 가장 알맞은 것을 고르십시오.

① 친환경 소비를 장려하는
② 실질적인 탄소 배출을 없애는
③ 온실가스 감축 기술을 개발하는
④ 재생 에너지를 보급하고 활용하는

50. 윗글의 내용과 같은 것을 고르십시오.

① 환경 문제는 각국 정부의 강력한 규제로 해결해야 한다.
② 실질적인 효과를 위해 구조적 변화가 앞서 이루어져야 한다.
③ 기업의 활발한 산업 활동 확대로 온실가스를 감축할 수 있다.
④ 개인의 생활 속 실천이 가장 효과적인 탄소 중립 대응책이다.

EBS TOPIK II

실전모의고사

1 교시 (듣기)

성 명 (Name)	한국어 (Korean)	
	영 어 (English)	

수험번호											
					8						
⓪	⓪	⓪	⓪	⓪		⓪	⓪	⓪	⓪	⓪	⓪
①	①	①	①	①		①	①	①	①	①	①
②	②	②	②	②		②	②	②	②	②	②
③	③	③	③	③		③	③	③	③	③	③
④	④	④	④	④		④	④	④	④	④	④
⑤	⑤	⑤	⑤	⑤		⑤	⑤	⑤	⑤	⑤	⑤
⑥	⑥	⑥	⑥	⑥		⑥	⑥	⑥	⑥	⑥	⑥
⑦	⑦	⑦	⑦	⑦		⑦	⑦	⑦	⑦	⑦	⑦
⑧	⑧	⑧	⑧	⑧	●	⑧	⑧	⑧	⑧	⑧	⑧
⑨	⑨	⑨	⑨	⑨		⑨	⑨	⑨	⑨	⑨	⑨

문제지 유형 (Type)	
홀수형 (Odd number type)	▢
짝수형 (Even number type)	▢

※결 시 확인란	결시자의 영어 성명 및 수험번호 기재 후 표기	▢

※ 위 사항을 지키지 않아 발생하는 불이익은 응시자에게 있습니다.

※감독관 확 인	본인 및 수험번호 표기가 정확한지 확인	(인)

번호	답		란	
1	①	②	③	④
2	①	②	③	④
3	①	②	③	④
4	①	②	③	④
5	①	②	③	④
6	①	②	③	④
7	①	②	③	④
8	①	②	③	④
9	①	②	③	④
10	①	②	③	④
11	①	②	③	④
12	①	②	③	④
13	①	②	③	④
14	①	②	③	④
15	①	②	③	④
16	①	②	③	④
17	①	②	③	④
18	①	②	③	④
19	①	②	③	④
20	①	②	③	④

번호	답		란	
21	①	②	③	④
22	①	②	③	④
23	①	②	③	④
24	①	②	③	④
25	①	②	③	④
26	①	②	③	④
27	①	②	③	④
28	①	②	③	④
29	①	②	③	④
30	①	②	③	④
31	①	②	③	④
32	①	②	③	④
33	①	②	③	④
34	①	②	③	④
35	①	②	③	④
36	①	②	③	④
37	①	②	③	④
38	①	②	③	④
39	①	②	③	④
40	①	②	③	④

번호	답		란	
41	①	②	③	④
42	①	②	③	④
43	①	②	③	④
44	①	②	③	④
45	①	②	③	④
46	①	②	③	④
47	①	②	③	④
48	①	②	③	④
49	①	②	③	④
50	①	②	③	④

EBS TOPIK Ⅱ

실전모의고사

2 교시 (읽기)

성 명 (Name)	한국어 (Korean)	
	영 어 (English)	

수					험		번			호	
					8						
⓪	⓪	⓪	⓪	⓪		⓪	⓪	⓪	⓪	⓪	⓪
①	①	①	①	①		①	①	①	①	①	①
②	②	②	②	②		②	②	②	②	②	②
③	③	③	③	③		③	③	③	③	③	③
④	④	④	④	④		④	④	④	④	④	④
⑤	⑤	⑤	⑤	⑤		⑤	⑤	⑤	⑤	⑤	⑤
⑥	⑥	⑥	⑥	⑥		⑥	⑥	⑥	⑥	⑥	⑥
⑦	⑦	⑦	⑦	⑦		⑦	⑦	⑦	⑦	⑦	⑦
⑧	⑧	⑧	⑧	⑧	●	⑧	⑧	⑧	⑧	⑧	⑧
⑨	⑨	⑨	⑨	⑨		⑨	⑨	⑨	⑨	⑨	⑨

문제지 유형 (Type)	
홀수형 (Odd number type)	▢
짝수형 (Even number type)	▢

※결 시 확인란	결시자의 영어 성명 및 수험번호 기재 후 표기	▢

※ 위 사항을 지키지 않아 발생하는 불이익은 응시자에게 있습니다.

※감독관 확 인	본인 및 수험번호 표기가 정확한지 확인	(인)

번호	답			란
1	①	②	③	④
2	①	②	③	④
3	①	②	③	④
4	①	②	③	④
5	①	②	③	④
6	①	②	③	④
7	①	②	③	④
8	①	②	③	④
9	①	②	③	④
10	①	②	③	④
11	①	②	③	④
12	①	②	③	④
13	①	②	③	④
14	①	②	③	④
15	①	②	③	④
16	①	②	③	④
17	①	②	③	④
18	①	②	③	④
19	①	②	③	④
20	①	②	③	④

번호	답			란
21	①	②	③	④
22	①	②	③	④
23	①	②	③	④
24	①	②	③	④
25	①	②	③	④
26	①	②	③	④
27	①	②	③	④
28	①	②	③	④
29	①	②	③	④
30	①	②	③	④
31	①	②	③	④
32	①	②	③	④
33	①	②	③	④
34	①	②	③	④
35	①	②	③	④
36	①	②	③	④
37	①	②	③	④
38	①	②	③	④
39	①	②	③	④
40	①	②	③	④

번호	답			란
41	①	②	③	④
42	①	②	③	④
43	①	②	③	④
44	①	②	③	④
45	①	②	③	④
46	①	②	③	④
47	①	②	③	④
48	①	②	③	④
49	①	②	③	④
50	①	②	③	④

EBS TOPIK Ⅱ

실전모의고사

1 교시(쓰기)

성 명 (Name)	한국어 (Korean)	
	영 어 (English)	

수험번호											
					8						
⓪	⓪	⓪	⓪	⓪		⓪	⓪	⓪	⓪	⓪	⓪
①	①	①	①	①		①	①	①	①	①	①
②	②	②	②	②		②	②	②	②	②	②
③	③	③	③	③		③	③	③	③	③	③
④	④	④	④	④		④	④	④	④	④	④
⑤	⑤	⑤	⑤	⑤		⑤	⑤	⑤	⑤	⑤	⑤
⑥	⑥	⑥	⑥	⑥		⑥	⑥	⑥	⑥	⑥	⑥
⑦	⑦	⑦	⑦	⑦		⑦	⑦	⑦	⑦	⑦	⑦
⑧	⑧	⑧	⑧	⑧	●	⑧	⑧	⑧	⑧	⑧	⑧
⑨	⑨	⑨	⑨	⑨		⑨	⑨	⑨	⑨	⑨	⑨

문제지 유형 (Type)	
홀수형 (Odd number type)	▢
짝수형 (Even number type)	▢

※결 시 확인란	결시자의 영어 성명 및 수험번호 기재 후 표기	▢
※감독관 확 인	본인 및 수험번호 표기가 정확한지 확인	(인)

주관식 답안은 정해진 답란을 벗어나거나 답란을 바꿔서 쓸 경우 점수를 받을 수 없습니다.
(Answers written outside the box or in the wrong box will not be graded)

51	㉠
	㉡
52	㉠
	㉡
53	아래 빈칸에 200자에서 300자 이내로 작문하십시오 (띄어쓰기 포함). (Please write your answer bleow: our answer must be between 200 and 300 letters including spaces.)

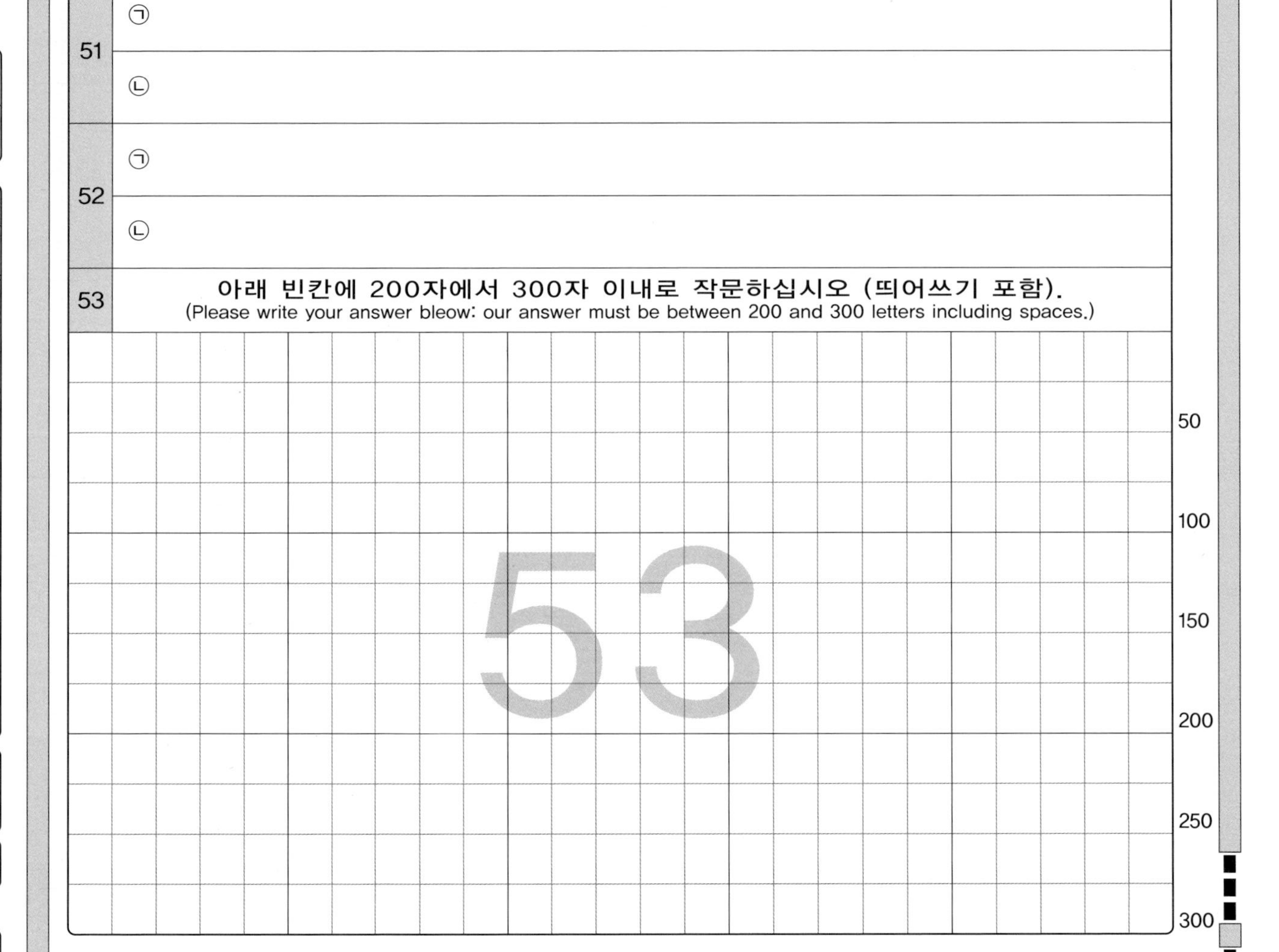

※ 54번은 뒷면에 작성하십시오. (Please write your answer for question number 54 at the back.)

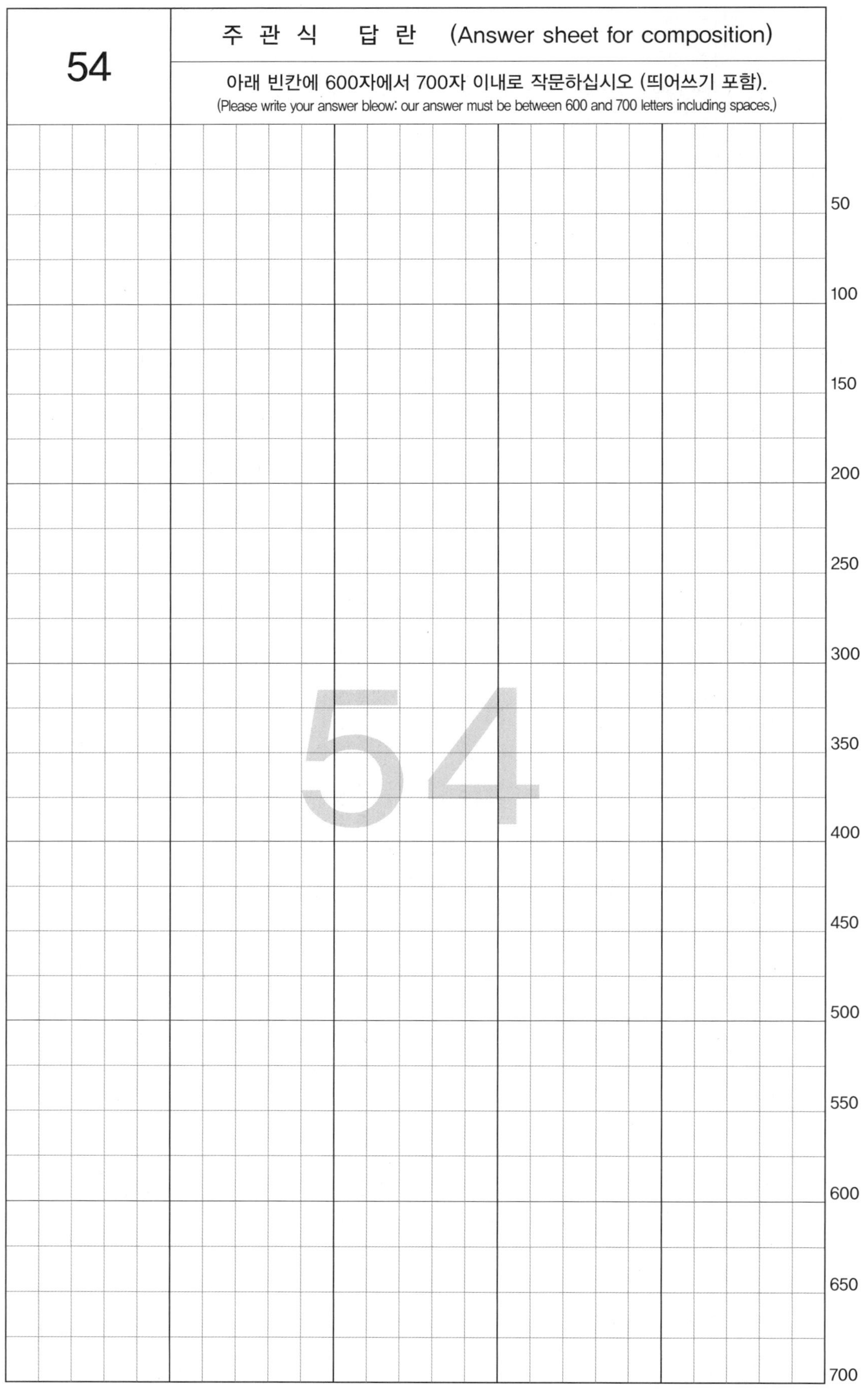

54

주 관 식 답 란 (Answer sheet for composition)

아래 빈칸에 600자에서 700자 이내로 작문하십시오 (띄어쓰기 포함).
(Please write your answer bleow; our answer must be between 600 and 700 letters including spaces.)

※ 주어진 답란의 방향을 바꿔서 답안을 쓰면 '0'점 처리됩니다.
(Please do not tum the answer sheet horizontaly. No points will be given.)

EBS TOPIK Ⅱ 실전모의고사

제2회

1교시	듣기, 쓰기
2교시	읽기

수험번호(Registration NO.)		
이름 (Name)	한국어(Korean)	
	영 어(English)	

유 의 사 항
Information

1. 시험 시작 지시가 있을 때까지 문제를 풀지 마십시오.
   Do not open the booklet until you are allowed to start.

2. 수험번호와 이름을 정확하게 적어 주십시오.
   Write your name and registration number on the answer sheet.

3. 답안지를 구기거나 훼손하지 마십시오.
   Do not fold the answer sheet; keep it clean.

4. 답안지의 이름, 수험번호 및 정답의 기입은 배부된 펜을 사용하여 주십시오.
   Use the given pen only.

5. 정답은 답안지에 정확하게 표시하여 주십시오.
   Mark your answer accurately and clearly on the answer sheet.

6. 문제를 읽을 때에는 소리가 나지 않도록 하십시오.
   Keep quiet while answering the questions.

7. 질문이 있을 때에는 손을 들고 감독관이 올 때까지 기다려 주십시오.
   When you have any questions, please raise your hand.

제2회 실전모의고사

1교시 듣기 (1번~50번)

※ [1~3] 다음을 듣고 가장 알맞은 그림 또는 그래프를 고르십시오. (각 2점)

1\. ①

②

③

④

2\. ①

②

③

④

3.

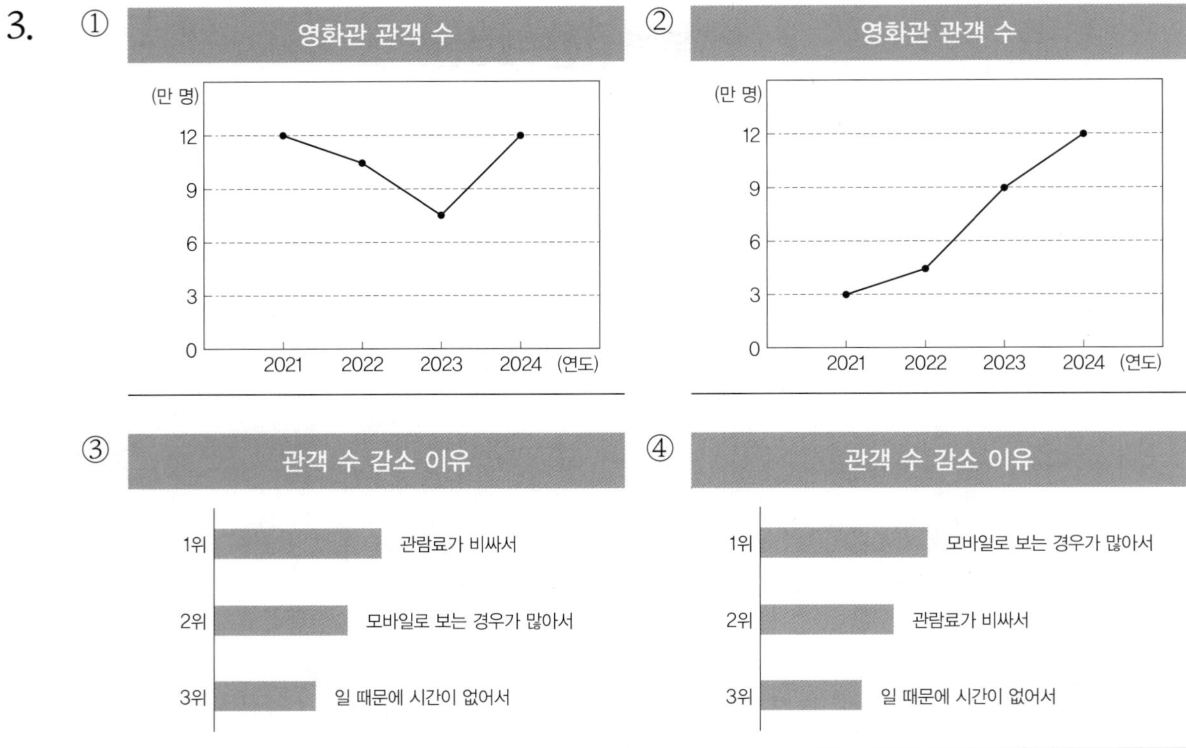

※ [4~8] 다음을 듣고 이어질 수 있는 말로 가장 알맞은 것을 고르십시오. (각 2점)

4. ① 오늘도 많이 쉴 거예요.
② 걱정했는데 다행이에요.
③ 약을 안 먹어서 그래요.
④ 병원에 빨리 가야겠어요.

5. ① 그럼 난 불고기 먹을게.
② 불고기는 안 시켜야겠다.
③ 그 식당은 지난주에 갔어.
④ 미리 예약을 확인해야 해.

6. ① 발표 날짜를 모르면 빨리 확인해야지요.
② 다른 학생들의 질문에도 잘 대답했어요.
③ 준비 많이 했으니까 잘할 수 있을 거예요.
④ 첫 발표인데 하나도 안 떨린다니 대단해요.

7. ① 머리가 짧으니까 평소와 좀 달라 보이네요.
② 앞머리는 그대로 두고 뒷머리만 정리해 주세요.
③ 제가 다니는 미용실이 괜찮은데 소개해 줄까요?
④ 요즘 시간이 없어서 토요일 오전으로 예약했어요.

8. ① 그래요? 그럼 흰색으로 할게요.
② 그래요? 까만색이 정말 예쁘죠.
③ 그럼요. 저도 운동화를 좋아해요.
④ 그럼요. 디자인이 가장 중요해요.

※ [9~12] 다음을 듣고 여자가 이어서 할 행동으로 가장 알맞은 것을 고르십시오. (각 2점)

9. ① 과일 코너에 간다. ② 살 것을 메모한다.
③ 사과를 먹어 본다. ④ 물건값을 계산한다.

10. ① 운동하러 간다. ② 외출 준비를 한다.
③ 세탁소에 옷을 맡긴다. ④ 세탁소에 전화를 한다.

11. ① 자전거를 탄다.
② 편의점에 간다.
③ 김밥을 준비한다.
④ 먹은 음식을 정리한다.

12. ① 회의를 시작한다.
② 그래프를 수정한다.
③ 회의 자료를 출력한다.
④ 회의 자료를 복사한다.

※ [13~16] 다음을 듣고 들은 내용과 같은 것을 고르십시오. (각 2점)

13. ① 남자는 요즘 일이 많지 않다.
② 남자는 집들이를 안 하려고 한다.
③ 남자는 짐이 많아서 집 정리가 힘들다.
④ 남자는 여자에게 메시지를 보낼 것이다.

14. ① 이번 행사는 오전에 진행된다.
② 사인회는 행사 시작 전에 열린다.
③ 누구나 자유롭게 사인회에 참여할 수 있다.
④ 오늘 서점에서 시인이 직접 시를 읽어 준다.

15. ① 대형 마트에서 판매되는 와인 종류가 많지 않다.
② 대형 마트에서 중저가 와인 판매가 증가하고 있다.
③ 대형 마트의 중저가 와인 판매 비율은 60% 정도이다.
④ 대형 마트의 소비자들은 비싸도 맛이 좋은 와인을 선호한다.

16. ① 오래 걸어야 운동 효과를 볼 수 있다.
② 빠른 속도로 걸어야 운동 효과가 좋다.
③ 맨발 걷기를 하면서 다리 힘을 키울 수 있다.
④ 딱딱한 길을 걸으면 더 많은 자극이 생겨서 좋다.

※ [17~20] 다음을 듣고 남자의 중심 생각으로 가장 알맞은 것을 고르십시오. (각 2점)

17. ① 오늘은 늦게 자도 괜찮다.
② 휴일에는 집에서 쉬는 게 좋다.
③ 일찍 자야 일찍 일어날 수 있다.
④ 금요일에는 꼭 영화를 봐야 한다.

18. ① 사용한 물건은 제자리에 두어야 한다.
② 자기 물건에는 이름을 써 놓는 게 좋다.
③ 다른 사람의 물건은 허락을 받고 써야 한다.
④ 깨끗하게 써야 물건을 오래 사용할 수 있다.

19. ① 고향에서 아르바이트를 하고 싶다.
② 여행은 함께 가는 사람이 중요하다.
③ 평소에 친구들과 자주 만나려고 한다.
④ 방학 때는 가족들과 시간을 보내고 싶다.

20. ① 집은 햇빛이 잘 들어오게 짓는 것이 좋다.
② 집은 사용 공간을 잘 나누는 것이 중요하다.
③ 집은 사람이 안정감을 느끼는 장소에 지어야 한다.
④ 집은 외관보다는 실내 장식에 더 신경을 써야 한다.

※ [21~22] 다음을 듣고 물음에 답하십시오. (각 2점)

21. 남자의 중심 생각으로 가장 알맞은 것을 고르십시오.
① 전시회는 시민 참여율이 중요하다.
② 전시회는 예산에 맞춰 진행해야 한다.
③ 전시회는 넓은 곳에서 하는 것이 좋다.
④ 전시회는 주제에 어울리는 곳에서 해야 한다.

22. 들은 내용과 같은 것을 고르십시오.
① 올해 전시회 예산은 모두 사용하였다.
② 이번 전시회 주제는 정해지지 않았다.
③ 지난번 전시회는 도심 밖에서 진행되었다.
④ 시청 앞 문화 센터에는 지나다니는 사람이 많다.

※ [23~24] 다음을 듣고 물음에 답하십시오. (각 2점)

23. 남자가 무엇을 하고 있는지 고르십시오.

① 세미나 진행 비용을 문의하고 있다.
② 세미나실 행사 진행을 도와주고 있다.
③ 서울호텔에 대한 홍보를 진행하고 있다.
④ 서울호텔에 장소 사용을 문의하고 있다.

24. 들은 내용과 같은 것을 고르십시오.

① 호텔에서는 세미나를 진행할 수 없다.
② 호텔을 사전에 방문하면 장소를 확인할 수 있다.
③ 호텔은 장소만 제공하고 식사는 따로 해결해야 한다.
④ 세미나 진행에 필요한 자료는 고객이 직접 준비해야 한다.

※ [25~26] 다음을 듣고 물음에 답하십시오. (각 2점)

25. 남자의 중심 생각으로 가장 알맞은 것을 고르십시오.

① 소방 장비의 무게를 줄일 필요가 있다.
② 평소 꾸준한 체력 훈련이 가장 중요하다.
③ 우리 지역의 화재 발생 비율을 낮춰야 한다.
④ 소방차가 들어갈 수 있도록 길을 넓혀야 한다.

26. 들은 내용과 같은 것을 고르십시오.

① 이번 화재로 인해 피해가 매우 컸다.
② 소방관이 장비를 메고 진입하는 경우가 많다.
③ 너무 덥거나 추운 날에는 훈련을 하지 않는다.
④ 이 지역의 건물은 대부분 새로 지은 건물이다.

※ [27~28] 다음을 듣고 물음에 답하십시오. (각 2점)

27. 남자가 말하는 의도로 알맞은 것을 고르십시오.
① 야간 조명 설치를 건의하기 위해
② 야간 조명 설치의 장점을 설명하기 위해
③ 야간 조명 설치 예산을 줄이자고 제안하기 위해
④ 야간 조명 설치로 인한 식물 피해를 강조하기 위해

28. 들은 내용과 같은 것을 고르십시오.
① 남자는 야간 조명이 필요 없다고 주장한다.
② 야간 조명은 조깅하는 사람들에게 도움이 된다.
③ 여자는 야간 조명을 확대하자고 제안하고 있다.
④ 야간 조명은 공원의 식물을 더 잘 자라게 한다.

※ [29~30] 다음을 듣고 물음에 답하십시오. (각 2점)

29. 남자가 누구인지 고르십시오.
① 드라마 대본을 쓰는 작가
② 드라마 장면을 연출하는 감독
③ 드라마에서 노래를 부르는 가수
④ 드라마의 배경 음악을 만드는 감독

30. 들은 내용과 같은 것을 고르십시오.
① 남자는 드라마의 대본을 쓴 뒤 음악을 만든다.
② 남자는 드라마 장면을 보지 않고 음악을 완성한다.
③ 남자는 연출자와 관계 없이 독립적으로 음악을 만든다.
④ 남자는 장면의 분위기에 맞게 음악을 수정하기도 한다.

※ [31~32] 다음을 듣고 물음에 답하십시오. (각 2점)

31. 남자의 생각으로 가장 알맞은 것을 고르십시오.

① 외국인 투자자는 체류 기간이 짧아서 영주권이 필요하지 않다.
② 외국인에게 영주권을 주는 것은 국민의 반발을 일으킬 수 있다.
③ 투자 이민 제도는 지역 발전에 기여하므로 긍정적으로 볼 수 있다.
④ 외국인의 투자는 경제에 도움이 되지만 고용 창출 효과는 미미하다.

32. 남자의 태도로 알맞은 것을 고르십시오.

① 문제 해결 방안에 일부 동의하고 있다.
② 상대방과 논의하며 타협점을 찾고 있다.
③ 상대방의 주장을 일관되게 반박하고 있다.
④ 상대방에게 명확한 근거를 요구하고 있다.

※ [33~34] 다음을 듣고 물음에 답하십시오. (각 2점)

33. 무엇에 대한 내용인지 알맞은 것을 고르십시오.

① 부엉이의 목뼈가 성장하는 시기
② 부엉이가 목 근육을 키우는 방법
③ 부엉이가 목을 잘 돌릴 수 있는 이유
④ 부엉이가 목의 길이를 조절하는 과정

34. 들은 내용과 같은 것을 고르십시오.

① 부엉이는 사람보다 많은 목뼈가 있다.
② 부엉이의 목뼈는 일자로 곧게 뻗어 있다.
③ 부엉이의 목뼈에 있는 구멍은 혈관보다 좁다.
④ 부엉이의 목에는 근육이 없어 움직임이 부드럽다.

※ [35~36] 다음을 듣고 물음에 답하십시오. (각 2점)

35. 남자는 무엇을 하고 있는지 고르십시오.

① 학부모들에게 대학교를 홍보하고 있다.
② 졸업생들에게 축하 인사를 전하고 있다.
③ 신입생들에게 학교생활을 소개하고 있다.
④ 대학생들에게 학사 일정에 대해 안내하고 있다.

36. 들은 내용과 같은 것을 고르십시오.

① 고민과 도전을 견디지 못한 학생들이 많다.
② 참석한 학부모에게 감사 인사를 전달하고 있다.
③ 학생들은 사회에 나가면 편안한 생활을 할 수 있다.
④ 사회보다 학교 안에서 긍정적인 영향을 미쳐야 한다.

※ [37~38] 다음을 듣고 물음에 답하십시오. (각 2점)

37. 여자의 중심 생각으로 가장 알맞은 것을 고르십시오.

① 옥상 정원은 체계적으로 관리하는 것이 중요하다.
② 옥상 정원은 건물의 특징을 고려해 조정해야 한다.
③ 옥상 정원에 심는 식물의 종류를 다양화해야 한다.
④ 옥상 정원을 확대하기 위해 정부의 지원이 필요하다.

38. 들은 내용과 같은 것을 고르십시오.

① 우리나라는 옥상 정원에 대한 설치 기준이 없다.
② 옥상 정원은 건물의 냉방 에너지 사용을 줄인다.
③ 최근 우리나라 도시에 옥상 정원이 크게 늘었다.
④ 옥상 정원은 주변 온도에 영향을 미치지 못한다.

※ [39~40] 다음을 듣고 물음에 답하십시오. (각 2점)

39. 이 대화 전의 내용으로 가장 알맞은 것을 고르십시오.
① 문화유산을 활용한 지역 관광이 점점 줄어들고 있다.
② 문화유산을 외국인에게 공개하는 정책이 시행되고 있다.
③ 문화유산을 보호하기 위한 주민들의 반대가 커지고 있다.
④ 문화유산을 활용해 지역 관광을 활성화하는 노력이 늘고 있다.

40. 들은 내용과 같은 것을 고르십시오.
① 문화유산을 활용한 교육은 실질적인 효과가 없다.
② 문화유산을 활용한 관광 활성화는 최근 줄어들고 있다.
③ 문화유산을 직접 탐방할 수 있는 기회를 만들어야 한다.
④ 문화유산의 보존을 위해 주민들의 참여를 제한해야 한다.

※ [41~42] 다음을 듣고 물음에 답하십시오. (각 2점)

41. 이 강연의 중심 내용으로 가장 알맞은 것을 고르십시오.
① 호패를 통해 각 지역의 특성을 잘 알 수 있었다.
② 호패를 통해 여성들이 사회에 진출할 수 있었다.
③ 호패는 신분과 사회 질서를 관리하는 수단이었다.
④ 호패는 신분제를 극복할 수 있는 중요한 도구였다.

42. 들은 내용과 같은 것을 고르십시오.
① 호패의 재질을 직접 결정할 수 있었다.
② 호패는 잃어버리면 다시 만들기 어려웠다.
③ 호패는 16세 이상의 남녀 모두에게 발급되었다.
④ 호패에는 그 사람이 태어난 지역이 적혀 있었다.

※ [43~44] 다음을 듣고 물음에 답하십시오. (각 2점)

43. 무엇에 대한 내용인지 알맞은 것을 고르십시오.

① 전통 기와를 만드는 순서
② 전통 기와로 할 수 있는 일
③ 전통 기와를 관리하는 방법
④ 전통 기와가 지닌 문화적 가치

44. 기와에 대한 설명으로 맞는 것을 고르십시오.

① 기와는 돌을 깎아 만들었다.
② 기와는 나무로 된 지붕을 덮고 있다.
③ 기와는 가벼워서 겹겹이 쌓아 사용했다.
④ 기와는 서민들의 집에서 주로 볼 수 있다.

※ [45~46] 다음을 듣고 물음에 답하십시오. (각 2점)

45. 들은 내용과 같은 것을 고르십시오.

① 로컬 푸드를 사용하는 학교는 거의 없다.
② 로컬 푸드는 지역 주민의 유대감보다 경쟁을 촉진한다.
③ 로컬 푸드를 이용하면 건강한 식생활에도 도움이 된다.
④ 로컬 푸드는 유통 과정이 복잡해 환경 오염을 유발한다.

46. 여자가 말하는 방식으로 알맞은 것을 고르십시오.

① 통계를 중심으로 분석하고 있다.
② 한계점을 중심으로 비판하고 있다.
③ 정의와 사례를 들어 설명하고 있다.
④ 문제를 바탕으로 의견을 주장하고 있다.

※ [47~48] 다음을 듣고 물음에 답하십시오. (각 2점)

47. 들은 내용과 같은 것을 고르십시오.

① 생성형 인공 지능은 객관적 정보만을 기반으로 작동한다.
② 인공 지능의 윤리 문제에 대한 법적 대응이 강화되고 있다.
③ 한국에서는 인공 지능 관련 법안을 세계 최초로 통과시켰다.
④ 인공 지능에 대한 규제가 기술 발전보다 먼저 이루어지고 있다.

48. 남자의 태도로 알맞은 것을 고르십시오.

① 인공 지능의 위험성을 부정하며 낙관하고 있다.
② 인공 지능 사용을 금지시킬 것을 촉구하고 있다.
③ 인공 지능 사용에 대해 부정적으로 생각하고 있다.
④ 인공 지능 규제의 필요성을 신중하게 설명하고 있다.

※ [49~50] 다음을 듣고 물음에 답하십시오. (각 2점)

49. 들은 내용과 같은 것을 고르십시오.

① 인류는 조리 기술의 발달로 치아가 더 강해졌다.
② 고대 인류는 현대인보다 부드러운 음식을 더 많이 먹었다.
③ 치아 구조는 시대와 상관없이 일정한 형태를 유지해 왔다.
④ 치아 변화는 인류가 환경에 적응해 온 과정을 보여 주는 사례다.

50. 남자가 말하는 방식으로 알맞은 것을 고르십시오.

① 학자들의 상반된 견해를 대조하고 있다.
② 자신의 주장과 다른 견해에 반박하고 있다.
③ 연구 결과를 사례로 활용하여 설명하고 있다.
④ 인류의 식생활 변화를 재현하며 분석하고 있다.

2교시 | 쓰기 (51번~54번)

※ [51~52] 다음 글의 ㉠과 ㉡에 알맞은 말을 각각 쓰시오. (각 10점)

51.

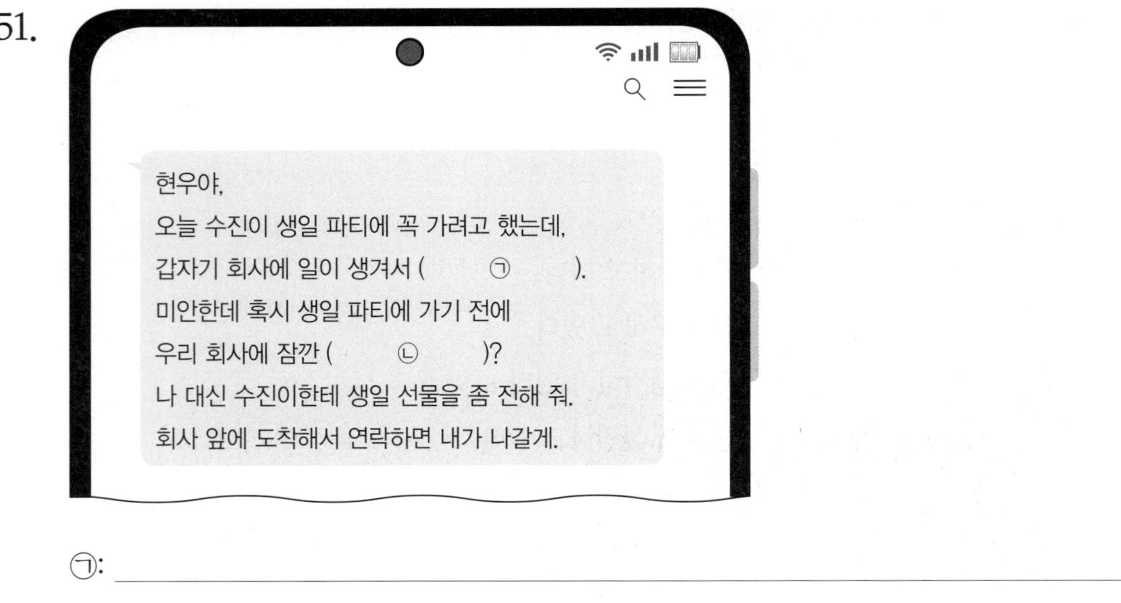

현우야,
오늘 수진이 생일 파티에 꼭 가려고 했는데,
갑자기 회사에 일이 생겨서 (㉠).
미안한데 혹시 생일 파티에 가기 전에
우리 회사에 잠깐 (㉡)?
나 대신 수진이한테 생일 선물을 좀 전해 줘.
회사 앞에 도착해서 연락하면 내가 나갈게.

㉠: ______________________

㉡: ______________________

52.

가을이 되면 초록색이던 나뭇잎이 빨간색이나 노란색으로 변한다. 이 변화는 나무가 (㉠) 위해 잎을 바꾸는 것이다. 날씨가 추워지고 햇빛이 약해지면 나무는 잎에 있던 영양분을 줄기로 보내기 시작한다. 그 결과 잎의 (㉡) 다른 색이 보이면서 단풍이 드는 것이다. 이 단풍잎은 결국 모두 떨어지는데 나무는 이런 방법으로 영양분을 유지해 겨울을 보낸다.

㉠: ______________________

㉡: ______________________

53. 다음은 '인공 지능(AI) 활용 분야 변화'에 대한 자료이다. 이 내용을 200~300자의 글로 쓰시오. 단, 글의 제목은 쓰지 마시오. (30점)

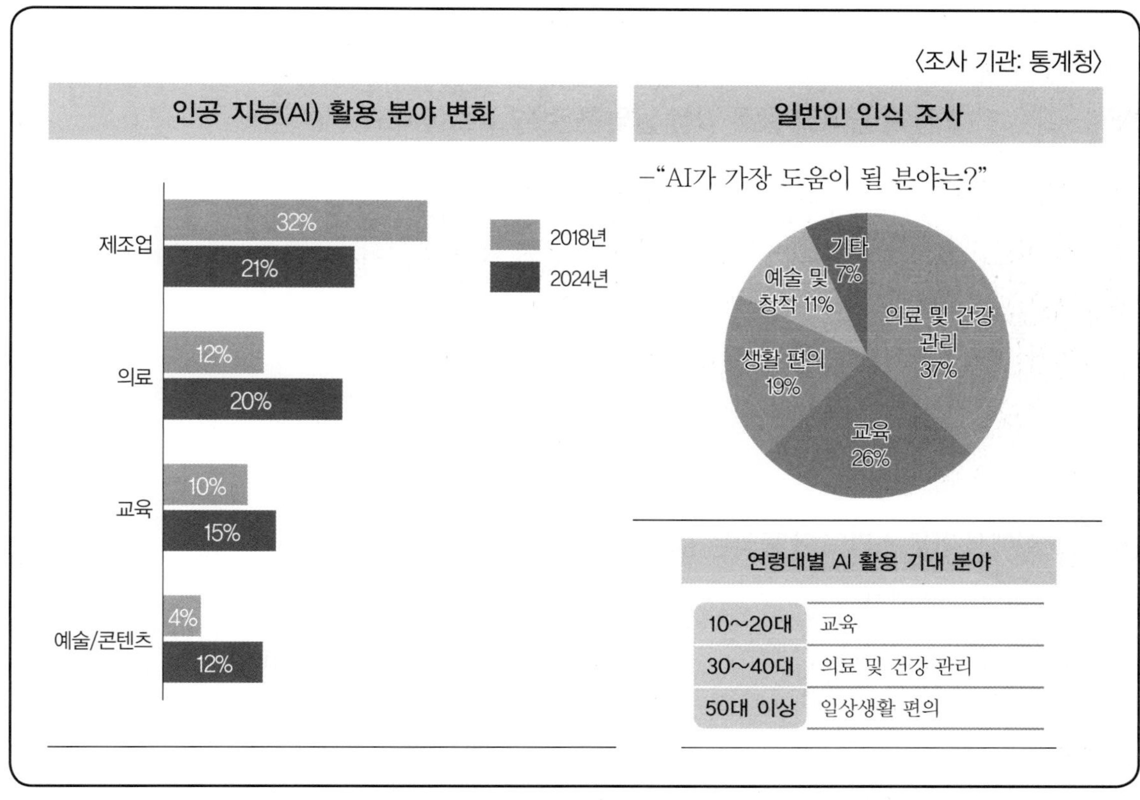

54. 다음을 참고하여 600~700자로 글을 쓰시오. 단, 문제를 그대로 옮겨 쓰지 마시오. (50점)

현대 사회에서는 도시화가 빠르게 진행되면서 인구, 산업, 자원이 대도시에 집중되는 현상이 심화되고 있다. 이에 따라 지방의 인구 감소, 경제 침체, 사회 기반 시설 부족 등 지역 불균형 문제가 대두되고 있으며, 이 문제를 해결하기 위한 다양한 노력이 필요해지고 있다. 아래의 내용을 중심으로 도시화로 인한 지역 불균형 문제를 해소하기 위한 현실적이고 실천 가능한 방안에 대한 자신의 생각을 쓰라.

- 도시화와 지역 불균형 문제의 원인은 무엇인가?
- 지역 불균형이 지속될 경우 발생할 수 있는 사회적 문제는 무엇인가?
- 지역 불균형 해소를 위한 방안은 무엇인가?

2교시 | 읽기 (1번~50번)

※ [1~2] ( ) 안에 들어갈 말로 가장 알맞은 것을 고르십시오. (각 2점)

1. 한국어를 (   ) 꾸준히 연습해야 한다.

① 잘하려면 ② 잘하려고
③ 잘하길래 ④ 잘하고서

2. 교실에서 아무 소리도 안 들리는 걸 보니 시험이 (   ).

① 시작될 뻔했다 ② 시작된 모양이다
③ 시작되는 척했다 ④ 시작되기 나름이다

※ [3~4] 밑줄 친 부분과 의미가 가장 비슷한 것을 고르십시오. (각 2점)

3. 버스를 <u>놓치는 바람에</u> 약속 시간에 늦었다.

① 놓친 탓에 ② 놓치나 마나
③ 놓친 대신에 ④ 놓치기 무섭게

4. 항상 나를 응원해 주는 가족들에게 <u>고마울 따름이다</u>.

① 고마울 뿐이다 ② 고마운 셈이다
③ 고마울 리가 없다 ④ 고마운 줄 모른다

※ [5~8] 다음은 무엇에 대한 글인지 고르십시오. (각 2점)

5.

신선함을 더 오래, 공간은 더 넓게!
재료의 신선함을 지켜 줍니다.

① 냉장고 ② 에어컨 ③ 노트북 ④ 운동화

6.

졸업식, 생일, 특별한 날에
당신의 마음을 향기로 전하세요~

① 공원 ② 서점 ③ 꽃집 ④ 식당

7.

지구를 위해 한 번 '더' 사용하세요!
작은 실천이 내일을 바꿉니다.

① 안전 운전 ② 시간 절약 ③ 건강 관리 ④ 환경 보호

8.

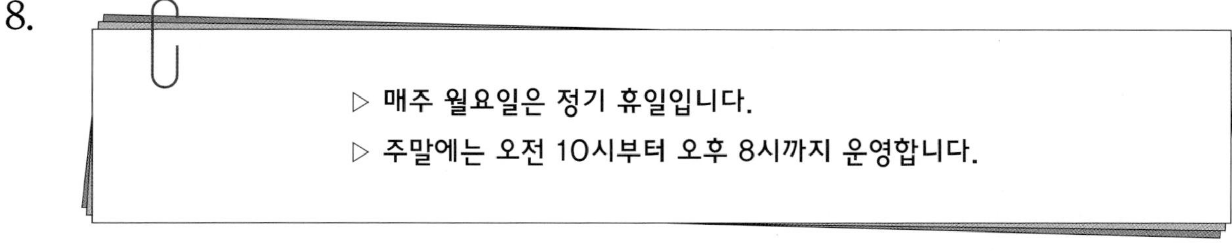

▷ 매주 월요일은 정기 휴일입니다.
▷ 주말에는 오전 10시부터 오후 8시까지 운영합니다.

① 이용 안내 ② 예약 문의 ③ 제품 소개 ④ 안전 규칙

※ [9~10] 다음 글 또는 그래프의 내용과 같은 것을 고르십시오. (각 2점)

9.

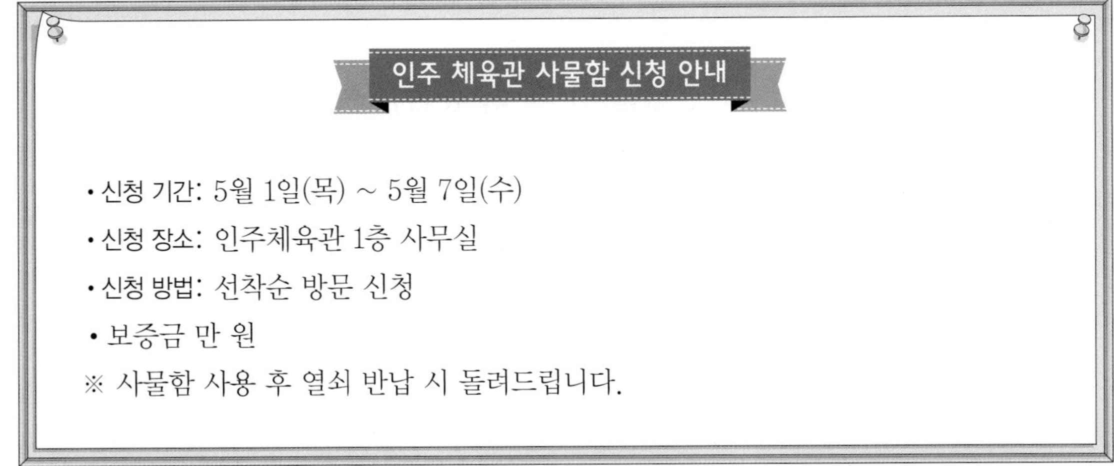

① 사물함은 5월 말까지 신청할 수 있다.
② 보증금은 열쇠를 돌려주면 다시 받을 수 있다.
③ 선착순으로 신청한 사람은 보증금을 안 내도 된다.
④ 사물함을 사용하고 싶으면 인터넷으로 접수해야 한다.

10.

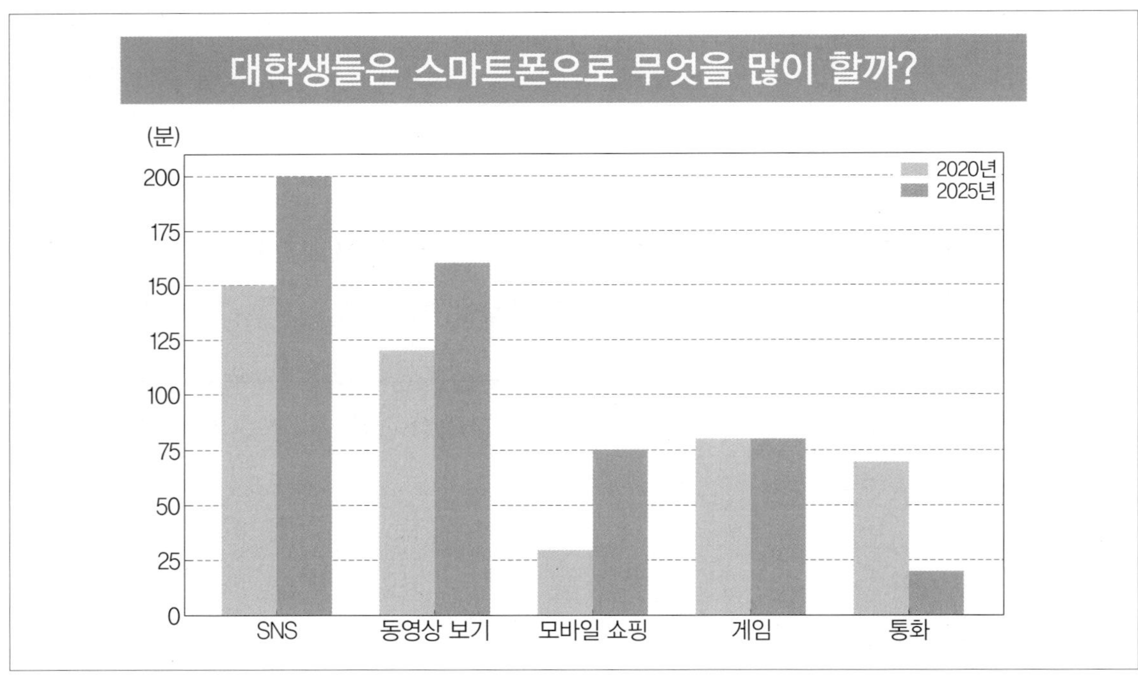

① SNS를 사용하는 시간이 줄어들었다.
② 통화하는 시간은 2025년에 더 증가했다.
③ 동영상을 보는 시간은 2020년과 2025년이 같다.
④ 모바일 쇼핑 시간은 2020년보다 두 배 이상 늘었다.

※ [11~12] 다음 글 또는 그래프의 내용과 같은 것을 고르십시오. (각 2점)

11.

인주시는 다음 달부터 밤늦게까지 운행하는 버스 노선을 늘리기로 했다. 최근 늦은 시간까지 일하는 시민들이 많아졌기 때문이다. 기존에는 일부 지역만 야간 버스를 이용할 수 있어 불편하다는 의견이 많았다. 시는 이번 정책이 시민들의 늦은 시간 이동에 도움이 될 것으로 기대하고 있다.

① 인주시는 야간 버스 노선을 추가하기로 결정했다.
② 시민들은 늦은 시간에 이동하는 것을 좋아하지 않는다.
③ 지금까지 인주시에는 밤늦게까지 운행하는 버스가 없었다.
④ 이번 정책으로 시민들의 이동 시간이 줄어들 것으로 기대하고 있다.

12.

비가 온 뒤 해가 뜨면 하늘에 무지개가 나타나는 것을 볼 수 있다. 해가 뜨면서 햇빛이 공기 중에 있는 작은 물방울에 닿으면 빛이 여러 방향으로 퍼진다. 이때 빛이 갈라지면서 빨강, 주황, 노랑 등 여러 색으로 나뉘게 된다. 그래서 우리는 비가 그친 후에 맑은 하늘에서 아름다운 무지개를 볼 수 있는 것이다.

① 구름이 걷히고 해가 뜨면 무지개를 관찰하기 좋다.
② 작은 물방울들이 모여 있는 모습이 무지개로 보인다.
③ 무지개는 햇빛이 공기 중의 먼지에 부딪혀서 나타난다.
④ 빛이 물방울에 닿으면 여러 색으로 갈라져 무지개가 생긴다.

※ [13~15] 다음을 순서에 맞게 배열한 것을 고르십시오. (각 2점)

13.

(가) 최근 꿀벌의 수가 줄어들고 있어 다양한 문제가 예상되고 있다.
(나) 이러한 이유로 꿀벌이 줄어들면 농사에도 문제가 생길 수 있다.
(다) 식물이 열매를 맺기 위해서는 꿀벌의 도움이 꼭 필요하기 때문이다.
(라) 따라서 이러한 문제를 해결하려면 꿀벌을 보호하기 위한 노력이 필요하다.

① (가)-(나)-(라)-(다) ② (가)-(다)-(나)-(라)
③ (다)-(가)-(라)-(나) ④ (다)-(라)-(가)-(나)

14.

(가) 처음에는 내가 내린 결정이 맞는지 불안한 마음이 컸다.
(나) 나는 오랫동안 고민한 끝에 결국 직장을 옮기기로 결심했다.
(다) 그래서 지금은 그 선택이 나에게 좋은 선택이었다고 생각한다.
(라) 하지만 새로운 회사에서 일을 배우며 점점 자신감을 찾을 수 있었다.

① (가)-(나)-(다)-(라) ② (가)-(나)-(라)-(다)
③ (나)-(가)-(라)-(다) ④ (나)-(다)-(가)-(라)

15.

(가) 몸 안에 있는 공기의 양이 많을수록 물에 더 잘 뜨게 된다.
(나) 그래서 물 위에 오래 떠 있으려면 숨을 깊이 들이마셔야 한다.
(다) 반대로 몸 안에 공기가 적거나 무게가 무거우면 가라앉기 쉽다.
(라) 수영할 때 사람이 물에 뜨는 것은 몸 안의 공기와 무게가 관련이 있다.

① (가)-(나)-(다)-(라) ② (가)-(나)-(라)-(다)
③ (라)-(가)-(다)-(나) ④ (라)-(다)-(나)-(가)

※ [16~18] (　　) 안에 들어갈 말로 가장 알맞은 것을 고르십시오. (각 2점)

16\.

현대 사회에서 휴식은 단순히 쉬는 시간 이상의 의미를 가진다. 바쁜 일상 속에서 잠시 멈추고 자신을 돌아보는 시간은 정신 건강에도 큰 도움이 된다. 하지만 많은 사람들은 여전히 (　　　　　) 생각한다. 그래서 바쁘게 움직이는 사람만 부지런하다고 여기며 쉼은 낭비라고 여기는 경우도 많다.

① 일은 삶의 목적이라고　② 건강이 가장 중요하다고
③ 쉬는 것을 게으름이라고　④ 시간이 돈보다 귀하다고

17\.

요즘은 대부분의 도서관에서 무인 반납함을 운영하고 있다. 도서관 운영 시간 외에도 원하는 시간에 언제든 책을 반납할 수 있어 이용자들의 만족도가 높다. 특히 직장인이나 학생처럼 낮에 시간을 내기 어려운 사람들에게는 매우 편리하다. 이로 인해 (　　　　　) 도서관 서비스의 접근성과 활용도가 높아지고 있다.

① 자주 빌리는 책이 늘어나　② 이용 요금이 들지 않기 때문에
③ 책을 잃어버리는 경우가 많아져서　④ 반납 시간을 자유롭게 선택할 수 있어

18\.

과거에는 다리를 사람이나 차량이 지나다니는 길로만 생각해 왔다. 하지만 요즘에는 다리의 디자인까지 중요하게 여겨지고 있다. (　　　　　) 다리를 보기 위해 일부러 찾아가는 사람들도 많아지고 있다. 이제 다리는 단순한 길이 아니라 사람들에게 즐거움을 주는 장소가 되었다. 이런 다리는 지역의 유명한 관광지가 되기도 하고 도시의 상징으로 여겨지기도 한다.

① 지나다니는 사람이 많은　② 멋있는 차량이 지나다니는
③ 모양이나 색깔이 아름다운　④ 지역의 교통에 도움이 되는

※ [19~20] 다음을 읽고 물음에 답하십시오. (각 2점)

많은 기업이 소비자의 관심을 끌기 위해 할인 마케팅을 활용하고 있다. 이런 전략은 제품을 싸게 살 수 있다는 장점 때문에 소비자들의 구매를 유도하는 데 효과적이다. (   ) 다양한 할인 행사나 한정 기간 세일은 소비자의 구매 욕구를 더욱 자극한다. 하지만 가격이 저렴하더라도 제품의 품질이 기대에 못 미치면 소비자 불만이 커질 수 있다. 실제로 제품을 저렴하게 구매한 소비자들 중에는 품질에 대한 실망으로 브랜드에 대한 인식이 나빠진 경우도 있었다.

19. (   ) 안에 들어갈 말로 가장 알맞은 것을 고르십시오.

① 차라리 ② 게다가 ③ 오히려 ④ 반면에

20. 윗글의 주제로 가장 알맞은 것을 고르십시오.

① 할인된 제품은 품질이 낮을 가능성이 높다.

② 소비자들은 품질보다 저렴한 가격에 관심이 많다.

③ 행사나 마케팅도 필요하지만 제품의 품질 관리가 더 중요하다.

④ 기업은 소비자들의 관심을 끌기 위해 다양한 행사를 진행해야 한다.

※ [21~22] 다음을 읽고 물음에 답하십시오. (각 2점)

사회가 빠르게 변화하고 개인 간의 경쟁이 심해지면서 서로의 마음을 나누거나 감정을 털어놓기 어려워하는 사람들이 많아지고 있다. 특히 가까운 사람과도 (   ) 사는 경우가 많아 혼자 우울함이나 외로움을 느끼는 이들이 늘고 있다. 이런 문제를 해결하기 위해 정부는 누구나 신청할 수 있는 심리 상담 지원 사업을 시작했다. 이 사업은 혼자 고민하는 사람들에게 대화의 기회를 제공하기 위해 마련된 것이다. 이는 마음을 열고 대화할 수 있는 환경을 만드는 데 도움이 된다.

21. (   ) 안에 들어갈 말로 가장 알맞은 것을 고르십시오.

① 담을 쌓고
② 앞뒤를 재고
③ 바람을 넣고
④ 진땀을 흘리고

22. 윗글의 내용과 같은 것을 고르십시오.

① 우울한 감정은 시간이 지나면 자연스럽게 사라진다.
② 심리 상담 지원 사업으로 외로움을 겪는 사람이 줄고 있다.
③ 급격한 사회 변화로 인해 우울한 감정을 느끼는 사람이 늘어났다.
④ 정부에서 제공하는 심리 상담은 소득이 적은 사람만 신청할 수 있다.

※ [23~24] 다음을 읽고 물음에 답하십시오. (각 2점)

며칠 전 급하게 발걸음을 옮기던 중 휴대 전화를 떨어뜨렸다. 휴대 전화를 주우려고 허리를 굽혔다가 우연히 길가에 핀 작은 꽃을 보게 되었다. 작은 틈을 비집고 피어난 작고 하얀 꽃이었다. 문득 아무도 주목하지 않는 틈새에서 피어나 꿋꿋하게 자라난 모습이 내 모습처럼 보였다. 평소 같았으면 바쁘게 걸어가느라 보지 못했을 작은 꽃을 바라보며 한참을 그 자리에 서 있었다. 바쁜 일상 속에서 잠시 멈춰 선 것도 꽃을 바라보는 것도 정말 오랜만이었다. 자신의 자리를 묵묵하게 지키고 있는 그 꽃이 나에게 큰 울림을 주었다. 아무도 주목하지 않는 곳에서 자신의 자리를 지키고 있는 그 꽃처럼 나도 나의 자리에서 주어진 일들에 최선을 다하는 사람으로 살아야겠다고 다짐했다.

23. 밑줄 친 부분에 나타난 '나'의 심정으로 가장 알맞은 것을 고르십시오.

① 걱정스럽다

② 감동스럽다

③ 의심스럽다

④ 만족스럽다

24. 윗글의 내용과 같은 것을 고르십시오.

① 꽃은 작았지만 화려한 모습이었다.

② 나는 꽃이 핀 것을 보고 급하게 지나쳤다.

③ 나는 작은 꽃을 보며 나와 닮았다고 느꼈다.

④ 꽃은 사람들의 눈길이 잘 닿는 곳에 피어 있었다.

※ [25~27] 다음 신문 기사의 제목을 가장 잘 설명한 것을 고르십시오. (각 2점)

25.

한류 스타 미나, 건강 적신호로 스케줄 전면 취소

① 한류 스타 미나가 건강한 모습을 팬들에게 공개했다.
② 한류 스타 미나가 건강 문제로 활동을 중단하게 되었다.
③ 한류 스타 미나가 바쁜 스케줄을 소화하며 인기를 얻고 있다.
④ 한류 스타 미나가 스케줄을 조정해 많은 공연을 하기로 결정했다.

26.

불황 속에 웃는 중고 거래, 중고 시장 활활

① 중고 거래가 줄어들면서 시장이 불안해졌다.
② 경제 상황이 어려워지면서 중고 거래가 활발해졌다.
③ 중고 시장이 커지면서 소비자들의 피해가 늘고 있다.
④ 경제 상황이 회복되면서 새로운 시장이 생겨나고 있다.

27.

정부 지원 확대, 출산율 반등 기대감 솔솔

① 출산율이 쉽게 오르지 않아 정부는 더 강력한 대책을 검토 중이다.
② 출산율이 반등했지만 정부의 대응은 여전히 미흡하다는 지적이 있다.
③ 계속되는 정부의 지원에도 출산율에는 뚜렷한 변화가 나타나지 않고 있다.
④ 정부가 지원을 늘린다는 소식에 출산율이 오를 것이라는 기대가 커지고 있다.

※ [28~29] (   ) 안에 들어갈 말로 가장 알맞은 것을 고르십시오. (각 2점)

28.

> 가전제품을 (   ) 서비스가 새로운 소비 방식으로 주목받고 있다. 이 서비스는 제품을 구매하지 않고 필요한 기간 동안 사용한 뒤 반납할 수 있다는 점에서 합리적인 소비 방식으로 여겨진다. 특히 초기 비용 부담이 적고 사용하는 기간 동안 정기적인 관리 서비스가 제공되는 것이 큰 장점이다. 이사나 고장 등의 상황 변화에도 부담 없이 계약을 종료하거나 제품을 바꿀 수 있어 이용자들의 만족도가 높다.

① 일정 기간만 빌려 쓰는
② 재구매할 때 할인해 주는
③ 직접 설치하고 관리해 주는
④ 다양하게 비교하고 추천하는

29.

> 학생들이 질문하거나 발표를 하면서 실수할 때가 있다. 그럴 때마다 다른 학생들이 웃거나 지적하면 말하는 사람은 위축되고 점점 입을 열지 않게 된다. 반대로 실수를 하더라도 받아들여지는 환경에서는 말하는 사람도 점점 자신감을 가지게 된다. 실수를 통해 더 나은 결과를 얻을 수 있기 때문이다. 그러므로 학교에서는 (   ) 배움의 일부로 보는 태도가 필요하다.

① 발표를 준비하는
② 실수를 줄이려는
③ 발표를 피하기보다
④ 실수를 지적하기보다

※ [30~31] (　　) 안에 들어갈 말로 가장 알맞은 것을 고르십시오. (각 2점)

30.

사육사에게서 자란 판다는 대나무를 부러뜨릴 때 얼굴을 찡그리는 경우가 있다. 이는 힘이 부족해서가 아니라 사육사의 (　　　　　　　) 때문이다. 실제로 판다는 사람보다 훨씬 힘이 세기 때문에 대나무를 부러뜨릴 때 굳이 인상을 쓸 필요가 없다. 하지만 어릴 때부터 사육사가 얼굴을 찡그리며 대나무를 부러뜨리는 모습을 반복해서 본 판다는 이를 그대로 따라 하게 된다. 이렇듯 판다의 행동은 학습에서 비롯된 것을 알 수 있다.

① 힘이 훨씬 세기

② 모습이 재미있기

③ 행동을 모방하기

④ 대나무를 받아먹기

31.

도시에서는 자동차나 공사, 사람들의 활동 등으로 인해 여러 소음이 끊이지 않는다. 이러한 소음은 도시에서 살아가는 사람들의 스트레스를 높이고 수면의 질을 떨어뜨리는 등 일상생활에까지 영향을 미칠 수 있다. 이러한 점을 고려해 건축 설계 단계에서부터 (　　　　　　　) 다양한 방법들이 연구되고 있다. 그중에서도 창문의 구조와 재질은 외부 자극을 줄여 생활의 쾌적함을 높이는 데 중요한 역할을 한다. 특히 이중창은 외부 소음을 포함한 여러 자극을 효과적으로 차단하는 데 도움이 되는 것으로 알려져 있다.

① 소음의 정도를 측정하기 위한

② 생활 환경의 질을 높이기 위한

③ 스트레스 반응을 분석하기 위한

④ 도시의 인구 밀도를 줄이기 위한

※ [32~34] 다음을 읽고 글의 내용과 같은 것을 고르십시오. (각 2점)

32.

> 선인장은 주로 건조한 지역에서 자라기 때문에 다른 식물과는 다른 독특한 뿌리 구조를 가지고 있다. 비가 거의 오지 않는 지역에서는 짧은 시간 동안 내린 비를 빠르게 흡수하는 것이 중요하다. 이를 위해 선인장의 뿌리는 얕은 땅속에 넓게 퍼져 있다. 일부 선인장은 수분을 더 오래 저장할 수 있도록 뿌리 아랫부분이 굵게 발달했다. 이러한 구조 덕분에 선인장은 오랜 가뭄에도 버틸 수 있는 것이다.

① 선인장은 수분을 저장하기 위해 줄기의 크기를 줄인다.
② 선인장은 비가 오면 넓게 퍼진 뿌리로 물을 빠르게 흡수한다.
③ 선인장은 다른 식물에 비해 뿌리가 얇고 짧은 것이 특징이다.
④ 선인장은 뿌리를 깊이 내려서 땅속 깊은 곳의 물을 흡수할 수 있다.

33.

> 한옥에는 온돌이라는 바닥 난방 방식이 있다. 온돌은 바닥 아래로 열이 지나가도록 만든 구조로 집 안을 따뜻하게 데우는 데 사용된다. 불을 때면 그 열이 바닥 전체로 퍼지고 그 과정에서 생긴 연기는 밖으로 빠져나가도록 설계되어 있다. 이 구조는 바닥을 데우는 동시에 집 안의 습기를 밖으로 내보내 쾌적한 환경을 유지하는 데 도움을 준다. 그래서 온돌은 겨울이 추운 한국의 기후에 잘 맞는 지혜로운 난방 방식으로 평가받고 있다.

① 온돌은 열의 흐름으로 바닥 전체를 데우고 실내를 쾌적하게 만든다.
② 온돌은 주로 여름철 습한 공기를 밖으로 내보내기 위해 설계되었다.
③ 온돌은 벽과 천장을 통해 열을 전달하여 집 전체를 따뜻하게 데운다.
④ 온돌은 연기를 집 안에 오래 머물게 하여 따뜻한 공기를 유지하는 방식이다.

34.

요즘은 많은 사람들이 사진, 영상, 글 등 다양한 기록을 디지털 공간에 남긴다. 하지만 사람이 사망한 뒤에도 이러한 기록이 그대로 남아 새로운 사회적 문제가 되고 있다. 이런 문제를 해결하기 위해 디지털 유산 관리사라는 새로운 직업이 등장했다. 이들은 고인의 온라인 계정과 디지털 자산을 정리하고 필요한 정보는 가족에게 전달하는 일을 한다. 앞으로는 디지털 유산을 안전하게 정리하고 관리하는 직업이 더 중요해질 것으로 보인다.

① 사람이 사망한 후 계정에 남겨진 정보는 이용이 불가능하다.
② 디지털 유산 관리사는 고인의 정보를 모두 삭제하는 일을 한다.
③ 온라인에 남아 있는 기록들을 정리하는 직업이 새롭게 생겨나고 있다.
④ 사망한 사람의 온라인 계정 권한을 받으려면 사망 전에 약속을 받아야 한다.

※ [35~38] 다음을 읽고 글의 주제로 가장 알맞은 것을 고르십시오. (각 2점)

35.

노인의 지하철 무임승차 제도는 고령층의 이동권을 보장하기 위해 마련된 정책이다. 일부에서는 이 제도가 지하철 운영에 재정적인 부담을 준다고 우려하지만 여러 연구는 이 제도가 가져오는 사회적 편익이 비용보다 크다고 분석하고 있다. 외부 활동이 늘어난 노인들은 신체적, 정신적 건강이 향상되고 여가 활동 참여도 증가해 경제와 복지 측면에서도 긍정적인 효과가 나타난다. 즉 이 제도는 단순한 교통 지원이 아니라 사회 전체에 이익을 주는 복지 정책으로 이해할 필요가 있다.

① 외부 활동을 통해 노인의 건강이 향상되는 효과를 얻을 수 있다.
② 무임승차 제도는 지하철 운영에 부담을 주는 정책으로 평가된다.
③ 고령층의 사회 참여 확대를 위해 최소한의 이동권을 보장해야 한다.
④ 노인 무임승차 제도는 사회 전반에 기여하는 바가 큰 복지 정책이다.

36.

어떤 냄새를 맡으면 예전에 겪었던 일이나 감정이 떠오를 때가 있다. 이는 냄새를 처리하는 뇌의 영역이 기억이나 감정을 담당하는 부분과 가까이 연결되어 있기 때문이다. 그래서 다른 감각보다 냄새가 기억을 더 생생하게 떠올리게 하거나 감정을 더욱 자극하기도 한다. 향기를 이용해 긴장을 줄이거나 기분을 전환하려는 시도도 여러 분야에서 이루어지고 있다. 냄새는 단순한 후각 자극을 넘어서 감정과 기억에 영향을 주는 중요한 감각으로 주목받고 있다.

① 감정과 기억은 후각 자극에 민감하게 반응하는 특성이 있다.
② 기분 전환을 시도할 때 향기를 활용하는 방법이 도움이 된다.
③ 후각은 다른 감각보다 정보를 더 빠르게 처리하는 능력이 있다.
④ 향기를 이용해 스트레스를 줄이는 방법이 여러 분야에서 활용된다.

37.

동물 복지는 동물을 보호하는 것을 넘어서 인간 사회가 생명을 얼마나 존중하는지를 보여 주는 척도이기도 하다. 동물을 하나의 생명체로 존중하며 그들의 고통을 줄이려는 태도는 사회의 약자를 대하는 자세와도 밀접한 관련이 있다. 동물에 대한 태도는 사회 구성원 간의 연대와 배려 문화를 반영한다. 동물의 생명을 소중히 여기는 사회일수록 사람 간의 배려와 공존의 가치도 함께 높게 평가받는 것이다. 이러한 가치 인식은 사회 전반의 문화와 정책 방향에도 영향을 미치고 있다.

① 동물 보호 정책은 제도적 뒷받침이 중요하다.
② 약자를 대하는 자세는 발전의 지표로 여겨진다.
③ 공존과 배려의 문화는 사회의 품격을 보여 준다.
④ 동물 복지는 사회의 수준을 판단하는 기준이 된다.

38.

> '자기 결정성 이론'에 따르면 동기는 행동을 일으키는 힘이며 외적 보상과 내적 동기는 서로 다른 방식으로 사람들의 행동에 영향을 미친다. 자율성과 흥미에 기반한 내적 동기가 형성되면 사람들은 더 지속적이고 자발적인 행동을 보이는 경향이 있다. 반대로 외적 보상에 지나치게 의존하면 행동이 오래가지 못하고 보상이 사라질 때 흥미도 함께 줄어드는 경우가 많다. 따라서 이 이론은 개인의 선택과 자율성을 존중하는 환경을 조성하여 내적 동기를 강화하는 것이 중요하다고 강조한다.

① 지속적인 행동을 위해 내적 동기와 자율적인 환경이 중요하다.
② 내적 동기는 외부의 보상에 의한 흥미로 형성될 가능성이 높다.
③ 자기 결정성 이론은 외적 보상 중심의 환경을 중요하게 생각한다.
④ 사람들은 외적 보상으로 인해 활동에 대한 만족을 오랫동안 유지한다.

※ [39~41] 주어진 문장이 들어갈 곳으로 가장 알맞은 것을 고르십시오. (각 2점)

39.

> 이와 같이 소리의 조화를 고려한 악기 배치는 음악의 일부로 여겨진다.

> 오케스트라는 여러 악기가 조화를 이루며 함께 연주하는 형태이다. (㉠) 무대에 자리한 악기들의 위치가 보기에는 평범해 보일 수 있지만 실제로는 섬세하게 계산된 결과이다. (㉡) 예를 들어 현악기는 주로 지휘자 가까이에 배치되어 선율을 이끌고 금관 악기는 뒤쪽에 위치해 강한 소리로 무대를 가득 채운다. (㉢) 섬세한 계산에 의해 배치된 악기의 소리는 하나로 어우러진 음악이 되고 이것이 곧 오케스트라가 된다. (㉣)

① ㉠ ② ㉡ ③ ㉢ ④ ㉣

40.

그런데 이 세균들은 감정 조절과 관련된 뇌의 신경 경로에도 영향을 준다.

장 안에는 수많은 세균이 살고 있으며 이들은 소화 과정에 관여할 뿐 아니라 면역 기능 유지에도 관여한다. (㉠) 장내 세균은 특정 물질을 분비하여 면역 세포의 활동을 조절한다. (㉡) 실제로 장내 환경이 불안정할 경우 우울감이나 불안 증상을 겪는 사례도 적지 않다. (㉢) 정서적으로 안정된 사람의 장에서는 다양한 종류의 유익한 세균이 균형을 이루고 있다. (㉣)

① ㉠ ② ㉡ ③ ㉢ ④ ㉣

41.

하지만 이러한 관점이 과거에만 해당하는 것이 아니라는 것도 강조한다.

건축 평론가 조태형이 신간 『시선을 설계하다』를 펴냈다. (㉠) 이 책은 건축물이 공간 설계를 넘어 사회적 맥락 속에서 어떻게 정치적 메시지를 전달해 왔는지를 면밀히 추적하며 건축과 권력의 관계를 새롭게 조명한다. (㉡) 저자는 역사 속 여러 건축물을 사례로 들며 건축이 어떻게 권력을 시각화하고 공간을 통해 영향력을 행사해 왔는지를 설명한다. (㉢) 저자는 오늘날 우리가 마주하는 건축물 또한 과연 어떤 메시지를 품고 있는지에 대해 우리에게 조용한 질문을 던지고 있다. (㉣)

① ㉠ ② ㉡ ③ ㉢ ④ ㉣

※ [42~43] 다음을 읽고 물음에 답하십시오. (각 2점)

수진은 부모님과 함께 텔레비전을 보고 있었다. 소파 옆 탁자 위에는 충전기에 꽂힌 수진이의 휴대 전화가 놓여 있었다. 곁눈질로 화면을 몇 번 확인했지만 여전히 알림은 없었다. 오늘은 지난달에 부모님 몰래 지원한 교육 대학원 합격자 발표 날이었다. 떨어지더라도 부모님께 설명하지 않아도 되니 괜찮다고 생각하며 애써 텔레비전을 보는 척했다. 하지만 수진은 왠지 점심때 먹은 밥이 소화가 되지 않는 것 같은 느낌에 손끝으로 무릎 담요를 만지작거리며 마음을 가라앉히려 했다. (중략)

어머니는 수진에게 어제 다녀온 사진 전시회는 어땠느냐고 물었다. 잘 다녀왔노라고 짧게 대답할 뿐 수진의 온 신경은 다른 곳에 가 있었다. <u>수진은 다리를 꼬았다가 풀고 이내 다시 팔짱을 꼈다.</u> 옆에 앉은 아버지는 텔레비전 화면에서 눈을 떼지 않았지만 수진의 모습이 못내 신경 쓰였다. (중략)

순간 휴대 전화 화면에 메시지가 도착했다는 알람이 표시됐고 수진은 재빨리 손을 뻗었다.

"엄마! 나 됐어! 합격했어!"

"그게 무슨 말이야?" (중략)

수진은 그제야 부모님께 비밀을 털어놓았다. 순간 정적이 흘렀지만 어머니가 웃으며 수진에게 축하한다는 말을 건넸다. 그러자 아버지는 모른 척하느라 힘들었다며 수진을 안아 주었다. 수진은 아무 말을 하지 않았지만 이미 수진의 마음은 말없이도 전해진 것 같았다.

42. 밑줄 친 부분에 나타난 '수진'의 심정으로 가장 알맞은 것을 고르십시오.

① 속상하다 ② 담담하다
③ 답답하다 ④ 초조하다

43. 윗글의 내용으로 알 수 있는 것을 고르십시오.

① 아버지는 딸의 대학원 지원 사실을 알고 있었다.
② 수진은 합격 사실을 부모님께 끝까지 비밀로 했다.
③ 어머니는 어제 수진과 함께 사진 전시회에 다녀왔다.
④ 수진은 부모님의 반대로 꿈을 이룰 수 없을까 봐 걱정했다.

※ [44~45] 다음을 읽고 물음에 답하십시오. (각 2점)

인류는 오래전부터 정보를 기록하고 전달하는 방법을 고민해 왔다. 인쇄술이 발명되기 전에는 책 한 권을 만들기 위해 모든 내용을 직접 손으로 써야 했으므로 지식에 (   ). 이런 한계를 극복하기 위해 등장한 것이 바로 금속활자이다. 나무나 돌에 글자를 새기는 기존의 인쇄 방식과 달리 금속활자는 글자 하나하나를 주조하여 만들어 낸 후 이를 조합해 문장을 인쇄할 수 있었다. 이 기술 덕분에 적은 비용으로 많은 정보를 빠르게 찍어 낼 수 있게 되었고 그 결과 귀족이나 일부 지식인만 접할 수 있던 정보가 점차 대중에게도 퍼지기 시작했다. 정보가 빠르게 보급되면서 사회는 새로운 지식에 더 빠르게 반응하게 되었고 이는 사람들의 사고방식과 사회 구조에 이르기까지 변화를 가져왔다. 기술의 발달로 금속활자의 쓰임은 많이 줄었지만 이 기술이 남긴 지식의 대중화라는 가치는 지금까지도 이어지고 있다.

44. (   ) 안에 들어갈 말로 가장 알맞은 것을 고르십시오.

① 근거한 이론이 필요한 시기였다
② 접근할 수 있는 사람이 제한적이었다
③ 관심을 가지는 이들의 역량이 필수적이었다
④ 자유롭게 다가갈 수 있는 환경이 조성되었다

45. 윗글의 주제로 가장 알맞은 것을 고르십시오.

① 금속활자는 당시 지식인들의 정보를 보호하기 위한 수단이었다.
② 금속활자의 등장은 정보의 확산을 이끌며 사회 변화의 기반이 되었다.
③ 금속활자의 개발은 기술보다 철학과 이념의 영향으로 인해 시작되었다.
④ 금속활자는 종이 사용을 줄이고 인쇄 비용을 최소화하기 위해 개발되었다.

※ [46~47] 다음을 읽고 물음에 답하십시오. (각 2점)

인터넷 플랫폼은 사용자의 검색 기록이나 클릭한 콘텐츠를 분석하여 그와 유사한 정보를 중심으로 콘텐츠를 보여 준다. 이러한 알고리즘은 정보를 빠르게 찾는 데 유용하지만 사용자가 다양한 시각을 접할 기회를 제한할 수도 있다. 특히 사용자가 기존에 가진 생각과 일치하는 정보만 반복적으로 접하게 되면 확증 편향에 빠질 위험이 있다. 이는 사회적 갈등이 있는 이슈에서 상반된 의견을 접하지 못하게 하고 타인의 입장을 이해하는 데 장애가 될 수 있다. 문제는 대부분의 사용자가 이러한 편향을 인식하지 못한다는 점이다. 자신이 자유롭게 정보를 선택한다고 느끼지만 실제로는 알고리즘에 의해 제한된 정보만 소비하고 있기 때문이다. 정보 제공 플랫폼이 사용자의 선호에만 지나치게 의존할 경우 정보의 편향성이 심화되어 사회적 갈등이나 여론의 분열의 골이 더욱 깊어질 수 있다는 점을 간과해서는 안 된다.

46. 윗글에 나타난 필자의 태도로 가장 알맞은 것을 고르십시오.

① 선호 정보에 근거한 정보 편향의 위험성에 대해 경고하고 있다.
② 편향되지 않은 정보를 접하는 것은 개인의 책임이라고 강조하고 있다.
③ 알고리즘이 정보를 효율적으로 제공하는 점을 긍정적으로 평가하고 있다.
④ 정보 제공 플랫폼이 사용자의 선택을 최대한 보장해야 한다고 주장하고 있다.

47. 윗글의 내용과 같은 것을 고르십시오.

① 사용자들은 자유로운 선택에 의해 다양한 정보를 접한다.
② 정보 편향 문제에는 대부분의 사용자들이 민감하게 반응한다.
③ 사회적 갈등이 있는 이슈를 자주 접하면 타인의 입장을 이해하기 어려워진다.
④ 알고리즘은 사용자의 이전 행동을 분석해 유사한 정보를 반복적으로 제공한다.

※ [48~50] 다음을 읽고 물음에 답하십시오. (각 2점)

많은 위성을 띄우며 운영되는 인공위성 시스템은 우리 삶에 편리함을 주고 있다. 하지만 동시에 우주 쓰레기가 지구 궤도에 남아 심각한 문제를 일으키고 있다. 우주 쓰레기는 수명이 끝난 위성, 로켓 잔해, 충돌 파편 등으로 이루어져 운용 중인 위성과 충돌 위험을 높인다. 이에 일부 선진국과 민간 기관에서는 우주 쓰레기를 줄이기 위한 기술 개발과 규제 방안을 논의하며 자기장이나 그물망을 활용한 수거 장치를 개발하고 있다. 하지만 이러한 기술은 아직 초기 단계에 머물러 있고 관련 규제나 기준을 마련하는 국제적 협의도 충분하지 않다. 더 큰 문제는 책임 소재가 모호하다는 점이다. 우주 개발이 여러 국가 및 기관에 의해 진행되다 보니 파편 발생 시 (   ) 분명하지 않다. 이 때문에라도 우주 개발이 여러 국가와 기관에 의해 진행되는 만큼 특정 국가가 아닌 전 세계가 함께 논의하고 협력해야 한다. 따라서 우주 쓰레기 문제 해결에는 기술 개발뿐 아니라 국제적 합의와 협력이 선행되어야 한다는 지적이 나오고 있다.

48. 윗글을 쓴 목적으로 가장 알맞은 것을 고르십시오.

① 우주 쓰레기 문제에 대한 경각심을 일깨우기 위해서
② 우주 개발 과정과 최신 기술의 진보를 조명하기 위해서
③ 우주 개발에 대한 국제 사회 제도 미비를 비판하기 위해서
④ 우주 쓰레기 해결에 필요한 국제적 합의를 주도하기 위해서

49. (   ) 안에 들어갈 말로 가장 알맞은 것을 고르십시오.

① 어떻게 우주 쓰레기를 추적하는지
② 무슨 기준으로 위험성을 판단할지
③ 어떤 절차로 개발을 조율할 것인지
④ 어느 주체가 수거 책임을 져야 하는지

50. 윗글의 내용과 같은 것을 고르십시오.

① 선진국을 중심으로 한 기술 개발로 쓰레기의 양이 감소했다.
② 민간 기업의 경쟁이 심화되며 우주 쓰레기 문제가 촉발되었다.
③ 우주 쓰레기 제거를 위한 국제 협약이 발효되어 적용되고 있다.
④ 지구 궤도에 진입한 인공위성이 수명을 다하면 우주 쓰레기가 된다.

EBS TOPIK Ⅱ

실전모의고사

1 교시(듣기)

성 명 (Name)	한국어 (Korean)	
	영 어 (English)	

수험번호											
					8						
⓪	⓪	⓪	⓪	⓪		⓪	⓪	⓪	⓪	⓪	⓪
①	①	①	①	①		①	①	①	①	①	①
②	②	②	②	②		②	②	②	②	②	②
③	③	③	③	③		③	③	③	③	③	③
④	④	④	④	④		④	④	④	④	④	④
⑤	⑤	⑤	⑤	⑤		⑤	⑤	⑤	⑤	⑤	⑤
⑥	⑥	⑥	⑥	⑥		⑥	⑥	⑥	⑥	⑥	⑥
⑦	⑦	⑦	⑦	⑦		⑦	⑦	⑦	⑦	⑦	⑦
⑧	⑧	⑧	⑧	⑧	●	⑧	⑧	⑧	⑧	⑧	⑧
⑨	⑨	⑨	⑨	⑨		⑨	⑨	⑨	⑨	⑨	⑨

문제지 유형 (Type)	
홀수형 (Odd number type)	▢
짝수형 (Even number type)	▢

※결 시 확인란	결시자의 영어 성명 및 수험번호 기재 후 표기	▢

※ 위 사항을 지키지 않아 발생하는 불이익은 응시자에게 있습니다.

※감독관 확 인	본인 및 수험번호 표기가 정확한지 확인	(인)

번호	답		란	
1	①	②	③	④
2	①	②	③	④
3	①	②	③	④
4	①	②	③	④
5	①	②	③	④
6	①	②	③	④
7	①	②	③	④
8	①	②	③	④
9	①	②	③	④
10	①	②	③	④
11	①	②	③	④
12	①	②	③	④
13	①	②	③	④
14	①	②	③	④
15	①	②	③	④
16	①	②	③	④
17	①	②	③	④
18	①	②	③	④
19	①	②	③	④
20	①	②	③	④

번호	답		란	
21	①	②	③	④
22	①	②	③	④
23	①	②	③	④
24	①	②	③	④
25	①	②	③	④
26	①	②	③	④
27	①	②	③	④
28	①	②	③	④
29	①	②	③	④
30	①	②	③	④
31	①	②	③	④
32	①	②	③	④
33	①	②	③	④
34	①	②	③	④
35	①	②	③	④
36	①	②	③	④
37	①	②	③	④
38	①	②	③	④
39	①	②	③	④
40	①	②	③	④

번호	답		란	
41	①	②	③	④
42	①	②	③	④
43	①	②	③	④
44	①	②	③	④
45	①	②	③	④
46	①	②	③	④
47	①	②	③	④
48	①	②	③	④
49	①	②	③	④
50	①	②	③	④

EBS TOPIK Ⅱ

실전모의고사

2 교시 (읽 기)

성 명 (Name)	한 국 어 (Korean)	
	영 어 (English)	

수					험	번			호		
					8						
⓪	⓪	⓪	⓪	⓪		⓪	⓪	⓪	⓪	⓪	⓪
①	①	①	①	①		①	①	①	①	①	①
②	②	②	②	②		②	②	②	②	②	②
③	③	③	③	③		③	③	③	③	③	③
④	④	④	④	④		④	④	④	④	④	④
⑤	⑤	⑤	⑤	⑤		⑤	⑤	⑤	⑤	⑤	⑤
⑥	⑥	⑥	⑥	⑥		⑥	⑥	⑥	⑥	⑥	⑥
⑦	⑦	⑦	⑦	⑦		⑦	⑦	⑦	⑦	⑦	⑦
⑧	⑧	⑧	⑧	⑧	●	⑧	⑧	⑧	⑧	⑧	⑧
⑨	⑨	⑨	⑨	⑨		⑨	⑨	⑨	⑨	⑨	⑨

문제지 유형 (Type)	
홀수형 (Odd number type)	▢
짝수형 (Even number type)	▢

※결 시 확인란	결시자의 영어 성명 및 수험번호 기재 후 표기	▢

※ 위 사항을 지키지 않아 발생하는 불이익은 응시자에게 있습니다.

※감독관 확 인	본인 및 수험번호 표기가 정확한지 확인	(인)

번호	답			란
1	①	②	③	④
2	①	②	③	④
3	①	②	③	④
4	①	②	③	④
5	①	②	③	④
6	①	②	③	④
7	①	②	③	④
8	①	②	③	④
9	①	②	③	④
10	①	②	③	④
11	①	②	③	④
12	①	②	③	④
13	①	②	③	④
14	①	②	③	④
15	①	②	③	④
16	①	②	③	④
17	①	②	③	④
18	①	②	③	④
19	①	②	③	④
20	①	②	③	④

번호	답			란
21	①	②	③	④
22	①	②	③	④
23	①	②	③	④
24	①	②	③	④
25	①	②	③	④
26	①	②	③	④
27	①	②	③	④
28	①	②	③	④
29	①	②	③	④
30	①	②	③	④
31	①	②	③	④
32	①	②	③	④
33	①	②	③	④
34	①	②	③	④
35	①	②	③	④
36	①	②	③	④
37	①	②	③	④
38	①	②	③	④
39	①	②	③	④
40	①	②	③	④

번호	답			란
41	①	②	③	④
42	①	②	③	④
43	①	②	③	④
44	①	②	③	④
45	①	②	③	④
46	①	②	③	④
47	①	②	③	④
48	①	②	③	④
49	①	②	③	④
50	①	②	③	④

EBS TOPIK Ⅱ
실전모의고사

1 교시(쓰기)

성 명 (Name)	한국어 (Korean)	
	영 어 (English)	

수		험		번		호					
					8						
⓪	⓪	⓪	⓪	⓪		⓪	⓪	⓪	⓪	⓪	⓪
①	①	①	①	①		①	①	①	①	①	①
②	②	②	②	②		②	②	②	②	②	②
③	③	③	③	③		③	③	③	③	③	③
④	④	④	④	④		④	④	④	④	④	④
⑤	⑤	⑤	⑤	⑤		⑤	⑤	⑤	⑤	⑤	⑤
⑥	⑥	⑥	⑥	⑥		⑥	⑥	⑥	⑥	⑥	⑥
⑦	⑦	⑦	⑦	⑦		⑦	⑦	⑦	⑦	⑦	⑦
⑧	⑧	⑧	⑧	⑧	●	⑧	⑧	⑧	⑧	⑧	⑧
⑨	⑨	⑨	⑨	⑨		⑨	⑨	⑨	⑨	⑨	⑨

문제지 유형 (Type)	
홀수형 (Odd number type)	▢
짝수형 (Even number type)	▢

※결 시 확인란	결시자의 영어 성명 및 수험번호 기재 후 표기	▢

※감독관 확 인	본인 및 수험번호 표기가 정확한지 확인	(인)

주관식 답안은 정해진 답란을 벗어나거나 답란을 바꿔서 쓸 경우 점수를 받을 수 없습니다.
(Answers written outside the box or in the wrong box will not be graded)

51	㉠	
	㉡	
52	㉠	
	㉡	
53	아래 빈칸에 200자에서 300자 이내로 작문하십시오 (띄어쓰기 포함). (Please write your answer bleow: our answer must be between 200 and 300 letters including spaces.)	

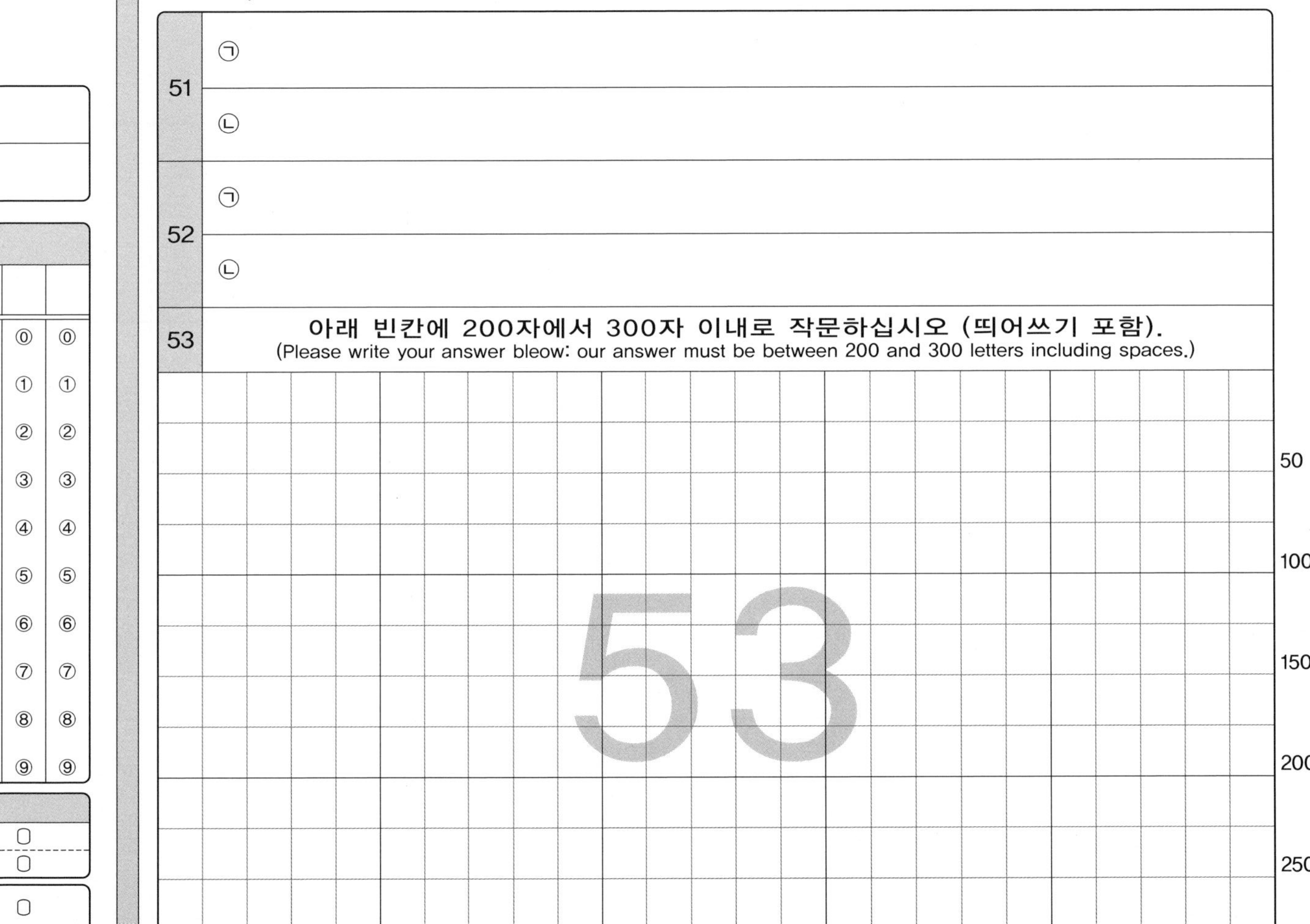

※ 54번은 뒷면에 작성하십시오. (Please write your answer for question number 54 at the back.)

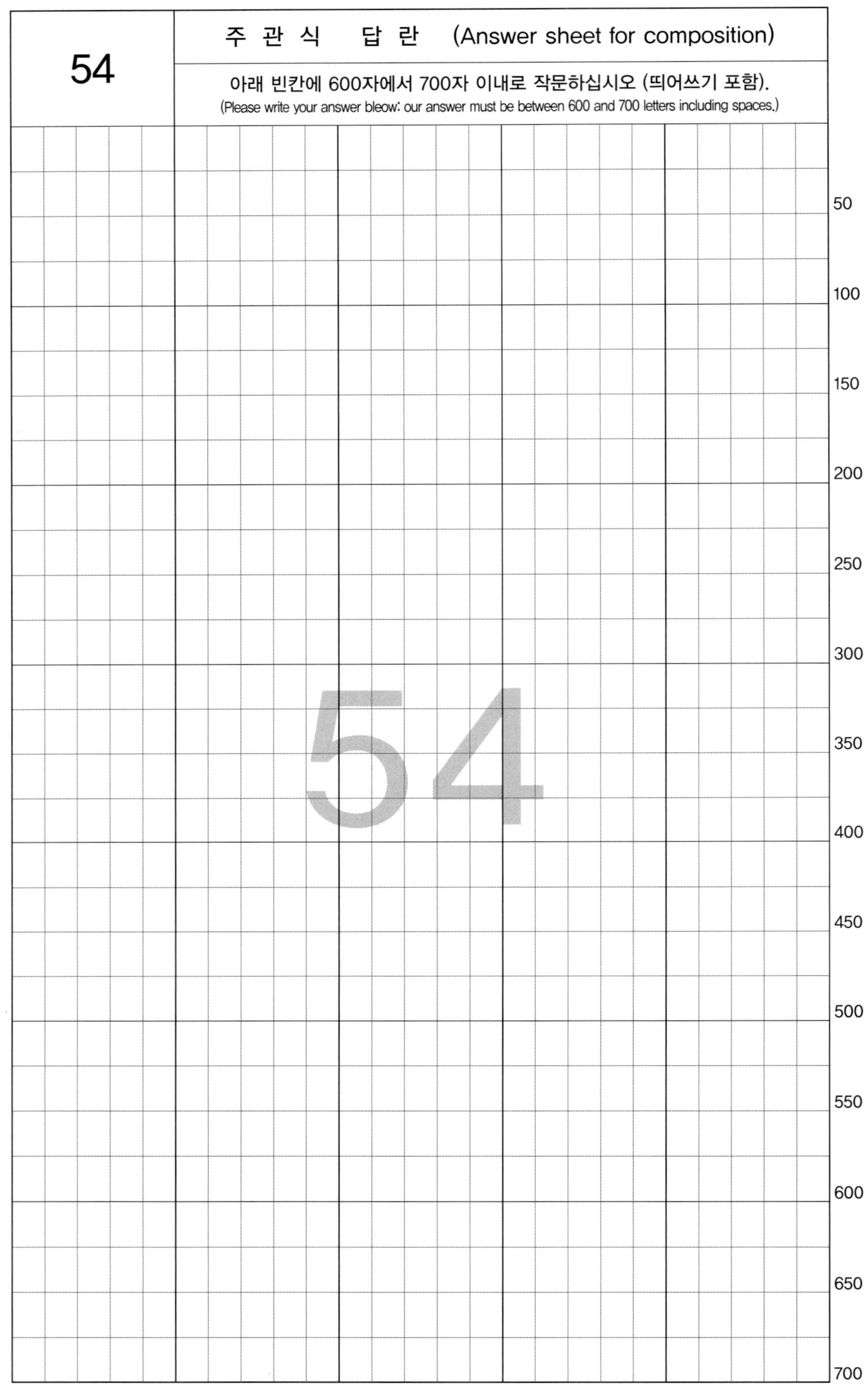

※ 주어진 답란의 방향을 바꿔서 답안을 쓰면 '0'점 처리됩니다.
(Please do not tum the answer sheet horizontaly. No points will be given.)

EBS TOPIK Ⅱ 실전모의고사

제3회

1교시	듣기, 쓰기
2교시	읽기

수험번호(Registration NO.)		
이름 (Name)	한국어(Korean)	
	영 어(English)	

유의 사항
Information

1. 시험 시작 지시가 있을 때까지 문제를 풀지 마십시오.
   Do not open the booklet until you are allowed to start.

2. 수험번호와 이름을 정확하게 적어 주십시오.
   Write your name and registration number on the answer sheet.

3. 답안지를 구기거나 훼손하지 마십시오.
   Do not fold the answer sheet; keep it clean.

4. 답안지의 이름, 수험번호 및 정답의 기입은 배부된 펜을 사용하여 주십시오.
   Use the given pen only.

5. 정답은 답안지에 정확하게 표시하여 주십시오.
   Mark your answer accurately and clearly on the answer sheet.

   marking example | ① ● ③ ④

6. 문제를 읽을 때에는 소리가 나지 않도록 하십시오.
   Keep quiet while answering the questions.

7. 질문이 있을 때에는 손을 들고 감독관이 올 때까지 기다려 주십시오.
   When you have any questions, please raise your hand.

제3회 실전모의고사

1교시 듣기 (1번~50번)

※ [1~3] 다음을 듣고 가장 알맞은 그림 또는 그래프를 고르십시오. (각 2점)

1. ①

②

③

④

2. ①

②

③

④

3.

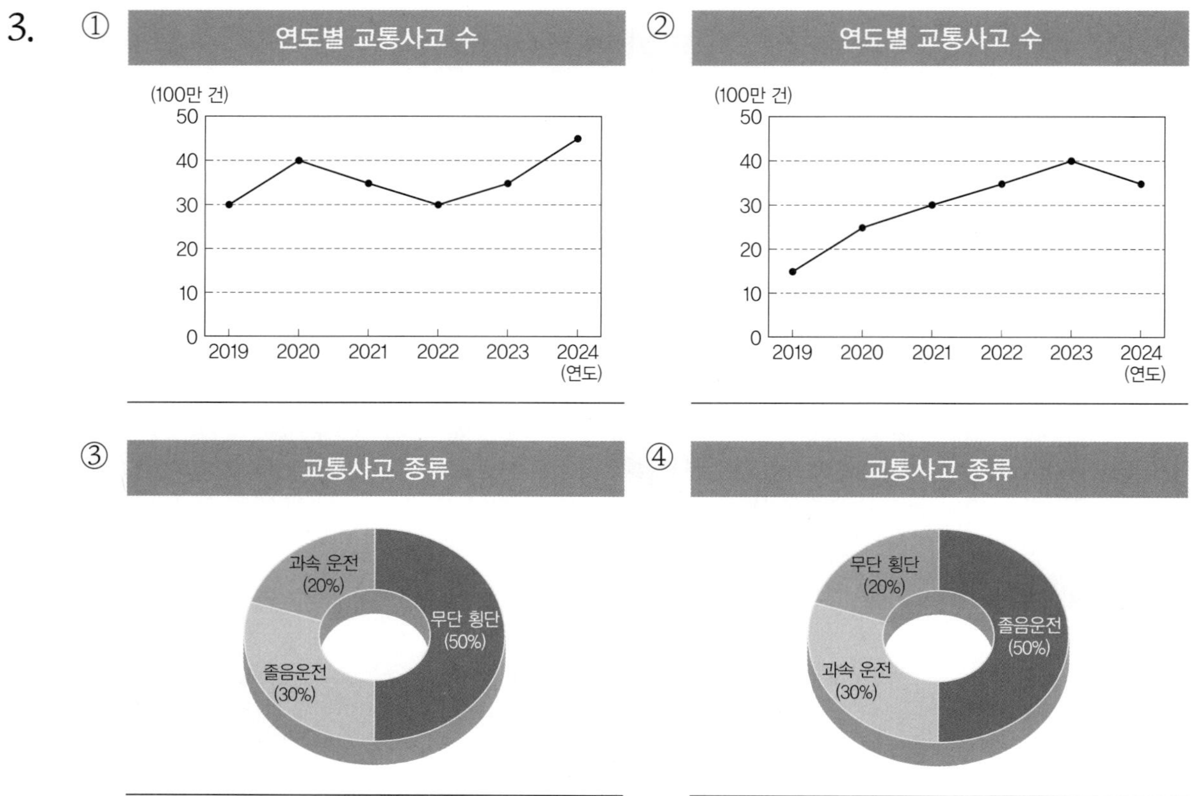

※ [4~8] 다음을 듣고 이어질 수 있는 말로 가장 알맞은 것을 고르십시오. (각 2점)

4. ① 응, 파란색도 괜찮아.
② 아니, 볼펜을 못 샀어.
③ 응, 네가 먼저 쓰고 줘.
④ 아니, 무슨 색인지 몰라.

5. ① 제가 전화해 볼게요.
② 오늘 버스가 일찍 왔어요.
③ 같이 갈 수 있어 다행이에요.
④ 이번에는 늦은 사람이 없네요.

6. ① 좋아져서 다행이에요.
② 약을 먹어서 괜찮아요.
③ 그럼 제가 먼저 갈게요.
④ 그럼 빨리 집에 가서 쉬어요.

7. ① 다행히 빨리 할 수 있겠어요.
② 아마 과제를 내 주실 거예요.
③ 벌써 선생님께 제출한 거예요?
④ 그럼 우리 같이 하는 건 어때요?

8. ① 여기 있는 저울에 서류를 올려 주세요.
② 그럼 이따 오후에 서류를 가지고 올게요.
③ 서류가 많으니까 두 개로 나눠 부칠게요.
④ 그럼 지금 바로 빠른 등기로 보내 주세요.

※ [9~12] 다음을 듣고 여자가 이어서 할 행동으로 가장 알맞은 것을 고르십시오. (각 2점)

9. ① 드라마를 본다. ② 사과를 깎는다.
③ 남자를 부른다. ④ 이메일을 보낸다.

10. ① 박물관 엽서를 구입한다. ② 기념품 가게에 들어간다.
③ 특별 전시장을 둘러본다. ④ 안내 책자를 가지러 간다.

11. ① 사진을 찍는다. ② 한복을 입는다.
③ 자신의 한복을 고른다. ④ 남자의 한복을 골라 준다.

12. ① 사진을 고른다. ② 홍보팀에 연락한다.
③ 남자에게 보고한다. ④ 세미나에 참석한다.

※ [13~16] 다음을 듣고 들은 내용과 같은 것을 고르십시오. (각 2점)

13. ① 이번 주말에 날씨가 맑을 것이다.
② 여자는 혼자 가는 여행을 좋아한다.
③ 남자는 주말에 책을 읽으려고 한다.
④ 남자는 주말 내내 집에 있을 계획이다.

14. ① 행복마트는 오늘 9시 50분에 문을 닫는다.
② 오늘 행복마트의 생선은 오전에 다 판매되었다.
③ 행복마트가 문을 닫는 시간은 평일과 주말이 다르다.
④ 오늘 행복마트는 모든 상품을 30% 할인하여 판매한다.

15. ① 오징어는 더운 날씨에 많이 잡힌다.
② 오징어를 잡는 양이 크게 증가하였다.
③ 오징어의 값은 싸지만 영양가는 낮다.
④ 오징어의 값이 점점 더 오를 예정이다.

16. ① 앵무새는 사람을 무서워하는 경향이 있다.
② 앵무새는 일반 새들보다 성격이 민감하다.
③ 앵무새는 깃털이 화려하고 화려한 편이다.
④ 앵무새는 입을 아래로만 움직여서 소리를 낸다.

※ [17~20] 다음을 듣고 남자의 중심 생각으로 가장 알맞은 것을 고르십시오. (각 2점)

17. ① 물은 맛을 확인하고 먹어야 한다.
② 건강을 위해 물을 마시는 게 좋다.
③ 물은 여러 번 나눠서 마시는 게 좋다.
④ 하루에 마실 물의 양을 정해 놔야 한다.

18. ① 집중력을 높이는 방법을 찾아야 한다.
② 음악을 들으면서 공부하는 게 더 좋다.
③ 조용한 카페에서 공부하는 것도 괜찮다.
④ 공부 방법을 다양하게 바꿀 필요가 있다.

19. ① 중고 거래는 하지 않는 것이 좋다.
② 중고 거래는 직접 보고 사는 게 좋다.
③ 중고 거래할 때 가격을 잘 확인해야 한다.
④ 중고 거래할 때 상품 사진을 잘 찍어야 한다.

20. ① 학교 수업이 지금보다 더 다양해져야 한다.
② 학교에서는 아이들의 사회성을 키워야 한다.
③ 학생 시절에는 많은 지식을 쌓는 것이 중요하다.
④ 학생들이 배움의 즐거움을 느낄 수 있게 해야 한다.

※ [21~22] 다음을 듣고 물음에 답하십시오. (각 2점)

21. 남자의 중심 생각으로 가장 알맞은 것을 고르십시오.
① 안내 책자는 보기 쉽게 만들어야 한다.
② 안내 책자는 최신 정보를 담아야 한다.
③ 안내 책자에는 잘못된 정보가 없어야 한다.
④ 안내 책자는 사람들이 많은 곳에 둬야 한다.

22. 들은 내용과 같은 것을 고르십시오.
① 이 안내 책자에는 사진이 들어가 있다.
② 이 안내 책자는 오래전에 만든 것이다.
③ 이 안내 책자는 밝은색으로 디자인되었다.
④ 이 안내 책자는 수정 없이 제작할 예정이다.

※ [23~24] 다음을 듣고 물음에 답하십시오. (각 2점)

23. 남자가 무엇을 하고 있는지 고르십시오.

① 연극 공연 시간을 문의하고 있다.

② 연극 공연 소개 자료를 인쇄하고 있다.

③ 단체 관람을 위해 좌석을 예매하고 있다.

④ 연극 무대에서 공연할 수 있는지 알아보고 있다.

24. 들은 내용과 같은 것을 고르십시오.

① 단체 예매 인원은 50명이다.

② 앞쪽의 좌석은 단체 고객에게만 제공된다.

③ 연극 공연 책자는 현장에서만 받을 수 있다.

④ 앞쪽 좌석은 이미 예약이 되어 앉을 수 없다.

※ [25~26] 다음을 듣고 물음에 답하십시오. (각 2점)

25. 남자의 중심 생각으로 가장 알맞은 것을 고르십시오.

① 지역 축제에 다양한 체험 프로그램이 있어야 한다.

② 지역 축제를 자주 열어야 지역 경제에 도움이 된다.

③ 지역 축제는 주민이 직접 참여할 때 성공할 수 있다.

④ 지역 축제에 유명 가수를 초청해야 사람들이 많이 온다.

26. 들은 내용과 같은 것을 고르십시오.

① 이 축제는 올해 처음으로 열렸다.

② 주민들은 이 축제에 대해 잘 알지 못했다.

③ 외부 업체가 이번 축제의 행사를 진행했다.

④ 이 축제에서는 체험 프로그램이 운영되었다.

※ [27~28] 다음을 듣고 물음에 답하십시오. (각 2점)

27. 남자가 말하는 의도로 알맞은 것을 고르십시오.
① 새로 생길 공원의 위치를 안내하기 위해
② 공원을 조성하는 것의 장점을 말하기 위해
③ 공사에 필요한 예산을 줄이자고 제안하기 위해
④ 공원을 공사하면서 발생할 교통 불편을 걱정하기 위해

28. 들은 내용과 같은 것을 고르십시오.
① 시청 가까이에 공원이 조성되어 있다.
② 엘리베이터 설치는 예산이 부족으로 중단되었다.
③ 여자와 남자 모두 공원 조성에 찬성하고 있다.
④ 공사로 인해 교통이 복잡해져 민원이 발생했다.

※ [29~30] 다음을 듣고 물음에 답하십시오. (각 2점)

29. 남자가 누구인지 고르십시오.
① 로봇 공연 기획자
② 로봇을 만드는 기술자
③ 공연을 촬영하는 카메라 감독
④ 공연을 홍보하는 마케팅 전문가

30. 들은 내용과 같은 것을 고르십시오.
① 남자는 작품의 홍보와 마케팅까지 담당하고 있다.
② 로봇 공연은 대본만 있으면 바로 무대에 올릴 수 있다.
③ 로봇 공연은 사람이 연기하는 공연보다 준비 시간이 짧다.
④ 남자는 무대의 영상과 음악, 공연하는 로봇의 움직임도 제작한다.

※ [31~32] 다음을 듣고 물음에 답하십시오. (각 2점)

31. 남자의 생각으로 가장 알맞은 것을 고르십시오.

① 폐기물 처리 시설은 지역에 꼭 필요한 시설이다.
② 주민 설명회는 지역 인식을 바꾸는 데 효과적이다.
③ 다른 지역의 사례를 참고하면 문제는 해결될 수 있다.
④ 시설 설치에 대한 주민들의 불안감은 쉽게 해소되기 어렵다.

32. 남자의 태도로 알맞은 것을 고르십시오.

① 기존 사례를 통해 문제 해결 방안을 제시하고 있다.
② 시설 설치의 이점을 강조하며 낙관적으로 보고 있다.
③ 지역 개발 효과를 높이기 위해 설득을 시도하고 있다.
④ 주민 감정을 고려하여 염려되는 부분을 지적하고 있다.

※ [33~34] 다음을 듣고 물음에 답하십시오. (각 2점)

33. 무엇에 대한 내용인지 알맞은 것을 고르십시오.

① 실내 공기와 정신 건강과의 관계
② 실내 공기를 환기할 때 주의할 점
③ 실내 공기 질에 따른 교실 온도 변화
④ 실내 공기 질이 학습 능력에 미치는 영향

34. 들은 내용과 같은 것을 고르십시오.

① 미세 먼지가 많은 날에는 집중력이 높았다.
② 식물이 있는 곳에서는 심박수가 올라간다.
③ 실내 공기 오염은 결석률과 관련이 없었다.
④ 공기의 질이 사람의 기억력에 영향을 주었다.

※ [35~36] 다음을 듣고 물음에 답하십시오. (각 2점)

35. 남자는 무엇을 하고 있는지 고르십시오.
① 전기 자동차 사용 방법에 대해 발표하고 있다.
② 최근에 출시된 새 자동차 모델을 홍보하고 있다.
③ 전기 자동차 결함에 대해 사과의 말을 전하고 있다.
④ 새 자동차 모델 출시가 지연되어 양해를 구하고 있다.

36. 들은 내용과 같은 것을 고르십시오.
① 소비자의 과실로 제품에 문제가 발생했다.
② 현재 제품 이상에 대한 조사가 진행 중이다.
③ 해당 전기차의 배터리를 무료로 교환해 준다.
④ 이 자동차 회사는 새 전기차를 출시할 예정이다.

※ [37~38] 다음을 듣고 물음에 답하십시오. (각 2점)

37. 여자의 중심 생각으로 가장 알맞은 것을 고르십시오.
① 손상된 책을 복원하는 노력을 기울여야 한다.
② 일반인들도 오래된 책을 점검할 수 있어야 한다.
③ 오래된 책은 전문가의 정기적인 관리가 필요하다.
④ 종이에서 나오는 물질에 대한 연구가 더 필요하다.

38. 들은 내용과 같은 것을 고르십시오.
① 오래된 책은 겉만 봐도 상태를 쉽게 알 수 있다.
② 1970년대부터 산성 종이로 책을 만들기 시작했다.
③ 종이의 휘발성 물질은 다른 책에 영향을 줄 수 있다.
④ 이 도서관은 오래된 책을 지역 박물관에 기증하였다.

※ [39~40] 다음을 듣고 물음에 답하십시오. (각 2점)

39. 이 대화 전의 내용으로 가장 알맞은 것을 고르십시오.
① 플라스틱 사용을 줄이기 위한 새로운 기술이 개발되었다.
② 플라스틱 쓰레기가 늘면서 환경 문제가 심각해지고 있다.
③ 플라스틱을 쉽게 분리배출할 수 있는 방법이 소개되었다.
④ 플라스틱이 없는 생활은 불가능하다는 인식이 커지고 있다.

40. 들은 내용과 같은 것을 고르십시오.
① 비닐봉지를 준비해서 장을 보면 편리하다.
② 텀블러를 사용하는 것은 불편해서 효과가 없다.
③ 물건을 살 때 포장이 간단한 제품일수록 도움이 된다.
④ 플라스틱 문제 해결은 개인보다 정부의 노력이 더 중요하다.

※ [41~42] 다음을 듣고 물음에 답하십시오. (각 2점)

41. 이 강연의 중심 내용으로 가장 알맞은 것을 고르십시오.
① 미세 플라스틱의 이동 경로에 대한 연구가 중요해졌다.
② 미세 플라스틱 문제를 해결하려는 노력이 계속되고 있다.
③ 미세 플라스틱은 생활 전반에 퍼져 건강을 위협하고 있다.
④ 미세 플라스틱과 관련된 동물 실험에는 많은 문제가 있었다.

42. 들은 내용과 같은 것을 고르십시오.
① 미세 플라스틱의 크기는 알려지지 않았다.
② 미세플라스틱은 자연적으로 쉽게 분해된다.
③ 미세플라스틱은 공기 중에서는 발견되지 않았다.
④ 미세 플라스틱은 사람의 세포를 해치는 역할을 한다.

※ [43~44] 다음을 듣고 물음에 답하십시오. (각 2점)

43. 무엇에 대한 내용인지 알맞은 것을 고르십시오.

① 된장의 역사적 의미
② 된장을 만드는 순서
③ 된장의 지역적 특징
④ 된장을 관리하는 방법

44. 된장에 대한 설명으로 맞는 것을 고르십시오.

① 메주로 간장과 된장을 만들 수 있다.
② 된장은 고온에서 빠르게 숙성시킨다.
③ 메주를 하루 발효시키면 된장이 된다.
④ 된장은 바람이 없는 곳에서 보관해야 한다.

※ [45~46] 다음을 듣고 물음에 답하십시오. (각 2점)

45. 들은 내용과 같은 것을 고르십시오.

① 정약용은 정치와 사회 제도 개혁에 관심을 가졌다.
② 정약용은 사상가였지만 과학이나 기술에는 무관심했다.
③ 정약용은 왕권 강화를 중시하며 새로운 정책을 제안했다.
④ 정약용은 조선 전기의 대표적인 실학자로 실용적인 내용의 책을 주로 썼다.

46. 여자가 말하는 방식으로 알맞은 것을 고르십시오.

① 정약용의 업적을 비판하며 주장을 피력하고 있다.
② 정약용과 다른 실학자들의 생각을 비교하고 있다.
③ 정약용의 사상을 통계 자료와 함께 분석하고 있다.
④ 정약용의 업적을 열거하면서 의미를 설명하고 있다.

※ [47~48] 다음을 듣고 물음에 답하십시오. (각 2점)

47. 들은 내용과 같은 것을 고르십시오.

① 고령 사회에 대응한 돌봄 정책은 충분히 마련되어 있다.
② 커뮤니티 케어는 요양 시설 확대를 중심으로 추진되고 있다.
③ 고령 사회에서는 지역 사회가 돌봄의 주체로 기능할 필요가 있다.
④ 현재 노인 돌봄 정책은 가족 간의 역할 분담에 초점을 맞추고 있다.

48. 남자의 태도로 알맞은 것을 고르십시오.

① 기존 돌봄 체계의 한계를 지적하며 대안을 제시하고 있다.
② 고령화에 대한 사회적 우려를 과장된 것으로 평가하고 있다.
③ 국가보다는 개인이 돌봄을 책임져야 한다는 입장을 강조하고 있다.
④ 현행 돌봄 제도가 충분히 기능하고 있어 긍정적으로 생각하고 있다.

※ [49~50] 다음을 듣고 물음에 답하십시오. (각 2점)

49. 들은 내용과 같은 것을 고르십시오.

① 특별한 직업이나 지위를 가진 영웅들이 많아지고 있다.
② 영웅은 국가적 위기 상황에서만 등장할 수 있는 존재이다.
③ 최근에는 평범한 시민도 사회적 영웅으로 인식되기도 한다.
④ 전통적인 영웅 개념은 현대 사회에서도 그대로 유지되고 있다.

50. 남자가 말하는 방식으로 알맞은 것을 고르십시오.

① 사회적 영웅의 사례를 나열하며 비판하고 있다.
② 영웅의 정의를 통계 자료를 통해 입증하고 있다.
③ 전문가의 말을 인용해 자신의 주장을 증명하고 있다.
④ 전통적 개념과 현재의 변화를 비교하며 설명하고 있다.

1교시 | 쓰기 (51번~54번)

※ [51~52] 다음 글의 ㉠과 ㉡에 알맞은 말을 각각 쓰시오. (각 10점)

51.

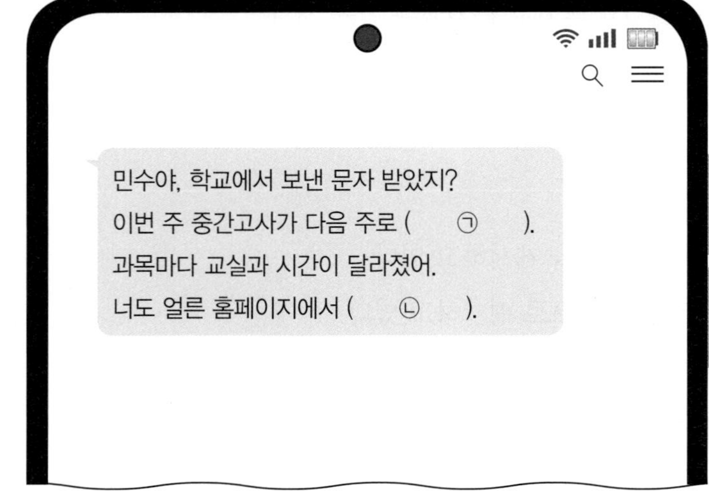

민수야, 학교에서 보낸 문자 받았지?
이번 주 중간고사가 다음 주로 (㉠).
과목마다 교실과 시간이 달라졌어.
너도 얼른 홈페이지에서 (㉡).

㉠: ______________________________

㉡: ______________________________

52.

요즘 청소년들은 스마트폰이나 게임에 많은 시간을 쓴다. 이로 인해 학업에 집중하지 못하거나 수면 시간이 (㉠) 문제가 발생한다. 이런 문제를 줄이기 위해서는 하루 사용 시간을 정하고, 스스로 조절하는 습관을 기르려는 (㉡). 올바른 스마트폰 사용 습관은 건강한 생활을 하는 데 큰 도움이 된다.

㉠: ______________________________

㉡: ______________________________

53. 다음은 '외국어 학습 인구 증가율'에 대한 자료이다. 이 내용을 200~300자의 글로 쓰시오. 단, 글의 제목은 쓰지 마시오. (30점)

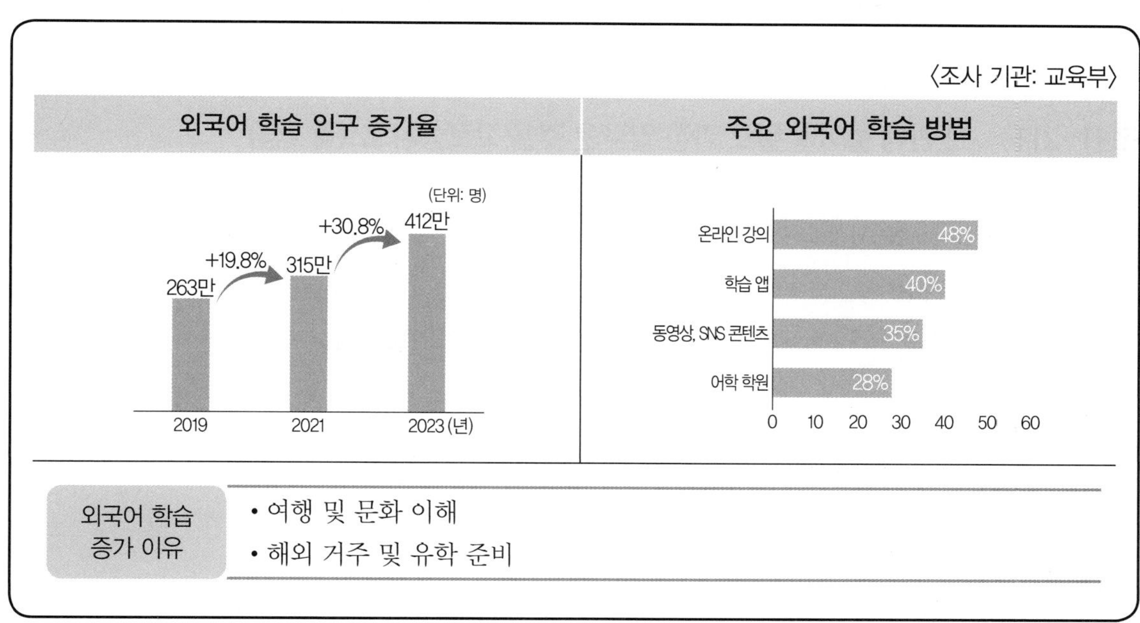

54. 다음을 참고하여 600~700자로 글을 쓰시오. 단, 문제를 그대로 옮겨 쓰지 마시오. (50점)

기후 변화, 대기 오염, 자원 고갈 등 환경 문제가 갈수록 심각해지고 있다. 이러한 문제는 인간의 생존과 직결되는 만큼 환경 보호를 위한 실천이 어느 때보다 절실하다. 아래의 내용을 중심으로 환경 보호의 필요성과 이를 실현하기 위한 구체적인 방안에 대한 자신의 생각을 쓰라.

- 환경 보호가 왜 중요한가?
- 환경을 보호하지 않을 경우 어떤 문제가 발생하는가?
- 환경 보호를 위해 개인과 사회가 실천할 수 있는 방안은 무엇인가?

2교시 | 읽기 (1번~50번)

※ [1~2] (   ) 안에 들어갈 말로 가장 알맞은 것을 고르십시오. (각 2점)

1. 시험에 (   ) 열심히 공부하고 있다.

① 합격하지만 ② 합격하도록
③ 합격할수록 ④ 합격할까 봐

2. 너무 피곤해서 결국 수업 시간에 (   ).

① 졸고 말았다 ② 졸 수 있었다
③ 졸 걸 그랬다 ④ 졸려면 멀었다

※ [3~4] 밑줄 친 부분과 의미가 가장 비슷한 것을 고르십시오. (각 2점)

3. 기차표를 <u>구하는 대로</u> 바로 출발할 예정이다.

① 구하자마자 ② 구하나 마나
③ 구하는 데다가 ④ 구하는 바람에

4. 너무 아파서 약속을 <u>취소할 수밖에 없었다</u>.

① 취소하는 줄 몰랐다 ② 취소할 리가 없었다
③ 취소할 지도 몰랐다 ④ 취소하지 않을 수 없었다

※ [5~8] 다음은 무엇에 대한 글인지 고르십시오.(각 2점)

5.

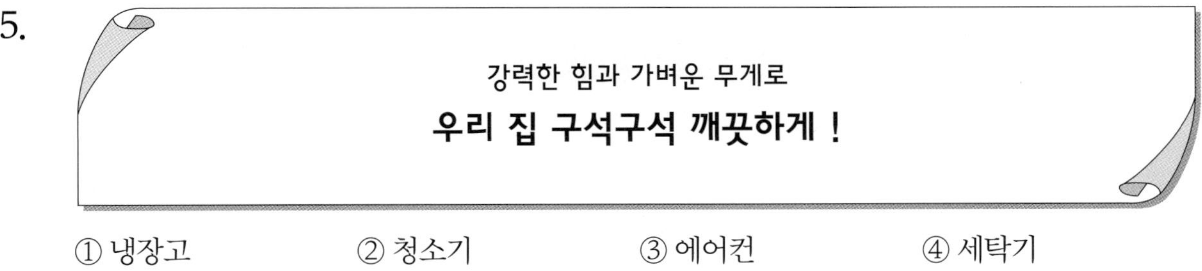

강력한 힘과 가벼운 무게로
우리 집 구석구석 깨끗하게 !

① 냉장고 ② 청소기 ③ 에어컨 ④ 세탁기

6.

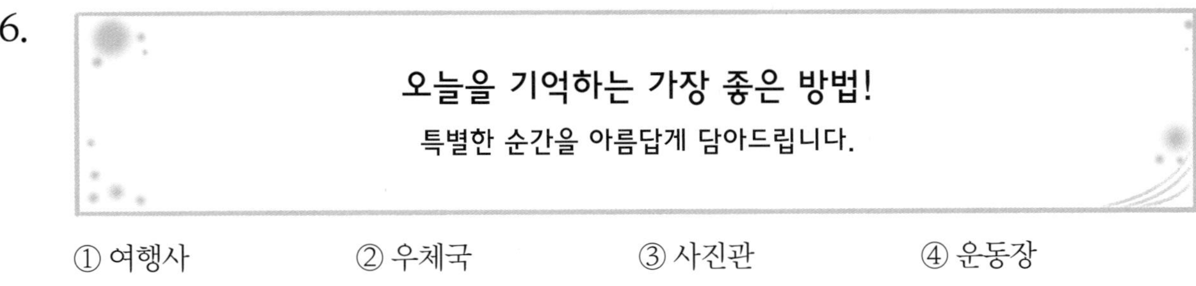

오늘을 기억하는 가장 좋은 방법!
특별한 순간을 아름답게 담아드립니다.

① 여행사 ② 우체국 ③ 사진관 ④ 운동장

7.

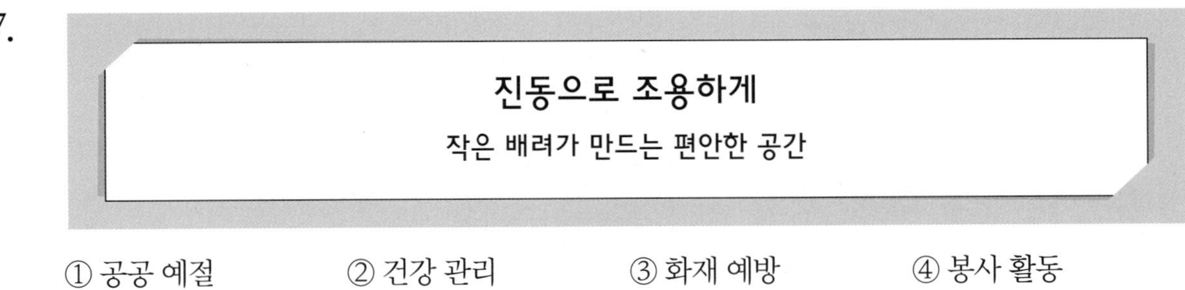

진동으로 조용하게
작은 배려가 만드는 편안한 공간

① 공공 예절 ② 건강 관리 ③ 화재 예방 ④ 봉사 활동

8.

▶ 가격도 저렴하고 품질도 좋아서 추천하고 싶어요.
▶ 색깔은 조금 아쉽지만 디자인이 마음에 드네요.

① 주문 방법 ② 사용 후기 ③ 안전 관리 ④ 주의 사항

※ [9~10] 다음 글 또는 그래프의 내용과 같은 것을 고르십시오.(각 2점)

9.

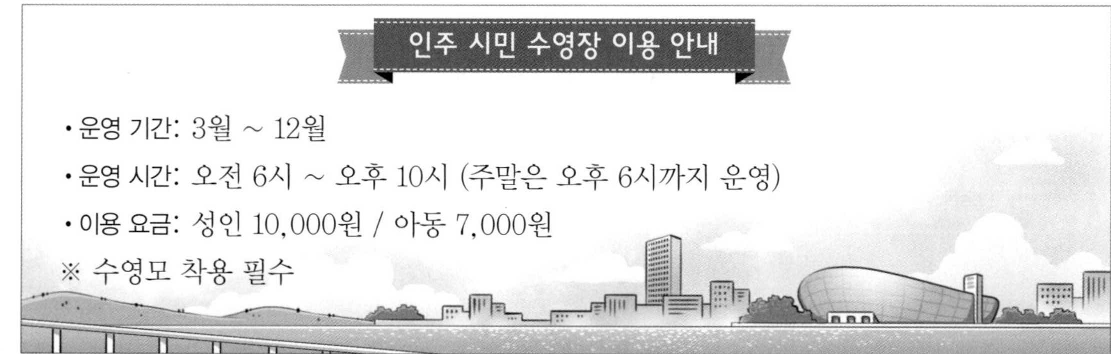

① 수영장은 1년 내내 운영된다.

② 아동 요금과 성인 요금이 같다.

③ 주말은 평일보다 운영 시간이 짧다.

④ 수영장 이용 시 수영모를 쓰지 않아도 된다.

10.

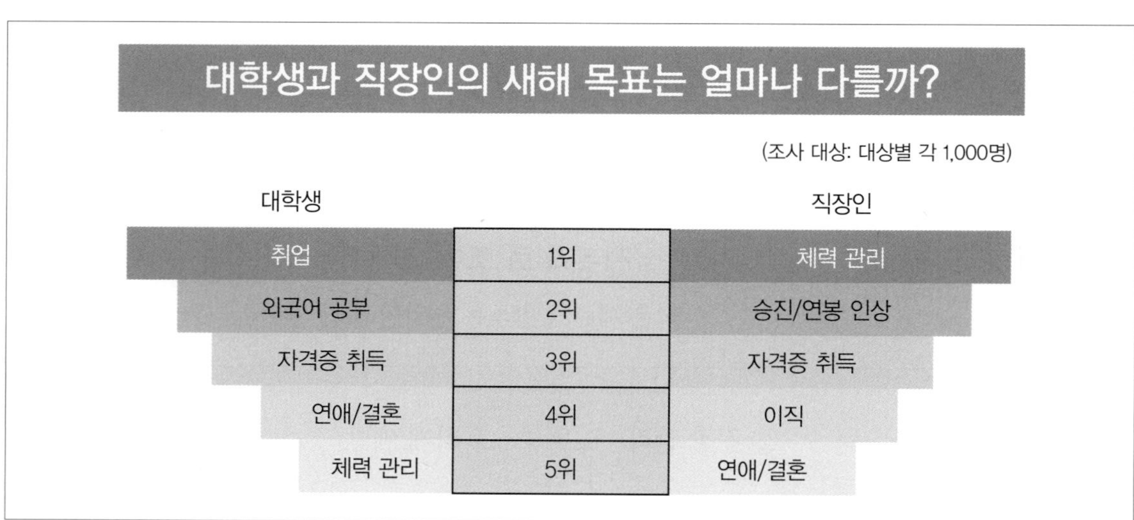

대학생과 직장인의 새해 목표는 얼마나 다를까?

(조사 대상: 대상별 각 1,000명)

대학생		직장인
취업	1위	체력 관리
외국어 공부	2위	승진/연봉 인상
자격증 취득	3위	자격증 취득
연애/결혼	4위	이직
체력 관리	5위	연애/결혼

① 직장인의 새해 목표 1위는 승진으로 나타났다.

② 자격증 취득의 순위는 조사 대상에 따른 차이가 없었다.

③ 대학생은 취업보다 연애나 결혼을 원하는 사람이 많았다.

④ 대학생과 직장인 모두 새해 목표로 생각하는 항목이 같았다.

※ [11~12] 다음 글 또는 그래프의 내용과 같은 것을 고르십시오.(각 2점)

11.

어제 오후에 내린 갑작스러운 폭우로 일부 지역 도로와 주택이 물에 잠겼다. 도로 위 차량은 움직이지 못했고 몇몇 지하상가도 피해를 입었다. 시청은 긴급 대응팀을 보내 배수 작업을 진행 중이다. 그러나 앞으로 며칠간 비가 계속 내릴 것으로 예상되어 주의가 필요하다.

① 오늘 아침부터 갑작스럽게 비가 내리기 시작했다.
② 도로와 지하상가가 물에 잠기면서 피해가 발생했다.
③ 시청은 배수 작업을 마치고 도로 복구를 진행하고 있다.
④ 며칠 동안 비가 더 오더라도 큰 피해는 없을 것으로 예상된다.

12.

한 택시 기사의 선행이 온라인 게시판을 통해 알려지며 화제가 되고 있다. 최근 이 기사는 비 오는 밤에 우산 없이 서 있는 승객을 태웠다. 승객이 내릴 때 자신의 우산을 건네며 "다음에 다른 사람을 도와주세요."라며 따뜻한 말을 전했다고 한다. 이 이야기는 많은 사람들에게 전해지며 감동을 주고 있다.

① 택시 기사의 행동은 뉴스에 소개되어 큰 상을 받았다.
② 이 이야기는 두 사람의 인터뷰를 통해 알려지게 되었다.
③ 비가 오자 승객은 기사에게 우산을 빌려 달라고 요청했다.
④ 기사는 비 오는 날 우산이 없는 승객에게 자신의 우산을 건넸다.

※ [13~15] 다음을 순서에 맞게 배열한 것을 고르십시오.(각 2점)

13.

(가) 하지만 최근 꽃 대신 화분을 선물하는 사람들이 늘고 있다.
(나) 사람들은 생일이나 기념일에 친구나 가족에게 꽃을 선물한다.
(다) 이러한 이유로 화분을 선물하는 것이 새로운 문화로 자리 잡고 있다.
(라) 화분은 꽃보다 오래 두고 감상할 수 있고 공기 정화에도 도움이 되기 때문이다.

① (나)-(가)-(라)-(다) ② (나)-(다)-(가)-(라)
③ (라)-(나)-(가)-(다) ④ (라)-(다)-(나)-(가)

14.

(가) 나는 발표를 잘하고 싶었지만 사람들 앞에 서는 것이 두려웠다.
(나) 발표를 마치고 나니 걱정했던 마음은 사라지고 뿌듯함이 남았다.
(다) 그래서 매일 거울 앞에서 발표 내용을 연습하며 자신감을 쌓았다.
(라) 발표 날이 다가오자 긴장되었지만 연습한 덕분에 잘 해낼 수 있었다.

① (가)-(다)-(라)-(나) ② (가)-(라)-(나)-(다)
③ (라)-(가)-(다)-(나) ④ (라)-(나)-(다)-(가)

15.

(가) 얇은 옷을 겹쳐 입으면 옷 사이에 공기층이 생기기 때문이다.
(나) 두꺼운 옷 하나보다 얇은 옷을 여러 겹 입는 것이 훨씬 따뜻하다.
(다) 이 공기층은 몸의 열을 밖으로 나가지 않게 막아 주는 역할을 한다.
(라) 그래서 겨울철에는 얇은 옷을 겹쳐 입는 것이 보온에 더 효과적이다.

① (가)-(다)-(라)-(나) ② (가)-(라)-(나)-(다)
③ (나)-(가)-(다)-(라) ④ (나)-(가)-(라)-(다)

※ [16~18] (　　) 안에 들어갈 말로 가장 알맞은 것을 고르십시오.(각 2점)

16.

환경 보호를 위해 많은 사람들이 다회용 컵을 사용하고 있다. 일회용 컵을 줄이기 위해 (　　　　　　) 고객에게는 음료 값을 할인해 주는 카페도 생겼다. 이러한 노력은 환경을 살리는 데 도움이 될 뿐만 아니라 사람들이 환경 보호에 쉽게 참여할 수 있게 돕는 좋은 방법이다.

① 컵을 직접 가져온
② 음료를 많이 마신
③ 빨리 주문을 하는
④ 일회용을 선호하는

17.

요즘 달리기를 시작하는 사람들이 부쩍 늘고 있다. 텔레비전이나 여러 영상에서 연예인들이 달리기를 하거나 마라톤에 참가하는 모습을 자주 볼 수 있다. 이처럼 (　　　　　　) 달리기를 따라 하는 사람들이 많아지고 있는 것이다. 한편 소득 수준이 높아진 것이 건강에 대한 관심 증가로 이어진 결과라고 보는 의견도 있다.

① 건강한 삶을 꿈꾸게 되면서
② 마라톤의 높은 인기 때문에
③ 방송을 보고 관심을 갖게 되어서
④ 운동이 다른 일보다 쉽기 때문에

18.

엘리베이터 안에 거울이 있는 것을 보고 대부분의 사람들은 자신의 모습을 확인하기 위한 것이라고 생각한다. 하지만 거울은 외모를 점검하려는 목적 외에 다른 이유로 설치된 것이다. 휠체어나 유아차를 사용하는 사람은 뒤를 돌아보기 어려운데 거울이 있으면 이동 방향을 쉽게 확인할 수 있다. 이처럼 엘리베이터 안의 거울은 (　　　　　　) 장치로도 활용되고 있다.

① 외모를 확인하기 좋은
② 거울을 보기 쉽게 설치된
③ 심리적인 안정을 주려는
④ 사람들의 이동을 돕기 위한

※ [19~20] 다음을 읽고 물음에 답하십시오. (각 2점)

현대 사회에서는 디지털 치매라는 말이 생길 정도로 사람들이 스마트 기기에 의존하고 있다. 스마트폰이나 컴퓨터 없이는 일상생활이 어렵다고 말하는 사람도 많다. 모든 정보를 기기에 저장하고 기억하지 않다 보니 예전보다 사람들의 기억력이 떨어지고 있다는 지적도 있다. 실제로 전화번호나 중요한 날조차 외우지 못하는 일이 많아지고 있다. 편리한 기술이 ( ) 인간의 인지 능력을 약화시키는 부작용을 낳고 있는 것이다.

19. ( ) 안에 들어갈 말로 가장 알맞은 것을 고르십시오.

① 혹시 ② 과연 ③ 오히려 ④ 게다가

20. 윗글의 주제로 가장 알맞은 것을 고르십시오.

① 기술 발전은 인간의 편리한 삶에 필수적이다.
② 현대인은 스마트 기기 없이 일상생활을 하기 어렵다.
③ 새로운 기술을 빨리 받아들이는 사람일수록 기억력이 떨어진다.
④ 디지털 기기의 지나친 사용은 인지 능력에 부정적인 영향을 줄 수 있다.

※ [21~22] 다음을 읽고 물음에 답하십시오. (각 2점)

청소년기에는 자신을 이해해 주고 인정해 주는 대상에 특별한 관심을 갖게 된다. 청소년들은 공통의 관심사로 연예인을 좋아하고 그 관심을 또래들과 함께 나누며 소속감을 느끼곤 한다. 이들은 팬 커뮤니티에서 같은 관심사를 가진 친구들을 만나고 감정을 공유한다. 그러면서 가족이나 주변 어른들과는 점점 대화가 줄고 서로를 이해하지 못해 갈등이 생기기도 한다. 부모님의 진심 어린 조언은 잔소리로만 느껴진다. 그래서 가족들과 이야기하는 대신 (　　　　　　　) 또래들과 어울리며 연예인의 이야기나 팬 활동을 통해 즐거움을 느끼는 경우가 많다.

21. (　　) 안에 들어갈 말로 가장 알맞은 것을 고르십시오.

① 눈이 높은
② 말이 통하는
③ 귀가 가려운
④ 열을 올리는

22. 윗글의 내용과 같은 것을 고르십시오.

① 팬 활동은 청소년이 가족과 소통하는 데 도움이 된다.
② 부모의 진심 어린 조언은 청소년에게 더 큰 감동을 준다.
③ 어른들과 이야기할 때 서로의 생각이 달라 다툼이 생기기도 한다.
④ 청소년들은 연예인을 좋아하더라도 팬 활동에는 관심이 없는 편이다.

※ [23~24] 다음을 읽고 물음에 답하십시오. (각 2점)

주말에 아이와 함께 가까운 놀이공원에 갔다. 아이는 신이 나서 이리저리 뛰어다녔고 그 모습을 보며 잘 왔다는 생각이 들었다. 아이의 사진을 한참 찍다가 전화가 와서 잠깐 친구와 통화를 했다. 통화를 하다가 문득 주변이 조용해진 느낌이 들어 고개를 돌려 보았더니 아이가 보이지 않았다. 나는 너무 놀라 놀이공원 곳곳을 다니며 아이를 찾기 시작했다. “혹시 이 근처에서 남자아이 못 보셨어요?”라고 지나가는 사람들에게도 물었다. 가슴이 쿵쾅거리고 다리가 후들거렸다. 10분쯤 지났을 때 한 놀이기구 앞에서 직원이 아이의 손을 잡고 달래 주고 있는 모습을 발견했다. 아이는 울다 지친 모습이었고 나를 보자마자 달려와 안겼다. 나는 아이를 안고 눈물을 흘렸다. 아이는 금방 웃음을 되찾았지만 아이가 눈앞에서 사라진 순간을 생각하면 지금도 심장이 두근거린다.

23. 밑줄 친 부분에 나타난 '나'의 심정으로 가장 알맞은 것을 고르십시오.

① 불안하고 걱정스럽다
② 짜증나고 불만스럽다
③ 억울하고 당황스럽다
④ 어색하고 조심스럽다

24. 윗글의 내용과 같은 것을 고르십시오.

① 아이는 놀이공원에서 뛰어다니다가 다쳤다.
② 놀이공원 직원이 아이를 달래며 보호하고 있었다.
③ 친구와 통화하는 동안 아이는 내 옆에 앉아 있었다.
④ 나는 아이를 찾으려고 놀이공원에 방송을 부탁했다.

※ [25~27] 다음 신문 기사의 제목을 가장 잘 설명한 것을 고르십시오. (각 2점)

25.

꽃샘추위 계속, 봄꽃 축제 시기 '갈팡질팡'

① 꽃샘추위로 인해 봄꽃 축제 일정이 불확실해졌다.
② 많은 관광객이 몰리면서 축제 시기가 앞당겨졌다.
③ 축제 준비에 문제가 없어 작년보다 일찍 열릴 예정이다.
④ 잦아드는 꽃샘추위 덕분에 축제 준비가 다시 시작되었다.

26.

연이은 물가 상승, 소비 심리 '꽁꽁'

① 소비자들이 물건을 더 싸게 사려고 노력하고 있다.
② 물가가 계속 오르면서 사람들이 소비를 줄이고 있다.
③ 소비자들이 물가 상승 움직임에 민감하게 반응하고 있다.
④ 물가가 안정되면서 소비자들의 구매가 조금씩 회복되고 있다.

27.

온라인 진료 허용 확대, 시장 반응 엇갈려

① 온라인 진료 확대를 두고 시장에서는 우려가 커지고 있다.
② 온라인 진료에 대해 환자들은 이용이 불편하다는 입장이다.
③ 온라인 진료가 가능해져서 모두가 환영하고 있는 분위기이다.
④ 온라인 진료가 확대되자 찬성과 반대 의견이 모두 나오고 있다.

※ [28~29] (   ) 안에 들어갈 말로 가장 알맞은 것을 고르십시오. (각 2점)

28.

한국의 전통 공연이라고 하면 아리랑과 같은 민요를 떠올리는 사람이 많다. 하지만 실제로는 (   ) 공연이 많이 있다. 신나는 리듬을 즐기고 싶다면 사물놀이, 전통 음악과 함께 연극을 즐기고 싶다면 탈춤 공연이 좋다. 이야기 중심의 공연을 원한다면 마당놀이도 좋은 선택이 될 수 있다. 마당놀이는 판소리로 옛이야기를 전하면서도 춤과 노래를 통해 쉽게 이해할 수 있어 남녀노소 모두 즐길 수 있다.

① 특징이 거의 없는
② 이야기가 강조되는
③ 짧고 간단하게 끝나는
④ 내용과 형식이 다양한

29.

발표는 단지 말하는 사람만을 위한 시간이 아니다. 발표자가 준비한 내용을 이해하려고 집중해서 듣고 필요한 경우 적절한 질문이나 피드백을 주는 것도 중요하다. 발표를 들을 때 이런 태도를 가지면 발표자뿐 아니라 듣는 사람도 배움의 폭이 넓어진다. 듣는 태도도 발표의 중요한 부분이기 때문이다. 발표를 들을 때는 (   ) 것이 아니라 함께 참여하는 자세가 필요하다.

① 배움을 기대하는
② 질문을 고민하는
③ 단순히 듣기만 하는
④ 발표자의 태도를 평가하는

※ [30~31] (　　) 안에 들어갈 말로 가장 알맞은 것을 고르십시오. (각 2점)

30.

건축물에서 화재나 지진 같은 재난이 발생했을 때 건물의 용도에 따라 대피 경로가 달라질 수 있다. 예를 들어 공연장처럼 많은 사람이 동시에 모이는 장소의 경우에 대부분의 사람들이 같은 출입구로 몰리면 더 위험한 상황이 생길 수 있다. 이러한 상황은 오히려 추가적인 피해를 일으킬 수 있어 위험하다. 따라서 공연장처럼 많은 사람들이 이용하는 시설에는 (　　　　　　　　) 다른 용도의 건물보다 더 많은 비상구를 설치해야 한다.

① 용도를 변경하기 위해
② 출입구 수를 줄이기 위해
③ 공연을 편하게 관람할 수 있게
④ 많은 사람들이 빠르게 대피할 수 있게

31.

같은 물건이라도 어떤 때에는 비싸게 팔리고 어떤 때에는 싸게 팔리기도 한다. 이는 수요와 공급이라는 경제 원리 때문이다. 같은 물건을 사려고 하는 사람들이 많으면 가격이 올라가고 반대로 (　　　　　　　　) 가격이 내려간다. 예를 들어 휴가철에는 수요가 많아 비행기표가 비싸지만 그렇지 않은 때에는 저렴한 가격으로 살 수 있다. 이렇듯 시장에서는 수요와 공급의 변화에 따라 가격이 달라진다.

① 가격 할인 경쟁이 시작되면
② 물건에 비해 구매자가 적으면
③ 소비자가 가격에 만족하지 않으면
④ 판매자가 물건을 더 만들지 않으면

※ [32~34] 다음을 읽고 글의 내용과 같은 것을 고르십시오. (각 2점)

32.

벌집은 대부분 육각형 모양으로 되어 있다. 육각형은 여러 모양 중에서 공간을 가장 효율적으로 사용할 수 있는 구조로 알려져 있다. 같은 넓이일 때 원이나 삼각형보다 빈틈이 적고 서로 맞닿는 면이 많기 때문에 재료가 적게 든다. 벌들은 이러한 구조를 이용해 더 적은 양의 밀랍으로 많은 양의 꿀을 저장할 수 있다. 그래서 벌집의 육각형 구조는 공간과 자원을 아끼는 자연의 지혜라고 불린다.

① 육각형 구조는 넓이에 비해 벽이 많아 밀랍이 더 많이 필요하다.
② 벌집의 육각형 구조는 꿀벌의 비행에 편리한 모양으로 만든 것이다.
③ 삼각형이나 원은 같은 넓이를 사용할 때 육각형보다 빈틈이 더 많다.
④ 삼각형 구조는 육각형보다 효율적으로 꿀을 저장할 수 있는 형태이다.

33.

지구와 달리 우주는 중력이 거의 없는 무중력 상태이다. 이런 환경에서는 물이 아래로 흐르지 않고 공처럼 둥근 모양으로 떠 있는 모습을 보인다. 이는 중력이 작용하지 않는 상태에서 물을 끌어당기는 힘이 사라지고 대신 물 분자끼리 서로 끌어당기는 힘인 표면 장력이 작용하기 때문이다. 이 힘 때문에 물은 흩어지지 않고 한곳에 모여 둥글게 움직인다. 이러한 무중력 상태에서는 우리가 익숙한 물의 움직임이 달라지기 때문에 우주에서의 실험과 생활 방식도 지구와는 다르게 설계된다.

① 물은 무중력 상태에서 표면 장력에 의해 둥글게 모여 움직인다.
② 우주에서는 중력의 영향으로 인해 물이 더 빠른 속도로 흩어진다.
③ 중력이 작용하지 않는 상태에서 물 분자가 서로 밀어내는 힘을 갖는다.
④ 무중력 상태에서의 생활 방식은 안전을 위해 지구와 유사하게 설계된다.

34.

조선 후기 실학자 박지원은 농민들이 겪는 어려움을 해결하기 위해 『과농소초』라는 책을 썼다. 이 책에는 농사 방법의 개선, 농기구 개량, 수리 시설 정비 등 실제 생활에 도움이 되는 제안들이 담겨 있다. 박지원은 이론보다 현실에 바로 적용할 수 있는 내용을 중심으로 조선의 농업 문제를 분석하고 구체적인 해결책을 제시하였다. 이 책은 농업 생산성을 높이고 농민의 삶을 안정시키려는 실천적인 개혁 노력의 결과물로 당시 사회를 바꾸려는 실용적인 생각이 담긴 중요한 기록이라고 평가받는다.

① 이 책은 이론적인 내용을 중심으로 구성된 농업 사전이다.
② 박지원은 선진국의 농업을 분석하여 조선에 적용하려고 했다.
③ 이 책은 당시 사회에 바로 적용할 수 없는 내용으로 평가받았다.
④ 박지원은 이 책을 통해 실생활에 도움이 되는 개혁안을 제안했다.

※ [35~38] 다음을 읽고 글의 주제로 가장 알맞은 것을 고르십시오. (각 2점)

35.

예전에는 일에 몰두하고 성과를 내는 것이 성공의 조건처럼 여겨졌다. 그러나 최근에는 직장에서의 성취보다 여가 시간의 만족이나 가족과의 균형 있는 삶을 더 중요하게 생각하는 사람들이 많아지고 있다. 실제로 직업 선택 시에도 연봉이나 승진보다는 근무 시간, 유연한 업무 환경을 더 우선시하는 경향이 나타나고 있다. 이러한 가치 변화는 특히 젊은 세대를 중심으로 빠르게 확산되고 있으며 기업의 인재 유치 전략에도 중요한 요소로 작용하고 있다.

① 직장에서의 성취는 개인의 만족에 중요한 영향을 준다.
② 연봉보다 승진 기회를 중시하는 분위기가 확산되고 있다.
③ 일과 삶의 균형을 중시하는 인식이 사회 전반으로 퍼지고 있다.
④ 근무 환경의 유연성은 업무의 효율성을 높이는 요소로 여겨진다.

36.

범죄 피해로 고통을 겪는 사람들을 지원하기 위한 범죄 피해자 구조금 제도의 개선이 추진되고 있다. 지금까지는 일부 조건을 충족하는 경우에만 구조금이 지급되었지만 앞으로는 적법한 체류 자격이 있는 외국인 피해자나 한국인과 결혼한 사람, 자녀를 양육하는 사람도 지원 대상에 포함될 예정이다. 이는 그동안 제도의 사각지대를 줄이고 피해자의 일상 복귀와 실질적인 회복을 지원하려는 사회적 노력의 일환이다.

① 적법한 체류자에 한해 구조금 지급 대상을 확대하여야 한다.
② 범죄 피해자를 위한 별도의 기금 조성을 시급히 마련해야 한다.
③ 피해자 구제를 위한 복지 혜택이 국가 예산에 부담을 주고 있다.
④ 구조금 제도의 지원 대상 확대와 제도의 개선이 이루어지고 있다.

37.

자율 주행차는 센서와 인공 지능 알고리즘을 활용해 주변 상황을 인식하고 스스로 경로를 판단한다. 운전자의 개입 없이도 주행이 가능하다는 점에서 많은 기대를 받고 있지만 실시간으로 방대한 데이터를 처리해야 하므로 돌발 상황에서는 반응이 늦어지거나 판단이 어려운 상황이 발생할 수 있다. 이러한 기술적 한계를 줄이고 알고리즘의 정밀성과 반응 속도가 개선된다면 자율 주행차의 일상적 활용 가능성도 더 높아질 것으로 기대된다.

① 자율 주행 시스템은 다양한 분야에서 상용화되어 활용도가 높다.
② 자율 주행 기술은 복잡한 상황에서도 정확한 판단을 내릴 수 있다.
③ 자율 주행 기술은 상용화를 위해 보완이 필요한 과제를 안고 있다.
④ 자율 주행차는 운전자의 주행 방식과 감각을 그대로 모방하여 판단한다.

38.

> 생성형 인공 지능 기술의 발달로 다양한 콘텐츠가 빠르게 제작되고 있다. 인공 지능이 만든 소설이나 음악이 해당 분야에서 성과를 거두는 사례도 등장하고 있다. 이에 대해 어떤 사람들은 그 결과물이 창의적이고 새롭다면 인간의 개입이 없어도 창작으로 인정할 수 있다고 본다. 반면 창작이란 감정과 경험, 의도가 담긴 과정을 포함해야 하므로 인공 지능의 산출물을 창작으로 보기 어렵다는 의견도 있다. 인공 지능 산출물이 급증하고 있는 만큼 창작에 대한 논의가 필요하다.

① 창작의 의미는 결과가 아닌 의도를 포함한 과정에 있다.
② 창작은 인간만의 고유한 창의적 영역이라는 견해가 있다.
③ 인공 지능의 산출물은 감정이 결여되어 있다는 지적이 있다.
④ 인공 지능 시대에 창작에 대한 새로운 개념을 논의할 필요가 있다.

※ [39~41] 주어진 문장이 들어갈 곳으로 가장 알맞은 것을 고르십시오. (각 2점)

39.

> 덕분에 독자들은 공부법뿐 아니라 언어를 통해 세상을 바라보는 시각도 함께 얻게 된다.

> 언어학자 김수진이 쓴『낯선 문장을 사랑하게 될 때』가 연일 화제다. (㉠) 이 책은 외국어 학습 에세이로 외국어를 공부하면서 겪는 시행착오와 그 안에서 얻은 깨달음을 소개하고 있다. (㉡) 독자들이 느낄 외국어 학습에 대한 불안감과 두려움에 공감하면서도 포기하지 않고 꾸준히 나아가야 한다는 메시지를 전한다. (㉢) 또한 언어에 담긴 문화와 가치관 등을 살펴봄으로써 언어가 의사소통 수단을 넘어 그 사회를 반영하는 창임을 일깨운다. (㉣)

① ㉠ ② ㉡ ③ ㉢ ④ ㉣

40.

이들은 특정 구간까지 일정한 속도를 유지해 주어 선수들의 경기 운영을 돕는 역할을 한다.

마라톤 경기에서는 기록 단축을 위해 페이스메이커가 함께 달리는 경우가 있다. (㉠) 보통 초반에는 너무 빠르게 달리는 실수를 범하기 쉬운데 페이스메이커가 속도를 조절해 줌으로써 선수들은 자신의 리듬을 유지하며 뛸 수 있다. (㉡) 페이스메이커는 중간에 경기를 멈추지만 선수들의 기록 향상에는 중요한 역할을 한다. (㉢) 마라톤은 혼자 뛰는 종목처럼 보이지만 사실은 이런 보이지 않는 협력이 숨겨져 있다. (㉣)

① ㉠ ② ㉡ ③ ㉢ ④ ㉣

41.

이로 인해 우리는 냄새의 원인으로부터 자연스럽게 멀어지게 된다.

냄새는 흔히 코로 느끼는 감각이라고 생각하기 쉽지만 실제로는 후각에 의해 뇌에서 처리되는 감각이다. (㉠) 사람들은 상한 음식이나 썩은 물질처럼 몸에 해로운 것에서 나는 냄새는 본능적으로 불쾌하게 느끼고 자연스럽게 불쾌한 냄새를 피하려는 반응을 보인다. (㉡) 이러한 반응은 단순히 기분 탓이 아니라 생존을 위한 자연스러운 반응이다. (㉢) 실제로 어떤 냄새가 감지되었을 때 뇌가 위험하다고 판단하면 우리 몸에 즉각적으로 회피하라는 신호를 보낸다. (㉣) 결국 불쾌한 냄새에 대한 회피 반응은 해로운 물질로부터 몸을 보호하기 위한 본능적인 생존 전략인 셈이다.

① ㉠ ② ㉡ ③ ㉢ ④ ㉣

※ [42~43] 다음을 읽고 물음에 답하십시오. (각 2점)

이제 막 5학년이 된 은하는 밤마다 옥상에 올라가 하늘을 올려다보곤 했다. 과학 발표 대회를 앞두고 있었기 때문이었다. 은하는 발표를 잘하고 싶은 마음에 할머니에게 망원경을 사 달라고 조른 일이 있었다.

"할머니, 나 망원경 하나 사 주면 안 돼?"

"우리 형편에 망원경은 무슨 망원경이야?"

할머니의 말이 틀리지 않다는 걸 알고 있지만 은하는 포기하고 싶지 않았다. (중략)

은하의 투정에 결국 할머니는 쌈짓돈을 꺼내어 낡은 망원경 하나를 사오고야 말았다. 학교를 마치고 집에 돌아와 망원경을 발견한 은하는 두 눈이 커졌다. 낡은 망원경으로 별을 관찰하는 일은 생각보다 쉽지 않았지만 별을 보고 있는 것도 과학 발표 대회를 준비하는 것도 은하에게는 즐거운 일이었다. 기온이 뚝 떨어진 밤에도 외투를 여며 입고 날마다 손전등과 수첩을 들고 옥상으로 향했다. 할머니는 그런 은하가 기특하면서도 걱정이 되어 마음에도 없는 잔소리를 하곤 했다.(중략)

대회 당일 은하는 많은 사람들 앞에서 별을 관찰한 기록을 차분히 발표했다. 화면 속에는 흐릿하지만 은하가 몇 달 동안 찍어 온 별들의 사진이 담겨 있었다. (중략)

우수상 발표의 순간 은하는 인생에서 그렇게 떨었던 적이 없다. 뒤에 앉아 있는 할머니를 생각하며 은하는 두 손을 모은 채 마음을 졸였다. 잠시 뒤 은하의 이름이 강당에 크게 울려 퍼졌다. 자신의 이름을 듣자마자 은하는 가슴이 터질 것만 같았다. <u>무대에 올라 소감을 말하며 강당 뒤편에 앉아 은하를 향해 힘차게 손을 흔드는 할머니의 모습에 눈물을 꾹 참았다.</u> 그 순간 은하의 눈에는 밤하늘의 그 어떤 별보다 할머니가 더 밝게 빛나 보였다.

42. 밑줄 친 부분에 나타난 '은하'의 심정으로 가장 알맞은 것을 고르십시오.

① 흡족하다
② 난처하다
③ 죄송스럽다
④ 감격스럽다

43. 윗글의 내용으로 알 수 있는 것을 고르십시오.

① 은하는 할머니의 도움으로 대회를 준비할 수 있었다.
② 할머니는 매일 밤 옥상에 올라가는 은하의 행동이 못마땅했다.
③ 은하는 과학 발표 대회를 준비하는 과정이 힘들어 포기하고 싶었다.
④ 할머니는 대회 당일에 은하의 모습을 바라보며 계속해서 눈물을 흘렸다.

※ [44~45] 다음을 읽고 물음에 답하십시오. (각 2점)

고려 시대에는 외세의 침입과 내부의 혼란이 반복되면서 백성들의 불안이 컸다. 이러한 위기를 극복하고자 고려는 다양한 방안을 모색했다. 국운이 위태로워지는 시기에 만들어진 팔만대장경은 단순히 불교 경전을 넘어 국가적 재난 속에서 국민의 마음을 하나로 모으기 위한 문화적 시도였다. 이를 통해 사람들의 불안을 해소하고 백성의 단결을 이끌어 내기 위해 고려는 대장경을 새겨 국난을 극복하고 (   ) 노력했다. 그 결과 수많은 사람들이 참여한 가운데 방대한 양의 경전이 정교하게 새겨졌다. 이 대장경은 고려의 뛰어난 인쇄 기술과 기록 문화의 성과일 뿐 아니라 공동체 정신을 회복하려는 노력의 상징이기도 하다. 이러한 점에서 팔만대장경은 민족의 정신문화가 담긴 귀중한 유산이라 할 수 있다.

44. (   ) 안에 들어갈 말로 가장 알맞은 것을 고르십시오.

① 불교를 국교로 삼고자
② 공동체의 결속을 다지고자
③ 인쇄 기술을 민간에 전파하고자
④ 방대한 양의 경전을 정리하고자

45. 윗글의 주제로 가장 알맞은 것을 고르십시오.

① 팔만대장경은 고려의 종교 활동을 대표하는 유산이다.
② 고려는 팔만대장경을 통해 기록 문화의 성과를 증명하였다.
③ 팔만대장경은 고려의 국가 위기를 극복하려는 문화적 대응이다.
④ 고려는 뛰어난 인쇄 기술을 활용하여 다양한 경전을 제작하였다.

※ [46~47] 다음을 읽고 물음에 답하십시오. (각 2점)

해양 플라스틱 오염이 전 세계적으로 심각한 환경 문제로 떠오르고 있다. 해양에 유입된 플라스틱 폐기물은 수십 년 동안 분해되지 않은 채 해양 생태계를 위협한다. 플라스틱 쓰레기는 해양 동물의 신체에 직접적인 피해를 주기도 하며 물고기나 조개류가 미세 플라스틱을 섭취하면 그 플라스틱이 결국 인간의 식탁으로 이어질 수 있어 건강 문제로까지 확산될 우려가 있다. 이와 같은 오염은 해양 관광 산업에도 악영향을 미치며 지역 경제에 부담을 주고 있다. 이에 환경 단체들은 일회용 플라스틱 사용을 줄이고 해양 정화 활동을 강화해야 함을 촉구하고 있다. 무엇보다도 플라스틱 제품은 생산 단계부터 재활용 가능성을 고려한 설계가 이루어져야 한다는 목소리가 커지고 있다. 그러나 일부 기업들은 비용 부담을 이유로 친환경 제품 도입에 소극적인 태도를 보이고 있다. 그러나 이러한 대응은 초기 대응 시기를 놓치게 하여 사태를 더욱 악화시킬 수 있다. 해양 플라스틱 문제는 환경 문제를 넘어 인류의 미래와 직결된 중대한 과제로 인식되어야 한다.

46. 윗글에 나타난 필자의 태도로 가장 알맞은 것을 고르십시오.

① 해양 오염에 대한 환경 단체의 지나친 개입을 경계하고 있다.
② 해양 오염 방지를 위해 친환경 전환 이익에 대해 설명하고 있다.
③ 해양 오염 문제에 대한 적극적인 대응의 필요성을 강조하고 있다.
④ 해양 오염 문제의 심각성을 알리기 위해 다양한 피해 사례를 소개하고 있다.

47. 윗글의 내용과 같은 것을 고르십시오.

① 해양 플라스틱 문제는 오직 환경 보호 관점에서 바라보아야 한다.
② 미세 플라스틱은 해양 생물뿐만 아니라 인간에게도 위험을 초래할 수 있다.
③ 기업들은 비용 부담에도 불구하고 친환경 제품으로 적극적으로 전환하고 있다.
④ 초기 대응 시기를 놓치더라도 환경 단체들이 주도할 경우 사태 해결이 가능하다.

※ [48~50] 다음을 읽고 물음에 답하십시오. (각 2점)

인간의 행동은 다양한 욕구와 내적 동기에 의해 움직인다고 알려져 있다. 이와 관련해 '욕구 단계 이론'은 인간이 추구하는 욕구가 일정한 순서를 따라 나타난다고 본다. 일반적으로 피라미드 형태로 설명되며, 가장 아래 단계에는 생리적 욕구가, 그 위로는 안전, 소속감, 존경이 이어지고 최상위에는 자아실현이 위치한다. 초기에는 하위 욕구가 충족되어야 상위 욕구가 활성화된다고 여겨졌으나 이후에는 이러한 순서가 (   ) 해석이 받아들여졌다. 실제로 생존이 불안정한 상황에서도 예술 활동이나 자아실현을 추구하는 사례가 있으며 여러 욕구가 동시에 작용하기도 한다. 자아실현은 자신의 잠재력을 발휘하고 삶에 의미를 부여하려는 욕구로 정의된다. 이후 이론은 확장되어 자아실현보다 높은 단계로 자기 초월이 제시되었는데 이는 타인의 성장이나 공동체적 가치 실현 등 자신을 넘어선 목적을 포함한다. 이처럼 욕구 단계 이론은 인간의 욕구가 생존을 넘어 점차 추상적이고 가치 중심적으로 확장된다고 설명한다.

48. 윗글을 쓴 목적으로 가장 알맞은 것을 고르십시오.

① 인간의 행동을 이끄는 여러 심리 요인의 작용 방식을 비교하려고
② 인간의 다양한 필요가 나타나는 구조와 의미를 이론적으로 정리하려고
③ 인간의 상위 욕구에 해당하는 자아실현과 자기 초월의 특징을 분석하려고
④ 인간의 욕구 단계가 사회적 조건에 따라 변화하는 양상에 대해 파악하려고

49. (   ) 안에 들어갈 말로 가장 알맞은 것을 고르십시오.

① 항상 고정적인 것은 아니라는
② 상위 욕구일수록 먼저 발현된다는
③ 반복적으로 교차하여 나타난다는
④ 특정 문화나 환경에 따른 판단이라는

50. 윗글의 내용과 같은 것을 고르십시오.

① 예술 활동을 추구하려면 생존이 필수적으로 담보되어야 한다.
② 자기 초월은 인간이 반드시 도달해야 하는 최종 단계로 간주된다.
③ 생리적 욕구는 다른 상위 욕구 충족 후에 해결되는 특징을 보인다.
④ 자아실현은 개인의 가능성을 실현하고 존재 가치를 찾으려는 과정이다.

EBS TOPIK Ⅱ

실전모의고사

1 교시 (듣기)

성 명 (Name)	한국어 (Korean)	
	영 어 (English)	

수			험			번			호		
					8						
⓪	⓪	⓪	⓪	⓪		⓪	⓪	⓪	⓪	⓪	⓪
①	①	①	①	①		①	①	①	①	①	①
②	②	②	②	②		②	②	②	②	②	②
③	③	③	③	③		③	③	③	③	③	③
④	④	④	④	④		④	④	④	④	④	④
⑤	⑤	⑤	⑤	⑤		⑤	⑤	⑤	⑤	⑤	⑤
⑥	⑥	⑥	⑥	⑥		⑥	⑥	⑥	⑥	⑥	⑥
⑦	⑦	⑦	⑦	⑦		⑦	⑦	⑦	⑦	⑦	⑦
⑧	⑧	⑧	⑧	⑧	●	⑧	⑧	⑧	⑧	⑧	⑧
⑨	⑨	⑨	⑨	⑨		⑨	⑨	⑨	⑨	⑨	⑨

문제지 유형 (Type)	
홀수형 (Odd number type)	▢
짝수형 (Even number type)	▢

※결 시 확인란	결시자의 영어 성명 및 수험번호 기재 후 표기	▢

※ 위 사항을 지키지 않아 발생하는 불이익은 응시자에게 있습니다.

※감독관 확 인	본인 및 수험번호 표기가 정확한지 확인	(인)

번호	답		란	
1	①	②	③	④
2	①	②	③	④
3	①	②	③	④
4	①	②	③	④
5	①	②	③	④
6	①	②	③	④
7	①	②	③	④
8	①	②	③	④
9	①	②	③	④
10	①	②	③	④
11	①	②	③	④
12	①	②	③	④
13	①	②	③	④
14	①	②	③	④
15	①	②	③	④
16	①	②	③	④
17	①	②	③	④
18	①	②	③	④
19	①	②	③	④
20	①	②	③	④

번호	답		란	
21	①	②	③	④
22	①	②	③	④
23	①	②	③	④
24	①	②	③	④
25	①	②	③	④
26	①	②	③	④
27	①	②	③	④
28	①	②	③	④
29	①	②	③	④
30	①	②	③	④
31	①	②	③	④
32	①	②	③	④
33	①	②	③	④
34	①	②	③	④
35	①	②	③	④
36	①	②	③	④
37	①	②	③	④
38	①	②	③	④
39	①	②	③	④
40	①	②	③	④

번호	답		란	
41	①	②	③	④
42	①	②	③	④
43	①	②	③	④
44	①	②	③	④
45	①	②	③	④
46	①	②	③	④
47	①	②	③	④
48	①	②	③	④
49	①	②	③	④
50	①	②	③	④

EBS TOPIK Ⅱ

실전모의고사

2 교시(읽기)

성 명 (Name)	한 국 어 (Korean)	
	영 어 (English)	

수			험		번			호			
					8						
⓪	⓪	⓪	⓪	⓪		⓪	⓪	⓪	⓪	⓪	⓪
①	①	①	①	①		①	①	①	①	①	①
②	②	②	②	②		②	②	②	②	②	②
③	③	③	③	③		③	③	③	③	③	③
④	④	④	④	④		④	④	④	④	④	④
⑤	⑤	⑤	⑤	⑤		⑤	⑤	⑤	⑤	⑤	⑤
⑥	⑥	⑥	⑥	⑥		⑥	⑥	⑥	⑥	⑥	⑥
⑦	⑦	⑦	⑦	⑦		⑦	⑦	⑦	⑦	⑦	⑦
⑧	⑧	⑧	⑧	⑧	●	⑧	⑧	⑧	⑧	⑧	⑧
⑨	⑨	⑨	⑨	⑨		⑨	⑨	⑨	⑨	⑨	⑨

문제지 유형 (Type)	
홀수형 (Odd number type)	▢
짝수형 (Even number type)	▢

※결 시 확인란	결시자의 영어 성명 및 수험번호 기재 후 표기	▢

※ 위 사항을 지키지 않아 발생하는 불이익은 응시자에게 있습니다.

※감독관 확 인	본인 및 수험번호 표기가 정확한지 확인	(인)

번 호	답			란
1	①	②	③	④
2	①	②	③	④
3	①	②	③	④
4	①	②	③	④
5	①	②	③	④
6	①	②	③	④
7	①	②	③	④
8	①	②	③	④
9	①	②	③	④
10	①	②	③	④
11	①	②	③	④
12	①	②	③	④
13	①	②	③	④
14	①	②	③	④
15	①	②	③	④
16	①	②	③	④
17	①	②	③	④
18	①	②	③	④
19	①	②	③	④
20	①	②	③	④

번 호	답			란
21	①	②	③	④
22	①	②	③	④
23	①	②	③	④
24	①	②	③	④
25	①	②	③	④
26	①	②	③	④
27	①	②	③	④
28	①	②	③	④
29	①	②	③	④
30	①	②	③	④
31	①	②	③	④
32	①	②	③	④
33	①	②	③	④
34	①	②	③	④
35	①	②	③	④
36	①	②	③	④
37	①	②	③	④
38	①	②	③	④
39	①	②	③	④
40	①	②	③	④

번 호	답			란
41	①	②	③	④
42	①	②	③	④
43	①	②	③	④
44	①	②	③	④
45	①	②	③	④
46	①	②	③	④
47	①	②	③	④
48	①	②	③	④
49	①	②	③	④
50	①	②	③	④

EBS TOPIK Ⅱ
실전모의고사

1 교시(쓰기)

성 명 (Name)	한국어 (Korean)	
	영 어 (English)	

수			험		번		호				
					8						
⓪	⓪	⓪	⓪	⓪		⓪	⓪	⓪	⓪	⓪	⓪
①	①	①	①	①		①	①	①	①	①	①
②	②	②	②	②		②	②	②	②	②	②
③	③	③	③	③		③	③	③	③	③	③
④	④	④	④	④		④	④	④	④	④	④
⑤	⑤	⑤	⑤	⑤		⑤	⑤	⑤	⑤	⑤	⑤
⑥	⑥	⑥	⑥	⑥		⑥	⑥	⑥	⑥	⑥	⑥
⑦	⑦	⑦	⑦	⑦		⑦	⑦	⑦	⑦	⑦	⑦
⑧	⑧	⑧	⑧	⑧	●	⑧	⑧	⑧	⑧	⑧	⑧
⑨	⑨	⑨	⑨	⑨		⑨	⑨	⑨	⑨	⑨	⑨

문제지 유형 (Type)	
홀수형 (Odd number type)	▢
짝수형 (Even number type)	▢

※결 시 확인란	결시자의 영어 성명 및 수험번호 기재 후 표기	▢

※감독관 확 인	본인 및 수험번호 표기가 정확한지 확인	(인)

주관식 답안은 정해진 답란을 벗어나거나 답란을 바꿔서 쓸 경우 점수를 받을 수 없습니다.
(Answers written outside the box or in the wrong box will not be graded)

51	㉠	
	㉡	
52	㉠	
	㉡	
53	아래 빈칸에 200자에서 300자 이내로 작문하십시오 (띄어쓰기 포함). (Please write your answer bleow: our answer must be between 200 and 300 letters including spaces.)	

50
100
150
200
250
300

※ 54번은 뒷면에 작성하십시오. (Please write your answer for question number 54 at the back.)

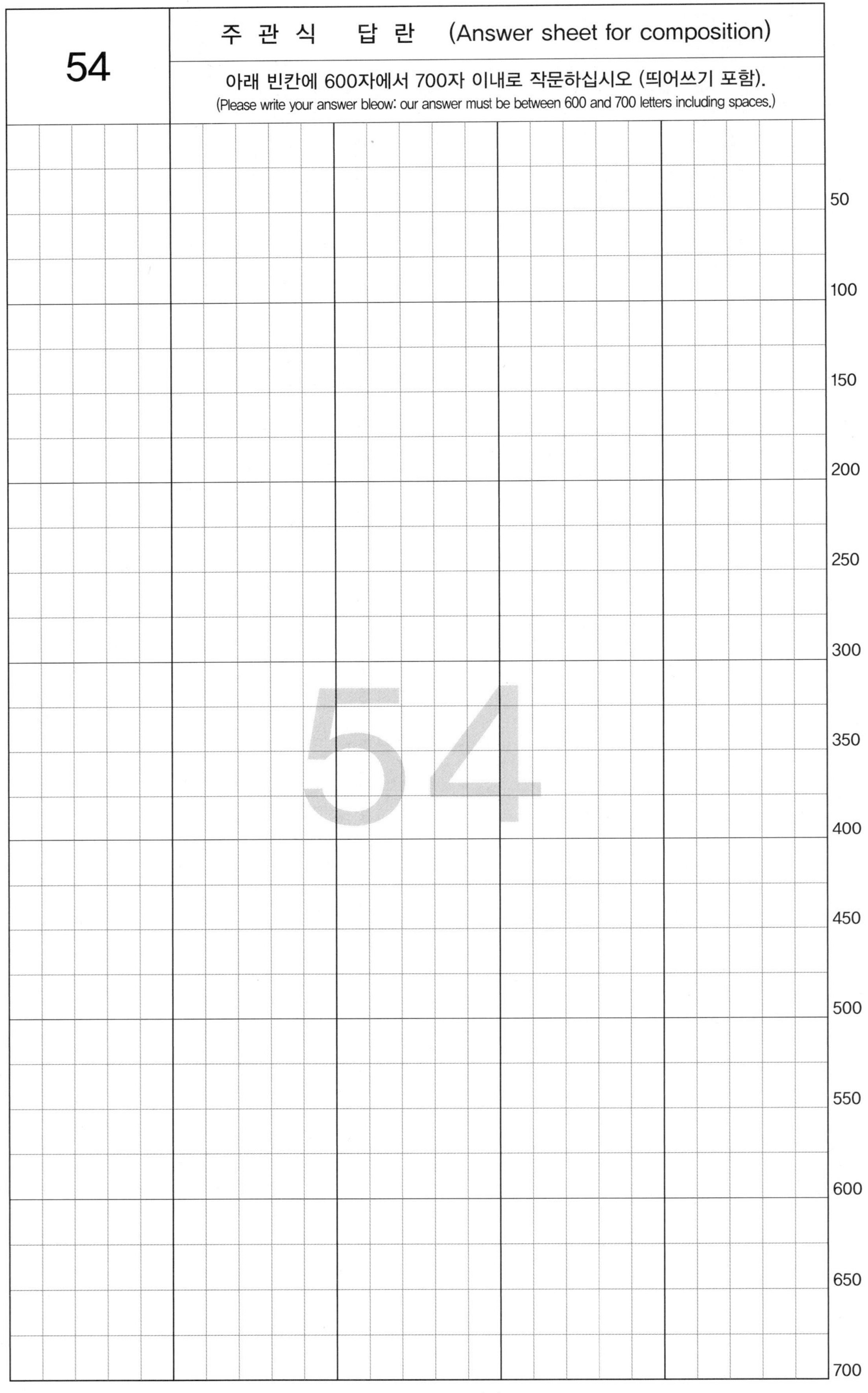

54	주 관 식 답 란 (Answer sheet for composition)
	아래 빈칸에 600자에서 700자 이내로 작문하십시오 (띄어쓰기 포함). (Please write your answer bleow: our answer must be between 600 and 700 letters including spaces.)

54

※ 주어진 답란의 방향을 바꿔서 답안을 쓰면 '0'점 처리됩니다.
(Please do not tum the answer sheet horizontaly. No points will be given.)

EBS TOPIK Ⅱ 실전모의고사

제4회

1교시	듣기, 쓰기
2교시	읽기

수험번호(Registration NO.)		
이름 (Name)	한국어(Korean)	
	영　어(English)	

유의 사항
Information

1. 시험 시작 지시가 있을 때까지 문제를 풀지 마십시오.
   Do not open the booklet until you are allowed to start.

2. 수험번호와 이름을 정확하게 적어 주십시오.
   Write your name and registration number on the answer sheet.

3. 답안지를 구기거나 훼손하지 마십시오.
   Do not fold the answer sheet; keep it clean.

4. 답안지의 이름, 수험번호 및 정답의 기입은 배부된 펜을 사용하여 주십시오.
   Use the given pen only.

5. 정답은 답안지에 정확하게 표시하여 주십시오.
   Mark your answer accurately and clearly on the answer sheet.

6. 문제를 읽을 때에는 소리가 나지 않도록 하십시오.
   Keep quiet while answering the questions.

7. 질문이 있을 때에는 손을 들고 감독관이 올 때까지 기다려 주십시오.
   When you have any questions, please raise your hand.

제4회 실전모의고사

1교시 듣기 (1번~50번)

※ [1~3] 다음을 듣고 가장 알맞은 그림 또는 그래프를 고르십시오. (각 2점)

1. ① 
② 
③
④ 

2. ① 
② 
③ 
④ 

3.

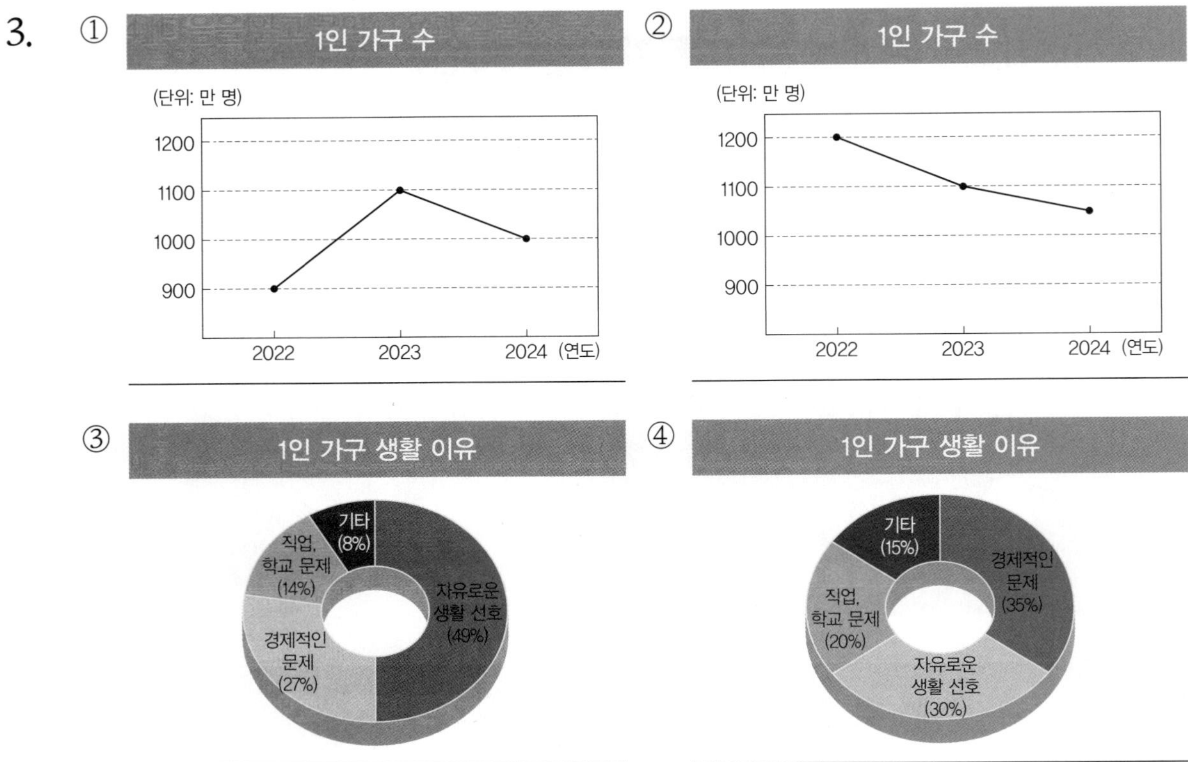

※ [4~8] 다음을 듣고 이어질 수 있는 말로 가장 알맞은 것을 고르십시오. (각 2점)

4. ① 많이 쉬면 힘들 수 있어요.
② 이제 좋아져서 다행이에요.
③ 병원에 한번 가 보지 그래요?
④ 그럼 오늘 운동할 수 있지요?

5. ① 요즘 영화관이 좋아졌어요.
② 아직 한 편밖에 못 봤어요?
③ 지금 저는 시간이 괜찮아요.
④ 그럼 이번 주말에 같이 볼래요?

6. ① 늦었는데 깨워 줘서 고마워.
② 피곤하면 방에 가서 편하게 자.
③ 다 같이 앉을 수 있는 소파로 사.
④ 늦게 자면 아침에 일어나기 힘들어.

7. ① 아니요. 그냥 둬도 괜찮아요?
② 네. 다른 사람들 좀 부를까요?
③ 아니요. 책상이 너무 무거워요.
④ 네. 금방 할 수 있을 것 같아요.

8. ① 언제쯤 가능할까요?
② 종이가 얼마나 부족해요?
③ 일찍 해 주셔서 감사해요.
④ 복사기 문제인 것 같아요.

※ [9~12] 다음을 듣고 여자가 이어서 할 행동으로 가장 알맞은 것을 고르십시오. (각 2점)

9. ① 식탁을 정리한다.
② 저녁 식사를 한다.
③ 책상 서랍을 열어 본다.
④ 시계를 식탁 위에 둔다.

10. ① 손수건을 펴 본다.
② 손수건을 포장한다.
③ 손수건 값을 계산한다.
④ 아버지께 손수건을 드린다.

11. ① 텐트를 꺼낸다. ② 텐트를 닦는다.
③ 캠핑을 하러 간다. ④ 수건을 가지고 온다.

12. ① 조명을 확인한다. ② 무대에 올라간다.
③ 마이크를 설치한다. ④ 의상을 갈아입는다.

※ [13~16] 다음을 듣고 들은 내용과 같은 것을 고르십시오. (각 2점)

13. ① 남자는 요즘 농구에 관심이 많다.
② 남자는 동아리 활동에 관심이 없다.
③ 여자는 남자와 다른 동아리 회원이다.
④ 동아리 회원들은 남자의 생일을 몰랐다.

14. ① 중고책 교환 행사는 오전에 열린다.
② 중고책 교환 행사는 이번 주 내내 진행된다.
③ 2015년 이후에 출판된 책만 교환할 수 있다.
④ 책 3권을 가져오면 커피 쿠폰을 받을 수 있다.

15. ① 이 사고는 오전에 발생했다.
② 바다에서 수영을 하다가 사고가 발생했다.
③ 수영을 하던 사람 중 한 명만 구조되었다.
④ 파도에 휩쓸렸던 사람들은 수영을 해서 돌아왔다.

16. ① 여자는 60세까지만 작가로 활동했다.
② 여자는 전문적으로 글을 배운 후 작가가 되었다.
③ 여자는 독자에게 위로를 전하는 글을 쓰고 있다.
④ 여자의 글은 기술이 화려해서 독자에게 인기가 있다.

※ [17~20] 다음을 듣고 남자의 중심 생각으로 가장 알맞은 것을 고르십시오. (각 2점)

17. ① 눈의 피로를 푸는 방법이 다양하다.
② 라디오는 눈이 피로하지 않아서 좋다.
③ 요즘 재미있는 영상이 많아지고 있다.
④ 핸드폰으로 라디오를 듣는 사람이 많다.

18. ① 아침을 많이 먹으면 졸릴 수 있다.
② 밥 먹는 시간을 정해 놓는 것이 좋다.
③ 아침을 먹어야 수업에 집중할 수 있다.
④ 수업이 잘 안 될 때는 쉬는 것도 괜찮다.

19. ① 젊을 때 다양한 경험을 쌓고 싶다.
② 힘든 일을 해 봐야 성장할 수 있다.
③ 새로운 일을 더 많이 찾아봐야 한다.
④ 아르바이트로 돈을 많이 모을 것이다.

20. ① 마라톤 훈련은 속도 조절에 집중해야 한다.
② 마라톤 선수에게는 충분한 휴식이 중요하다.
③ 마라톤에서 좋은 성과를 내려면 꾸준한 훈련이 필요하다.
④ 마라톤은 훈련할 때 기록에 너무 신경 쓰지 않는 것이 좋다.

※ [21~22] 다음을 듣고 물음에 답하십시오. (각 2점)

21. 남자의 중심 생각으로 가장 알맞은 것을 고르십시오.
① 회사 근처에 식당이 더 많아지면 좋겠다.
② 직원 편의를 위해 점심시간을 늘려야 한다.
③ 직원이 점심시간을 선택할 수 있어야 한다.
④ 점심시간을 줄이고 퇴근이 빨라지면 좋겠다.

22. 들은 내용과 같은 것을 고르십시오.
① 점심시간은 근로 시간에 포함된다.
② 이 회사에는 직원 식당이 따로 있다.
③ 이 회사 근처에는 다른 회사들이 많다.
④ 두 사람은 주로 사무실에서 점심을 먹는다.

※ [23~24] 다음을 듣고 물음에 답하십시오. (각 2점)

23. 남자가 무엇을 하고 있는지 고르십시오.

① 박물관의 위치를 설명하고 있다.
② 박물관 이용에 대해 문의하고 있다.
③ 박물관 사전 예약을 확인하고 있다.
④ 박물관 체험 프로그램을 예약하고 있다.

24. 들은 내용과 같은 것을 고르십시오.

① 박물관에는 음식을 가지고 들어갈 수 없다.
② 체험 접수처는 박물관 2층에 위치해 있다.
③ 박물관 체험 프로그램은 당일에는 변경할 수 없다.
④ 박물관 안에는 관람객이 식사할 수 있는 장소가 있다.

※ [25~26] 다음을 듣고 물음에 답하십시오. (각 2점)

25. 남자의 중심 생각으로 가장 알맞은 것을 고르십시오.

① 불법 주정차 신고 방법을 다양화해야 한다.
② 불법 주정차를 줄이려면 시민 의식의 변화가 필요하다.
③ 불법 주정차를 막기 위한 처벌 기준을 강화해야 한다.
④ 불법 주정차 단속 강화를 위해 인력을 보충해야 한다.

26. 들은 내용과 같은 것을 고르십시오.

① 올해 이 지역에서 국제 행사가 열렸다.
② 스마트폰으로 불법 주정차를 신고할 수 있다.
③ 최근 학교 근처의 불법 주정차가 많이 줄었다.
④ 현재 병원 근처는 주정차 단속 대상이 아니다.

※ [27~28] 다음을 듣고 물음에 답하십시오. (각 2점)

27. 남자가 말하는 의도로 알맞은 것을 고르십시오.

① 소비 쿠폰 사용을 빨리 쓰라고 조언하기 위해
② 소비 쿠폰을 다시 신청하는 방법을 알려 주기 위해
③ 소비 쿠폰을 사용할 수 없는 매장을 비판하기 위해
④ 소비 쿠폰을 식당에서만 사용하라고 권유하기 위해

28. 들은 내용과 같은 것을 고르십시오.

① 소비 쿠폰을 사용해서 음식을 배달시킬 수 있다.
② 소비 쿠폰은 모든 매장에서 현금처럼 쓸 수 있다.
③ 여자와 남자는 소비 쿠폰을 아직 사용하지 않았다.
④ 소비 쿠폰은 경제를 살리기 위해 기업에서 지원한다.

※ [29~30] 다음을 듣고 물음에 답하십시오. (각 2점)

29. 남자가 누구인지 고르십시오.

① 드라마의 대사를 쓰는 작가
② 드라마 장면을 촬영하는 카메라 감독
③ 드라마 속 배우의 글씨를 대신 써 주는 사람
④ 드라마에 들어가는 자막을 만드는 영상 편집

30. 들은 내용과 같은 것을 고르십시오.

① 남자는 일관된 글씨체를 사용해야 한다고 말했다.
② 남자는 배우의 감정에 맞게 글씨를 써야 한다고 했다.
③ 남자는 글씨를 컴퓨터로 입력해 장면을 완성한다고 했다.
④ 남자는 장면의 배경 음악을 고려해 글씨체를 정한다고 했다.

※ [31~32] 다음을 듣고 물음에 답하십시오. (각 2점)

31. 남자의 생각으로 가장 알맞은 것을 고르십시오.

① 대학 등록금은 모두 국가가 부담해야 한다.
② 등록금은 학생의 권리이자 대학의 의무이다.
③ 등록금은 대학 교육의 질 유지를 위해 필요하다.
④ 대학은 자율적인 재정 확보 방안을 마련해야 한다.

32. 남자의 태도로 알맞은 것을 고르십시오.

① 상대방의 의견을 모두 수용하고 있다.
② 현실적인 문제를 근거로 반박하고 있다.
③ 상대방의 주장에 전적으로 동의하고 있다.
④ 감정적으로 상대방의 의견을 비판하고 있다.

※ [33~34] 다음을 듣고 물음에 답하십시오. (각 2점)

33. 무엇에 대한 내용인지 알맞은 것을 고르십시오.

① 수면 주기 변화 과정
② 수면에 좋은 조명의 조건
③ 조명이 수면에 미치는 영향
④ 수면 유도 호르몬의 분비 원리

34. 들은 내용과 같은 것을 고르십시오.

① 밝은 조명은 멜라토닌 분비를 늘린다.
② 멜라토닌은 수면을 억제하는 호르몬이다.
③ 스마트폰의 푸른빛은 수면 주기를 앞당긴다.
④ 자기 전 밝은 불빛은 뇌의 착각을 일으킬 수 있다.

※ [35~36] 다음을 듣고 물음에 답하십시오. (각 2점)

35. 남자는 무엇을 하고 있는지 고르십시오.

① 복구를 마친 시장의 재개장 소식을 알리고 있다.
② 시장의 운영 방침을 가게 주인들에게 설명하고 있다.
③ 지역 주민들에게 전통 시장의 역사를 소개하고 있다.
④ 전통 시장의 건물을 다시 지어야 한다고 설득하고 있다.

36. 들은 내용과 같은 것을 고르십시오.

① 이 시장은 배송 시스템을 새롭게 변경하였다.
② 시민들은 이 시장에 대해 관심을 보이지 않았다.
③ 전통 시장에는 역사 전시관이 새롭게 문을 열었다.
④ 이 시장은 몇 년 전 불이 나 한동안 문을 닫았었다.

※ [37~38] 다음을 듣고 물음에 답하십시오. (각 2점)

37. 여자의 중심 생각으로 가장 알맞은 것을 고르십시오.

① 수건은 다른 빨래와 구분해서 세탁해야 한다.
② 수건은 세균 번식을 막는 소재로 만들어야 한다.
③ 수건은 사용하는 사람의 피부에 맞게 써야 한다.
④ 수건은 위생을 위해 일정한 시간마다 바꿔야 한다.

38. 들은 내용과 같은 것을 고르십시오.

① 여자는 수건 실험 영상을 본 적이 없다.
② 오래 사용한 수건은 섬유가 더 촘촘해진다.
③ 피부 질환자는 수건 하나를 오래 쓰는 게 좋다.
④ 수건을 고온에서 세탁하면 세균을 줄일 수 있다.

※ [39~40] 다음을 듣고 물음에 답하십시오. (각 2점)

39. 이 대화 전의 내용으로 가장 알맞은 것을 고르십시오.
① 기후 변화로 문화유산이 위협받고 있다.
② 문화유산 보호 사업이 긍정적으로 평가되었다.
③ 문화유산 보호를 위한 국제 협력이 줄어들고 있다.
④ 정부는 문화유산을 복구하기 위한 정책을 발표했다.

40. 들은 내용과 같은 것을 고르십시오.
① 문화유산 보호를 위한 국제 활동이 금지되었다.
② 기후 변화로 인해 문화유산이 망가진 사례가 있다.
③ 문화유산은 사람이 관리하지 않아서 파손되기 쉽다.
④ 기후 변화에 대비한 문화유산 보호 관련 법이 마련되었다.

※ [41~42] 다음을 듣고 물음에 답하십시오. (각 2점)

41. 이 강연의 중심 내용으로 가장 알맞은 것을 고르십시오.
① 지하철 소리는 국제 기준에 따라 바뀌어 왔다.
② 지하철 소리가 너무 커서 불편을 느끼는 사람이 많다.
③ 지하철 소리는 시민의 안전과 편의를 고려해 설계되었다.
④ 지하철의 소리를 하나로 통일하려는 작업이 진행되고 있다.

42. 들은 내용과 같은 것을 고르십시오.
① 열차가 출발할 때는 부드러운 음악이 나온다.
② 지하철역마다 다른 음악이 나오는 나라가 있다.
③ 전동차 문이 닫히기 전 소리는 예전부터 있었다.
④ 점자 블록 앞에서는 유도음이 길게 한 번 울린다.

※ [43~44] 다음을 듣고 물음에 답하십시오. (각 2점)

43. 무엇에 대한 내용인지 알맞은 것을 고르십시오.
① 선인장의 생존 방법
② 선인장의 광합성 과정
③ 선인장의 뿌리 구조 비교
④ 선인장을 키울 때 주의점

44. 선인장의 줄기가 두꺼운 이유로 맞는 것을 고르십시오.
① 기공을 잘 열기 위해서
② 광합성을 잘 하기 위해서
③ 동물의 공격을 막기 위해서
④ 수분을 오래 저장하기 위해서

※ [45~46] 다음을 듣고 물음에 답하십시오. (각 2점)

45. 들은 내용과 같은 것을 고르십시오.
① 혈액형 분포는 나라마다 큰 차이를 보이지 않는다.
② 혈액형별 성격 구분은 과학적으로 근거가 부족하다.
③ 혈액형은 개인의 성격과 뚜렷한 상관관계를 가진다.
④ 성격 형성에는 유전자보다 혈액형이 더 큰 영향을 준다.

46. 여자가 말하는 방식으로 알맞은 것을 고르십시오.
① 다양한 실험 결과를 제시하며 통계를 비교하고 있다.
② 혈액형과 성격의 관계를 사례 중심으로 소개하고 있다.
③ 혈액형 이론의 장점을 제시하며 의견을 설득하고 있다.
④ 사회적 통념을 비판하며 과학적 근거를 바탕으로 설명하고 있다.

※ [47~48] 다음을 듣고 물음에 답하십시오. (각 2점)

47. 들은 내용과 같은 것을 고르십시오.

① 공공 데이터 활용 교육이 점차 다양해지고 있다.
② 공공 데이터는 필요한 정보를 찾기 쉽게 제공한다.
③ 공공 데이터 개방만으로는 실질적인 활용이 어렵다.
④ 공공 데이터는 수요자 요구에 맞춰 충분히 제공되고 있다.

48. 남자의 태도로 알맞은 것을 고르십시오.

① 공공 데이터 활용의 부작용을 경계하며 반대하고 있다.
② 공공 데이터 정책의 실효성을 높이기 위한 방안을 제안하고 있다.
③ 공공 데이터 개방의 필요성을 부정하며 회의적인 입장을 보이고 있다.
④ 공공 데이터는 민간이 아닌 정부 주도로만 활용해야 한다고 주장하고 있다.

※ [49~50] 다음을 듣고 물음에 답하십시오. (각 2점)

49. 들은 내용과 같은 것을 고르십시오.

① 장승은 주로 종교 의식에서만 사용되었던 조형물이다.
② 장승은 공동체의 상징일 뿐 실질적인 기능은 하지 않았다.
③ 장승은 조선 후기에 처음 등장하여 현재까지 계승되고 있다.
④ 장승은 시대에 따라 다양한 사회적 의미를 지닌 문화 요소이다.

50. 남자가 말하는 방식으로 알맞은 것을 고르십시오.

① 장승의 예술적 가치를 중심으로 비교·분석하고 있다.
② 장승의 제작 방식과 조형적 특징을 중심으로 설명하고 있다.
③ 장승에 대한 개인적 기억을 중심으로 외형을 묘사하고 있다.
④ 장승의 역사적 의미와 사회적 기능 중심으로 설명하고 있다.

1교시 쓰기 (51번~54번)

※ [51~52] 다음 글의 ㉠과 ㉡에 알맞은 말을 각각 쓰시오. (각 10점)

51.

〈화재 시 대피 안내〉
높은 건물 안에 있을 때 불이 나면 빨리 대피해야 합니다.
이럴 때는 엘리베이터를 (㉠   ).
엘리베이터를 타면 전기가 끊겨서 엘리베이터 안에 (㉡   ).
화재가 발생했을 때는 가까운 계단으로 빨리 대피하시기 바랍니다.

㉠: ____________________

㉡: ____________________

52.

운동은 건강을 유지하고 스트레스를 해소하는 데 도움이 된다. 그러나 운동이 무조건 (㉠   ). 무리하게 운동을 하면 다칠 수도 있고, 바빠서 시간을 내기 어려운 사람에게는 부담이 될 수 있다. 따라서 자신의 몸 상태와 (㉡   ) 운동을 선택하는 것이 중요하다.

㉠: ____________________

㉡: ____________________

53. 다음은 '기업의 친환경 제품 출시 증가율'에 대한 자료이다. 이 내용을 200~300자의 글로 쓰시오. 단, 글의 제목은 쓰지 마시오. (30점)

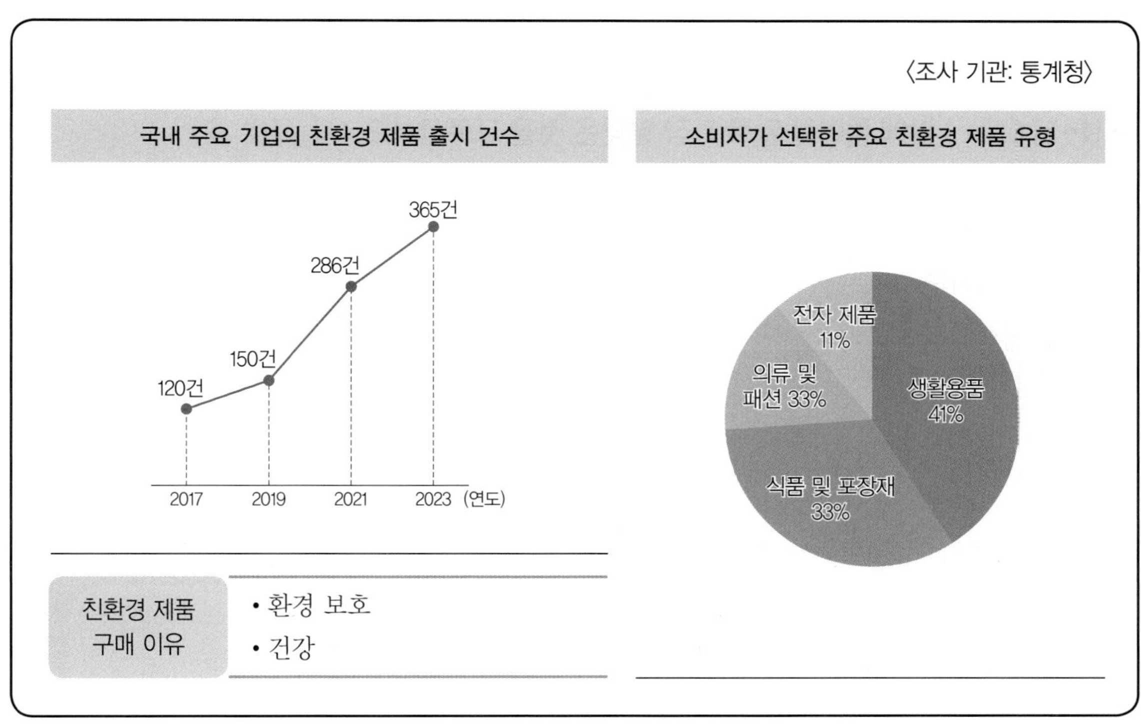

54. 다음을 참고하여 600~700자로 글을 쓰시오. 단, 문제를 그대로 옮겨 쓰지 마시오. (50점)

직업은 단순히 생계를 위한 수단을 넘어 개인의 자아실현과 삶의 질에 영향을 미치는 중요한 요소이다. 따라서 직업을 선택할 때는 다양한 조건을 고려해야 하며, 자신에게 적합한 기준을 설정하는 것이 필요하다. 아래의 내용을 중심으로 직업 선택의 조건에 대한 자신의 생각을 쓰라.

- 직업을 선택할 때 고려해야 할 조건에는 무엇이 있는가?
- 각 조건이 중요한 이유는 무엇인가?
- 자신에게 맞는 직업을 선택하기 위한 현실적이고 구체적인 방법은 무엇인가?

2교시 읽기 (1번~50번)

※ [1~2] (　　) 안에 들어갈 말로 가장 알맞은 것을 고르십시오. (각 2점)

1. 대학교에 (　　　　) 시험을 잘 봐야 한다.

① 입학하면　　② 입학한 지
③ 입학하려면　　④ 입학할수록

2. 버스를 탈 때 교통카드가 없으면 휴대폰으로 (　　　　).

① 결제하고 싶다　　② 결제해도 된다
③ 결제하고 말았다　　④ 결제하는 중이다

※ [3~4] 밑줄 친 부분과 의미가 가장 비슷한 것을 고르십시오. (각 2점)

3. 갑자기 많은 비가 내리는 탓에 계획대로 등산을 갈 수 없다.

① 내리는 김에　　② 내리는 대로
③ 내리는 대신에　　④ 내리는 바람에

4. 회사에서 계속 전화가 오는 것을 보니 무슨 일이 생긴 모양이다.

① 생겼나 보다　　② 생겼을 뿐이다
③ 생길 지경이다　　④ 생기기 나름이다

※ [5~8] 다음은 무엇에 대한 글인지 고르십시오. (각 2점)

5.

> 땀도 음식물도 깨끗하게 싹~
> **매일 새 옷을 입는 것 같아요!**

① 치약　② 수건　③ 세탁기　④ 선풍기

6.

> 아픔이 사라진 자리에
> 건강을 되찾아 드립니다.

① 병원　② 은행　③ 경기장　④ 분실물 센터

7.

> 내가 참은 커피 한 잔은 누군가의 한 끼 식사가 됩니다.
> 모두가 웃는 세상, 함께 만들어요.

① 건강 관리　② 식사 예절　③ 이웃 사랑　④ 환경 보호

8.

> • 구매한 지 7일 이내에 영수증을 가지고 방문해야 합니다.
> • 소비자의 실수로 문제가 생긴 경우 반품이 안 됩니다.

① 구입 문의　② 교환 안내　③ 제품 설명　④ 판매 장소

※ [9~10] 다음 글 또는 그래프의 내용과 같은 것을 고르십시오. (각 2점)

9.

제7회 인주시 봄꽃 축제

- 행사 기간: 5월 4일(일) ~ 5월 5일(월)
- 장소: 인주공원
- 입장료: 무료
- 내용: 책 읽는 정원 및 작은 음악회

※ 비가 오면 취소될 수 있으니 방문하기 전에 홈페이지를 확인하시기 바랍니다.

① 이 축제는 주말 동안 진행된다.
② 이 축제는 이용 요금이 필요 없다.
③ 이 축제는 이번에 처음으로 열린다.
④ 이 축제는 비가 와도 계획대로 한다.

10.

온라인 선물하기로 많이 판매된 상품은?

기타 14%
액세서리 15%
음식/음료 48%
화장품 23%

조사 기간: 2024년 1~12월

① 화장품은 액세서리의 두 배 이상 판매되었다.
② 전체 상품 중 액세서리 판매율이 가장 낮았다.
③ 음식이나 음료를 선물하는 경우가 절반 이상이었다.
④ 온라인 선물 상품에 대한 조사는 1년 동안 진행되었다.

※ [11~12] 다음 글 또는 그래프의 내용과 같은 것을 고르십시오. (각 2점)

11.

> 21일 오전 8시 17분 인주시의 21층 규모 아파트 4층에서 화재가 발생했다. 검은 연기를 본 아파트 주민의 신고로 8시 21분쯤 소방관이 현장에 도착했고, 화재 발생 한 시간 후인 9시 15분쯤 큰 불이 꺼졌다. 이 화재로 1명이 사망하고 13명이 다쳤다. 경찰은 아파트 주민이 불을 냈을 가능성을 열어 두고 화재 원인을 조사하고 있다.

① 21층 아파트 높이의 산에서 불이 났다.
② 자고 있던 주민들은 화재 사실을 몰랐다.
③ 이 사고로 큰 피해를 입은 사람들이 있다.
④ 경찰은 한 시간 만에 화재 원인을 밝혀냈다.

12.

> 유기 동물의 입양을 돕는 한 동물 보호 센터에서 감동적인 사연이 화제가 되고 있다. 고양이의 평균 수명은 15~20년으로 입양을 하는 사람들은 새끼 고양이를 선호한다. 지난달 한 가족이 새끼 고양이를 입양하러 방문했다가 몸이 좋지 않은 스무 살 고양이를 보고 입양을 결심했다고 한다. 이들의 따뜻한 마음으로 이 고양이는 늦은 나이에나마 가족이 생기게 되었다.

① 한 가족이 동물 센터에서 새끼 고양이를 입양했다.
② 동물 보호 센터에서 일하는 가족이 화제가 되고 있다.
③ 이 고양이는 스무 살이지만 새끼 고양이보다 건강하다.
④ 사람들은 보통 나이가 어린 고양이를 입양하려고 한다.

※ [13~15] 다음을 순서에 맞게 배열한 것을 고르십시오. (각 2점)

13.

(가) 최근 식당들은 혼자 앉을 수 있는 1인 좌석을 늘리고 있다.
(나) 이는 1인 가구 증가로 혼자 밥을 먹는 사람이 많아졌기 때문이다.
(다) 이런 시설이 있으면 혼자 밥을 먹어도 심심하지 않아서 반응이 좋다고 한다.
(라) 1인 좌석에는 휴대폰을 놓고 영상을 볼 수 있는 휴대폰 받침대가 있기도 하다.

① (가)-(나)-(라)-(다) ② (가)-(다)-(라)-(나)
③ (라)-(나)-(가)-(다) ④ (라)-(다)-(나)-(가)

14.

(가) 특히 할머니가 보고 싶어서 방학에 할머니 댁에 갔다.
(나) 오랜만에 만난 할머니는 쉴 틈 없이 계속 음식을 주셨다.
(다) 한국으로 유학을 온 지 1년이 넘으니 가족들이 그리워졌다.
(라) 배가 너무 불렀지만 할머니 사랑을 같이 먹은 것 같아 행복했다.

① (나)-(가)-(라)-(다) ② (나)-(다)-(가)-(라)
③ (다)-(가)-(나)-(라) ④ (다)-(나)-(라)-(가)

15.

(가) 몸이나 옷의 오염 물질은 대부분 기름으로 되어 있다고 한다.
(나) 우리는 더러워진 몸이나 옷을 깨끗하게 씻기 위해 비누를 사용한다.
(다) 그래서 비누를 사용하고 물로 씻으면 기름때가 함께 씻겨 나가 깨끗해지는 것이다.
(라) 비누는 기름과 물을 끌어당기는 성질이 있어 이런 오염 물질을 떼어 물에 녹게 한다.

① (나)-(가)-(라)-(다) ② (나)-(다)-(라)-(가)
③ (라)-(나)-(다)-(가) ④ (라)-(다)-(가)-(나)

※ [16~18] (　　) 안에 들어갈 말로 가장 알맞은 것을 고르십시오. (각 2점)

16. 현재 많은 도시에서는 공유 자전거 서비스를 운영하고 있다. 공유 자전거는 스마트폰 앱을 통해 빌리고 반납할 수 있어 쉽게 이용할 수 있다. 또한 개인이 자전거를 사고 관리할 필요가 없기 때문에 편리하다. 이런 장점 덕분에 (　　　　　　　) 있으며 도시의 환경 개선에도 도움이 되고 있다.

① 많은 시민들이 이용하고　　② 자전거 사고가 발생하고
③ 자전거 구입자가 증가하고　　④ 반납하지 않는 경우가 생기고

17. 스마트 잔은 음료를 (　　　　　　　) 마실 수 있다. 이 잔은 음료를 넣고 시원한 음료인지 따뜻한 음료인지 설정하면 적절한 온도를 유지한다. 또한 휴대폰 충전기로 한 번 충전하면 12시간 사용이 가능해 밖에서도 사용할 수 있다. 이렇게 간단한 방법으로 하루 종일 취향에 맞게 음료를 즐길 수 있어 인기를 얻고 있다.

① 저렴한 가격으로　　② 종류별로 다양하게
③ 계속 원하는 온도로　　④ 움직이면서 안전하게

18. 사람들은 스트레스를 받으면 단 것을 찾는다. 스트레스를 받으면 몸은 에너지를 빠르게 소비하는데 단 음식은 빠르게 에너지를 공급할 수 있기 때문이다. 뿐만 아니라 뇌에서 행복을 느끼는 물질이 나오게 하여 기분 전환에 도움을 주기도 한다. 그래서 스트레스 상황에서 급하게 (　　　　　　　) 위해 나도 모르게 단 것을 먹게 되는 것이다.

① 에너지를 절약하기　　② 소화가 되도록 돕기
③ 나이 드는 것을 막기　　④ 몸과 기분을 회복하기

※ [19~20] 다음을 읽고 물음에 답하십시오. (각 2점)

철새들은 겨울이 오면 추위를 피해 따뜻한 지역으로 이동한다. 그때 수천 킬로미터 이상을 이동하는 경우도 있다. 새들은 이 긴 여행을 혼자 가지 않고 무리를 지어 함께 날아간다. (　　　　) 혼자 먼 길을 날아간다면 중간에 힘이 빠지거나 위험한 상황이 생길 수도 있다. 그렇기 때문에 철새 무리는 V자를 만들고 함께 날아간다. 그렇게 해서 에너지를 아끼고 길도 안내하면서 서로를 보호하는 것이다.

19. (　　) 안에 들어갈 말로 가장 알맞은 것을 고르십시오.

① 비록　　② 만약　　③ 과연　　④ 또는

20. 윗글의 주제로 가장 알맞은 것을 고르십시오.

① 철새는 무리로 이동하면서 서로를 지킨다.
② 철새는 이동할 때 서로 경쟁하면서 길을 찾는다.
③ 철새는 겨울 동안 한곳에서 지내며 추위를 피한다.
④ 철새는 위험한 상황을 막기 위해 사는 곳을 옮긴다.

※ [21~22] 다음을 읽고 물음에 답하십시오. (각 2점)

예전에는 학생들이 교사의 설명을 듣고 혼자서 공부하는 개별 학습이 중심이었다. 그러나 최근에는 여러 명이 조를 만들어 의견을 나누고 활동하는 수업이 많아지고 있다. 친구들과 (　　　　) 문제를 풀거나 발표를 준비하는 활동을 하면 혼자 할 때보다 더 좋은 아이디어가 떠오를 수 있기 때문이다. 게다가 조별 활동을 통해 역할을 나누어 협력하는 능력을 기를 수도 있어 교육적 효과가 크다고 한다.

21. (　　) 안에 들어갈 말로 가장 알맞은 것을 고르십시오.

① 담을 쌓고
② 손을 떼고
③ 고개를 숙이고
④ 머리를 맞대고

22. 윗글의 내용과 같은 것을 고르십시오.

① 학생들은 혼자 공부할 때 더 집중할 수 있다.
② 조별 활동을 하면 서로 돕는 법을 배울 수 있다.
③ 자기 의견을 많이 말하는 것이 학습에 효과적이다.
④ 학교 수업에서 교사가 설명하는 부분이 줄고 있다.

※ [23~24] 다음을 읽고 물음에 답하십시오. (각 2점)

고등학교를 졸업하자마자 한 식당에서 아르바이트를 시작했다. 처음에는 일도 익숙하지 않은데 사장님도 무섭게 느껴져 긴장이 됐다. 그러던 어느 날 손님에게 음식을 가지고 가던 중에 접시가 손에서 미끄러져 바닥에 떨어졌다. 음식이 전부 바닥에 떨어진 것은 물론이고 접시마저 깨져 버렸다. 나는 머릿속이 하얘져서 바닥을 보고 멈춰 있다가 급히 앉아서 깨진 접시를 치우기 시작했다. 그때 누군가가 나에게 다가왔다. 나는 가까워지고 있는 사람이 사장님이라는 것을 알았지만 고개를 들지 못하고 손만 바쁘게 움직였다. 고개를 들면 사장님이 무서운 얼굴로 나를 내려다볼 것 같았다. 그런데 사장님은 깨진 접시보다 내 손을 먼저 살펴보며 "손으로 하면 어떡해. 다치지 않았어?"라고 하셨다. 그 말을 듣고 나는 눈물이 날 뻔했다. 실수보다 사람을 먼저 생각해 주는 사장님의 정을 느껴 그 날부터 사장님이 무섭지 않았다.

23. 밑줄 친 부분에 나타난 '나'의 심정으로 가장 알맞은 것을 고르십시오.

① 당황스럽다
② 자랑스럽다
③ 부담스럽다
④ 의심스럽다

24. 윗글의 내용과 같은 것을 고르십시오.

① 나는 처음부터 자신감 있게 일했다.
② 나는 접시를 떨어뜨리고 바로 도망쳤다.
③ 음식이 바닥에 떨어졌지만 접시는 멀쩡했다.
④ 실수를 한 후에 사장님께 혼날 거라고 생각했다.

※ [25~27] 다음 신문 기사의 제목을 가장 잘 설명한 것을 고르십시오. (각 2점)

25.

웹툰 원작 드라마 줄줄이 성공, 두 업계 함께 웃어

① 새로 나온 웹툰들이 계속해서 드라마로 제작되고 있다.
② 드라마를 웹툰으로 만들면 같이 성공할 가능성이 높다고 한다.
③ 성공한 웹툰을 바탕으로 만든 드라마의 성과가 기대만 못했다.
④ 웹툰 원작의 드라마들이 인기를 끌면서 서로 좋은 결과를 얻었다.

26.

개인 정보 유출 사고 급증, 온라인 보안 '비상'

① 인터넷 사이트 가입자들이 보안 강화에 큰 관심을 보이고 있다.
② 인터넷 이용자의 정보가 유출되는 일이 늘어 보안 문제가 심각하다.
③ 온라인 이용이 증가했지만 개인 정보 보호에 대한 인식이 약해지고 있다.
④ 온라인 쇼핑몰이 개인 정보를 제대로 지키지 않아 정부가 규제에 나섰다.

27.

지방은 아파트도 '텅텅', 수도권 집값은 '쑥쑥'

① 지방 아파트 개발이 증가하면서 수도권 집값이 떨어졌다.
② 수도권과 지방 모두 비슷한 속도로 집값이 비싸지고 있다.
③ 지방은 빈집이 많은데 수도권만 집값이 크게 오르고 있다.
④ 집값 상승 문제로 수도권을 떠나 이사하는 사람이 늘었다.

※ [28~29] ( ) 안에 들어갈 말로 가장 알맞은 것을 고르십시오. (각 2점)

28.

미술에서는 색을 통해 자신의 감정을 표현할 수 있다. 밝고 따뜻한 색은 기쁨이나 설렘 같은 긍정적인 감정을 나타낸다. 반면에 어둡고 차가운 색은 슬픔, 외로움 등의 부정적인 감정을 표현한다. 한편 분노를 표현할 때는 강한 색이 사용되는데 반대로 ( ) 조용하고 평화로운 느낌을 줄 수 있다. 다시 말해 색은 단순한 시각적 요소를 넘어 감정 표현의 중요한 수단이 되는 것이다.

① 화가 나지 않을 때는
② 넓은 자연이 보일 때는
③ 부드러운 색을 사용하면
④ 빨간색이나 검정색을 쓰면

29.

사람들은 해야 할 일이 끝나지 않으면 그것이 자꾸 생각이 나서 불편함을 느낀다. 예를 들면, 시험을 앞두고 준비를 하지 못했는데 다른 일을 해야 되는 경우에 다른 것을 하면서도 계속 시험이 신경 쓰인다. 그러나 시험이 끝나고 나면 시험을 위해 공부했던 내용은 바로 잊어버리곤 한다. 이처럼 인간은 완성된 일은 기억에서 빨리 지우고 끝나지 않은 일은 ( ) 경향이 있다.

① 관심을 갖지 않는
② 머릿속에 계속 떠올리는
③ 인식하지 못하고 지나치는
④ 부담이 되기 전에 해결하는

※ [30~31] (　　) 안에 들어갈 말로 가장 알맞은 것을 고르십시오. (각 2점)

30.

복싱에서는 경기 전에 선수의 장갑을 엄격히 검사한다. 복싱은 두 사람이 둥근 장갑을 끼고 서로를 치는 스포츠 경기이다. 장갑으로 얼굴이나 상체를 때리기 때문에 장갑 안에 단단한 것이 들어 있으면 위험하다. 따라서 경기에 앞서 장갑을 자세히 살펴보는 것은 (　　　　　　　) 위한 규칙이다.

① 선수들의 부상을 막기
② 경기를 빨리 시작하기
③ 손에 땀이 덜 나게 하기
④ 넘어지는 사고를 예방하기

31.

지금은 모든 사람이 휴대하는 시계나 인터넷 등으로 시간을 쉽게 알 수 있지만 과거에는 시간을 확인하고 공유하기가 어려웠다. 그래서 과거 조선과 고려, 삼국 시대에는 종이나 북을 쳐서 (　　　　　　　) 기록이 있다. 특히 밤을 알리는 소리는 자유롭게 밖을 다닐 수 없다는 통행금지를 의미해서 더 중요하게 생각되기도 했다.

① 소리로 시간을 알렸다는
② 특별한 악기를 연주했다는
③ 위험한 상황을 전달했다는
④ 불빛으로 방향을 표시했다는

※ [32~34] 다음을 읽고 글의 내용과 같은 것을 고르십시오. (각 2점)

32.

'가시연꽃'은 물 위에 피는 연꽃의 일종으로 낮에만 꽃이 핀다. 줄기와 열매가 가시로 덮여 있고 커다란 잎은 주름져서 가시처럼 보이므로 가시연꽃이라는 이름이 붙여졌다. 가시연꽃은 최대 2미터나 되는 넓은 잎으로 햇빛을 차단해 수온이 급하게 오르는 것을 막는다. 또한 물속의 산소량을 유지해 생물들의 호흡을 돕는 데다가 수질 정화 능력을 가져 이로운 식물로 분류된다.

① 가시연꽃의 잎은 얇아서 빛을 잘 통과시킨다.
② 가시연꽃은 최대 두 달 동안 하루 종일 꽃이 핀다.
③ 가시연꽃은 수온 상승을 막고 물을 깨끗하게 해 준다.
④ 가시연꽃은 성장할 때 물에 있는 산소를 많이 흡수한다.

33.

인주시에서 '걷기 좋은 도시 만들기' 사업을 추진하고 있다. 이는 시민들이 좋은 환경에서 일상 속 운동을 실천할 수 있도록 돕는 정책이다. 예를 들어 보행자 도로를 넓히고 가로수를 심는 등 도시 구조를 개선함으로써 보다 안전한 도보 이동이 가능하게 한다. 이 정책은 차량이 아닌 도보나 자전거를 이용하도록 유도하여 교통 혼잡과 미세 먼지를 줄이는 데에도 긍정적인 영향을 줄 것으로 보인다.

① 보행자 도로를 차도로 바꾸는 공사를 진행하고 있다.
② 이 사업을 통해 공기의 질이 개선될 것이라 기대된다.
③ 인주시는 다른 도시보다 걷기 좋은 도시로 인정받고 있다.
④ 자전거 이용자의 사고를 줄이기 위해 이 정책이 실시되었다.

34.

고려 시대에는 중앙에서 파견된 관료 이외에 지방의 행정을 맡은 '향리'가 있었다. 향리는 세금, 군대, 재판 기록 등을 관리하는 역할로 지역 주민들과 직접 소통하면서 행정 업무를 담당했다. 지방 사정에 밝았기 때문에 실질적인 행정의 중심 역할을 했지만 신분이 낮아 승진에 제약이 있었다. 조선 중기 이후 중앙 집권이 강화되면서 향리의 권한은 점차 줄어들었다.

① 향리는 높은 자리까지 승진하는 것이 불가능했다.

② 향리는 중앙에서 지방으로 파견된 고급 관료였다.

③ 향리는 주민들과 접촉할 기회가 없어서 소외되었다.

④ 향리는 고려 때만 존재했다가 사라진 행정 직책이다.

※ [35~38] 다음을 읽고 글의 주제로 가장 알맞은 것을 고르십시오. (각 2점)

35.

쇼핑할 때 몇 개 이상을 사면 서비스로 제품을 더 받을 수 있거나 할인율이 높아지는 혜택을 발견하면 계획보다 많이 구매하게 된다. 이런 소비는 겉으로 보면 경제적인 선택처럼 보이지만 사실 불필요한 지출을 늘리고 자원의 낭비로 이어질 수 있다. 특히 유통 기한이 짧거나 자주 쓰지 않는 물건의 경우 많이 샀다가 결국 쓰지 못하고 버리게 되는 경우도 많다. 가격에 이끌린 대량 구매보다 필요에 따른 소비가 진정한 경제적 소비다.

① 제품 할인 혜택은 기업의 마케팅 전략에 불과하다.

② 가격 인하는 소비자를 만족시키는 효과적인 방법이다.

③ 합리적 소비를 하려면 가격보다 품질을 따져 봐야 한다.

④ 할인을 위한 대량 구매는 경제적 손실을 가져올 수 있다.

36.

아동용 미디어 콘텐츠에는 여전히 성 고정관념을 강화하는 표현이 자주 등장한다. 여성 캐릭터는 외모나 보조자로서의 역할이 강조되고 남성 캐릭터는 활동적이고 용감한 주인공으로 그려지는 경우가 많다. 이런 표현은 특정 성 역할을 자연스럽게 받아들이게 만든다. 문제는 어린 시절에 접한 미디어는 가치관 형성과 행동에 큰 영향을 미친다는 점이다. 그러므로 아동용 콘텐츠 제작자들은 재미뿐만 아니라 아이들이 균형 있는 가치관을 가질 수 있도록 내용 구성에 주의를 기울여야 한다.

① 아이들의 가치관 형성은 부모의 역할이 가장 중요하다.
② 아동 콘텐츠에 성 고정관념이 드러나지 않게 조심해야 한다.
③ 미디어를 통해 아이들에게 구분된 성 역할을 가르쳐야 한다.
④ 어린이는 미디어의 영향을 많이 받기 때문에 접해서는 안 된다.

37.

우주 개발은 과거에 국가 주도로 이루어지는 것이 일반적이었지만 최근에는 민간 기업들이 우주 탐사에 활발히 참여하고 있다. 국가 주도 프로젝트에서는 비용과 기술 발전에 한계가 있었다. 그러나 민간 기업은 기술력과 자본을 바탕으로 로켓 재활용, 우주 관광, 위성 발사 등 다양한 분야에서 성과를 내고 있다. 우주 개발은 막대한 예산이 드는 만큼 정부와 민간이 협력하여 효율성과 범위를 확장시키는 것이 미래 발전을 위한 바람직한 방향이다.

① 우주 과학은 민간보다는 국가가 주도해야 안정적이다.
② 우주 개발에 대한 효율적인 방법을 찾는 것이 시급하다.
③ 민간 기업의 참여로 우주 과학이 빠르게 확대될 수 있다.
④ 민간 기업의 우주 진출이 과학자들의 역할을 빼앗고 있다.

38.

사람들은 나이가 들면 몸의 모든 기능은 성장을 멈추고 저하될 거라고 생각한다. 그래서 노화를 느끼면 희망을 잃고 무기력해지기도 한다. 하지만 최근 연구에 따르면 노년기에도 뇌 기능을 유지하거나 향상시킬 수 있다고 한다. 이를 위해서는 악기 연주, 외국어 학습, 퍼즐 맞추기 등 적절한 인지 훈련을 해야 한다. 이러한 활동은 신경 세포 간의 연결을 강화해 기억력이나 판단력 등 인지 기능을 활성화시키는 데에 도움이 된다.

① 노인에게 강한 뇌 자극은 건강을 약화시킬 수 있다.
② 노화로 인한 인지 기능 저하는 막을 수 없는 현상이다.
③ 노년기에도 꾸준한 인지 활동은 뇌 기능 유지에 효과를 보인다.
④ 노인들도 노력하면 신체 기능 유지가 가능하지만 발달은 어렵다.

※ [39~41] 주어진 문장이 들어갈 곳으로 가장 알맞은 것을 고르십시오. (각 2점)

39.

그런데 이를 보완하기 위해서 운동을 하려고 해도 기대한 효과가 없을 수도 있다.

사람들은 각자 신체에 약한 부위가 있다. (㉠) 배 근육이 약한 사람이 있는가 하면 어깨 근육이 약한 사람도 있다. (㉡) 예를 들면, 약한 복근을 강화하기 위해 윗몸 일으키기 운동을 하는 경우, 뇌에서는 약한 근육을 쓰지 않고 다른 근육을 써서라도 어떻게든 동작을 완성시킨다. (㉢) 그렇게 되면 목이나 허리 등 다른 부위만 피곤해지고 배 근육은 강해질 수가 없다. (㉣) 따라서 특정 부위를 강화하려면 다른 힘의 개입을 통제할 수 있는 자세로 운동하는 것이 중요하다.

① ㉠ ② ㉡ ③ ㉢ ④ ㉣

40.

반면에 남성들은 강해 보이기 위해 비를 맞거나 모자만 쓰는 것을 선호했다.

고대 그리스와 로마에서 우산은 귀족 여성들에게 높은 지위와 부를 상징하는 액세서리로 사용되었다. (㉠) 이러한 남성들의 생각을 깨뜨리기 위해 18세기 중반 한 영국 남성은 30년 동안 매일 우산을 썼다고 한다. (㉡) 처음에는 그를 비웃던 사람들이 점차 우산의 필요성을 인식해 우산은 일반 사람들에게 받아들여지기 시작했다. (㉢) 그가 만든 초기의 우산은 나무로 만들었기 때문에 펴고 접는 것이 불편했지만 뼈대가 쇠로 바뀌면서 현대적 우산의 모습을 갖추게 되었다. (㉣)

① ㉠ ② ㉡ ③ ㉢ ④ ㉣

41.

작가는 골목을 따라 걷다가 과거의 자신을 마주친다.

박지수 씨가 신작 수필 『골목의 기억』을 발표했다. (㉠) 소설가인 작가는 이전에 쓴 책들과는 달리 자신의 어린 시절 오래된 골목에서의 기억들을 바탕으로 이번 책을 썼다. (㉡) 이 책은 골목길을 천천히 지나는 것처럼 작은 가게와 이웃의 인사, 정겨운 풍경을 하나하나 따뜻하게 그려 낸다. (㉢) 독자들도 작가의 시선을 따라가다 보면 잊고 지냈던 소중한 기억을 떠올릴 수 있을 것이다. (㉣)

① ㉠ ② ㉡ ③ ㉢ ④ ㉣

※ [42~43] 다음을 읽고 물음에 답하십시오. (각 2점)

명화는 더 이상 버틸 힘이 남아 있지 않았다. 병세는 갈수록 깊어졌고 밤마다 찾아오는 고통은 익숙해지려고 하면 더 날카로워졌다. 그럼에도 그녀는 한 번도 소영이 앞에서 아픈 내색을 하지 않았다. 기침을 하다가 소영과 눈이 마주치면 그녀는 언제 그랬냐는 듯 작은 손을 꼭 잡고 "엄마 괜찮아."라며 웃어 보였다. 그러나 이제는 준비해야 했다. 병이 나도록 일하며 모아둔 돈으로 명화는 딸의 옷을 샀다. 내년에 입을 옷, 그리고 그 다음 해에 신을 신발까지. 집으로 돌아오는 길에는 돼지고기도 넉넉하게 한 근을 샀다. 생선 장사하면서 남은 것만 먹인 것이 마음에 걸렸던 참이었다. 새 밥을 지어 상을 차리는 사이 학교에서 돌아온 소영의 얼굴이 환하게 밝아졌다.

"와, 고기 냄새! 오늘 무슨 날이야?" 소영이 맛있게 먹는 모습을 보며 명화는 잠시 아픈 것도 잊었다.

"엄마가 소영이 옷 사 왔지. 다 먹고 입어 보자." 밥상을 미뤄 두고 소영은 엄마가 사 온 옷을 받아 들었다. 생일도 아닌데 무슨 일이냐며 해맑게 웃었다. 그런데 명화는 옷 한 벌을 더 내밀었다. 딱 봐도 소영에겐 큰 옷이었다. 이어서 꺼내 보인 신발들도 소영에겐 아직 맞지 않을 크기였다. 그 순간 소영의 얼굴에서 웃음기가 사라졌다.

"엄마, 이게 다 뭐야? 어디 가?"

42. 밑줄 친 부분에 나타난 '소영'의 심정으로 가장 알맞은 것을 고르십시오.

① 불안하다
② 조급하다
③ 감격스럽다
④ 실망스럽다

43. 윗글의 내용으로 알 수 있는 것을 고르십시오.

① 소영은 엄마와 여행 가는 날을 기다리고 있다.
② 소영은 날마다 먹는 생선 반찬을 지겨워했다.
③ 명화는 지금까지 생선을 팔면서 힘들게 딸을 키웠다.
④ 명화는 병이 악화되어 딸을 다른 집에 보내려고 한다.

※ [44~45] 다음을 읽고 물음에 답하십시오. (각 2점)

중세 시대 서양은 신 중심의 세계관을 바탕으로 발전해 왔다. 그러나 14세기 중반에 전염병이 유럽 전역을 휩쓸면서 사람들의 인식은 점차 흔들리기 시작했다. 정체를 알 수 없는 병이 3년 동안 2천만 명에 가까운 목숨을 앗아가자 인간을 구하지 않는 신에 대한 불신이 퍼져 나갔다. 그러면서 사람들은 인간 본연의 감정과 이성에 관심을 가지게 되었고 이러한 변화는 예술과 문학, 과학 분야에도 영향을 미쳤다. 이전에는 신의 뜻과 이상을 표현하는 데에 집중했다면 이제는 (   ) 방향으로 바뀐 것이다. 결국 끔찍했던 전염병은 오랜 중세 시대를 마무리하고 새로운 시대를 여는 전환점이 되었다.

44. (   ) 안에 들어갈 말로 가장 알맞은 것을 고르십시오.

① 인간의 삶과 내면을 다루는
② 신에 대한 믿음을 노래하는
③ 질병의 원인 분석에 집중하는
④ 새로운 사회 변화에 반대하는

45. 윗글의 주제로 가장 알맞은 것을 고르십시오.

① 국가 재난 상황에서 예술 및 학문 연구는 중단되었다.
② 중세 시대 말기 유럽에서는 종교의 권위가 강화되었다.
③ 전염병은 중세 유럽 인구 감소에 직접적인 영향을 끼쳤다.
④ 중세 시대의 위기 속에서 인간 중심의 사고가 확산되었다.

※ [46~47] 다음을 읽고 물음에 답하십시오. (각 2점)

현대 사회에서 고용 안정은 개인의 삶의 질은 물론이고 사회 전체의 지속 가능성과도 깊이 관련된다. 이에 따라 경기 침체기나 고용 불안 시기에 정부가 공공사업 확대, 고용 장려금 지급, 실업 보험 강화 등의 정책을 시행해 왔다. 이러한 정책은 고용을 창출하고 실업률을 낮춰 고용 불안을 해소하는 데 기여했다. 하지만 고용 안정을 위한 정부의 재정 정책이 항상 긍정적인 효과만을 가져오는 것은 아니다. 정부 지출의 확대는 장기적으로 국가 경제의 부담으로 작용할 수 있으며 물가 상승을 유발해 실질적으로 소득을 감소시키는 부작용이 발생할 수도 있다. 무엇보다도 민간 경제의 자율성과 창의성을 저해할 수 있다는 점에서 한계를 가진다. 따라서 정부는 고용 시장에 개입할 때 그 효과뿐만 아니라 잠재적 부작용까지도 신중히 고려해서 시장 경제와 조화를 이룰 수 있는 방향으로 정책을 운용해야 한다. 목적이 아무리 타당하더라도 정부의 지나친 개입은 장기적으로 부정적 결과를 낳을 수 있기 때문이다.

46. 윗글에 나타난 필자의 태도로 가장 알맞은 것을 고르십시오.

① 고용 불안 문제 해결에 대한 정부의 소극적인 개입을 비판하고 있다.
② 정부 주도의 고용 안정 정책에 대해 경계해야 할 점을 강조하고 있다.
③ 정부는 경제 발전보다 복지 정책을 우선시해야 한다고 주장하고 있다.
④ 민간 기업이 실업률 감소를 위해 적극적으로 나서기를 요구하고 있다.

47. 윗글의 내용과 같은 것을 고르십시오.

① 취업과 실업은 사적인 영역이므로 사회적 문제와 관련이 없다.
② 고용 안정을 위해 국가 예산을 많이 사용하면 물가가 안정된다.
③ 정부의 개입 없이 시장의 자율성이 보장되어야 경제는 발전한다.
④ 경제 불황 시기에 정부는 고용 창출을 위한 정책을 실시하곤 했다.

※ [48~50] 다음을 읽고 물음에 답하십시오. (각 2점)

연예인은 대중의 사랑과 관심 속에서 활동하며 사회적 영향력을 행사한다. 이 때문에 연예인 관련 정보들은 언론과 인터넷을 통해 실시간으로 노출되며 사적인 영역까지 공적 관심의 대상으로 여겨지곤 한다. 연예인의 일상, 가족사나 연애, 건강 상태에 이르기까지 관심이 집중되면서 사생활이 무분별하게 소비되는 일이 잦다. 최근에는 과거 연애 이력이나 가치관, 가족과 관련된 정보가 무단으로 유포되거나 왜곡되기도 한다. 이러한 사생활 공개는 단순한 호기심을 넘어 인권과 초상권을 위협하며 그 결과 본인뿐 아니라 주변인들까지 정신적 피해를 입는다. 물론 연예인이 공인으로서 일정 부분 사생활을 공개해야 한다는 주장도 있다. 그러나 사생활 보호는 누구에게나 보장된 기본 권리이다. 그러므로 연예인이라는 이유만으로 (   ) 안 된다. 대중은 무분별한 간섭을 경계하고, 언론도 자극적 보도를 지양해야 한다. 개인의 존엄성과 권리가 존중되는 사회를 위해 연예인의 사생활 역시 보호되어야 한다.

48. 윗글을 쓴 목적으로 가장 알맞은 것을 고르십시오.

① 연예인의 사회적 역할을 분석하려고
② 연예인에 대한 과도한 관심을 경고하려고
③ 대중문화 소비 형태의 변화를 소개하려고
④ 언론 보도의 자유가 위축된 것을 비판하려고

49. (   ) 안에 들어갈 말로 가장 알맞은 것을 고르십시오.

① 모든 행동을 옹호하면
② 대중의 관심을 거부하면
③ 상대방의 인권을 무시하면
④ 기본권 침해가 정당화되면

50. 윗글의 내용과 같은 것을 고르십시오.

① 연예인의 정보 중 사실과 다른 내용이 유포되기도 한다.
② 연예인은 사생활 침해에 대해 법적 보호를 받을 수 없다.
③ 연예인은 공인이므로 가족 정보도 대중의 알 권리에 포함된다.
④ 연예인의 과거나 사생활보다는 작품 활동에 사람들의 관심이 몰린다.

EBS TOPIK Ⅱ

실전모의고사

1 교시 (듣기)

성 명 (Name)	한국어 (Korean)	
	영 어 (English)	

수			험			번			호		
					8						
⓪	⓪	⓪	⓪	⓪		⓪	⓪	⓪	⓪	⓪	⓪
①	①	①	①	①		①	①	①	①	①	①
②	②	②	②	②		②	②	②	②	②	②
③	③	③	③	③		③	③	③	③	③	③
④	④	④	④	④		④	④	④	④	④	④
⑤	⑤	⑤	⑤	⑤		⑤	⑤	⑤	⑤	⑤	⑤
⑥	⑥	⑥	⑥	⑥		⑥	⑥	⑥	⑥	⑥	⑥
⑦	⑦	⑦	⑦	⑦		⑦	⑦	⑦	⑦	⑦	⑦
⑧	⑧	⑧	⑧	⑧	●	⑧	⑧	⑧	⑧	⑧	⑧
⑨	⑨	⑨	⑨	⑨		⑨	⑨	⑨	⑨	⑨	⑨

문제지 유형 (Type)	
홀수형 (Odd number type)	▢
짝수형 (Even number type)	▢

※결 시 확인란	결시자의 영어 성명 및 수험번호 기재 후 표기	▢

※ 위 사항을 지키지 않아 발생하는 불이익은 응시자에게 있습니다.

※감독관 확 인	본인 및 수험번호 표기가 정확한지 확인	(인)

번호	답			란
1	①	②	③	④
2	①	②	③	④
3	①	②	③	④
4	①	②	③	④
5	①	②	③	④
6	①	②	③	④
7	①	②	③	④
8	①	②	③	④
9	①	②	③	④
10	①	②	③	④
11	①	②	③	④
12	①	②	③	④
13	①	②	③	④
14	①	②	③	④
15	①	②	③	④
16	①	②	③	④
17	①	②	③	④
18	①	②	③	④
19	①	②	③	④
20	①	②	③	④

번호	답			란
21	①	②	③	④
22	①	②	③	④
23	①	②	③	④
24	①	②	③	④
25	①	②	③	④
26	①	②	③	④
27	①	②	③	④
28	①	②	③	④
29	①	②	③	④
30	①	②	③	④
31	①	②	③	④
32	①	②	③	④
33	①	②	③	④
34	①	②	③	④
35	①	②	③	④
36	①	②	③	④
37	①	②	③	④
38	①	②	③	④
39	①	②	③	④
40	①	②	③	④

번호	답			란
41	①	②	③	④
42	①	②	③	④
43	①	②	③	④
44	①	②	③	④
45	①	②	③	④
46	①	②	③	④
47	①	②	③	④
48	①	②	③	④
49	①	②	③	④
50	①	②	③	④

EBS TOPIK Ⅱ

실전모의고사

2 교시 (읽기)

성 명 (Name)		
	한국어 (Korean)	
	영 어 (English)	

수	험		번		호						
					8						
⓪	⓪	⓪	⓪	⓪		⓪	⓪	⓪	⓪	⓪	⓪
①	①	①	①	①		①	①	①	①	①	①
②	②	②	②	②		②	②	②	②	②	②
③	③	③	③	③		③	③	③	③	③	③
④	④	④	④	④		④	④	④	④	④	④
⑤	⑤	⑤	⑤	⑤		⑤	⑤	⑤	⑤	⑤	⑤
⑥	⑥	⑥	⑥	⑥		⑥	⑥	⑥	⑥	⑥	⑥
⑦	⑦	⑦	⑦	⑦		⑦	⑦	⑦	⑦	⑦	⑦
⑧	⑧	⑧	⑧	⑧	●	⑧	⑧	⑧	⑧	⑧	⑧
⑨	⑨	⑨	⑨	⑨		⑨	⑨	⑨	⑨	⑨	⑨

문제지 유형 (Type)	
홀수형 (Odd number type)	▢
짝수형 (Even number type)	▢

※결 시 확인란	결시자의 영어 성명 및 수험번호 기재 후 표기	▢

※ 위 사항을 지키지 않아 발생하는 불이익은 응시자에게 있습니다.

※감독관 확 인	본인 및 수험번호 표기가 정확한지 확인	(인)

번호	답		란	
1	①	②	③	④
2	①	②	③	④
3	①	②	③	④
4	①	②	③	④
5	①	②	③	④
6	①	②	③	④
7	①	②	③	④
8	①	②	③	④
9	①	②	③	④
10	①	②	③	④
11	①	②	③	④
12	①	②	③	④
13	①	②	③	④
14	①	②	③	④
15	①	②	③	④
16	①	②	③	④
17	①	②	③	④
18	①	②	③	④
19	①	②	③	④
20	①	②	③	④

번호	답		란	
21	①	②	③	④
22	①	②	③	④
23	①	②	③	④
24	①	②	③	④
25	①	②	③	④
26	①	②	③	④
27	①	②	③	④
28	①	②	③	④
29	①	②	③	④
30	①	②	③	④
31	①	②	③	④
32	①	②	③	④
33	①	②	③	④
34	①	②	③	④
35	①	②	③	④
36	①	②	③	④
37	①	②	③	④
38	①	②	③	④
39	①	②	③	④
40	①	②	③	④

번호	답		란	
41	①	②	③	④
42	①	②	③	④
43	①	②	③	④
44	①	②	③	④
45	①	②	③	④
46	①	②	③	④
47	①	②	③	④
48	①	②	③	④
49	①	②	③	④
50	①	②	③	④

EBS TOPIK Ⅱ

실전모의고사

1 교시(쓰기)

성 명 (Name)	한국어 (Korean)	
	영 어 (English)	

수					험	번				호	
					8						
⓪	⓪	⓪	⓪	⓪		⓪	⓪	⓪	⓪	⓪	⓪
①	①	①	①	①		①	①	①	①	①	①
②	②	②	②	②		②	②	②	②	②	②
③	③	③	③	③		③	③	③	③	③	③
④	④	④	④	④		④	④	④	④	④	④
⑤	⑤	⑤	⑤	⑤		⑤	⑤	⑤	⑤	⑤	⑤
⑥	⑥	⑥	⑥	⑥		⑥	⑥	⑥	⑥	⑥	⑥
⑦	⑦	⑦	⑦	⑦		⑦	⑦	⑦	⑦	⑦	⑦
⑧	⑧	⑧	⑧	⑧	●	⑧	⑧	⑧	⑧	⑧	⑧
⑨	⑨	⑨	⑨	⑨		⑨	⑨	⑨	⑨	⑨	⑨

문제지 유형 (Type)	
홀수형 (Odd number type)	▢
짝수형 (Even number type)	▢

※결 시 확인란	결시자의 영어 성명 및 수험번호 기재 후 표기	▢

※감독관 확 인	본인 및 수험번호 표기가 정확한지 확인	(인)

주관식 답안은 정해진 답란을 벗어나거나 답란을 바꿔서 쓸 경우 점수를 받을 수 없습니다.
(Answers written outside the box or in the wrong box will not be graded)

51	㉠	
	㉡	
52	㉠	
	㉡	

53 아래 빈칸에 200자에서 300자 이내로 작문하십시오 (띄어쓰기 포함).
(Please write your answer bleow: our answer must be between 200 and 300 letters including spaces.)

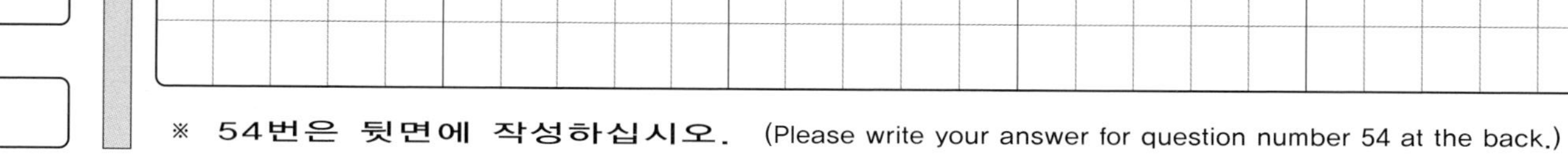

50

100

150

200

250

300

※ 54번은 뒷면에 작성하십시오. (Please write your answer for question number 54 at the back.)

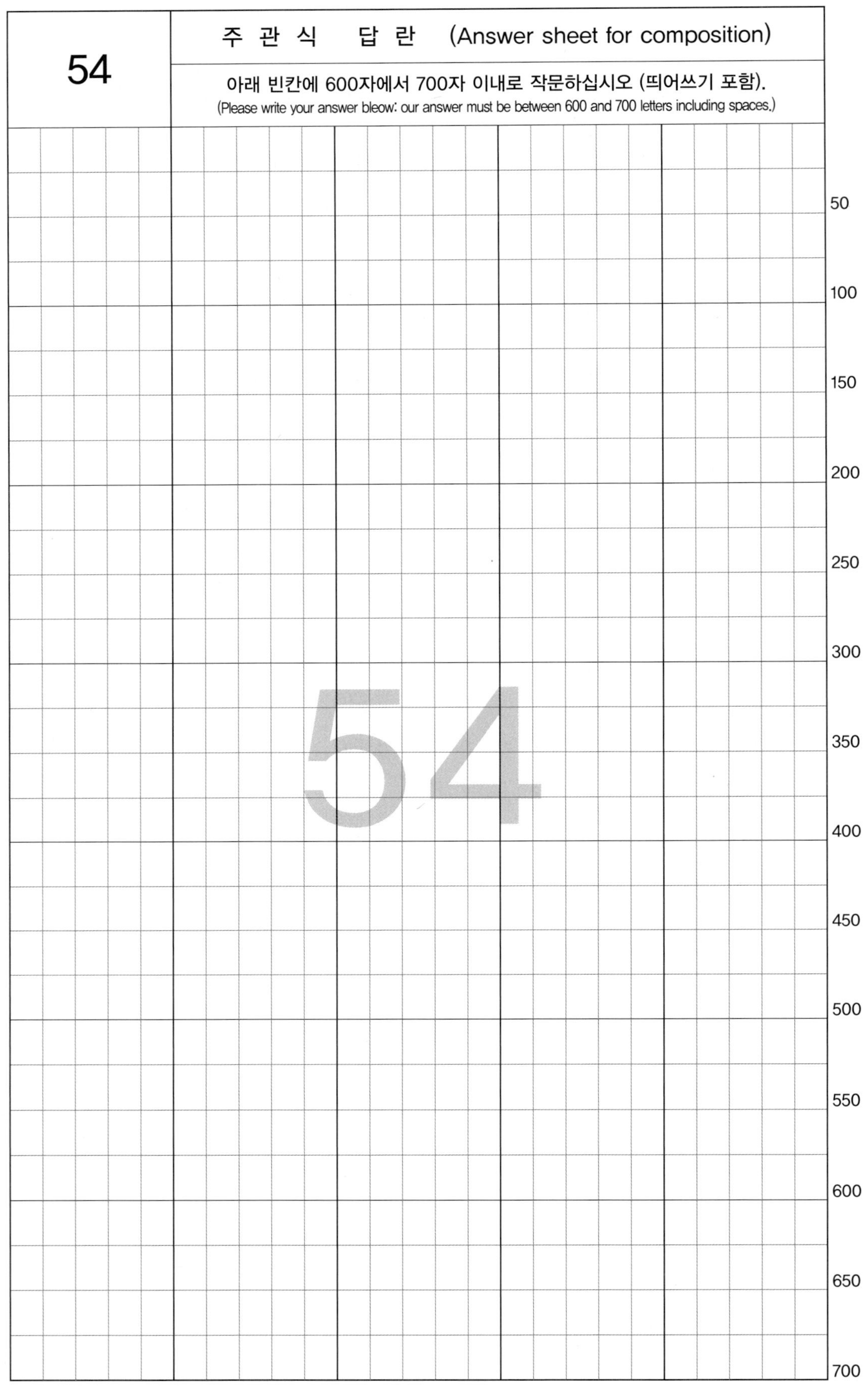

54	주 관 식 답 란 (Answer sheet for composition)
	아래 빈칸에 600자에서 700자 이내로 작문하십시오 (띄어쓰기 포함). (Please write your answer bleow: our answer must be between 600 and 700 letters including spaces.)

50
100
150
200
250
300
350
400
450
500
550
600
650
700

※ 주어진 답란의 방향을 바꿔서 답안을 쓰면 '0'점 처리됩니다.
(Please do not tum the answer sheet horizontaly. No points will be given.)

EBS TOPIK Ⅱ 실전모의고사

제5회

1교시	듣기, 쓰기
2교시	읽기

수험번호(Registration NO.)		
이름 (Name)	한국어(Korean)	
	영　어(English)	

유의 사항
Information

1. 시험 시작 지시가 있을 때까지 문제를 풀지 마십시오.
   Do not open the booklet until you are allowed to start.

2. 수험번호와 이름을 정확하게 적어 주십시오.
   Write your name and registration number on the answer sheet.

3. 답안지를 구기거나 훼손하지 마십시오.
   Do not fold the answer sheet; keep it clean.

4. 답안지의 이름, 수험번호 및 정답의 기입은 배부된 펜을 사용하여 주십시오.
   Use the given pen only.

5. 정답은 답안지에 정확하게 표시하여 주십시오.
   Mark your answer accurately and clearly on the answer sheet.

   marking example ① ● ③ ④

6. 문제를 읽을 때에는 소리가 나지 않도록 하십시오.
   Keep quiet while answering the questions.

7. 질문이 있을 때에는 손을 들고 감독관이 올 때까지 기다려 주십시오.
   When you have any questions, please raise your hand.

제5회 실전모의고사

1교시 듣기 (1번~50번)

※ [1~3] 다음을 듣고 가장 알맞은 그림 또는 그래프를 고르십시오. (각 2점)

1. ① 

② 

③ 

④ 

2. ① 

② 

③ 

④ 

3.

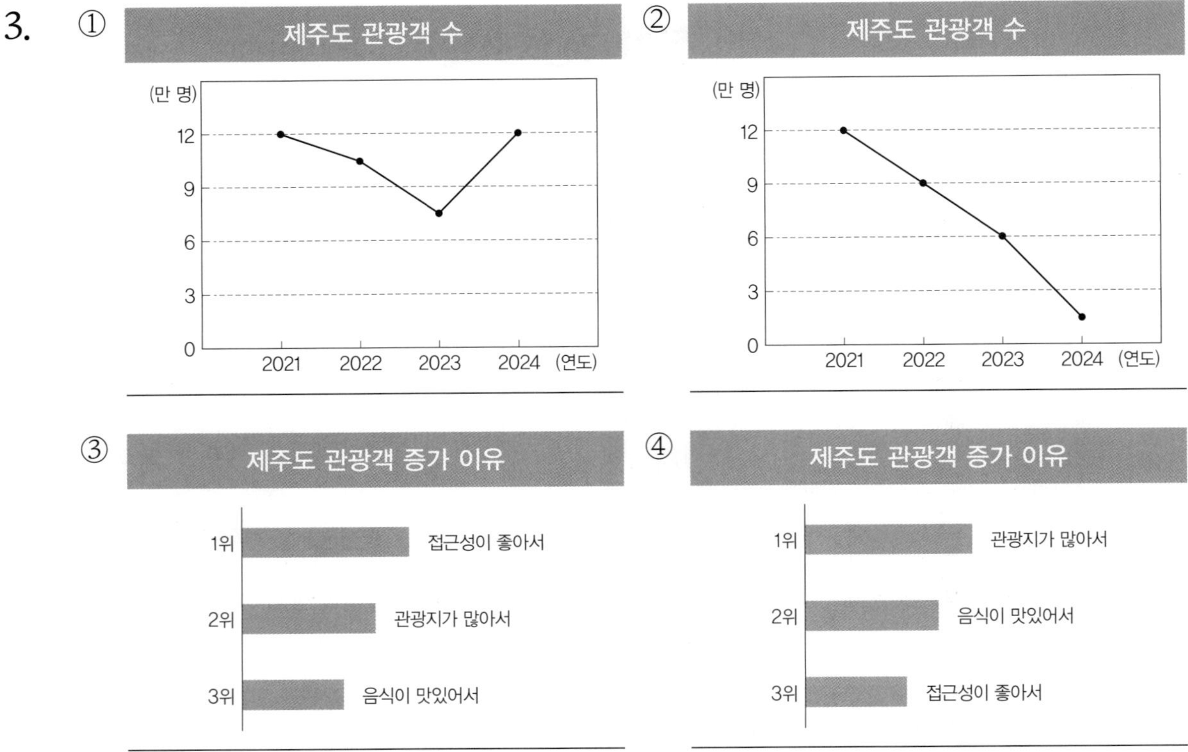

※ [4~8] 다음을 듣고 이어질 수 있는 말로 가장 알맞은 것을 고르십시오. (각 2점)

4. ① 네, 전 진수 씨를 잘 몰라요.
② 네, 제 전화번호를 알려 줄게요.
③ 네, 진수 씨와 만나서 얘기했어요.
④ 네, 아침부터 계속 전화를 안 받네요.

5. ① 그럼 토요일 5시에 봐요.
② 벌써 영화가 시작했어요.
③ 먼저 팝콘부터 사 올게요.
④ 우선 일요일로 예약할게요.

6. ① 안경이 정말 잘 어울린다.
② 여기 잠깐 놔둬도 괜찮아.
③ 오늘 하루 너무 불편하겠다.
④ 눈이 나빠져서 써야 할 것 같아.

7. ① 맞아요. 오래 쓰면 그럴 수 있지요.
② 맞아요. 전자 제품은 새 것이 좋아요.
③ 그러게요. 서비스 센터에 전화할게요.
④ 그러게요. 저도 소리가 마음에 드네요.

8. ① 조금 더 길게 해 주세요.
② 가방 상태가 정말 좋네요.
③ 수선을 잘해 주셔서 감사해요.
④ 요즘 끈이 없는 게 유행이에요.

※ [9~12] 다음을 듣고 여자가 이어서 할 행동으로 가장 알맞은 것을 고르십시오. (각 2점)

9. ① 화장실에 간다.
② 팥빙수를 주문한다.
③ 메뉴판에서 빙수를 고른다.
④ 직원에게 메뉴 추천을 요청한다.

10. ① 영수증을 준다.
② 옷을 입어 본다.
③ 매장에서 옷을 찾는다.
④ 창고에서 옷을 가져온다.

11. ① 빨래를 갠다.
② 쓰레기를 버린다.
③ 청소기를 돌린다.
④ 마트에서 우유를 산다.

12. ① 음료수를 더 챙긴다.
② 행사장으로 이동한다.
③ 출발하면서 전화를 한다.
④ 홍보 행사 물건을 옮긴다.

※ [13~16] 다음을 듣고 들은 내용과 같은 것을 고르십시오. (각 2점)

13. ① 남자는 지금 체육관에 있다.
② 여자는 이곳에 와 본 적이 없다.
③ 학교는 예전과 조금도 변하지 않았다.
④ 두 사람은 오늘 선생님을 만날 것이다.

14. ① 이 비행기는 김포로 갈 예정이다.
② 이 비행기는 오전에 출발할 것이다.
③ 이 비행기를 타려면 9번 탑승구로 가야 한다.
④ 이 비행기는 고장으로 출발 시간이 지연되었다.

15. ① 화재는 지하철 안에서 발생했다.
② 화재를 낸 사람은 아직 잡히지 않았다.
③ 이 열차의 사고는 늦은 밤에 발생했다.
④ 이 사고로 인해 많은 시민들이 다쳤다.

16. ① 웃음 치료는 우울증 환자만을 대상으로 한다.
② 여자는 게임, 음악을 사용해서 웃음을 유도한다.
③ 여자는 무조건 크게 웃는 것이 중요하다고 강조한다.
④ 웃음 치료는 대상자의 상태와 관계없이 똑같이 진행된다.

※ [17~20] 다음을 듣고 남자의 중심 생각으로 가장 알맞은 것을 고르십시오. (각 2점)

17. ① 많이 걸을수록 건강에 도움이 된다.
② 가까운 거리는 걸어서 가는 것도 괜찮다.
③ 약속 시간에 늦지 않도록 서둘러야 한다.
④ 약속 장소는 가까운 곳으로 정하는 게 좋다.

18. ① 장을 볼 때 필요한 만큼 사는 게 좋다.
② 할인을 많이 할 때 사는 것이 경제적이다.
③ 음식 재료는 미리 잘 준비해 두어야 한다.
④ 남은 음식을 재활용할 수 있는 방법이 필요하다.

19. ① 관심이 없는 주제의 책도 읽는 것이 좋다.
② 같은 책이라도 읽을 때마다 재미가 다르다.
③ 내용을 모르고 읽어야 책 읽는 재미가 있다.
④ 자신이 좋아하는 스타일의 책을 찾아야 한다.

20. ① 많이 찍어 봐야 원하는 사진을 찍을 수 있다.
② 자연의 아름다움을 잘 담아낼 수 있어야 한다.
③ 좋은 사진을 찍으려면 기다릴 줄 알아야 한다.
④ 여러 사진을 참고하면 촬영 감각을 키울 수 있다.

※ [21~22] 다음을 듣고 물음에 답하십시오. (각 2점)

21. 남자의 중심 생각으로 가장 알맞은 것을 고르십시오.
① 회의는 짧게 하는 것이 좋다.
② 회의 시간을 바꾸지 않는 게 좋다.
③ 출퇴근 시간을 자유롭게 해야 한다.
④ 각자의 업무가 밀리지 않아야 한다.

22. 들은 내용과 같은 것을 고르십시오.
① 이 회사는 매일 회의를 하고 있다.
② 지금까지 회의 시간이 바뀐 적이 없다.
③ 이 회사 직원들은 출근 시간이 동일하다.
④ 최근에 밤늦게까지 일하는 직원이 늘었다.

※ [23~24] 다음을 듣고 물음에 답하십시오. (각 2점)

23. 남자가 무엇을 하고 있는지 고르십시오.

① 한복 대여 방법을 알아보고 있다.
② 한복 대여 가격을 문의하고 있다.
③ 한복 대여 취소를 요청하고 있다.
④ 한복 대여 서비스를 홍보하고 있다.

24. 들은 내용과 같은 것을 고르십시오.

① 한복을 대여하려면 신분증이 있어야 한다.
② 한복은 시청에 직접 방문해야만 받을 수 있다.
③ 한복 대여는 돌잔치 하루 전부터 신청할 수 있다.
④ 한복 대여는 인주 시민이 아니어도 이용할 수 있다.

※ [25~26] 다음을 듣고 물음에 답하십시오. (각 2점)

25. 남자의 중심 생각으로 가장 알맞은 것을 고르십시오.

① 거리의 시설은 정기적으로 관리를 해야 한다.
② 오래된 가게에 대한 적극적인 지원이 중요하다.
③ 지역 주민들이 참여해서 거리를 바꿀 필요가 있다.
④ 거리 환경을 바꾸면 사람들이 찾는 장소가 될 수 있다.

26. 들은 내용과 같은 것을 고르십시오.

① 이 지역의 인구는 계속 늘고 있다.
② 예전에는 이 거리에 조명이 없었다.
③ 이곳의 벽화에는 예술 작품이 그려져 있다.
④ 이곳에는 사진을 찍을 수 있는 특별한 장소가 있다.

※ [27~28] 다음을 듣고 물음에 답하십시오. (각 2점)

27. 남자가 말하는 의도로 알맞은 것을 고르십시오.

① 대중교통 요금 인상을 반대하기 위해
② 대중교통 운행 시간의 문제점을 지적하기 위해
③ 대중교통 요금 인상이 불가피함을 설득하기 위해
④ 대중교통 이용을 줄이자는 의견을 전달하기 위해

28. 들은 내용과 같은 것을 고르십시오.

① 대중교통 환승 할인 요금이 오를 예정이다.
② 대중교통 운행 횟수는 이전 그대로 유지된다.
③ 경제적 사정이 어려운 사람들을 위해 지원 제도를 마련했다.
④ 대중교통 요금을 올리는 것은 적자를 해결하기 위한 조치이다.

※ [29~30] 다음을 듣고 물음에 답하십시오. (각 2점)

29. 남자가 누구인지 고르십시오.

① 인형을 수집하는 사람
② 인형을 수리하는 사람
③ 인형을 판매하는 사람
④ 인형을 홍보하는 사람

30. 들은 내용과 같은 것을 고르십시오.

① 남자는 이 일을 그만두고 싶어 한다.
② 고장 난 인형의 팔과 다리를 새로 만들어 붙인다.
③ 남자는 고장난 인형을 새로 디자인해서 바꿔준다.
④ 고장 난 인형을 고치는 데 시간이 오래 걸리지 않는다.

※ [31~32] 다음을 듣고 물음에 답하십시오. (각 2점)

31. 남자의 생각으로 가장 알맞은 것을 고르십시오.

① 신조어는 공식적인 자리에서도 자유롭게 써야 한다.
② 신조어는 언어 질서를 해치기 때문에 자제해야 한다.
③ 신조어는 시대에 따라 자연스럽게 생겨나는 문화이다.
④ 신조어는 세대 간 소통을 방해하므로 사용을 줄여야 한다.

32. 남자의 태도로 알맞은 것을 고르십시오.

① 비교를 통해 차이점을 강조하고 있다.
② 상대방 의견에 동조하며 지지하고 있다.
③ 상대방 의견에 대해 차분하게 반박하고 있다.
④ 실험 결과 내용을 토대로 자신의 의견을 주장하고 있다.

※ [33~34] 다음을 듣고 물음에 답하십시오. (각 2점)

33. 무엇에 대한 내용인지 알맞은 것을 고르십시오.

① 태풍의 이름이 갖는 의미
② 태풍의 이름을 붙이는 방법
③ 태풍의 규모와 이름의 관계
④ 태풍의 이름이 정해지는 시기

34. 들은 내용과 같은 것을 고르십시오.

① 예전에는 태풍을 번호로 구분해 불렀다.
② 태풍이 생길 때마다 새로운 이름을 만든다.
③ 세계 모든 나라가 태풍의 이름을 짓고 있다.
④ 큰 태풍은 기억하기 쉽게 같은 이름을 사용한다.

※ [35~36] 다음을 듣고 물음에 답하십시오. (각 2점)

35. 남자는 무엇을 하고 있는지 고르십시오.
① 지역 공동체와 교류할 수 있는 방법을 소개하고 있다.
② 현대인들의 건강 문제에 대한 심각성을 토로하고 있다.
③ 마라톤 대회를 개최해야 하는 필요성을 보고하고 있다.
④ 마라톤 대회 개최를 축하하며 마라톤의 의의를 알리고 있다.

36. 들은 내용과 같은 것을 고르십시오.
① 이 대회는 올해 처음으로 개최되었다.
② 마라톤은 체중 감량에 효과적인 운동이다.
③ 마라톤 동호회를 통해 지역 사람들과 교류할 수 있다.
④ 현대인들은 스트레스보다 비만 때문에 건강을 해치는 경우가 많다.

※ [37~38] 다음을 듣고 물음에 답하십시오. (각 2점)

37. 여자의 중심 생각으로 가장 알맞은 것을 고르십시오.
① 곤충을 활용한 제품을 더 많이 알릴 필요가 있다.
② 곤충 식품 개발을 위한 연구 지원이 확대되어야 한다.
③ 곤충의 활용 범위를 식품 외 분야로 더욱 넓혀야 한다.
④ 곤충 식품을 활성화하려면 소비자의 인식 변화가 필요하다.

38. 들은 내용과 같은 것을 고르십시오.
① 곤충은 화장품의 원료로 사용되고 있다.
② 곤충은 온실가스를 많이 배출하는 편이다.
③ 곤충과 소고기는 단백질 함량이 비슷하다.
④ 곤충은 국내에서 식품 원료로 인정받지 못했다.

※ [39~40] 다음을 듣고 물음에 답하십시오. (각 2점)

39. 이 대화 전의 내용으로 가장 알맞은 것을 고르십시오.

① 교육부가 디지털 교육에 소극적으로 임하고 있다.
② 디지털 교육 도입에 대한 우려의 목소리가 많았다.
③ 교육부가 디지털 교육 사업을 중단하기로 발표했다.
④ 디지털 교육의 확대가 학생들의 학습 의욕을 높였다.

40. 들은 내용과 같은 것을 고르십시오.

① 디지털 교육 확대 이후 학생들의 참여도가 떨어졌다.
② 교육부는 디지털 기기를 금지하는 정책을 시행하고 있다.
③ 디지털 교육을 실시하면서 학부모의 의견은 반영하지 못했다.
④ 교육부는 디지털 교육 확대를 위해 노트북을 대여하며 지원했다.

※ [41~42] 다음을 듣고 물음에 답하십시오. (각 2점)

41. 이 강연의 중심 내용으로 가장 알맞은 것을 고르십시오.

① 거울은 시대마다 독특한 제작 방식이 있었다.
② 거울은 소재에 따라 용도가 달라지기도 하였다.
③ 거울은 일찍부터 생활의 필수품으로 자리 잡았다.
④ 거울은 과거에 귀한 장식품이자 신분의 상징이었다.

42. 들은 내용과 같은 것을 고르십시오.

① 고대 이집트에서는 거울을 쉽게 만들었다.
② 고대 이집트에서는 청동을 사용하지 않았다.
③ 금속 거울은 오래 써도 색이 쉽게 변하지 않았다.
④ 중세 유럽에서 거울은 손으로 만든 공예품이었다.

※ [43~44] 다음을 듣고 물음에 답하십시오. (각 2점)

43. 무엇에 대한 내용인지 알맞은 것을 고르십시오.

① 동굴이 생기는 원리
② 동굴의 문화적 가치
③ 동굴을 보호하는 방법
④ 동굴이 숲에 미치는 영향

44. 석회암이 더 빨리 녹는 이유로 맞는 것을 고르십시오.

① 암석 속 구멍이 넓어서
② 깊은 숲속에 놓여 있어서
③ 물속에 탄산이 들어 있어서
④ 어두운 곳에 만들어져 있어서

※ [45~46] 다음을 듣고 물음에 답하십시오. (각 2점)

45. 들은 내용과 같은 것을 고르십시오.

① 경기 침체 시 자연스럽고 절제된 메이크업이 유행한다.
② 여성의 외모 선택은 개인의 취향에 따라 주로 결정된다.
③ 경제적 불안은 여성의 외적 표현 방식에 영향을 미칠 수 있다.
④ 경제 상황이 좋을수록 더 화려한 메이크업이 선호되는 경향이 있다.

46. 여자가 말하는 방식으로 알맞은 것을 고르십시오.

① 자료를 분석하고 변화를 예측하고 있다.
② 수치를 중심으로 한계점을 지적하고 있다.
③ 실험 결과를 나열하며 흐름을 전망하고 있다.
④ 연구 결과를 제시하며 근거를 설명하고 있다.

※ [47~48] 다음을 듣고 물음에 답하십시오. (각 2점)

47. 들은 내용과 같은 것을 고르십시오.

① 수소차는 충전 시간이 오래 걸려 불편함이 크다.
② 수소차는 배출 가스를 줄일 수 있어 친환경적이다.
③ 수소차는 주행 거리가 짧아서 단거리 운행에 효과적이다.
④ 수소차는 충전할 수 있는 인프라가 잘 갖춰져 있어 편리하다.

48. 남자의 태도로 알맞은 것을 고르십시오.

① 수소차 기술의 위험성에 대해 경고하고 있다.
② 수소차 보급에 회의적인 시각을 드러내고 있다.
③ 수소차 확대를 위한 현실적인 조건을 강조하고 있다.
④ 수소차보다 전기차의 효율성을 더 높게 평가하고 있다.

※ [49~50] 다음을 듣고 물음에 답하십시오. (각 2점)

49. 들은 내용과 같은 것을 고르십시오.

① 가상 인간의 확산은 윤리적인 문제를 동반하고 있다.
② 가상 인간은 기술적 완성도가 낮아 실제 인물과 쉽게 구분된다.
③ 가상 인간은 기술적으로 감정 표현이나 개성 구현이 불가능하다.
④ 기업은 가상 인간의 자율성보다는 법적 책임 문제를 더 중시하고 있다.

50. 남자가 말하는 방식으로 알맞은 것을 고르십시오.

① 가상 인간을 부정적으로 평가하고 있다.
② 가상 인간으로 인한 사업적 효과를 의심하고 있다.
③ 가상 인간의 사례를 중심으로 사회적 논의를 제기하고 있다.
④ 가상 인간의 한계를 비판하며 부작용을 중심으로 서술하고 있다.

1교시 | 쓰기 (51번~54번)

※ [51~52] 다음 글의 ㉠과 ㉡에 알맞은 말을 각각 쓰시오. (각 10점)

51.

메일쓰기 임시보관 메일 4

보내기

받는사람 인주대학교 학생
참조
제목 인주대 시설과에서 알려드립니다.

학생 여러분, 안녕하십니까?
다음 주부터 방학이 시작되어 셔틀버스 시간이 (㉠).
새로운 시간표는 학교 홈페이지에서 (㉡).
감사합니다.

인주대학 시설과 드림

인터넷

㉠: ______________________

㉡: ______________________

52.

아무 계획 없이 생활하다 보면 일을 제시간에 끝내지 못하거나 (㉠). 끝내야 할 시간을 지키지 않거나 늦어지면 시간을 효율적으로 사용할 수 없다. 시간을 효율적으로 사용하려면 미리 하루 계획을 (㉡). 이런 습관을 기르면 하루를 훨씬 체계적으로 보낼 수 있다.

㉠: ______________________

㉡: ______________________

53. 다음은 '운동 습관 변화'에 대한 자료이다. 이 내용을 200~300자의 글로 쓰시오. 단, 글의 제목은 쓰지 마시오. (30점)

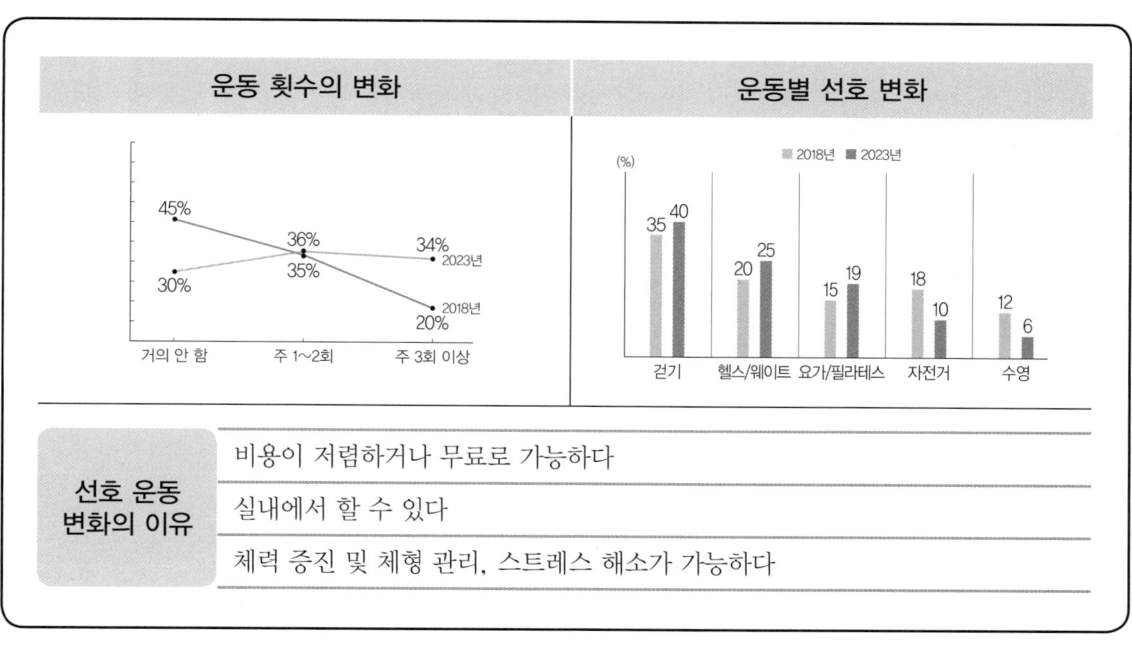

54. 다음을 참고하여 600~700자로 글을 쓰시오. 단, 문제를 그대로 옮겨 쓰지 마시오. (50점)

빠르게 발전하는 도시화 속에서 아파트, 도로, 상업 시설이 증가하면서 자연 공간이 점점 줄어들고 있다. 그러나 도시에서도 공원, 숲, 하천과 같은 자연 공간의 존재는 사람들의 삶에 다양한 긍정적인 영향을 미친다. 아래의 내용을 중심으로 도시 속 자연 공간의 중요성과 이를 확보하는 방안에 대한 자신의 생각을 쓰라.

- 도시에서 자연 공간이 왜 필요한가?
- 자연 공간이 부족할 경우 발생할 수 있는 문제는 무엇인가?
- 도시 속 자연 공간을 확대하거나 보존하기 위한 방안은 무엇인가?

2교시 | 읽기 (1번~50번)

※ [1~2] (　　) 안에 들어갈 말로 가장 알맞은 것을 고르십시오. (각 2점)

1. 나는 책 읽는 것을 좋아해서 도서관에 자주 (　　　　).

① 갈 뻔했다　　② 가게 한다
③ 가고 말았다　　④ 가는 편이다

2. 부모는 아이가 자신감을 (　　　　) 칭찬을 자주 해 줘야 한다.

① 갖도록　　② 갖거나
③ 갖고서　　④ 갖든지

※ [3~4] 밑줄 친 부분과 의미가 가장 비슷한 것을 고르십시오. (각 2점)

3. 옆집이 공사를 해서 머리가 아플 만큼 시끄럽다.

① 아플까 봐　　② 아프더라도
③ 아플 정도로　　④ 아프기 무섭게

4. 라면을 좋아하는 것이 아니라 간편하니까 자주 먹을 따름이다.

① 먹을 뿐이다　　② 먹기 나름이다
③ 먹는 모양이다　　④ 먹을지도 모른다

※ [5~8] 다음은 무엇에 대한 글인지 고르십시오. (각 2점)

5.

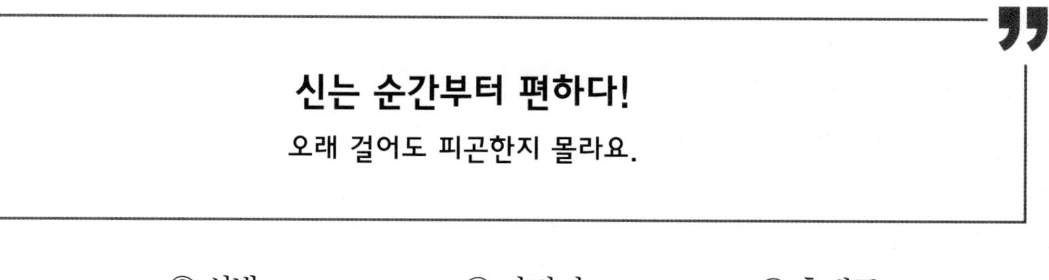

신는 순간부터 편하다!
오래 걸어도 피곤한지 몰라요.

① 침대 ② 신발 ③ 자전거 ④ 휴대폰

6.

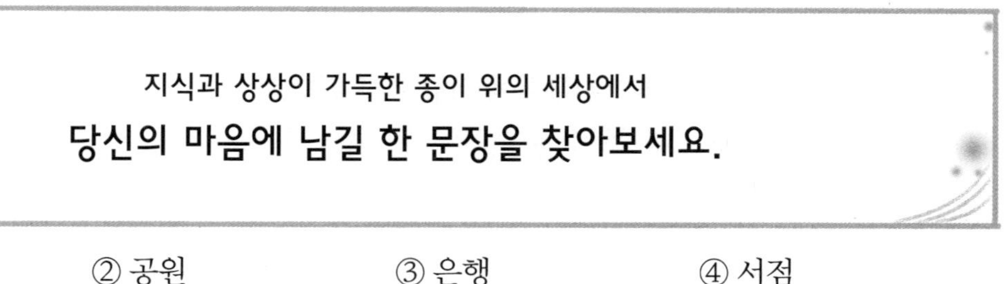

지식과 상상이 가득한 종이 위의 세상에서
당신의 마음에 남길 한 문장을 찾아보세요.

① 꽃집 ② 공원 ③ 은행 ④ 서점

7.

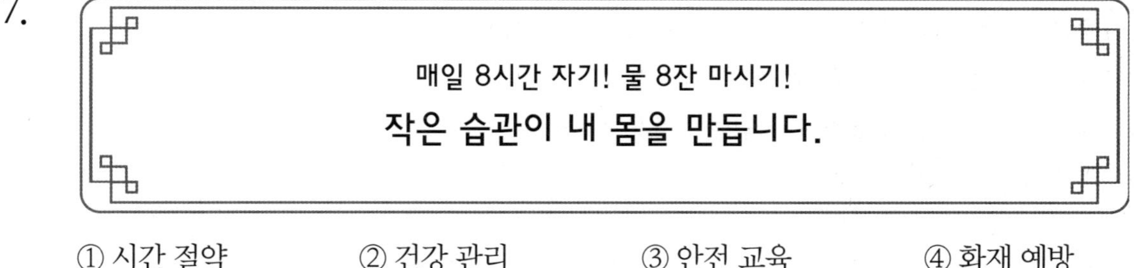

매일 8시간 자기! 물 8잔 마시기!
작은 습관이 내 몸을 만듭니다.

① 시간 절약 ② 건강 관리 ③ 안전 교육 ④ 화재 예방

8.

- 미끄러우니 뛰지 마세요.
- 씻은 후에 물에 들어갈 수 있습니다.

① 관람 순서 ② 사용 방법 ③ 이용 규칙 ④ 등록 문의

※ [9~10] 다음 글 또는 그래프의 내용과 같은 것을 고르십시오. (각 2점)

9.

2026-1학기 기숙사 신청 안내

- 신청 기간: 2026년 1월 1일(목) ~ 1월 20일(화)
- 신청 대상: 인주대학교 외국인 유학생
- 신청 방법: 학교 홈페이지에서 온라인 접수
- 문의: 기숙사 사무실 방문 또는 이메일(inju_dorm@inju.com) 전송

① 한 달 동안 기숙사 신청서를 받는다.
② 모든 학생이 이 기간에 신청할 수 있다.
③ 이메일로 기숙사 신청서를 접수해야 한다.
④ 질문이 있으면 기숙사 사무실에 직접 가도 된다.

10.

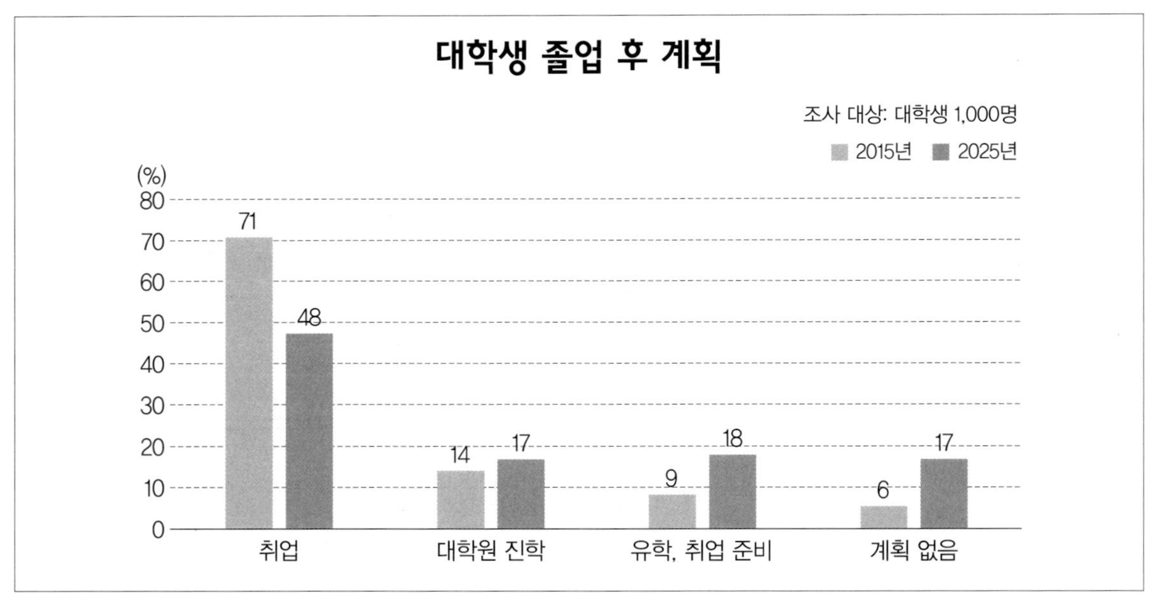

① 졸업 후 취업을 하겠다고 응답한 대학생들의 비율이 늘었다.
② 대학원에 가고 싶다는 응답은 2015년보다 2025년이 더 적었다.
③ 진로를 정하지 못한 대학생은 10년 전보다 두 배 이상 증가했다.
④ 2025년에는 유학이나 취업 준비를 더 하고 싶은 대학생이 가장 많다.

※ [11~12] 다음 글 또는 그래프의 내용과 같은 것을 고르십시오. (각 2점)

11.

K자동차가 한국 브랜드 최초로 '세계 올해의 자동차'에 선정되었다. 이 상은 2004년에 시작되어 매년 전 세계의 새로 나온 차를 대상으로 심사한다. 수많은 경쟁 브랜드 사이에서 K자동차는 넓은 공간과 뛰어난 기술, 미래적인 디자인으로 주목받았다. 또한 세계 2개 이상의 대륙에서 1년 동안 1만대 이상 판매되어 큰 상을 수상하게 되었다.

① 이 상에 한국 브랜드가 뽑힌 것은 처음이다.
② 이 상은 올해 처음 시행되어 경쟁률이 높지 않았다.
③ 이 자동차는 모든 대륙에서 1년 간 가장 많이 팔렸다.
④ 이 자동차는 2004년에 만들어져 지금까지 인기를 끈다.

12.

최근 예술 활동에 하루만 참여해 볼 수 있는 '1일 체험 수업'이 유행이다. 전문가에게 수강료를 내고 설명을 들으면서 몇 시간 만에 하나의 작품을 완성하는 수업이다. 수강생들은 그림뿐만 아니라 목공, 도자기, 러그 등 다양한 작품을 직접 만들 수 있다. 이러한 변화는 과거 소수의 사람에게만 제한되었던 예술이 모두에게 확대된 것을 보여 준다.

① 이 수업은 24시간이 걸린다.
② 1일 체험 수업은 무료로 진행된다.
③ 옛날에는 일부 사람들만 예술 활동을 했다.
④ 집에서 혼자 예술 활동을 체험할 수 있게 되었다.

※ [13~15] 다음을 순서에 맞게 배열한 것을 고르십시오. (각 2점)

13.

(가) 그러나 햇빛으로 얻는 비타민의 양은 우리 몸에 부족할 수 있다.
(나) 특히 겨울철에는 다른 비타민처럼 영양제로 보충해 주는 것이 좋다.
(다) 비타민 D는 햇빛을 받으면 피부에서 자연스럽게 생긴다고 알려져 있다.
(라) 그래서 사람들은 야외 활동을 하면 비타민 D를 충분히 흡수했다고 생각한다.

① (나)-(가)-(라)-(다)
② (나)-(다)-(라)-(가)
③ (다)-(나)-(가)-(라)
④ (다)-(라)-(가)-(나)

14.

(가) 어느 날 피곤했던 나는 지하철에서 졸다가 가방을 두고 내렸다.
(나) 그런데 지하철 문이 닫히고 나서야 가방이 없다는 것을 알았다.
(다) 그 사람과 직원들 덕분에 다른 역에 보관되어 있던 가방을 찾을 수 있었다.
(라) 당황한 나를 보고 옆에 있던 한국 사람이 지하철역 사무실에 데려다 주었다.

① (가)-(나)-(라)-(다)
② (가)-(다)-(라)-(나)
③ (라)-(가)-(나)-(다)
④ (라)-(다)-(가)-(나)

15.

(가) 이 공기 때문에 빵 반죽이 부풀어 커진다.
(나) 빵을 만들 때는 보통 이스트라는 재료가 들어간다.
(다) 이스트는 반죽 속에서 단 성분을 먹고 공기를 만든다.
(라) 그래서 오븐에 넣고 구우면 크고 부드러운 빵을 먹을 수 있게 된다.

① (나)-(가)-(다)-(라)
② (나)-(다)-(가)-(라)
③ (다)-(가)-(라)-(나)
④ (다)-(라)-(나)-(가)

※ [16~18] (   ) 안에 들어갈 말로 가장 알맞은 것을 고르십시오. (각 2점)

16.

해바라기 꽃은 해가 움직이는 방향을 따라 고개를 돌리는 것으로 유명하다. 이런 모습을 보고 한 사람만 바라보는 사랑을 떠올리기도 한다. 그런데 해바라기가 이렇게 움직이는 이유는 (   ) 위한 것이다. 해를 따라가며 광합성을 더 많이 하면 해바라기는 튼튼하게 자라고 꽃을 더 크게 피울 수 있다.

① 바람을 피하기
② 건강하게 성장하기
③ 꽃이 떨어지게 하기
④ 뿌리를 강하게 내리기

17.

사람들은 예술 작품의 결과물만을 감상하고 기억한다. 그러나 현대의 일부 미술가들은 완성된 결과보다 (   ) 더 의미 있게 생각한다. 작가의 생각과 의도를 알면 작품을 더 깊이 이해할 수 있기 때문이다. 그래서 작업 장면을 공개하거나 완성되기 전의 모습을 그대로 전시하기도 한다.

① 과정을 보여 주는 것을
② 관람객의 느낌과 해석을
③ 다른 전문가들의 평가를
④ 작품의 경제적인 가치를

18.

한국의 전통 집인 한옥은 주변 환경을 고려해 건축되었다. 여름에는 시원하고 겨울에는 따뜻하게 지낼 수 있도록 지붕과 마루를 만들었다. 그리고 창문과 문을 크게 내서 집 안에서도 자연을 감상할 수 있도록 했다. 다시 말해서 한옥은 (   ) 주변 환경과 조화를 이루는 건축물을 세웠다는 특징이 있다.

① 일년 내내 따뜻하며
② 날씨와 풍경에 신경 써서
③ 창문으로 공기가 잘 통하며
④ 크기와 건물 모양에 집중해

※ [19~20] 다음을 읽고 물음에 답하십시오. (각 2점)

많은 운동선수들은 경기를 앞두고 일정한 행동을 반복하는 습관이 있다. 예를 들어, 경기가 있는 날마다 같은 양말을 신는 선수도 있고 경기장에 들어오면 모자를 벗었다가 다시 쓰는 행동을 꼭 하는 선수도 있다. (   ) 긴장이 조금 풀리고 경기에 집중하게 된다고 한다. 이러한 행동이 경기력에 직접적인 영향을 주지는 않지만 선수의 마음을 안정시키고 자신감을 높이는 데에 도움이 될 수 있다.

19. (   ) 안에 들어갈 말로 가장 알맞은 것을 고르십시오.

① 또는　　② 또한　　③ 그래도　　④ 그러면

20. 윗글의 주제로 가장 알맞은 것을 고르십시오.

① 운동선수의 옷차림은 경기에 큰 영향을 미친다.
② 운동선수는 모두가 같은 행동으로 집중력을 높인다.
③ 운동선수의 반복된 습관은 심리적 안정에 효과가 있다.
④ 운동선수는 경기를 위해 몸보다 마음을 준비해야 한다.

※ [21~22] 다음을 읽고 물음에 답하십시오. (각 2점)

최근 일부 기업들은 직원의 정신 건강을 위해 다양한 복지 프로그램을 운영한다. 일주일에 한 번쯤 심리 상담 서비스를 제공하거나 스트레스를 풀 수 있는 사내 휴식 공간을 마련하는 것이 그 예이다. 특히 직원들의 의견을 반영한 복지를 제공하는 회사에 대해 만족도가 높다. 기업이 직원들의 목소리에 ( ) 때문에 직원들도 기업에 대한 애정과 업무에 열정이 생긴다고 한다.

21. ( ) 안에 들어갈 말로 가장 알맞은 것을 고르십시오.

① 눈감아 주기

② 발목을 잡기

③ 진땀을 흘리기

④ 귀를 기울이기

22. 윗글의 내용과 같은 것을 고르십시오.

① 근무 시간이 짧으면 직원들은 열정이 생긴다.

② 일부 회사는 회사 안에 쉴 수 있는 공간이 있다.

③ 회사에 프로그램이 많으면 업무 속도가 느려진다.

④ 정부는 직장인들의 건강을 위한 정책을 마련했다.

※ [23~24] 다음을 읽고 물음에 답하십시오. (각 2점)

어머니는 내가 어렸을 때부터 혼자서 나를 키우셨다. 우리 두 사람의 생활비와 내 교육비를 위해 어머니는 아침 일찍 일터에 나가셔야 했다. 고등학생 때 내가 일어나면 어머니는 이미 출근하셨지만 식탁에 밥과 국, 계란말이가 매일 차려져 있었다. 그때는 똑같은 반찬이 지겨워 안 먹고 나갈 때도 있었다. 매일 만나던 어머니의 밥상이 당연한 줄 알았다. 어제는 아이가 아파서 하루 종일 제대로 밥을 못 먹고 아이를 돌보았다. 아이를 재우고 나니 배가 고픈 것이 느껴졌다. 그때 나는 돌아가신 어머니의 계란말이가 생각났다. 서둘러 계란말이를 만들고 식탁에 앉아 먹어 봤지만 그 맛이 나지 않았다. 이렇게 될 줄 알았다면 그때 그릇을 깨끗이 비우고 어머니께 정말 맛있었다고 말했을 것이다. 엄마가 되어 보니까 그 마음을 알게 되어 눈물이 났다.

23. 밑줄 친 부분에 나타난 '나'의 심정으로 가장 알맞은 것을 고르십시오.

① 감격스럽다
② 짜증스럽다
③ 불만스럽다
④ 후회스럽다

24. 윗글의 내용과 같은 것을 고르십시오.

① 어렸을 때 어머니와 둘이 살았다.
② 어머니가 차려 준 밥상은 항상 맛있었다.
③ 나는 어머니를 닮아서 계란말이를 잘 만든다.
④ 아이는 내가 해 준 음식을 먹고 맛있다고 했다.

※ [25~27] 다음 신문 기사의 제목을 가장 잘 설명한 것을 고르십시오. (각 2점)

25.

축구 국가대표 이정민, 한국 넘어 유럽으로 '훨훨'

① 이정민 선수는 한국 대표팀에서 제외되고 나서 유럽으로 떠났다.
② 한국의 축구 대표팀 이정민 선수가 유럽에서 새로운 도전을 한다.
③ 유럽에서 활발하게 활동하는 이정민 선수가 한국 대표팀에 뽑혔다.
④ 축구 경기 중 부상을 당한 이정민 선수가 치료를 위해 유럽에 간다.

26.

지하철 출입문 고장, 출근길 발 묶인 승객들

① 최근 지하철 고장 사고가 증가해 이용객들의 불만이 커지고 있다.
② 출근 시간에 지하철 문이 고장 나 승객들이 이동에 불편을 겪었다.
③ 승객들이 출근길에 무리하게 지하철을 타다가 출입문이 고장 났다.
④ 고장 난 출입문을 수리하느라 오랫동안 지하철 운행이 중단되었다.

27.

대학 입시 정책 '오락가락', 입시생 혼란 커져

① 자주 바뀌는 대입 정책 탓에 입시생들이 당황스러운 상황이다.
② 대학 입시 정책이 안정되어 입시생이 편안하게 준비할 수 있다.
③ 새로운 대입 정책 덕분에 국내 대학의 경쟁률이 낮아지고 있다.
④ 대학 입학 시험이 어려워지면서 입학을 포기하는 학생이 늘었다.

※ [28~29] (　　) 안에 들어갈 말로 가장 알맞은 것을 고르십시오. (각 2점)

28. 한국의 전통 결혼식에서는 신랑과 신부가 술을 나눠 마시는 문화가 있다. 이때 술잔으로 쓰는 바가지는 하나의 박을 나눠서 만든 것이다. 바가지에 따른 술을 반씩 마시고 잔을 바꾸어 나머지 반을 마신다. 이 순서는 단순히 술을 마시기 위해 하는 것이 아니다. 두 개의 술잔이 하나의 박을 이루는 것처럼 두 사람이 (　　　　　　) 것을 약속하는 의미이다.

① 재산을 주고받을
② 기분 좋게 축하하는
③ 하나의 가정을 이루는
④ 서로의 부모님께 감사할

29. 안경을 쓰는 사람이라면 안경에 하얗게 습기가 생겨 앞을 볼 수 없었던 경험이 있을 것이다. 추운 곳에 있다가 따뜻한 실내에 들어오면 이런 현상이 나타나는데 이는 따뜻한 공기 안에 있던 수증기가 차가운 안경 렌즈와 만나 물방울로 변하는 것이다. 즉, 수증기가 렌즈 표면에서 하얗게 변하는 것은 (　　　　　　) 할 수 있다.

① 실내에 습기가 많기 때문이라고
② 차가운 공기가 움직이기 때문이라고
③ 공기와 물체의 온도 차이 때문이라고
④ 렌즈가 갑자기 따뜻해졌기 때문이라고

※ [28~31] (　　) 안에 들어갈 말로 가장 알맞은 것을 고르십시오. (각 2점)

30.

최근 교육 현장에서는 수업에 디지털 기기를 (　　　　　　) 있다. 예전에는 교사가 앞에서 보여 주는 하나의 미디어 자료를 모두가 동시에 시청하는 방식이었다. 그러나 요즘은 학생이 각자 디지털 기기를 가지고 질문에 답하는 등 개개인이 참여하는 수업이 가능해졌다. 이는 소외되는 사람 없이 스스로 문제를 해결해 보고 각자의 속도에 맞게 학습을 진행하는 데에 도움이 되고 있다.

① 사용하는 것을 금지하고
② 체험하는 제도를 도입하고
③ 교사의 설명 대신 사용하고
④ 이전보다 적극적으로 활용하고

31.

사람들은 물건을 살 때 가격이나 품질 외에도 광고의 영향을 많이 받는다. 광고는 제품의 장점을 강조하거나 소비자가 공감할 수 있는 이야기로 구매를 유도한다. 또한 유명한 연예인이 광고에 나오면 소비자는 그 제품을 신뢰하게 된다. 이러한 효과로 인해 기업은 (　　　　　　) 더 큰 수익을 기대하며 광고에 정성을 쏟는다.

① 광고비가 많이 들더라도
② 소비자를 거짓말로 속여도
③ 제품 가격이나 품질이 나빠도
④ 광고 모델이 유명하지 않더라도

※ [32~34] 다음을 읽고 글의 내용과 같은 것을 고르십시오. (각 2점)

32.

추운 겨울을 나기 위해 겨울잠을 자는 동물들에 대해서는 흔히 알려져 있다. 그러나 반대로 더위와 건조한 환경을 피해 여름잠을 자는 동물도 있다. 대표적인 예로 아프리카 황소개구리는 건기에 진흙 속에 들어가 수개월 동안 움직이지 않는다. 이때 먹고 소화하는 기능도 멈추며 피부에는 보호막이 생겨 몸의 수분 손실을 막아 준다. 그러다 우기가 시작되면 땅에서 나와 다시 활동을 시작한다.

① 많은 동물이 추운 겨울에 긴 잠을 자지만 여름에는 자지 않는다.
② 아프리카 황소개구리는 뜨거운 날씨를 견디는 생존 전략이 있다.
③ 아프리카 황소개구리는 건기에 식사 시간을 제외하고 계속 잔다.
④ 여름잠을 자는 동안 아프리카 황소개구리는 몸을 건조하게 유지한다.

33.

클래식 음악에서 심벌즈는 기다림이 많은 악기라고 불린다. 강렬한 소리를 내는 심벌즈는 곡이 연주되는 동안 대기하다가 중요한 장면에 아주 잠깐 사용되기 때문이다. 하지만 연주 시간이 짧다고 해서 아무나 할 수 있다고 생각하면 안 된다. 짧은 등장이 곡 전체의 분위기를 좌우할 수 있어 고도의 집중력과 정확성이 요구된다. 그러므로 이 악기는 경험이 많은 타악기 연주자가 맡는다.

① 심벌즈는 초보자도 할 수 있는 단순한 악기이다.
② 심벌즈는 짧은 순간에 곡의 분위기를 바꿀 수 있다.
③ 심벌즈는 연주의 시작을 알리는 중요한 역할을 한다.
④ 심벌즈는 긴 시간 연주하므로 연주자의 체력이 필수적이다.

34.

장애인을 정규직으로 고용하는 한 기업이 주목받고 있다. 이 기업은 청각 장애인 플로리스트를 양성하여 이들이 만든 꽃다발을 고객에게 정기적으로 배송한다. 청각 장애인은 소리 정보에 약한 만큼 시각 정보에 민감해 꽃의 색감을 잘 다뤄야 하는 플로리스트로서 발전 가능성이 높다. 이런 특징을 활용해 기업은 청각 장애인이 기술을 가지고 자립할 수 있도록 돕고 있다.

① 이 회사는 청각 장애인을 위한 제품을 개발한다.

② 이 회사는 수익금을 기부하여 청각 장애인을 돕고 있다.

③ 청각 장애인은 시각이 발달해 플로리스트 일에 적합하다.

④ 청각 장애인은 청각 능력을 향상시키는 훈련을 통해 자립할 수 있다.

※ [35~38] 다음을 읽고 글의 주제로 가장 알맞은 것을 고르십시오. (각 2점)

35.

놀이는 단순히 재미를 위한 활동으로 여겨질 때가 많다. 그러나 유아에게 놀이는 학습과 발달에 중요한 수단이다. 유아기에는 놀이를 통해 상상력과 창의력을 키우고 사회적 규칙과 역할을 자연스럽게 배우기 때문이다. 특히 또래와 함께 놀이 활동을 하면 상호 작용과 공감 능력을 훈련할 수 있다. 따라서 전문가들은 유아의 전인적 발달을 위해 자유롭고 창의적인 놀이 환경을 조성해 줄 것을 강조한다.

① 놀이가 유아의 정서적, 사회적 발달을 돕는다.

② 유아기에는 놀이를 통한 신체 발달이 중요하다.

③ 놀이할 때 많은 규칙으로 통제하는 것이 효과적이다.

④ 유아는 놀이에 몰두해 학습에 흥미가 떨어질 위험이 있다.

36.

공유 경제는 자원의 효율적 활용을 가능하게 해 긍정적인 평가를 받아 왔다. 하지만 공유 경제가 전통 산업을 위협하는 측면이 있다는 점에서 비판의 목소리도 존재한다. 예를 들어 차량 공유 서비스는 택시 산업에 영향을 미치고 숙박 공유 서비스는 주변 상권과의 갈등을 불러일으키곤 한다. 따라서 이를 보완하기 위한 사회적 조정과 제도가 마련되어야 한다.

① 새로운 산업의 성장은 전통 산업과의 충돌을 피할 수 없다.
② 공유 경제의 부작용을 줄이기 위한 제도적 보완이 필요하다.
③ 공유 경제는 자원을 절약할 수 있는 친환경적 경제 모델이다.
④ 전통 산업을 보호하는 것보다 혁신 산업의 도입이 더 중요하다.

37.

해마다 '지구의 날'을 맞아 진행되는 소등 행사는 주요 도시에서 약 10분간 건물의 불을 끄는 행사다. 이는 상징적인 행동이기 때문에 실질적인 에너지 절감 효과는 크지 않다. 하지만 시민들이 환경 문제에 관심을 갖고 일상에서의 행동을 돌아보게 하는 계기가 된다. 기후 변화와 에너지 문제의 해결은 작은 실천에서 시작된다는 사실을 공유하는 것이 이 행사의 핵심인 것이다.

① 환경 보호를 위해 시민들의 실질적인 전기 절약이 필요하다.
② 주요 도시의 전기 사용량이 기후 변화에 가장 큰 영향을 미친다.
③ 지구의 날에는 에너지 사용을 제한하는 정책이 시행되어야 한다.
④ 소등 행사는 에너지 절약에 대한 인식을 높인다는 의미를 가진다.

38.

불법 촬영 범죄는 단순히 사생활을 침해하는 수준을 넘어 피해자의 일상과 정신 건강에 장기적인 고통을 주는 중대 범죄이다. 피해자는 자신의 얼굴이나 신체가 온라인에 유포되면 외출을 꺼리고 직장을 그만두는 등 평범한 생활조차 어려워진다. 그러나 가해자가 받는 처벌은 매우 미약한 경우가 많다. 초범이라는 이유로 벌금형에 그치는 사례가 반복되면서 피해자는 보호받지 못하고 가해자만 관대한 대우를 받는 현실이다. 이는 해당 범죄의 심각성을 충분히 고려하지 않은 결과로 보여진다.

① 불법 촬영 범죄자에 대한 처벌을 강화해야 한다.
② 범죄자가 도주하지 않도록 신속한 처벌이 필요하다.
③ 불법 촬영 범죄의 경우 처벌보다 예방 교육이 우선이다.
④ 범죄자라고 하더라도 처음이라면 다시 기회를 줘야 한다.

※ [39~41] 주어진 문장이 들어갈 곳으로 가장 알맞은 것을 고르십시오. (각 2점)

39.

이와 같은 장점 덕분에 유도선 설치는 빠르게 확산되었고 이후 도로의 교통 흐름이 전보다 원활해졌다.

도시의 차도가 복잡해지면서 운전 시 갈림길을 만나면 혼란스러울 때가 있다. (㉠) 이러한 문제를 해결하기 위해 인주시는 도로 위에 색깔 있는 선을 그려서 길을 안내하는 제도를 도입했다. (㉡) 이 유도선은 차로를 구분하는 흰색 차선과 달리 녹색, 붉은색으로 되어 있어 운전자가 쉽게 구별할 수 있다. (㉢) 게다가 도로 위에 색을 칠하기만 하면 되므로 설치가 쉽고 비용도 적게 든다. (㉣) 유도선이 도입되면서 운전자의 시야가 분명해지고 혼란이 줄었기 때문이다.

① ㉠ ② ㉡ ③ ㉢ ④ ㉣

40.

이 모양의 교각은 둥근 곡선을 따라 힘을 분산시켜 무게를 효과적으로 나누어 준다.

다리를 건설할 때 가장 중요한 구조물 중 하나가 교각이다. (㉠) 교각은 다리 중간에 위치하며 무게를 바닥으로 전달하여 무거운 다리가 무너지지 않게 하는 역할을 한다. (㉡) 교각의 모양은 다양하지만 반원 모양의 아치형 교각은 고대 로마에도 존재했을 정도로 역사가 깊다. (㉢) 따라서 높은 안전성으로 인해 먼 옛날부터 현대에 이르기까지 다리 건축 현장에서 자주 쓰이고 있다. (㉣) 한국에서도 일부 혹은 전체가 아치형으로 된 다리를 흔히 볼 수 있다.

① ㉠　　② ㉡　　③ ㉢　　④ ㉣

41.

이 책은 유명한 주인공의 옆에 있었던 인물을 중심으로 한국 역사를 바라본다.

역사학자 이영준 씨가 30년 전 베스트셀러에 올랐던 『조연으로 보는 한국사』를 개정하여 재출간했다. (㉠) 이와 같이 역사를 보는 새로운 관점으로 출판 당시 큰 인기를 끌었다가 30년 동안 새롭게 연구된 정보를 추가해 다시 쓰였다. (㉡) 치열한 경쟁 사회를 사는 젊은이들에게 이 책은 1등만 역사를 만드는 게 아니라는 가르침을 준다. (㉢) 또한 기존 책의 관점을 유지한 채 문장들은 새 책처럼 수정되었으므로 그 시절의 독자도 흥미롭게 읽을 수 있으리라 기대된다. (㉣)

① ㉠　　② ㉡　　③ ㉢　　④ ㉣

※ [42~43] 다음을 읽고 물음에 답하십시오. (각 2점)

6년을 다녀서인지 익숙하지만 그다지 정이 가지 않는 이곳을 정말 떠나도 될까. 새 회사라고 해서 뭐가 더 나을까. 직장은커녕 운전할 때조차 늘 가던 길로만 다니는 내가 새로운 도전을 한다는 게 어울리기나 할까. 그렇게 생각하면서도 나는 오늘도 어제와 같은 길을 따라가고 있었다. 그러다 문득 열두 살의 내가 떠올랐다. 수업이 끝나면 단짝 지원이와 모험을 즐기던 시절, 나도 그런 때가 있었구나.

운동장 끝에서 집으로 향하는 정문이 아닌 길이 없는 반대쪽으로 방향을 틀었다. 누가 먼저 그러자고 했는지는 기억나지 않는다. 어쩌면 나였을지도. 나무 밑으로 몸을 낮춰 가다가 건물과 담 사이 좁은 틈을 지나자 여기가 학교가 맞나 싶을 정도로 낯선 공간이 펼쳐졌다.

"어? 계단이 있어!" "무슨 계단일까?" "내려가 보자."

계단 아래 어두움 속에 커다란 철문이 있었다. "열릴까?" 나와 마주친 지원의 눈은 반짝이고 있었고 나 또한 가슴이 콩닥거렸다. 혹시 이 문이 우리를 다른 세상으로 인도해 줄까. '끼익—' 하고 철문이 열리니 장마철 옷장 냄새와 비슷한 것이 가득했다. 쌓여 있는 책상과 의자들 사이로 발을 더듬어 걷던 중 내 발에 무언가 걸렸다. 그리고 그것은 갑자기 다다다 소리를 내며 움직였다. "으아아악!" 들어올 때의 용기는 어디론가 사라지고, 우리는 누가 먼저랄 것도 없이 왔던 길로 되돌아 달렸다.

42. 밑줄 친 부분에 나타난 '지원'의 심정으로 가장 알맞은 것을 고르십시오.

① 설레다 ② 두렵다
③ 후련하다 ④ 당황하다

43. 윗글의 내용으로 알 수 있는 것을 고르십시오.

① 나는 현재의 직장이 만족스럽다.
② 나는 익숙한 길로 다니는 것을 선호한다.
③ 철문은 정문 밖까지 이어지는 비밀 통로였다.
④ 지원은 지금도 새로운 도전을 피하는 성격이다.

※ [44~45] 다음을 읽고 물음에 답하십시오. (각 2점)

나라마다 최초의 국가 설립에 대한 신화가 있듯이 한반도에 처음 나라를 세웠던 '단군'에 대해서도 신화가 존재한다. 단군 신화는 (   ) 왕이 탄생하는 구조를 지닌다. 하늘의 신 환인의 아들 환웅은 인간 세상을 다스리기 위해 하늘에서 내려와 한반도의 태백산 지역에 자리를 잡았다. 환웅은 농사, 질병, 사법 등을 맡은 신들과 함께 세상을 다스렸다. 어느 날 곰과 호랑이가 사람이 되고 싶다며 환웅을 찾아왔다. 환웅은 그들에게 쑥과 마늘을 주며 백 일 동안 햇빛을 보지 말고 이것만 먹으라고 했다. 곰은 끝까지 이를 지켜 여자가 되었고 환웅과 결혼해 단군 왕검을 낳았다. 단군은 고조선을 건국하고 왕이 되었다. 이 신화는 신과 인간의 만남으로 세워진 왕과 국가에 대해 정당성과 차별성을 말하고자 한 것이다.

44. (   ) 안에 들어갈 말로 가장 알맞은 것을 고르십시오.

① 모든 국민의 선택을 통해
② 신들의 권력 싸움을 통해
③ 하늘과 땅의 결합을 통해
④ 다른 나라의 지도자를 통해

45. 윗글의 주제로 가장 알맞은 것을 고르십시오.

① 단군 신화는 왕이 평범한 인물이 아니라는 점을 강조한다.
② 단군 신화는 신이 인간 세상을 지배할 수 없음을 보여 준다.
③ 단군 신화는 경쟁에서 승리한 곰을 중심으로 한 이야기이다.
④ 단군 신화는 자연의 법칙대로 이루어진 건국 과정을 설명한다.

※ [46~47] 다음을 읽고 물음에 답하십시오. (각 2점)

최근 상용화 단계에 있는 자율 주행 기술은 인간의 운전 실수를 줄여 교통사고를 감소시키고 이동 편의성을 높인다는 이점이 있다. 특히 고령자나 장애인의 이동권을 확대할 수 있다는 점은 기술 발전의 사회적 가치를 잘 보여 준다. 그러나 이러한 기술적 변화가 사회적으로 수용되려면 그에 맞는 규범을 반드시 마련해야 한다. 자율 주행차는 센서 인식이나 돌발 상황 대처에 대해 위험 요소를 안고 있다. 그리고 개인 정보 유출과 같은 사이버 보안 문제를 낳을 수 있다. 사고 발생 시에는 운전자와 차 제조사, 소프트웨어 개발사 중에서 누가 법적인 책임을 질지 불분명해서 혼란을 초래할 수 있다. 따라서 자율 주행차 도입에 앞서 안전 기준과 법적 책임에 대한 명확한 규제를 마련해야 한다. 또한 비상 상황에서 소프트웨어가 내릴 윤리적 의사 결정에 대해 사회적 합의가 선행되어야 한다. 기술 개발에 제도가 뒤따르기보다는 기술이 작동할 수 있는 규범의 장치를 먼저 갖추는 것이 바람직하다.

46. 윗글에 나타난 필자의 태도로 가장 알맞은 것을 고르십시오.

① 최근 시행된 교통 약자 보호법의 사회적 가치를 인정하고 있다.
② 기술 혁신보다 사회적 규제가 크게 앞서 가는 것을 경계하고 있다.
③ 불완전한 자율 주행차 기술을 국내에 도입하는 것을 우려하고 있다.
④ 자율 주행차가 가져올 혼란에 제도적으로 대비할 것을 촉구하고 있다.

47. 윗글의 내용과 같은 것을 고르십시오.

① 자율 주행차 이용자의 개인 정보 보호 기술은 완성 단계에 있다.
② 모든 교통 상황에서 인간이 운전하는 것보다 자율 주행이 안전하다.
③ 자율 주행을 하다가 사고가 나면 자동차 회사에서 책임을 져야 한다.
④ 자율 주행차는 이동에 제한이 있는 계층의 활동 범위를 넓힐 수 있다.

※ [48~50] 다음을 읽고 물음에 답하십시오. (각 2점)

한 국가의 경제를 안정시키기 위해 내수 시장을 활성화하는 것은 중요하다. 그러나 국내 소비에만 의존하는 경제 구조는 외부 충격에 취약하다. 자원과 기술, 인력이 부족한 국가는 더 큰 한계를 드러낸다. 이런 점에서 국제 무역은 경제에 활력을 불어넣는 수단이 된다. 무역은 부족한 자원을 보완하고 상품이나 서비스를 수출해 새로운 시장을 개척하게 한다. 또한 국가 간 분업을 통해 각국은 주력 산업에 집중하고 생산성과 효율성을 높인다. 특히 첨단 기술, 문화 콘텐츠 등은 국경을 넘어 부가 가치를 창출하며 세계 경제의 선순환을 촉진한다. 하지만 일부 국가는 자국 산업 보호를 이유로 수입 규제를 강화하고 외국 자본이나 기술을 제한한다. 보호 무역주의는 단기적으로 자국 산업을 지킬 수 있으나 장기적으로는 (   ) 소비자의 선택권을 줄인다. 나아가 무역 갈등이 외교적 긴장을 초래할 수도 있다. 세계화 시대에 국제 무역은 선택이 아닌 필수이며 상호 협력을 통해 더 큰 이익을 추구해야 한다.

48. 윗글을 쓴 목적으로 가장 알맞은 것을 고르십시오.

① 자국 산업 보호의 필요성을 주장하기 위해서
② 첨단 산업의 수출 확대 전략을 소개하기 위해서
③ 국가 간 교류의 경제적 효과를 강조하기 위해서
④ 무역 갈등이 외교에 미치는 영향을 분석하기 위해서

49. (   ) 안에 들어갈 말로 가장 알맞은 것을 고르십시오.

① 경제 호황을 유발하고 ② 산업 경쟁력을 저하시키고
③ 국민의 소득 수준을 유지하고 ④ 무역에 대한 의존도를 높이고

50. 윗글의 내용과 같은 것을 고르십시오.

① 무역은 국가 간 경쟁을 심화시켜 사회적 불안을 초래한다.
② 문화 산업은 자국 문화만을 반영해 폐쇄적인 경향이 있다.
③ 자원과 기술력이 부족한 나라는 국제 무역의 필요성이 크다.
④ 보호 무역 제도는 소비자를 보호하므로 장기적인 효과가 있다.

EBS TOPIK Ⅱ

실전모의고사

1 교시 (듣기)

성 명 (Name)	한국어 (Korean)	
	영 어 (English)	

수험번호											
					8						
⓪	⓪	⓪	⓪	⓪		⓪	⓪	⓪	⓪	⓪	⓪
①	①	①	①	①		①	①	①	①	①	①
②	②	②	②	②		②	②	②	②	②	②
③	③	③	③	③		③	③	③	③	③	③
④	④	④	④	④		④	④	④	④	④	④
⑤	⑤	⑤	⑤	⑤		⑤	⑤	⑤	⑤	⑤	⑤
⑥	⑥	⑥	⑥	⑥		⑥	⑥	⑥	⑥	⑥	⑥
⑦	⑦	⑦	⑦	⑦		⑦	⑦	⑦	⑦	⑦	⑦
⑧	⑧	⑧	⑧	⑧	●	⑧	⑧	⑧	⑧	⑧	⑧
⑨	⑨	⑨	⑨	⑨		⑨	⑨	⑨	⑨	⑨	⑨

문제지 유형 (Type)	
홀수형 (Odd number type)	▢
짝수형 (Even number type)	▢

※결 시 확인란	결시자의 영어 성명 및 수험번호 기재 후 표기	▢

※ 위 사항을 지키지 않아 발생하는 불이익은 응시자에게 있습니다.

※감독관 확 인	본인 및 수험번호 표기가 정확한지 확인	(인)

번호	답		란	
1	①	②	③	④
2	①	②	③	④
3	①	②	③	④
4	①	②	③	④
5	①	②	③	④
6	①	②	③	④
7	①	②	③	④
8	①	②	③	④
9	①	②	③	④
10	①	②	③	④
11	①	②	③	④
12	①	②	③	④
13	①	②	③	④
14	①	②	③	④
15	①	②	③	④
16	①	②	③	④
17	①	②	③	④
18	①	②	③	④
19	①	②	③	④
20	①	②	③	④

번호	답		란	
21	①	②	③	④
22	①	②	③	④
23	①	②	③	④
24	①	②	③	④
25	①	②	③	④
26	①	②	③	④
27	①	②	③	④
28	①	②	③	④
29	①	②	③	④
30	①	②	③	④
31	①	②	③	④
32	①	②	③	④
33	①	②	③	④
34	①	②	③	④
35	①	②	③	④
36	①	②	③	④
37	①	②	③	④
38	①	②	③	④
39	①	②	③	④
40	①	②	③	④

번호	답		란	
41	①	②	③	④
42	①	②	③	④
43	①	②	③	④
44	①	②	③	④
45	①	②	③	④
46	①	②	③	④
47	①	②	③	④
48	①	②	③	④
49	①	②	③	④
50	①	②	③	④

2 교시 (읽기)

성 명 (Name)	한국어 (Korean)	
	영 어 (English)	

수험번호											
					8						
⓪	⓪	⓪	⓪	⓪		⓪	⓪	⓪	⓪	⓪	⓪
①	①	①	①	①		①	①	①	①	①	①
②	②	②	②	②		②	②	②	②	②	②
③	③	③	③	③		③	③	③	③	③	③
④	④	④	④	④		④	④	④	④	④	④
⑤	⑤	⑤	⑤	⑤		⑤	⑤	⑤	⑤	⑤	⑤
⑥	⑥	⑥	⑥	⑥		⑥	⑥	⑥	⑥	⑥	⑥
⑦	⑦	⑦	⑦	⑦		⑦	⑦	⑦	⑦	⑦	⑦
⑧	⑧	⑧	⑧	⑧	●	⑧	⑧	⑧	⑧	⑧	⑧
⑨	⑨	⑨	⑨	⑨		⑨	⑨	⑨	⑨	⑨	⑨

문제지 유형 (Type)	
홀수형 (Odd number type)	▢
짝수형 (Even number type)	▢

※결 시 확인란	결시자의 영어 성명 및 수험번호 기재 후 표기	▢

※ 위 사항을 지키지 않아 발생하는 불이익은 응시자에게 있습니다.

※감독관 확 인	본인 및 수험번호 표기가 정확한지 확인	(인)

번호	답		란	
1	①	②	③	④
2	①	②	③	④
3	①	②	③	④
4	①	②	③	④
5	①	②	③	④
6	①	②	③	④
7	①	②	③	④
8	①	②	③	④
9	①	②	③	④
10	①	②	③	④
11	①	②	③	④
12	①	②	③	④
13	①	②	③	④
14	①	②	③	④
15	①	②	③	④
16	①	②	③	④
17	①	②	③	④
18	①	②	③	④
19	①	②	③	④
20	①	②	③	④

번호	답		란	
21	①	②	③	④
22	①	②	③	④
23	①	②	③	④
24	①	②	③	④
25	①	②	③	④
26	①	②	③	④
27	①	②	③	④
28	①	②	③	④
29	①	②	③	④
30	①	②	③	④
31	①	②	③	④
32	①	②	③	④
33	①	②	③	④
34	①	②	③	④
35	①	②	③	④
36	①	②	③	④
37	①	②	③	④
38	①	②	③	④
39	①	②	③	④
40	①	②	③	④

번호	답		란	
41	①	②	③	④
42	①	②	③	④
43	①	②	③	④
44	①	②	③	④
45	①	②	③	④
46	①	②	③	④
47	①	②	③	④
48	①	②	③	④
49	①	②	③	④
50	①	②	③	④

EBS TOPIK Ⅱ
실전모의고사
1 교시 (쓰기)

성 명 (Name)	한국어 (Korean)	
	영 어 (English)	

수			험			번			호		
					8						
⓪	⓪	⓪	⓪	⓪		⓪	⓪	⓪	⓪	⓪	⓪
①	①	①	①	①		①	①	①	①	①	①
②	②	②	②	②		②	②	②	②	②	②
③	③	③	③	③		③	③	③	③	③	③
④	④	④	④	④		④	④	④	④	④	④
⑤	⑤	⑤	⑤	⑤		⑤	⑤	⑤	⑤	⑤	⑤
⑥	⑥	⑥	⑥	⑥		⑥	⑥	⑥	⑥	⑥	⑥
⑦	⑦	⑦	⑦	⑦		⑦	⑦	⑦	⑦	⑦	⑦
⑧	⑧	⑧	⑧	⑧	●	⑧	⑧	⑧	⑧	⑧	⑧
⑨	⑨	⑨	⑨	⑨		⑨	⑨	⑨	⑨	⑨	⑨

문제지 유형 (Type)	
홀수형 (Odd number type)	▢
짝수형 (Even number type)	▢

※결 시 확인란	결시자의 영어 성명 및 수험번호 기재 후 표기	▢

※감독관 확 인	본인 및 수험번호 표기가 정확한지 확인	(인)

주관식 답안은 정해진 답란을 벗어나거나 답란을 바꿔서 쓸 경우 점수를 받을 수 없습니다.
(Answers written outside the box or in the wrong box will not be graded)

51	㉠
	㉡
52	㉠
	㉡
53	아래 빈칸에 200자에서 300자 이내로 작문하십시오 (띄어쓰기 포함). (Please write your answer bleow: our answer must be between 200 and 300 letters including spaces.)

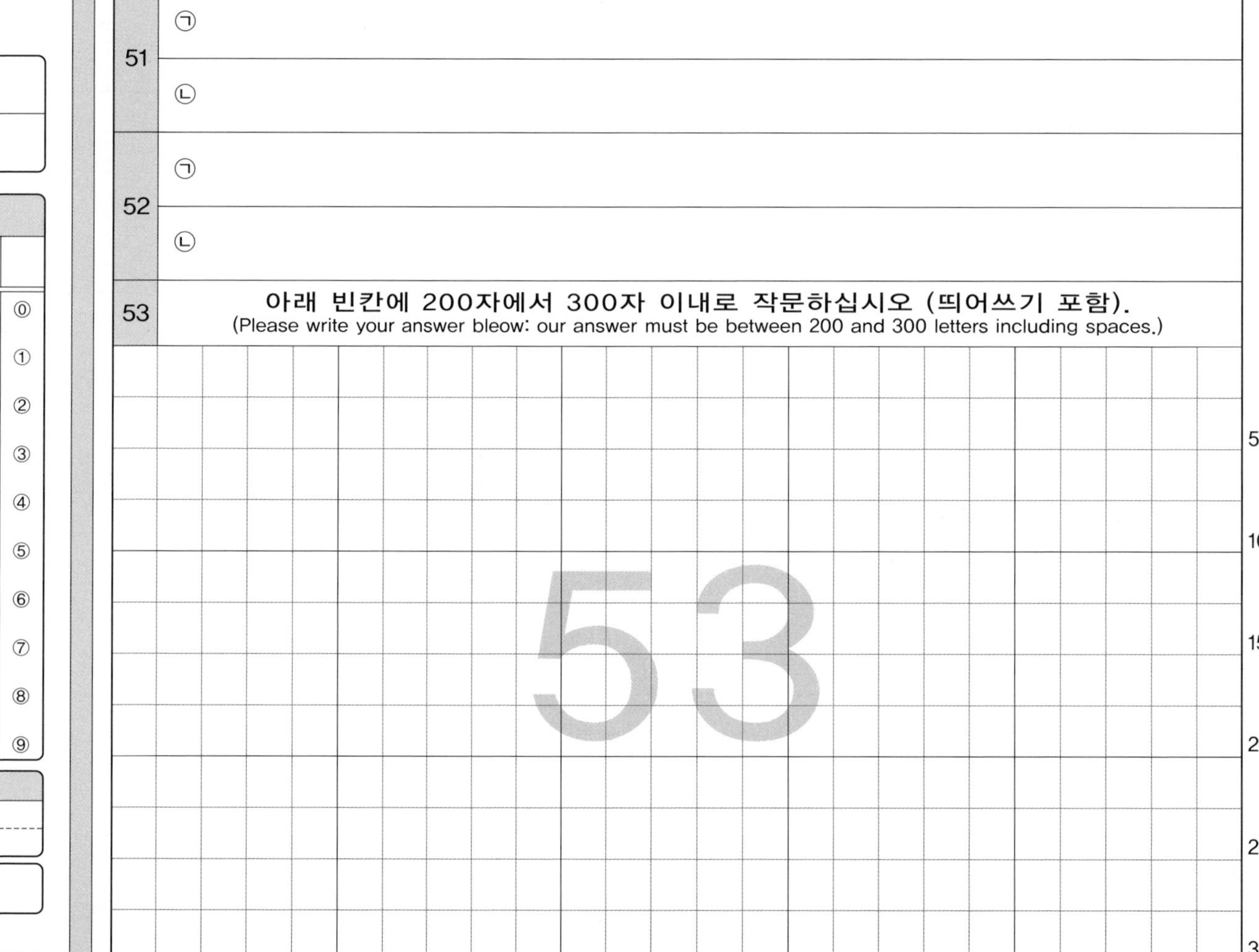

※ 54번은 뒷면에 작성하십시오. (Please write your answer for question number 54 at the back.)

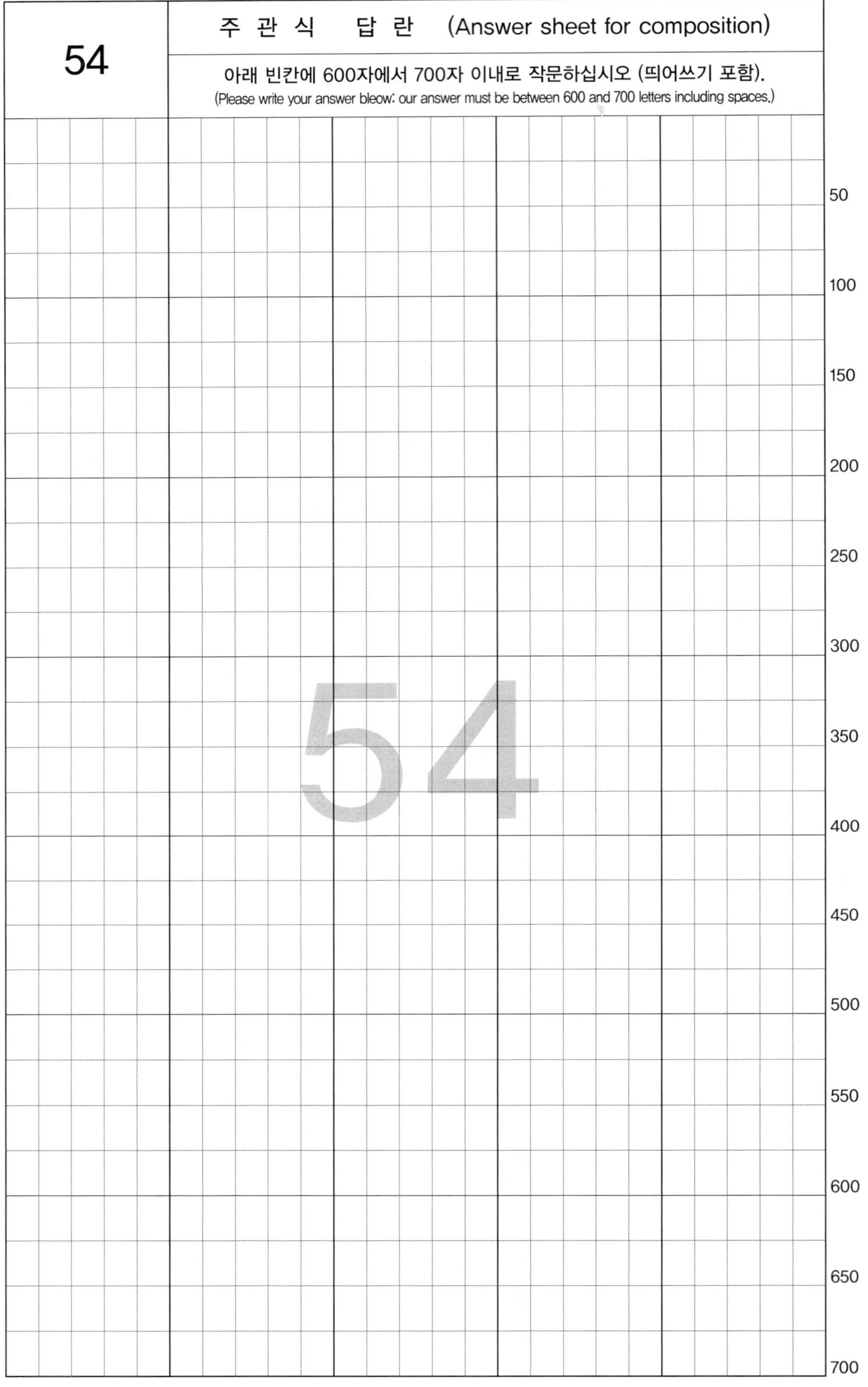

54

주 관 식 답 란 (Answer sheet for composition)

아래 빈칸에 600자에서 700자 이내로 작문하십시오 (띄어쓰기 포함).
(Please write your answer bleow: our answer must be between 600 and 700 letters including spaces.)

※ 주어진 답란의 방향을 바꿔서 답안을 쓰면 '0'점 처리됩니다.
(Please do not tum the answer sheet horizontaly. No points will be given.)

한국어능력시험 고득점을 위한

EBS TOPIK II

실전모의고사

모의고사 5회분 수록

시험지 OMR

한국어능력시험 고득점을 위한

EBS TOPIK II

실전 모의고사

정답과 해설

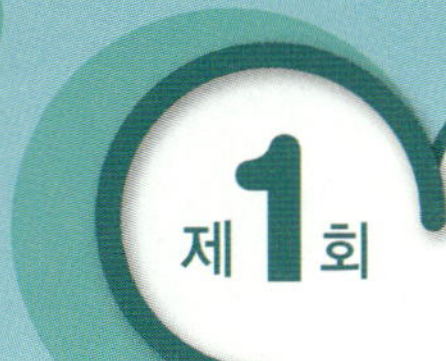

제1회 정답과 해설

1교시 | 듣기 정답

◆ 배점: 각 2점

1	2	3	4	5	6	7	8	9	10
④	③	①	③	③	③	④	①	③	②
11	**12**	**13**	**14**	**15**	**16**	**17**	**18**	**19**	**20**
①	③	③	④	③	①	④	②	④	③
21	**22**	**23**	**24**	**25**	**26**	**27**	**28**	**29**	**30**
②	②	②	④	②	①	③	③	③	③
31	**32**	**33**	**34**	**35**	**36**	**37**	**38**	**39**	**40**
①	④	④	②	②	①	②	④	①	④
41	**42**	**43**	**44**	**45**	**46**	**47**	**48**	**49**	**50**
③	②	①	④	③	①	③	②	②	④

1교시 | 쓰기 정답

◆ 배점: 각 10점

문항 번호	모범 답안 및 채점 기준
51	㉠ 섞어서 만들어야 합니다
	㉡ 변경해야 합니다
52	㉠ 냄새를 맡으면
	㉡ 코의 역할

◆ 배점: 30점

53

원격 근무 시행 기업의 비율 변화를 살펴보면 2019년에서 2020년 사이에 원격 근무를 시행한 기업이 12.5%에서 54.3%로 급증했으나 이후 2021년 47.8%, 2022년 39.2%로 점차 감소하는 추세를 보이고 있다. 실제 원격 근무 경험에 대한 질문에 과반수가 경험이 있다고 대답했다. 원격 근무 실시 이후 변화에 대해 사람들은 업무 효율성이 증가하고 일과 삶의 균형이 향상되었다고 느꼈지만 동시에 서로 소통이 부족해지고 동시에 거리감도 커졌다는 부정적인 측면도 느꼈다. 기업들은 이러한 부정적 변화로 원격 근무 시행을 줄이고 있는 것으로 보인다.

◆ **배점:** 30점

54

현대 사회의 치열한 경쟁 속에서 많은 사람들이 일상에 쫓겨 충분한 휴식을 취하지 못하고 있다. 그러나 휴식은 단순히 일을 멈추는 것이 아니라, 신체와 정신을 회복시키고 삶의 질을 향상시키는 중요한 행위이다. 휴식을 통해 우리는 에너지를 재충전하고 스트레스를 완화하며, 더 나아가 창의적인 사고와 효율적인 업무 수행이 가능하다.

만약 충분한 휴식을 취하지 못한다면 다양한 문제가 발생할 수 있다. 육체적으로는 피로가 누적되어 면역력이 약해지고 병으로 이어질 수 있다. 정신적으로 우울감, 불안이 증가하며, 이는 정신 건강 문제로 이어질 수 있다. 이러한 상태가 지속되면 개인의 삶은 물론 사회 전체에도 부정적인 영향을 미치게 된다.

이러한 문제를 해결하기 위해서는 개인과 사회가 함께 노력해야 한다. 개인은 일과 휴식의 균형을 스스로 조절하려고 노력해야 한다. 주말이나 여가 시간에는 일과 완전히 분리된 활동을 하며 재충전해야 한다. 기업과 조직은 구성원들이 휴식을 충분히 취할 수 있도록 정시 퇴근, 휴가 사용 권장, 휴식 공간 제공 등 제도적 장치를 만들어야 한다. 마지막으로 사회 전반에 휴식을 긍정적으로 인식하는 문화가 확산되어야 한다. 우리는 휴식의 가치를 재인식하고, 바쁜 일상 속에서도 스스로를 돌보는 시간을 의도적으로 마련해야 한다.

2교시 | 읽기 정답

◆ 배점: 각 2점

1	2	3	4	5	6	7	8	9	10
④	①	②	③	①	④	③	②	④	①
11	12	13	14	15	16	17	18	19	20
②	②	①	④	④	③	①	③	①	④
21	22	23	24	25	26	27	28	29	30
③	④	④	②	②	③	①	②	③	①
31	32	33	34	35	36	37	38	39	40
③	②	④	①	④	②	③	③	③	③
41	42	43	44	45	46	47	48	49	50
④	②	①	①	①	④	③	④	②	②

1

정답 ④

제시문

여자: 이 소포를 부산으로 보내고 싶은데요.
남자: 무게를 먼저 재야 하니까 저울 위에 올려 주세요.
여자: 네, 그럼 오늘 보내면 얼마나 걸릴까요?

• **주제**: 소포 • **담화 유형**: 대화

문제 유형 알맞은 그림이나 그래프 고르기

문제 해결 전략

이 문제는 일상 대화를 듣고 알맞은 그림이나 그래프를 고르는 유형입니다. 대화 속에서 이루어지는 행동의 목적(소포를 보내려는 상황), 절차(무게 재기), 관계(고객과 직원) 등을 파악하고 등장인물이 무엇을 하고 있는지, 무엇을 준비하고 있는지에 집중해야 합니다. "무게를 재야 하니까 저울 위에 올려 주세요."라는 말이 상황을 제시해 주는 중요한 말입니다.

This type of question asks you to listen to a short daily conversation and choose the correct picture or graph. You need to understand the purpose of the action (e.g., sending a package), the procedure (e.g., weighing it), and the relationship between the speakers (e.g., customer and employee). Pay attention to what the speakers are doing or preparing to do. For example, the line "Please put it on the scale so we can weigh it" provides an important clue about the situation.

함께 보기: EBS TOPIK Ⅱ 종합서 p.14 유형 01

해설

① 소포를 보내는 상황과 관련이 없으므로 정답이 아닙니다.
② 여자가 통장을 보고 있으므로 소포를 보내는 상황과 관계가 없으므로 정답이 아닙니다.
③ 이 그림은 소포를 보내기 전에 상자를 포장하고 있으므로 정답이 아닙니다.
④ 소포를 보내기 위해 직원과 손님이 대화하고 있는 상황으로 ④번이 정답입니다.

① It is not the correct answer because it is not related to the situation in which the package is sent.
② The woman is looking at her bank account, so it is not the correct answer because it has nothing to do with the situation in which she is sending the package.
③ This picture is not correct because it shows the box being packaged before it is sent.
④ The correct answer is ④, as it shows the staff and the customer talking in order to send the package.

2

정답 ③

제시문

남자: 이 상자는 어디에 놓을까요?
여자: 여기 책상 옆에 두면 될 것 같아요. 무거운데 괜찮으세요?
남자: 네, 괜찮아요. 이제 거의 다 정리되어 가네요.

• **주제**: 정리 정돈 • **담화 유형**: 대화

문제 유형 알맞은 그림이나 그래프 고르기

문제 해결 전략

대화에서 어떤 행동이 이루어지고 있는지, 어디에 물건을 놓는지, 정리 상황이 어떤 단계에 있는지를 파악해야 합니다. 예를 들어 "이 상자는 어디에 놓을까요?", "책상 옆에", "이제 거의 다 정리되어 가네요"와 같은 표현은 상자를 정리하는 과정과 행동의 위치를 명확히 보여 줍니다. 이를 반영한 그림을 선택해야 합니다.

You need to figure out what is happening in the conversation, where items should be placed, and what stage the organizing process is in. For example, expressions such as "Where do I put this box?" "Next to my desk," and "It's almost organized now" clearly show both the steps of organizing the box and the location of the action. You should choose the picture that best reflects this.

함께 보기: EBS TOPIK Ⅱ 종합서 p.14 유형 01

해설

① 남자가 상자가 아닌 TV를 들고 있으므로 정답이 아닙니다.
② 남자가 상자를 들고 서 있어야 하는데 함께 책을 정리하고 있으므로 정답이 아닙니다.
③ 남자가 상자를 들고 서 있고 여자가 상자 둘 곳을 안내하고 있는 상황이므로 ③번이 정답입니다.
④ 책상 옆에 상자를 놓아 달라는 말을 통해 집 안에서 이루어지는 상황임을 알 수 있습니다. 이 그림은 집 밖의 상황이므로 정답이 아닙니다.

① The man is holding a TV, not a box, so it's not the answer.
② The man should be standing with the box, but he's organizing the book together, so it's not the correct answer.
③ The man is standing with the box and the woman is guiding him where to put the box, so number ③ is the correct answer.
④ The request to place a box next to the desk shows that the situation is taking place indoors. Since this picture shows an outdoor scene, it is not the correct answer.

3

정답 ①

제시문

남자: 여러분, 여름밤 편히 잠을 자고 계신가요? 최근 열대야 현상으로 잠을 못 이루는 분들이 많은데요. 기상청에 따르면, 2021년부터 열대야 발생 일수가 해마다 늘어나고 있는 것으로 나타났습니다. 열대야를 이겨 내는 방법으로는 '미지근한 물로 샤워하기'가 가장 많았으며 '가벼운 운동' 그리고 '시원한 침구 사용하기'가 그 뒤를 이었습니다.

• **주제**: 열대야 현상 • **담화 유형**: 뉴스

문제 유형 알맞은 그림이나 그래프 고르기

문제 해결 전략

뉴스 형식의 대화를 듣고 알맞은 그림이나 그래프를 고르는 유형입니다. 문제 해결을 위해서는 뉴스에서 언급된 정보가 그래프를 확인해서 가장 일치하는 것을 골라야 합니다. 또한 수치의 정보, 순위 언급 등을 잘 들어야 합니다.

This type of question asks you to listen to a news-style conversation and choose the picture or graph that best matches the information mentioned. To answer correctly, you need to compare the details in the news with the graphs and select the one that corresponds most closely. Pay special attention to numerical information, rankings, and other specific details.

함께 보기: EBS TOPIK Ⅱ 종합서 p.14 유형 01

해설

① 열대야 발생 일수가 해마다 늘어나고 있다고 했으므로 일치하는 그래프는 ①번입니다.
② 이 그래프는 열대야 현상이 감소했다가 다시 늘어나는 그래프로 답이 될 수 없습니다.
③ 열대야를 이겨 내는 방법으로 미지근한 물로 샤워하기 다음으로 가벼운 운동이므로 정답이 아닙니다.
④ 이 그래프도 가벼운 운동이 2위가 아닌 3위에 제시되어 있어 답이 될 수 없습니다.

① The number of tropical nights is increasing every year, so the graph that matches is number ①.
② This graph is not correct because it shows the number of tropical nights first decreasing and then increasing again.
③ This is not the correct answer since light exercise comes after taking a lukewarm shower as the second most common way to cope with tropical nights.
④ This graph is also incorrect because it shows light exercise in third place rather than second.

4

정답 ③

제시문

여자: 어제 산 바지 왜 안 입었어?
남자: 항상 입던 사이즈라 괜찮을 줄 알았는데 집에서 입어 보니까 좀 작더라고.

• **주제**: 새로 산 바지 • **담화 유형**: 대화

문제 유형 이어질 말이나 행동 고르기

문제 해결 전략

대화를 듣고 여자가 이어서 할 말을 고르는 문제입니다. 남자는 바지가 작아서 입지 못했다고 말했으므로, 남자의 불편함에 공감하거나 이를 해결하려는 말이 이어지는 것이 자연스럽습니다.

This is a question where you need to choose what the woman would say next after listening to the conversation. Since the man said he could not wear the pants because they were too small, it is natural for the woman to either sympathize with his discomfort or suggest a way to solve the problem.

함께 보기: EBS TOPIK Ⅱ 종합서 p.24 유형 02

해설

① 자신의 계획을 말하는 것으로 상대의 말에 대한 반응이 아니므로 자연스럽지 않습니다.

② 질문과 관련 없는 일반적인 정보로 글의 흐름에 맞지 않습니다.
③ 남자의 상황을 듣고 적절한 해결 방법을 제안하는 자연스러운 반응입니다. 따라서 정답은 ③번입니다.
④ 색을 바꾸자는 말은 남자가 말한 사이즈가 작다는 문제를 해결하지 못하기 때문에 내용과 맞지 않습니다.

① It is unnatural because it talks about the speaker's own plan and does not respond to the other person's situation.
② It is not related to the question and does not fit the flow of the conversation.
③ This is the correct answer because it appropriately responds to the man's situation by suggesting a suitable solution.
④ Suggesting changing the color does not solve the issue of the pants being too small, so it is logically inconsistent.

5

정답 ③

제시문

여자: 다음 주 동아리 모임 어디에서 할까요?
남자: 학교 앞에 새로 생긴 북카페는 어때요? 거기 조용하고 좋던데요.

• **주제**: 동아리 모임 장소 • **담화 유형**: 대화

문제 유형 이어질 말이나 행동 고르기

문제 해결 전략

대화를 듣고 여자가 이어서 할 말을 고르는 문제입니다. 남자는 다음 모임 장소로 학교 앞 북카페를 제안하고 있으므로 이에 대해 긍정하거나 장소를 확정하는 말이 이어지는 것이 자연스럽습니다.

This is a question where you need to choose what the woman would say next in the conversation. The man suggests a new book café near the school as the next meeting place, so it is natural for the woman to respond positively or to confirm the meeting location.

함께 보기: EBS TOPIK Ⅱ 종합서 p.24 유형 02

해설

① 북카페의 분위기에 공감하는 말이지만 모임 장소를 정하는 대답이 아니기 때문에 자연스럽지 않습니다.
② 남자가 특별한 사건이나 소식을 말한 것이 아닌데 놀라움을 나타내는 말은 어색합니다.
③ 남자가 제안한 장소에 긍정하며 다음 모임은 거기서 하자고 장소를 정하는 자연스러운 반응입니다. 따라서 정답은 ③번입니다.
④ 대화에서 날짜에 대한 이야기가 없었기 때문에 날짜를 미루자는 말은 적절하지 않습니다.

① Although this response shows agreement with the atmosphere of the book café, it does not confirm the meeting place, so it is unnatural.
② The man did not mention any special event or news, so expressing surprise is awkward.
③ This response agrees with the man's suggestion and naturally confirms the next meeting place by saying, "Let's have the next meeting there." Therefore, the correct answer is option ③.
④ There was no mention of the date in the conversation, so suggesting to postpone the date is not appropriate.

6

정답 ③

제시문

여자: 우리 토요일에 영화 보기로 했잖아. 몇 시에 만날까?
남자: 난 낮에 일이 좀 있어서 저녁이 좋을 것 같아.

• **주제**: 영화 보기 • **담화 유형**: 대화

문제 유형 이어질 말이나 행동 고르기

문제 해결 전략

대화를 듣고 여자가 이어서 할 말을 고르는 문제입니다. 남자는 낮에 일이 있어서 저녁 시간이 좋다고 했으므로, 남자의 상황을 고려하여 저녁 시간 영화 예매를 제안하는 말이 자연스럽습니다.

This question asks you to choose what the woman is likely to say next. The man said he has work during the day and prefers the evening, so it is natural for the woman to suggest booking a movie for the evening time.

함께 보기: EBS TOPIK Ⅱ 종합서 p.24 유형 02

해설

① 남자가 낮에는 시간이 없다고 했으므로 낮 시간에

표가 있는지를 알아보겠다는 말은 자연스럽지 않습니다.

② 대화에서 사람들이 이미 입장했다는 내용은 없으므로 맞지 않습니다.

③ 남자가 저녁 시간이 좋다고 말했기 때문에 "오후 6시 표로 하면 되겠다"는 여자의 반응이 자연스럽습니다. 따라서 정답은 ③번입니다.

④ 대화에서 영화 개봉일에 대한 이야기는 없었으므로 이 말은 적절하지 않습니다.

① The man said he is not available during the day, so checking for daytime tickets is not an appropriate response.

② There was no mention in the conversation that people have already entered the theater, so this option does not fit the context.

③ Since the man said he prefers the evening, the woman's response, "Then let's book the 6 PM tickets," is natural. Therefore, the correct answer is Option ③.

④ The conversation did not mention anything about the movie's release date, so this response is not appropriate.

해설

① 남자가 시험에 떨어졌으므로 축하 파티를 하자는 말은 상황에 맞지 않습니다.

② 이 말은 자격증의 필요성을 설명하는 말이지만 남자의 상황에 대한 직접적인 반응이 아니어서 자연스럽지 않습니다.

③ 남자가 시험에 떨어졌다고 했으므로 시험이 쉬웠다는 말은 맞지 않습니다.

④ "다음에는 좋은 결과가 있을 거예요"는 남자를 위로하고 응원하는 말로 자연스러운 반응입니다. 따라서 정답은 ④번입니다.

① The man said he failed the exam, so suggesting a celebration party is not appropriate for this situation.

② This response simply explains the importance of having the certificate but does not directly respond to the man's situation, so it is unnatural.

③ The man said he failed the exam, so saying "the exam must have been easy" does not make sense in this context.

④ "I'm sure you'll get good results next time" is a natural response that encourages and comforts the man. Therefore, the correct answer is option ④.

7

정답 ④

제시문

여자: 전기 기사 자격증 시험 본 거, 결과 나왔어요?
남자: 아, 그거 떨어졌어요. 지금부터 다음 시험 준비하려고요.

• **주제**: 자격증 시험 결과 • **담화 유형**: 대화

문제 유형 이어질 말이나 행동 고르기

문제 해결 전략

이 문제는 대화를 듣고 여자가 이어서 할 말을 고르는 문제입니다. 남자는 시험에 떨어졌다고 말했으므로 여자는 남자의 상황을 위로하거나 응원하는 말을 이어서 하는 것이 자연스럽습니다.

This is a question where you need to choose what the woman would say next after listening to the conversation. The man said he failed the exam, so it is natural for the woman to respond with words of comfort or encouragement.

함께 보기: EBS TOPIK Ⅱ 종합서 p.24 유형 02

8

정답 ①

제시문

남자: 가로등이 고장 나서 신고하려고 합니다.
여자: 네. 제보해 주셔서 감사합니다. 위치를 정확히 말씀해 주시면 빠르게 처리하겠습니다.

• **주제**: 가로등 고장 신고 • **담화 유형**: 대화

문제 유형 이어질 말이나 행동 고르기

문제 해결 전략

대화를 듣고 남자가 이어서 할 말을 고르는 문제입니다. 여자가 위치를 정확히 말해 달라고 요청했으므로 이어지는 말은 가로등의 구체적인 위치를 알려 주는 내용이 자연스럽습니다.

This is a question where you need to choose what the man will say next. Since the woman asked the man to specify the exact location, it is natural that the man's next response should provide detailed location information about the streetlight.

함께 보기: EBS TOPIK Ⅱ 종합서 p.24 유형 02

해설

① 남자가 구체적인 위치를 말하는 내용이므로, 여자의 요청에 적절하게 답하는 자연스러운 반응입니다. 따라서 정답은 ①번입니다.
② 가로등 수를 늘리자는 말은 여자의 질문에 대한 직접적인 대답이 아니므로 자연스럽지 않습니다.
③ 가로등이 새로 생겼다는 내용은 대화의 상황과 맞지 않습니다.
④ 가로등 설치 시간에 대한 설명은 여자의 질문과 관련이 없기 때문에 어울리지 않습니다.

① The man provides the specific location of the streetlight, which is an appropriate response to the woman's request. Therefore, the correct answer is Option ①.
② Suggesting that more streetlights should be added is not a direct response to the woman's question, so it is unnatural.
③ Saying that the street has become brighter due to new streetlights does not match the context of the conversation.
④ Talking about the time it takes to install streetlights is unrelated to the woman's question and does not fit the flow of the conversation.

9

정답 ③

제시문

남자: 어? 내 휴대폰이 어디 있지?
여자: 없어? 아까 식당 화장실에 두고 온 거 아니야? 계산하고 나올 때 들렀잖아.
남자: 아, 그런가 봐. 요 앞이니까 금방 다녀올게.
여자: 내가 식당에 전화해 볼게. 잠깐 기다려 봐.

• 주제: 식당에 두고 온 휴대폰 • 담화 유형: 대화

문제 유형 **이어질 말이나 행동 고르기**

문제 해결 전략

이 문제는 여자가 이어서 할 행동을 고르는 문제입니다. 남자가 휴대폰을 식당에 두고 온 것 같다고 말하자, 여자는 직접 식당에 전화해 보겠다고 말했습니다. 따라서 여자의 다음 행동은 식당에 전화하는 것이 자연스럽습니다.

This question asks you to choose what the woman will do next. When the man says he may have left his phone at the restaurant, the woman says she will call the restaurant. Therefore, it is natural that the woman's next action is to call the restaurant.

함께 보기: EBS TOPIK Ⅱ 종합서 p.24 유형 02

해설

① 밥값은 이미 계산하고 나온 상황이므로 여자가 지금 밥값을 계산하는 것은 적절하지 않습니다.
② 남자가 화장실을 다녀온 상황을 이야기했지만 여자가 화장실에 가야 한다는 말은 없습니다.
③ 여자는 "내가 식당에 전화해 볼게"라고 했으므로 여자가 이어서 할 행동은 식당에 전화하는 것입니다. 따라서 정답은 ③번입니다.
④ 남자가 식당에 가겠다고 했지만 여자가 뛰어간다는 말은 없으므로 적절하지 않습니다.

① The man has already paid the bill, so it is not appropriate for the woman to pay now.
② The man mentioned going to the restroom, but nothing is said about the woman needing to go to the restroom."
③ The woman said, "I'll call the restaurant," so her next action is to call the restaurant. Therefore, the correct answer is Option ③.
④ The man said he would go to the restaurant, but the woman did not say she would run there, so this is not appropriate.

10

정답 ②

제시문

여자: 오래된 그릇 좀 정리해야겠어요. 너무 많네요.
남자: 제가 여기 있는 그릇들을 다 꺼낼게요. 당신이 쓸 것과 버릴 걸 나눠 주세요.
여자: 네, 제가 분류해 놓을게요. 그럼 버릴 건 저 상자에 담아서 현관 앞에 놔 주세요.
남자: 알겠어요. 바로 시작해 볼까요?

• 주제: 그릇 정리 • 담화 유형: 대화

문제 유형 이어질 말이나 행동 고르기

문제 해결 전략

이 문제는 여자가 이어서 할 행동을 고르는 문제입니다. 이때는 행동을 나타내는 동사에 집중하고, 상대방의 행동과 헷갈리지 않도록 주의해야 합니다. 특히 여자의 마지막 말을 잘 듣는 것이 중요합니다. 이 대화에서 여자는 "제가 분류해 놓을게요"라고 했으므로, 여자가 이어서 할 행동은 그릇을 분류하는 것입니다.

This question asks you to choose the action the woman will take next. Focus on the action verbs and be careful not to confuse them with what the other person will do. It is especially important to pay attention to the woman's final statement. In this conversation, the woman says, "I will sort them," so the natural next action is for the woman to sort the dishes.

함께 보기: EBS TOPIK Ⅱ 종합서 p.24 유형 02

해설

① 남자가 그릇을 꺼낸다고 했으므로 여자가 할 행동이 아닙니다.

② 여자가 "제가 분류해 놓을게요"라고 했으므로 여자가 할 행동은 그릇을 분류하는 것입니다. 따라서 정답은 ②번입니다.

③ 버릴 그릇을 상자에 담는 것은 남자가 해야 할 일입니다.

④ 버릴 그릇을 현관 앞에 두는 것은 남자가 할 일입니다.

① The man said he would take out the dishes, so this is not what the woman will do.

② The woman said, "I will sort them," so the woman's next action is to sort the dishes. Therefore, the correct answer is Option ②.

③ The man will put the discarded dishes into the box, so this is not what the woman will do.

④ The man will place the box at the front door, so this is also not what the woman will do.

11

정답 ①

제시문

남자: 발표 준비 다 됐어? 자료 정리하는 게 쉽지 않네.

여자: 나도 아직이야. 지금 자료 찾으러 도서관에 가려던 참이야.

남자: 그래? 나도 같이 가도 돼? 끝나고 점심도 같이 먹자.

여자: 그래. 자료도 같이 보고, 서로 도와 가면서 하면 나도 좋지.

• **주제**: 발표 준비 • **담화 유형**: 대화

문제 유형 이어질 말이나 행동 고르기

문제 해결 전략

이 문제는 여자가 이어서 할 행동을 고르는 문제입니다. 행동을 나타내는 동사에 주목하고, 상대방이 할 행동과 구별해야 합니다. 특히 여자의 마지막 말을 잘 듣는 것이 중요합니다. 이 대화에서 여자는 "자료도 같이 보고, 서로 도와가면서 하면 나도 좋지"라고 말했으므로 여자가 바로 이어서 할 행동은 도서관에 가는 것입니다.

This question asks you to choose the action the woman will take next. Pay attention to the action verbs and make sure not to confuse them with what the other person will do. It is especially important to listen carefully to the woman's final statement. In this conversation, the woman says, "It would be good to look at the materials together and help each other," so the next action is naturally going to the library.

함께 보기: EBS TOPIK Ⅱ 종합서 p.24 유형 02

해설

① 여자가 도서관에 가겠다고 말했으므로 이어서 할 행동으로 가장 적절합니다. 따라서 정답은 ①번입니다.

② 점심을 먹자는 말은 있었지만 점심은 도서관에서 자료를 본 후의 일이라 바로 이어질 행동이 아닙니다.

③ 자료를 검토하는 것은 자료를 찾은 후의 과정이므로 이어서 할 행동으로 보기 어렵습니다.

④ 참고 자료를 찾는 것은 도서관에서 할 일이기 때문에 이 대화 후 이어서 할 행동은 아닙니다.

① The woman said she was going to the library, so this

is the most suitable action to follow. Therefore, the correct answer is option ①.

② Although having lunch was mentioned, it is something to do after reviewing materials at the library, so it is not the immediate next action.

③ Reviewing materials is a step that comes after finding the materials, so it is unlikely to be the next action.

④ Finding reference materials is something that will happen at the library, so it is not the next immediate action following the conversation.

12

정답 ③

제시문

여자: 회의가 끝날 때 이 설문지를 나눠 드려야 하죠?
남자: 네. 인원 수에 맞게 복사해 놨지요?
여자: 아니, 아직이요. 아직 시간 있으니까 회의 자료 먼저 정리해 놓고 복사하려고요.
남자: 고마워요. 전 회의장 상태를 한번 확인할게요.

• **주제**: 회의 준비 • **담화 유형**: 대화

문제 유형 이어질 말이나 행동 고르기

문제 해결 전략

이 문제는 여자가 이어서 할 행동을 고르는 문제입니다. 이럴 때는 대화에서 '순서'와 '직접 말한 계획'에 주의해야 합니다. 특히 여자가 '지금 당장 하겠다고 말한 행동'을 찾아야 합니다. 상대방의 행동이 아니라 여자 자신의 계획을 잘 들어야 합니다.

This question asks you to choose what the woman will do next. When solving this type of question, pay attention to the order of actions and the woman's plan. You should carefully listen to what the woman said she would do immediately. Be sure not to confuse the man's actions with the woman's next action.

함께 보기: EBS TOPIK Ⅱ 종합서 p.24 유형 02

해설

① 설문지를 복사하는 것은 여자가 회의 자료를 정리한 후에 하겠다고 말했으므로 지금 바로 할 행동은 아닙니다.

② 설문지를 나누어 주는 것은 복사를 끝낸 후, 회의가 끝날 때 해야 할 일입니다.

③ 여자가 회의 자료를 먼저 정리하겠다고 말했으므로 이어서 할 행동으로 가장 적절합니다. 따라서 정답은 ③번입니다.

④ 회의장 상태를 점검하는 것은 남자가 하겠다고 말한 일이므로 여자가 할 행동이 아닙니다.

① Making copies of the survey is something the woman said she would do after organizing the meeting materials, so it is not her immediate next action.

② Distributing the survey is something to do after making the copies and after the meeting ends.

③ The woman said she would first organize the meeting materials, so this is the most appropriate next action. Therefore, the correct answer is option ③.

④ Checking the meeting room is what the man said he would do, not the woman.

13

정답 ③

제시문

여자: 이번 주말에 민아 씨랑 등산 가려고 하는데 같이 갈래요?
남자: 아, 아쉽네요. 이번 주말에 마라톤 대회가 있어서 못 갈 것 같아요.
여자: 우와, 대회에 또 나가는 거예요?
남자: 네, 이번엔 제 형이 처음 대회에 참여하게 돼서 저도 같이 뛰기로 했어요.

• **주제**: 주말 계획(마라톤) • **담화 유형**: 대화

문제 유형 들은 내용과 같은 것 고르기

문제 해결 전략

이 문제는 대화의 사실 정보를 확인하는 문제입니다. 구체적인 시간, 인물, 횟수를 정확히 듣고, 선택지와 일치하는지 세밀하게 비교해야 합니다. 특히 '처음', '여러 번' 같은 수량 표현에 주의하여 대답해야 합니다.

This is a question to check factual information from the conversation. You need to carefully listen for details like time, people, and frequency and compare them with the options. Pay special attention to expressions like "first" and "several times."

함께 보기: EBS TOPIK Ⅱ 종합서 p.34 유형 03

해설

① 여자는 민아 씨와 함께 등산을 가기로 했으므로 혼자 가는 것이 아닙니다

② 여자가 남자에게 얼마 전에도 마라톤 대회에 참가하지 않았냐고 물었고, 남자는 그렇다고 했으므로 남자가 마라톤 대회에 처음 나가는 것은 아닙니다.

③ 여자는 이번 주말에 민아 씨와 같이 등산을 갈 예정이라고 했으므로 내용과 일치합니다. 따라서 정답은 ③번입니다.

④ 남자의 형은 이번이 첫 대회라고 했으므로 여러 번 참가했다는 것은 틀린 내용입니다.

① The woman said she plans to go hiking with Mina, so she is not going alone.

② The woman asked if the man had participated in a marathon recently, and the man said yes. Therefore, this is not his first marathon.

③ The woman said she would go hiking with Mina this weekend, so this statement is correct. Therefore, the correct answer is option ③.

④ The man said this is his brother's first marathon, so saying he has participated several times is incorrect.

14

정답 ④

제시문

여자: (딩동댕) 아파트 주민 여러분께 안내 말씀드립니다. 사전에 안내해 드린 대로, 잠시 후 오후 3시부터 소방 설비를 점검합니다. 점검 중에는 화재 경보음이 울리거나 일부 조명이 꺼질 수 있으나 실제 화재 상황은 아니니 놀라지 마시기 바랍니다. 점검이 완료되면 다시 안내 방송을 해 드리겠습니다.

• **주제**: 아파트 소방 설비 점검
• **담화 유형**: 안내 방송

문제 유형 들은 내용과 같은 것 고르기

문제 해결 전략

이 문제는 안내 방송의 핵심 사실을 확인하는 문제입니다. 시간, 사전 공지 여부, 점검 중 발생할 일, 점검 후 조치 등 구체적인 사실 정보를 정확히 들어야 합니다. '모두' 같은 절대 표현은 특히 주의해서 판단해야 합니다.

This question tests understanding of key factual information from an announcement. You need to carefully check specific details such as the time, prior notice, what happens during the inspection, and follow-up actions. Be especially cautious of absolute terms like "all."

함께 보기: EBS TOPIK Ⅱ 종합서 p.34 유형 03

해설

① 소방 점검은 오후 3시부터 시작된다고 했으므로 틀렸습니다.

② 사전에 안내했다고 했으므로 내용과 맞지 않습니다.

③ 점검 중 일부 조명이 꺼질 수 있다고 했으므로 '모두 꺼진다'는 잘못된 정보입니다.

④ 점검이 완료되면 다시 안내 방송을 하겠다고 했으므로 맞는 내용입니다. 따라서 정답은 ④번입니다.

① The fire inspection starts at 3 PM, so this option is incorrect.

② The announcement clearly said it was pre-announced, so this option is wrong.

③ It was mentioned that some lights may go out, not all, so this is incorrect.

④ It was stated that another announcement will be made after the inspection is complete, so this is correct. Therefore, the correct answer is option ④.

15

정답 ③

제시문

남자: 오늘 인주시청이 개최한 '쉬엄쉬엄 인주 3종 축제'가 이만 명 이상의 많은 시민들이 참가한 가운데 성공적으로 마무리되었습니다. 이 축제는 각자의 체력 수준에 따라 나만의 속도와 방식으로 수영, 자전거, 달리기 세 가지 종목에 참여하여 즐기는 프로그램인데요. 특히 외국인들도 축제를 마음껏 즐길 수 있도록 행사장 곳곳에서 외국어 서비스를 제공했습니다. 참가자 모두 경쟁 없이 운동을 즐길 수 있어 긍정적인 반응을 보였습니다.

• **주제**: 3종 축제 • **담화 유형**: 뉴스/보도

문제 유형 들은 내용과 같은 것 고르기

문제 해결 전략

제시문에서 전달하는 사실 정보(축제의 이름, 구성, 대상, 반응 등)를 정확하게 파악하고 기억하는 것이 핵심입니다. 예를 들어, '쉬엄쉬엄 인주 3종 축제', '수영, 자전거, 달리기', '외국인을 위한 외국어 서비스 제공', '긍정적인 반응' 등은 선택지에서 부분적으로 바뀌거나 누락되어 출제될 수 있는 요소이므로 주의 깊게 들어야 합니다.

The key is to accurately grasp and remember the factual information (name, composition, target, reaction, etc.) delivered in the news report. For example, 'employment competency certification triathlon', 'swimming, cycling, running', 'providing foreign language services for foreigners', and 'positive reactions' are factors that can be partially changed or omitted from the options, so you should listen carefully.

함께 보기: EBS TOPIK Ⅱ 종합서 p.34 유형 03

해설

① 이 대회는 2만 명 이상 많은 시민들이 참여했으므로 사실과 다릅니다.

② 이 대회는 외국인도 축제를 즐길 수 있도록 외국어 서비스를 제공했으므로 정답이 아닙니다.

③ 이 대회는 자신의 체력 수준에 따라 즐길 수 있으므로 정답은 ③번입니다.

④ 이 대회는 수영, 자전거, 달리기 세 가지 종목에 참여할 수 있으므로 정답이 아닙니다.

① This option is incorrect because more than 20,000 people participated in the contest.

② This competition is not the correct answer because it has provided foreign language services for foreigners to enjoy the festival as well.

③ You can enjoy this competition depending on your physical fitness level, so the answer is number ③.

④ This competition is not the correct answer as you can participate in three events: swimming, cycling, and running.

16 정답 ①

제시문

남자: 이번에 도시 아이들이 농촌 체험을 해 볼 수 있는 프로그램을 만드셨다고요? 어떤 프로그램인지 소개 좀 부탁드리겠습니다.

여자: 네, 도시 아이들이 농촌에서 한 달 동안 살아 보는 프로그램인데요. 비어 있는 농촌 집을 수리해서, 신청한 가족이 한 달 동안 실제로 지낼 수 있도록 집을 빌려드리고요. 또 물고기 잡기, 고구마 캐기, 옥수수 따기 등 농촌 체험을 함께 해 볼 수 있도록 다양한 프로그램들이 준비되어 있습니다.

• **주제**: 농촌 체험 프로그램 • **담화 유형**: 인터뷰

문제 유형 들은 내용과 같은 것 고르기

문제 해결 전략

대화 속에서 소개되는 주요 활동 정보(체험 대상, 기간, 활동 내용, 신청 방법)를 정확하게 파악해야 합니다. 전체 내용의 흐름과 구체적인 사실이 정확히 일치하는지 판단하는 것이 중요합니다.

It is important to accurately grasp the main activity information (experience target, duration, activity content, and method of application) introduced in the conversation. It is important to determine whether the flow of the whole content and the specific facts match.

함께 보기: EBS TOPIK Ⅱ 종합서 p.34 유형 03

해설

① 이 프로그램은 도시 아이들에게 농촌 체험을 해 볼 수 있는 프로그램이라는 점을 소개하고 있으므로 정답은 ①번입니다.

② 이 프로그램은 한 달 동안 집을 빌려줍니다.

③ 도시 아이들을 위한 농촌 체험 프로그램은 다양하게 준비되어 있으므로 정답이 아닙니다.

④ 이 프로그램은 집을 수리한 후에 빌려주므로 정답이 아닙니다.

① This is the correct answer because the program gives children from the city a chance to experience rural life.

② This option says the program rents a house for a month.

③ This option is also incorrect because it only mentions that there are various rural experience programs for children from the city.

④ This option is incorrect because it says the house is rented only after being repaired.

17

정답 ④

제시문

남자: 민아야, 숙제 다 했어?

여자: 아직 시간 많으니까 이 드라마만 보고 할게요.

남자: 할 일을 먼저 해 놓고 여유 있게 보는 게 더 좋지 않겠어?

• 주제: 시간 관리 • 담화 유형: 대화

문제 유형 중심 생각, 중심 내용, 화제 고르기

문제 해결 전략

이 문제는 대화를 듣고 남자가 가장 강조하는 생각을 찾는 문제입니다. 중심 생각을 찾을 때는 남자의 전반적인 태도와 말의 흐름을 살펴보고 특히 남자가 직접 조언하거나 행동을 권하는 부분에 주목해야 합니다. 또한 마지막 문장은 중심 생각을 가장 잘 보여 주는 경우가 많으므로 마지막까지 정확히 듣고 전체 대화에서 남자가 중요하게 여기는 가치나 행동을 파악해야 합니다.

This question asks you to identify the main idea emphasized by the man in the conversation. When solving this type of problem, you should pay attention to the man's overall attitude and the flow of his words, especially focusing on the part where he directly gives advice or suggests an action. In addition, the final sentence often reveals the main idea most clearly, so it is important to listen carefully to the end and understand what the man considers important throughout the conversation.

함께 보기: EBS TOPIK Ⅱ 종합서 p.54 유형 04

해설

① 남자는 할 일을 먼저 해 놓아야 한다고 했으므로 내용과 다릅니다.

② 남자는 드라마 보는 시간을 줄이라고 말하지 않았습니다.

③ 시간 관리를 위한 연습에 대한 내용은 없습니다.

④ 남자는 할 일을 먼저 하고 여유 있게 보는 게 더 좋다고 했으므로 남자의 중심 생각과 일치합니다. 따라서 정답은 ④번입니다.

① The man said that one should finish tasks first, so this statement does not match the content.

② The man did not say to reduce the time spent watching dramas.

③ There was no mention of practicing time management.

④ The man said, "It's better to finish your work first and then watch comfortably," which matches the main idea. Therefore, the correct answer is ④.

18

정답 ②

제시문

남자: 민아야, 발표할 때 좀 더 크게 하지 그랬어. 뒤에서는 잘 안 들리더라고.

여자: 그래? 너무 긴장해서 목소리가 작아졌나 봐.

남자: 너 정말 열심히 준비했는데, 발표 내용이 잘 안 들려서 좀 안타까웠어.

• 주제: 발표할 때 목소리 • 담화 유형: 대화

문제 유형 중심 생각, 중심 내용, 화제 고르기

문제 해결 전략

이 문제는 대화를 듣고 남자가 가장 강조하는 생각을 찾는 문제입니다. 남자가 무엇을 아쉬워하는지, 발표에서 어떤 점을 중요하게 생각하는지를 중심으로 들어야 합니다. 특히 남자의 마지막 말이 핵심이 되는 경우가 많으니 끝까지 잘 들어야 합니다.

This question asks you to find the man's main idea after listening to the conversation. Focus on what he regrets or what he considers most important in the presentation. Pay special attention to the man's final comment, as it often contains the key idea.

함께 보기: EBS TOPIK Ⅱ 종합서 p.54 유형 04

해설

① 발표 준비에 대한 이야기는 없었으므로 적절하지 않습니다.

② 남자는 발표 내용을 잘 전달하기 위해 목소리가 커야 한다고 강조했습니다. 따라서 정답은 ②번입니다.

③ 남자는 뒷자리에서 잘 안 들렸다고 했지만 자리를 바꾸자는 이야기는 하지 않았으므로 자연스럽지 않습니다.

④ 연습에 대한 이야기는 없었으므로 적절하지 않습니다.

① The man did not talk about preparing for the presentation in advance, so this is not appropriate.

② The man emphasized that speaking loudly is important so the presentation can be heard well. Therefore, the correct answer is ②.

③ Although the man said it was hard to hear from the back, he did not suggest changing seats, so this is unnatural.

④ There was no mention of practicing more to avoid nervousness, so this is not suitable.

19

정답 ④

제시문

여자: 너 영어 시험 준비 잘하고 있어? 난 단어 외우는 게 너무 힘들어.

남자: 다들 그렇지. 근데 나는 소리 내서 읽으면 더 잘 외워지던데.

여자: 아, 그래? 난 계속 쓰면서 외웠는데, 나도 너처럼 읽으면서 해 볼까?

남자: 한번 해 봐. 훨씬 기억에 잘 남을 거야.

• **주제**: 단어 외우는 방법 • **담화 유형**: 대화

문제 유형 중심 생각, 중심 내용, 화제 고르기

문제 해결 전략

이 문제는 대화를 듣고 남자의 중심 생각을 찾는 문제입니다. 남자가 제안하는 방법이 무엇인지, 그리고 남자가 그 방법을 얼마나 효과적이라고 생각하는지에 집중해서 들어야 합니다. 특히 남자가 마지막에 강조하는 말을 주의 깊게 들어야 합니다.

This question asks you to find the man's main idea in the conversation. Focus on the method the man suggests and listen carefully to how strongly he recommends it. Pay special attention to the man's final comment because it usually contains the key point.

함께 보기: EBS TOPIK Ⅱ 종합서 p.54 유형 04

해설

① 단어를 많이 쓰면 읽기 실력이 좋아진다는 말은 대화에 나오지 않았습니다.

② 단어를 많이 외워야 한다는 말은 했지만 남자가 강조한 중심 생각은 아니므로 적절하지 않습니다.

③ 친구와 함께 공부하는 내용은 나오지 않았습니다.

④ 남자는 단어를 소리 내어 읽으면 더 쉽게 외워진다고 강조했습니다. 따라서 정답은 ④번입니다.

① The man did not say that writing words improves reading skills, so this is not appropriate.

② Although the man mentioned that memorizing many words is important, it was not his main idea.

③ Studying together with a friend was not discussed in the conversation.

④ The man emphasized that reading words aloud helps memorization more easily. Therefore, the correct answer is ④.

20

정답 ③

제시문

여자: 이번에 새로 내신 요리책은 이전 책들과 어떤 점이 가장 다른가요?

남자: 예전 요리책들은 대부분 요리를 좀 해 본 사람들을 대상으로 한 거였어요. 그래서 처음 요리하는 사람들에게는 따라 하기 어려운 부분이 많았죠. 저는 누구든지 쉽게 요리할 수 있도록 했어요. 설명은 간단하게 하고 과정을 한눈에 볼 수 있도록 그림도 많이 넣었습니다.

• **주제**: 요리책 • **담화 유형**: 인터뷰

문제 유형 중심 생각, 중심 내용, 화제 고르기

문제 해결 전략

이 문제는 대화를 듣고 남자가 가장 강조하는 중심 생각을 찾는 문제입니다. 남자가 기존 요리책의 문제점을 어떻게 설명했는지, 그리고 본인의 요리책을 통해 어떤 점을 가장 개선했는지를 중심으로 들어야 합니다. 특히 남자가 '누구든지 쉽게'라고 반복하거나 강조하는 부분을 주의 깊게 듣는 것이 중요합니다.

This question asks you to find the man's main idea in the conversation. Focus on what problem the man identified in previous cookbooks and what he improved in his new book. Pay close attention to the part where the man emphasizes that his cookbook is easy for anyone to follow.

함께 보기: EBS TOPIK Ⅱ 종합서 p.54 유형 04

해설

① 남자는 설명을 간단하게 했다고 했으므로 설명이 자세하다는 말은 대화 내용과 다릅니다.

② 책의 크기나 이동성에 대한 언급은 대화에 나오지 않았습니다.

③ 남자는 기존 책과의 차이점으로 '누구나 쉽게 따라 할 수 있도록' 만든 것을 강조했습니다. 따라서 정답은 ③번입니다.

④ 요리를 처음 배울 때 요리책을 참고하라는 말은 했지만 남자의 중심 생각은 아닙니다.

① The man said the explanations are simple, so it is incorrect to say detailed explanations are preferred.

② There was no mention of the size or portability of the cookbook.

③ The man emphasized that the cookbook was made so anyone can easily follow it. Therefore, the correct answer is ③.

④ Although referring to cookbooks when learning to cook may be helpful, this was not the man's main point.

21~22

제시문

여자: 오늘 회의에서 제품 포장 색깔을 좀 더 밝게 바꾸자는 의견이 나왔어요. 어떻게 생각하세요?

남자: 저는 지금 색상이 우리 회사 이미지와 잘 맞는 것 같은데요. 회사 로고와 같은 색이잖아요.

여자: 그래도 색깔이 조금 무겁게 느껴지지 않나요? 우리 제품은 10대 아이들이 주 대상이라 좀 더 가볍고 밝은 느낌이 있어야 할 것 같아요.

남자: 10년 동안 같은 색인데 매출이 계속 상승하고 있잖아요. 저는 변화의 필요성을 잘 못 느끼겠는데요.

• **주제**: 제품 포장지 색상 • **담화 유형**: 대화

21

정답 ②

문제 유형 중심 생각, 중심 내용, 화제 고르기

문제 해결 전략

이 문제는 대화를 듣고 남자의 중심 생각을 고르는 문제입니다. 중심 생각을 찾을 때는 남자가 반복하거나 가장 오래 설명한 부분을 주의 깊게 들어야 합니다. 특히 남자가 반대하는 이유, 유지하려는 이유로 논리적으로 어떤 근거를 드는지 파악해야 합니다.

This question asks you to select the man's main idea in the conversation. When solving this type of question, pay attention to what the man keeps repeating and what reasons he gives to support his opinion. Focus on whether he is in favor of or against changing the packaging color, and why.

함께 보기: EBS TOPIK Ⅱ 종합서 p.54 유형 04

해설

① 제품 포장의 색상이 매출에 영향을 준다고 직접 말하지 않았습니다.

② 남자는 "지금 색상이 회사 이미지에 맞고 10년 동안 매출이 계속 상승했다"고 말하며 포장 색을 바꿀 필요가 없다는 생각을 중심으로 말했습니다. 따라서 정답은 ②번입니다.

③ 주요 구매자의 선호 색상을 조사해야 한다는 말은 나오지 않았습니다.

④ 회사 로고 색과 포장 색이 반드시 같아야 한다는 말은 대화에서 나오지 않았습니다.

① The man did not say that the packaging color directly affects sales.

② The man explained that the current color matches the company's image and has been successful for 10 years, so there is no need to change it. Therefore, the correct answer is ②.

③ There was no mention of needing to research the preferred color of the target customers.

④ The man did not say that the package color must be the same as the company logo.

22

정답 ②

문제 유형 들은 내용과 같은 것 고르기

문제 해결 전략

이 문제는 들은 내용과 같은 것을 찾는 문제입니다. 이 유형에서는 대화 속에 직접적으로 언급된 사실에 집중해야 합니다. 특히, '최근', '변화', '주요 대상' 등 구체적인 시점과 대상을 잘 구별하여 들어야 하며 대화에 나오지 않은 추측성 정보에 주의해야 합니다.

This is a listen-and-select question that asks you to find the statement that matches the conversation. Focus on information that is directly stated in the dialogue. Be especially careful with specific details like time references, changes, and target groups, and avoid selecting answers based on assumptions or unstated facts.

함께 보기: EBS TOPIK Ⅱ 종합서 p.34 유형 03

해설

① 대화에서 남자는 "10년 동안 같은 색인데 매출이 계속 상승하고 있다"고 말했으므로 매출이 감소했다는 것은 틀립니다.

② 여자는 "우리 제품은 10대 아이들이 주 대상이다"라고 말했으므로 맞는 내용입니다. 따라서 정답은 ②번입니다.

③ 최근 포장지 색이 바뀌었다는 내용은 전혀 나오지 않았습니다.

④ 회사 로고 색과 포장 색이 같다고 남자가 직접 말했으므로 틀린 내용입니다.

① The man said, "Sales have continued to rise for 10 years," so the statement that sales have recently decreased is incorrect.

② The woman said, "Our product is mainly targeted at teenagers," which matches the dialogue. Therefore, the correct answer is ②.

③ There was no mention that the packaging color has recently changed.

④ The man said that the packaging color is the same as the company logo, so this option is incorrect.

23~24

제시문

여자: 새 자전거 하나 사고 싶은데, 생각보다 비싸네요. 그래서 중고 자전거를 사 볼까 고민 중이에요.

남자: 그럼 모바일 중고 거래 앱을 한번 이용해 보세요. 저도 가끔 쓰는데 자전거뿐만 아니라 전자기기, 옷 같은 것도 올라와 있더라고요.

여자: 그래요? 근데 상태가 괜찮을까요? 온라인으로 거래하는 건 좀 불안해서요.

남자: 요즘은 판매자들이 제품 상태를 자세히 올려놔서 믿을 만해요. 무엇보다 저렴하고 품질도 괜찮아요. 저도 노트북이랑 식탁을 그렇게 샀는데 지금까지 잘 쓰고 있어요.

• **주제**: 중고 거래 앱 • **담화 유형**: 대화

23

정답 ②

문제 유형 대화 상황/참여자를 고르거나 화자의 의도, 태도, 말하는 방식 파악하기

문제 해결 전략

이 문제는 남자의 말의 목적과 상황에서의 역할을 파악하는 것이 핵심입니다. 남자는 단순한 정보 전달이 아니라 모바일 중고 거래 앱을 사용해 보라고 하면서 상대방의 결정을 도와주는 조언을 제공하고 있습니다.

The key to this question is to understand the man's purpose and his role in the situation. Rather than simply providing information, he is offering advice to help the other person make a decision, suggesting that they try a mobile secondhand trading app.

함께 보기: EBS TOPIK Ⅱ 종합서 p.78 유형 05

해설

① 남자는 모바일 중고 거래 앱을 비판하지 않고 오히려 추천하고 있습니다.

② 남자는 모바일 중고 거래 앱을 이용해 보라고 직접 권유하고 있으므로 ②번이 정답입니다.

③ 앱에 대해 질문한 사람은 남자가 아니라 여자이므로 정답이 아닙니다.

④ 남자는 앱에 대해 불만 사항을 전혀 말하지 않습니다.

① The man is not criticizing the mobile secondhand

trading app; rather, he is recommending it.

② The man directly recommends using a mobile secondhand trading app, so number ② is the correct answer.

③ The person who asked about the app is a woman, not a man, so it's not the answer.

④ The man does not express any dissatisfaction with the app.

24

정답 ④

문제 유형 들은 내용과 같은 것 고르기

문제 해결 전략

중고 거래 앱 관련 대화를 듣고 들은 내용과 같은 것을 고르는 문제를 풀어야 합니다. 이 대화의 핵심 주제는 중고 자전거 구입을 고민하는 여자에게 남자가 중고 거래 앱을 추천하며 경험을 공유하고 있습니다. 들은 내용을 중심으로 '누가', '무엇을', '어떻게' 말했는지를 요약하면서 들으면 좋습니다.

In this type of question, you listen to a conversation about a secondhand trading app and choose the option that matches what you heard. The key theme of the dialogue is that the man recommends the app and shares his experience with a woman who is considering buying a used bicycle. As you listen, it helps to summarize who is speaking, what is being said, and how it is expressed.

함께 보기: EBS TOPIK Ⅱ 종합서 p.34 유형 03

해설

① 남자는 중고 거래 앱의 제품이 저렴하고 품질도 괜찮다고 말하고 있으므로 정답이 아닙니다.

② 여자가 걱정된다고 말하긴 했지만, 남자는 앱을 이용하는 것이 괜찮다고 말하고 있으므로 정답이 아닙니다.

③ 이 여자는 모바일 중고 거래 앱 이용을 고민하고 있으므로 자주 이용한다고 볼 수 없습니다.

④ 남자는 모바일 중고 거래 앱을 통해 노트북이랑 식탁을 구매했다고 밝히고 있으므로 정답은 ④번입니다.

① This option is incorrect because the man says the products on the secondhand trading app are inexpensive and of decent quality.

② This option is incorrect because, although the woman says she is worried, the man reassures her that it is fine to use the app.

③ This option is incorrect because the woman is still considering whether to use the mobile secondhand trading app, so she cannot be described as using it often.

④ This is the correct answer because the man says he purchased both a laptop and a dining table through the mobile secondhand trading app.

25~26

제시문

여자: 20년 동안 아이들의 장난감을 고쳐 주고 계신데요. 어려운 점도 있으실 것 같습니다.

남자: 사실 가장 어려운 점은 일손이 부족하다는 것입니다. 아이들 장난감을 빨리 고쳐 주고 싶지만 전국에서 장난감을 보내 주셔서 그게 쉽지가 않습니다. 부품을 구하기 어려운 경우도 자주 있습니다. 장난감 수리점이 여기저기 더 많아진다면 아이들에게 조금 더 빨리 장난감을 돌려줄 수 있을 것입니다. 제가 장난감 고치는 방법을 영상으로 만들어 인터넷에 올리고 있는데 많은 분들이 이 일에 관심을 가져 주시면 좋겠습니다.

• **주제**: 장난감 수리 • **담화 유형**: 인터뷰

25

정답 ②

문제 유형 중심 생각, 중심 내용, 화제 고르기

문제 해결 전략

이 문제는 남자의 중심 생각을 묻는 문제입니다. 이 유형은 대화 전체를 듣고, 남자가 대화에서 가장 강조하는 핵심 메시지를 파악해야 합니다. 특히 남자가 반복하거나 결론처럼 말한 부분에 주의하여 전체 내용 중에서 남자가 가장 바라는 것 또는 주장하는 점을 찾는 것이 중요합니다.

This is a main idea question that asks for the man's main opinion. In this type of question, it is important to listen to the whole conversation and find what the speaker is emphasizing the most. Focus on the parts that the speaker repeats or mentions as a conclusion, and select the option that best represents what the speaker wants or insists on.

함께 보기: EBS TOPIK Ⅱ 종합서 p.54 유형 04

해설

① 장난감을 조심해서 사용해야 한다는 말은 전혀 나오지 않았습니다.

② 남자는 "장난감 수리점이 여기저기 더 많아진다면"이라고 말하며 이를 통해 장난감을 더 빨리 고쳐 줄 수 있을 것이라고 설명했습니다. 남자가 강조한 핵심은 수리점이 더 필요하다는 점이므로 정답은 ② 번입니다.

③ 장난감 수리를 빨리하는 것이 중요하다고 했지만, 이것은 남자가 어려움을 설명하는 과정이었을 뿐, 중심 생각은 아닙니다.

④ 남자가 수리 방법을 알려 주고 싶다고 했지만 중심 생각이 아니라 부가적인 활동입니다.

① The man never mentioned that toys should be handled carefully.

② The man said, "If there were more toy repair shops nearby…" and explained that this would allow toys to be fixed and returned to children more quickly. His main point is that more toy repair shops are needed, so the correct answer is ②.

③ Although the man said he wants to fix toys quickly, this was mentioned as part of his difficulties, not his main message.

④ The man said he uploads videos about toy repairs, but this is just a supplementary activity, not his central idea.

26

정답 ①

문제 유형 들은 내용과 같은 것 고르기

문제 해결 전략

이 문제는 들은 내용과 같은 것을 고르는 문제입니다. 이 유형은 대화에서 사실 그대로 언급된 내용을 정확히 기억하고 찾는 것이 중요합니다. 특히 보기의 문장을 그대로 대화문과 비교하여, 말의 흐름이나 세부 사항이 일치하는지를 꼼꼼히 확인해야 합니다. 선택지 중 일부만 비슷한 내용을 고르면 안 되며 전부 맞아야 합니다.

This is a listening comprehension question where you need to choose the statement that matches what was said. In this type of question, it is essential to carefully compare the options with the listening text and select the one that fully matches the details. Be careful not to choose options that sound similar but are actually incorrect or incomplete.

함께 보기: EBS TOPIK Ⅱ 종합서 p.34 유형 03

해설

① 남자는 전국에서 장난감을 보내 준다고 말했으므로 먼 지역에서도 장난감을 보내온다는 내용이 맞습니다. 따라서 정답은 ①번입니다.

② 남자는 전국에서 장난감을 보내 주셔서 쉽게 처리할 수가 없다고 말했으므로 일이 많다고 볼 수 있습니다.

③ 부품을 구하기 어려운 경우가 많다고 했으므로 부품을 쉽게 구할 수 있다는 말은 사실과 다릅니다.

④ 남자는 20년 동안 장난감을 고쳐 온 사람이라고 소개했으므로 최근에 시작했다는 내용은 사실이 아닙니다.

① The man said that people send toys from all over the country, so it is correct that toys are sent from distant areas. Therefore, the correct answer is option ①.

② The man said it is not easy to handle the toys, since they are sent from all over the country, which shows that he is very busy.

③ He mentioned that it is often difficult to obtain parts, so saying that parts are easy to find is not true.

④ The man was introduced as someone who has been repairing toys for 20 years, so it is not true that he started recently.

27~28

제시문

여자: 이번에 정부에서 다음 주 금요일을 임시 공휴일로 지정했대. 금요일까지 쉬면서 연휴가 꽤 길어지겠더라.

남자: 나도 들었어. 근데 우리 회사는 임시 공휴일에도 정상 근무라 나는 전혀 상관없어. 쉬는 사람들은 좋겠다. 부러워.

여자: 나도 그래. 우리 회사도 같이 쉬면 좋을 텐데. 그날 나는 출근해야 하는데 아이 학교가 쉬니까 당장 아이 맡길 만한 곳도 알아봐야 해.

남자: 임시 공휴일이라는 게 누구한텐 휴일인데, 우리 같은 직장인한텐 오히려 부담이네.

• **주제**: 임시 공휴일 • **담화 유형**: 대화

27

정답 ③

문제 유형 대화 상황/참여자를 고르거나 화자의 의도, 태도, 말하는 방식 파악하기

문제 해결 전략

임시 공휴일 지정에 대한 남녀의 대화를 듣고 남자의 의도를 찾는 문제입니다. 남자는 "쉬는 사람들은 좋겠다", "부럽다", "그날 나만 출근해야 한다" 등을 통해 임시 공휴일이 없음을 강조하며 제도 운영 방식에 대해 문제를 제기하고 있습니다.

This question asks you to listen to a conversation between a man and a woman about the designation of temporary holidays and identify the man's intention. The man questions how the system is run, emphasizing the lack of temporary holidays with comments such as, "It must be nice for those who get the day off," "I'm jealous," and "I'm the only one who has to go to work that day."

함께 보기: EBS TOPIK Ⅱ 종합서 p.78 유형 05

해설

① 임시 공휴일에 아이가 쉬기 때문에 아이를 맡길 곳이 필요하다고 말했으므로 정답이 아닙니다.

② 남자의 회사는 임시 공휴일에도 정상 출근을 해야 한다고 했으므로 내용과 맞지 않습니다.

③ 남자와 여자는 임시 공휴일에도 회사에 출근해야 하는 상황이므로 정답은 ③번입니다.

④ 정부는 다음 주 금요일부터 임시 공휴일로 지정했으므로 정답이 아닙니다.

① Since the child's school is closed on the temporary holiday, they said they need somewhere to leave the child, so this is not the correct answer.

② The man's company requires normal attendance even on the temporary holiday, so this does not match the content.

③ Both the man and woman are in a situation where they must go to work even on the temporary holiday, so the correct answer is ③.

④ The government designated next Friday as a temporary holiday, so this is not the correct answer.

28

정답 ③

문제 유형 들은 내용과 같은 것 고르기

문제 해결 전략

정부의 임시 공휴일 지정과 그에 대한 화자의 반응을 이해하는 것이 중요합니다. 배경지식이나 상식, 개인적 추론에 의존하지 말고 들려준 내용 그대로 비교하여 가장 정확히 일치하는 선택지를 고르는 것이 중요합니다.

You need to understand the government's designation of temporary holidays and the speaker's response to them. Choose the most accurate option by comparing only the information given, without using background knowledge, common sense, or personal assumptions.

함께 보기: EBS TOPIK Ⅱ 종합서 p.34 유형 03

해설

① 여자는 임시 공휴일에 아이 학교가 쉬기 때문에 돌봐줄 수 있는 사람을 찾고 있으므로 정답이 아닙니다.

② 남자는 임시 공휴일에 출근해야 하는 상황으로 여행에 대한 계획은 맞지 않습니다.

③ 남자와 여자는 임시 공휴일에도 다른 회사와 달리 출근해야 함을 아쉬워하고 있으므로 정답은 ③번입니다.

④ 정부는 다음 주 금요일을 임시 공휴일로 지정했으므로 이번 주 금요일이라는 내용은 맞지 않습니다.

① This option is incorrect because the woman is looking for someone to look after her child, since the child's school is closed for a temporary holiday.

② This option is incorrect because the man has to go to work on the temporary holiday, so a travel plan does not apply.

③ This is the correct answer because the man and woman are disappointed that they have to go to work on the temporary holiday, unlike employees at other companies.

④ The government has designated next Friday as a temporary holiday, so this Friday is not correct.

29~30

제시문

여자: 하시는 일이 일반적인 청소와는 좀 다르다고 들었습니다. 어떤 일을 주로 하시나요?

남자: 네. 저는 주로 화재나 범죄가 일어난 장소를 청소하고 정리하는 일을 합니다. 이런 곳은 일반적인 청소로는 해결할 수 없는 상황이 많기 때문에 특별한 장비를 사용해서 청소를 해야 합니다.

여자: 현장 상황에 따라 작업 방식도 달라지겠네요.

남자: 네. 맞습니다. 예를 들어 불이 난 곳은 탄 먼지가 많고 범죄가 일어난 곳은 위험한 물건이 남아 있을 수 있어요. 그래서 먼저 현장을 잘 살펴보고 알맞은 약품과 도구를 준비합니다.

여자: 정신적으로도 힘든 일일 것 같아요.

남자: 그렇죠. 안타까운 사고의 흔적이 남아 있는 장소를 정리할 때는 마음이 힘들 때도 있습니다. 그래도 누군가는 꼭 해야 할 일이니까 열심히 하고 있어요.

• **주제**: 특수 청소 전문가 • **담화 유형**: 인터뷰

29 정답 ③

문제 유형 대화 상황/참여자를 고르거나 화자의 의도, 태도, 말하는 방식 파악하기

문제 해결 전략

특수 청소 전문가의 인터뷰를 바탕으로 남자가 누구인지를 찾아야 합니다. 대화의 시작에서 여자는 "하시는 일이 일반적인 청소와는 좀 다르다"고 언급하였으며, "특수한 상황", "감정적으로 힘들 때도 있다", "누군가는 꼭 해야 할 일" 등에서 힌트를 얻을 수 있습니다.

Based on interviews with specialists in cleaning, you should find out who the man is. At the beginning of the conversation, the woman mentioned that "what you do is not like a normal cleaning," and hints such as "special situations," "sometimes emotionally challenging," and "something that someone must do."

함께 보기: EBS TOPIK Ⅱ 종합서 p.78 유형 05

해설

① 건물 전체를 관리하는 시설 직원은 내용과 맞지 않으므로 정답이 아닙니다.

② 사건을 조사하는 역할은 청소나 정리와는 관련이 없습니다.

③ 남자는 불이 난 곳, 범죄가 일어난 장소 등 특별한 장소를 전문적으로 청소하는 일을 하고 있으므로 정답은 ③번입니다.

④ 화재 현장에서 불을 끄는 소방관은 내용과 관련이 없습니다.

① Facilities staff who manage the entire building are not correct because they do not match the content.

② The role of investigating the incident is not related to cleaning or cleaning.

③ This is the correct answer because the man is in charge of professional cleaning at special sites, such as fire scenes and crime scenes.

④ The firefighters who extinguish the fire at the scene of the fire are not related to the content.

30 정답 ③

문제 유형 들은 내용과 같은 것 고르기

문제 해결 전략

'사고 현장 청소', '특수 장비', '힘들지만 꼭 해야 할 일' 등의 표현을 주의 깊게 확인합니다. 정답은 반드시 지문에서 말한 표현과 의미가 정확히 일치해야 합니다. 부분 일치, 과장, 왜곡된 선택지를 조심해야 합니다.

Carefully check expressions such as "Cleaning up the accident site," "Special equipment," and "Tough but must-do." The answers must match exactly what they say in the text. Be careful of partial matching, exaggeration, and distorted views.

함께 보기: EBS TOPIK Ⅱ 종합서 p.34 유형 03

해설

① 현장 상황에 따라 작업 방식이 다르다고 말하고 있으므로 정답이 아닙니다.

② 남자는 이 일을 하면서 마음이 힘든 적이 있다고 말했으므로 내용과 다릅니다.

③ 현장을 먼저 정확히 분석한 후에 적합한 약품과 장비를 준비해야 한다고 했으므로 정답은 ③번입니다.

④ 이 일은 일반적인 청소와 달리 전문적인 일이라고

했으므로 내용과 다릅니다.

① This option is incorrect because the man said the working method differs depending on the situation at the site.
② This option is incorrect because the man said he sometimes found the work emotionally difficult, which does not match the content.
③ This is the correct answer because the man said the site must be analyzed carefully first, and then the appropriate chemicals and equipment should be prepared.
④ This job is different from the content because they said it was a professional job, unlike the usual cleaning.

31~32

제시문

여자: 도시에서 자동차 사고를 줄이려고 속도를 제한하고 있는데 저는 너무 심한 것 같아요.
남자: 저는 속도 제한이 필요하다고 생각해요. 특히 보행자가 많은 도심에서는 차량이 빠르게 달리면 사고 위험이 커지잖아요. 실제로 시속 30킬로미터 이하로 제한한 구간에서는 사고 발생률이 크게 줄었다는 통계도 있어요.
여자: 물론 사고 예방은 중요하지만 너무 낮은 속도 제한은 교통 흐름을 방해하고 운전자에게 불편을 줄 수 있잖아요.
남자: 그렇지만 교통보다 사람의 안전이 더 중요하다고 생각해요. 도로는 자동차만을 위한 공간이 아니니까요.

• **주제**: 자동차 속도 제한　• **담화 유형**: 토론

31 　정답 ①

문제 유형 중심 생각, 중심 내용, 화제 고르기

문제 해결 전략

남자의 말 중 가장 강조된 의견이 무엇인지 파악합니다. 남자는 속도 제한이 필요하다는 생각을 중심으로 이야기하고 있습니다. 중심 생각을 고르기 위해서는 남자의 발화 전체에서 반복되거나 강조된 주장을 찾는 것이 좋습니다.

Identify the opinion most strongly emphasized by the man. His main point is that speed limits are necessary. To choose the central idea, focus on arguments that are repeated or emphasized throughout his speech.

함께 보기: EBS TOPIK Ⅱ 종합서 p.54 유형 04

해설

① 자동차 사고를 줄이기 위해 도시 내 속도 제한이 필요하다고 말하며 특히 보행자의 안전이 중요하다는 점을 강조하고 있습니다. 따라서 정답은 ①번입니다.
② 도시 외곽에서만 시행해야 한다는 내용은 대화 내용에서 확인할 수 없습니다.
③ 교통 흐름을 강조하고 있어 여자의 주장에 가깝습니다.
④ 남자가 사고 발생률이 줄었다고 말한 내용과 반대되는 내용으로 정답이 아닙니다.

① He emphasizes the importance of pedestrian safety, saying that speed limits in cities are needed to reduce car accidents. Therefore, the answer is number ①.
② You cannot see in the conversation that it should only be implemented outside the city.
③ This option emphasizes traffic flow, so it is closer to the woman's argument.
④ This option is incorrect because it contradicts the man's statement that accident rates have decreased.

32 　정답 ④

문제 유형 대화 상황/참여자를 고르거나 화자의 의도, 태도, 말하는 방식 파악하기

문제 해결 전략

여자의 의견에 대해 남자가 어떻게 반응하는지를 살펴야 합니다. 남자는 "속도 제한은 필요하다", "사람의 안전이 더 중요하다"와 같은 말로 속도 제한의 필요성을 강조하면서 여자의 의견에 반박하고 있습니다.

You should pay attention to how the man responds to the woman's opinion. He disputes her view by emphasizing the need for speed limits with statements such as "Speed limits are necessary" and "People's safety is more important."

함께 보기: EBS TOPIK Ⅱ 종합서 p.78 유형 05

해설

① 남자는 속도 제한이 너무 심하다는 의견에 동의하지 않고 속도 제한이 필요하다는 입장을 보이고 있으므로 정답이 아닙니다.

② 남자는 교통보다 사람이 더 중요하다는 점을 끝까지 강조합니다.

③ 남자는 여자의 주장에 대해 자료를 요구하거나 질문하지 않습니다.

④ 남자는 실제 통계 자료를 제시하면서 "속도 제한이 필요하다"고 여자의 의견에 반대 입장을 보이고 있습니다. 따라서 정답은 ④번입니다.

① The man doesn't agree with the opinion that the speed limit is too strict and is in the position that the speed limit is necessary, so it's not the correct answer.

② The man continues to emphasize that people are more important than traffic.

③ The man does not ask for data or question the woman's claim.

④ The man is opposing the woman's opinion that "speed limits are needed" while presenting actual statistical data. So the answer is number ④.

33~34

제시문

여자: 사막에서 쉽게 떠올릴 수 있는 동물, 바로 낙타입니다. 낙타의 등에 있는 혹에 물이 있다고 알고 계신 분들이 많은데 사실 그곳에는 지방이 저장되어 있습니다. 이 지방은 에너지가 부족할 때 천천히 사용되지요. 또 낙타는 체온을 잘 조절해서 땀을 거의 흘리지 않기 때문에 몸속의 물이 빠져나가는 양이 아주 적습니다. 게다가 낙타는 짧은 시간에 많은 물을 마실 수 있어서 물이 적은 환경에서도 잘 살아갈 수 있는 겁니다.

• **주제**: 낙타 • **담화 유형**: 강연

33 정답 ④

문제 유형 중심 생각, 중심 내용, 화제 고르기

문제 해결 전략

이 문제는 들은 내용의 전체 주제를 찾는 문제입니다. 여자가 일관되게 설명한 낙타의 특징이 무엇인지 정확히 파악해야 합니다. 여자의 반복된 설명이나 마지막에 정리된 말을 중심으로 들어야 하며 단순한 사실이나 예시는 오답일 가능성이 높으므로 핵심 메시지에 집중해 문제를 풀어야 합니다.

This question asks you to find the main topic of the passage. You need to carefully identify the key feature of the camel that the woman consistently explains. Focus on the woman's repeated explanations and final summary. Also, be aware that simple facts or examples are often used as distractors, so you should focus on the core message the speaker wants to convey.

함께 보기: EBS TOPIK Ⅱ 종합서 p.54 유형 04

해설

① 대화에서 낙타의 혹에 물이 없고 지방이 저장된다고 설명했으나 '왜' 낙타가 혹을 가지고 있는지에 대한 이유는 아닙니다.

② 낙타가 지방을 저장한다는 내용은 있었지만 지방을 저장하는 구체적인 방법이나 과정은 설명하지 않았습니다.

③ 낙타가 체온을 조절하고 땀을 적게 흘린다는 내용은 포함되어 있으나 이것으로 사막의 더위를 이겨내는 방법 전체를 설명한 것은 아닙니다.

④ 대화는 낙타가 물이 적은 환경에서도 잘 살아갈 수 있는 이유를 중심으로 설명하고 있으므로 가장 자연스럽습니다. 따라서 정답은 ④번입니다.

① In the conversation, it is explained that a camel's hump does not contain water but stores fat. However, it does not explain why camels have humps.

② The passage mentions that camels store fat, but it does not explain the specific method or process of how the fat is stored.

③ The passage includes that camels control their body temperature and sweat less, but this does not fully explain how camels endure the desert heat.

④ The passage focuses on explaining why camels can survive well in environments with little water, so this is the most appropriate answer. Therefore, the correct answer is ④.

④ The passage states that camels can drink a lot of water in a short time, so saying they need to drink water for a long time is incorrect.

34

정답 ②

문제 유형 들은 내용과 같은 것 고르기

문제 해결 전략

이 문제는 들은 내용과 같은 사실을 찾는 문제입니다. 들은 내용에 구체적으로 언급된 정보와 선택지의 내용을 정확히 비교해야 합니다. 특히 지문에 '직접 언급된 사실'인지, '사실과 다른 내용'인지 구분하는 것이 중요하며 단순히 배경지식으로 판단하지 말고 들은 내용을 바탕으로 판단해야 합니다.

This question asks you to identify the statement that is consistent with what you heard. You must carefully compare the specific details mentioned in the listening passage with each option. It is important to distinguish between information that was directly stated and information that contradicts the passage. Do not rely on your background knowledge; base your answer solely on the listening content.

함께 보기: EBS TOPIK Ⅱ 종합서 p.34 유형 03

해설

① 낙타는 체온을 잘 조절해서 땀을 거의 흘리지 않는다고 했으므로 땀을 많이 흘린다는 이 보기는 사실과 다릅니다.

② 낙타는 체온을 잘 조절한다고 했으므로 사실과 일치하는 내용입니다. 따라서 정답은 ②번입니다.

③ 낙타의 혹에는 물이 아닌 지방이 저장된다고 했으므로 물이 많이 들어 있다는 이 선택지는 사실과 다릅니다.

④ 낙타는 짧은 시간에 많은 물을 마신다고 했으므로 긴 시간 동안 물을 마셔야 한다는 이 선택지는 사실과 다릅니다.

① The passage states that camels hardly sweat because they can control their body temperature. Therefore, saying that camels sweat a lot is incorrect.

② The passage explains that camels can regulate their body temperature well, so this statement is correct. Therefore, the correct answer is Option ②.

③ The passage clearly says that a camel's hump stores fat, not water, so this statement is false.

35~36

제시문

남자: 오늘은 우리 기업이 30주년을 맞이하는 뜻깊은 날입니다. 그동안 수많은 도전과 변화 속에서도 흔들림 없이 함께해 주신 직원 여러분의 수고에 깊이 감사드립니다. 또한 저희를 믿고 신뢰를 보내 주신 고객 여러분께도 감사의 말씀을 전합니다. 지금의 성과는 모두 직원분들의 노력과 열정이 있었기에 가능했습니다. 30년 전, 작은 회사로 출발한 우리 기업은 고객 중심의 가치, 정직한 경영을 바탕으로 꾸준히 성장해 왔습니다. 앞으로도 지속 가능한 성장과 사회적 책임을 함께 실현하는 기업으로서, 더 나은 내일을 만들어 가는 데 최선을 다하겠습니다.

- **주제**: 회사 창립 행사
- **담화 유형**: 공식적 자리에서의 인사말

35

정답 ②

문제 유형 대화 상황/참여자를 고르거나 화자의 의도, 태도, 말하는 방식 파악하기

문제 해결 전략

이 문제는 화자가 무엇을 하고 있는지를 파악하는 유형입니다. '창립 30주년', '감사의 말씀', '최선을 다하겠습니다'와 같은 말에서 힌트를 얻을 수 있습니다. 이를 통해 회사 창립 기념행사에서 대표가 인사말을 하고 있음을 추론해야 합니다.

This type of question asks you to identify what the speaker is doing. Hints can be taken from words such as '30th Anniversary of Foundation', 'Thanksgiving', and 'I'll do my best'. This should infer that the representative is greeting at the company's inaugural event.

함께 보기: EBS TOPIK Ⅱ 종합서 p.78 유형 05

해설

① 신제품이나 제품에 대한 내용은 대화에서 찾을 수 없습니다.

② "우리 기업이 30주년을 맞이하는 뜻깊은 날입니다"라는 말을 통해 창립 기념식에서의 인사말이라는 것을 알 수 있습니다. 따라서 정답은 ②번입니다.

③ 고객의 불만이나 사과를 전하는 내용은 대화에서 나타나지 않으므로 정답이 아닙니다.

④ 직원 교육이나 신입 사원 관련 내용은 대화에서 찾을 수 없습니다.

① This option is incorrect because the conversation does not mention any new product or product details.

② This is the correct answer because the statement "It's a meaningful day for our company to celebrate its 30th anniversary" shows that it is a greeting at the ceremony.

③ This option is incorrect because the conversation does not include any customer complaints or apologies.

④ This option is incorrect because the conversation does not mention employee training or new employees.

36

정답 ①

문제 유형 들은 내용과 같은 것 고르기

문제 해결 전략

들은 내용과 같은 것을 고르기 문제는 지문에서 말한 핵심 내용을 정확히 파악하고 선택지와 사실적 일치 여부를 꼼꼼히 비교해야 합니다. 듣기 자료에 등장하는 수치(예: 30주년 → 20주년인지 확인), 주체(고객 vs 직원), 내용(성과 vs 문제점) 등을 꼼꼼히 비교하면서 선택지의 키워드가 명확히 언급되었는지 판단해야 합니다.

In "match what you heard" questions, focus on the main points in the listening passage and check whether each option matches what was actually said. Pay close attention to numbers (e.g., 30th vs. 20th anniversary), who is involved (customer vs. employee), and the content (achievements vs. problems). Check whether the keywords in each option are clearly stated in the listening passage, and choose the one that matches.

함께 보기: EBS TOPIK Ⅱ 종합서 p.34 유형 03

해설

① 정직한 경영을 바탕으로 꾸준히 성장해 왔다는 말을 통해 ①번이 정답이라는 것을 알 수 있습니다.

② 이 회사는 30주년을 맞이해서 창립 기념식을 열었으므로 정답이 아닙니다.

③ 앞으로도 지속 가능한 성장과 사회적 책임을 함께 실현하는 기업이 되겠다고 말하고 있으므로 정답이 아닙니다.

④ 이 기업은 처음에 작은 회사로 출발했으므로 정답이 아닙니다.

① By saying that it has grown steadily based on honest management, we can see that number ① is the correct answer.

② The company held its inaugural ceremony for its 30th anniversary, so it is not the answer.

③ It is not the answer because it is said that it will continue to be a company that realizes sustainable growth and social responsibility together.

④ This is not the answer because it started as a small company at first.

37~38

제시문

남자: 요즘 환경 문제가 점점 심각해지고 있는데요. 변화를 위해서는 어떤 노력이 필요할까요?

여자: 정부는 2030년까지 플라스틱 사용량을 줄이고 재활용률을 높이겠다는 목표로 다양한 정책을 시행하고 있지만 이것만으로는 한계가 있습니다. 반드시 일상에서 한 사람, 한 사람의 실천이 동반되어야 하지요. 예를 들어 텀블러를 들고 다니거나 장바구니를 사용하는 것처럼 일회용품 사용을 줄이려는 노력이 필요합니다. 물론 친환경 제품은 가격이 비싸지요. 또 규제가 없던 시절, 카페나 편의점에서 일회용품을 기본적으로 받았던 경험 때문에 이런 실천이 쉽지만은 않습니다. 그러나 작은 노력이 모이면 결국 우리 사회를 바꿀 수 있다고 생각합니다.

• **주제**: 일회용품 사용 문제 • **담화 유형**: 교양 프로그램

37

정답 ②

문제 유형 중심 생각, 중심 내용, 화제 고르기

문제 해결 전략

이 문제는 대화를 듣고 여자가 가장 강조한 중심 생각을 찾는 문제입니다. 중심 생각 문제는 구체적인 예시가 아닌 여자가 끝까지 강조한 핵심 메시지가 무엇인지에 초점을 맞춰야 합니다. 특히 여자가 반복해서 강조하는 말, 마지막에 정리된 의견에 집중하며 듣는 것이 중요합니다. 선택지 중 구체적인 방안이나 부수적인 정보는 오답으로 제시될 수 있으므로 여자가 전달하고자 하는 핵심 주장을 중심으로 판단해야 합니다.

This question asks you to find the main idea emphasized by the woman. When solving this type of question, focus on the woman's key message rather than specific examples. Pay special attention to what the speaker repeats or summarizes at the end. Detailed suggestions or supporting information often appear as distractors, so you should select the option that directly reflects the speaker's main point.

함께 보기: EBS TOPIK Ⅱ 종합서 p.54 유형 04

해설

① 여자는 일회용품을 줄이기 위해 실천이 필요하다고 했으나 새로운 제품 개발에 대한 내용은 전혀 언급하지 않았으므로 오답입니다.

② 여자는 일상에서의 작은 실천이 중요하다는 점을 강조했으며 마지막에 "작은 노력이 모이면 우리 사회를 바꿀 수 있다"고 말했습니다. 따라서 정답은 ②번입니다.

③ 친환경 제품의 가격이 비싸다는 언급은 있었지만 가격 조정이 필요하다고 주장하지 않았으므로 오답입니다.

④ 정부의 정책에 대해 설명하긴 했지만 구체적인 보완이나 강화 방안을 요구하지 않았으므로 오답입니다.

① The woman emphasized reducing single-use plastics through daily actions, but she did not mention developing alternative products. Therefore, this option is incorrect.

② The woman consistently emphasized the importance of small efforts in daily life, and concluded by saying, "Small efforts can eventually change our society." Therefore, the correct answer is Option ②.

③ Although the woman mentioned that eco-friendly products are expensive, she did not say that the prices need to be adjusted, so this option is incorrect.

④ The woman explained the government's goals but did not state that more detailed policies are needed. So this option is not supported by the passage.

38

정답 ④

문제 유형 들은 내용과 같은 것 고르기

문제 해결 전략

이 문제는 대화를 듣고 들은 내용과 일치하는 것을 찾는 문제입니다. 핵심은 말한 내용이 '정확히' 일치하는지를 확인하는 것입니다. 부분적으로 맞거나 비슷해 보여도, 숫자, 시기, 대상, 조건 등 세부 정보가 정확히 일치하는지 꼼꼼히 비교해야 합니다. 선택지 중 과장되거나 잘못된 정보가 오답으로 자주 제시되므로, 지문의 핵심 사실을 그대로 반영한 선택지를 고르는 것이 중요합니다.

This question asks you to choose the statement that matches the information in the conversation. It is important to carefully check whether each option matches the key facts, including numbers, time frames, and specific details. Options that sound similar but contain incorrect or exaggerated information are often used as distractors, so you must select the option that accurately reflects what was said.

함께 보기: EBS TOPIK Ⅱ 종합서 p.34 유형 03

해설

① 남자가 요즘 환경 문제가 점점 심각해지고 있다고 했으므로 내용과 맞지 않습니다.

② 규제가 없던 과거에 일회용품을 기본적으로 제공했다고 했으므로 맞지 않습니다.

③ 친환경 제품은 가격이 비싸다고 언급했으므로 저렴하다는 이 선택지는 틀렸습니다.

④ 정부가 2030년까지 플라스틱 사용량과 재활용률을 높이겠다는 목표를 가지고 다양한 정책을 시행하고 있다고 했으므로 내용과 일치합니다. 따라서 정답은 ④번입니다.

① The man said that environmental problems are becoming more serious these days, so this does not match the passage.

② It was stated that in the past, when there were no regulations, disposable products were provided by default, so this does not match.

③ The woman stated that eco-friendly products are expensive, so this option is incorrect.

④ It was stated that the government is implementing various policies with the goal of reducing plastic use and increasing the recycling rate by 2030, so this matches the passage. Therefore, the correct answer is option ④.

39~40

제시문

여자: 이처럼 농촌 지역의 인구 유출로 인해 여러 가지 문제가 발생하고 있습니다. 농촌 지역의 인구 유출 문제를 해결하기 위한 방안에는 무엇이 있을까요?

남자: 네. 농촌의 인구 감소는 단순히 사람이 줄어드는 것을 넘어 지역 경제와 공동체의 붕괴로 이어질 수 있기 때문에 빠른 대응이 필요합니다. 먼저, 제도적인 측면에서 청년들이 농촌에서도 안정적으로 일하고 정착할 수 있도록 창업이나 주거에 대한 실질적인 지원이 필요하고요. 또한 농업뿐만 아니라 교육, 문화, 복지 같은 생활 기반도 함께 마련되어야 합니다. 그리고 무엇보다 중요한 건 인식 개선입니다. 많은 사람들이 농촌을 불편하고 기회가 없는 곳으로 생각하는데 농촌의 장점과 가능성을 널리 알리는 노력도 함께 이루어져야 합니다.

• **주제**: 농촌 인구 유출 • **담화 유형**: 대담

39

정답 ①

문제 유형 대화 전/후의 내용 고르기

문제 해결 전략

대화에서 여자가 "이처럼 농촌 지역의 인구 유출로 인해 여러 문제가 발생하고 있다"고 말하고 있습니다. 앞서 농촌 인구 감소 현상에 대한 보고서, 뉴스 시청, 사례 언급 등이 있었을 가능성이 높습니다. '이처럼'이라는 연결어에 주의해야 합니다.

In the conversation, the woman says, "There is a problem with the outflow of population in rural areas." This suggests that earlier there were reports, news items, or examples related to the decline of the rural population. Pay attention to the connector "like this," which refers back to the preceding context.

함께 보기: EBS TOPIK Ⅱ 종합서 p.102 유형 06

해설

① 여자의 말을 통해 이 대화 앞에서는 농촌 지역의 인구 유출로 인해 발생한 문제들이 소개되었음을 알 수 있습니다. 따라서 정답은 ①번입니다.

② 인식 변화에 대한 내용은 이 대화 앞이 아닌 남자의 대답 후반부에 해당합니다.

③ 지금은 해결책을 논의하는 단계로 대화 앞에 나올 수 없습니다.

④ 인구 감소를 긍정적으로 바라보는 내용으로 대화 내용과 맞지 않습니다.

① This is the correct answer because from what the woman says, we can know that the problems caused by the outflow of population from rural areas were introduced in the earlier part of the conversation.

② This option is incorrect because the content about the change in perception appears not at the beginning of the conversation, but in the latter part of the man's response.

③ This option is incorrect because the conversation is now at the stage of discussing solutions, so this cannot appear in the earlier part.

④ It's a positive view of population decline, and it doesn't fit the conversation.

40

정답 ④

문제 유형 들은 내용과 같은 것 고르기

문제 해결 전략

'청년 유입을 위한 창업이나 주거 등의 실질적인 지원의 필요성', '복지, 교육 등 생활 기반 개선', '청년 유입을 위한 창업이나 주거 등의 실질적인 지원의 필요성'으로 수정과 같은 구체적인 언급들을 머릿속에 정리해야 합니다. 선택지의 내용을 하나씩 검토하면서 지문과 비교합니다.

You should keep in mind specific points such as "the need for practical support like start-ups and housing to attract young people," "improving living conditions such as welfare and education," and "efforts to highlight the advantages and potential of rural areas." Review each option carefully and compare it with the listening passage.

함께 보기: EBS TOPIK Ⅱ 종합서 p.34 유형 03

해설

① 농촌 인구 감소로 인해 범죄가 많아진다는 내용은 대화에서 알 수 없습니다.
② 정부의 지원 정책이 마련되었다고 하지 않고 필요하다고 말하고 있으므로 정답이 아닙니다.
③ 오히려 농촌 인구가 줄어드는 문제에 대해 말하고 있으므로 정답이 아닙니다.
④ 농촌 인구가 줄어드는 문제를 시급히 해결해야 한다고 했으므로 정답은 ④번입니다.

① It is not known from the conversation that there are more crimes due to the decline in the rural population.
② This option is incorrect because the passage says government support policies are needed, not that they have already been established.
③ This option is incorrect because the passage is talking about the problem of the declining rural population.
④ The answer is number ④ because it is said that the problem of shrinking rural population must be solved urgently.

41~42

제시문

여자: 여기 왼쪽 사진은 과거에 많이 사용되던 의자입니다. 높이나 각도를 조절할 수 없고 단단한 목재로 만들어져서 오래 앉아 있으면 불편했지요. 오른쪽 사진은 요즘 많이 볼 수 있는 의자인데요. 사용자의 편안함을 고려해 인체 공학적으로 설계되어 등받이 각도, 의자 높이, 팔걸이 위치를 내 몸에 맞게 조절할 수 있어 오래 앉아도 편안합니다. 최근 판매된 의자 중 절반 이상이 이런 조절 기능이 포함되었고 특히 사무용 의자에서 조절 기능이 있는 제품의 비율이 크게 늘었습니다. 사용자 중심의 편안함을 더 중요하게 생각하게 된 거지요.

• **주제**: 의자의 기능 • **담화 유형**: 강연

41

정답 ③

문제 유형 중심 생각, 중심 내용, 화제 고르기

문제 해결 전략

이 문제는 강연의 중심 내용을 찾는 문제입니다. 강연에서 여러 가지 사실이 나오더라도 주제는 전체 내용을 통해 강연자가 가장 강조하고 싶은 핵심 메시지를 찾아야 합니다. 특히 처음부터 끝까지 일관되게 반복하거나 마지막에 정리한 내용을 주의 깊게 들어야 하며 구체적인 예시는 중심 내용이 아닌 경우가 많으니 함정에 빠지지 않도록 유의해야 합니다.

This question asks you to find the main idea of the lecture. When answering this type of question, you should carefully listen to what the speaker emphasizes throughout the lecture. Focus on the overall theme and the concluding statements, not on specific examples or details, which are often used as distractors.

함께 보기: EBS TOPIK Ⅱ 종합서 p.54 유형 04

해설

① 강연에서는 사무용 의자 이야기가 나오지만 사무용 의자에는 조절 기능이 반드시 필요하다는 내용은 나오지 않았습니다.
② 다양한 디자인에 대한 언급은 없었으므로 이 선택지는 강연 내용과 맞지 않습니다.
③ 강연 전체가 요즘 의자들이 인체 공학적 설계를 통해 사용자 중심의 편안함을 강조하고 있다는 내용으로 진행되었습니다. 따라서 정답은 ③번입니다.
④ 의자의 소재(재질)와 관련된 설명은 전혀 없었습니다.

① Although office chairs were mentioned, the lecture did not say that adjustable features are absolutely necessary for office chairs.
② There was no mention of popular designs or design trends in the lecture.
③ The main theme of the lecture was that modern chairs

are ergonomically designed to prioritize user comfort. Therefore, the correct answer is Option ③.

④ The speaker did not discuss anything about the materials used to make chairs.

42

정답 ②

문제 유형 들은 내용과 같은 것 고르기

문제 해결 전략

이 문제는 강연에서 들은 내용과 같은 것을 찾는 문제입니다. 문제를 풀 때는 강연에서 구체적으로 언급된 사실을 정확하게 기억하는 것이 중요합니다. 비슷해 보이지만 실제로는 언급되지 않았거나 사실과 다른 내용을 구별해야 하며 특히 부정 표현(없다, 점점 단순해지다 등)이 포함된 선택지는 잘못된 정보로 제시되는 경우가 많으므로 주의해야 합니다.

This is a "choose the correct factual statement" question. When answering, it is important to focus on the exact facts mentioned in the lecture. Be especially careful with distractors that use negative or absolute expressions (like "none," "most don't," "getting simpler") because these often misrepresent what was actually said.

함께 보기: EBS TOPIK Ⅱ 종합서 p.34 유형 03

해설

① 의자의 조절 기능이 다양해지고 있다고 했으므로 의자 기능이 단순해지고 있다는 내용은 맞지 않습니다.

② 요즘 팔걸이 위치를 바꿀 수 있는 의자가 있다는 내용이 강연에서 나왔습니다. 따라서 정답은 ②번입니다.

③ 판매의 절반 이상이 조절 기능이 있는 의자이고, 조절 기능이 있는 제품의 비율이 늘었다고 했으므로 내용과 맞지 않습니다.

④ 과거 의자는 나무로 만들어졌지만 오래 앉으면 불편하다고 설명하였으므로 강연의 내용과 반대입니다.

① The lecture stated that the adjustable functions of chairs are becoming more diverse, so the idea that chair functions are becoming simpler is incorrect.

② The lecture mentioned that modern chairs have adjustable armrests. Therefore, the correct answer is option ②.

③ The lecture said that more than half of the chairs sold recently had adjustable functions, and the proportion of such chairs has increased, so this option is incorrect.

④ The lecture explained that old chairs were made of wood but were uncomfortable to sit on for long periods. Therefore, this option is the opposite of what was said.

43~44

제시문

남자: 나무를 잘게 부수고 물과 섞어 부드러운 펄프를 만들어 낸다. 이 펄프를 망틀 위에 얇게 펼쳐 고르게 펴 준 뒤 롤러로 눌러 어느 정도 수분을 없앤다. 그다음 펄프를 깨끗한 물로 충분히 씻어 불순물을 제거한다. 이 과정은 매우 중요한데 펄프를 제대로 씻지 않으면 종이에 얼룩이 남고 인쇄할 때 품질이 떨어지기 때문이다. 세척이 끝난 펄프는 다시 롤러로 눌러 남은 수분을 최대한 제거한다. 그래야 종이의 밀도가 높아진다. 이후 종이를 말리는 실린더를 통해 완전히 건조시키고 섬유의 결을 고르게 정리한다. 그래야 종이가 구겨지거나 글자가 번지는 것을 줄일 수 있다. 이제 한 장의 종이가 완성되었다.

• **주제**: 종이를 만드는 과정 • **담화 유형**: 다큐멘터리

43

정답 ①

문제 유형 중심 생각, 중심 내용, 화제 고르기

문제 해결 전략

이 문제는 들은 내용이 전반적으로 어떤 주제를 다루고 있는지를 찾는 문제입니다. 전체 설명의 흐름이 어디에 초점이 맞춰져 있는지 주의 깊게 들어야 합니다. 특히 구체적인 사례나 과정이 반복될 경우, 그것이 중심 내용일 가능성이 높습니다. 중간에 등장하는 부수적인 설명이나 추가 정보에 흔들리지 말고 전체를 관통하는 핵심 주제를 찾아야 합니다.

This question asks you to identify the overall topic of the listening passage. Focus carefully on what the speaker consistently emphasizes throughout the passage. When a specific process or sequence of steps is repeatedly explained, that is often the key topic. Do not be distracted by minor details or supporting information — focus on the main idea that connects the entire passage.

함께 보기: EBS TOPIK Ⅱ 종합서 p.54 유형 04

해설

① 남자는 종이를 만들기 위한 전체적인 제작 과정을 구체적으로 설명하고 있습니다. 따라서 정답은 ① 번입니다.

② 종이를 관리하는 방법에 대한 내용은 이야기하지 않았으므로 틀렸습니다.

③ 종이의 문화적 가치에 대한 설명은 없었으므로 틀렸습니다.

④ 종이가 사람에게 어떤 영향을 주는지에 대한 설명이 없으므로 틀렸습니다.

① The speaker explains the entire process of making paper in detail. Therefore, the correct answer is option ①.

② There is no mention of how to manage or take care of paper, so this option is incorrect.

③ The cultural value of paper is not discussed, so this option is incorrect.

④ The passage does not explain how paper affects people, so this option is incorrect.

44 정답 ④

문제 유형 들은 내용과 같은 것 고르기

문제 해결 전략

이 문제는 들은 내용 중 구체적인 사실을 묻는 문제입니다. 듣기 자료에서 언급된 '펄프를 롤러로 누르는 이유'를 정확히 기억해야 합니다. 선택지들이 모두 비슷하게 보일 수 있으므로 문장 속에서 '왜'라는 이유를 직접 설명한 부분을 집중해서 들어야 합니다. 특히 '펄프를 누르는 과정'에서 남자가 설명한 목적을 정확히 파악해야 합니다.

This question asks you to find a specific factual detail from the listening passage. You need to focus on the part where the speaker explains why the pulp is pressed with a roller. Since all the options seem similar, it is important to carefully listen for the part where the reason is explicitly mentioned. Pay attention to the purpose of pressing the pulp in the process.

함께 보기: EBS TOPIK Ⅱ 종합서 p.34 유형 03

해설

① 종이의 결을 고르게 정리하는 것은 종이를 말리는 과정에서 이루어진다고 설명했으므로 틀렸습니다.

② 종이가 구겨지지 않도록 하는 것은 종이를 말리는 과정에서 설명된 내용이므로 맞지 않습니다.

③ 인쇄 품질은 펄프를 깨끗하게 씻어야 좋아진다고 했으므로 이 과정과 직접적인 관련이 없습니다.

④ 롤러로 펄프를 누르는 이유는 남은 수분을 제거하여 '종이의 밀도를 높이기 위해서'라고 설명했습니다. 따라서 정답은 ④번입니다.

① The passage explains that smoothing the paper fibers happens during the dryer cylinder process, so this option is incorrect.

② Preventing paper from wrinkling is addressed in the dryer cylinder process, not during the pressing process.

③ Improving print quality is related to thoroughly washing the pulp, not pressing it.

④ The pulp is pressed with a roller to remove the remaining moisture and increase the paper's density. Therefore, the correct answer is option ④.

45~46 정답 ③

제시문

여자: 여기 보이는 사진은 노후된 주택들이 밀집해 있는 한 도시의 골목입니다. 이 지역은 한때 낙후된 지역으로 분류되어 전면 철거 후 아파트 단지를 조성하자는 의견이 많았지만, 다른 방향의 재생 사업이 이루어졌습니다. 바로 기존 건축물과 골목길을 그대로

보존하면서 문화와 예술을 접목해 지역을 되살리는 방식이었죠. 주민들과 예술가들이 협력해 공간을 재구성하고, 지역의 이야기를 담은 전시와 공연을 기획하면서 외부 방문객들의 발길도 이어지게 됐습니다. 이 과정에서 핵심적인 역할을 한 것은 바로 주민 참여였습니다. 행정 기관이 일방적으로 주도하는 개발이 아니라, 주민이 직접 회의에 참여하고 의견을 제안하면서 지역의 주체로서 적극적인 관여를 한 것입니다. 이처럼 도시 재생은 물리적인 환경 변화뿐 아니라, 공동체 회복과 지역 정체성 회복이라는 사회적 가치도 함께 담고 있다는 점에서 중요한 의미를 지니고 있습니다.

• **주제**: 도시 재생 • **담화 유형**: 강연

45

정답 ③

문제 유형 들은 내용과 같은 것 고르기

문제 해결 전략

이 강연은 도시 재생 방식에 대한 설명으로, 기존 철거 중심이 아닌 주민 참여 및 문화 예술 중심의 재생 방식을 강조하고 있습니다. 구체적인 내용 중 주요 정보를 기억하면서 선택지의 말과 들은 내용이 의미가 같은지 확인해야 합니다.

This lecture explains an urban regeneration approach that emphasizes resident participation and culture- and arts-centered renewal rather than demolition. As you listen, focus on remembering the key information in the details and check whether each option has the same meaning as what you heard.

함께 보기: EBS TOPIK Ⅱ 종합서 p.34 유형 03

해설

① 실제로는 철거하지 않고 기존 건축물과 골목길을 보존하는 방향으로 재생되었습니다.

② 오히려 행정 기관의 일방적인 주도가 아닌 주민이 직접 회의에 참여하고 제안하는 방식으로 이루어졌다고 설명하고 있으므로 정답이 아닙니다.

③ 여자는 주민 참여가 핵심적인 역할을 했다고 말하며 주민이 지역의 주체로서 관여했다고 강조했으므로 정답은 ③번입니다.

④ 주거 환경 개선보다는 문화와 예술을 접목한 재생 사업의 사례를 설명하고 있으므로 정답이 아닙니다.

① The area was regenerated by preserving existing buildings and alleyways rather than demolishing them.

② This option is incorrect because the project was explained as being carried out through residents directly participating in meetings and making proposals, not through one-sided control by administrative agencies.

③ This is the correct answer because the female speaker said that resident participation played a key role and emphasized that residents took a central role in the community.

④ It is not the answer because it explains the case of a regeneration project that combines culture and art rather than improving the residential environment.

46

정답 ①

문제 유형 대화 상황/참여자를 고르거나 화자의 의도, 태도, 말하는 방식 파악하기

문제 해결 전략

이 문제를 풀기 위해서는 '무엇을 말했는가'가 아니라, '어떻게 말했는가'를 분석해야 합니다. 선택지를 읽을 때는 화자가 사용한 설명 방식(예시, 비교, 비유, 강조 등) 을 파악하고, 말하는 목적과 구조도 함께 이해해야 합니다. 여자는 정보를 제공하면서도 자신의 주장을 설득력 있게 전달하려고 합니다.

To solve this type of question, focus on how something is said, not just what is said. When reading the options, pay attention to the speaker's method of explanation (e.g., examples, comparisons, analogies, emphasis) as well as the purpose and structure of the speech. In the dialogue, the woman provides information while also trying to present her argument persuasively.

함께 보기: EBS TOPIK Ⅱ 종합서 p.78 유형 05

해설

① 여자는 한 도시의 골목을 중심으로 보존과 문화 예술 접목을 통한 도시 재생 사례를 소개하고 있으므로 사례를 통해 내용을 설명하는 방식입니다. 따라서 정답은 ①번입니다.

② 비판적인 관점보다는 도시 재생의 긍정적인 효과와 의미에 초점을 맞추고 있습니다. 문제점에 대한 비

판이나 분석은 제시되지 않았습니다.
③ 원인을 분석하거나 유추하는 설명은 전혀 없으며 도시 재생의 의미와 가치를 구체적 사례를 통해 소개하는 내용이 중심이므로 정답이 아닙니다.
④ 통계나 수치는 전혀 언급되지 않았고 질적 사례와 서술 중심의 설명이 이어졌습니다.

① This is the correct answer because the woman introduces an urban regeneration case that combines preservation with culture and the arts, focusing on the city's alleys. She is explaining the content through an example.
② It focuses on the positive effects and meaning of urban regeneration rather than a critical perspective. No criticism or analysis of the problem was presented.
③ This option is incorrect because the passage does not analyze or infer causes; instead, it focuses on introducing the meaning and value of urban regeneration through specific examples.
④ No statistics or figures are mentioned; instead, the passage continues with qualitative examples and narrative-style explanations.

47~48

제시문

여자: 최근 청소년의 도서관 이용률을 높이기 위해 다양한 프로그램이 운영되고 있지만 실질적인 변화를 끌어내기 어렵다는 지적도 나오고 있는데요. 청소년들의 도서관 이용을 활성화하려면 어떤 방안이 필요할까요?

남자: 네. 무엇보다 청소년들이 도서관을 찾지 않게 되는 근본적인 원인을 분석하는 것이 중요하다고 생각합니다. 현재 도서관 이용자층은 주로 중장년층에 편중되어 있죠. 따라서 청소년들도 자연스럽게 도서관을 찾을 수 있도록 하려면 도서관의 환경이나 분위기부터 변화가 필요합니다. 예를 들어, 청소년들의 관심사를 반영한 전시를 기획하거나 보다 쾌적한 학습 공간을 조성함으로써 도서관이 단순한 정보 제공 공간을 넘어 매력적인 문화 공간으로 인식되도록 해야 합니다. 궁극적으로는 청소년의 눈높이에 맞춘 맞춤형 서비스 제공이 핵심이라고 봅니다.

- **주제:** 청소년의 도서관 이용률
- **담화 유형:** 대담

47

정답 ③

문제 유형 들은 내용과 같은 것 고르기

문제 해결 전략

대화의 흐름을 통해 청소년 도서관 이용 활성화를 먼저 이해합니다. 남자의 말에서 원인과 해결 방안을 구분해 정리합니다. 그리고 선택지의 문장이 들은 내용과 정확히 일치하는지 확인해야 합니다.

Follow the flow of the conversation to understand how youth library use is being revitalized. In the man's comments, separate the causes from the solutions. Then check whether each option matches what you heard.

함께 보기: EBS TOPIK Ⅱ 종합서 p.34 유형 03

해설

① 도서관 이용자층은 주로 중장년층에 편중되어 있다는 말을 통해 사실과 다릅니다.
② 청소년들의 이용을 늘리기 위해 도서관 환경과 분위기가 새롭게 바뀌어야 한다고 했으므로 정답이 아닙니다.
③ 청소년들이 자연스럽게 도서관을 찾을 수 있도록 하기 위해서는 정보 제공 공간을 넘어 문화 공간으로 인식되어야 한다고 말하고 있으므로 정답은 ③번입니다.
④ 청소년을 위한 맞춤형 서비스 제공이 필요하다고 말하고 있으므로 프로그램이 충분히 제공되고 있다고 보기 어렵습니다.

① It is not true by saying that the library user base is mainly concentrated in the middle-aged.
② It is not the answer because the library environment and atmosphere should be changed to increase the use of teenagers.
③ To enable young people to use libraries naturally, they must be perceived as cultural spaces beyond mere information provision spaces. Therefore, the correct answer is option ③.
④ It is said that it is necessary to provide customized

services for teenagers, so it is not enough.

48

정답 ②

문제 유형 **대화 상황/참여자를 고르거나 화자의 의도, 태도, 말하는 방식 파악하기**

문제 해결 전략

화자가 대화를 통해 전달하고자 하는 생각과 감정, 즉 의도와 태도를 정확히 파악하는 것이 중요합니다. 남자가 청소년의 도서관 이용 활성화 방안에 대해 어떤 관점을 가지고 있으며 이를 어떻게 말하고 있는지를 파악해야 합니다.

It is important to clearly identify the speaker's intentions and attitudes—the thoughts and feelings they want to convey through the conversation. In this question, focus on the man's perspective on how to revitalize youth library use and the way he expresses it.

함께 보기: EBS TOPIK Ⅱ 종합서 p.78 유형 05

해설

① 프로그램의 한계를 언급했지만 불신하거나 부정적인 태도를 보이지 않습니다.

② 청소년이 도서관을 찾지 않는 이유를 파악하고 청소년들의 관심사에 맞춘 환경과 서비스 제공이 필요하다고 강조하고 있습니다. 따라서 정답은 ②번입니다.

③ 현재 도서관 운영의 한계를 지적하고 개선 필요성을 주장하므로 긍정적으로 평가했다고 보기 어렵습니다.

④ 중장년층보다 청소년을 위한 변화가 필요하다는 입장을 보였기 때문에 정답이 아닙니다.

① The speaker mentioned the limitations of the program, but did not show distrust or a negative attitude.

② It is emphasized that it is necessary to understand why teenagers do not visit libraries and provide an environment and services tailored to the interests of teenagers. Therefore, the answer is number ②.

③ It is difficult to say that it has been evaluated positively because it points out the limitations of the current library operation and insists on the need for improvement.

④ It is not the answer because they have said that changes are needed for adolescents rather than middle-aged people.

49~50

제시문

남자: 여러분, 최근 세계 각국이 우주 개발에 박차를 가하고 있는 이유는 무엇일까요? 단순히 과학 기술의 진보만을 위한 것은 아닙니다. 우주 개발은 곧 국가 경쟁력과 안보 전략에 직결되는 중요한 영역이기 때문입니다. 예를 들어, 인공위성은 통신, 기상 예보, 재난 대응 등 다양한 분야에서 핵심적인 역할을 하고 있으며 한 나라가 위성 운용 능력을 갖추는 것은 전략적 자립성과 연결됩니다. 특히 최근에는 민간 기업들이 참여하면서 기술 발전이 가속화되고 우주 자원을 둘러싼 경쟁도 본격화되고 있습니다. 우리나라도 위성 발사체 개발, 달 탐사, 우주 인터넷 통신망 구축 등 장기 프로젝트를 추진 중이며 우주 개발은 단기간의 성과보다 지속 가능한 투자와 전략적 비전이 중요한 분야입니다. 결국 미래를 준비하는 국가는 우주에서의 주도권 확보를 국가 안보와 경제 성장의 핵심 축으로 삼고 있습니다.

• **주제**: 우주 개발 • **담화 유형**: 강연

49

정답 ②

문제 유형 **들은 내용과 같은 것 고르기**

문제 해결 전략

우주 개발이라는 강연을 듣고 들은 내용과 같은 것을 고르는 문제입니다. 6급 수준의 문제로 고급 어휘가 많이 등장합니다. 선택지에 듣기 자료의 어휘가 그대로 제시되어 있다고 해서 정답은 아닙니다. 선택지의 의미를 정확하게 파악해야 합니다.

This question asks you to choose the statement that matches what you heard in a lecture on space development. As this is a level 6 problem, it includes a lot of advanced vocabulary. Remember that the correct answer is not always the one that repeats words from the listening passage—you need to understand the exact meaning of each option.

함께 보기: EBS TOPIK Ⅱ 종합서 p.34 유형 03

해설

① 최근에 민간 기업들의 참여하면서 기술 발전이 가속화되고 있다고 했으므로 정답이 아닙니다.
② 우주 개발은 안보와 국가 전략에 직결되는 영역이라고 말했으므로 정답은 ②번입니다.
③ 우주 개발은 지속 가능한 투자와 전략적 비전이 중요한 분야라고 했으므로 내용과 맞지 않습니다.
④ 미래를 준비하는 국가는 우주에서의 주도권 확보가 중요하며, 최근 우주 자원을 둘러싼 경쟁이 본격화되고 있다고 말하고 있으므로 정답이 아닙니다.

① It is incorrect because it states that technological advancement is accelerating as private companies participate in space development.
② The correct answer is ② because it states that space development is an area directly linked to national security and national strategy.
③ It states that space development is a field where sustainable investment and strategic vision are crucial, so this does not match the content.
④ It states that nations preparing for the future must secure leadership in space, and competition over space resources has recently intensified, so this is not the correct answer.

50

정답 ④

문제 유형 **대화 상황/참여자를 고르거나 화자의 의도, 태도, 말하는 방식 파악하기**

문제 해결 전략

남자는 강연에서 우주 개발의 중요성을 설득력 있게 전달하려고 합니다. '예를 들어', '특히', '결국' 등의 표현을 통해 설명과 근거 중심의 대화임을 알 수 있습니다.

The man tries to convincingly convey the importance of space development in his lecture. Expressions such as "example," "particularly," and "ultimately" show that it is an explanation and evidence-based conversation.

함께 보기: EBS TOPIK Ⅱ 종합서 p.78 유형 05

해설

① 강연에서는 우주 개발의 위험성보다는 그 필요성과 국가 전략적 가치에 초점이 맞춰져 있으므로 정답이 아닙니다.
② 민간 주도에 대한 비판적 접근보다는 국가 주도와 전략적 접근을 중심으로 설명하고 있으므로 정답이 아닙니다.
③ 강연에서 특정 국가 간 사례 비교나 장단점 분석은 이루어지지 않았습니다.
④ 강연 전반에 걸쳐 우주 개발의 현황과 그 전략적 중요성을 설명하는 방식이 중심을 이루고 있습니다. 따라서 정답은 ④번입니다.

① This option is incorrect because the lecture focused on the necessity and national strategic value of space development rather than its risks.
② It is not the correct answer because it focuses on state-led and strategic approaches rather than critical approaches to private-led initiatives.
③ There was no comparison of cases or analysis of pros and cons between specific countries in the lecture.
④ The lecture mainly focused on explaining the current state of space development and its strategic importance. Therefore, ④ is the correct answer.

1교시 | 쓰기 해설

51

정답 ㉠ 섞어서 만들어야 합니다
㉡ 변경해야 합니다

제시문

> 인주은행 회원 가입 안내(고객 센터)
>
> 비밀번호는 다른 사람이 쉽게 알 수 있는 것으로 만들면 위험합니다. 전화번호나 생일은 사용하지 말고 문자와 숫자를 (㉠). 그리고 안전을 위해 비밀번호를 가끔 (㉡).

- **주제**: 안전한 비밀번호 설정 및 관리 방법
- **텍스트/자료 유형**: 안내문

문제 유형 맥락에 맞게 빈칸에 알맞은 말 쓰기

문제 해결 전략

우선 ( ) 앞뒤에 제시된 문장의 내용을 파악해 ( ) 안에 들어갈 내용을 떠올립니다. 그다음으로 제시된 글의 문장 형식과 통일해 써야 합니다. 이 글은 전체적으로 명확하고 간결하면서 정중한 공식적인 표현과 지시 또는 권유의 문장을 사용하고 있습니다. 비밀번호를 안전하게 만드는 방법은 일상에서 흔히 접하게 되는 상식적인 내용이므로 이를 적극적으로 활용하는 것이 좋습니다.

First, read the sentences before and after the blank, and think about what should go in the blank. Next, make sure your answer matches the sentence structure and tone used in the passage.
This text uses clear, concise, and polite language with formal expressions that give instructions or recommendations. Since the advice on how to create a secure password is common knowledge in everyday life, it's a good idea to actively apply that knowledge.

함께 보기: EBS TOPIK Ⅱ 종합서 p.208 유형 14

해설

"전화번호나 생일은 사용하지 말고 문자와 숫자를 (㉠)."

먼저 비밀번호 만들 때 전화번호나 생일을 사용하지 말라고 당부하고 있습니다. 그 뒤에 문자와 숫자를 함께 사용하라는 의미가 이어집니다. 따라서 (㉠)에는 '문자와 숫자를'이라는 목적어 다음에 들어갈 동사를 넣어야 하므로 '섞다'가 적절합니다. 섞어서 만들라는 표현이 들어가야 하므로 '섞어서 만드세요, 섞어서 만들어 주세요, 섞어서 만드는 게 좋습니다' 등이 전체 문맥과 잘 어울립니다.

"그리고 안전을 위해 비밀번호를 가끔 (㉡)."

다음으로 비밀번호를 만드는 과정이 끝난 이후에도 안전을 위해서 해야 하는 일에 대해 설명하고 있습니다. (㉡)에는 안전을 위해서 '가끔' 어떻게 하는 것이 좋은지를 의미하는 내용이 들어가야 합니다. 보안을 유지하기 위한 동작이면서 '비밀번호를'이라는 목적어에 어울리는 동사를 찾아야 합니다. 여기서는 비밀번호를 가끔 바꾸라는 표현이 적절합니다. 따라서 '변경하세요, 바꾸세요, 바꿔 주세요' 등이 전체 문맥과 잘 맞습니다.

"Don't use your phone number or birth date – (㉠) letters and numbers instead."
First, the sentence advises not to use your phone number or birth date when creating a password. Then, it implies that letters and numbers should be used together. Therefore, the verb that fits in (㉠) should follow the object "letters and numbers," and a verb like "mix" is appropriate. Expressions like "mix them together," "please mix them," or "it's best to mix them" would suit the overall context well.
"Also, for security, (㉡) your password from time to time."
Next, the sentence explains what should be done after creating the password to maintain security. In (㉡), the verb should

express what's good to do occasionally for safety. Since it relates to the object "your password", a verb like "change" is fitting. Therefore, expressions such as "change it", "please change it", or "it's best to change it" align well with the overall context.

52

정답 ㉠ 냄새를 맡으면
㉡ 코의 역할

제시문

음식의 맛은 입안에서만 느끼는 것이 아니라 냄새도 큰 영향을 준다. 사람이 음식을 먹을 때 코로 (　㉠　) 혀로 느낄 수 없는 향과 맛의 차이를 더 잘 구별할 수 있다. 반대로 감기에 걸려 코가 막히면 평소 좋아하던 음식도 맛이 없는 것처럼 느껴진다. 이처럼 맛을 제대로 느끼려면 혀의 역할뿐 아니라 (　㉡　)도 매우 중요하다.

- **주제**: 후각이 미각에 미치는 영향
- **텍스트/자료 유형**: 설명문

문제 유형 맥락에 맞게 빈칸에 알맞은 말 쓰기

문제 해결 전략

우선 ( ) 앞뒤에 제시된 문장의 내용을 파악해 ( ) 안에 들어갈 내용을 떠올립니다. 그다음으로 제시된 글의 문장 형식과 통일해 써야 합니다. 이 글은 후각이 미각에 미치는 영향을 설명하는 글입니다. 일상적 주제를 과학적 관점에서 설명하고 있습니다. 논리적인 문장 흐름과 인과 관계를 유지하며 비교와 예시를 통해 주제를 강조하고 있습니다. 사람의 몸에 대한 지식이 있다면 적극적으로 활용하는 것이 좋습니다.

First, examine the content of the sentences before and after the blank to determine what should go in it, and then ensure that your sentence is consistent with the structure and tone of the passage. This text explains the influence of the sense of smell on taste from a scientific perspective, using a familiar, everyday topic. It maintains a logical flow of ideas and emphasizes cause-and-effect relationships while highlighting the main idea through comparisons and examples. If you have knowledge of the human body's physiological mechanisms, you may make active use of it.

함께 보기: EBS TOPIK Ⅱ 종합서 p.208 유형 14

해설

"사람이 음식을 먹을 때 코로 (㉠) 혀로 느낄 수 없는 향과 맛의 차이를 더 잘 구별할 수 있다."

앞에서는 일반적 오해를 소개하고 그에 대한 반전을 제시한 후 뒤에서는 코가 막히면 맛이 없게 느껴진다는 것을 설명하고 있습니다. 따라서 (㉠)에는 '혀로 느끼는 것'과 비교, 대조되는 내용이 들어가야 합니다. 코로 '냄새를 맡으면, 냄새를 함께 맡으면' 등이 적절합니다.

"이처럼 맛을 제대로 느끼려면 혀의 역할뿐 아니라 (㉡)도 매우 중요하다."

(㉡)에는 '혀의 역할'과 비교되는 주어(명사)가 필요합니다. 혀와 함께 맛과 관계가 있는 기관이며, 냄새를 맡는다는 내용과 자연스럽게 연결되어야 하므로 '코의 역할', '코'가 자연스럽습니다.

"When eating food, by (㉠) with your nose, you can better distinguish subtle differences in aroma and taste that cannot be detected by the tongue alone."

This sentence first introduces a common misconception, then provides a reversal by explaining that food tastes bland when your nose is blocked. Therefore, (㉠) should include content that contrasts with what is sensed by the tongue, such as "smelling with your nose"or "smelling while eating."

"In this way, to fully appreciate the taste, it's not only the tongue but also (㉡) that plays an important role."
This sentence emphasizes the combined contribution of both senses. Since it compares with "the role of the tongue," an appropriate noun phrase for (㉡) would be: "the role of the nose," "the nose," or "your sense of smell."

53

제시문

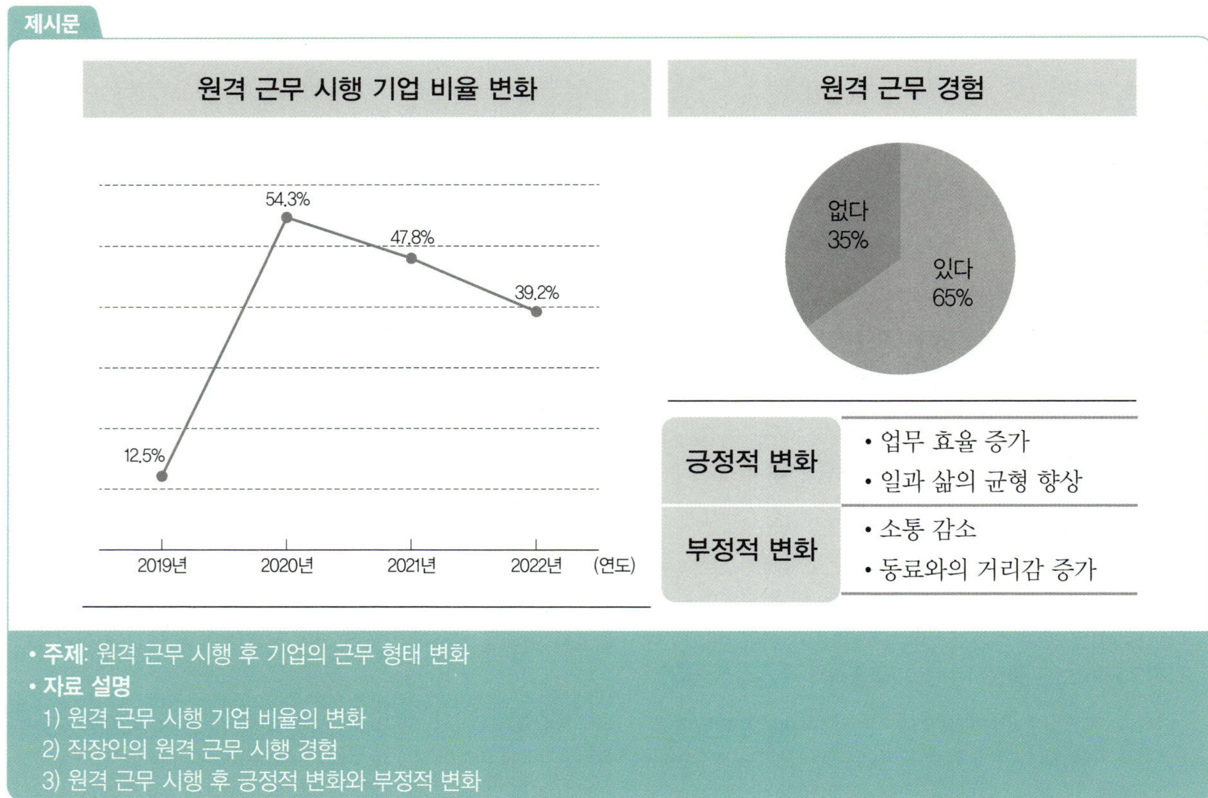

• **주제**: 원격 근무 시행 후 기업의 근무 형태 변화
• **자료 설명**
1) 원격 근무 시행 기업 비율의 변화
2) 직장인의 원격 근무 시행 경험
3) 원격 근무 시행 후 긍정적 변화와 부정적 변화

문제 유형 자료를 설명하는 글 쓰기

문제 해결 전략

이 문제는 '원격 근무'라는 사회 변화에 대해 주어진 세 가지 자료를 종합해 간결하고 논리적으로 요약하는 것이 핵심입니다. 먼저 원격 근무 시행 기업의 비율이 연도에 따라 감소하는 추세를 설명하며 도입합니다. 전체 흐름은 '변화 → 경험 → 긍정적 측면과 부정적 측면' 순으로 정리하는 것이 적절합니다.

The key to this task is to concisely and logically summarize the social change represented by "remote work" using the three provided sources. First, begin by introducing the decreasing trend in the percentage of companies implementing remote work over the years. The overall structure should follow this order: "change → experience → positive and negative aspects."

함께 보기: EBS TOPIK Ⅱ 종합서 p.220 유형 15

해설

1. 원격 근무 기업 비율 변화 그래프를 분석합니다. 2019년에는 12.5%에 불과했으나 2020년 54.3%로 급격히 확산된 이후 점차 하락 추세라는 점을 서술합니다.
2. 실제 원격 근무를 경험한 직장인에 대한 설문 조사를 분석하여 65%(과반수)가 경험이 있음을 서술합니다.
3. 원격 근무의 긍정적 측면과 부정적 측면을 균형 있게 서술합니다.

1. Analyze the graph showing the change in the proportion of companies implementing remote work. The rate was only 12.5% in 2019, but it surged to 54.3% in 2020, indicating a rapid expansion. Since then, it has shown a gradual downward trend.
2. Analyze the survey conducted on employees who have actually experienced remote work, and state that 65% (a majority) reported having such experience.
3. Describe both the positive and negative aspects of remote work in a balanced manner.

	원	격		근	무		시	행		기	업	의		비	율		변	화	를		살	펴	보	면
20	19	년	에	서		20	20	년		사	이	에		원	격		근	무	를		시	행	한	
기	업	이		12	.5	%	에	서		54	.3	%	로		급	증	했	으	나		이	후		20
21	년		47	.8	%	,	20	22	년		39	.2	%	로		점	차		감	소	하	는		추
세	를		보	이	고		있	다	.	실	제		원	격		근	무		경	험	에		대	한
질	문	에		과	반	수	가		경	험	이		있	다	고		대	답	했	다	.	원	격	
근	무		실	시		이	후		변	화	에		대	해		사	람	들	은		업	무		효
율	성	이		증	가	하	고		일	과		삶	의		균	형	이		향	상	되	었	다	고
느	꼈	지	만		동	시	에		서	로		소	통	이		부	족	해	지	고		동	시	에
거	리	감	도		커	졌	다	는		부	정	적	인		측	면	도		느	꼈	다	.	기	업
들	은		이	러	한		부	정	적		변	화	로		원	격		근	무		시	행	을	
줄	이	고		있	는		것	으	로		보	인	다	.										

54

제시문

현대인은 바쁜 일상과 끊임없는 경쟁 속에서 휴식의 중요성을 자주 간과하곤 한다. 그러나 충분한 휴식은 신체적 건강뿐만 아니라 정신적 안정, 일의 효율성에도 큰 영향을 미친다. 아래의 내용을 중심으로 휴식의 중요성과 이를 실천하기 위한 현실적인 방안에 대한 자신의 생각을 쓰라.

- 휴식이 중요한 이유는 무엇인가?
- 충분한 휴식을 취하지 못할 경우 어떤 문제가 생기는가?
- 건강한 휴식 문화를 만들기 위한 방안은 무엇인가?

- **주제**: 휴식의 중요성과 건강한 휴식 문화 조성 방안
- **필수 포함 내용**
  1) 휴식이 왜 중요한지 설명
  2) 휴식이 충분하지 않을 때 발생할 수 있는 문제 분석
  3) 건강한 휴식 문화를 조성하기 위한 실천적 방안 제시

문제 유형 주장하는 글 쓰기

문제 해결 전략

휴식은 단순한 쉼이 아니라 삶의 질과 사회의 지속 가능성에 영향을 미치는 중요한 요소임을 강조하는 것이 적절합니다. 제시된 세 가지 질문을 서론–본론–결론 구조에 자연스럽게 녹여야 하며, 개인과 사회의 책임을 균형 있게 다루는 것이 효과적입니다. 휴식의 본질적 가치를 회복의 관점에서 서술하면서 따뜻하고 논리적인 어조로 설득하는 데 핵심이 있습니다.

The key to this task is to emphasize that rest is not merely about taking a break, but a crucial element that affects quality of life and the sustainability of society. The response should naturally incorporate the three guiding questions—on the meaning of rest, the responsibilities of individuals and society, and practical approaches—within a clear introduction-body-conclusion structure. It is important to maintain a balanced perspective that reflects both personal and societal responsibility. The core aim is to present the intrinsic value of rest from the perspective of recovery, and to persuade readers with a tone that is both warm and logically reasoned.

함께 보기: EBS TOPIK Ⅱ 종합서 p.258 유형 16

해설

서론	현대 사회에서 휴식이 간과되고 있는 현실
본론	1. 휴식의 중요성 2. 충분한 휴식 부족 시 발생하는 문제점
결론	건강한 휴식 문화 조성을 위한 방안

1. 서론: 문제 제기와 주제 의식 제시

글의 시작에서는 현대인들이 바쁜 일상에 매몰되어 휴식을 사치처럼 여기거나 후순위로 미루는 경향이 있음을 지적합니다. 예를 들어, "많은 사람들이 성과 중심의 사회 분위기 속에서 휴식을 뒤로 미루고 있지만, 휴식은 단순한 멈춤이 아니라 삶의 질을 결정짓는 핵심 요소다."처럼 현상 제시와 가치 강조를 함께 담는 것이 바람직합니다.

2. 본론(1): 휴식의 중요성

이 문단에서는 왜 휴식이 중요한지 구체적으로 설명합니다. 육체적 회복(에너지 충전, 면역력 유지), 정신적 안정(스트레스 완화, 감정 조절), 생산성 향상(집중력 강화, 창의성 증대) 등의 측면을 언급합니다. "적절한 휴식은 신체적 건강은 물론 정신적 안정과 창의적인 사고에도 긍정적 영향을 준다." 같은 종합 문장이 좋습니다.

3. 본론(2): 휴식 부족 시 문제점

휴식이 결핍될 때 생길 수 있는 개인적·사회적 부작용을 서술합니다. '만성 피로, 번아웃, 우울감 증가, 집중력 저하, 생산성 감소 → 조직의 비효율성, 사회 전체의 스트레스 증가'를 예로 들면 적절합니다. "휴식이 부족하면 개인의 건강은 물론 직장 내 업무 능력과 사회 전반의 심리적 안정까지 해칠 수 있다." 같은 문장이 효과적입니다.

4. 결론: 건강한 휴식 문화 조성을 위한 방안

해결 방안은 개인, 조직, 사회 세 층위로 나누는 것이 논리적입니다. 개인은 스스로 시간 조율, 일–쉼의 분리하고, 취미·여가 활동을 해야 합니다. 조직에서는 정시 퇴근 보장하고 휴가 독려 및 사내 휴식 공간을 마련해 줘야 합니다. 사회는 '바쁠수록 유능하다'는 인식을 버리고 '휴식은 능률'이라는 문화를 확산하는 데에 노력을 기울여야 합니다. 그러므로 글 전체의 마무리는 "휴식은 개인의 선택이 아닌 사회 전체가 함께 만들어가는 문화여야 한다."처럼 구성하면 적절합니다.

1. Introduction: Presenting the problem and core message

The introduction should point out that many people today, overwhelmed by the pace of modern life, tend to view rest as a luxury or keep pushing it down their list of priorities. A sentence like, "In a performance-driven society, many delay or neglect rest, but rest is not simply a pause—it is a core factor that determines the quality of life", effectively presents the issue while emphasizing its value. Establishing this awareness early on helps draw the reader's attention and set the tone for the rest of the argument.

2. Body Paragraph 1: The importance of rest

This paragraph should explain why rest is essential, touching on physical recovery (recharging energy, maintaining immunity), mental well-being (relieving stress, regulating emotions), and improved productivity (enhanced focus, greater creativity). A sentence such as, "Proper rest not only supports physical health but also contributes to emotional stability and creative thinking" offers a well-rounded summary of its benefits.

3. Body Paragraph 2: Problems caused by lack of rest

Describe the negative consequences that arise when rest is insufficient, both for individuals and society. Examples include chronic fatigue, burnout, increased depression, reduced concentration, and lower productivity—leading to organizational inefficiency and heightened societal stress. A sentence like, "Lack of rest can harm not only an individual's health and performance but also disrupt workplace function and social psychological stability" effectively conveys this impact.

4. Conclusion: Strategies for promoting a healthy rest culture

A logical way to approach the solutions is to divide them into three levels: individual, organizational, and societal. At the individual level, one should manage their time independently, separate work from rest, and engage in hobbies and leisure activities. At the organizational level, companies should guarantee leaving work on time, encourage employees to take vacations, and provide rest spaces within the workplace. At the societal level, efforts should be made to move away from the perception that "being busy means being competent" and instead promote a culture that "rest enhances efficiency." Therefore, the overall conclusion of the writing should be framed with a statement such as: "Rest should not be regarded as an individual choice, but as a culture collectively fostered by society as a whole".

현대 사회의 치열한 경쟁 속에서 많은 사람들이 일상에 쫓겨 충분한 휴식을 취하지 못하고 있다. 그러나 휴식은 단순히 일을 멈추는 것이 아니라, 신체와 정신을 회복시키고 삶의 질을 향상시키는 중요한 행위이다. 휴식을 통해 우리는 에너지를 재충전하고 스트레스를 완화하며, 더 나아가 창의적인 사고와 효율적인 업무 수행이 가능하다.

만약 충분한 휴식을 취하지 못한다면 다양한 문제가 발생할 수 있다. 육체적으로는 피로가 누적되어 면역력이 약해지고 병으로 이어질 수 있다. 정신적으로 우울감, 불안이 증가하며, 이는 정신 건강 문제로 이어질 수 있다. 이러한 상태가 지속되면 개인의 삶은 물론 사회 전체에도 부정적인 영향을 미치게 된다.

이러한 문제를 해결하기 위해서는 개인과 사회가 함께 노력해야 한다. 개인은 일과 휴식의 균형을 스스로 조절하려고 노력해야 한다. 주말이나 여가 시간에는 일과 완전히 분리된 활동을 하며 재충전해야 한다. 기업과 조직은 구성원들이 휴식을 충분히 취할 수 있도록 정시 퇴근, 휴가 사용 권장, 휴식 공간 제공 등 제도적 장치를 만들어야 한다. 마지막으로 사회 전반에 휴식을 긍정적으로 인식하는 문화가 확산되어야 한다. 우리는 휴식의 가치를 재인식하고, 바쁜 일상 속에서도 스스로를 돌보는 시간을 의도적으로 마련해야 한다.

1

정답 ④

제시문

고향에 (   ) 부모님께 전화를 드렸다.

문제 유형 알맞은 문법 고르기

문제 해결 전략

빈칸 앞뒤 문장을 통해 어떤 시점에 어떤 행동이 이어지는지를 파악해야 합니다. 이 문장은 도착 직후에 바로 전화를 드린 상황이므로 앞 행동이 끝난 직후 바로 이어지는 행동을 나타내는 표현을 골라야 합니다.

You need to identify what action follows at what point in time by looking at the sentences before and after the blank. In this case, the speaker made a call right after arriving, so you should choose an expression that shows the action that follows immediately after the previous one.

함께 보기: EBS TOPIK Ⅱ 종합서 p.110 유형 07

해설

① '도착해도'는 양보의 의미로, 뒤의 행동과 자연스럽게 이어지지 않습니다.
② '도착하거나'는 선택 중 하나를 의미합니다.
③ '도착하더라도'는 앞의 상황이 되어도 뒤의 행동이 달라지지 않음을 나타내는 표현입니다.
④ '도착하자마자'는 어떤 행동 직후 바로 다른 행동이 이어질 때 사용하는 표현으로 가장 자연스러운 표현입니다.

① "Even if (someone) arrives" implies concession, and it does not connect naturally with the following action.
② "Arrive or" indicates one of multiple options.
③ "Even though (someone) arrives" is used to show that the subsequent action does not change despite the prior situation.
④ "As soon as (someone) arrives" is used when one action immediately follows another, making it the most natural choice in this context.

2

정답 ①

제시문

늦어서 급하게 뛰어가다가 (   ).

문제 유형 알맞은 문법 고르기

문제 해결 전략

'급하게 뛰어가다가'는 우연히 일어난 상황이나 위험한 순간을 나타냅니다. 따라서 빈칸에는 실제로 일어나진 않았지만 일어나기 직전의 상황을 자연스럽게 표현하는 문법이 필요합니다.

"Running in a hurry" indicates an accidental or potentially dangerous situation. Therefore, the blank should be filled with a grammatical structure that naturally expresses a situation that almost occurred but did not actually happen.

함께 보기: EBS TOPIK Ⅱ 종합서 p.110 유형 07

해설

① '넘어질 뻔했다'는 실제로 넘어진 건 아니지만 거의 그럴 뻔한 상황을 나타내는 표현으로 정답입니다.
② '넘어질 셈이다'는 계산된 판단이나 결과를 나타낼 때 사용합니다.
③ '넘어지려던 참이다'는 막 하려는 순간이라는 의미입니다.
④ '넘어지기 나름이다'는 어떤 조건이나 방법에 따라 결과가 달라진다는 의미입니다.

① "Almost fell" indicates a situation where the action did not actually happen but nearly occurred, making it the most contextually appropriate answer.
② "Be about to fall (with intention)" is used to express a calculated decision or expected outcome.
③ "Was just about to fall" refers to the very moment just before an action takes place.
④ "It depends on whether (someone) falls or not" implies that the result varies depending on certain conditions or methods.

3

정답 ②

제시문

방학에 여행을 가기 위해서 아르바이트를 시작했다.

문제 유형 알맞은 문법 고르기

문제 해결 전략

이 문장은 '여행'이라는 목적을 이루기 위해서 한 행동이 아르바이트라는 것을 의미합니다. 따라서 '–기 위해서'와 같이 목적이나 의도를 나타내는 표현을 찾아야 합니다.

The sentence implies that the part-time job was done in order to achieve the goal of "traveling." Therefore, you need to choose an expression that shows purpose or intention, such as "–기 위해서" (in order to).

함께 보기: EBS TOPIK Ⅱ 종합서 p.110 유형 07

해설

① '가려면'은 어떤 행동을 하기 위한 조건을 나타냅니다.
② '가려고'는 목적을 이루기 위한 의도를 나타내며 '–기 위해서'와 유사합니다.
③ '가는 대신에'는 가는 행동을 포기하고 다른 행동을 선택하는 표현입니다.
④ '가는 바람에'는 예상하지 못한 결과가 생겼을 때 사용하는 표현입니다.

① "If (someone) wants to go" expresses a condition required to perform a certain action.
② "In order to go" indicates the intention to achieve a purpose, and is similar to the expression "–기 위해서."
③ "Instead of going" is used to express the choice of an alternative action rather than actually going.
④ "Because (someone) went" is used when an unexpected or unintended result occurs due to someone going.

4

정답 ③

제시문

산 지 오래된 옷이지만 한두 번만 입었으니까 새 옷이나 마찬가지이다.

문제 유형 알맞은 문법 고르기

문제 해결 전략

이 문장은 '산 지 오래되었지만 거의 입지 않아서 상태가 새 옷과 비슷하다'는 의미입니다. 따라서 '실제로는 아니지만 거의 그런 상태에 가까움'을 나타내는 표현을 골라야 합니다.

This sentence means that "although it was bought a long time ago, it has hardly been worn, so its condition is similar to that of a new one." Therefore, you need to choose an expression that conveys the idea of "not actually being something, but being very close to that state."

함께 보기: EBS TOPIK Ⅱ 종합서 p.110 유형 07

해설

① '새 옷인 줄 몰랐다'는 착각을 나타내는 표현입니다.
② '새 옷일 리가 없다'는 강한 부정을 나타냅니다.
③ '새 옷이나 다름없다'는 실제로는 새 옷이 아니지만 새 옷과 거의 비슷한 상태라는 것을 의미하며 문맥에 가장 잘 어울리는 문법입니다.
④ '새 옷이기 마련이다'는 항상 당연하게 일어나는 일반적인 상황에서 사용하는 표현입니다.

① "I didn't know it was new clothing" expresses a misunderstanding or misconception.
② "It can't be new clothing" conveys strong denial or disbelief.
③ "It is practically like new clothing." means that although it is not actually new, it is in a condition very similar to being new, and it is the most contextually appropriate expression.
④ "It is natural for clothing to be new." is used in situations that are generally expected or considered natural.

5

정답 ①

제시문

하루 종일 안 쓴 것 같은 편안함으로
더 선명한 하루를 경험하세요.

• **주제**: 안경 • **텍스트 유형**: 광고

문제 유형 화제 고르기

문제 해결 전략

이 광고에는 '하루 종일 안 쓴 것 같은 편안함', '선명한 하루'라는 표현이 나옵니다. 따라서 이 글은 오랜 시간 착용해도 편하고, 앞을 잘 볼 수 있도록 도와주는 물건에 대한 광고임을 알 수 있습니다.

The advertisement includes phrases like "comfort as if you haven't worn it all day" and "a clearer day." Therefore, it can be inferred that the ad is about a product that remains comfortable even after long hours of use and helps improve vision.

함께 보기: EBS TOPIK Ⅱ 종합서 p.120 유형 08

해설

① 안경은 눈에 쓰는 물건입니다. 또한 편안함이 중요하고 선명하게 볼 수 있게 해 주기 때문에 광고와 잘 어울립니다.
② 침대는 편안할 수는 있지만 눈과 관련된 '선명한'이라는 표현과 어울리지 않습니다.
③ 수건은 얼굴이나 몸을 닦을 때 쓰는 물건이기 때문에 이 광고와는 관련이 없습니다.
④ 모자는 쓰는 물건이지만 '선명한'이라는 표현과 어울리지 않습니다.

① Glasses are items worn on the eyes. They are also associated with comfort and clear vision, making them well-suited for the advertisement.
② Although a bed can be comfortable, it does not match the expression "clear," which is related to vision.
③ A towel is used to wipe the face or body, so it is not relevant to this advertisement.
④ A hat is something that is worn, but it does not correspond well with the expression "clear."

6

정답 ④

제시문

약도, 택배도 여기에서!
24시간 당신의 옆에 있는 든든한 친구

• **주제**: 편의점 • **텍스트 유형**: 광고

문제 유형 화제 고르기

문제 해결 전략

이 광고에는 '약', '택배', '24시간', '옆에 있는 든든한 친구'라는 표현이 나옵니다. 따라서 이 글은 언제든지 쉽게 이용할 수 있고, 여러 가지 물건이나 서비스를 제공하는 장소에 대한 광고임을 알 수 있습니다.

The advertisement includes expressions such as "medicine," "delivery," "24 hours," and "a reliable friend by your side." Therefore, it can be inferred that the ad is about a place that offers various goods and services and is easily accessible at any time.

함께 보기: EBS TOPIK Ⅱ 종합서 p.120 유형 08

해설

① 체육관은 운동을 하는 장소로 약이나 택배 서비스와는 관련이 없습니다.
② 우체국은 택배와 관련은 있지만 24시간 운영하지 않고 약도 판매하지 않습니다.
③ 여행사는 여행 예약을 돕는 곳이기 때문에 광고 내용과 관련이 없습니다.
④ 편의점은 24시간 운영되며 약이나 택배 서비스도 제공하기 때문에 광고 내용과 잘 어울립니다.

① A gym is a place for exercising, so it is not related to medicine or parcel delivery services.
② A post office is related to parcel delivery, but it does not operate 24 hours and does not sell medicine.
③ A travel agency helps with travel reservations, so it is not relevant to the content of the advertisement.
④ A convenience store operates 24 hours a day and offers both medicine and parcel delivery services, making it well-suited for the advertisement.

7 정답 ③

제시문

멈춰요! 지켜요!

신호등 앞, 함께 만드는 안전한 약속

• **주제**: 교통 규칙 • **텍스트 유형**: 광고

문제 유형 화제 고르기

문제 해결 전략

이 광고에는 '멈춰요', '지켜요', '신호등 앞', '안전한 약속'이라는 표현이 나옵니다. 따라서 이 글은 신호등 앞에서 교통질서를 지키며 모두의 안전을 위한 약속을 강조하는 캠페인이라는 것을 알 수 있습니다.

The advertisement includes expressions such as "stop," "protect," "in front of the traffic light," and "a promise for safety." Therefore, it can be inferred that this is a campaign emphasizing the importance of keeping traffic rules at traffic lights as a promise for everyone's safety.

함께 보기: EBS TOPIK Ⅱ 종합서 p.120 유형 08

해설

① 환경 보호는 쓰레기, 재활용 등과 관련되므로 광고 내용과 관련이 없습니다.

② 자리 양보는 버스나 지하철 등 대중교통에서의 배려와 관련이 있으며 신호등이나 교통과는 관계가 없습니다.

③ 교통 규칙은 '신호등', '멈춰요', '지켜요'라는 표현과 연결되며 이 광고의 주제와 가장 잘 어울립니다.

④ 절약 습관은 돈이나 에너지 절약과 관련되므로 이 광고와는 어울리지 않습니다.

① Environmental protection is related to issues such as waste and recycling, so it is not relevant to the content of the advertisement.

② Giving up a seat is related to consideration on public transportation such as buses or subways, and is not associated with traffic lights or traffic rules.

③ Traffic rules are connected with expressions like "traffic light," "stop," and "follow the rules," making them the most suitable for the theme of the advertisement.

④ Saving habits are related to conserving money or energy, so they do not match the content of this advertisement.

8 정답 ②

제시문

• 젖은 손으로 만지지 마십시오.

• 사용 후 반드시 전원을 꺼 주시기 바랍니다.

• **주제**: 주의 사항 • **텍스트 유형**: 안내문

문제 유형 화제 고르기

문제 해결 전략

이 글에는 '젖은 손으로 만지지 마십시오', '사용 후 반드시 전원을 꺼 주시기 바랍니다'라는 표현이 나옵니다. 이 문장들은 제품이나 기기를 사용할 때 조심해야 할 점을 알려 주는 말이므로 이 글은 사용자의 안전을 위한 주의 사항을 안내하는 글입니다.

This passage includes phrases such as "Do not touch with wet hands" and "Please make sure to turn off the power after use." These sentences provide cautions for using a product or device safely, so it can be understood that this text is a set of safety instructions for users.

함께 보기: EBS TOPIK Ⅱ 종합서 p.120 유형 08

해설

① 신청 조건은 어떤 사람이 신청할 수 있는 조건을 의미하는데 여기에는 '조건'에 대한 내용이 없습니다.

② 주의 사항은 제품이나 기기를 사용할 때 조심해야 할 점을 말하므로 이 글에 가장 잘 어울립니다.

③ 등록 안내는 등록하는 방법이나 등록 순서를 설명할 때 쓰이며 이 글과는 관련이 없습니다.

④ 장소 문의는 장소의 위치를 묻거나 안내할 때 사용하는 표현이므로 이 글과는 어울리지 않습니다.

① Application requirements refer to the conditions for who can apply, but this text does not include those conditions.

② Precautions refer to things that must be noted when using a product or device, so this best matches the content of the text.

③ Registration information is used to explain how or in what order to register, and it is not related to this text.

④ Inquiries about the location are used when asking about or providing directions to a place, so this is not appropriate for the content of this text.

9 정답 ④

제시문

제4회 녹색 환경 문화 축제

- 기간: 4월 2일(수) ~ 4월 6일(일)
- 장소: 인주시청 앞 공원
- 내용: 재활용 가방 만들기 체험 및 친환경 제품 전시

※ 체험을 원하시는 분은 현장에서 직접 신청하시기 바랍니다.

- **주제**: 환경 문화 축제
- **텍스트 유형**: 안내문

문제 유형 세부 내용을 파악해 일치하는 내용 고르기

문제 해결 전략

이 글은 행사 안내문입니다. 행사 기간, 장소, 내용과 함께 체험 참여 방법까지 안내하고 있습니다. 지문에 있는 구체적인 장소, 날짜 등을 중심으로 선택지와 비교하면 쉽게 풀 수 있습니다.

This passage is an event announcement. It provides details such as the event period, location, and content, as well as how to participate in hands-on experiences. By comparing the specific date and place mentioned in the passage with the statements in the choices, the correct answer can be easily identified.

함께 보기: EBS TOPIK Ⅱ 종합서 p.130 유형 09

해설

① 안내문에는 '4월 2일(수)부터 4월 6일(일)까지' 총 5일 간 축제가 열린다고 나와 있습니다.

② 안내문에는 '인주시청 앞 공원'에서 열린다고 되어 있습니다.

③ 안내문에는 '재활용 가방 만들기 체험'과 '전시 구경'이 가능하다고 되어 있고 가방을 구입할 수 있다는 내용은 없습니다.

④ 안내문에 '체험을 원하시는 분은 현장에서 직접 신청'하라고 쓰여 있으므로 현장에서 신청해야 한다는 선택지와 일치합니다.

① The notice states that the festival will be held for five days, from Wednesday, April 2 to Sunday, April 6.

② The notice says that the event will be held at the park in front of Inju City Hall.

③ The notice mentions that participants can take part in making recycled bags and view exhibitions. but there is no information about purchasing the bags.

④ Those who wish to take part in the activity to apply directly on-site, which matches the option stating that registration must be done in person.

10 정답 ①

제시문

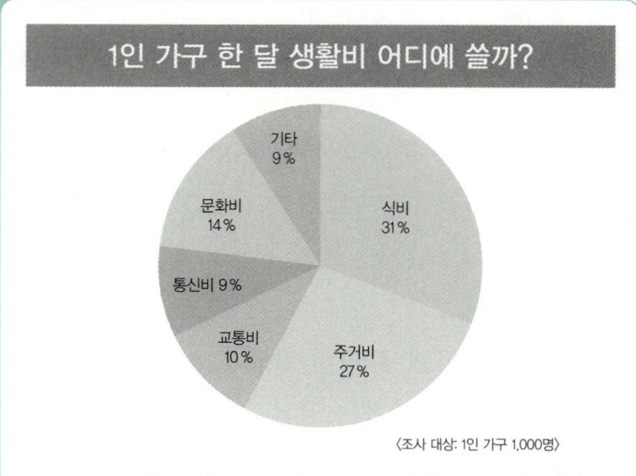

- **주제**: 1인 가구 월 생활비 지출 비율
- **자료 유형**: 그래프

문제 유형 세부 내용을 파악해 일치하는 내용 고르기

문제 해결 전략

그래프를 볼 때는 각 항목의 수치를 정확히 읽고 선택지의 수치와 비교해야 합니다. '가장 많다', '같다', '두 배' 같은 표현에 주의해서 그래프와 설명이 같은지 파악해야 합니다.

When interpreting a graph, it is important to read the values of each item accurately and compare them with those in the options. Pay attention to expressions such as "the most," "the same," or "twice as much" to determine whether the graph matches the given explanation.

함께 보기: EBS TOPIK Ⅱ 종합서 p.130 유형 09

해설

① 식비가 31%로 가장 많고, 주거비가 27%로 두 번째로 많습니다.

② 교통비 10%, 기타 9%로 두 항목의 비율이 다릅니다.

③ 1인 가구의 월 생활비 지출에서 식비가 31%를 차지했습니다. 식비가 절반 이상이라는 내용은 사실과

다릅니다.

④ 통신비 9%, 문화비 14%이므로 통신비가 문화비보다 두 배 이상 많다는 내용은 조사 결과와 다릅니다.

① Food expenses account for 31%, which is the highest, followed by housing expenses at 27%.

② Transportation costs account for 10%, and miscellaneous expenses for 9%, so the two percentages are different.

③ Food expenses made up 31% of the monthly living expenses for one-person households. Therefore, the statement that food expenses exceeded half is not true.

④ Communication expenses account for 9% and cultural expenses for 14%, so the statement that communication costs are more than twice as high as cultural costs is inconsistent with the survey results

11

정답 ②

제시문

인주시가 작년에 이어 올해도 아이를 키우는 가정을 위해 '찾아가는 장난감 도서관'을 운영한다. 이 서비스는 미리 신청한 가정에 장난감 도서관 차량이 직접 방문하여 다양한 장난감을 빌려주는 서비스이다. 이 도서관을 이용하면 새 장난감을 자주 사지 않아도 되기 때문에 이용 가정들의 만족도가 높다. 인주시청은 앞으로도 이 서비스를 확대해 더 많은 가정이 이용할 수 있도록 할 계획이라고 밝혔다.

• **주제**: 장난감 도서관 • **텍스트 유형**: 신문 기사

문제 유형 세부 내용을 파악해 일치하는 내용 고르기

문제 해결 전략

이 글은 인주시에서 운영하는 '찾아가는 장난감 도서관'에 대한 신문 기사입니다. 이 문제는 지문에 나온 사실을 정확하게 파악하고 선택지 문장이 지문과 같은지 다른지 비교해야 합니다.

This passage is a newspaper article about the "Mobile Toy Library" operated by Inju City. To solve this question, you need to carefully identify the facts stated in the passage and compare each option to see whether the statements match the text accurately.

함께 보기: EBS TOPIK Ⅱ 종합서 p.130 유형 09

해설

① 지문 첫 문장에 '작년에 이어 올해도 운영한다'고 되어 있으므로 작년에도 운영했다는 것을 알 수 있습니다.

② 지문에 '미리 신청한 가정에 차량이 방문하여 장난감을 빌려준다'고 되어 있으므로 신청을 해야 이용할 수 있다는 선택지와 일치합니다.

③ 지문에 '이용 가정들의 만족도가 높다'고 나와 있습니다. 반응이 좋지 않다는 내용은 사실과 다릅니다.

④ 지문 마지막 문장에 '앞으로도 이 서비스를 확대해 나갈 계획이다'라고 되어 있습니다. 내년에 운영하지 않을 예정이라는 내용은 사실과 다릅니다.

① The first sentence of the passage states, "It will be operated this year as well, following last year," which indicates that the program was also operated last year.

② The passage explains that the toy library vehicle visits families who applied in advance and lends them toys, so the option stating that prior application is required is correct.

③ The passage mentions that the satisfaction level among users is high. Therefore, the statement that the response was not good is incorrect.

④ The final sentence of the passage states that there are plans to expand the service in the future, so the claim that it will not be operated next year is not true.

12

정답 ②

제시문

최근 폭설로 인해 차량 사고와 불편이 이어지고 있다. 이런 가운데 눈길에 멈춰 있는 차를 학생들이 밀어 주는 장면이 온라인에서 화제가 되고 있다. 학교 근처에서 멈춰 있는 차를 발견한 학생들은 여러 명이 함께 차를 밀며 도왔다. 이 모습을 본 시민이 사진을 찍어 인터넷에 올렸고 많은 사람들이 학생들의 따뜻한 행동에 칭찬을 보냈다.

• **주제**: 선행
• **텍스트 유형**: 신문 기사

문제 유형 세부 내용을 파악해 일치하는 내용 고르기

문제 해결 전략

이 글은 학생들의 선행 사례를 다룬 짧은 신문 기사입니다. 지문에 나오는 사람(학생들, 시민), 상황(폭설), 반응(인터넷, 시민들)을 중심으로 선택지와 비교하면 문제를 쉽게 풀 수 있습니다.

This passage is a short newspaper article about students' good deeds. You can solve the question easily by focusing on the key elements mentioned in the text—who was involved (students, citizens), the situation (heavy snowfall), and the responses (internet, public reaction)—and comparing these details with the options provided.

함께 보기: EBS TOPIK Ⅱ 종합서 p.130 유형 09

해설

① '폭설'이 내렸다고 나와 있으므로 '많은 비(=폭우)'로 인해 교통사고가 많아졌다는 내용은 사실과 다릅니다.

② 학생들이 함께 차를 밀며 도왔으므로 학생 여러 명이 힘을 모아 차를 밀었다는 선택지와 지문이 일치합니다.

③ 시민이 SNS에 올린 사진은 '차량 사고 사진'이 아닌 '학생들이 차를 밀어 주는 장면'입니다.

④ 많은 사람들이 학생들의 행동을 말렸다는 내용은 사실과 다릅니다. 지문에서는 '많은 사람들이 학생들의 따뜻한 행동에 칭찬을 보냈다'고 쓰여 있습니다.

① The passage mentions "heavy snow," so the statement that many traffic accidents occurred due to "heavy rain" is incorrect.

② Since the students pushed the car together, the option stating that several students joined forces to push the car matches the passage.

③ The photo uploaded by a citizen on social media shows students helping to push a car, not a picture of a car accident.

④ The claim that many people tried to stop the students' actions is incorrect. The passage states that many people praised the students for their kind actions.

13

정답 ①

제시문

(가) 비타민은 언제 먹느냐에 따라 효과에 차이가 있다.

(나) 따라서 비타민의 효과를 보려면 식사 후에 먹어야 한다.

(다) 전문가들은 비타민을 식사 후에 먹는 것이 좋다고 말한다.

(라) 음식과 함께 먹을 때 속이 더 편하고 효과도 좋아지기 때문이다.

• 주제: 비타민 먹는 시간에 따른 효과
• 텍스트 유형: 설명문

문제 유형 알맞은 순서로 배열한 것 고르기

문제 해결 전략

이 글은 비타민을 언제 먹는 것이 효과적인지 설명하는 글입니다. 문장의 흐름을 잘 살펴서 순서를 파악해야 합니다. 문장 사이에 있는 연결 표현(예: '따라서', '~기 때문이다')을 중심으로 논리적 순서를 파악하면 문제를 푸는 데 도움이 됩니다.

This passage explains when it is most effective to take vitamins. To determine the correct order of the sentences, pay close attention to the flow of ideas and the connecting expressions between sentences—such as "therefore" or "because"—as they help establish logical relationships that guide the correct sequence.

함께 보기: EBS TOPIK Ⅱ 종합서 p.144 유형 10

해설

(가)는 비타민의 효과가 복용 시간에 따라 달라진다는 주제를 소개하고 있습니다.

(다)는 전문가가 식사 후 비타민을 먹는 것이 좋다고 말하며 주장을 뒷받침합니다.

(라)는 비타민을 식후에 먹어야 하는 이유를 설명합니다.

(나)는 앞의 설명을 바탕으로 '식사 후에 먹어야 한다'는 결론을 제시합니다.

(가) introduces the topic that the effectiveness of vitamins can vary depending on the time they are taken.

(다) supports the argument by stating that experts recommend taking vitamins after meals.

(라) explains the reason why vitamins should be taken

after meals.

(나) presents the conclusion that vitamins should be taken after meals based on the previous explanations.

14

정답 ④

제시문

(가) 작은 일이었지만 좋은 이웃을 알게 되어서 마음이 따뜻해졌다.

(나) 그날 저녁 옆집 아주머니가 직접 만든 쿠키를 한 봉지 가져다주셨다.

(다) 얼마 전 우리 집 앞에 다른 이름이 쓰여 있는 택배 상자가 놓여 있었다.

(라) 주소를 다시 확인하고 옆집에 가져다주었더니 아주머니가 고맙다고 하셨다.

- **주제**: 택배로 인해 알게 된 이웃
- **텍스트 유형**: 수필

문제 유형 알맞은 순서로 배열한 것 고르기

문제 해결 전략

이 글은 일상에서 일어난 작은 사건을 통해 이웃과 가까워지게 된 경험을 담은 글입니다. 이야기형 글은 보통 '사건의 시작 → 행동 → 반응 → 느낀 점' 순서로 진행됩니다. 연결어가 없어도 시간의 흐름과 감정 변화에 주의하면 문장 순서를 파악할 수 있습니다.

This passage describes a personal experience of becoming closer to a neighbor through a small event in daily life. Narrative texts like this typically follow the structure: "beginning of the event → action → response → realization or feeling." Even without connecting words, you can determine the correct sentence order by paying attention to the flow of time and changes in emotion.

함께 보기: EBS TOPIK Ⅱ 종합서 p.144 유형 10

해설

(다)는 글의 시작으로 다른 사람의 택배가 잘못 도착한 상황을 말하고 있습니다.

(라)는 잘못 온 택배를 확인하고 옆집에 전달하는 내용입니다.

(나)는 그날 저녁에 이어진 아주머니의 따뜻한 행동을 알려 줍니다.

(가)는 이 일로 인해 좋은 이웃을 알게 되어 마음이 따뜻해졌다고 말하며 글을 마무리합니다.

(다) introduces the beginning of the story, where someone else's package is mistakenly delivered.

(라) describes checking the misdelivered package and taking it to the neighbor next door.

(나) tells about the warm gesture from the neighbor that evening.

(가) expresses the writer's feelings as they begin a good relationship with the neighbor because of this incident.

15

정답 ④

제시문

(가) 그래서 기온이 낮은 아침에 안개가 자주 발생한다.

(나) 공기 중에는 우리 눈에 보이지 않는 수증기가 포함되어 있다.

(다) 안개는 공기 중에 있는 아주 작은 물방울들이 모여서 만들어진 것이다.

(라) 이 수증기가 찬 공기와 만나면 작은 물방울로 변하는데 이것이 안개가 된다.

- **주제**: 안개가 생기는 이유 • **텍스트 유형**: 설명문

문제 유형 알맞은 순서로 배열한 것 고르기

문제 해결 전략

이 글은 안개가 생기는 원리를 설명하는 글입니다. 현상을 설명하는 설명문은 보통 "주제 → 원리 설명 → 구체적 현상 → 결론"의 흐름으로 글이 전개됩니다. 문장 사이의 연결어(예: '그래서')와 지시어(예: '이 수증기')를 주의 깊게 살펴보면 자연스러운 배열을 찾을 수 있습니다.

This passage explains the principle behind how fog forms. In explanatory texts that describe phenomena, the structure typically follows this flow: topic → explanation of the principle → specific phenomenon → conclusion. To find the natural order of the sentences, pay close attention to connecting words (like "as a result") and referential expressions (like "This water vapor").

함께 보기: EBS TOPIK Ⅱ 종합서 p.144 유형 10

해설

(다)는 안개가 무엇인지 정의해 주는 문장으로 글의 시

작에 잘 어울립니다.
(나)는 이 현상의 배경을 설명하는 문장으로 공기 중의 수증기를 이야기 합니다.
(라)는 '이 수증기가'로 시작하여 (나)에서 설명한 수증기가 어떻게 안개가 되는지 설명하고 있습니다.
(가)는 지금까지 설명한 이유 때문에 기온이 낮은 아침에 안개가 자주 발생한다고 설명하며 글을 마무리합니다.

(다) introduces what fog is, making it a suitable opening sentence.
(나) provides background information about the phenomenon by introducing the presence of water vapor in the air.
(라) begins with "this water vapor" and explains how the vapor mentioned in (나) turns into fog.
(가) describes when this phenomenon commonly occurs in real life, bringing the passage to a conclusion.

16

정답 ③

제시문

사람들은 보통 칭찬을 들으면 기분이 좋아지고 더 열심히 하게 된다고 생각한다. 그래서 누군가를 격려하거나 칭찬하는 것은 좋은 일이라고 생각한다. 그런데 상황에 따라 칭찬이 오히려 (　　　　　　) 있다. 칭찬을 받은 사람이 기대에 대한 부담을 느끼면 도리어 실수를 하게 되기 때문이다.

• **주제**: 칭찬의 부정적 영향 • **텍스트 유형**: 설명문

문제 유형 문맥을 파악해 빈칸에 알맞은 말 고르기

문제 해결 전략

이 문제는 '칭찬의 예상치 못한 영향'에 대한 내용입니다. 빈칸에 알맞은 것 고르기 문제는 빈칸 앞뒤 문장의 흐름을 잘 살펴보고 어떤 이유나 결과가 자연스럽게 연결되는지 판단하며 문제를 풀어야 합니다. 이 글의 빈칸 앞 문장에서는 칭찬이 오히려 부정적인 결과를 만들 수 있다고 말하고 뒤 문장에서 그 결과로 실수가 발생할 수 있다고 설명하고 있습니다.

This question is about the "unexpected effects of praise." When solving a fill-in-the-blank question, carefully examine the flow of the sentences before and after the blank. Determine which reason or result connects naturally. In this passage, the sentence before the blank states that praise can sometimes lead to negative outcomes, and the sentence after the blank explains that this can result in mistakes. So, the correct choice should logically explain why a compliment might cause negative effects, leading to errors or slips.

함께 보기: EBS TOPIK Ⅱ 종합서 p.158 유형 11

해설

① 칭찬을 들은 사람이 스스로 부족하다고 느꼈다는 내용은 지문에 없습니다.
② 지문에서는 칭찬으로 인해 오히려 실수가 생길 수 있다는 부정적인 점을 설명하고 있습니다.
③ 칭찬을 받은 사람이 기대에 대한 부담을 느끼면 오히려 실수를 하게 된다는 지문 내용과 잘 연결되며 글의 중심 내용과도 일치합니다.
④ 지문에서는 칭찬이 부담이 되어 실수로 이어질 수 있다고 했으므로 지문과 반대되는 의미입니다.

① The passage does not mention that the person who received the compliment felt inadequate.
② The passage explains the negative aspect that compliments can actually lead to mistakes.
③ The idea that a person who receives a compliment may feel pressure to meet expectations, and thus make mistakes aligns with the content of the passage and its main idea.
④ Since the passage states that compliments can become burdens and lead to mistakes, this option conveys the opposite meaning.

17

정답 ①

제시문

패스트푸드점이나 식당에서는 빠른 음악을 틀어 놓는 경우가 많다. 이는 단순히 신나는 분위기를 위한 것이 아니라 손님들의 행동에 영향을 주기 위한 의도적인 행동이다. 한 연구에 따르면 빠른 음악을 들으며 식사할 때 사람들은 음식을 더 빨리 먹는 경향이 있다고 한다. 빠른 음악을 틀어 놓으면 손님들이 (   ) 가게는 더 많은 손님을 받을 수 있게 된다.

• **주제**: 음악과 식사 속도 • **텍스트 유형**: 설명문

문제 유형 문맥을 파악해 빈칸에 알맞은 말 고르기

문제 해결 전략

이 문제는 빠른 음악이 손님의 행동에 어떤 영향을 주는지를 설명하는 글입니다. 지문에서는 빠른 음악이 식사 속도를 빠르게 만들고 그 결과 가게가 더 많은 손님을 받을 수 있다고 말하고 있습니다. 따라서 빈칸에는 손님의 행동 변화가 들어가야 합니다. 또한 그 행동이 왜 '음식을 빨리 먹는 경향'에서 '더 많은 손님을 받을 수 있는 결과'로 이어지는지 생각해 보아야 합니다.

This question is about a passage that explains how fast music influences customers' behavior. The passage states that fast music makes people eat more quickly, and as a result, the restaurant can serve more customers. Therefore, the blank should be filled with a change in customers' behavior. In order to choose the correct answer, it is important to understand how "the tendency to eat quickly" results in "more customers being served."

함께 보기: EBS TOPIK Ⅱ 종합서 p.158 유형 11

해설

① 지문에서 빠른 음악을 들으면 식사 속도가 빨라진다고 했고 빈칸 뒤에는 '가게는 더 많은 손님을 받을 수 있게 된다'는 내용이 이어지므로 가장 자연스러운 내용입니다.

② 손님이 행복한 기분으로 음식을 먹는다는 내용은 지나친 해석입니다.

③ 지문에서는 손님들의 행동 변화인 '식사 속도'에 초점을 두고 있으므로 '좋은 분위기'와 '더 많은 손님을 받을 수 있다'는 결과는 자연스럽게 연결되지 않습니다.

④ 음악이 주문을 방해한다는 내용은 지나친 해석이며 빠른 음악과 관계가 없는 내용입니다.

① The passage states that listening to fast music increases eating speed, and since the sentence after the blank mentions that the restaurant can serve more customers, this is the most natural choice.

② The idea that customers eat in a happy mood is an overinterpretation.

③ The passage focuses on the behavioral change in customers—specifically eating speed—so the result of creating a good atmosphere and serving more customers does not logically follow.

④ The claim that music interferes with ordering is an overinterpretation and is unrelated to the fast music mentioned in the passage.

18

정답 ③

제시문

지폐에 등장하는 인물은 단순히 유명한 사람이 아니라 그 나라의 역사와 정체성을 보여 주는 상징으로 여겨진다. 그래서 많은 나라에서는 지폐에 들어갈 인물을 결정할 때 (   ) 정한다. 어떤 나라는 지폐에 과학자나 교육자를 넣어 교육의 중요성을 강조하기도 하고 어떤 나라는 예술가나 작가를 넣어 문화적 자부심을 드러내기도 한다.

• **주제**: 지폐의 인물 • **텍스트 유형**: 설명문

문제 유형 문맥을 파악해 빈칸에 알맞은 말 고르기

문제 해결 전략

이 문제는 '지폐에 들어가는 인물을 어떤 기준으로 선택하는가'에 대한 내용입니다. 지문에서는 지폐 인물이 그 나라의 역사와 정체성을 나타내는 상징이라고 설명하고 있습니다. 또한 마지막 문장에서는 각 나라가 교육자, 과학자, 예술가 등을 선택하는 이유를 소개하고 있으므로 빈칸에는 이런 선택이 어떤 기준에 따라 이루어지는지를 설명하는 내용이 들어가야 합니다.

This question is about the criteria used to select the figures featured on banknotes. The passage explains that these figures are symbols representing a country's history and identity. In the following sentence, it mentions that countries often choose educators, scientists, or artists for this role. Therefore, the blank should include a statement that explains the basis or standard for choosing such individuals—why they are selected as symbols of national values.

함께 보기: EBS TOPIK Ⅱ 종합서 p.158 유형 11

해설

① 지폐의 디자인보다는 지폐에 등장하는 인물 선정의 의미에 초점을 두고 있으므로 적절하지 않습니다.
② 단순히 유명한 사람을 지폐 등장 인물로 선택하지 않는다고 첫 문장에 나와 있습니다.
③ 지폐의 인물이 '그 나라의 역사와 정체성을 보여 주는 상징'이라고 했기 때문에 가장 적절한 선택지입니다.
④ 해외에서 알아볼 수 있게 인물을 선정한다는 내용은 지문에 없습니다.

① The passage focuses more on the significance of selecting figures to appear on banknotes rather than their design, so this option is not appropriate.
② The first sentence states that simply choosing a famous person to appear on a banknote is not the approach taken.
③ Since the passage states that the figures on banknotes are "symbols that represent a nation's history and identity," this is the most appropriate choice.
④ The passage does not mention that figures are selected to be internationally recognizable.

19~20

제시문

펭귄은 일반적으로 추운 지역에 사는 동물로 잘 알려져 있다. 특히 남극처럼 얼음과 눈으로 뒤덮인 지역에서 살아가는 펭귄이 매체를 통해 자주 소개된다. (   ) 일반적으로 알려진 것과 다르게 따뜻한 지역에서 사는 펭귄도 있다. 호주의 남부 해안이나 아프리카와 같은 지역에도 펭귄이 서식하고 있다. 이처럼 펭귄들은 각기 다른 기후에 맞게 생활하며 다양한 지역의 생태계에서 역할을 하고 있다.

• **주제**: 펭귄의 서식지   • **텍스트 유형**: 설명문

19

정답 ①

문제 유형 문맥을 파악해 빈칸에 알맞은 말 고르기

문제 해결 전략

빈칸을 중심으로 앞, 뒤의 관계를 파악하여 그에 맞는 접속 부사를 골라야 합니다. 앞 문장은 '펭귄은 추운 지역에 산다'는 일반적인 생각을 말하고 있고 빈칸 뒤의 내용은 '따뜻한 지역에도 산다'는 새로운 사실을 말합니다. 따라서 '반대'를 나타내는 부사가 들어가야 합니다.

To answer this question, you need to focus on the blank and understand the relationship between the sentence before and after it. The sentence before the blank presents a common belief: "Penguins live in cold regions." The sentence after the blank introduces a contrasting fact: "They also live in warm regions." Therefore, the correct connector should express contrast. You're looking for a conjunctive adverb that shows a shift or contradiction between the two ideas.

함께 보기: EBS TOPIK Ⅱ 종합서 p.158 유형 11

해설

① '반면'은 앞뒤 문장을 대조하는 부사어로 '펭귄은 추운 곳뿐만 아니라 따뜻한 곳에도 산다'는 지문의 대조적인 내용을 연결하는 데 가장 적절합니다.
② '만약'은 조건을 가정할 때 사용하는 부사어로 빈칸에는 어울리지 않습니다.

③ '과연'은 의문이나 기대를 강조할 때 사용하는 표현으로 의심이나 강조를 나타낼 때 사용합니다.
④ '혹시'는 불확실한 추측이나 질문에서 쓰이는 표현이므로 지문 내용과 어울리지 않습니다.

① "On the other hand" is an adverbial phrase used to contrast two statements, making it the most appropriate choice to connect the contrasting information in the passage that penguins live not only in cold regions but also in warm ones.
② "If" is used to express a conditional assumption, so it does not fit the blank in this context.
③ "Indeed" is used to emphasize doubt or expectation, and is typically applied when expressing skepticism or emphasis.
④ "Perhaps" is used for uncertain guesses or questions, so it does not match the content of the passage.

20

정답 ④

문제 유형 중심 내용 고르기

문제 해결 전략

이 문제는 글 전체에서 말하고 있는 가장 중요한 내용, 즉 '주제'가 무엇인지 찾는 문제입니다. 글의 흐름을 보면, 처음에는 "펭귄은 보통 추운 곳에서 산다고 알려져 있다"는 일반적인 생각을 말하고 그 다음에는 "실제로는 따뜻한 지역에도 펭귄이 산다"는 새로운 사실을 소개합니다. 그리고 마지막에는 펭귄이 여러 기후와 환경에서 살아간다는 결론을 말해 줍니다. 따라서 지문 전체 내용을 잘 정리한 선택지를 고르는 것이 좋습니다. 예시나 일부 정보만 담긴 선택지보다는 전체 흐름과 가장 잘 맞는 문장을 정답으로 선택해야 합니다.

This question asks for the most important idea conveyed throughout the passage—namely, the main topic. Looking at the flow of the text, it first mentions the general belief that "penguins are usually known to live in cold regions." Then, it introduces a new fact that "in reality, penguins also live in warm areas." Finally, it concludes by stating that penguins live in a variety of climates and environments. Therefore, you should choose the option that best summarizes the overall content of the passage. Avoid choices that only contain examples or partial information, and instead select the sentence that best fits the overall flow.

함께 보기: EBS TOPIK Ⅱ 종합서 p.172 유형 12

해설

① 펭귄이 얼음과 눈이 있는 환경을 선호한다는 생각은 사람들이 흔히 갖고 있는 생각일 뿐 지문에서 설명하고 있는 내용과 다릅니다.
② 지문 중간에 펭귄이 매체에 자주 등장한다는 내용이 있긴 하지만 이는 주제를 설명하기 위한 예시입니다.
③ 지문에는 펭귄이 사는 지역이 다르다는 내용만 언급되어 있으므로 과도한 해석입니다.
④ 펭귄이 특정 기후가 아닌 다양한 환경에서 서식한다는 내용은 지문의 주제와 일치하므로 정답입니다.

① The idea that penguins prefer environments with ice and snow is a common belief, but it differs from the content explained in the passage.
② Although the passage mentions that penguins often appear in the media, this is merely an example used to support the main idea.
③ Since the passage only mentions that penguins live in different regions, this option is an overinterpretation.
④ The statement that penguins live in various environments, not just in specific climates, aligns with the main idea of the passage and is therefore correct.

21~22

제시문

최근 반려동물을 키우는 사람들이 많아지면서 공공장소에서 지켜야 할 기본적인 예절에 대한 관심도 높아지고 있다. 하지만 여전히 공원이나 산책로에서 목줄을 하지 않거나 배설물을 치우지 않고 가는 등 다른 사람들에게 불쾌감을 주는 행동으로 (　　　) 하는 사람들이 있다. 일부의 이런 행동 때문에 반려동물을 키우는 사람들에 대한 안 좋은 인식을 갖게 만들 수 있으며 타인에게도 피해를 줄 수 있다. 이렇듯 작은 행동 하나가 다른 사람에게 큰 불편을 줄 수 있다는 것을 잊지 말아야 한다.

- **주제**: 공공장소에서의 반려동물 예절
- **텍스트 유형**: 설명문

21

정답 ③

문제 유형 문맥을 파악해 빈칸에 알맞은 말 고르기

문제 해결 전략

빈칸을 중심으로 앞뒤를 먼저 파악해야 합니다. 앞뒤 내용을 살펴보면 '불쾌감을 주는 행동으로 ~하게 하는 사람들'이라는 문장이 됩니다. 따라서 빈칸에는 불쾌감을 주는 행동에 대한 반응이 나타나야 합니다.

You need to focus on the blank and understand the relationship between the sentences before and after it. When you look closely, the sentence structure becomes: "people who, through unpleasant behavior, make others ~." Therefore, the blank should contain a reaction to unpleasant behavior, something that fits naturally with the cause-and-effect relationship described.

함께 보기: EBS TOPIK Ⅱ 종합서 p.158 유형 11

해설

① '손을 맞잡게'는 협력을 의미하는 표현이므로 어울리지 않습니다.

② '가슴을 울리게'는 감동을 줄 때 사용하는 표현으로 이 글의 부정적인 상황과 어울리지 않습니다.

③ '눈살을 찌푸리게'는 보기 싫은 행동이나 불쾌한 상황에 대한 반응이기 때문에 상황에 맞는 자연스러운 내용입니다.

④ '발걸음을 맞추게'는 불쾌감을 주는 상황과 어울리지 않습니다.

① "To join hands" implies cooperation, so it does not fit the context.

② "To touch one's heart" is used to describe something emotionally moving, which does not suit the negative situation described in the passage.

③ "To make someone frown" is a natural expression for reacting to unpleasant behavior or an uncomfortable situation, making it appropriate for the context.

④ "To walk in step" does not match the context of an unpleasant situation.

22

정답 ④

문제 유형 세부 내용을 파악해 일치하는 내용 고르기

문제 해결 전략

이 문항은 지문 전체의 내용을 정확히 파악하고 선택지와 비교하여 일치하는 내용을 고르는 문제입니다. 문제를 해결하려면 주어, 행동, 감정 표현 등의 세부 정보를 정확히 비교해야 합니다.

This question asks you to fully understand the entire passage and choose the option that matches its content. To solve it correctly, you need to accurately compare details such as the subject (who), the action (what happened), and any emotional expressions (how they felt) in both the passage and the answer choices.

함께 보기: EBS TOPIK Ⅱ 종합서 p.130 유형 09

해설

① 공공장소에서 일부 사람들의 행동이 다른 사람에게 불쾌감을 준다고만 나와 있을 뿐 불쾌감을 느끼는 사람이 증가하고 있다고 일반화하는 내용은 지문에 없습니다.

② 지문을 보면 반려견을 키우는 사람들 중 일부가 다른 사람들에게 불편을 준다고 되어 있습니다.

③ 지문에서는 반려동물의 배설물을 치우지 않는 일부 사람에 대해 이야기하고 있습니다.

④ 반려동물과 산책할 때 목줄을 하지 않는 사람들이 있다는 내용은 지문과 정확히 일치합니다.

① The passage only states that some people's behavior in public places causes discomfort to others; it does not generalize by saying that the number of people feeling discomfort is increasing.

② According to the passage, some pet owners cause inconvenience to others.

③ The passage discusses certain people who do not clean up after their pets.

④ The passage clearly states that there are people who walk their pets without using a leash, which matches the content.

23~24

제시문

며칠 전 카페 아르바이트를 할 때 생긴 일이다. 아르바이트가 처음이라서 긴장한 상태로 일을 하고 있었는데 고객이 많은 점심시간에 주문을 잘못 받고 말았다. 너무 정신이 없어서 주문이 잘못된 줄도 몰랐다. 실수를 깨달은 즉시 고객에게 급히 죄송하다고 사과한 후 바로 새 음료를 만들어 드렸다. 그러자 그 고객은 나를 보며 "괜찮아요. 저도 실수할 때가 많으니까요."라고 웃으며 말해 주었다. 그 말을 듣는 순간 다리에 힘이 풀리는 것 같았다. 솔직히 처음에는 너무 당황해서 눈앞이 캄캄했지만 고객의 따뜻한 말 덕분에 다시 힘을 얻어 일할 수 있었다. 그날 이후 나 역시 다른 사람의 실수에 조금 더 너그러운 마음을 가져야겠다는 다짐을 하게 되었다. 사소한 말 한마디가 얼마나 큰 위로가 될 수 있는지 알게 된 날이었다.

• 주제: 실수 • 텍스트 유형: 수필

23 정답 ④

문제 유형 인물의 심정 고르기

문제 해결 전략

밑줄이 있는 문장을 중심으로 인물의 상황과 감정 변화를 파악해야 합니다. "그 말을 듣는 순간 다리에 힘이 풀리는 것 같았다"의 앞뒤를 먼저 살펴보는 것이 좋습니다. 앞의 내용은 실수를 한 뒤 죄송하다고 사과하고 새 음료를 만들어 드렸다는 내용이고, 뒤의 내용은 고객이 따뜻하게 말해 주었다는 내용입니다. 따라서 밑줄의 심정은 실수로 긴장했던 상태에서 안정감과 위로를 느낀 것으로 볼 수 있습니다.

To understand the underlined sentence, you need to focus on the character's situation and emotional change. The sentence "At that moment, I felt as if my legs gave out" comes after the narrator made a mistake, apologized, and offered a new drink. Then, the customer kindly responded, "It's okay. I make mistakes too sometimes." This context shows that the narrator was feeling tense and nervous due to the mistake, but upon hearing the customer's warm response, the narrator experienced relief and comfort. Therefore, the underlined sentence expresses a shift from anxiety to emotional release and reassurance.

함께 보기: EBS TOPIK Ⅱ 종합서 p.188 유형 13

해설

① '화가 나고 억울했다'는 지문 내용과 반대되는 감정이므로 적절하지 않습니다.

② '기분이 나쁘고 불쾌했다'는 실수를 지적하거나 화낸 사람이 없으므로 지문 내용과 어울리지 않습니다.

③ '부끄럽고 신경이 쓰였다'는 밑줄이 있는 문장이 고객의 위로를 들은 이후의 상황이므로 적절하지 않습니다.

④ '안심되고 마음이 놓였다'는 고객의 따뜻한 반응을 들은 뒤 느낀 감정으로 가장 자연스럽습니다.

① The feeling of "anger and unfairness" is the opposite of the emotion described in the passage, so it is not appropriate.

② The feeling of "discomfort and unpleasantness" does not match the passage, as no one pointed out the mistake or expressed anger.

③ The feeling of "embarrassment and concern" appears before the comforting words from the customer, so it is not appropriate here.

④ The feeling of "relief and reassurance" is the most natural, as it follows the customer's kind response.

24 정답 ②

문제 유형 세부 내용을 파악해 일치하는 내용 고르기

문제 해결 전략

이 문제는 지문에서 말한 사실과 일치하는 문장을 고르는 유형입니다. 따라서 산택지의 문장이 지문의 내용과 일치하는지, 반대되거나 다르게 표현되었는지를 비교해야 합니다. 특히 선택지에 등장하는 행동의 주체(나, 고객), 상황의 원인과 결과, 감정 표현 등을 주의해서 살펴봐야 합니다.

This question asks you to choose the statement that matches the facts presented in the passage. To solve it correctly, you should carefully compare each choice with the text to see whether it is consistent, contradictory, or paraphrased inaccurately. Pay special attention to: Who is doing what (subject of the action — "I" vs. "the customer") Cause-and-effect relationships (what led to what) Emotional expressions (how the characters felt and responded) These details are key to identifying the correct answer.

함께 보기: EBS TOPIK Ⅱ 종합서 p.130 유형 09

해설

① 나의 실수 때문에 점심시간이 더 바빠졌다는 내용은 지문에 없습니다. 지문에는 점심시간에 바빠서 실수를 하게 되었다고 나와 있습니다.

② 나는 고객의 따뜻한 반응 덕분에 위로를 받았다는 내용은 고객이 따뜻한 말을 해 준 후 '다시 힘을 얻어 일할 수 있었다'는 지문 내용과 정확히 일치하므로 정답입니다.

③ 고객이 나에게 화를 냈다는 내용은 지문에 없습니다.

④ 주문을 잘못 받은 사람은 '나' 이고, 고객이 실수한 '나'를 용서해 주었으므로 지문의 내용과 다릅니다.

① The passage does not state that lunchtime became busier because of my mistake. It says that I made a mistake because it was busy during lunchtime.

② The statement that I was comforted by the customer's warm response matches the passage, as it says I was able to regain strength and continue working thanks to the kind words.

③ There is no mention in the passage that the customer got angry at me.

④ It was "I" who took the order incorrectly, and the customer forgave me for my mistake, so this option does not match the content of the passage.

25

정답 ②

제시문

청년 농부 증가, 농촌에 새 바람

• **주제**: 청년 농부 증가 • **텍스트 유형**: 신문 기사 제목

문제 유형 중심 내용 고르기(기사 제목 설명 고르기)

문제 해결 전략

기사 제목은 핵심 정보를 압축해서 보여 주는 형태이므로 '누가, 무엇을, 어떤 변화'의 요소를 중심으로 선택지를 비교해야 합니다. 이 문제에서는 '청년 농부 증가'가 어떤 변화를 가져왔는지를 중점적으로 보는 것이 좋습니다.

A news headline summarizes the core information in a concise format. So, when comparing the answer choices, focus on the elements of who, what, and what change occurred. In this case, the key idea is the increase in young farmers, so you should look for the option that best reflects what impact or change that increase has brought about.

함께 보기: EBS TOPIK Ⅱ 종합서 p.172 유형 12

해설

① 청년 농부들이 새로운 농업 방식을 농촌에 알리고 있다는 내용은 과도한 해석입니다.

② '청년 농부 증가'는 청년들이 농촌에 정착하고 있다는 의미이고, '새 바람'이라는 표현은 분위기 변화로 해석될 수 있으므로 신문 기사 제목에 대한 설명으로 가장 알맞습니다.

③ 기존의 농부들과의 '경쟁'에 대한 내용은 지문에 언급되지 않았습니다.

④ 농촌에 거주하는 청년들이 도시에 비해 일자리를 구하기 어렵다는 내용은 지문과 전혀 관련이 없는 내용입니다.

① The idea that young farmers are promoting new agricultural methods in rural areas is an overinterpretation of the passage.

② "An increase in young farmers" implies that young people are settling in rural areas, and the phrase "a new breeze" can be interpreted as a change in atmosphere, making this the most suitable explanation for the newspaper headline.

③ The passage does not mention any "competition" with existing farmers.

④ The claim that young people living in rural areas have more difficulty finding jobs compared to those in cities is not related to the content of the passage.

26

정답 ③

제시문

정부 지원금 축소, 전기차 판매 주춤

- **주제**: 지원금 축소와 전기차 판매 감소
- **텍스트 유형**: 신문 기사 제목

문제 유형 중심 내용 고르기(기사 제목 설명 고르기)

문제 해결 전략

신문 기사 제목은 핵심 정보만 간단하게 전달합니다. 따라서 '정부 지원금 축소'라는 원인과 '전기차 판매 주춤'이라는 결과 사이의 관계를 중심으로 선택지 문장을 비교해야 합니다.

A newspaper headline delivers only the key information in a brief form. In this case, focus on the cause-and-effect relationship between "government subsidy cuts" and the resulting "slowdown in electric vehicle sales". When comparing the answer choices, look for the one that clearly reflects this cause (support reduction) and effect (sales decline).

함께 보기: EBS TOPIK Ⅱ 종합서 p.172 유형 12

해설

① '전기차 가격'에 대한 내용은 지문에 언급되지 않았습니다.
② '판매 주춤'이라는 표현은 판매가 감소하고 있다는 의미이므로 '판매 증가'라는 표현과 반대됩니다.
③ '정부 지원금 축소'와 '판매 주춤'을 원인과 결과로 올바르게 설명하고 있으므로 적절합니다.
④ 지원금을 대폭 늘리기로 했다는 내용은 '정부 지원금 축소'와 반대되는 내용입니다.

① The passage does not mention anything about the price of electric vehicles, so this option is not appropriate.
② The phrase "sales have slowed" implies a decrease in sales, which is the opposite of "increase in sales."
③ The explanation that the reduction in government subsidies led to slower sales accurately reflects the cause-and-effect relationship described in the passage, making this option appropriate.
④ The claim that the government decided to significantly increase subsidies contradicts the content about the reduction in government subsidies.

27

정답 ①

제시문

김유진 선수, 올해에도 세계 육상 선수권 금빛 질주

- **주제**: 육상 선수권 금메달
- **텍스트 유형**: 신문 기사 제목

문제 유형 중심 내용 고르기(기사 제목 설명 고르기)

문제 해결 전략

이 문제에서는 '김유진 선수', '올해에도', '금빛 질주'라는 표현을 중심으로 누가, 어떤 대회에서, 어떤 성과를 냈는지를 파악해 선택지를 비교해야 합니다.

In this question, focus on the expressions "Kim Yujin," "this year as well," and "golden sprint" to identify who achieved what results in which competition and then compare the answer choices accordingly.

함께 보기: EBS TOPIK Ⅱ 종합서 p.172 유형 12

해설

① '올해에도'와 '금빛 질주'라는 표현은 올해에도 우승했다는 의미로 해석할 수 있으므로 이번 세계 대회에서도 우승을 차지했다는 내용과 일치합니다.
② '훈련하고 있다'는 내용은 지문에 없습니다.
③ 지문에는 이미 우승했다는 의미가 담겨 있으므로 '금메달 가능성이 높아졌다'는 내용과는 어울리지 않습니다.
④ '올해에도'라는 표현은 작년에도 우승했다는 의미를 포함하고 있습니다.

① The expressions "this year as well" and "golden run" can be interpreted to mean that the athlete won again this year, which matches the statement that they won the world championship.
② The passage does not mention that someone is currently training.
③ Since the passage implies that the athlete has already won, the statement that there is a high possibility of winning a gold medal does not fit.
④ The phrase "this year as well" implies that the athlete also won last year.

28

정답 ②

제시문

요즘 아침 시간을 활용하고자 하는 사람들이 늘어나고 있다. (　　　)에 따라 하루를 더 효율적으로 보낼 수 있기 때문이다. 아침 시간을 효과적으로 쓰는 방법 중 하나는 일찍 일어나 가벼운 운동을 하거나 독서를 하는 등 자신만의 습관을 만드는 것이다. 습관을 만드는 것이 쉽지는 않지만 아침 시간을 자신만의 방식으로 잘 활용한다면 더욱 계획적이고 여유 있는 하루를 보낼 수 있다.

• **주제**: 아침 시간 활용　　• **텍스트 유형**: 설명문

문제 유형 문맥을 파악해 빈칸에 알맞은 말 고르기

문제 해결 전략

빈칸이 포함된 문장은 그 뒤 문장에 나오는 '하루를 더 효율적으로 보낼 수 있기 때문이다'라는 결과를 설명하는 원인의 역할을 합니다. 따라서 빈칸에는 아침 시간 활용 방식이 들어가야 자연스럽습니다. 글 전체가 아침을 어떻게 시작하느냐에 따라 하루가 달라진다는 내용을 설명하고 있으므로 '아침의 시작 방식'에 초점을 맞춘 선택지를 골라야 합니다.

The sentence with the blank functions as the cause explaining the result in the following sentence: "because you can spend the day more efficiently." Thus, the blank should be filled with a way to utilize the morning effectively. Since the passage overall explains how you start your morning determines the course of your day, an option focusing on "how to begin the morning" would be most appropriate.

함께 보기: EBS TOPIK Ⅱ 종합서 p.158 유형 11

해설

① 글의 전체 주제인 '아침 시간 활용'에 대한 문장이므로 '독서'만 언급하고 있는 내용은 빈칸에 적절하지 않습니다.

② 일과를 어떻게 시작하느냐는 '아침 시간의 시작 방식'이라는 글의 중심 주제와 일치하며 '하루를 효율적으로 보낼 수 있다'는 문장과도 자연스럽게 연결됩니다.

③ '운동'은 아침 시간 활용의 한 예시에 불과하므로 주제를 나타내는 이 문장에는 어울리지 않습니다.

④ '수면'은 아침 시간 활용에 대한 지문과는 직접적인 관련이 없습니다.

① Since the overall theme of the passage is "using morning time effectively," a sentence that mentions only "reading" is not appropriate for the blank.

② How one starts their day aligns with the main theme of "how to begin the morning" and connects naturally with the idea of spending the day efficiently.

③ Exercise is merely one example of how to use morning time, so it does not suit a sentence that represents the main idea.

④ Sleep is not directly related to the topic of utilizing morning time, so it is not appropriate for the passage.

29

정답 ③

제시문

누군가 내 제안이나 부탁을 거절했을 때 우리는 종종 그것을 (　　　) 받아들일 때가 있다. 하지만 상대는 나라는 사람을 평가하고 거절한 것이 아니라 특정한 조건이나 상황 속의 부탁을 거절한 것에 불과하다. 그 거절은 개인의 필요나 상황을 반영한 결과일 뿐 나라는 존재의 가치를 부정하는 것은 아니다. 따라서 거절을 지나치게 개인적인 것으로 받아들이기보다는 그것을 상황적 판단으로 이해하려는 태도가 필요하다.

• **주제**: 거절을 받아들이는 태도
• **텍스트 유형**: 설명문

문제 유형 문맥을 파악해 빈칸에 알맞은 말 고르기

문제 해결 전략

빈칸 고르기 문제는 앞뒤 내용에 주의해야 합니다. 앞뒤 내용을 연결하며 사람들이 거절을 어떻게 받아들이는지에 대한 설명을 찾아야 합니다. 빈칸에는 사람들이 흔히 하는 잘못된 생각이 들어가야 자연스럽습니다.

When solving a fill-in-the-blank question, it is important to pay close attention to the surrounding context. You need to find a statement that connects the preceding and following content and explains how people perceive rejection. The blank should naturally be filled with a common misconception that people often have.

함께 보기: EBS TOPIK Ⅱ 종합서 p.158 유형 11

해설

① '단순한 의견 차이'는 특별히 부정적인 의미를 담고 있지 않으며 '거절'을 '나라는 존재의 가치'와 연결하여 받아들이는 내용과 어울리지 않습니다.

② 사람들이 의견에 대한 거절을 '나 자신에 대한 거절'로 받아들이기 때문에 상처를 받는다는 지문의 내용과 이어지지 않으므로 적절하지 않습니다.

③ '자신에 대한 부정적인 평가'로 받아들인다는 내용은 지문의 설명과 연결되며 거절을 지나치게 개인적인 것으로 받아들이는 태도와 관련되므로 빈칸에 가장 잘 어울립니다.

④ '능력이 부족함을 나타내는 신호'로 받아들인다는 내용은 부정적인 해석이기는 하지만 지문에서는 '능력'이 아닌 '나 자신'을 문제로 생각한다는 점을 강조하고 있으므로 적절하지 않습니다.

① "A simple difference of opinion" does not carry a particularly negative meaning and does not match the idea of interpreting rejection as a denial of one's self-worth.

② The statement that people's feelings are hurt because they take disagreement as a rejection of their opinion does not align with the passage, which focuses on interpreting rejection as personal.

③ The idea of perceiving rejection as "a negative evaluation of oneself" is closely related to the passage's explanation and appropriately reflects the tendency to take rejection too personally, making it the best fit for the blank.

④ Although viewing rejection as "a sign of lacking ability" is a negative interpretation, the passage emphasizes the perception of the self, not one's ability, as the main issue, so this option is not appropriate.

30

정답 ①

제시문

야간에 도로에서 교통정리나 작업을 하는 사람들이 입는 작업복은 어두운 환경에서도 운전자의 눈에 잘 띌 수 있도록 제작된다. 이 작업복은 일반 옷과 달리 (　　　) 기능이 있는 특수한 소재로 만들어진다. 자동차 불빛이 작업복에 닿으면 작업복의 특수 소재가 그 빛을 운전자 쪽으로 되돌려 보내기 때문에 어두운 곳에서도 발견하기 쉽다. 이러한 원리를 활용해 교통 표지판이나 도로 경계선에도 같은 소재를 활용하고 있다.

- **주제**: 야간 작업복의 특수한 소재
- **텍스트 유형**: 설명문

문제 유형 문맥을 파악해 빈칸에 알맞은 말 고르기

문제 해결 전략

빈칸이 있는 문장은 '작업복의 소재가 가진 기능'을 설명하는 부분입니다. 빈칸 뒤에 '자동차 불빛이 작업복에 닿으면 그 빛이 다시 운전자 쪽으로 되돌아간다'는 설명이 있으므로 '빛을 되돌려 보내는 작용'을 나타내는 표현이 들어가야 합니다.

The sentence with the blank explains the function of the material used in work uniforms. Since the sentence following the blank states that "when car headlights shine on the work uniform, the light is reflected back toward the driver," the blank should be filled with an expression that indicates "reflection of light."

함께 보기: EBS TOPIK Ⅱ 종합서 p.158 유형 11

해설

① '반사'는 빛을 되돌려 보내는 기능을 의미합니다. 지문은 자동차 불빛이 작업복에 닿으면 운전자 쪽으로 되돌아간다고 설명하고 있으므로 가장 적절한 표현입니다.

② '작업복의 특수 소재가 빛을 되돌려 보낸다'는 지문 내용과 연결되지 않는 일반적인 표현입니다.

③ 자동차 불빛을 막아 불빛을 차단하게 되면 운전자가 작업자를 보기 어려워지므로 이 내용은 지문과 반대되는 내용입니다.

④ 작업복의 목적은 작업자가 잘 보이도록 하는 것으로 '눈의 피로'와는 관련이 없습니다.

① "Reflection" refers to the function of sending light back. Since the passage explains that the car's headlights are reflected back toward the driver when they shine on the work clothes, this is the most appropriate expression.
② The statement "the special material of the work clothes sends light back" is a general comment that does not directly connect with the content of the passage.
③ If the car's headlights are blocked and the light is cut off, it would make it harder for the driver to see the worker, so this contradicts the passage.
④ The purpose of the work clothes is to make the worker more visible, so it is not related to "eye fatigue."

31

정답 ③

제시문

한국은 약 복용률이 높은 국가로 알려져 있었다. 감기나 가벼운 통증에도 약을 찾는 경우가 많았기 때문이다. 과거에는 병원 진료 없이 약을 쉽게 구입할 수 있어 약을 잘못 사용하거나 과하게 먹는 일이 자주 발생했다. 이런 문제를 줄이기 위해 한국에서는 병원에서 처방전을 받아야만 약국에서 약을 살 수 있는 의약 분업 제도를 시행하게 되었다. 이 제도는 (   ) 국민 건강을 보호하는 데 도움을 주고 있다.

• **주제**: 의약 분업 제도 • **텍스트 유형**: 설명문

문제 유형 문맥을 파악해 빈칸에 알맞은 말 고르기

문제 해결 전략

빈칸이 있는 문장은 의약 분업 제도의 도입 목적과 효과를 설명하는 흐름입니다. 따라서 빈칸에는 이 제도를 통해 어떤 긍정적인 변화가 있었는지를 나타내는 내용이 들어가야 합니다.

The sentence with the blank explains the purpose and effects of introducing the separation of prescribing and dispensing medications. Therefore, the blank should be filled with content that describes a positive change brought about by this system.

함께 보기: EBS TOPIK Ⅱ 종합서 p.158 유형 11

해설

① 약의 구매처를 늘리는 것은 지문에 언급되지 않은 내용입니다.
② 약국에서 쉽게 약을 살 수 있게 하는 것은 약의 남용을 막고자 하는 의약 분업 제도와 어울리지 않습니다.
③ 불필요한 약의 복용을 막고자 하는 것은 빈칸의 앞 문장과 잘 이어지며 뒤 문장의 '국민 건강 보호'라는 결과와도 연결되므로 가장 알맞은 내용입니다.
④ 처방전 없이 약을 구입하고자 하는 것은 제도를 시행하기 전의 상황으로 적절하지 않습니다.

① Expanding the number of places where medicine can be purchased is not mentioned in the passage.
② Making it easier to buy medicine at pharmacies does not align with the purpose of the medical separation system, which aims to prevent the misuse of medication.
③ Preventing the unnecessary use of medication connects well with the previous sentence and also aligns with the result mentioned in the following sentence—"protecting public health"—making it the most appropriate choice.
④ Trying to buy medicine without a prescription reflects the situation before the implementation of the system, so it is not appropriate.

32

정답 ②

제시문

일부 동물은 주변 환경과 비슷한 색을 띤다. 이를 보호색이라고 하는데 주로 자신을 숨길 때 사용된다. 사막에 사는 도마뱀은 몸의 색을 모래와 비슷하게 바꿔 천적이 쉽게 발견하지 못한다. 또한 숲속에 사는 생물은 잎이나 나무의 색과 비슷해 눈에 잘 띄지 않는다. 이처럼 보호색은 신체적 방어력이나 발톱 등의 공격력이 약한 생물이 외부의 위협으로부터 자신을 지키는 생존 전략이다.

• **주제**: 동물의 생존 전략 • **텍스트 유형**: 설명문

문제 유형 세부 내용을 파악해 일치하는 내용 고르기

문제 해결 전략

지문을 읽을 때 동물이 보호색을 어떤 목적으로 사용하는지를 중심으로 이해해야 합니다. 선택지를 읽으면서 지문 내용과 일치하는지 확인해야 합니다. 일부만 맞고 전체적으로 다르면 정답이 아닙니다.

When reading the passage, it is important to focus on why animals use camouflage. While reviewing the options, check whether they match the content of the passage. If part of the option is correct but the overall meaning is different, it is not the correct answer.

함께 보기: EBS TOPIK Ⅱ 종합서 p.130 유형 09

해설

① 지문에는 '숲속에 사는 생물'에 대한 이야기는 있지만 '나무 위에서 생활한다'고 하지는 않았습니다.

② 보호색으로 인해 '천적이 쉽게 발견하지 못한다'는 지문의 내용과 일치합니다.

③ 지문에서는 보호색을 가진 도마뱀은 천적에게 들키지 않는다고 되어 있습니다. 먹이를 유인할 때 들키지 않는 것과는 다른 내용입니다.

④ 지문에서 보호색은 '공격력이 약한 생물의 생존 전략'으로 설명되고 있으므로 '공격을 위해서'라는 표현과 반대됩니다.

① Although the passage discusses "creatures living in the forest," it does not state that they "live in trees," so this option is not appropriate.

② The statement that predators cannot easily spot them due to camouflage is consistent with the content of the passage.

③ The passage states that lizards with camouflage avoid detection by predators, which differs from using camouflage to avoid detection while luring prey.

④ The passage explains that camouflage is a survival strategy for creatures with weak offensive power, so the idea of using it "for attacking" is the opposite of what is stated.

33

정답 ④

제시문

문해력은 단순히 글자를 읽는 능력이 아니라 글의 의미를 파악하고 상황에 따라 적절히 활용하는 능력을 말한다. 최근에는 교육 수준과 관계없이 문해력 부족을 겪는 사람들이 많아지고 있다. 이런 현상은 단지 학업 성취에 영향을 주는 데 그치지 않고 직장 생활, 사회적 의사소통, 일상 정보 처리 등 다양한 영역에서 문제를 일으킬 수 있다. 그렇기 때문에 문해력은 단순한 학습 능력이 아니라 사회 전반에 영향을 미치는 중요한 역량으로 인식되고 있다.

- **주제**: 문해력의 개념과 중요성
- **텍스트 유형**: 설명문

문제 유형 세부 내용을 파악해 일치하는 내용 고르기

문제 해결 전략

문해력이 무엇을 의미하는지, 그것이 어떤 영역에 영향을 미치는지를 중심으로 내용을 정리해야 합니다. 선택지에서 일부 단어가 바뀌었거나 지문에 없는 내용이 추가된 경우는 오답일 수 있으니 주의해서 확인해야 합니다.

You should focus on understanding what literacy means and what areas it affects. Be careful when checking the answer choices, as even slight changes in wording or the addition of information not found in the passage can make an option incorrect.

함께 보기: EBS TOPIK Ⅱ 종합서 p.130 유형 09

해설

① 학업 성적으로 문해력을 측정할 수 있다는 내용은 지문에 언급되지 않았습니다.

② '교육 수준과 상관없이 문해력 부족 현상이 나타난다'고 했으므로 지문과 반대되는 내용입니다.

③ 문해력이 사회 전반에 영향을 미치는 중요한 능력이라고 설명하고 있지만 교과로 지정되었다는 내용은 언급되지 않았으므로 과도한 해석입니다.

④ 문해력은 '사회 전반에 영향을 미치는 중요한 역량으로 인식되고 있다'고 하였으므로 지문과 일치하는 설명입니다.

① The passage does not mention that literacy can be measured by academic performance.

② The passage states that a lack of literacy skills appears regardless of educational background, so this option contradicts the passage.
③ Although the passage explains that literacy is an important skill affecting society as a whole, it does not mention that it has been designated as a school subject, making this an overinterpretation.
④ The passage states that literacy is recognized as an important competence that affects all areas of society, so this option is consistent with the content.

34

정답 ①

제시문

한국 전통 건축물의 천장이나 기둥 등에 그려진 색채 무늬를 단청이라고 한다. 대부분의 사람들은 아름다운 무늬와 색깔 때문에 단청을 단순한 장식 요소로만 인식하기 쉽다. 하지만 예로부터 단청은 건물을 아름답게 꾸미기 위한 것만이 아니라 외부 환경으로부터 건축물을 보호하는 기능도 함께 가지고 있었다. 이러한 기능 덕분에 비바람이나 햇빛에 약한 목재 건물이 오랫동안 보존될 수 있었다. 이처럼 단청은 우리 전통 건축의 기능과 아름다움을 함께 담고 있는 중요한 문화 요소이다.

- **주제**: 단청의 아름다움과 기능
- **텍스트 유형**: 설명문

문제 유형 세부 내용을 파악해 일치하는 내용 고르기

문제 해결 전략

지문에서 단청이 어디에 쓰였는지, 그리고 단청이 어떤 역할을 했는지를 중심으로 내용을 확인해야 합니다. 선택지 중 일부가 지문에 없는 내용이거나 바뀐 정보가 있다면 오답입니다.

When reading the passage, focus on where Dancheong (traditional Korean decorative coloring) was used and what functions it served. If an answer choice includes information that is not in the passage or alters the original details, it should be considered incorrect.

함께 보기: EBS TOPIK Ⅱ 종합서 p.130 유형 09

해설

① 지문에서 단청은 '외부 환경으로부터 건축물을 보호하는 기능도 함께 가지고 있었다'고 설명하고 있으므로 지문과 정확히 일치하는 설명입니다.
② '천장이나 기둥 등에 그려진 색채 무늬'라는 설명은 있으나 실내 공간의 벽면을 장식하기 위해 사용되었다는 내용은 지문에 없습니다.
③ 한국 전통 건축물의 천장이나 기둥에는 색채 무늬인 단청이 그려졌다고 설명하고 있으므로 이 내용은 지문과 반대되는 내용입니다.
④ 지문에서는 '비바람이나 햇빛에 약한 목재 건물'이라고 설명하고 있으므로 이 내용은 지문과 반대됩니다.

① The passage explains that dancheong also served to protect buildings from external environmental factors, so this statement matches the content.
② While the passage mentions colorful patterns painted on ceilings or columns, it does not state that dancheong was used to decorate indoor walls, so this is not supported by the passage.
③ The passage states that colorful patterns called dancheong were painted on the ceilings or columns of traditional Korean buildings, so this option contradicts the passage.
④ The passage describes wooden buildings as being vulnerable to rain, wind, and sunlight, so this statement is opposite to what is stated.

35

정답 ④

제시문

최근 여러 나라가 달 탐사에 관심을 보이며 기술 개발에 힘을 쏟고 있다. 달에는 에너지 자원을 포함한 희귀 자원이 있을 가능성이 높고 우주 연구의 중심지로 활용될 수도 있기 때문이다. 실제로 일부 국가는 탐사선을 달에 보내 달 표면에서 시료를 채취하는 데 성공했으며 관련 기술력에서도 앞서 나가고 있다. 하지만 많은 나라들은 기술력이나 예산의 한계로 본격적인 탐사를 시작하지 못하고 있다. 인류의 미래 자원을 확보하기 위해서라도 적극적으로 달 탐사에 대한 투자와 기술 개발에 나설 필요가 있다.

• **주제**: 달 탐사의 필요성 • **텍스트 유형**: 설명문

문제 유형 중심 내용 고르기

문제 해결 전략

주제를 찾을 때는 글 전체에서 가장 강조하는 생각이 무엇인지 확인해야 합니다. 보통 글의 시작과 끝에 중요한 내용이 등장하므로 주의하며 읽어야 합니다. 글을 읽은 후 선택지가 글 전체의 흐름과 일치하는지 비교하면 정답을 찾는 데 도움이 됩니다.

When identifying the main idea, focus on what is most strongly emphasized throughout the passage. Pay special attention to the reasoning and claims made at the beginning and end of the passage, and compare the answer choices with the overall flow to help find the correct answer.

함께 보기: EBS TOPIK Ⅱ 종합서 p.172 유형 12

해설

① '국제 협력' 및 '공정한 활용'에 대한 내용은 지문을 과도하게 해석한 내용입니다.

② 일부 국가는 기술력을 보유하고 있지만 많은 나라들이 기술력과 예산의 한계로 탐사를 하지 못하고 있다고 설명하고 있으므로 지문과 반대되는 내용입니다.

③ 달에 탐사선을 보내는 이유 중 하나로 '자원 개발'이 언급되기는 했으나 글 전체의 초점은 기술 개발과 탐사의 필요성에 있으므로 이 내용은 일부 내용만 포함하고 있는 부분적인 정보입니다.

④ 지문의 중심 생각을 잘 표현하고 있는 지문의 마지막 문장과 일치하는 내용이므로 정답입니다.

① The passage does not mention "international cooperation" or "fair use," so this option is an overinterpretation.

② The passage explains that while some countries possess the necessary technology, many are unable to conduct exploration due to limitations in technology and budget, so this option contradicts the passage.

③ Although "resource development" is mentioned as one reason for sending probes to the Moon, the overall focus of the passage is on technological advancement and the necessity of exploration, so this option reflects only part of the information.

④ This statement matches the final sentence of the passage, which clearly expresses the main idea, making it the correct answer.

36

정답 ②

제시문

사람들의 소비 성향이 변화하고 있다. 요즘 사람들은 단순히 품질과 가격만을 기준으로 제품을 고르지 않는다. 착한 초콜릿, 착한 커피처럼 생산 과정에 인권이나 환경 보호의 가치를 반영한 제품을 찾는 경향을 보이고 있다. 과거에는 제품의 품질이나 가격, 또는 기업이 만들어 낸 일자리와 같은 경제적 가치를 중심으로 평가하던 소비자들의 기준이 달라지고 있는 것이다. 이에 따라 많은 기업들이 사회 공헌 활동이나 친환경 경영을 강조하며 브랜드 이미지를 바꾸려는 노력을 하고 있다.

• **주제**: 변화하는 소비 성향 • **텍스트 유형**: 설명문

문제 유형 중심 내용 고르기

문제 해결 전략

글 전체에서 강조하는 생각을 중심으로 선택지를 확인해야 합니다. 소비자의 선택 기준과 기업 평가 방식이 어떻게 달라졌는지를 살펴보면 주제를 찾을 수 있습니다.

When evaluating the answer choices, focus on the idea most emphasized throughout the passage. You can find the main idea by examining how consumer decision-making criteria and corporate evaluation methods have changed.

함께 보기: EBS TOPIK Ⅱ 종합서 p.172 유형 12

해설

① 기업들이 친환경 경영을 하고 있다는 언급은 있지만 이는 기업 활동의 일부분만 설명하고 있는 내용으로 글 전체의 중심 내용은 아닙니다.

② 소비자들의 소비 성향와 기업 평가 기준이 윤리적으로 변화하고 있다는 글 전체의 중심 내용을 가장 잘 담고 있습니다.

③ 과거의 기준을 설명하고 있는 내용으로 지금의 기준과도 다르며 글의 중심 생각과도 일치하지 않습니다.

④ '일자리'에 대한 내용은 과거의 평가 기준이며 현재는 윤리와 책임을 실천하는 기업이 더 높은 평가를 받고 있습니다.

① Although the passage mentions that companies are engaging in eco-friendly management, this represents only a part of corporate activities and does not reflect the main idea of the passage.

② The overall main idea of the passage is best captured by the statement that consumer behavior and corporate evaluation standards are shifting toward ethical considerations.

③ This describes standards from the past, which differ from current criteria and do not align with the main idea of the passage.

④ The topic of "job creation" relates to former evaluation standards, whereas today, companies that practice ethics and responsibility are more highly valued.

37

정답 ③

제시문

스마트폰과 같은 디지털 기기의 발달과 함께 짧은 영상 콘텐츠를 즐기는 사람들이 늘고 있다. 이 콘텐츠들은 짧은 시간 안에 많은 정보를 전달하며 빠르게 소비된다. 하지만 이러한 소비 방식에 익숙해질수록 집중력이 필요한 활동에는 쉽게 지루함을 느끼게 된다. 짧은 자극에만 반응하는 습관이 형성되면 길고 복잡한 내용에 집중하는 데 어려움을 느낄 수 있기 때문이다.

- **주제:** 짧은 영상 콘텐츠의 영향
- **텍스트 유형:** 설명문

문제 유형 중심 내용 고르기

문제 해결 전략

중심 내용을 고르는 문제를 풀 때는 글 전체의 흐름과 중심 생각을 기준으로 판단해야 합니다. 지문에서는 짧은 영상 콘텐츠의 특징과 그에 따른 집중력 저하 문제를 중심으로 설명하고 있습니다.

When answering a main idea question, you should judge based on the overall flow and central message of the passage. The passage explains the characteristics of short-form video content, the resulting decline in concentration, and the need to manage this issue.

함께 보기: EBS TOPIK Ⅱ 종합서 p.172 유형 12

해설

① 문제의 초점은 자극에 익숙해진 사용자의 반응과 집중력 저하에 있으므로 중심 내용으로 적절하지 않습니다.

② 짧은 시간 안에 많은 정보를 전달한다는 설명은 있으나 이는 글의 일부에 해당합니다.

③ 짧은 콘텐츠에 익숙해질수록 집중력이 필요한 활동에 지루함을 느끼고, 길고 복잡한 내용에 집중하기 어려워질 수 있다고 설명하는 지문의 주제와 일치하며 지문의 주제를 가장 잘 담고 있습니다.

④ 짧은 콘텐츠가 소비 방식에 따라 습관 형성에 영향을 미친다는 내용은 지문의 일부 내용이므로 전체 주제를 포함하지는 못합니다.

① The focus of the passage is on users' habituation to stimulation and the resulting decline in concentration, so this option is not appropriate as the main idea.

② While the passage mentions that short-form content delivers a large amount of information in a short time, this represents only part of the content.

③ The passage explains that as people become more accustomed to short-form content, they may find activities requiring concentration boring and have difficulty focusing on long and complex content, making this the most accurate reflection of the main idea.

④ The statement that short-form content influences habit formation depending on consumption patterns is only a partial idea and does not represent the overall theme.

38

정답 ③

제시문

자신에게는 쉬운 일이 상대방에게는 어려운 일일 수 있다는 점을 생각하지 못하면 그 행동은 배려가 아닌 강요가 될 수도 있다. 이를 보여 주는 우화로 여우와 두루미 이야기가 있다. 여우는 두루미를 초대해 자신의 기준대로 평평한 접시에 음식을 내놓았고 두루미는 길고 뾰족한 부리 때문에 제대로 먹지 못했다는 내용이다. 이 이야기는 상대방의 입장을 고려하지 않은 배려가 자기중심적인 행동이 될 수도 있다는 점을 보여 준다.

• **주제**: 진정한 배려 • **텍스트 유형**: 설명문

문제 유형 중심 내용 고르기

문제 해결 전략

이 글은 여우와 두루미 이야기를 예로 들어 배려의 진정한 의미가 무엇인지 설명하고 있습니다. 글 전체에서 강조하는 생각은 배려의 핵심이 상대의 입장을 먼저 생각하는 태도라는 점입니다. 선택지를 비교할 때는 중심 생각을 얼마나 잘 담고 있는지를 기준으로 판단해야 합니다.

This passage uses the story of the fox and the crane to explain the true meaning of consideration. The central message emphasized throughout the text is that the essence of consideration lies in thinking from the other person's perspective first. When comparing answer choices, evaluate how well each one reflects this main idea.

함께 보기: EBS TOPIK Ⅱ 종합서 p.172 유형 12

해설

① 지문에 우화가 등장하긴 하지만 우화는 필자의 주장을 설명하기 위한 예시일 뿐 글의 목적은 아닙니다.

② 자신의 기준만을 따르는 것은 배려가 아니라고 설명하고 있으므로 지문과 반대되는 내용입니다.

③ 지문에서 우화를 통해 상대방의 입장을 고려하지 않은 행동은 자기중심적일 수 있다고 강조하고 있으므로 이 선택지는 글의 중심 내용을 가장 잘 담고 있습니다.

④ 내가 좋아하는 것을 상대방에게 해 주는 것이 바람직한 배려라는 내용은 지문의 핵심과 반대되는 내용입니다.

① Although a fable appears in the passage, it is used merely as an example to support the author's argument, not as the main purpose of the text.

② The passage explains that following only one's own standards is not true consideration, so this option contradicts the passage.

③ The passage emphasizes through the fable that actions taken without considering the other person's perspective can be self-centered, making this option the best representation of the main idea.

④ The idea that doing what one like for others is desirable consideration contradicts the main message of the passage.

39 정답 ③

제시문

> 사람들이 모이면서 자연스럽게 골목 상권이 살아나고 지역 사회가 활기를 띠게 된다.

도시 재생 사업은 오래된 지역을 새롭게 살려 지역 경제를 활성화하려는 사업이다. (㉠) 특히 최근에는 오래된 골목길을 새롭게 정비하여 상권을 되살리려는 시도가 늘고 있다. (㉡) 새롭게 단장한 골목에는 지역 특색을 살린 가게들이 들어서고 많은 사람들이 이곳을 찾기 시작한다. (㉢) 그러나 지나친 상업화로 인해 원래의 지역 특색이 사라질 위험도 함께 존재한다. (㉣) 이런 점을 고려하여 경제적 이익뿐만 아니라 지역의 고유문화를 지키는 방향으로 도시 재생이 이루어져야 한다.

• **주제**: 도시 재생 사업 • **텍스트 유형**: 설명문

문제 유형 **알맞은 순서로 배열한 것 고르기(위치 찾기)**

문제 해결 전략

주어진 문장이 들어갈 자리는 앞 문장과 자연스럽게 이어지고, 뒤 문장과도 어색하지 않아야 합니다. 특히 제시문의 '이 과정에서'는 앞 문장의 내용을 받아 주는 연결 표현입니다. 따라서 골목이 새롭게 변화하는 상황이 먼저 제시된 뒤에 이 문장이 들어가는 것이 자연스럽습니다.

The sentence should be placed where it flows naturally from the previous sentence and does not feel awkward with the following one. In particular, the phrase "in this process" indicates that the sentence is referring back to a situation described earlier. Therefore, it would be most natural for the sentence to follow a part of the passage that describes how the alley is being newly transformed.

함께 보기: EBS TOPIK Ⅱ 종합서 p.144 유형 10

해설

① ㉠은 도시 재생 사업의 정의 바로 뒤입니다. 과정이나 구체적인 활동이 언급되지 않았기 때문에 이 문장을 넣기엔 이릅니다.

② ㉡은 골목길을 정비하려는 시도가 나타나는 문장입니다. 변화가 막 시작되는 단계이기 때문에 결과를 설명하는 이 문장이 들어가면 흐름이 어색합니다.

③ ㉢은 앞 문장에서 가게들이 생기고 사람들이 찾아오기 시작한다는 변화가 나타납니다. 이 문장은 그에 따른 결과를 설명하는 문장이므로 이 위치가 가장 자연스럽습니다.

④ ㉣은 이 위치는 '지나친 상업화로 인한 문제'가 소개된 뒤입니다. 긍정적인 결과를 담고 있는 제시문이 들어가면 흐름이 자연스럽지 않습니다.

① ㉠ appears right after the definition of urban regeneration. Since no processes or specific activities are mentioned yet, inserting this sentence here is premature.

② ㉡ describes the beginning stage of changes, such as efforts to improve alleyways. Therefore, placing a sentence that discusses results would disrupt the logical flow.

③ ㉢ follows a sentence about new shops opening and people starting to visit. Since this sentence explains the resulting effects, this is the most natural position for it.

④ ㉣ appears after a discussion on issues caused by excessive commercialization. Inserting a sentence with positive outcomes here would break the flow of ideas.

40 정답 ③

제시문

> 즉, 열이 식는 속도와 균열이 생기는 방향에 따라 기둥의 굵기나 모양, 배열 형태가 달라지는 것이다.

주상절리는 화산 활동으로 인해 생긴 암석 지형이다. (㉠) 화산 활동이 끝나면 용암이 식으면서 열이 급격히 빠져나가게 된다. (㉡) 이 과정에서 표면에 작은 균열이 발생하는데 이 균열은 시간이 지나면서 점점 아래로 뻗어나가 기둥 모양을 이루게 된다. (㉢) 각기 다른 모양과 독특한 형태 때문에 오늘날에는 관광 명소로 널리 알려져 있다. (㉣)

• **주제**: 주상절리 생성 과정과 특징
• **텍스트 유형**: 설명문

문제 유형 알맞은 순서로 배열한 것 고르기(위치 찾기)

문제 해결 전략

문장의 위치를 찾는 문제는 주어진 문장이 앞뒤 문장과 자연스럽게 연결되는 위치를 찾는 것이 중요합니다. 연결어 '즉'은 앞 내용을 정리하거나 요약하는 역할을 하므로 이런 경우에는 앞 문장에서 어떤 설명이 구체적으로 제시되었는지 확인해야 합니다.

In sentence insertion questions, it is important to find a position where the given sentence connects smoothly with both the preceding and following sentences. When the sentence includes a connector like "in other words," it usually serves to summarize or explain the previous content more clearly. Therefore, you should check whether the previous sentence provides a specific explanation that the inserted sentence can clarify or restate.

함께 보기: EBS TOPIK Ⅱ 종합서 p.144 유형 10

해설

① ㉠은 주상절리에 대해 설명하는 부분입니다. 형성 과정에 대한 설명이 시작되기 전이기 때문에 제시된 문장을 넣기에는 어색합니다.

② ㉡은 열이 빠르게 식는다는 설명이 나오는 부분입니다. 아직 균열과 기둥 생성 과정이 본격적으로 소개되지 않았기 때문에 이 위치는 어울리지 않습니다.

③ ㉢은 앞 문장에서 균열이 아래로 뻗어나가며 기둥 모양이 만들어진다고 설명하고 있습니다. 제시된 문장은 이 내용을 정리하면서 구체화하는 역할을 하므로 이 자리에 들어가는 것이 가장 자연스럽습니다.

④ ㉣은 주상절리가 관광 명소로 알려졌다는 내용입니다. 기둥 형성과 관련된 설명은 이미 끝났기 때문에 이 위치에 제시된 문장이 들어가면 흐름이 어색해집니다.

① ㉠ appears in the section explaining columnar joints. Since the explanation of their formation has not yet begun, inserting the given sentence here would be awkward.

② ㉡ discusses how heat rapidly escapes. As the process of crack formation and pillar development has not yet been fully introduced, this position is not appropriate.

③ ㉢ follows an explanation that cracks extend downward, forming column shapes. The given sentence summarizes and elaborates on this idea, making it the most natural placement.

④ ㉣ appears in the part that discusses columnar joints being known as tourist attractions. Since the explanation of how the columns form has already concluded, inserting the sentence here would disrupt the flow.

41

정답 ④

제시문

> 이러한 점에서 조선왕조실록은 단순한 역사 기록을 넘어 진실을 자세히 남기려 한 문화적 태도의 상징이라 할 수 있다.

조선왕조실록은 조선 시대의 국왕과 정치, 사회, 외교 등 국가 운영 전반을 연대순으로 기록한 역사서이다. (㉠) 이 기록은 왕이 사망한 뒤 특별한 기관을 만들어 사관들이 편찬하였다. (㉡) 사실을 왜곡하지 않고 충실히 기록하기 위해 국왕조차도 함부로 열람할 수 없도록 하였다. (㉢) 실록에는 왕의 말과 행동, 대신들의 논쟁, 백성의 삶까지 상세하게 담겨 있다. (㉣) 현재 조선왕조실록은 그 가치를 인정받아 유네스코 세계기록유산으로 등재되어 세계적인 역사 자료로 평가받고 있다.

- **주제:** 조선왕조실록의 기록 방식과 그 의미
- **텍스트 유형:** 설명문

문제 유형 알맞은 순서로 배열한 것 고르기(위치 찾기)

문제 해결 전략

문장의 위치를 찾는 문제를 풀 때는 주어진 문장이 앞 문장과 자연스럽게 이어지고 뒤 문장과도 잘 어울리는 자리를 찾아야 합니다. 주어진 문장은 앞에서 말한 내용을 정리하면서 조선왕조실록이 어떤 뜻을 가진 기록인지 설명하는 문장입니다. '이러한 점에서'라는 표현은 여러 사실을 설명한 다음에 나와야 자연스럽습니다.

When solving sentence placement questions, it is important to find a position where the given sentence flows naturally from the previous sentence and connects smoothly to the following one. The given sentence summarizes the preceding information and explains the significance of the Annals of the Joseon Dynasty. The phrase "in this regard" should follow a series of preceding facts to maintain coherence.

함께 보기: EBS TOPIK Ⅱ 종합서 p.144 유형 10

해설

① ㉠은 조선왕조실록이 무엇인지 설명하는 부분입니다. 아직 구체적인 내용이 나오기 전이기 때문에 제시된 문장이 들어가기에는 이릅니다.

② ㉡은 실록을 누가, 어떻게 만들었는지 설명하는 부분입니다. '이러한 점에서'라는 표현이 나오기에는 설명이 충분하지 않습니다.

③ ㉢은 실록에 어떤 내용이 담겨 있는지 소개하는 부분입니다. 아직 설명이 끝나지 않았기 때문에 제시된 문장을 넣기에는 조금 이릅니다.

④ ㉣은 실록의 기록 방식과 내용에 대해 충분히 설명된 뒷부분입니다. 제시된 문장은 앞 내용을 정리하면서 실록의 의미를 말해 주는 문장이므로 이 위치에 넣는 것이 가장 자연스럽습니다.

① ㉠ appears in the section explaining what the Annals of the Joseon Dynasty are. Since specific details have not yet been introduced, it is too early to insert the given sentence here.

② ㉡ discusses who compiled the annals and how. The explanation is not yet complete, so the phrase "in this regard" would be premature in this position.

③ ㉢ introduces the contents of the annals. As the explanation is still ongoing, it is slightly too early to insert the given sentence here.

④ ㉣ appears after a full explanation of the style and contents of the annals. Since the given sentence summarizes the previous information and conveys the significance of the annals, this is the most natural place to insert it.

42~43

제시문

재민은 오늘 생애 첫 월급을 받았다. 월급 통장을 확인하고 나니 마음 한편이 괜히 허전했다. 아버지께서 돌아가신 지 3년째 되는 날이어서 더욱 공허하게 느껴지는 것 같았다. 아버지가 살아 계셨다면 퇴근길에 아버지 댁에 들러 같이 밥 한 끼 했을지도 모를 일이었다. (중략)

재민의 아버지는 말이 없는 사람이었다. 늦게 퇴근하고도 말없이 아들을 위해 밥을 차렸고 주말이면 고장 난 전등을 갈거나 오래된 책상을 고치곤 했다. 재민은 중학생 시절에 그런 아버지의 모습이 답답하게 느껴지기도 했다. 가끔 다른 친구들의 아버지처럼 유쾌하게 농담을 주고받는 아버지를 상상한 적도 있었다. (중략)

입대 전 훈련소 앞에서 재민의 아버지는 덤덤하게 아들에게 봉투 하나를 건네며 말했다.

"필요한 거 있으면 쓰고 훈련 끝나면 전화 한번 줘라."

그때 재민은 알겠다고 대답했지만 결국 아버지에게 전화를 한 건 입대한 지 6개월이 지난 어느 주말이었다. 그마저도 아버지와 통화는 하지 못했다. (중략)

<u>재민은 아버지 번호를 눌러 보다가 천천히 손을 내렸다.</u> 손에 쥔 휴대 전화가 유독 무겁게 느껴지는 날이었다.

- **주제**: 아버지에 대한 그리움과 후회
- **텍스트 유형**: 소설

42

정답 ②

문제 유형 등장인물의 심정 고르기

문제 해결 전략

심정 파악 문제는 지문 속 상황, 인물의 행동, 말의 분위기를 통해 인물이 어떤 감정을 느끼고 있는지를 파악해야 합니다. 특히 밑줄 친 문장 앞뒤에서 인물이 어떤 행동을 하고 어떤 생각을 하는지 함께 살펴봐야 합니다.

To answer a question about a character's feelings, you must understand the situation in the passage, the character's actions, and the tone of their words. Pay close attention to what the character is doing and thinking immediately before and after the underlined sentence to accurately identify their emotional state.

함께 보기: EBS TOPIK Ⅱ 종합서 p.188 유형 13

해설

① '서운하다'는 감정은 재민이 아버지의 무관심 때문에 느끼는 것이 아니라 자신의 행동을 되돌아보며 느끼는 감정이므로 적절하지 않습니다.

② 밑줄 친 장면은 재민이 아버지에게 전화하지 못했던 과거를 떠올리며 전화를 걸지 못하는 현재 상황을 후회하고 있는 부분입니다.

③ 이 장면에서는 재민의 무거운 마음과 아쉬움이 강조되고 있으므로 답답한 마음이 풀릴 때 드는 '후련하다'는 감정과는 어울리지 않습니다.

④ 어떤 사실을 믿지 못할 때 생기는 '의심스럽다'는 감정은 이 장면과는 관련이 없습니다.

① The feeling of "being hurt" is not appropriate here, as Jaemin's emotion arises not from his father's indifference, but from reflecting on his own actions.

② The underlined part shows Jaemin regretting the past when he couldn't call his father, and this regret is connected to his current hesitation.

③ This scene emphasizes Jaemin's heavy heart and lingering regret, so the feeling of "relief," which comes when frustration is resolved, does not fit.

④ The feeling of "doubt," which arises when one cannot believe something, is unrelated to this scene.

43

정답 ①

문제 유형 세부 내용을 파악해 일치하는 내용 고르기

문제 해결 전략

내용 일치 문제는 지문 속 사실을 그대로 반영한 선택지를 고르는 것이 핵심입니다. 선택지에 포함된 인물의 성격, 행동, 사건의 사실 여부를 지문에서 확인한 뒤 옳은지 판단해야 합니다.

In content-matching questions, the key is to select the option that accurately reflects the facts stated in the passage. You should confirm the personality traits, actions, or events mentioned in each option by checking the text, and then judge whether the information is correct.

함께 보기: EBS TOPIK Ⅱ 종합서 p.130 유형 09

해설

① 지문에서 재민의 아버지는 '말이 없는 사람', '말없이 밥을 차렸다'고 묘사되어 있어 '무뚝뚝한 사람'이라는 선택지와 일치합니다.

② 재민이 첫 월급을 받은 때에는 아버지께서 돌아가신 후이므로 이 선택지는 지문과 일치하지 않습니다.

③ 지문에는 재민이 유쾌하게 농담하는 아버지를 상상만 했다고 나와 있으며 실제 아버지는 그런 성격이 아니었습니다.

④ 훈련소 앞에서 아버지가 아들에게 전화를 걸었다는 내용은 지문과 다른 내용입니다.

① In the passage, Jaemin's father is described as "a man of few words" who "quietly prepared a meal," which aligns with the choice describing him as "a blunt person."

② Jaemin received his first paycheck after his father had passed away, so this option does not match the passage.

③ The passage states that Jaemin only imagined his father joking cheerfully, and his father was not actually that kind of person.

④ There is no mention in the passage of the father calling his son in front of the training center, so this statement is incorrect.

44~45

제시문

19세기 중반에 등장한 인상주의는 기존 회화의 틀을 깨고 새로운 시도를 한 예술 사조였다. 이전까지의 회화는 사물의 형태와 구도를 정밀하게 묘사하는 데 집중했지만 인상주의 화가들은 자연의 빛과 색채가 순간순간 달라진다는 점에 주목했다. 이들은 정해진 구도나 윤곽선을 따르기보다 (　　　　　　) 보이는 인상을 그대로 표현하고자 했다. 하루 중 시간에 따라 빛의 색과 밝기가 변한다는 점에 착안해 같은 장소를 아침, 낮, 저녁 등 시간대별로 여러 번 그리기도 했다. 이는 빛과 색의 변화가 자연의 인상을 결정한다고 믿었던 인상주의 화가들의 생각을 잘 보여 준다. 대표적인 예로 모네는 지베르니 정원의 수련 연못을 250점 이상 그리며 시간과 날씨에 따라 달라지는 빛의 인상을 포착하려 했다. 인상주의는 정적인 재현에서 벗어나 시간성과 순간성을 회화에 도입한 점에서 예술사적 의미를 지닌다.

- **주제**: 인상주의 회화의 특징과 의의
- **텍스트 유형**: 설명문

44

정답 ①

문제 유형 문맥을 파악해 빈칸에 알맞은 말 고르기

문제 해결 전략

빈칸에는 앞 문장과 자연스럽게 이어지고 뒤 문장 내용과도 잘 연결되는 표현이 들어가야 합니다. 앞 문장에서는 인상주의 화가들이 정해진 구도나 윤곽선을 따르지 않았다고 했고 뒤 문장에서는 순간적으로 보이는 인상을 그대로 표현하려 했다고 말하고 있습니다. 따라서 빈칸에는 자연을 있는 그대로 바라보려는 태도를 나타내는 표현이 가장 잘 어울립니다.

The blank should be filled with an expression that flows naturally from the previous sentence and connects well with the following one. The previous sentence explains that Impressionist painters did not follow fixed compositions or outlines, and the following sentence states that they tried to express the momentary impression as it was. Therefore, the blank should best express their attitude of observing nature just as it is.

함께 보기: EBS TOPIK Ⅱ 종합서 p.158 유형 11

해설

① 정해진 구도보다 순간적으로 보이는 자연의 순간적인 인상을 표현하려 했습니다. 지문 전체의 내용과 잘 맞는 표현입니다.

② 인상주의는 상상이나 단순화가 아닌 실제 자연의 인상에 집중했습니다. 지문의 내용과 다릅니다.

③ 시간에 따라 여러 번 그렸다는 설명은 지문에 나옵니다. 하지만 '특정한 시간대'라는 표현은 지문에 없습니다.

④ '이상적인 형태', '재구성'은 지문과 반대되는 내용입니다.

① Rather than a fixed composition, Impressionism aimed to capture the fleeting impressions of nature as they appeared in the moment. This matches the overall content of the passage.

② Impressionism focused not on imagination or simplification, but on the actual impressions of nature. This contradicts the passage.

③ The passage mentions that the artwork was painted multiple times depending on changes in time. However, the phrase "a specific time of day" is not mentioned in the passage.

④ The ideas of "ideal forms" and "reconstruction" contradict the main point of the passage, so this option is not appropriate.

45

정답 ①

문제 유형 중심 내용 고르기

문제 해결 전략

주제를 고르는 문제를 풀 때는 글에서 가장 중요하게 말하고 있는 생각이 무엇인지 찾아야 합니다. 한 부분에만 나오는 내용이나 예시는 주제가 아닙니다. 글 전체의 흐름을 잘 보여 주는 문장이 정답입니다. 처음과 끝 문장에 주제가 나오는 경우가 많으니 잘 살펴보는 것이 좋습니다.

When answering a main idea question, you need to identify the idea that the passage emphasizes most. Details or examples mentioned in only one part of the passage are not the main idea. The correct answer should reflect the overall flow of the text. Often, the topic is stated in the first and last sentences, so pay close attention to those parts.

함께 보기: EBS TOPIK Ⅱ 종합서 p.172 유형 12

해설

① 지문에서 인상주의 화가들이 정해진 구도나 윤곽선보다 자연의 빛과 색의 순간적인 변화에 주목했다고 설명하면서 다양한 예를 들고 있으므로 이 내용은 지문의 전체 내용을 잘 담고 있습니다.

② 모네의 수련 그림은 인상주의의 특징을 보여 주는 예시로 글 전체의 중심 내용이 아닙니다.

③ 인상주의 이전 회화의 특징으로 인상주의에 대한 설명이 아닙니다.

④ 인상주의는 정적인 재현에서 벗어나 순간성과 시간성을 표현했다고 설명하고 있으므로 지문과 반대되는 내용입니다.

① The passage explains that Impressionist painters focused on the momentary changes in light and color in nature rather than on fixed compositions or outlines, and it provides various examples. Therefore, this statement reflects the overall content of the passage well.

② Monet's water lilies are given as an example that shows the characteristics of Impressionism, but this is not the main idea of the entire passage.

③ This describes the characteristics of pre-Impressionist painting, not Impressionism itself.

④ The passage states that Impressionism moved away from static representation and aimed to express momentariness and temporality, so this statement contradicts the passage.

46~47

제시문

최근 인공 지능 기술이 의료, 금융, 제조업 등 다양한 분야에서 활용되면서 인간의 삶에 큰 변화를 가져오고 있다. 그러나 인공 지능 기술의 급속한 발전은 사회적·윤리적 문제에 대한 우려도 함께 키우고 있다. 대표적으로 인공 지능이 생성하는 편향된 정보, 개인정보 침해, 인간의 일자리를 대체하는 문제 등이 지적된다. 특히 채용 과정이나 법률 자문과 같은 중요한 의사 결정에서 인공 지능이 인간의 편견을 그대로 학습해 재생산할 가능성이 제기되고 있다. 이로 인해 사회적 약자나 소수 집단이 불이익을 받을 우려가 있다. 이에 따라 전문가들은 인공 지능 개발 단계에서부터 윤리적 기준을 명확히 설정해야 한다고 강조한다. 정부와 기업은 공동으로 윤리 가이드라인을 마련하고 법적 규제를 통해 강제할 필요가 있다. 단순히 자율 규제에만 맡긴다면 기업들은 비용 절감이나 효율성만을 우선시하여 윤리적 책임을 소홀히 할 위험이 있기 때문이다. 기술의 발전은 필연적이지만 그로 인한 부작용을 최소화하려는 노력이 병행되지 않는다면 인공 지능이 초래할 사회적 문제는 더욱 심각해질 수 있다.

• **주제**: 인공 지능 기술의 발전과 윤리적 규제의 필요성
• **텍스트 유형**: 논설문

46

정답 ④

문제 유형 **필자의 태도 고르기**

문제 해결 전략

필자의 태도를 묻는 문제는 글 전체에서 필자가 어떤 주장이나 입장을 취하고 있는지를 중심으로 판단해야 합니다. 처음에 기술의 변화나 문제를 소개하고 끝부분에 주장이나 해결 방향이 나오면 그 부분이 정답 단서가 됩니다.

When answering a question about the author's attitude, focus on the stance or argument the author takes throughout the passage. If the passage begins by introducing changes or problems related to technology and ends with a suggested solution or argument, that final part often contains the key to

identifying the correct answer.
함께 보기: EBS TOPIK Ⅱ 종합서 p.188 유형 13

해설

① 필자는 기술 확산의 긍정적인 면보다 그로 인한 문제와 우려에 집중하고 있습니다.

② 지문에 정보 편향이 언급되기는 하지만 이는 여러 문제 중 하나일 뿐입니다.

③ 인공 지능 기술로 인한 다양한 변화에 대한 내용은 지문 초반에 간단히 언급되었지만 필자의 전체적인 태도는 아닙니다.

④ 인공 지능 기술 발전에 따른 윤리적 규제의 필요성은 필자가 가장 강조하고 있는 내용입니다.

① The author focuses more on the problems and concerns caused by the spread of technology than on its positive aspects.

② Although information bias is mentioned in the passage, it is only one of several issues discussed.

③ The various changes brought about by artificial intelligence are briefly mentioned at the beginning of the passage, but they do not represent the author's overall stance.

④ The need for ethical regulation in response to the development of artificial intelligence technology is the point most strongly emphasized by the author.

47

정답 ③

문제 유형 세부 내용을 파악해 일치하는 내용 고르기

문제 해결 전략

이 유형에서는 선택지가 지문에 실제로 나온 내용인지, 또는 지문과 반대되거나 없는 내용인지를 잘 확인해야 합니다. 맞는 것처럼 보이지만 실제로는 지문의 내용과 반대이거나 과도한 해석일 수도 있기 때문에 정확하게 비교한 후 답을 선택해야 합니다.

In this type of question, carefully check whether the answer choices actually appear in the passage or if they contradict the passage or include information not mentioned. Some choices may appear correct at first glance but may actually contradict the passage or reflect an overinterpretation. Therefore, it is important to compare them carefully before selecting your answer.
함께 보기: EBS TOPIK Ⅱ 종합서 p.130 유형 09

해설

① 지문에서 '인공 지능 기술이 인간의 일자리를 대체하는 문제'를 지적하고 있으므로 이는 지문과 반대되는 내용입니다.

② 지문에서는 '채용 과정에서 인공 지능이 인간의 편견을 학습해 불공정한 결과를 낼 수 있다'고 설명하고 있으므로 이 선택지는 지문과 반대됩니다.

③ '개인정보 침해가 인공 지능 기술의 문제점으로 지적되고 있다'는 내용은 지문의 내용과 정확히 일치합니다.

④ 지문에서는 '기술 확산을 억제하기 위한 규제'가 아니라 부작용을 최소화하기 위한 노력에 대해 말하고 있습니다.

① The passage points out the issue of artificial intelligence technology replacing human jobs, so this option contradicts the passage.

② The passage explains that artificial intelligence may learn human biases in the hiring process and produce unfair results; therefore, this choice is also contrary to the passage.

③ The statement that "privacy infringement is identified as a problem of artificial intelligence technology" is consistent with the content of the passage.

④ The passage does not refer to regulations intended to suppress the spread of technology, but rather to efforts aimed at minimizing its side effects.

48~50

제시문

최근 기후 변화로 인한 이상 기후, 해수면 상승, 생태계 파괴 등 환경 문제가 심각해지고 있다. 이에 따라 전 세계는 온실가스 배출을 줄이고 탄소 중립 사회로의 전환을 추진하고 있다. 탄소 중립이란 인간의 활동으로 발생하는 이산화 탄소의 양과 이를 흡수하거나 제거하는 양을 같게 만들어 (   ) 것을 목표로 한다. 이를 달성하기 위해 각국 정부는 산업 전반에 걸쳐 탄소 배출을 줄이기 위한 법과 제도를 정비하고 있으며, 기업은 생산 과정에서 친환경 기술과 에너지 절감 방안을 도입하고 있다. 또한 시민들 역시 에너지 절약, 친환경 소비, 대중교통 이용 등 일상생활 속 실천을 통해 탄소 중립에 기여할 수 있다. 하지만 일각에서는 탄소 중립 달성의 부담을 개인에게 과도하게 전가하는 것이 아니냐는 비판도 제기된다. 구조적 변화 없이 시민의 자발적 실천만을 강조할 경우 실질적인 효과를 내기 어렵다는 지적이다. 따라서 탄소 중립은 특정 주체의 노력에만 맡길 것이 아니라 사회 전체가 각자의 책임을 다하며 협력해야 실현 가능한 과제라고 할 수 있다.

- **주제**: 탄소 중립 달성을 위한 사회 전체의 책임과 협력
- **텍스트 유형**: 논설문

48

정답 ④

문제 유형 필자가 글을 쓴 목적 고르기

문제 해결 전략

글의 목적을 찾을 때는 글을 쓴 이유가 무엇인지 확인해야 합니다. 마지막 문단에 필자의 주장이 나오는 경우가 많으므로 주의 깊게 읽어야 합니다. 필자가 강조한 내용을 중심으로 생각하면 문제를 푸는 데 도움이 됩니다.

When identifying the purpose of a passage, you should determine the reason why the text was written. Pay close attention to the final paragraph, as the author's main argument is often stated there. Focusing on the key points the author emphasizes will help you answer the question correctly.

함께 보기: EBS TOPIK Ⅱ 종합서 p.188 유형 13

해설

① 지문에 정책 실패에 대한 내용이나 구체적인 원인은 등장하지 않았습니다.

② '탄소 중립'의 정의는 잠깐 소개되었습니다. 하지만 역사적 기원에 대한 내용은 지문에 없습니다.

③ 실천 예시는 나왔지만 이는 주장을 하기 위한 일부 예시일 뿐입니다. 글의 핵심 목적은 '누가 책임을 져야 하는가'에 대한 주장입니다

④ 마지막 문단에 "특정 주체의 노력에만 맡길 것이 아니라 사회 전체가 각자의 책임을 다해야 한다"고 했습니다. 이 문장이 필자의 핵심 주장을 담고 있습니다.

① The passage does not mention policy failures or provide specific causes.

② The definition of "carbon neutrality" is briefly introduced, but its historical origins are not included in the passage.

③ Practical examples are given, but they merely serve as supporting evidence. The central purpose of the passage is to argue who should take responsibility.

④ In the final paragraph, the passage states that "it should not be left solely to the efforts of certain parties, but society as a whole must fulfill its responsibilities." This sentence conveys the author's main argument.

49

정답 ②

문제 유형 문맥을 파악해 빈칸에 알맞은 말 고르기

문제 해결 전략

빈칸이 있는 문장의 앞뒤 문장을 주의 깊게 읽고 흐름에 자연스럽게 이어지는 내용을 선택하는 것이 중요합니다. 특히 정의나 개념 설명이 나오는 경우에는 그 정의를 가장 잘 완성해 줄 수 있는 표현을 고르는 것이 중요합니다.

In this type of question, it is important to read carefully the sentences before and after the blank to choose the option that flows most naturally. When the passage includes a definition or explanation of a concept, you should select the option that best completes or clarifies that definition.

함께 보기: EBS TOPIK Ⅱ 종합서 p.158 유형 11

해설

① 소비는 시민이 할 수 있는 실천 방법 중 하나일 뿐입니다. 탄소 중립의 정의를 설명하는 문장과는 어울리지 않습니다.

② 앞 문장에서 '이산화 탄소의 양과 흡수량을 같게 한다'고 했습니다. 이 표현은 탄소 중립의 목표를 잘 나타냅니다.

③ 온실가스 감축 기술을 개발하는 것은 탄소 중립을 이루기 위한 방법 중 하나로 탄소 중립의 목표나 정의 자체를 설명하는 내용은 아닙니다.

④ 재생 에너지를 보급하고 활용하는 것은 탄소 중립 실현을 위한 실천 방법이나 수단에 해당하며 탄소 중립의 개념 자체를 설명하는 내용은 아닙니다.

① Consumption is merely one of the practical actions that citizens can take. It does not correspond to a sentence explaining the definition of carbon neutrality.

② The previous sentence states that "the amount of carbon dioxide emitted is made equal to the amount absorbed." This expression accurately represents the goal of carbon neutrality.

③ Developing greenhouse gas reduction technology is one of the means to achieve carbon neutrality, but it does not explain its goal or definition itself.

④ Promoting and utilizing renewable energy is also a method or measure for realizing carbon neutrality, not a statement that explains the concept itself.

50

정답 ②

문제 유형 세부 내용을 파악해 일치하는 내용 고르기

문제 해결 전략

이 문제를 풀 때는 선택지의 내용이 지문에 정확하게 나왔는지 확인하는 것이 중요합니다. 지문과 다르거나 없는 내용, 혹은 반대되는 표현이 들어 있다면 오답입니다.

When solving this type of question, it is important to check whether the content of the answer choices is accurately stated in the passage. If a choice contains information that is different from, missing from, or contrary to the text, it should be considered incorrect.

함께 보기: EBS TOPIK Ⅱ 종합서 p.130 유형 09

해설

① 지문에 '법적 규제가 필요하다'는 표현은 있으나 정부의 강력한 규제만으로 해결해야 한다는 내용은 언급되지 않았습니다.

② '구조적 변화 없이 시민의 자발적 실천만 강조할 경우 실질적인 효과를 내기 어렵다'고 설명하고 있으므로 지문 내용과 일치합니다.

③ 기업의 산업 활동의 확대가 온실가스 감축에 도움이 된다는 내용은 지문에 없습니다.

④ 지문에서 개인의 실천을 언급하고는 있지만 그것만으로는 '실질적인 효과를 내기 어렵다'고 설명했으므로 이 선택지는 지문과 다른 내용입니다.

① Although the passage states that "legal regulation is necessary," it does not suggest that the issue should be resolved solely through strong governmental regulations.

② The passage explains that "if voluntary action by citizens is emphasized without structural change, it is difficult to produce substantial effects." Therefore, this option is consistent with the content of the passage.

③ The passage does not mention that the expansion of corporate industrial activities contributes to reducing greenhouse gases.

④ While the passage does refer to individual action, it also explains that such efforts alone are insufficient to bring about substantial effects. Thus, this option contradicts the passage.

제2회 정답과 해설

1교시 | 듣기 정답

◆ 배점: 각 2점

1	2	3	4	5	6	7	8	9	10
②	①	④	②	①	③	③	①	①	④
11	**12**	**13**	**14**	**15**	**16**	**17**	**18**	**19**	**20**
②	③	④	④	②	③	①	①	④	①
21	**22**	**23**	**24**	**25**	**26**	**27**	**28**	**29**	**30**
④	④	④	②	②	②	②	②	④	④
31	**32**	**33**	**34**	**35**	**36**	**37**	**38**	**39**	**40**
③	③	③	①	②	②	④	②	④	③
41	**42**	**43**	**44**	**45**	**46**	**47**	**48**	**49**	**50**
③	④	③	②	③	③	②	④	④	③

1교시 | 쓰기 정답

◆ 배점: 각 10점

문항 번호	모범 답안 및 채점 기준
51	㉠ 참석 못하게 됐어
	㉡ 들를 수 있어
52	㉠ 겨울을 준비하기
	㉡ 초록색이 사라지고

◆ 배점: 30점

53 통계청 조사에 따르면 2018년에서 2024년까지 인공 지능 활용 분야에 변화가 나타났다. 2018년에 AI를 가장 많이 쓴 분야는 제조업이었지만 2024년에는 의료, 교육, 예술 분야가 많아졌다. AI가 가장 도움이 되는 분야에 대한 일반인 인식 조사 결과에 따르면 의료 및 건강 관리가 37%로 1위를 차지했고, 교육과 생활 편의가 각각 26%, 19%로 그 뒤를 이었다. 연령대별 AI 활용 분야로 10~20대는 교육 분야, 30~40대는 의료 및 건강 관리 분야, 50대 이상은 일상생활 편의 분야에 AI가 활용되기를 기대하고 있었다.

◆ 배점: 30점

54

도시화란 산업과 인구수가 도시에 집중되는 현상을 말한다. 현대 사회에서 도시화가 빠르게 진행되면서 인구와 산업, 자원이 대도시에 집중되고 있다. 그 결과 지방은 인구 감소와 경제 침체, 기반 시설 부족 등 여러 문제를 겪고 있으며, 지역 불균형이 심화되고 있다. 이 문제는 국가의 균형 발전을 위해 반드시 해결해야 한다.

지역 불균형의 주요 원인은 수도권에 집중된 일자리와 교육, 의료, 문화 시설 등의 생활 인프라이다. 사람들은 더 나은 기회를 찾아 지방을 떠나고, 이는 지방의 인구 유출과 고령화를 가속화시킨다. 이러한 현상이 장기화되면 지방은 경제적 자립이 어려워지고 공동체 기능이 약화될 수 있다. 반면 수도권은 인구 과밀로 인해 주거난, 교통 문제, 환경 오염 등 여러 사회적 부작용에 직면하게 된다.

이 문제를 해결하기 위해서는 지방의 자립 기반을 강화하는 정책이 필요하다. 공공기관과 기업의 지방 이전을 확대하고, 지역 대학과 산업을 연계한 맞춤형 일자리 창출이 중요하다. 또한 의료, 교육, 문화 인프라를 고르게 확충하고, 디지털 기반의 원격 근무나 지역 창업 지원 등을 통해 지방에서도 질 높은 환경을 누릴 수 있도록 해야 한다. 이러한 정책이 실천될 때 수도권과 지방이 조화를 이루며 함께 성장할 수 있을 것이다.

2교시 | 읽기 정답

◈ 배점: 각 2점

1	2	3	4	5	6	7	8	9	10
①	②	①	①	①	③	④	①	②	④
11	12	13	14	15	16	17	18	19	20
①	④	②	③	③	③	④	③	②	③
21	22	23	24	25	26	27	28	29	30
①	③	②	③	②	②	④	①	④	③
31	32	33	34	35	36	37	38	39	40
②	②	①	③	④	①	④	①	③	②
41	42	43	44	45	46	47	48	49	50
③	④	①	②	②	①	④	①	④	④

1 정답 ②

제시문

여자: 저녁을 너무 많이 먹은 것 같아요. 배가 많이 부르네요.

남자: 그러게요. 정말 잘 먹었어요. 설거지는 제가 할 테니까 쉬고 있어요.

여자: 아니에요. 제가 식탁 정리할게요.

• **주제**: 설거지 • **담화 유형**: 대화

문제 유형 알맞은 그림이나 그래프 고르기

문제 해결 전략

이 문제는 들은 내용과 같은 상황인 그림을 골라야 합니다. 여자는 배가 부르다고 말하며 식사를 마친 상태이고 남자는 설거지를 하겠다고 합니다. '식사 중'이 아닌 '식사 후' 상황임을 알 수 있습니다.

In this question, you must choose the picture that matches what you heard. The woman says she is full and has finished eating, and the man says he will do the dishes. It is clear that the situation is after the meal, not during the meal.

함께 보기: EBS TOPIK Ⅱ 종합서 p.14 유형 01

해설

① 설거지를 한다는 말을 통해 식당에서 밥을 먹는 상황은 맞지 않습니다.

② 집에서 저녁을 함께 먹고 남자가 설거지를 하는 상황으로 정답은 ②번입니다.

③ 설거지를 한다는 말을 통해 집 안에서 이루어지는 대화를 골라야 합니다.

④ 배가 부르다는 말을 통해 이미 식사를 다 마쳤다는 것을 알 수 있으므로 정답이 아닙니다.

① The mention of doing the dishes shows that it is not a situation of eating at a restaurant.

② The correct answer is option ②, where they have dinner together at home and the man does the dishes.

③ Since doing the dishes is mentioned, you should choose the conversation that takes place inside the home.

④ The statement about being full shows that the meal has already been finished, so this is not the correct answer.

2 정답 ①

제시문

남자: 이 그림 정말 인상적이네요. 마치 그림이 살아 있는 것 같아요.

여자: 그렇죠? 저도 그런 생각이 들었어요. 근데 어떤 의미일까요?

남자: 글쎄요. 여기 작품 설명이 있는데 제가 읽어 볼까요?

• **주제**: 미술관 • **담화 유형**: 대화

문제 유형 알맞은 그림이나 그래프 고르기

문제 해결 전략

대화 장소는 미술관으로 두 사람이 그림을 감상하고 있습니다. 따라서 미술관에서 그림을 감상하는 장면을 찾아야 합니다. 즉, 두 사람이 미술관에서 서서 그림을 보고 작품 설명을 읽으려는 장면이 포함되어야 합니다.

The conversation takes place in an art museum, where the two people are viewing paintings. Therefore, you should look for the scene in which they are appreciating artwork in a museum. In other words, the scene should show the two people standing in the museum, looking at the paintings and trying to read the descriptions of the works.

함께 보기: EBS TOPIK Ⅱ 종합서 p.14 유형 01

해설

① 두 사람이 전시된 그림을 보면서 이야기를 나누고 있는 상황이므로 정답은 ①번입니다.

② 남자와 여자는 그림을 함께 감상하고 있습니다. 미술관 직원과 관람객의 대화가 아니므로 정답이 아닙니다.

③ 그림을 감상하고 있는 상황이므로 사진을 찍는 상황은 정답이 아닙니다.

④ 두 사람이 그림을 함께 감상하고 있는 상황이 아니므로 정답이 아닙니다.

① Since the two people are talking while looking at the paintings on display, the correct answer is option ①.

② The man and woman are appreciating the paintings together. It is not a conversation between a museum staff member and a visitor, so this is not the correct answer.

③ Because the situation involves appreciating the

paintings, the option showing them taking photos is not correct.

④ Since the two people are not appreciating the paintings together, this is not the correct answer.

3

정답 ④

제시문

남자: 최근 한 조사에 따르면 영화관 관객 수가 계속 감소하고 있는 것으로 나타났습니다. 영화관에서 영화를 보지 않는 이유로는 '모바일로 보는 경우가 많아서'라는 응답이 가장 많았고, '관람료가 비싸서', '일 때문에 시간이 없어서'가 그 뒤를 이었습니다.

• **주제**: 영화관 • **담화 유형**: 뉴스

문제 유형 알맞은 그림이나 그래프 고르기

문제 해결 전략

이 문제를 풀기 위해서는 수치, 순위, 비교 내용을 중심으로 들어야 합니다. 듣고 난 후 핵심적인 키워드를 순서대로 정리합니다. 선택지에서 정보가 정확하게 반영되어 있는지를 확인합니다. 수치 또는 순위가 일치하지 않는 그림은 제외합니다.

To solve this problem, you should focus on the numbers, rankings, and comparisons. After listening, organize the key keywords in order. Make sure the options reflect the information correctly. Exclude figures that do not match the numbers or rankings.

함께 보기: EBS TOPIK Ⅱ 종합서 p.14 유형 01

해설

① 조사 결과 영화관 관객 수는 계속 감소하고 있으므로 정답이 아닙니다.

② 영화관 관객 수가 계속 증가하고 있는 그래프이므로 답이 될 수 없습니다.

③ '모바일로 보는 경우가 많아서'라는 응답이 가장 많으므로 이 그래프는 답이 될 수 없습니다.

④ '모바일로 보는 경우가 많아서', '관람료가 비싸서', '일 때문에 시간이 없어서'가 차례대로 뒤를 이었다고 했으므로 정답은 ④번입니다.

① According to the survey results, the number of movie theater goers is continuously decreasing, so this is not the correct answer.

② Since the graph shows that the number of movie theater goers is continuously increasing, it cannot be the correct answer.

③ The response "because many people watch on mobile devices" was the most frequent, so this graph cannot be the correct answer.

④ The reasons "because many people watch on mobile devices," "because ticket prices are expensive," and "because they don't have time due to work" followed in order, so the correct answer is option ④.

4

정답 ②

제시문

여자: 어제 아팠다면서요? 지금 괜찮아요?
남자: 네. 약도 먹고 푹 쉬어서 많이 좋아졌어요.

• **주제**: 몸 상태 • **담화 유형**: 대화

문제 유형 이어질 말이나 행동 고르기

문제 해결 전략

이 문제는 대화를 듣고 여자가 이어서 할 자연스러운 말을 고르는 문제입니다. 남자가 이제 많이 좋아졌다고 했으므로 여자의 반응은 남자의 현재 상태를 긍정적으로 받아들이거나 안심하는 말이 자연스럽습니다. 남자의 상태에 맞지 않거나 과거의 원인을 지적하는 말은 오답일 가능성이 높습니다.

This question asks you to choose what the woman would naturally say next in the conversation. Since the man said he feels much better now, the woman's response should naturally acknowledge his improved condition or express relief. Choices that do not match the man's current state or that focus on past causes are likely incorrect.

함께 보기: EBS TOPIK Ⅱ 종합서 p.24 유형 02

해설

① 남자가 이미 좋아졌다고 했으므로 여자가 이렇게 말하는 것은 어색합니다.

② 남자의 상태가 좋아졌다는 말을 듣고 할 수 있는 자연스러운 반응입니다. 따라서 정답은 ②번입니다.

③ 남자가 약을 먹었다고 말했으므로 맞지 않는 말입니다.

④ 남자가 좋아졌다고 했으므로 병원에 가야 한다는 말은 부적절합니다.

① The man already said he feels better, so this response is unnatural.
② This is a natural response to hearing that the man feels better. Therefore, the correct answer is option ②.
③ The man said he took medicine, so this response does not match the situation.
④ The man said he feels better now, so this response is inappropriate.

5 정답 ①

제시문

여자: 메뉴가 많아서 못 고르겠다. 여긴 뭐가 맛있어?
남자: 여긴 불고기가 진짜 맛있어.

• **주제:** 식당 주문 • **담화 유형:** 대화

문제 유형 이어질 말이나 행동 고르기

문제 해결 전략

이 문제는 대화를 듣고 여자가 이어서 할 말을 고르는 문제입니다. 남자가 불고기를 추천했으므로 여자는 그 말을 듣고 자연스럽게 이어지는 반응이나 선택을 해야 합니다. 선택지 중에서 상대의 말에 긍정적으로 반응하거나 대화의 흐름에 맞게 이어지는 내용이 무엇인지 중심으로 비교하며 풀어야 합니다.

This question asks you to choose what the woman would naturally say next after hearing the conversation. Since the man recommended bulgogi, the woman's response should logically and smoothly continue from his comment. You should focus on finding the option that shows a positive response to the man's suggestion or naturally continues the flow of the conversation.

함께 보기: EBS TOPIK Ⅱ 종합서 p.24 유형 02

해설

① 남자가 추천한 음식을 여자가 그대로 선택하며 대화를 자연스럽게 이어 가는 말입니다. 따라서 정답은 ①번입니다.
② 남자가 불고기를 추천했는데 여자가 굳이 안 시킨다고 하는 것은 대화의 흐름상 자연스럽지 않습니다.
③ 현재 메뉴를 고르는 상황에서 과거에 갔다 온 이야기를 하는 것은 적절하지 않습니다.
④ 현재 메뉴를 선택하는 대화 흐름과는 관련이 없는 말입니다.

① This is the natural response to the man's recommendation. The woman accepts the suggestion and decides what to order. Therefore, the correct answer is ①.
② It is awkward to refuse the recommended dish right after the man's suggestion.
③ Talking about the past is irrelevant to the current situation of choosing what to eat.
④ This is not related to the topic of choosing a dish and breaks the flow of the conversation.

6 정답 ③

제시문

여자: 오늘 민수 씨부터 발표하지요?
남자: 네. 첫 발표라서 너무 떨려요.

• **주제:** 발표 • **담화 유형:** 대화

문제 유형 이어질 말이나 행동 고르기

문제 해결 전략

이 문제는 대화를 듣고 남자의 말에 이어서 여자가 할 말을 고르는 문제입니다. 남자가 첫 발표라 너무 떨린다고 말했으므로 이에 대해 격려하거나 긴장을 풀어 주는 말이 자연스럽습니다. 대화의 흐름에 맞춰 상대의 기분에 반응하는 말을 선택하는 것이 중요합니다.

This is a question where you need to choose the woman's response to the man's statement. The man says, "It's my first presentation, so I'm very nervous," so a natural response would be to encourage him or help ease his nervousness. It is important to follow the flow of the conversation and select a response that shows an appropriate reaction to the speaker's feelings.

함께 보기: EBS TOPIK Ⅱ 종합서 p.24 유형 02

해설

① 발표 날짜를 모르는 상황이 아니므로 대화 흐름에 맞지 않습니다.
② 아직 발표를 시작하지 않았기 때문에 시점상 어색합니다.
③ 발표를 앞두고 떨린다는 상대의 말에 대한 가장 자연스러운 격려입니다. 따라서 정답은 ③번입니다.

④ 상대가 너무 떨린다고 했으므로 하나도 안 떨린다는 말은 앞뒤가 맞지 않습니다.

① This response is inappropriate because the presentation date is already known.
② This is awkward because the presentation has not started yet.
③ This is the most natural response to encourage someone who is feeling nervous before their presentation. Therefore, the correct answer is option ③.
④ This does not fit because the speaker clearly said, "I'm very nervous."

7 정답 ③

제시문

여자: 민수 씨, 머리가 많이 길었네요. 계속 기를 거예요?
남자: 아니요. 잘라야 하는데 마음에 드는 미용실을 못 찾았어요.

• **주제**: 미용실 소개 • **담화 유형**: 대화

문제 유형 이어질 말이나 행동 고르기

문제 해결 전략

이 문제는 대화를 듣고 남자의 말에 이어서 여자가 할 말을 고르는 문제입니다. 남자는 머리를 자르고 싶지만 마음에 드는 미용실을 찾지 못했다고 말했습니다. 이런 경우 상대방의 고민을 해결해 주는 말이 자연스럽습니다. 대화의 흐름에 맞춰 상대의 문제를 도와주거나 해결책을 제안하는 말을 선택하는 것이 중요합니다.

This question asks you to listen to the conversation and choose what the woman would say next. The man said that he wants to get a haircut but hasn't found a hair salon he likes. In this case, it is natural for the woman to respond by helping to solve his problem. It is important to select an answer that matches the flow of the conversation and offers a solution or suggestion to address the man's concern.

함께 보기: EBS TOPIK Ⅱ 종합서 p.24 유형 02

해설

① 남자는 아직 머리를 자르지 않았기 때문에 머리가 짧아졌다는 말은 현재 상황과 맞지 않습니다.
② 앞머리는 그대로 두고 뒷머리를 정리해 달라고 하는 말은 미용실에서 미용사에게 하는 말이므로 지금 상황과 맞지 않습니다.
③ 남자가 미용실을 못 찾았다고 했기 때문에 이 말을 듣고 여자가 자신이 다니는 미용실을 추천하는 것이 자연스럽고 문제를 직접 해결해 주는 적절한 응답입니다. 따라서 정답은 ③번입니다.
④ 요즘 시간이 없어서 토요일 오전으로 예약했다는 말은 미용실을 못 찾았다는 남자의 말과 어울리지 않습니다.

① The man has not cut his hair yet, so saying that his hair is now short does not match the current situation.
② The phrase "Leave the bangs and trim the back" is something you would say to a hairdresser at a salon, so it does not fit the current situation.
③ Since the man said he couldn't find a salon, it is natural that the woman would recommend the salon she goes to after hearing that. This is an appropriate response that directly solves the problem. Therefore, the correct answer is Option ③.
④ The statement "I don't have much time these days, so I made a reservation for Saturday morning" does not go along with the man's remark that he has not found a hair salon.

8 정답 ①

제시문

남자: 이 운동화 까만색 있지요? 그걸로 주세요.
여자: 고객님, 죄송한데 이 운동화는 지금 하얀색만 남아 있습니다.

• **주제**: 운동화 구입 • **담화 유형**: 대화

문제 유형 이어질 말이나 행동 고르기

문제 해결 전략

이 문제는 대화를 듣고 여자의 말에 이어서 남자가 할 말을 고르는 문제입니다. 남자는 까만색 운동화를 요청했지만 여자는 흰색만 남아 있다고 말했습니다. 이런 경우 남자의 반응으로는 대안을 수용하거나 상황에 맞는 답을 선택하는 것이 자연스럽습니다.

This question asks you to listen to the conversation and choose what the man would say next. The man asked for black sneakers, but the woman said that only white ones are left. In this situation, it is natural for the man to either accept the alternative or give a response that matches the situation.

함께 보기: EBS TOPIK Ⅱ 종합서 p.24 유형 02

해설

① 남자가 흰색만 남았다는 여자의 말을 듣고 이를 받아들이며 운동화를 사겠다고 말하는 자연스러운 답입니다. 따라서 정답은 ①번입니다.

② 남자가 요청한 색상이지만 이미 없다고 들은 상황에서 까만색이 예쁘다고 말하는 것은 대답으로 부적절합니다.

③ 운동화를 좋아한다는 말은 상대의 말과 직접적인 관련이 없으며 색상 선택 문제를 해결하지 못하므로 어색한 답입니다.

④ 디자인이 중요하다는 말은 현재 대화에서 색상을 선택해야 하는 상황에 맞지 않습니다.

① The man listens to the woman's explanation that only white ones are left and naturally accepts it, saying he will buy the white sneakers. Therefore, the correct answer is Option ①.

② Although the man initially requested black sneakers, saying that black ones are pretty even after hearing that they are not available does not solve the problem. This is an incorrect answer.

③ Saying that he likes sneakers has no direct connection to the woman's comment and does not address the issue of choosing a color, so this is an unnatural response.

④ Talking about the importance of design does not match the situation where the man needs to choose a color now.

9

정답 ①

제시문

여자: 살 거 메모해 온 건 다 담은 것 같아요. 이제 계산하러 갈까요?

남자: 과일도 좀 담았어요? 저기 사과 세일하던데요.

여자: 과일은 안 샀어요. 그럼 과일 코너에 갔다 올까요?

남자: 그래요. 맛도 볼 수 있으니까 한번 가 보죠.

• **주제**: 마트 장 보기 • **담화 유형**: 대화

문제 유형 이어질 말이나 행동 고르기

문제 해결 전략

이 문제는 대화를 듣고 여자의 다음 행동을 정확히 추론하는 문제입니다. 여자는 처음에 계산하러 가려고 했지만 남자의 말을 듣고 계획을 바꿔 과일 코너에 가기로 했습니다. 문제를 풀 때는 지금 당장 할 행동이 무엇인지, 대화에서 확정된 행동이 무엇인지 파악해야 합니다.

This question asks you to listen to the conversation and accurately infer the woman's next action. The woman initially planned to go to the checkout, but after hearing the man's suggestion, she changed her plan and decided to go to the fruit section. When solving this type of question, it is important to carefully follow the flow of the conversation, identify what action will be taken immediately next, and understand what has been clearly decided in the conversation.

함께 보기: EBS TOPIK Ⅱ 종합서 p.24 유형 02

해설

① 여자가 "그럼 과일 코너에 갔다 올까요?"라고 제안했고 남자도 동의했습니다. 대화에서 다음으로 바로 실행하기로 한 행동이 맞습니다. 따라서 정답은 ①번입니다.

② 여자는 메모해 온 것은 다 담은 것 같다고 했으므로 이미 메모는 끝난 상황입니다.

③ 먹어 보는 것은 과일 코너에 간 다음에 할 수 있는 행동으로 대화 직후 바로 할 행동은 아닙니다.

④ 여자는 처음에 계산하러 가자고 했지만, 남자의 말을 듣고 계획을 바꿨습니다. 지금은 과일 코너에 가기로 했으므로 계산은 뒤로 미뤄진 행동입니다.

① The woman suggested, "Then shall we go to the fruit section?" and the man agreed. This is the action that they decided to do immediately next in the conversation. Therefore, the correct answer is Option ①.

② The woman said that it seemed she had already picked up everything on her shopping list, which means the memo part is already finished.

③ Tasting fruit is something that can be done after going

to the fruit section. It is not the action to be taken immediately after this conversation, so this is an incorrect option.

④ The woman initially planned to go to the checkout, but she changed her plan after hearing the man's suggestion. Right now, they have decided to go to the fruit section, so paying for the items is something that will be done later. Therefore, this is an incorrect option.

10 정답 ④

제시문

여자: 민수야, 너 운동 가는 길에 내 코트 좀 세탁소에 맡겨 줄 수 있어?
남자: 그래. 근데 어제 세탁소 문 닫혀 있던데. 오늘은 열었을까?
여자: 그래? 잠깐만. 내가 세탁소에 전화해 볼게.
남자: 통화해 보고 알려 줘. 난 나갈 준비 좀 할게.

• **주제**: 세탁소 옷 맡기기 • **담화 유형**: 대화

문제 유형 이어질 말이나 행동 고르기

문제 해결 전략

이 문제는 대화에서 직접 언급된 여자의 다음 행동을 찾는 유형입니다. 대화를 들을 때 여자가 '할 것이라고 말한 동작'을 정확히 기억해야 합니다. 남자가 할 행동이나 아직 확인되지 않은 행동은 오답이 될 수 있으니 주의해야 합니다.

This question asks you to find the next action the woman directly mentioned in the conversation. When listening to the conversation, you must carefully remember the action the woman said she would do. Be careful, as actions that the man will do or actions that have not yet been confirmed may be incorrect.

함께 보기: EBS TOPIK Ⅱ 종합서 p.24 유형 02

해설

① 운동하러 가는 것은 남자의 계획이므로 적절하지 않습니다.
② 외출 준비를 하는 것은 남자가 말한 내용입니다.
③ 세탁소가 문을 열었는지 아직 알 수 없으므로 옷을 바로 맡기러 갈 수 없습니다.
④ 여자가 세탁소에 전화해 보겠다고 마지막에 말했으므로 여자의 다음 행동으로 적당합니다. 따라서 정답은 ④번입니다.

① Going to exercise is the man's plan, so it is not appropriate.
② Getting ready to go out is what the man said he would do.
③ Since it is still unknown whether the dry cleaner is open, she cannot go to leave the clothes right away.
④ The woman said at the end that she would call the dry cleaner, so this is appropriate as the woman's next action. Therefore, the correct answer is option ④.

11 정답 ②

제시문

여자: 오랜만에 김밥 싸서 한강공원에 오니까 좋다.
남자: 그러게. 이제 우리 자전거 타러 갈까?
여자: 커피 한잔하고 타자. 내가 편의점 가서 금방 사 올게.
남자: 좋아. 그럼 나는 우리 먹은 거 좀 정리하고 있을게.

• **주제**: 한강공원 • **담화 유형**: 대화

문제 유형 이어질 말이나 행동 고르기

문제 해결 전략

이 문제는 '대화에서 여자가 이어서 할 행동'을 찾는 유형입니다. 대화에서 여자가 편의점 가서 금방 사 오겠다고 직접 말했으므로 여자의 다음 행동이 명확히 제시되었습니다. 남자가 하기로 한 행동이나 이미 끝난 행동은 오답이 될 수 있으니 주의해야 합니다.

The woman clearly mentioned her next action by directly saying she would quickly go to the convenience store. Be careful, as actions the man said he would do or actions that are already completed may be incorrect.

함께 보기: EBS TOPIK Ⅱ 종합서 p.24 유형 02

해설

① 자전거는 커피를 마신 후에 타기로 했으므로 여자가 바로 할 행동이 아닙니다.
② 여자가 "내가 편의점 가서 금방 사 올게."라고 직접 말했으므로 여자의 다음 행동으로 적절합니다. 따라서 정답은 ②번입니다.

③ 김밥은 이미 준비해 온 상태이므로 여자가 지금 할 행동이 아닙니다.
④ 먹은 음식을 정리하는 것은 남자가 하기로 한 행동이므로 여자가 이어서 할 행동이 아닙니다.

① Riding a bicycle is something they planned to do after having coffee, so it is not the woman's immediate action.
② The woman directly said, "I will quickly go to the convenience store," so this is appropriate as her next action. Therefore, the correct answer is option ②.
③ The gimbap was already prepared, so this is not something the woman would do now.
④ Cleaning up the food is what the man said he would do, so this is not the woman's next action.

12

정답 ③

제시문

남자: 민아 씨, 여기 회의 자료 6쪽에 그래프가 잘못된 것 같은데요.
여자: 아, 이거 수정 전 파일이네요. 곧 회의 시작인데 어떡하죠?
남자: 지금 바로 출력되지요? 다시 출력해 주면 내가 빨리 복사할게요.
여자: 고마워요. 잠시만요.

• **주제**: 회의 자료 수정 • **담화 유형**: 대화

문제 유형 이어질 말이나 행동 고르기

문제 해결 전략

이 문제는 '대화에서 여자가 이어서 할 행동'을 찾는 유형입니다. 남자는 여자가 출력해 주기를 요청했고 여자는 출력하겠다고 응답했습니다. 남자가 하기로 한 행동이나 대화에서 언급되지 않은 행동은 오답이 될 수 있으니 주의해야 합니다.

This question asks you to find the next action the woman will take in the conversation. The man asked the woman to print the document, and the woman responded that she would do so. Be careful, as actions that the man will do or actions not mentioned in the conversation may be incorrect.

함께 보기: EBS TOPIK Ⅱ 종합서 p.24 유형 02

해설

① 회의가 곧 시작된다고 말한 것은 상황 설명일 뿐 여자의 다음 행동이 아닙니다.
② 남자가 지금 바로 출력이 되냐고 말한 것을 보면 이미 수정은 되어 있다는 것을 알 수 있습니다.
③ 남자가 "다시 출력해 주면"이라고 말했고, 여자가 "잠시만요."라고 응답했으므로 여자가 이어서 할 행동은 출력입니다. 따라서 정답은 ③번입니다.
④ 복사는 남자가 하기로 했으므로 여자의 행동이 아닙니다.

① Saying that the meeting will start soon is only explaining the situation and is not the woman's next action.
② The man asked if it could be printed right away, which shows that the file is already revised.
③ The man said, "If you print it again," and the woman responded, "Just a moment," so the woman's next action is to print the document. Therefore, the correct answer is option ③.
④ The man said he would make the copies, so copying is not the woman's action.

13

정답 ④

제시문

여자: 민수 씨, 이사한 집은 좀 정리됐어요?
남자: 짐이 많지도 않은데 정리가 잘 안 되네요. 평일에는 바빠서 할 시간이 없기도 하고요.
여자: 그래도 새집으로 이사해서 좋겠어요. 집들이는 다음 주말에 하는 거지요?
남자: 네. 제가 날짜하고 시간, 다시 메시지로 보낼게요.

• **주제**: 이사 후 집 정리 • **담화 유형**: 대화

문제 유형 들은 내용과 같은 것 고르기

문제 해결 전략

이 문제는 '대화에서 들은 내용과 같은 것을 고르는 유형'입니다. 대화를 들을 때 남자가 직접 말한 내용이 무엇인지 정확히 확인해야 합니다. 이 문항에서는 남자가 현재 상황과 집들이 계획, 평일 일정, 앞으로의 행동을 모두 설명했으므로 남자가 실제로 한 말과 반대로 말한 선택지를 주의 깊게 살펴야 합니다.

This question asks you to choose the statement that matches what you heard in the conversation. When listening, you must carefully check what the man directly said. In this question, the man explained his current situation, the housewarming plan, his weekday schedule, and his future action. You should pay close attention to the options that state the opposite of what the man actually said.

함께 보기: EBS TOPIK Ⅱ 종합서 p.34 유형 03

해설

① 남자는 평일에 바빠서 시간이 없다고 했으므로 틀렸습니다.
② 남자는 집들이를 할 계획이라고 했으므로 틀렸습니다.
③ 남자는 짐이 많지 않다고 했으므로 틀렸습니다.
④ 남자는 날짜와 시간을 메시지로 보내겠다고 했으므로 맞습니다. 따라서 정답은 ④번입니다.

① The man said he is busy on weekdays and does not have time, so this is incorrect.
② The man said he is planning to have the housewarming party, so this is incorrect.
③ The man said he does not have much luggage, so this is incorrect.
④ The man said he would send the date and time by message, so this is correct. Therefore, the answer is option ④.

14

정답 ④

제시문

여자: (딩동댕) 안내 말씀 드립니다. 잠시 후 오후 3시부터 서점 1층에서 시인 김수미 님과의 만남이 진행됩니다. 이 자리에서 시인 김수미 님이 직접 시를 읽어 주시고, 시에 대한 해설도 들려주실 예정입니다. 행사 종료 후에는 사인회가 바로 이어집니다. 사인회는 오늘 김수미 시인의 책을 구입하신 분만 참여하실 수 있으니 협조 부탁드립니다.

• 주제: 작가와의 만남 행사 • 담화 유형: 안내 방송

문제 유형 들은 내용과 같은 것 고르기

문제 해결 전략

이 문제는 안내 방송에서 들은 내용과 같은 것을 고르는 유형입니다. 문제를 풀 때는 특히 시간, 순서, 조건에 대한 정보를 정확히 들어야 합니다. 이번 방송에서는 행사 시간, 사인회 조건, 사인회 순서를 주의 깊게 확인하는 것이 중요합니다.

This question asks you to choose the statement that matches the announcement. When solving this type of question, it is important to pay close attention to the time, order, and conditions mentioned in the announcement. In this announcement, you need to carefully check the event time, the conditions for the signing event, and the sequence of the signing event.

함께 보기: EBS TOPIK Ⅱ 종합서 p.34 유형 03

해설

① 행사는 오후 3시에 시작된다고 했으므로 내용과 맞지 않습니다.
② 사인회는 행사 종료 후에 바로 이어진다고 했으므로 틀렸습니다.
③ 사인회는 오늘 김수미 시인의 책을 구입하신 분만 참여할 수 있다고 했으므로 맞지 않습니다.
④ 시인 김수미 님이 직접 시를 읽어 주신다고 했으므로 맞습니다. 따라서 정답은 ④번입니다.

① The event starts at 3:00 p.m., so this option is incorrect.
② The signing event takes place after the main event, so this option is incorrect.
③ Only those who purchased Kim Sumi's book today can participate in the signing event, so this option is incorrect.
④ The announcement states that poet Kim Sumi will read her poem in person. Therefore, the correct answer is Option ④.

15

정답 ②

제시문

남자: 와인하면 비싸다는 생각부터 드시나요? 최근 대형 할인 마트를 중심으로 중저가 와인의 비

중이 크게 늘고 있습니다. 실제 와인 판매량을 보면 고가 와인보다는 중저가 와인이 약 70% 정도 더 많이 팔리고 있습니다. 이는 소비자들이 가격 부담 없이 즐길 수 있는 중저가 와인을 더 선호하고 있다고 볼 수 있습니다. 이처럼 와인 소비가 늘면서 대형 마트에서도 다양하고 저렴한 와인 제품을 선보이고 있습니다.

• **주제**: 와인 • **담화 유형**: 뉴스/보도

문제 유형 들은 내용과 같은 것 고르기

문제 해결 전략

이 문제의 주제는 중저가 와인의 소비 증가입니다. '중저가 와인 판매량 증가', '대형 마트를 중심으로 와인 소비 증가', '가격 부담 없이 즐길 수 있어서 선호하고 있음', '다양한 저렴한 와인을 선보이고 있음' 등이 핵심적인 내용입니다.

The topic of this issue is the increase in consumption of mid-to-low-priced wines. Key points include: 'increased sales volume of mid-to-low-priced wines', 'growing wine consumption centered around large supermarkets', 'preference due to affordability', and 'a variety of affordable wines being introduced'. When finding the correct answer, you should make a judgment based on the information directly mentioned.

함께 보기: EBS TOPIK Ⅱ 종합서 p.34 유형 03

해설

① 대형 마트에서는 다양하고 저렴한 와인들을 선보이고 있다고 했으므로 정답이 아닙니다.

② 대형 마트에서 중저가 와인 판매가 증가하고 있으므로 정답은 ②번입니다.

③ 중저가 와인이 약 70% 정도 더 많이 팔린다고 했으므로 사실과 다릅니다.

④ 소비자들은 가격 부담 없이 즐길 수 있는 중저가 와인을 더 선호한다고 했으므로 정답이 아닙니다.

① Since it was stated that large supermarkets offer a variety of affordable wines, this is not the correct answer.

② Since sales of mid-to-low-priced wines are increasing at large supermarkets, the correct answer is ②.

③ This is incorrect, as mid- to low-priced wines were said to sell roughly 70% better.

④ Since it was stated that consumers prefer mid-to-low-priced wines that they can enjoy without price concerns, this is not the correct answer.

16 정답 ③

제시문

남자: 맨발로 걷는 게 건강에 좋다고 하던데요. 원장님, 맨발 걷기를 하면 정말 운동 효과를 볼 수 있나요?

여자: 네. 맨발 걷기는 발바닥을 자극해서 피가 잘 돌게 해 주고 다리 힘을 기르는 데도 도움이 됩니다. 맨발로 걸을 때는 어떻게 걷느냐가 중요한데요. 무조건 오래 걷기보다는, 천천히 걷다가 빠르게 걷는 식으로 속도에 변화를 주면 발바닥과 다리에 자극이 생기고 운동 효과도 훨씬 좋아집니다. 또 잔디나 흙길처럼 딱딱하지 않은 길에서 걷는 게 발 건강에도 좋습니다.

• **주제**: 맨발 걷기 • **담화 유형**: 인터뷰

문제 유형 들은 내용과 같은 것 고르기

문제 해결 전략

이 문제는 대화 내용과 일치하는 선택지를 찾아야 합니다. 맨발 걷기의 효과, 맨발 걷기의 방법 등 중요한 내용을 듣고 메모를 합니다. 듣기 내용과 선택지의 내용을 비교해 가면서 맞는 것을 선택해야 합니다.

This problem requires finding options that match your conversation. Listen and take notes on important things, such as the effectiveness of barefoot walking and how to walk barefoot. You should choose the right one by comparing what you hear with what you choose.

함께 보기: EBS TOPIK Ⅱ 종합서 p.34 유형 03

해설

① 오래 걷기보다는 천천히 걷다가 빠르게 걷는 방식으로 속도의 변화를 주는 것이 좋다고 했으므로 사실과 다릅니다.

② 맨발 걷기에서는 속도의 변화를 주는 것이 것이 좋다고 말하고 있습니다. 따라서 정답이 될 수 없습니다.

③ 맨발 걷기는 다리 힘을 기르는 데 도움이 된다고 했으므로 정답은 ③번입니다.
④ 딱딱하지 않은 길을 걷는 게 건강에 좋다고 했으므로 정답이 아닙니다.

① This is incorrect, as it was stated that instead of walking for a long time, it is better to vary the pace by walking slowly and then quickly.
② It is said that varying your speed is beneficial when walking barefoot. Therefore, it cannot be the correct answer.
③ Because it was mentioned that walking barefoot helps strengthen the legs, the correct answer is option ③.
④ Since it was said that walking on paths that are not hard is good for health, this is not the correct answer.

17

정답 ①

제시문

남자: 여보, 영화 한 편 더 볼까요? 오늘 금요일이잖아요.
여자: 벌써 11시가 다 되어 가요. 너무 늦게 자면 피곤하지 않을까요?
남자: 괜찮아요. 내일 출근도 안 하는데요 뭐.

• **주제**: 금요일 밤 • **담화 유형**: 대화

문제 유형 중심 생각, 중심 내용, 화제 고르기

문제 해결 전략

이 문제는 대화에서 남자의 중심 생각을 찾는 유형입니다. 남자가 말한 이유, 시간, 태도를 주의 깊게 듣고 선택지와 비교해야 합니다. 이번 대화에서는 금요일이라는 점과 내일 출근이 없다는 점을 근거로 남자의 생각을 유추할 수 있습니다.

This question asks you to identify the man's main point in the conversation. You should carefully listen to the man's reasons, the time he mentions, and his attitude, and then compare them with the answer choices. In this conversation, the key is to infer the man's thought based on the fact that it is Friday and he does not have to go to work tomorrow.

함께 보기: EBS TOPIK Ⅱ 종합서 p.54 유형 04

해설

① 남자는 오늘이 금요일이고 내일 출근이 없다는 말을 하며 오늘 늦게 자는 것을 걱정하지 않는 태도를 보였습니다. 따라서 정답은 ①번입니다.
② 대화에서 '휴일'이나 '쉰다'는 내용이 없으므로 맞지 않습니다.
③ 이 내용은 여자의 입장에 가까우며 남자의 생각과는 다르므로 틀렸습니다.
④ 남자는 영화를 꼭 봐야 한다는 점이 아니라, 오늘 늦게 자도 괜찮다는 태도를 강조했으므로 틀렸습니다.

① The man said it is Friday and he does not have to go to work tomorrow, showing that he is not worried about going to bed late today. Therefore, the correct answer is Option ①.
② The conversation does not mention 'a holiday' or 'taking a rest,' so this option is incorrect.
③ This option is close to the woman's opinion and is different from the man's thought, so it is incorrect.
④ The man did not emphasize watching a movie but rather his attitude that going to bed late today is okay, so this option is incorrect.

18

정답 ①

제시문

남자: 누나, 아까 가위 썼지? 쓰고 어디에 뒀어?
여자: 아, 그거? 식탁 위에 있을 거야. 아까 택배 포장지 뜯을 때 썼거든.
남자: 썼으면 원래 있던 곳에 놔둬야지. 아무 데나 두면 다른 사람이 찾아다녀야 되잖아.

• **주제**: 물건 제자리 두기 • **담화 유형**: 대화

문제 유형 중심 생각, 중심 내용, 화제 고르기

문제 해결 전략

이 문제는 대화에서 남자의 중심 생각을 찾는 유형입니다. 문제를 풀 때는 남자가 강조한 말과 그 이유를 주의 깊게 들어야 합니다. 이번 대화에서는 남자가 '아무 데나 두면 다른 사람이 찾기 어렵다'는 점을 강조했으므로 물건의 위치와 사용 습관에 대한 중심 생각을 찾아야 합니다.

This question asks you to find the man's main point in the conversation. When solving this type of question, you should carefully listen to what the man emphasizes and why he says it. In this conversation, the man highlights that "if you leave things anywhere, it will be hard for others to find them," so you should infer that the main idea is about the location of items and habits when using things.

함께 보기: EBS TOPIK Ⅱ 종합서 p.54 유형 04

해설

① 남자는 "썼으면 원래 있던 곳에 놔 둬야지."라고 말하며 사용한 물건은 제자리에 두어야 한다는 생각을 강조했습니다. 따라서 정답은 ①번입니다.

② 대화에서 이름을 쓰는 것에 대한 내용은 없었으므로 맞지 않습니다.

③ 허락에 대한 이야기는 없었으므로 정답이 아닙니다.

④ 물건을 깨끗이 쓰는 것에 대한 내용은 대화에서 나오지 않았으므로 틀렸습니다.

① The man says, "You should put it back where it was," emphasizing that used items should be returned to their proper place. Therefore, the correct answer is Option ①.

② The conversation does not mention anything about writing names on personal items, so this option is incorrect.

③ There was no mention of asking for permission to use other people's things, so this option is incorrect.

④ The conversation does not talk about using things carefully or keeping them clean, so this option is incorrect.

19

정답 ④

제시문

여자: 이번 방학 때도 아르바이트할 거야?

남자: 아니. 이번 방학에는 가족들이랑 여행도 다니고, 맛있는 것도 먹으러 다니려고.

여자: 아, 고향에 가는 거구나? 그럼 친구들은 잘 못 만나겠네.

남자: 학기 시작하면 친구들은 또 만날 수 있잖아. 평소에 가족이랑 멀리 떨어져 사니까 방학 때라도 같이 있고 싶어.

• **주제**: 가족과의 시간 • **담화 유형**: 대화

문제 유형 중심 생각, 중심 내용, 화제 고르기

문제 해결 전략

이 문제는 대화에서 남자의 중심 생각을 찾는 유형입니다.

문제를 풀 때는 남자가 강조한 말과 그 이유를 주의 깊게 들어야 합니다. 이번 대화에서는 남자가 방학 동안 무엇을 하려고 하는지, 누구와 시간을 보내고 싶은지에 주목해야 합니다.

This question asks you to find the man's main point in the conversation. When solving this type of question, you should carefully listen to what the man emphasizes and why he says it. In this conversation, it is important to pay attention to what the man plans to do during the vacation and with whom he wants to spend time.

함께 보기: EBS TOPIK Ⅱ 종합서 p.54 유형 04

해설

① 남자는 이번 방학에 아르바이트를 하지 않겠다고 했으므로 내용과 다릅니다.

② 대화에서 '여행의 중요성'이나 '여행 상대'를 강조하지 않았으므로 맞지 않습니다.

③ 남자는 친구들은 학기 중에도 만날 수 있다고 말했으므로 틀렸습니다.

④ 남자는 평소 가족과 멀리 떨어져 지내서 방학 때는 함께 있어야 한다고 말했습니다. 따라서 정답은 ④번입니다.

① The man said he would not work part-time during this vacation, so this option is incorrect.

② The conversation did not emphasize the importance of travel or who to travel with, so this option is not correct.

③ The man said he could meet his friends during the semester, so this option is incorrect.

④ The man said he usually lives far from his family, so he should spend time with them during the vacation. Therefore, the correct answer is option ④.

20

정답 ①

제시문

여자: 집을 지을 때 어떤 점을 가장 중요하게 생각하시나요?

남자: 요즘은 집을 예쁘게 많이 짓는 것 같아요. 편리하게 사용할 수 있도록 공간을 잘

나누는 것에도 신경을 많이 쓰고요. 하지만 저는 무엇보다 햇빛이 잘 들어오도록 집을 짓습니다. 햇빛이 잘 들어오면 습기가 줄어들어 실내가 더 쾌적해질 뿐만 아니라 그 집에 사는 사람들이 심리적으로도 안정감을 느낄 수 있기 때문입니다.

• **주제**: 집 짓는 기준 • **담화 유형**: 인터뷰

문제 유형 **중심 생각, 중심 내용, 화제 고르기**

문제 해결 전략

이 문제는 대화에서 남자의 중심 생각을 찾는 유형입니다. 문제를 풀 때는 남자가 여러 가지를 말하더라도 가장 중요하게 생각한 부분이 무엇인지 주의 깊게 들어야 합니다. 특히 '하지만', '무엇보다'와 같은 표현 다음에 이어지는 말을 잘 들어야 합니다.

This question asks you to find the man's main point in the conversation. When solving this type of question, you should carefully listen to what the man mentions and focus on what he considers the most important point. In particular, pay close attention to the words that come after expressions like "but" or "most of all."

함께 보기: EBS TOPIK Ⅱ 종합서 p.54 유형 04

해설

① 남자는 햇빛이 잘 들어오도록 집을 짓는다고 말하며 이것이 가장 중요하다고 강조했습니다. 따라서 정답은 ①번입니다.

② 남자는 요즘 사람들이 공간을 잘 나누는 것도 신경을 많이 쓰는 것 같다고 했지만 남자의 생각은 아닙니다.

③ 남자는 햇빛이 잘 들어오면 안정감을 느낄 수 있다고 했지만 집을 지을 '장소'에 대한 이야기는 하지 않았으므로 맞지 않습니다.

④ 남자는 실내 장식에 대한 이야기를 하지 않았으므로 틀렸습니다.

① The man said that he builds houses to let in plenty of sunlight, and he emphasized that this is the most important thing. Therefore, the correct answer is option ①.

② The man said that people these days seem to care about dividing space well, but this is not his opinion.

③ The man said that letting in sunlight can give a sense of comfort, but he did not say anything about the location of building the house, so this is not correct.

④ The man did not mention anything about interior decoration, so this option is incorrect.

21~22

제시문

여자: 이번 도서 전시회는 시청 앞 문화 센터에서 하는 게 어떨까요? 사람들이 많이 다니는 길이니까 참여율이 높을 것 같아요.

남자: 이번 주제가 '자연'이잖아요. 그래서 도심 밖 큰 공원에서 하는 게 더 잘 어울린다고 생각해요. 자연 보전의 메시지를 더 잘 전달할 수 있어서 의미 있을 것 같아요.

여자: 그러면 예산이 부족할 거예요. 지금까지 시내에서만 진행해서 예산이 그 기준으로 돼 있어요.

남자: 비용을 줄일 방법을 찾아보면 어떨까요? 저는 전시회의 의미가 더 중요하다고 생각하거든요.

• **주제**: 도서 전시회 장소 • **담화 유형**: 대화

21

정답 ④

문제 유형 **중심 생각, 중심 내용, 화제 고르기**

문제 해결 전략

이 문제는 대화를 듣고 남자의 중심 생각을 고르는 문제입니다. 참여율, 예산, 비용 등 여러 이야기가 나오지만, 남자가 가장 중요하게 생각하는 기준이 무엇인지 어휘와 강조 표현에 주의하며 들어야 합니다.

This question asks you to find the main point of the man in the conversation. Although various topics such as participation rate, budget, and cost are mentioned, you must pay attention to the words and emphasis in the man's speech to understand what he considers most important.

함께 보기: EBS TOPIK Ⅱ 종합서 p.54 유형 04

해설

① 전시회는 시민 참여율이 중요하다는 것은 여자의 주장이므로 맞지 않습니다.
② 여자가 예산을 걱정했지만 남자는 예산보다 전시 주제를 우선해야 한다고 했으므로 정답이 아닙니다.
③ '큰 공원'이라는 말이 나오기는 하지만 넓은 장소를 강조한 것이 아니므로 적절하지 않습니다.
④ 남자는 처음부터 전시회 주제가 '자연'이므로 이에 맞게 장소를 결정해야 한다고 주장하였습니다. 따라서 정답은 ④입니다.

① The idea that the participation rate is important is the woman's opinion, so this is incorrect.
② The woman was concerned about the budget, but the man said that the exhibition theme is more important than the budget, so this is not the correct answer.
③ Although the man mentioned "a large park," he did not emphasize the size of the place, so this option is not appropriate.
④ The man argued from the beginning that since the exhibition theme is "nature," the venue should be selected to match the theme. Therefore, the correct answer is ④.

22

정답 ④

문제 유형 들은 내용과 같은 것 고르기

문제 해결 전략

이 문제는 대화를 듣고 내용과 같은 것을 고르는 문제입니다. 대화에 나온 구체적인 사실을 잘 기억하고, 보기와 일치하는지 정확히 확인해야 합니다. 문제에서 제시된 보기는 대화에 '말한 것'인지, '말하지 않은 것'인지 구별하며 풀어야 합니다.

This question asks you to choose the option that matches the content of the conversation. You must carefully remember the specific facts mentioned in the conversation and accurately check whether they match the options. It is important to distinguish whether the information in the options was actually mentioned or not.

함께 보기: EBS TOPIK Ⅱ 종합서 p.34 유형 03

해설

① 올해 예산이 시내 기준으로 짜여 있다고 했으므로 예산을 아직 사용한 것이 아닙니다.
② 남자가 이번 전시회 주제가 자연이라고 분명히 말했으므로 주제는 이미 정해졌습니다.
③ 여자가 지금까지 시내에서만 진행했다고 했으므로 지난번 전시회도 시내에서 열렸습니다.
④ 여자가 "사람들이 많이 다니는 길이니까 참여율이 높을 것 같아요."라고 말하며, 시청 앞 문화 센터에 사람이 많다고 했습니다. 따라서 정답은 ④번입니다.

① The conversation said that this year's budget was set based on a city venue, so the budget has not been used yet.
② The man clearly said that "the theme of this exhibition is nature," so the theme has already been decided.
③ The woman said that "the exhibition has always been held in the city," so the last exhibition was also held in the city.
④ The woman said, "It's a street where many people pass by, so I think the participation rate will be high," which means there are many people near the cultural center in front of City Hall. Therefore, the correct answer is Option ④.

23~24

제시문

남자: (전화벨 소리) 거기 서울호텔이죠? 세미나 장소 좀 예약하려고 하는데요. 비용이 어떻게 되나요?
여자: 네. 고객님. 참석 인원은 어느 정도 예상하시나요? 비용은 인원에 따라 조금씩 다릅니다.
남자: 한 50명 정도 들어갈 수 있으면 좋겠어요. 점심 식사도 50인분 준비해 주시고 기념품도 함께 준비해 주셨으면 좋겠는데요.
여자: 그럼, 말씀하신 대로 준비해 드리겠습니다. 50분 정도 들어갈 수 있는 회의실이 있습니다. 세미나 진행에 필요한 자료나 장비는 미리 전달해 주시면 준비해 두겠습니다. 기념품도 정하시고 장소도 직접 보실 겸해서 한번 들러 주시면 비용에 대해서도 자세히 안내해 드리겠습니다.

• 주제: 세미나 장소 예약 • 담화 유형: 대화

23

정답 ④

문제 유형 대화 상황/참여자를 고르거나 화자의 의도, 태도, 말하는 방식 파악하기

문제 해결 전략

남자의 도입부에서 "거기 서울호텔이죠? 세미나 장소 좀 예약하려고 하는데요."라는 말이 나옵니다. 이 말에서 '호텔에 전화해서 세미나 장소를 예약하려는 목적'이 드러납니다. 대체로 첫 문장을 집중해서 들어야 합니다.

At the beginning of the man's dialogue, he says, "Hello, is this Seoul Hotel? I'd like to book a seminar venue." From this, it is clear that his purpose is to call the hotel in order to reserve a seminar venue. In general, you need to focus on the first sentence.

함께 보기: EBS TOPIK Ⅱ 종합서 p.78 유형 05

해설

① 대화에서는 비용에 대한 언급이 전혀 없기 때문에 정답이 아닙니다.
② 남자는 호텔을 이용하는 고객으로서 문의를 하고 있는 상황이므로 정답이 아닙니다.
③ 남자는 호텔 홍보를 진행하고 있지 않습니다.
④ 세미나실 장소를 알아보기 위해 문의 전화를 했으므로 정답은 ④번입니다.

① In the conversation, there is no mention of the cost at all, so it is not the correct answer.
② The man is inquiring as a customer using the hotel, so it's not the correct answer.
③ The man is not promoting the hotel.
④ The man called to find out the location of the seminar room, so the answer is ④.

24

정답 ②

문제 유형 들은 내용과 같은 것 고르기

문제 해결 전략

이 대화는 남자가 세미나 장소 예약을 위해 호텔에 전화한 상황입니다. 장소 예약, 참석 인원 전달, 식사와 기념품 요청 등의 구체적인 요구를 하는 내용이 나오므로 사실 정보를 중심으로 기억해 두고 선택지에서 세부 내용을 확인합니다.

This conversation is about a man calling a hotel to reserve a seminar venue. It includes specific requests such as booking the venue, providing the number of participants, and asking for meals and souvenirs. Therefore, you should focus on remembering the factual information and then check the details in the answer choices.

함께 보기: EBS TOPIK Ⅱ 종합서 p.34 유형 03

해설

① 50명 정도가 들어가는 세미나실이 있다고 했으므로 정답이 아닙니다.
② 여자는 기념품도 정하고 장소도 볼 겸 사전에 방문하는 것을 권유하고 있으므로 정답은 ②번입니다.
③ 대화에서는 호텔에서 점심 식사를 준비해 주겠다고 했으므로 정답이 아닙니다.
④ 호텔에서는 미리 자료를 주면 준비할 수 있다고 말했으므로 정답이 아닙니다.

① Since it was mentioned that there is a seminar room for about 50 people, this is not the correct answer.
② The woman suggests visiting in advance to both choose the souvenirs and look at the venue, so the correct answer is option ②.
③ In the conversation, it was said that the hotel would provide lunch, so this is not the correct answer.
④ The hotel said that if materials are provided in advance, they can prepare them, so this is not the correct answer.

25~26

제시문

여자: 소방관님들 덕분에 이번 화재가 큰 피해 없이 잘 정리되었는데요. 이게 가능했던 요인은 뭐라고 생각하십니까?

남자: 우리 지역은 오래된 건물이 많고 골목길도 너무 좁아서 소방차가 못 들어가는 경우가 많습니다. 화재 발생 비율도 높아서 저희가 장비를 메고 직접 진입해야 하는 상황도 자주 발생하는데요. 20킬로그램이 넘는 장비를 메고 뛰려면 체력이 정말 중요합니다. 어떤 현장에 출동할지 모르기 때문에 저희는

더위나 추위에 상관없이 매일 꾸준히 체력 훈련을 하고 있습니다. 결국 이번 화재를 빠르게 진압할 수 있었던 것도 이렇게 평소에 체력을 준비한 덕분이라고 생각합니다.

• **주제**: 소방관 체력 훈련 • **담화 유형**: 인터뷰

25

정답 ②

문제 유형 중심 생각, 중심 내용, 화제 고르기

문제 해결 전략

이 문제는 대화를 듣고 남자의 중심 생각을 고르는 문제입니다. 여러 가지 정보가 나오더라도 남자가 반복적으로 말하는 것을 잘 들어야 합니다. 특히 마지막에 중심 생각이 나타나는 경우도 많으므로 주의해서 듣습니다.

This question asks you to listen to the conversation and choose the man's main point. Even if various pieces of information are mentioned, you need to pay close attention to what the man repeats. In particular, since the main point often comes at the end, be sure to listen carefully until the conclusion.

함께 보기: EBS TOPIK Ⅱ 종합서 p.54 유형 04

해설

① 장비 무게에 대한 말은 있었지만 장비를 줄여야 한다고 말하지는 않았습니다.

② 남자는 꾸준한 체력 훈련이 중요하다고 여러 번 강조했고 이번 화재를 빠르게 진압할 수 있었던 것도 평소 체력 준비 덕분이라고 말했습니다. 따라서 정답은 ②번입니다.

③ 남자가 화재 발생 비율이 높다고 설명했지만 이를 줄여야 한다는 주장은 하지 않았습니다.

④ 소방차 진입이 어렵다고 설명했지만 길을 넓혀야 한다고 주장하지는 않았습니다.

① The man talked about the weight of the equipment, but he did not say that the equipment should be made lighter.

② The man emphasized several times that regular physical training is important, and he also said that the recent fire was quickly extinguished thanks to their consistent physical preparation. Therefore, the correct answer is Option ②.

③ The man explained that the fire occurrence rate is high in his area, but he did not insist that the fire rate should be reduced.

④ The man said that fire trucks have difficulty entering the narrow streets, but he did not say that the roads should be widened.

26

정답 ②

문제 유형 들은 내용과 같은 것 고르기

문제 해결 전략

이 문제는 대화에서 들은 사실과 같은 내용을 찾는 문제입니다. 남자가 말한 화재 피해, 소방관의 활동, 훈련 여부 등 구체적인 사실을 정확히 기억하는 것이 중요합니다. 특히 선택지에서 숫자, 훈련 조건처럼 대화에 나온 정보와 완전히 일치하는지 꼼꼼히 비교하며 선택해야 합니다.

This question asks you to choose the option that matches the facts mentioned in the conversation. It is important to accurately remember the specific facts the man talked about, such as the fire damage, the firefighters' activities, and their training. In particular, you need to carefully compare whether the numbers and training conditions presented in the options completely match the information given in the conversation.

함께 보기: EBS TOPIK Ⅱ 종합서 p.34 유형 03

해설

① 대화에서는 큰 피해 없이 잘 정리되었다고 했으므로 반대 내용입니다.

② 남자가 좁은 골목이 많아 소방차가 들어가기 어렵기 때문에 장비를 메고 직접 진입하는 경우가 많다고 말했으므로 대화 내용과 일치합니다. 따라서 정답은 ②번입니다.

③ 남자는 더위나 추위에 상관없이 매일 꾸준히 체력 훈련을 한다고 했으므로 반대 내용입니다.

④ 남자가 우리 지역은 오래된 건물이 많다고 했으므로 내용과 다릅니다.

① In the conversation, it was said that everything was wrapped up well without major damage, so this is the opposite.

② The man said that because there are many narrow alleys where fire trucks cannot enter, firefighters often have to carry equipment and enter the scene themselves. This matches the content of the conversation. Therefore, the correct answer is Option ②.

③ The man said that they train every day regardless of hot or cold weather, so this is the opposite of what was mentioned.

④ The man said that there are many old buildings in the area, so this option is not correct.

27~28

제시문

여자: 시청에서 공원에 야간 조명을 더 설치한다고 하던데, 밤에 산책할 수 있어서 좋긴 하겠지만 전기 요금이 꽤 많이 들 것 같아.

남자: 요즘은 에너지 효율이 높은 조명을 많이 써서 예전보다 전기료 부담이 훨씬 적대. 게다가 조명을 설치하면 범죄 예방에도 도움이 될 것 같은데?

여자: 그렇긴 한데 밤에 불빛이 계속 켜져 있으면 공원에 있는 식물들이 자라기 힘들지 않을까?

남자: 조명의 방향이나 밝기도 조절할 수 있어서 그런 문제는 줄일 수 있을 거야. 밤에 조깅하는 사람들도 많으니까 나 같은 사람에겐 환영이지.

여자: 그렇네. 주변 환경만 잘 고려한다면 꼭 나쁘다고만은 할 수 없겠네.

• **주제**: 야간 조명 설치 • **담화 유형**: 대화

27 정답 ②

문제 유형 대화 상황/참여자를 고르거나 화자의 의도, 태도, 말하는 방식 파악하기

문제 해결 전략

남자의 의도를 파악하는 문제를 풀기 위해서는 먼저 남자가 대화에서 어떤 입장으로 말하고 있는지, 그리고 그 말의 목적이 무엇인지를 파악해야 합니다. 남자는 단순히 정보 전달이 아니라 상대방의 우려를 완화하고 야간 조명 설치의 필요성과 유익한 점을 전달하려는 의도를 갖고 있습니다.

To answer a question about identifying the man's intention, you must first determine from what position he is speaking in the conversation, and what the purpose of his words is. The man's aim is not simply to provide information, but to ease the other person's concerns and to convey the necessity and benefits of installing night lighting.

함께 보기: EBS TOPIK Ⅱ 종합서 p.78 유형 05

해설

① 남자는 정책을 제안하거나 건의하는 것이 아니라 이미 계획된 설치에 대해 긍정적인 의견을 표현하고 있습니다.

② 남자는 야간 조명 설치의 장점을 설명하고 있으므로 정답은 ②번입니다.

③ 남자는 예산 문제를 언급하지 않았으며 오히려 전기료 부담이 적다고 말하고 있으므로 정답이 아닙니다.

④ 식물 피해에 대한 걱정은 여자의 대화를 통해 나타나며 남자는 그 문제를 줄일 수 있다고 반박하고 있습니다.

① The man is not proposing or suggesting a policy, but rather expressing a positive opinion about the installation that has already been planned.

② Since the man is explaining the advantages of installing night lighting, the correct answer is option ②.

③ The man did not mention budget issues; instead, he said that the electricity cost burden would be small, so this is not the correct answer.

④ Concerns about damage to plants are raised by the woman, and the man responds by arguing that the problem can be minimized.

28 정답 ②

문제 유형 들은 내용과 같은 것 고르기

문제 해결 전략

이 문제는 공원에 야간 조명을 설치하는 문제에 대해 남자와 여자가 이야기를 나누고 있습니다. 공공시설 설치와 관련된 입장 차이가 나타납니다. 선택지와 비교할 때는 '사실 확인'을 중심으로 판단해야 합니다.

This question is about a man and a woman discussing the installation of night lighting in a park. Their differing opinions regarding the installation of public facilities are presented. When comparing with the answer choices, you should focus on fact-checking to make your judgment.

함께 보기: EBS TOPIK Ⅱ 종합서 p.34 유형 03

해설

① 남자는 오히려 야간 조명의 필요성과 장점을 설명하면서 긍정적인 태도를 보이고 있습니다.
② 남자는 야간 조명이 조깅하는 사람들도 많고 환영한다고 했으므로 정답은 ②번입니다.
③ 여자는 처음에 전기 요금과 식물 성장에 대한 걱정을 표현하며 부정적인 태도를 보이다가 소극적으로 동의를 하고 있을 뿐 확대하자고 직접 제안하는 것은 아닙니다.
④ 야간 조명이 식물이 자라는 데 피해를 줄 수 있음을 걱정하고 있으므로 정답이 아닙니다.

① Rather, the man is showing a positive attitude by explaining the necessity and advantages of night lighting.
② The man said that the night lights are welcomed by many joggers, so the answer is number ②.
③ At first, the woman expresses concerns about electricity costs and plant growth, showing a negative attitude. She only gives reluctant agreement, but does not directly suggest expanding the installation.
④ Since she is worried that night lighting could harm plant growth, this is not the correct answer.

29~30

제시문

여자: 여러 드라마의 음악을 맡으셨다고 들었습니다. 보통 어떤 과정을 거쳐 배경 음악을 만드시나요?
남자: 먼저 대본을 읽고 등장인물이나 이야기의 분위기를 파악하는 게 중요해요. 그리고 분위기에 어울리는 기존 음악들을 찾아 정리하죠. 그다음에는 연출자와 상의해서 음악의 방향을 정한 뒤 본격적으로 작곡을 시작합니다.
여자: 단순히 음악만 만드는 것이 아니군요.
남자: 네, 편집된 영상에 음악을 입혀 보면서 수정하기도 하고, 장면에 따라 새로 곡을 만들기도 해요. 제작진의 의도와 장면의 감정이 잘 어울리도록 신경 써야 하죠.
여자: 대중들이 좋아했던 드라마 속 음악들에는 감독님의 노력이 있었던 거군요.

• **주제**: 음악 감독 • **담화 유형**: 인터뷰

29

정답 ④

문제 유형 대화 상황/참여자를 고르거나 화자의 의도, 태도, 말하는 방식 파악하기

문제 해결 전략

남자의 대화 내용을 바탕으로 그가 수행하는 일, 사용하는 용어, 그리고 구체적 활동들을 종합적으로 분석하여 그의 직업이나 역할을 추측해야 합니다. 인터뷰 형식의 대화에서는 질문에 대한 답변 속에 힌트가 나오므로 주의 깊게 듣고 판단해야 합니다. 여기서 중요한 단어는 '음악을 만든다, '감독님'입니다.

Based on the man's dialogue, you need to comprehensively analyze the work he does, the terms he uses, and his specific activities to infer his occupation or role. In interview-style conversations, hints often appear in the answers to the questions, so you must listen carefully and make your judgment. The important keywords here are "making music" and "director."

함께 보기: EBS TOPIK Ⅱ 종합서 p.78 유형 05

해설

① 드라마와 관련된 직업이지만 내용과 일치하지 않습니다.
② 남자는 드라마 장면을 연출하는 감독으로 맞지 않습니다.
③ 남자는 드라마의 배경 음악을 만드는 감독일 뿐 가수가 아닙니다.
④ 남자는 드라마에 어울리는 음악을 만드는 일을 소개하고 있습니다. 따라서 드라마에 어울리는 음악을 만드는 감독인 ④번이 정답입니다.

① Although it is a drama-related occupation, it does not match the content.

② The man is not a director who directs drama scenes.
③ The man is a director who creates background music for dramas, not a singer.
④ The man is introducing the work of creating music that fits a drama. Therefore, the correct answer is option ④, a director who makes music for dramas.

30

정답 ④

문제 유형 들은 내용과 같은 것 고르기

문제 해결 전략
여자의 질문 내용이 무엇인지 정확히 듣고 남자의 답변에서 핵심 정보(무엇을, 왜, 어떻게)를 정확히 파악해야 합니다. '새로 곡을 만들기도 한다', '제작진의 의도와 장면의 감정이 잘 어울리도록 음악을 짜야 한다' 등이 중요한 내용입니다.

You need to hear exactly what the woman's question is and accurately grasp the key information (what, why, and how) in the man's answer. Important contents include "I make new songs" and "I need to write music to match the emotions of the scene."

함께 보기: EBS TOPIK Ⅱ 종합서 p.34 유형 03

해설
① 남자는 대본을 쓰는 것이 아니라 읽고 분석한 후 배경 음악을 만든다고 했으므로 정답이 아닙니다.
② 남자는 장면을 보고 배경 음악의 방향을 정한다고 했으므로 정답이 아닙니다.
③ 배경 음악의 방향을 정하기 위해 연출자와 상의한다는 내용이 있으므로 정답이 아닙니다.
④ 남자는 드라마 장면에 어울리도록 수정하거나 새 곡을 만들기도 한다고 했으므로 정답은 ④번입니다.

① The man said he doesn't write scripts but reads and analyzes them before creating background music, so this is not the correct answer.
② The man said he decides the direction of the background music after watching the scenes, so this is not the correct answer.
③ Since he mentioned that he consults with the director to determine the direction of the background music, this is not the correct answer.
④ The man said he sometimes revises or creates new pieces of music to match the drama scenes, so the correct answer is option ④.

31~32

제시문

여자: 외국인의 투자를 유치하는 건 경제 활성화에 도움이 될 수 있지만 영주권까지 부여하는 건 너무 과한 건 아닐까요?
남자: 그런데 장기적으로 투자하려면 안정적인 체류 기반이 꼭 필요하잖아요. 영주권은 외국인 투자자에게 그런 안정감을 줄 수 있는 중요한 조건 중 하나예요.
여자: 물론 그럴 수도 있지만 국민 입장에서는 형평성에 어긋난다는 느낌을 줄 수 있다고 봐요.
남자: 물론 그런 우려도 있지만, 투자 이민 제도는 지역 경제를 살리고 새로운 일자리를 만드는 데 도움이 되니까 단순한 특혜로만 보긴 어려워요.

• **주제**: 투자 이민 제도 • **담화 유형**: 토론

31

정답 ③

문제 유형 중심 생각, 중심 내용, 화제 고르기

문제 해결 전략
화자의 전체 발언에서 반복적으로 강조하는 핵심 주장이나 태도를 파악합니다. 중심 생각은 한 문장으로 요약할 수 있는 주된 메시지이므로, 선택지를 하나하나 대조하면서 가장 일치하는 내용을 선택해야 합니다. 남자는 외국인 투자자가 장기적인 투자를 하기 위해 안정적인 체류 기반, 즉 영주권이 필요하다고 말합니다. 또한 투자 이민 제도가 지역 경제와 고용 창출에 도움이 되므로 특혜로만 보면 안 된다고 강조합니다.

Identify the key claim or attitude that the speaker repeatedly emphasizes throughout the statement. Since the central idea is the main message that can be summarized in one sentence, you should compare each option carefully and choose the one that best matches. The man says that foreign investors need a stable residency status—namely, permanent residency—in order to make long-term investments. He also stresses that the investor immigration program helps the local economy and creates jobs, so it should not be seen merely as a privilege.

함께 보기: EBS TOPIK Ⅱ 종합서 p.54 유형 04

해설

① 체류 기간이 짧다는 말은 하지 않았으며 남자의 주장을 오히려 반대로 해석한 것으로 정답이 아닙니다.
② 여자의 입장에 가까우며 남자의 중심 생각과는 반대되는 견해입니다.
③ 남자는 투자 이민 제도가 지역 경제 활성화와 일자리 창출에 도움을 주므로 긍정적으로 평가해야 한다고 주장하고 있습니다. 따라서 정답은 ③번입니다.
④ 고용 창출 효과가 있다고 남자가 말했기 때문에 내용상 상반되는 것으로 정답이 아닙니다.

① He did not say that the length of stay was short; this actually misinterprets the man's argument in the opposite way, so it is not the correct answer.
② This view is closer to the woman's position and is contrary to the man's main point, so it is not the correct answer.
③ The man argues that the investor immigration program should be evaluated positively because it helps revitalize the local economy and create jobs. Therefore, the correct answer is option ③.
④ Since the man did say that it has job-creation effects, this is contradictory in content and thus not the correct answer.

32 정답 ③

문제 유형 **대화 상황/참여자를 고르거나 화자의 의도, 태도, 말하는 방식 파악하기**

문제 해결 전략

남자가 찬성하는지, 반대하는지, 또는 중립적인지 태도를 명확히 파악합니다. 이 지문에서는 "도움이 되지만 단순한 특혜로 보면 어렵다"는 표현에서 부분적으로 찬성하면서 신중한 태도임을 알 수 있습니다.

Clearly identify whether the man is in favor, opposed, or neutral. In this passage, the expression "It is helpful, but it is hard to view it as merely a privilege" shows that he is partially in agreement while maintaining a cautious attitude.

함께 보기: EBS TOPIK Ⅱ 종합서 p.78 유형 05

해설

① 남자는 여자의 주장에 대해 동의하지 않으며 일부라도 동의하는 태도는 보이지 않습니다.
② 남자는 여자의 주장에 대해 인정하거나 절충하려 하지 않고 자신의 주장을 끝까지 유지하며 반박합니다.
③ 남자는 전반적으로 여자의 우려에 대해 조목조목 반박하며 투자자에게 안정적인 체류 기반이 필요하고, 투자 이민 제도가 지역 경제에 기여한다고 강조합니다. 따라서 정답은 ③번입니다.
④ 상대에게 반문하거나 근거를 요구하는 방식은 사용하지 않았습니다.

① The man does not agree with the woman's argument and shows no sign of partial agreement.
② The man neither acknowledges nor compromises with the woman's claim; instead, he maintains his own stance to the end and refutes her.
③ Overall, the man refutes the woman's concerns point by point, emphasizing that investors need a stable residency status and that the investor immigration program contributes to the local economy. Therefore, the correct answer is option ③.
④ He did not use methods such as counter-questioning or demanding evidence.

33~34

제시문

여자: 부엉이는 주변을 아주 넓게 살필 수 있는 새입니다. 눈이 머리에 고정되어 있어 머리를 돌리지 않으면 옆이나 뒤를 볼 수 없습니다. 부엉이는 사람보다 목뼈가 많아 머리를 더 부드럽고 크게 움직일 수 있는데요. 가늘고 작은 목뼈 하나하나가 조금씩 반복해서 움직이며 머리를 크게 돌릴 수 있도록 돕는 것이지요. 또 목뼈는 구부러져 있어 머리를 돌릴 때 목에 가해지는 힘이 잘 나누어집니다. 목뼈에는 혈관보다 넓은 구멍이 있어 머리를 돌려도 혈관이 눌리지 않는 것도 부엉이의 중요한 특징입니다. 부엉이 목에 붙어 있는 근육도 머리를 부드럽게 움직일 수 있도록 도와줍니다.

• **주제**: 부엉이 • **담화 유형**: 강연

33

정답 ③

문제 유형 **중심 생각, 중심 내용, 화제 고르기**

문제 해결 전략

이 문제는 강연의 중심 내용을 찾는 문제입니다. 들을 때 여러 정보가 나오더라도 이 정보들이 공통적으로 설명하고 있는 핵심 주제를 찾아야 합니다.

This question asks you to find the main idea of the lecture. Even though several pieces of information are mentioned, you should focus on finding the key topic that all the details are commonly explaining.

함께 보기: EBS TOPIK Ⅱ 종합서 p.54 유형 04

해설

① 목뼈의 성장에 대한 말을 하지 않았으므로 맞지 않습니다.

② 목 근육이 부드럽게 움직이도록 돕는다는 말은 있었지만 근육을 키우는 방법이나 훈련 과정은 없습니다.

③ 모든 세부 정보가 부엉이가 머리를 잘 돌릴 수 있는 이유를 설명하고 있습니다. 따라서 ③번이 정답입니다.

④ 목뼈의 길이나 그 길이를 조절하는 과정은 전혀 설명하지 않았습니다.

① The lecture does not mention the growth of the neck bones, so this option is incorrect.

② It is mentioned that the neck muscles help the owl move its head smoothly, but there is no explanation about how to build muscles or any training process.

③ All the details in the lecture explain why owls can turn their heads well. Therefore, option ③ is the correct answer.

④ The lecture does not explain the length of the neck bones or any process of adjusting that length.

34

정답 ①

문제 유형 **들은 내용과 같은 것 고르기**

문제 해결 전략

이 문제는 강연에서 들은 구체적인 사실과 같은 내용을 고르는 문제입니다. 문제를 풀 때는 선택지를 하나씩 강연 내용과 정확히 비교해야 합니다. 특히 강연에서 말한 수량, 모양, 특징을 정확히 기억하고 '반대'나 '없는 정보'는 오답이라는 것을 주의해야 합니다.

This question asks you to choose the information that matches the specific facts mentioned in the lecture. When solving this type of question, you must carefully compare each option with the lecture content. It is especially important to remember the exact quantities, shapes, and characteristics mentioned. Also, you need to pay attention that options with opposite information or information not mentioned are incorrect.

함께 보기: EBS TOPIK Ⅱ 종합서 p.34 유형 03

해설

① 부엉이가 사람보다 목뼈가 많다고 명확히 말했으므로 맞습니다. 따라서 정답은 ①번입니다.

② 부엉이의 목뼈가 구부러져 있다고 했으므로 잘못된 내용입니다.

③ 부엉이의 목뼈에 있는 구멍이 혈관보다 넓다고 했으므로 반대 내용입니다.

④ 부엉이 목의 근육이 머리의 움직임을 부드럽다고 한다고 했으므로 잘못된 내용입니다.

① It was clearly stated that owls have more neck bones than humans, so this option is correct. Therefore, the answer is option ①.

② The lecture explained that the owl's neck bones are curved, so this option is incorrect.

③ The lecture said that the holes in the owl's neck bones are wider than the blood vessels, so this option is the opposite of the correct information.

④ It is incorrect because the passage states that the owl's neck muscles make the head movements smooth.

35~36

제시문

남자: 여러분, 진심으로 졸업을 축하합니다. 그리고 바쁘신 가운데도 이 자리에 함께해 주신 학부모님들께도 감사드립니다. 지난 시간 동안 수많은 과제와 시험, 고민과 도전을 견뎌 낸 여러분은 오늘의 졸업장을 통해 하나의 결실을 맺게 되었습니다. 오늘은 끝이 아닌 또 다른 시작입니다. 오늘 졸업하는 여러분은 이제 더 넓은 사회로 나아가게 됩니다.

앞으로의 길이 때로는 낯설고 어려움도 있겠지만, 여기서 쌓은 지식과 경험을 통해 지속적으로 성장해 나가길 바랍니다. 여러분이 어디에 있든 자랑스러운 동문으로서, 세상에 긍정적인 영향을 주는 인재로 빛나기를 기대합니다.

- **주제**: 졸업
- **담화 유형**: 공식적 자리에서의 인사말

35 정답 ②

문제 유형 **대화 상황/참여자를 고르거나 화자의 의도, 태도, 말하는 방식 파악하기**

문제 해결 전략

이 문제는 남자가 무엇을 하고 있는지를 찾아야 합니다. 어떤 상황에서, 누구를 대상으로, 어떤 목적을 가지고 말하고 있는지를 중심으로 대화 전체의 흐름을 파악합니다. "졸업을 축하합니다", "결실을 맺게 되었습니다", "세상에 긍정적인 영향을 주는 인재로 빛나기를 바랍니다" 등과 같은 표현이 힌트이므로 잘 들어야 합니다.

In this question, you need to identify what the man is doing. Focus on understanding the overall flow of the conversation—in what situation he is speaking, to whom, and with what purpose. Expressions such as "Congratulations on your graduation," "You have borne fruit," and "I hope you shine as a person who makes a positive impact on the world" are hints, so listen carefully.

함께 보기: EBS TOPIK Ⅱ 종합서 p.78 유형 05

해설

① 학부모에 대한 내용을 잠깐 언급했지만 감사 인사일 뿐 홍보 목적은 아닙니다.

② 대화의 도입부에서 진심으로 졸업을 축하한다는 말을 통해 ②번이 정답이라는 것을 알 수 있습니다.

③ 신입생이나 학교생활에 대한 내용은 대화에서 찾을 수 없습니다.

④ 일정이나 공지 안내가 아닌 졸업식 축하 인사로 정답이 아닙니다.

① Although there was a brief mention of parents, it was only an expression of thanks, not for promotional purposes.

② From the opening words of the conversation, where he sincerely congratulates the graduates, we can see that option ② is the correct answer.

③ There is no content in the conversation about new students or school life.

④ Since it is a graduation congratulatory message rather than a schedule or announcement, this is not the correct answer.

36 정답 ②

문제 유형 **들은 내용과 같은 것 고르기**

문제 해결 전략

남자의 말에서 졸업을 축하하는 내용, 학부모들에게 감사의 인사, 고민과 도전을 통해 얻은 결실, 졸업 이후에도 계속 성장하고 사회에 긍정적 영향을 주는 사람이 되기를 기대한다는 내용을 들어야 합니다. 졸업식에서 남자가 말하는 내용과 선택지의 내용을 비교하며 세부 내용을 확인합니다.

In the man's speech, you should listen for the congratulatory message on graduation, words of thanks to the parents, acknowledgment of the results achieved through struggles and challenges, and the hope that the graduates will continue to grow and have a positive impact on society even after graduation. Compare what the man says at the graduation ceremony with the answer choices, and check the details carefully.

함께 보기: EBS TOPIK Ⅱ 종합서 p.34 유형 03

해설

① 지난 시간 동안 고민과 도전을 견뎌 냈다고 격려하고 있으므로 정답이 아닙니다.

② 이 자리에 함께해 주신 학부모에게 감사의 인사를 전달하고 있으므로 정답은 ②번입니다.

③ 앞으로 사회로 나가면 낯설고 어려움도 있을 것이라고 말했으므로 내용과 맞지 않습니다.

④ 사회에 나가서 세상에 긍정적인 영향을 미쳐야 한다고 했으므로 정답이 아닙니다.

① He is offering encouragement for having endured worries and challenges over time, so this is not the correct answer.

② He is expressing thanks to the parents who joined this occasion, so the correct answer is option ②.

③ He mentioned that once they go out into society, they

will face unfamiliar and difficult situations, so this does not match the content.

④ He said that after entering society, they should have a positive impact on the world, so this is not the correct answer.

37~38

제시문

남자: 옥상 정원이 도시 환경에 도움이 된다고 들었는데요. 현재 우리나라 상황은 어떤지 궁금합니다.

여자: 옥상 정원은 도시 열섬 현상을 줄이는 데 효과적인데요. 식물이 있는 옥상은 여름철 건물 표면 온도와 주변 온도를 크게 낮춥니다. 또 옥상 정원은 빗물을 저장해 물의 순환을 돕고 건물의 냉방 에너지를 최대 25%까지 절약할 수 있어 도시 환경에도 긍정적인 영향을 줍니다. 그래서 세계 여러 나라에서는 정부가 설치 비용을 지원하거나 세금 혜택을 주면서 옥상 정원을 빠르게 확대하고 있습니다. 우리나라에서도 옥상 정원이 늘어나려면 이러한 정부의 지원이 꼭 필요합니다. 하지만 현재는 조경 면적 인정이 제한적이고 설치 기준이 까다로워 옥상 정원이 쉽게 늘어나지 못하고 있습니다.

• 주제: 옥상 정원 • 담화 유형: 교양 프로그램

37 정답 ④

문제 유형 중심 생각, 중심 내용, 화제 고르기

문제 해결 전략

이 문제는 대화의 중심 생각을 찾는 문제입니다. 여러 정보가 나오더라도 전체에서 가장 강조한 주장을 찾아야 합니다. 이 대화에서는 옥상 정원의 효과를 설명하며, 결국 우리나라도 옥상 정원을 확대하기 위해 정부의 지원이 필요하다는 점을 강조하고 있습니다.

This question asks you to identify the main point of the conversation. Even if various pieces of information are mentioned, you need to find the argument that is emphasized the most overall. In this dialogue, the effectiveness of rooftop gardens is explained, and the key point emphasized is that government support is needed in order to expand rooftop gardens in Korea.

함께 보기: EBS TOPIK Ⅱ 종합서 p.54 유형 04

해설

① 옥상 정원을 체계적으로 관리해야 한다는 말은 대화에서 나오지 않았습니다.
② 건물의 특징을 고려해 조정해야 한다는 말은 나오지 않았습니다.
③ 식물의 종류를 다양화해야 한다는 내용은 대화에 없었습니다.
④ 여자는 옥상 정원의 효과를 설명하며 세계 여러 나라처럼 우리나라도 정부 지원이 필요하다는 점을 강조했습니다. 따라서 정답은 ④번입니다.

① The woman did not mention that rooftop gardens need to be systematically managed.
② The woman did not say that rooftop gardens should be adjusted based on the characteristics of each building.
③ The woman did not mention that the variety of plants in rooftop gardens should be increased.
④ The woman explained the benefits of rooftop gardens and emphasized that, like in many other countries, government support is needed in Korea as well. Therefore, the correct answer is option ④.

38 정답 ②

문제 유형 들은 내용과 같은 것 고르기

문제 해결 전략

이 문제는 대화에서 들은 사실과 같은 내용을 찾는 문제입니다. 숫자, 조건, 장소, 상황 등 구체적인 사실을 정확하게 기억해야 합니다. 부분적으로 맞는 듯 보이는 내용도 세부까지 확인해야 합니다.

This question asks you to find the information that matches what you heard in the conversation. You need to remember specific facts such as numbers, conditions, places, and situations accurately. Even if a statement seems partially correct, you must carefully check the details.

함께 보기: EBS TOPIK Ⅱ 종합서 p.34 유형 03

해설

① 우리나라는 옥상 정원 설치 기준이 까다롭다고 했으므로 틀렸습니다.
② 옥상 정원이 건물의 냉방 에너지를 절약한다고 했으므로 맞는 내용입니다. 따라서 ②번이 정답입니다.
③ 우리나라는 옥상 정원이 쉽게 늘어나지 못하고 있다고 했으므로 '크게 늘었다'는 반대되는 내용입니다.
④ 옥상 정원은 주변 온도를 크게 낮춘다고 했으므로 '영향을 미치지 못한다'는 말은 대화와 반대입니다.

① It was mentioned that the installation standards for rooftop gardens in Korea are strict, so this statement is incorrect.
② It was mentioned that rooftop gardens help reduce a building's cooling energy use, so this statement is correct. Therefore, the correct answer is option ②.
③ It was stated that rooftop gardens have not been able to expand easily in Korea, so saying that they have significantly increased is the opposite of what was heard.
④ The conversation said that rooftop gardens significantly lower the surrounding temperature, so saying that they do not have any effect is the opposite of the information given.

39~40

제시문

여자: 앞에서 말씀하신 것처럼 최근에는 지역의 문화유산을 활용해서 관광을 활성화하려는 시도가 많아지고 있는데요. 문화유산을 잘 보존하면서도 지역 발전에 도움이 되려면 어떤 점이 중요할까요?

남자: 문화유산을 단순히 보존만 할 게 아니라 사람들이 함께 즐기고 느낄 수 있는 살아 있는 유산으로 만들어야 합니다. 예를 들어, 전통 마을이나 옛집을 체험 공간으로 만들어서 사람들이 문화를 직접 경험할 수 있게 하면 좋습니다. 또 지역 축제나 교육 활동에 문화유산을 활용하면 많은 사람에게 지역의 역사와 가치를 알릴 수 있습니다. 하지만 문화유산을 너무 상업적으로만 이용하면 원래 모습이 훼손될 수 있습니다. 그래서 관리 기준을 잘 지키고, 지역 주민이 함께 참여할 수 있는 환경을 만드는 것이 중요합니다.

• **주제**: 문화유산 • **담화 유형**: 대담

39

정답 ④

문제 유형 대화 전/후의 내용 고르기

문제 해결 전략

'대화 전의 내용을 고르기' 문제는 제시된 대화의 흐름과 맥락을 정확히 이해하고, 이 대화가 왜 시작되었는지, 무엇에 반응한 것인지를 유추하는 문제입니다. 여자가 "앞에서 말씀하신 것처럼 최근에는…"이라는 말로 시작하므로, 이미 누군가 앞에서 지역 문화유산을 활용한 관광 활성화 노력에 대해 이야기했음을 알 수 있습니다.

A "Choose what came before the conversation" question requires you to fully understand the flow and context of the given dialogue and infer why the conversation began and what it was responding to. Since the woman begins by saying, "As you mentioned earlier, these days…", we can tell that someone has already spoken beforehand about efforts to promote tourism through the use of local cultural heritage.

함께 보기: EBS TOPIK Ⅱ 종합서 p.102 유형 06

해설

① 실제로는 문화유산을 활용한 지역 관광이 활성화되고 있다고 말하고 있으므로 반대되는 내용입니다.
② 여자의 말 중에 외국인에 대한 특별한 내용이 없으므로 정답이 아닙니다.
③ 여자의 말 중에 주민들의 반대가 커지고 있다는 내용이 없으므로 정답이 아닙니다.
④ 여자의 첫 발화에 최근에는 지역의 문화유산을 활용해서 관광을 활성화하려는 시도가 많아지고 있다는 내용에서 알 수 있듯이, 대화 전에는 문화유산을 활용한 관광 활성화 노력이 늘어나고 있다는 설명이 나옵니다. 따라서 정답은 ④번입니다.

① In reality, it was said that regional tourism using cultural heritage is being promoted, so this is the opposite and not the correct answer.
② Since the woman's statement did not include any special mention of foreigners, this is not the correct answer.

③ Since the woman did not say that local opposition is increasing, this is not the correct answer.

④ From the woman's first line, "These days, there are more attempts to promote tourism by using local cultural heritage," we can infer that before the dialogue, there was an explanation about efforts to boost tourism through cultural heritage. Therefore, the correct answer is option ④.

40

정답 ③

문제 유형 들은 내용과 같은 것 고르기

문제 해결 전략

이 문제는 들은 내용과 같은 것을 고르는 문제로, 선택지 중 하나만이 지문 내용과 완전히 일치하며 나머지는 부분적으로 다르거나 아예 틀린 정보를 담고 있습니다. 지문에 없는 정보가 들어가 있는 선택지는 정답이 아닐 가능성이 높습니다.

This question asks you to choose the option that matches what you heard. Only one of the choices completely agrees with the passage, while the others contain either partially different or entirely incorrect information. Any option that includes information not found in the passage is very likely not the correct answer.

함께 보기: EBS TOPIK Ⅱ 종합서 p.34 유형 03

해설

① 지역 축제나 교육 활동에 문화유산을 활용하면 지역의 역사와 가치를 알릴 수 있다고 했으므로 정답이 아닙니다.

② 최근 문화유산을 활용한 관광 활성화 시도가 많아지고 있으므로 정답이 아닙니다.

③ 문화유산은 단순히 보존만 할 것이 아니라 사람들이 함께 즐기고 느낄 수 있어야 한다고 했으므로 정답은 ③번입니다.

④ 문화유산은 보존만 할 게 아니라 지역 주민이 함께 참여할 수 있는 환경을 만드는 것이 중요하다고 했으므로 정답이 아닙니다.

① It is not the correct answer because utilizing cultural heritage in local festivals or educational activities can promote the region's history and value.

② It is not the correct answer because attempts to revitalize tourism using cultural heritage have recently increased.

③ The correct answer is ③ because it was stated that cultural heritage should not merely be preserved but should be something people can enjoy and experience together.

④ It was said that cultural heritage should not only be preserved, but that it is also important to create an environment where local residents can participate. Therefore, this is not the correct answer.

41~42

제시문

여자: 조선 시대 16세 이상 남자들은 반드시 '호패'를 가지고 다녀야 했습니다. 호패는 오늘날의 신분증과 비슷한 역할을 했는데요. 호패에는 이름, 출생지, 나이 같은 개인 정보가 적혀 있었으며 신분에 따라 사용되는 재질도 달랐습니다. 상류층은 상아나 뿔로, 평민과 노비는 주로 나무로 만든 호패를 지녔습니다. 나라에서는 이 호패를 통해 인구를 정확히 파악하고 군역과 세금을 효율적으로 관리했으며 분실 시 반드시 재발급을 받도록 했습니다. 이처럼 호패는 조선 시대 사람들의 생활을 체계적으로 관리하기 위한 중요한 제도였습니다.

• **주제**: 호패 제도 • **담화 유형**: 강연

41

정답 ③

문제 유형 중심 생각, 중심 내용, 화제 고르기

문제 해결 전략

이 문제는 강연의 중심 내용을 찾는 문제입니다. 문제를 풀 때는 강연에서 소개된 다양한 세부 정보를 넘어, 가장 핵심적으로 강조한 주제가 무엇인지 파악해야 합니다. 특히 강연의 전체적인 흐름과 마지막 결론 부분을 주의 깊게 들어야 합니다.

This question asks you to identify the main idea of the lecture. When solving this type of question, you need to go beyond the various details mentioned in the lecture and focus on identifying the key point that was emphasized. It is especially important to pay close attention to the overall flow of the lecture and the final conclusion.

함께 보기: EBS TOPIK Ⅱ 종합서 p.54 유형 04

해설

① 호패에 출생지가 적혀 있다고 했지만 지역의 특성을 알 수 있다는 내용은 나오지 않았습니다.
② 호패가 16세 이상 남성에게만 발급되었다고 했으므로 여성과는 관계가 없는 제도입니다.
③ 호패를 통해 신분 구분, 인구 관리, 군역과 세금을 관리했다고 하였으므로 강연의 핵심 주제와 일치합니다. 따라서 정답은 ③번입니다.
④ 호패는 신분을 명확히 구분하는 역할을 했으며, 신분제 극복과는 전혀 관련이 없습니다.

① The lecture mentioned that the place of birth was written on the hopae, but it did not state that regional characteristics could be identified through it.
② The hopae was only issued to men aged 16 and older, so it had no connection to women.
③ The hopae was used to classify social status, manage population, and organize military and tax systems, which matches the main point of the lecture. Therefore, the correct answer is option ③.
④ The hopae clearly served to distinguish social status and had nothing to do with overcoming the class system.

42

정답 ④

문제 유형 들은 내용과 같은 것 고르기

문제 해결 전략

이 문제는 강연에서 들은 사실과 같은 내용을 찾는 문제입니다. 부분적으로 맞는 것처럼 보이는 표현도 끝까지 비교하며, 전체가 정확히 일치하는지 확인해야 합니다. 이 문제에서는 '호패의 대상', '재질의 결정 주체', '분실 시 처리 방법' 등 구체적인 단어와 조건을 구별하는 것이 핵심입니다.

This question asks you to find the information that matches what was mentioned in the lecture. You must carefully compare each option to ensure that the entire statement is exactly correct, even if some parts seem to match. For this question, it is essential to distinguish specific details and conditions such as 'who used the hopae,' 'who determined the material,' and 'what to do if it was lost.'

함께 보기: EBS TOPIK Ⅱ 종합서 p.34 유형 03

해설

① 신분에 따라 호패의 재질이 정해진 것이므로 개인이 재질을 선택할 수 없었습니다.
② 분실 시 반드시 재발급을 받도록 했다고 했으므로 다시 만드는 것이 어렵지 않았습니다.
③ 16세 이상 남자들에게 발급되었다고 했으므로 '남녀 모두'는 틀린 정보입니다.
④ 호패에는 이름, 출생지, 나이 같은 개인 정보가 적혀 있었다고 했으므로 맞는 내용입니다. 따라서 정답은 ④번입니다.

① The material of the hopae was determined by social status, so individuals could not choose it themselves.
② The lecture said that the hopae had to be reissued if lost, so it was not difficult to make it again.
③ The hopae was issued to men aged 16 and older, so 'all men and women' is incorrect.
④ The hopae contained personal information such as name, place of birth, and age, so this is correct. Therefore, the correct answer is option ④.

43~44

제시문

남자: 지붕 위에 차곡차곡 얹힌 흙빛 기와. 흙을 구워 만든 기와는 제법 무겁지만, 목재 지붕 위에 겹겹이 쌓여 오랜 세월 비바람을 견뎌 왔다. 주로 궁궐, 사찰, 양반 가옥에 사용된 기와는 이제 시간이 흐르며 사이사이로 낙엽과 이끼가 자리를 잡는다. 물이 고이면 기와 아래 목재가 젖어 오래 버텨 온 지붕도 힘을 잃는다. 지금이 바로 기와를 돌볼 시간. 이끼를 걷어 내고 어긋난 기와를 다시 맞춘다. 깨진 기와는 같은 빛깔, 같은 모양의 새 기와로 정성껏 바꾼다. 기와 틈에 새싹이 돋지는 않았는지 마지막까지 살핀다. 천천히, 그리고 꾸준히 돌봐 줄 때, 오래된 기와는 제자리를 지키며 그 집을 지켜 준다.

• **주제**: 기와 관리 • **담화 유형**: 다큐멘터리

43

정답 ③

문제 유형 중심 생각, 중심 내용, 화제 고르기

문제 해결 전략

이 문제는 중심 내용을 찾는 문제입니다. 문제를 풀 때는 단순히 나열된 정보에 집중하기보다 전체적으로 무엇을 가장 강조하고 있는지를 파악해야 합니다. 이 문제에서는 '기와를 어떻게 관리해야 오래 유지되는지'에 대한 설명이 계속 반복되고 있습니다.

This question asks you to find the main idea of the passage. When answering this type of question, you should not focus only on the listed information, but carefully consider what is most emphasized throughout the entire text. In this passage, the explanation of how to manage roof tiles to preserve them for a long time is repeatedly emphasized.

함께 보기: EBS TOPIK Ⅱ 종합서 p.54 유형 04

해설

① 흙으로 만들었다는 설명은 있지만 기와를 만드는 과정에 대한 설명은 나오지 않았습니다.

② 지붕 위를 덮어 목재 지붕을 지킨다는 말은 있으나 전체적으로 기와의 기능을 설명하는 내용이 아닙니다.

③ 기와 사이의 이끼를 걷어 내고 어긋난 기와를 다시 맞추며 깨진 기와를 새 기와로 교체하는 등 기와를 지속적으로 관리하는 방법이 구체적으로 설명되었습니다. 따라서 정답은 ③번입니다.

④ 기와가 사용된 건물에 대한 말은 있었지만 기와의 문화적 의미나 가치에 대한 구체적인 설명이 없었습니다.

① The passage mentions that the tiles are made of clay, but it does not explain the process of making the tiles.

② The passage mentions that the tiles cover the wooden roof, but the overall focus is not on the function of the tiles.

③ The passage specifically explains how to continuously manage the tiles, such as removing moss between the tiles, realigning displaced tiles, and carefully replacing broken tiles with new ones. Therefore, the correct answer is ③.

④ Although the passage briefly mentions buildings where tiles were used, it does not provide specific explanations about the cultural meaning or value of the tiles.

44

정답 ②

문제 유형 들은 내용과 같은 것 고르기

문제 해결 전략

이 문제는 대화에서 들은 사실과 같은 내용을 찾는 문제입니다. 문제를 풀 때는 '기와의 재료', '무게', '지붕 구조', '사용된 건물' 등 구체적인 세부 정보를 정확히 기억해야 합니다. 부분적으로 맞아 보이는 표현도 끝까지 비교하며 정확히 일치하는지 확인해야 합니다.

This question asks you to find the information that matches the conversation. When answering, you must carefully remember specific details such as the material of the roof tiles, their weight, the roof structure, and the buildings where they were used. Even if an option seems partially correct, you must compare it carefully to the passage and confirm whether it fully matches the information.

함께 보기: EBS TOPIK Ⅱ 종합서 p.34 유형 03

해설

① 기와는 흙을 구워 만든 것이라고 했으므로 틀린 내용입니다.

② 기와는 목재 지붕 위에 겹겹이 쌓인다고 했으므로 맞는 내용입니다. 따라서 ②번이 정답입니다.

③ 기와는 제법 무겁다고 했으므로 반대 내용입니다.

④ 기와는 주로 궁궐, 사찰, 양반 가옥에 사용되었다고 했으므로 서민들의 집이 아닙니다.

① The passage states that roof tiles were made by baking clay, so this option is incorrect.

② The passage states that roof tiles were stacked layer by layer on wooden roofs, so this option is correct. Therefore, the correct answer is ②.

③ The passage clearly mentions that roof tiles are quite heavy, so this is the opposite of the correct information.

④ The passage explains that roof tiles were used in palaces, temples, and noble houses, so this option is incorrect because it refers to ordinary people's homes.

45~46

제시문

여자: 우리가 일상에서 소비하는 많은 식재료들은 멀리 떨어진 지역이나 해외에서 수입된 경우

가 많습니다. 그런데 이런 식재료는 운반 거리가 길수록 더 많은 에너지를 사용하게 되고, 그 과정에서 환경 오염도 함께 발생하게 됩니다. 반면, 우리 지역의 농산물인 로컬 푸드는 생산지와 소비지가 가까워서 운송 거리가 짧고, 이로 인해 탄소 배출도 줄일 수 있는 장점이 있습니다. 뿐만 아니라, 지역 농민들의 소득을 높이고 지역 경제에도 긍정적인 영향을 줄 수 있죠. 실제로 어떤 지역에서는 학교 급식에 로컬 푸드를 적극 활용하고 있습니다. 아이들은 신선한 재료를 먹을 수 있고, 지역 농가와의 연결도 자연스럽게 이루어져 지역 공동체의 유대감도 높아지고 있습니다. 이처럼 로컬 푸드는 단순히 지역에서 생산된 음식을 넘어서, 환경 보호, 지역 경제 활성화, 건강한 식생활까지 연결되는 지속 가능한 소비의 대표적인 사례라고 할 수 있습니다.

• **주제**: 로컬 푸드 • **담화 유형**: 강연

45

정답 ③

문제 유형 들은 내용과 같은 것 고르기

문제 해결 전략

이 문제의 핵심은 사실 확인이며, 강연에서 여자가 한 말과 선택지의 내용이 완전히 일치하는지, 일부만 맞는지, 왜곡되었는지를 비교·분석해야 합니다.

The key to this problem is fact-checking, and it is necessary to compare and analyze whether what the woman said in the lecture and the content of the options are completely consistent, only part of them correct, or distorted.

함께 보기: EBS TOPIK Ⅱ 종합서 p.34 유형 03

해설

① 일부 지역에서 학교 급식에 로컬 푸드를 적극적으로 활용하고 있다는 사례가 소개되었으므로 사실과 다릅니다.

② 로컬 푸드는 지역 공동체의 유대감을 높여 준다고 했으므로 정답이 아닙니다.

③ 강연에서는 로컬 푸드가 신선한 재료를 제공하며 건강한 식생활로 이어지는 지속 가능한 소비의 좋은 예라고 설명했습니다. 따라서 정답은 ③번입니다.

④ 강연에서는 로컬 푸드는 운송 거리가 짧아 탄소 배출이 줄고, 환경 오염을 줄일 수 있다고 반대의 내용으로 설명했으므로 정답이 아닙니다

① It is not true because some areas have been introduced to actively utilize local food for school meals.

② Local food is said to strengthen community bonds, so this is not the correct answer.

③ The lecture explained that local food provides fresh ingredients and is a good example of sustainable consumption leading to healthy eating. So the answer is number ③.

④ In the lecture, local food is not the correct answer because it has a shorter transportation distance, which can reduce carbon emissions and reduce environmental pollution.

46

정답 ③

문제 유형 대화 상황/참여자를 고르거나 화자의 의도, 태도, 말하는 방식 파악하기

문제 해결 전략

이 문제를 풀기 위해서는 여자의 전달 방식, 말의 구조적 특징을 파악해야 합니다. 여자는 '로컬 푸드'의 장점을 말하기 위해 정보를 나열하는 데 그치지 않고, 구체적 사례나 비교를 통해 청중의 이해를 도우려는 설득적 방식을 보이고 있습니다.

To solve this question, you need to identify the woman's delivery style and the structural features of her speech. In order to explain the advantages of "local food," she doesn't just list information, but uses concrete examples and comparisons to help the audience understand, showing a persuasive approach.

함께 보기: EBS TOPIK Ⅱ 종합서 p.78 유형 05

해설

① 강연에서는 숫자나 통계 자료를 제시하지 않았습니다.

② 강연 내용은 로컬 푸드의 긍정적인 효과에 초점을 두고 있으며, 단점이나 문제점, 한계에 대한 비판적인 시각은 언급되지 않았습니다.

③ 강연자는 개념 정의와 구체적인 사례를 통해 내용

을 전개하고 있으므로 정답은 ③번입니다.

④ 강연자는 문제를 중심으로 주장하는 방식이 아니라 로컬 푸드의 개념과 실제 사례를 통해 정보 중심의 설명을 하고 있으므로 정답이 아닙니다.

① The lecture did not present numbers or statistics.

② The lecture focused on the positive effects of local food, with no critical views on its shortcomings, problems or limitations mentioned.

③ The speaker is developing the content through concept definition and concrete examples, so the answer is number ③.

④ The speaker is inaccurate because they present an information-focused explanation through the concept of regional cuisine and real-world examples rather than arguing the point.

47~48

제시문

여자: 최근 인공 지능의 윤리적 문제를 우려하는 목소리가 커지고 있습니다. 박사님, 인공 지능 윤리와 관련한 규제는 현재 어떻게 논의되고 있나요?

남자: 네, 인공 지능이 여러 분야에서 사용되다 보니 개인 정보 침해나 알고리즘의 편향, 또 잘못된 정보가 만들어지는 문제까지 다양한 걱정이 나오고 있습니다. 특히 생성형 AI는 사실이 아닌 내용을 진짜처럼 만들거나 어떤 집단을 차별할 위험도 있어서요. 그래서 유럽 연합에서는 위험도가 높은 인공 지능을 대상으로 한 'AI 법안'을 세계 최초로 통과시켰고, 한국에서도 윤리 기준을 만들어서 가이드라인을 제시하고 있습니다. 하지만 아직 법적인 강제력이 약하다는 점에서 앞으로는 기술 발전 속도에 맞춰 사회적인 합의를 바탕으로 한 규제 마련이 필요하다는 목소리가 많습니다.

• **주제:** 인공 지능과 윤리 • **담화 유형:** 대담

47

정답 ②

문제 유형 들은 내용과 같은 것 고르기

문제 해결 전략

이 문제는 대담의 내용과 완전히 일치하는 문장을 찾는 것이 목적입니다. 확실하게 틀린 선택지부터 제외하고, 남은 선택지 중 대화 내용과 가장 정확히 일치하는 내용부터 체크하여 답을 찾으면 좋습니다.

The goal of this question is to find the sentence that completely matches the content of the discussion. It's best to first eliminate the choices that are clearly incorrect, then select the one among the remaining options that most accurately matches the conversation.

함께 보기: EBS TOPIK Ⅱ 종합서 p.34 유형 03

해설

① 생성형 AI는 사실이 아닌 내용을 진짜처럼 만들 수 있다고 했으므로 객관적 정보만이 기반이라는 말은 사실과 다릅니다.

② 한국에서는 윤리 기준을 만들어서 가이드라인을 제시하고 있으므로 정답은 ②번입니다.

③ 세계 최초로 법안을 통과시킨 곳은 유럽 연합이므로 정답이 아닙니다.

④ 대화에서는 규제가 기술 발전 속도를 따라가지 못하고 있어 앞으로 마련이 시급하다는 내용이 나왔으므로 정답이 아닙니다.

① Since generative AI can make untrue content appear factual, the claim that it relies solely on objective information is not true.

② In Korea, ethical standards are being established and guidelines are being presented, so the correct answer is ②.

③ The European Union is the first in the world to pass legislation.

④ Regulatory frameworks cannot keep pace with the speed of technological advancement, and preparing for the future is urgent; therefore, discussion alone cannot provide a solution.

48

정답 ④

문제 유형 대화 상황/참여자를 고르거나 화자의 의도, 태도, 말하는 방식 파악하기

문제 해결 전략

화자의 태도를 고르는 문제에서는 말의 내용뿐 아니라 말하는 방식을 파악해야 합니다. 남자는 인공 지능 기술이 가져올 위험과 그에 따른 윤리적 문제를 신중하고 조심스럽게 설명하며 국제적 협력과 가이드라인의 필요성을 강조하고 있습니다.

In questions that ask you to identify the speaker's attitude, you need to consider not only what is said but also how it is said. The man explains the risks of artificial intelligence technology and the resulting ethical issues carefully and cautiously, while emphasizing the need for international cooperation and guidelines.

함께 보기: EBS TOPIK Ⅱ 종합서 p.78 유형 05

해설

① 대화에서는 오히려 문제점을 구체적으로 설명하고 있으므로 낙관하고 있다는 것은 맞지 않습니다.
② 인공 지능 사용을 금지하자는 주장은 맞지 않습니다. 오히려 규제 필요성을 강조하고 있습니다.
③ 사용 자체에 대한 부정적인 입장을 보이지 않았고 기술의 활용은 인정하면서 규제가 필요하다고 주장하므로 정답이 아닙니다.
④ 유럽 연합의 AI 법안 통과와 우리나라의 윤리 기준 마련 사례를 들며 규제의 필요성에 대해 신중하게 설명하고 있습니다. 따라서 정답은 ④번입니다.

① In the conversation, he actually explains the problems in detail, so the idea that he is being optimistic is not correct.
② The claim that he argues for banning the use of artificial intelligence is not correct. On the contrary, he emphasizes the need for regulation.
③ He does not show a negative stance toward the use of AI itself; rather, he acknowledges the use of the technology while insisting on the need for regulation. Therefore, this is not the correct answer.
④ By citing the passage of the AI Act in the European Union and the establishment of ethical standards in Korea, he carefully explains the need for regulation. Therefore, the correct answer is option ④.

49~50

제시문

남자: 치아 구조의 변화는 진화의 중요한 증거로 활용됩니다. 고대 인류의 치아는 현재보다 크고 마모가 심한 음식을 견디기 위해 더 단단한 형태를 지니고 있었는데요. 이는 당시 식생활이 생고기나 딱딱한 식물에 의존했기 때문입니다. 그러나 조리 기술이 발달하면서 인류의 턱과 치아는 점점 작고 정교한 형태로 바뀌었습니다. 최근 연구에 따르면 현대에는 사랑니가 아예 나지 않는 사람이 증가하고 있다고 합니다. 이는 유전적 요인뿐 아니라 생활 습관 변화가 복합적으로 작용한 결과로 진화가 여전히 진행 중임을 보여 주는 사례로 해석됩니다. 결국 치아의 변화는 인류가 환경에 적응해 온 방식을 생물학적으로 증명해 주는 하나의 증거라고 할 수 있죠.

• **주제**: 인류의 진화 • **담화 유형**: 강연

49

정답 ④

문제 유형 들은 내용과 같은 것 고르기

문제 해결 전략

이 문제는 치아 구조의 변화가 인류 진화의 증거라는 강연을 듣고 들은 내용과 같은 것을 찾아야 합니다. 일치하지 않거나 언급되지 않은 내용은 선택지에서 제외하고, 너무 구체적인 수치는 정답이 아닐 가능성이 큽니다.

This question is based on a lecture explaining that changes in tooth structure are evidence of human evolution.
You need to find the statement that matches what you heard.
Any content that does not match or was not mentioned should be eliminated from the choices, and overly specific figures are unlikely to be the correct answer.

함께 보기: EBS TOPIK Ⅱ 종합서 p.34 유형 03

해설

① 조리 기술의 발달로 음식이 부드러워지면서 오히려

턱과 치아가 덜 발달하게 되었고 이로 인해 사랑니가 없어지고 있다고 했으므로 사실과 다릅니다.

② 고대 인류는 날것이나 단단한 음식을 많이 먹었기 때문에 턱이 더 발달했음을 설명하고 있으므로 정답이 아닙니다.

③ 치아 구조는 시대에 따라 변화해 왔기 때문에 정답이 아닙니다.

④ 음식, 조리 습관, 사랑니 변화 등을 통해 인류의 진화를 설명하고 있으며 환경에 적응한 결과임을 보여 주는 사례입니다. 따라서 정답은 ④번입니다.

① It was explained that as cooking techniques developed and food became softer, the jaw and teeth became less developed, leading to the disappearance of wisdom teeth. Therefore, this is incorrect.

② It was explained that ancient humans ate a lot of raw or hard food, which made their jaws more developed, so this is not the correct answer.

③ Since tooth structure has changed over different eras, this is not the correct answer.

④ Human evolution was explained through factors such as food, cooking habits, and changes in wisdom teeth, showing this as an example of adaptation to the environment. Therefore, the correct answer is option ④.

50

정답 ③

문제 유형 **대화 상황/참여자를 고르거나 화자의 의도, 태도, 말하는 방식 파악하기**

문제 해결 전략

이 문제는 강연을 듣고 남자의 말하는 방식을 파악해야 합니다. 남자는 '치아 구조의 변화'를 통해 인류의 진화를 설명하고 있습니다. 남자는 사례를 들어 설명하고, 근거를 통해 주장하거나 결론을 이끌어 내고 있습니다.

This problem requires listening to a lecture and figuring out how a man talks. The man is explaining the evolution of mankind through 'changes in the structure of teeth.' The man is explaining with examples, making arguments or drawing conclusions based on evidence.

함께 보기: EBS TOPIK Ⅱ 종합서 p.78 유형 05

해설

① 남자는 다양한 학자들의 의견을 소개하거나 비교하지 않습니다.

② 반론을 제기하거나 비판적으로 말하지 않습니다.

③ 치아 구조 변화를 설명하면서 인류의 식생활 변화와 조리 기술의 발전을 사례처럼 활용하고 있습니다. 따라서 정답은 ③번입니다.

④ 재현하거나 분석하며 말하지 않으므로 정답이 아닙니다.

① The man does not introduce or compare the opinions of various scholars.

② He does not raise counterarguments or speak critically.

③ While explaining changes in tooth structure, he uses examples such as changes in human diet and the development of cooking techniques. Therefore, the correct answer is option ③.

④ Since he does not reenact or analyze while speaking, this is not the correct answer.

51

정답 ㉠ 참석 못하게 됐어
㉡ 들를 수 있어

제시문

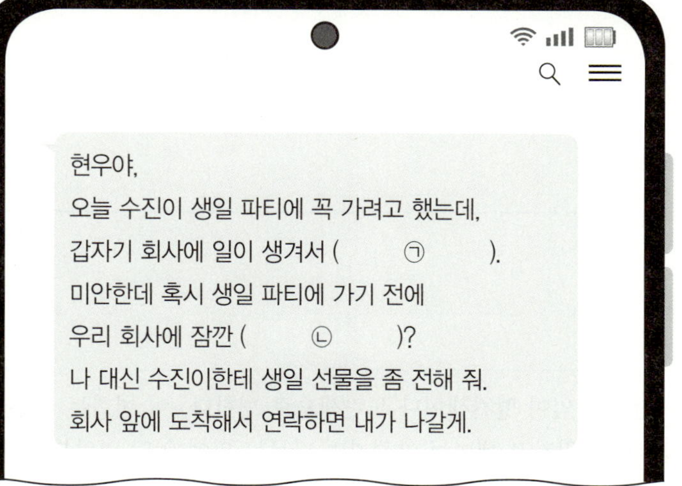

현우야,
오늘 수진이 생일 파티에 꼭 가려고 했는데,
갑자기 회사에 일이 생겨서 (㉠).
미안한데 혹시 생일 파티에 가기 전에
우리 회사에 잠깐 (㉡)?
나 대신 수진이한테 생일 선물을 좀 전해 줘.
회사 앞에 도착해서 연락하면 내가 나갈게.

- **주제**: 모임 불참석 이유와 요청
- **텍스트/자료 유형**: 문자 메시지

문제 유형 맥락에 맞게 빈칸에 알맞은 말 쓰기

문제 해결 전략
우선 ( ) 앞뒤에 제시된 문장의 내용을 파악해 ( ) 안에 들어갈 내용을 떠올립니다. 그다음에는 제시된 글의 문장 형식과 통일해서 작성해야 합니다. 이 글은 친구 사이에 주고받는 글이므로, 친근한 구어체의 반말 표현을 사용하는 것이 자연스럽습니다.
First, read the sentences before and after the blank and think about what should go in it. Next, write your answer so that it matches the structure of the given passage. Since this text is an exchange between friends, it is natural to use casual, spoken language in an informal tone.
함께 보기: EBS TOPIK Ⅱ 종합서 p.208 유형 14

해설

"갑자기 회사에 일이 생겨서 (㉠)."
'회사에 일이 생겨서'라는 이유를 설명하고 있으므로 (㉠)에는 파티에 못 간다는 내용이 들어가야 합니다. 따라서 '참석을 못 하게 됐어, 못 갈 것 같아, 못 가게 됐어' 등이 알맞습니다.

"미안한데 혹시 생일 파티에 가기 전에 우리 회사에 잠깐 (㉡)?"
파티에 못 가는 자신을 대신해서 친구에게 어떤 일을 해 줄 것을 요청하고 있습니다. 뒤에 생일 선물을 전해 달라는 내용이 있으므로 (㉡)에는 자신의 회사에 잠깐 와서 선물을 받아 달라는 말이 들어가야 합니다. 이때는 '장소+동작' 표현이 들어가야 하므로 동사 '들르다'가 적절합니다. 요청이자 질문 형태의 문장을 완성시켜야 하므로 '들를 수 있어? 와 줄 수 있어? 와 줄 수 있을까?' 등이 적절합니다.

"Something suddenly came up at work, so (㉠)."
Since the phrase explains the reason "something came up at work," the blank (㉠) should express the speaker's inability to attend the party. Therefore, expressions such as "I can't make it to the party," "I don't think I can go," or "I won't be able to go" are appropriate.

"Before you go to the birthday party, could you (㉡) my office for a moment?"

The speaker is asking a friend to do something on their behalf because they can't attend the party. Since the following sentence asks the friend to deliver a birthday present, the blank (㉡) should contain the idea of stopping by the speaker's office to pick it up. A phrase that combines a location and an action is required here, so a verb like "stop by" is appropriate. Since it's both a request and a question, expressions like "Could you stop by?" "Can you come by?" or "Would you be able to drop by?" fit well.

52

정답 ㉠ 겨울을 준비하기
㉡ 초록색이 사라지고

제시문

가을이 되면 초록색이던 나뭇잎이 빨간색이나 노란색으로 변한다. 이 변화는 나무가 (㉠) 위해 잎을 바꾸는 것이다. 날씨가 추워지고 햇빛이 약해지면 나무는 잎에 있던 영양분을 줄기로 보내기 시작한다. 그 결과 잎의 (㉡) 다른 색이 보이면서 단풍이 드는 것이다. 이 단풍잎은 결국 모두 떨어지는데 나무는 이런 방법으로 영양분을 유지해 겨울을 보낸다.

- **주제**: 계절 변화에 따른 나무의 생리적 반응(단풍, 낙엽)
- **텍스트/자료 유형**: 설명문

문제 유형 **맥락에 맞게 빈칸에 알맞은 말 쓰기**

문제 해결 전략

우선 ( ) 앞뒤에 제시된 문장의 내용을 파악해 ( ) 안에 들어갈 내용을 떠올립니다. 그다음으로 제시된 글의 문장 형식과 통일해 써야 합니다. 이 글은 계절 변화에 따른 나무의 생리적 반응(단풍과 낙엽)을 설명하는 글입니다. 자연 현상을 과학적이고 논리적으로 설명하고 있으며 전체적으로 객관적 서술체를 사용한 글입니다. 따라서 단풍에 대한 과학적 지식이 있다면 적극적으로 활용해도 좋습니다.

First, examine the content of the sentences before and after the blank to determine what should go in it, and then make sure your sentence matches the structure and tone of the passage. This text explains the physiological responses of trees to seasonal changes, such as autumn leaves and leaf fall. It presents natural phenomena in a scientific and logical manner, using an objective, expository style throughout. If you have scientific knowledge about the process of leaf coloration, you may actively make use of it.

함께 보기: EBS TOPIK Ⅱ 종합서 p.208 유형 14

해설

"이 변화는 나무가 (㉠) 위해 잎을 바꾸는 것이다."

앞 문장에서 '색이 변함', 뒤 문장에서 '추워짐', '햇빛이 약해짐' 등의 내용이 나옵니다. 즉 (㉠)에는 가을에 단풍이 들면서 나뭇잎이 변화하는 목적을 설명하는 표현이 필요합니다. 따라서 나무가 잎의 색을 바꾸는 것은 '겨울 대비'나 '생존'을 위해서라는 내용이 들어가야 합니다. 자연스럽고 과학적 설명에 맞는 표현으로 '겨울을 준비하기, 추위를 견디기, 생존하기' 등의 표현이 가능합니다.

"그 결과 잎의 (㉡) 다른 색이 보이면서 단풍이 드는 것이다."

이 문장은 색의 변화를 설명합니다. (㉡) 뒤에 다른 색이 보이게 된다고 말하고 있으므로, (㉡)은 원래의 초록색이 사라진다는 내용이 들어가야 합니다. 적절한 표현은 '초록색이 사라지다', '녹색이 사라지다' 등이 있습니다. 뒤의 문장과 연결되어야 하므로 '초록색이 사라지고', '녹색이 사라지고'가 적절합니다.

"This change occurs as the tree alters its leaves in order to (㉠)."
The previous sentence describes the change in leaf color, and the following sentence refers to falling leaves due to colder weather. Therefore, (㉠) should explain the purpose of this transformation. Appropriate expressions include: "prepare for winter," "survive the cold" or "adapt to lower temperatures."
"As a result, the (㉡) in the leaves disappears, and other colors become visible, causing the leaves to change color in autumn."
This sentence explains the cause of the color change. Since it mentions other colors becoming visible, (㉡) should refer to the disappearance of the original green pigment. Suitable expressions include: "green pigment fades," "chlorophyll breaks down" or "green in the leaves disappears."

53

제시문

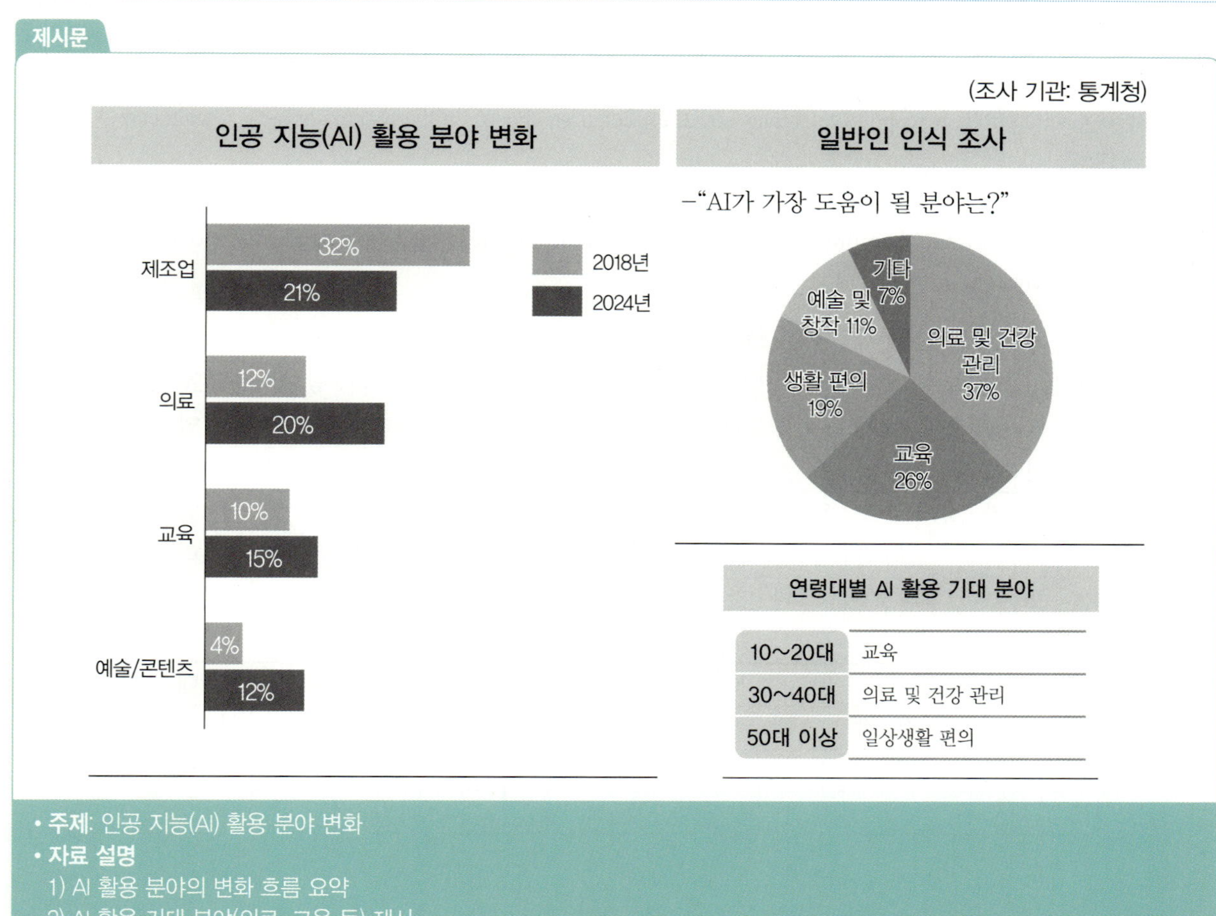

- **주제**: 인공 지능(AI) 활용 분야 변화
- **자료 설명**
  1) AI 활용 분야의 변화 흐름 요약
  2) AI 활용 기대 분야(의료, 교육 등) 제시
  3) 연령대별로 기대하는 AI 활용 분야의 세부적인 차이 강조

문제 유형 자료를 설명하는 글 쓰기

문제 해결 전략

이 문제는 인공 지능(AI)의 활용 분야 변화를 다룬 다양한 자료를 바탕으로, 변화의 흐름과 사회적 인식을 요약해 설명하는 과제입니다. 주어진 자료를 논리적인 순서로 배열하고, 변화의 양상과 인식을 대조와 연결 중심으로 서술하는 것이 핵심입니다. 전체 글 흐름은 '변화 → 인식 → 세대별 기대' 순으로 정리하는 것이 적절합니다.

This task asks you to summarize changes in the applications of artificial intelligence (AI) and in public perception, using the provided materials. The key is to organize the information in a logical order and describe the trends and perceptions through contrast and connection. The overall structure should follow the following order: change → perception → generational expectations.

함께 보기: EBS TOPIK Ⅱ 종합서 p.220 유형 15

해설

1. 먼저 2018년과 2024년의 활용 분야 비율 변화를 요약합니다. 제조업에서 사람 중심 분야로 변화했다는 핵심 흐름을 강조합니다. 숫자는 꼭 필요한 부분(예: 의료 12% → 20%, 콘텐츠·예술 세 배 증가 등)만 간결하게 제시합니다.
2. '일반인의 인식'을 분석하여 사회적 기대를 표현합니다. 의료 37%, 교육 26%가 핵심이므로 이 두 항목을 중심으로 요약합니다.
3. 연령대별 설문 자료를 활용해 '세대별 차이'를 보완합니다. 10~20대 교육, 30~40대 의료, 50대 이상 생활 편의 순으로 정리합니다.

1. Begin by summarizing the changes in AI application areas between 2018 and 2024. The main trend is a shift from manufacturing to more human-centered fields. Present only key figures where necessary, such as the increase in healthcare from 12% to 20%, and a threefold rise in content and the arts.
2. Analyze general public perception to convey social expectations. Focus on the two major areas: healthcare(37%) and education (26%).
3. Use the age-specific survey data to highlight generational differences: younger respondents(teens and twenties) prioritize education, those in their thirties and forties focus on healthcare, and people aged fifty and above emphasize everyday convenience.

	통	계	청		조	사	에		따	르	면		20	18	년	에	서		20	24	년	까	지	
인	공		지	능		활	용		분	야	에		변	화	가		나	타	났	다	.	20	18	년
에		A	I	를		가	장		많	이		쓴		분	야	는		제	조	업	이	었	지	만
20	24	년	에	는		의	료	,	교	육	,	예	술		분	야	가		많	아	졌	다	.	A
I	가		가	장		도	움	이		되	는		분	야	에		대	한		일	반	인		인
식		조	사		결	과	에		따	르	면		의	료		및		건	강		관	리	가	
37	%	로		1	위	를		차	지	했	고	,	교	육	과		생	활		편	의	가		각
각		26	%	,	19	%	로		그		뒤	를		이	었	다	.	연	령	대	별		A	I
활	용		분	야	로		10	~	20	대	는		교	육		분	야	,	30	~	40	대	는	
의	료		및		건	강		관	리		분	야	,	50	대		이	상	은		일	상	생	활
편	의		분	야	에		A	I	가		활	용	되	기	를		기	대	하	고		있	었	다.

54

제시문

현대 사회에서는 도시화가 빠르게 진행되면서 인구, 산업, 자원이 대도시에 집중되는 현상이 심화되고 있다. 이에 따라 지방의 인구 감소, 경제 침체, 사회 기반 시설 부족 등 지역 불균형 문제가 대두되고 있으며, 이 문제를 해결하기 위한 다양한 노력이 필요해지고 있다. 아래의 내용을 중심으로 도시화로 인한 지역 불균형 문제를 해소하기 위한 현실적이고 실천 가능한 방안에 대한 자신의 생각을 쓰라.

- 도시화와 지역 불균형 문제의 원인은 무엇인가?
- 지역 불균형이 지속될 경우 발생할 수 있는 사회적 문제는 무엇인가?
- 지역 불균형 해소를 위한 방안은 무엇인가?

- **주제**: 도시화에 따른 지연 분균형 문제와 그 해결 방안
- **필수 포함 내용**
  1) 지역 불균형의 원인 파악
  2) 그로 인한 사회적 문제 분석
  3) 실천 가능한 해결 방안 제시

문제 유형 주장하는 글 쓰기

문제 해결 전략

단순 정보 나열이 아닌 논리적 전개와 설득력 있는 주장을 펼치면서, 제시된 세 가지 질문을 '서론 – 본론 – 결론' 구조 안에 자연스럽게 통합해야 합니다. 도시화의 부작용인 지역 불균형 문제를 국가적 위기의식으로 인식하고, 원인과 사회적 영향, 실천 가능한 균형 발전 방안을 논리적으로 제시하는 데 핵심이 있습니다.

Rather than simply listing information, the response must present a logically developed and persuasive argument that naturally integrates the three guiding questions – cause, social impact, and practical solutions-within an introduction–body–conclusion structure. Regional imbalance, a side effect of urbanization, should be recognized as a national crisis. The key is to explain its causes, social impacts, and feasible strategies for balanced development in a logical way.

함께 보기: EBS TOPIK Ⅱ 종합서 p.258 유형 16

해설

서론	도시화로 인한 지역 불균형 문제 제기
본론	1. 지역 불균형 원인 분석 2. 지역 불균형이 초래하는 사회적 문제
결론	실천 가능한 해결 방안

1. 서론: 문제 제기와 주제 의식 제시

글의 첫 문단에서는 도시화가 빠르게 진행되면서 인구와 자원이 대도시에 집중되고 그 결과 지역 간 불균형이 심화되고 있다는 점을 명확히 드러내야 합니다. 예를 들어 "도시화는 산업과 인구의 집중을 초래했고, 이로 인해 지방은 인구 감소와 경제 침체 등 다양한 어려움을 겪고 있다."처럼 현상 제시 + 문제 제기 방식으로 글을 시작합니다. 문제의식이 뚜렷해야 독자의 관심을 끌고, 이후 본론의 전개 방향을 잡을 수 있습니다.

2. 본론(1): 지역 불균형의 원인 분석

본론에서는 지역 불균형의 구조적 원인과 정책적 요인을 설명합니다. 예시로는 수도권 중심의 기업·산업 집중, 대중교통과 교육·문화 인프라의 수도권 편중, 부동산·행정 서비스의 격차 등을 들 수 있습니다. 이때 단순 나열을 피하고, "정부의 투자와 기반 시설이 수도권에 집중되면서 지방은 개발에서 소외되었다."처럼 분석적 표현을 써야 합

니다.

3. 본론(2): 지역 불균형이 초래하는 사회 문제

이러한 불균형이 실제 생활과 국가 운영에 어떤 부작용을 일으키는지 서술합니다. 지방에서는 인구 소멸, 고령화, 서비스 접근성 저하 문제가 발생하고, 수도권에서는 교통 혼잡, 주거난, 환경 오염 등의 과잉 문제가 나타납니다. "지역 간 격차는 단순한 경제 문제가 아니라 국민의 삶의 질과 직결되는 심각한 사회 문제이다."처럼 확장적 시각을 담는 것이 좋습니다.

4. 결론: 실천 가능한 해결 방안 제시

마지막 문단에서는 해결책을 다루는 핵심 단락입니다. 현실적이고 구체적인 방안을 제시해야 하며, 가능한 한 세 가지로 나누는 것이 좋습니다. 지방에 양질의 일자리 창출 → 청년층 유입 유도. 교육, 문화, 의료 등 생활 인프라 확충 → 거주 여건 개선. 중앙 정부–지방 자치 단체 간 협력 강화 및 재정 분권화 → 지역 맞춤형 개발 가능. 예를 들어, "지방 대학과 지역 기업이 협력해 창업 공간을 조성하면 청년 유입과 지역 경제 활성화를 동시에 이끌 수 있다."처럼 '방안 + 기대 효과'를 제시하며 글을 마무리합니다.

1. Introduction: Presenting the problem and central theme

In the opening paragraph, it is essential to clearly state that rapid urbanization has led to a concentration of population and resources in major cities, which in turn has intensified regional imbalance. For example, a sentence like "Urbanization has resulted in the concentration of industries and populations, causing rural areas to face population decline and economic stagnation" effectively introduces the issue. Establishing a clear awareness of the problem draws the reader's attention and sets the direction for the argument that follows.

2. Body Paragraph(1): Analyzing the causes of regional imbalance

This section should explain the structural and policy-related causes of regional disparity. Relevant examples include the concentration of corporations and industries in the capital region, the uneven distribution of transportation, education, and cultural infrastructure, and disparities in real estate and administrative services. Avoid simply listing facts; instead, use analytical expressions such as "As government investment and infrastructure have been focused on the capital area, local regions have been excluded from development."

3. Body Paragraph(2): Describing the social consequences of regional imbalance

Explain how this imbalance affects both daily life and national governance. In non-metropolitan areas, problems such as population decline, aging demographics, and reduced access to services emerge, while metropolitan areas face issues like traffic congestion, housing shortages, and environmental pollution. Use a sentence like "The regional gap is not just an economic issue but a serious social challenge that directly impacts quality of life" to broaden the perspective.

4. Conclusion: Proposing practical solutions

The final paragraph is the key section that addresses solutions. It should present realistic and concrete measures, and it is preferable to divide them into three categories. Creating quality jobs in local areas → attracting young people. Expanding living infrastructure such as education, culture, and healthcare → improving residential conditions. Strengthening cooperation between the central government and local governments, along with fiscal decentralization → enabling region-specific development. For example, a statement such as: "If local universities and regional companies cooperate to establish start-up spaces, this can simultaneously attract young people and revitalize the local economy" effectively concludes the writing by presenting both a measure and its expected outcome.

도시화란 산업과 인구가 도시에 집중되는 현상을 말한다. 현대 사회에서 도시화가 빠르게 진행되면서 인구와 산업, 자원이 대도시에 집중되고 있다. 그 결과 지방은 인구 감소와 경제 침체, 기반 시설 부족 등 여러 문제를 겪고 있으며, 지역 불균형이 심화되고 있다. 이 문제는 국가의 균형 발전을 위해 반드시 해결해야 한다.

지역 불균형의 주요 원인은 수도권에 집중된 일자리와 교육, 의료, 문화 시설 등의 생활 인프라이다. 사람들은 더 나은 기회를 찾아 지방을 떠나고, 이는 지방의 인구 유출과 고령화를 가속화시킨다. 이러한 현상이 장기화되면 지방은 경제적 자립이 어려워지고 공동체 기능이 약화될 수 있다. 반면 수도권은 인구 과밀로 인해 주거난, 교통 문제, 환경 오염 등 여러 사회적 부작용에 직면하게 된다.

이 문제를 해결하기 위해서는 지방의 자립 기반을 강화하는 정책이 필요하다. 공공 기관과 기업의 지방 이전을 확대하고, 지역 대학과 산업을 연계한 맞춤형 일자리 창출이 중요하다. 또한 의료, 교육, 문화 인프라를 고르게 확충하고, 디지털 기반의 원격 근무나 지역 창업 지원 등을 통해 지방에서도 질 높은 환경을 누릴 수 있도록 해야 한다. 이러한 정책이 실천될 때 수도권과 지방이 조화를 이루며 함께 성장할 수 있을 것이다.

1

정답 ①

제시문

한국어를 (   ) 꾸준히 연습해야 한다.

문제 유형 알맞은 문법 고르기

문제 해결 전략

문법 문제는 빈칸만 보지 말고 문장이 말하는 전체 상황을 파악하는 것이 중요합니다. 위 문장은 '한국어를 잘하려면 어떻게 해야 하는가'를 설명하고 있으므로 조건을 나타내는 표현이 적절합니다.

Understanding grammar questions requires more than simply looking at the blank—it is crucial to grasp the overall context of the sentence. The given sentence explains "what one should do to become good at Korean," so an expression indicating a condition is most appropriate.

함께 보기: EBS TOPIK Ⅱ 종합서 p.110 유형 07

해설

① '잘하려면'은 어떤 일을 잘하고 싶을 때 어떻게 해야 하는지를 나타내는 조건 표현입니다. 문장의 흐름과 잘 어울립니다.

② '잘하려고'는 목적을 나타내는 표현으로 '-기 위해서'와 유사한 표현입니다. 조건보다 목적에 가깝습니다.

③ '잘하길래'는 이유를 나타내는 표현으로 원인과 결과를 설명할 때 사용합니다.

④ '잘하고서'는 어떤 행동이나 결과가 끝난 뒤 그 결과를 바탕으로 다음 상황이 이어지는 것을 나타내는 표현입니다.

① "If you want to do well" is a conditional expression that indicates what should be done in order to perform something successfully, and it fits naturally with the flow of the sentence.

② "In order to do well" is an expression of purpose, similar to "for the purpose of," and it conveys intention rather than a condition.

③ "Because (someone) did well" is used to indicate a reason, typically when explaining a cause-and-effect relationship.

④ "After doing well" indicates that once an action or result has been completed, the following situation proceeds based on that outcome.

2

정답 ②

제시문

교실에서 아무 소리도 안 들리는 걸 보니 시험이 (   ).

문제 유형 알맞은 문법 고르기

문제 해결 전략

이 문장은 교실 상황을 보고 어떤 상태를 추측하는 표현입니다. '아무 소리도 안 들리는 걸 보니'는 추측의 근거를 나타내는 말입니다. 따라서 빈칸에는 그 근거를 바탕으로 한 추측 표현이 들어가는 것이 자연스럽습니다.

This sentence describes a classroom situation and uses an expression to infer the current state. The phrase "seeing that no sound can be heard" serves as the basis for making a guess. Therefore, a conjectural expression based on this observation is most appropriate for the blank.

함께 보기: EBS TOPIK Ⅱ 종합서 p.110 유형 07

해설

① '시작될 뻔했다'는 어떤 일이 거의 일어날 뻔했지만 실제로는 일어나지 않은 상황을 말합니다.

② '시작된 모양이다'는 추측을 나타내는 표현입니다. 소리가 들리지 않는 상황을 보고 시험이 시작된 것 같다고 추측하는 문맥에 잘 어울립니다.

③ '시작되는 척했다'는 실제로는 시작되지 않았지만 그런 행동을 일부러 하는 상황에서 사용합니다.

④ '시작되기 나름이다'는 어떤 결과가 조건이나 방법에 따라 달라질 수 있다는 의미입니다.

① "Was about to start" indicates a situation where something nearly happened but did not actually occur.

② "Seems to have started" is an expression of inference, and it fits well in a context where one assumes the test has begun after observing that no sound is heard.

③ "Pretended to start" is used when something did not actually begin, but an action was deliberately performed to appear as if it had.

④ "Depends on how it starts" conveys that the outcome may vary depending on the conditions or the methods of starting.

3

정답 ①

제시문

버스를 놓치는 바람에 약속 시간에 늦었다.

문제 유형 알맞은 문법 고르기

문제 해결 전략

'버스를 놓치는 바람에'는 어떤 일이 원인이 되어 부정적인 결과가 생긴 상황을 말합니다. 따라서 밑줄 부분과 의미가 비슷한 표현은 원인이나 이유를 나타내는 표현이 오는 것이 가장 자연스럽습니다.

"because I missed the bus" describes a situation where one event causes a negative outcome. Therefore, the most appropriate expression to fill in the blank should also indicate cause or reason.

함께 보기: EBS TOPIK Ⅱ 종합서 p.110 유형 07

해설

① '놓친 탓에'는 원인이나 이유를 나타내는 표현으로 좋지 않은 결과에 대한 설명에 자주 쓰입니다. '-는 바람에'와 비슷한 의미를 가진 표현으로 이 문장에 잘 어울립니다.

② '놓치나 마나'는 결과가 뻔하다는 의미로 '시도해 봐야 소용없다'는 뜻과 비슷합니다.

③ '놓친 대신에'는 어떤 것을 하지 않고 다른 것을 했다는 의미입니다.

④ '놓치기 무섭게'는 어떤 일이 일어난 직후에 다른 일이 바로 이어질 때 쓰는 표현입니다.

① "Because I missed (it)" is an expression indicating cause or reason, often used to explain an unfavorable outcome. It is similar in meaning to "since I missed (it)" or "as a result of missing (it)," and it fits well in this sentence.

② "Whether I miss (it) or not, the result is the same" conveys the idea that the outcome is obvious, similar in meaning to "it is useless even if you try."

③ "Instead of missing (it)" means that one did not do something but did something else instead.

④ "As soon as I missed (it)" is used when another event immediately follows something that has just happened.

4

정답 ①

제시문

항상 나를 응원해 주는 가족들에게 고마울 따름이다.

문제 유형 알맞은 문법 고르기

문제 해결 전략

'고마울 따름이다'는 감사한 마음이 크지만 표현할 방법이 없을 때 겸손하게 감정을 드러내는 표현입니다.

"I'm simply grateful" is a humble way to express deep gratitude when one feels thankful but cannot fully express it in words.

함께 보기: EBS TOPIK Ⅱ 종합서 p.110 유형 07

해설

① '고마울 뿐이다'는 '그 외에는 없다'는 의미로 감정이나 상황을 표현할 때 사용합니다. '-(으)ㄹ 따름이다'와 매우 유사한 의미로 바꿔 쓸 수 있습니다.

② '고마운 셈이다'는 계산이나 판단을 바탕으로 결론을 내릴 때 사용하기 때문에 감정 표현에는 어울리지 않습니다.

③ '고마울 리가 없다'는 강한 부정을 나타내는 표현으로 위 문장의 긍정적인 의미와는 반대되는 표현입니다.

④ '고마운 줄 모른다'는 상대방이 고마워해야 하는 상황을 인식하지 못한다는 의미로 위 문맥과 어울리지 않습니다.

① "I can only be grateful" means "there is nothing else except that," and it is used when expressing emotions or situations. It is very similar in meaning to "I am merely grateful" and can be used interchangeably.

② "It counts as being grateful" is used when drawing a conclusion based on calculation or judgment, so it does not fit with an expression of emotion.

③ "There is no reason to be grateful" is a strong negative expression and conveys the opposite meaning of the positive nuance in the given sentence.

④ "Does not realize that they are grateful" means that someone fails to recognize a situation in which gratitude is required, so it does not suit the context.

5 정답 ①

제시문

신선함을 더 오래, 공간은 더 넓게!
재료의 신선함을 지켜 줍니다.

• 주제: 냉장고 • 텍스트 유형: 광고

문제 유형 화제 고르기

문제 해결 전략

이 문제는 글을 보고 무엇에 대한 내용인지 맞히는 문제입니다. '신선함을 더 오래', '공간은 더 넓게', '재료', '신선함'이라는 표현에서 음식을 보관하는 넓은 저장 공간이라는 것을 알 수 있습니다.

This question asks the reader to determine the subject of the passage. Phrases such as "keeping things fresh longer," "more spacious storage," "ingredients," and "freshness" indicate that the passage is referring to a large storage space for preserving food.

함께 보기: EBS TOPIK Ⅱ 종합서 p.120 유형 08

해설

① 냉장고는 음식을 신선하게 오래 보관하는 가전제품이므로 신선함과 저장 공간을 강조한 이 문장과 잘 어울립니다.
② 에어컨은 공기를 시원하게 해 주는 제품으로 재료나 공간과는 관련이 없습니다.
③ 노트북은 공부나 일을 할 때 사용하는 전자 제품입니다.
④ 운동화는 재료를 보관하는 공간과 관계가 없습니다.

① Refrigerator is an appliance designed to keep food fresh for a long time, making it highly relevant to the context that emphasizes freshness and storage space.
② Air conditioner is a device that cools the air and has no connection to ingredients or storage.
③ Laptop is an electronic device and is unrelated to freshness or storage.
④ Sneakers are footwear and do not serve the function of storing items or maintaining freshness.

6 정답 ③

제시문

졸업식, 생일, 특별한 날에
당신의 마음을 향기로 전하세요~

• 주제: 꽃집 • 텍스트 유형: 광고

문제 유형 화제 고르기

문제 해결 전략

이 문제는 짧은 문장을 읽고 어떤 장소에 대한 광고인지 고르는 문제입니다. '졸업식', '생일', 그리고 '향기로 전하세요'와 같은 표현을 보면 꽃을 선물하는 날과 관계가 있다는 것을 알 수 있습니다.

This question requires reading a short sentence and identifying the place being advertised. Expressions like "graduation ceremony," "birthday," and "deliver through fragrance" indicate that the content is related to occasions when flowers are given as gifts.

함께 보기: EBS TOPIK Ⅱ 종합서 p.120 유형 08

해설

① 공원은 사람들이 산책하거나 쉬는 곳입니다. 꽃을 사는 곳은 아닙니다.
② 서점은 책을 파는 곳입니다. 향기와는 관련이 없습니다.
③ 꽃집은 졸업식이나 생일에 주는 꽃을 파는 곳이므로 정답입니다.
④ 식당은 밥을 먹는 곳으로 꽃을 파는 장소가 아닙니다.

① Park is a place where people go for a walk or to relax. It is not a place where flowers are purchased.
② Bookstore is a place where books are sold. It has no relation to fragrance.
③ Flower shop is where flowers are sold for occasions such as graduation ceremonies or birthdays, making it the correct match for the content of the passage.
④ Restaurant is a place to eat and is not typically a place where flowers are sold.

7

정답 ④

제시문

지구를 위해 한 번 '더' 사용하세요!
작은 실천이 내일을 바꿉니다.

• 주제: 환경 보호 • 텍스트 유형: 광고

문제 유형 화제 고르기

문제 해결 전략

이 문제는 공익 광고 문구를 읽고 알맞은 주제를 찾는 문제입니다. '지구', '한 번 더 사용', '작은 실천' 같은 표현을 보면 자원을 아끼고 지구를 지키는 행동과 관련이 있습니다.

This question asks you to read a public service announcement and identify the topic it addresses. Expressions such as "the Earth," "reuse," and "small actions" suggest that the message is related to conserving resources and protecting the planet.

함께 보기: EBS TOPIK Ⅱ 종합서 p.120 유형 08

해설

① 안전 운전은 차를 조심히 운전하는 것입니다. 이 광고는 '차'와 관련이 없습니다.
② 시간 절약은 시간을 아끼는 것이고 지구를 지키는 실천과는 관련이 없습니다.
③ 건강 관리는 몸을 잘 돌보는 것으로 '환경'과는 관련이 없습니다.
④ '환경 보호'는 물건을 다시 쓰거나 자원을 아끼는 행동으로 위 공익 광고의 내용과 잘 어울립니다.

① Safe driving refers to the careful operation of a vehicle. This advertisement is not related to cars.
② Saving time means using time efficiently, which is unrelated to actions for protecting the planet.
③ Health management refers to taking care of one's body and is not connected to environmental issues.
④ Environmental protection involves actions like reusing items and conserving resources, which align well with the message of the public service announcement.

8

정답 ①

제시문

▷ 매주 월요일은 정기 휴일입니다.
▷ 주말에는 오전 10시부터 오후 8시까지 운영합니다.

• 주제: 이용 안내 • 텍스트 유형: 안내문

문제 유형 화제 고르기

문제 해결 전략

이 문제는 안내문을 보고 어떤 내용인지 고르는 문제입니다. '정기 휴일', '운영 시간' 같은 표현은 장소나 시설을 이용하는 방법을 알려 주는 표현입니다.

This question asks you to read a notice and determine what information it provides. Expressions such as "regular holidays" and "operating hours" indicate that the notice explains how to use a place or facility.

함께 보기: EBS TOPIK Ⅱ 종합서 p.120 유형 08

해설

① 이용 안내는 운영 시간이나 쉬는 날 등 시설을 언제, 어떻게 이용하는지 알려 주는 말이므로 이 글의 내용과 잘 맞습니다.
② 예약 문의는 예약하는 방법이나 예약할 수 있는 연락처 등을 물어보는 것을 의미합니다.
③ 제품 소개는 물건을 설명할 때 쓰는 말입니다. 운영 시간과는 관련이 없습니다.
④ 안전 규칙은 위험을 피하기 위한 약속입니다. 이 글의 내용과는 관련이 없습니다.

① Usage information refers to details such as operating hours and holidays, explaining when and how to use a facility. It matches the content of the passage well.
② Reservation inquiry refers to asking about how to make a reservation or the contact information for doing so.
③ Product introduction is used to describe or promote an item and is unrelated to operating hours.
④ Safety rules are guidelines meant to prevent danger and do not relate to the content of this notice.

9

정답 ②

제시문

인주 체육관 사물함 신청 안내

- 신청 기간: 5월 1일(목) ~ 5월 7일(수)
- 신청 장소: 인주체육관 1층 사무실
- 신청 방법: 선착순 방문 신청
- 보증금 만 원

※ 사물함 사용 후 열쇠 반납 시 돌려드립니다.

- **주제**: 사물함 신청 안내 • **텍스트 유형**: 안내문

문제 유형 세부 내용을 파악해 일치하는 내용 고르기

문제 해결 전략

이 문제는 안내문을 읽고 내용과 같은 것을 고르는 문제입니다. '신청 기간', '신청 방법', '보증금'처럼 숫자나 조건이 나오는 정보를 정확하게 비교하며 읽어야 합니다.

This question asks you to read a notice and choose the statement that matches its content. Details such as "application period," "application method," and "deposit" include specific numbers and conditions, so it is important to read carefully and compare the information accurately.

함께 보기: EBS TOPIK Ⅱ 종합서 p.130 유형 09

해설

① 사물함 신청 기간은 5월 1일(목)부터 5월 7일(수)까지입니다.

② 보증금은 '열쇠 반납 시 돌려드립니다'라고 안내하고 있으므로 지문과 같은 내용입니다.

③ 선착순 방문과 관계 없이 보증금은 내야 한다고 안내하고 있습니다.

④ '선착순 방문 신청'이라고 안내하고 있으며 '인터넷 접수'는 안내문에 나와 있지 않습니다.

① The application period for lockers is from Thursday, May 1 to Wednesday, May 7.

② The notice states that "the deposit will be refunded upon returning the key," so this is consistent with the passage.

③ Regardless of the first-come-first-served application, the notice indicates that the deposit must be paid.

④ The notice specifies "the first-come-first-served application in person," and there is no mention of "online application."

10

정답 ④

제시문

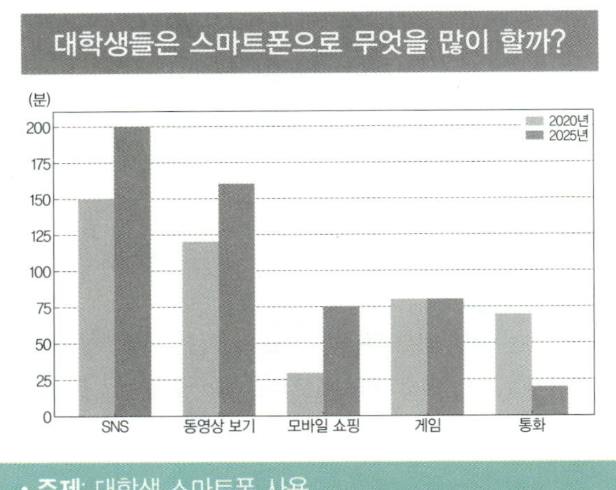

- **주제**: 대학생 스마트폰 사용
- **자료 유형**: 그래프

문제 유형 세부 내용을 파악해 일치하는 내용 고르기

문제 해결 전략

그래프를 볼 때는 각 항목의 수치를 정확히 읽고 선택지의 수치와 비교해야 합니다. 이 문제는 2020년과 2025년의 스마트폰 사용 시간을 비교해서 같은 내용을 찾는 문제입니다. 어떤 활동의 시간이 늘었는지, 줄었는지, 같은지를 정확히 확인해야 합니다.

When reading a graph, it is important to read the exact figures for each category and compare them with the numbers in the choices. This question asks you to compare smartphone usage time in 2020 and 2025 and choose the statement that shows the same information. You must carefully check whether the time spent on each activity has increased, decreased, or remained the same.

함께 보기: EBS TOPIK Ⅱ 종합서 p.130 유형 09

해설

① SNS 사용 시간은 2020년 150분에서 2025년에는 200분으로 늘었습니다.

② 통화 시간은 2020년보다 2025년에 더 줄었습니다.

③ 동영상 시청 시간은 2020년 약 120분, 2025년 약 180분으로 다릅니다.

④ 모바일 쇼핑은 2020년 약 25분, 2025년 약 55분으로 두 배 이상 늘었습니다.

① The time spent on social networking services increased from 150 minutes in 2020 to 200 minutes in 2025.

② In 2025, call time decreased even more compared to 2020.

③ Video viewing time was about 120 minutes in 2020 and about 180 minutes in 2025.

④ Mobile shopping time increased from about 25 minutes in 2020 to about 55 minutes in 2025 — more than double the previous time.

11

정답 ①

제시문

인주시는 다음 달부터 밤늦게까지 운행하는 버스 노선을 늘리기로 했다. 최근 늦은 시간까지 일하는 시민들이 많아졌기 때문이다. 기존에는 일부 지역만 야간 버스를 이용할 수 있어 불편하다는 의견이 많았다. 시는 이번 정책이 시민들의 늦은 시간 이동에 도움이 될 것으로 기대하고 있다.

• **주제**: 야간 버스 노선 확대 • **텍스트 유형**: 신문 기사

문제 유형 세부 내용을 파악해 일치하는 내용 고르기

문제 해결 전략

이 문제는 글을 읽고 그 내용과 같은 것을 고르는 문제입니다. 지문의 중심 내용과 함께 이유나 목적, 기대 효과가 정확히 맞는지 확인해야 합니다.

This question asks you to read a passage and choose the statement that matches its content. In addition to identifying the main idea, it is important to check whether the reasons, purposes, or expected effects mentioned in the options accurately aligns with the passage.

함께 보기: EBS TOPIK Ⅱ 종합서 p.130 유형 09

해설

① 지문에 '밤늦게까지 운행하는 버스 노선을 늘리기로 했다'고 나와 있으므로 '야간 버스 노선 추가'라는 내용과 일치합니다.

② '시민들은 늦은 시간에 이동하는 것을 좋아하지 않는다'는 내용은 지문에 없습니다.

③ '기존에는 일부 지역만 야간 버스를 이용할 수 있었다'고 되어 있으므로 밤늦게까지 운행하는 버스가 전혀 없었던 것은 아닙니다.

④ 지문에서는 '늦은 시간 이동에 도움이 될 것으로 기대하고 있다'라고 설명하고 있습니다.

① The passage states that "the number of bus routes operating late at night has been increased," so it is consistent with the idea of "adding night bus routes."

② The passage does not mention that "people do not like traveling late at night."

③ According to the passage, night buses were available in some areas in the past, so it's not true that there were none at all.

④ The passage explains that the measure is expected to help with late-night travel.

12

정답 ④

제시문

비가 온 뒤 해가 뜨면 하늘에 무지개가 나타나는 것을 볼 수 있다. 해가 뜨면서 햇빛이 공기 중에 있는 작은 물방울에 닿으면 빛이 여러 방향으로 퍼진다. 이때 빛이 갈라지면서 빨강, 주황, 노랑 등 여러 색으로 나뉘게 된다. 그래서 우리는 비가 그친 후에 맑은 하늘에서 아름다운 무지개를 볼 수 있는 것이다.

• **주제**: 무지개가 생기는 원리
• **텍스트 유형**: 설명문

문제 유형 세부 내용을 파악해 일치하는 내용 고르기

문제 해결 전략

이 문제는 무지개가 생기는 과정을 설명한 글을 읽고, 그 내용과 같은 것을 고르는 문제입니다. 어떻게 무지개가 생기는지, 언제 생기는지를 중심으로 지문과 같은 내용을 찾아야 합니다.

This question asks you to read a passage explaining how a rainbow forms and to choose the statement that matches its content. Focus on understanding how and when a rainbow appears to identify the correct information that aligns with the passage.

함께 보기: EBS TOPIK Ⅱ 종합서 p.130 유형 09

해설

① 지문에서는 '비가 온 뒤 해가 뜨면' 무지개가 나타난다고 했습니다. '구름이 걷히고'라는 내용은 지문과 다릅니다.

② 지문에서는 햇빛이 물방울에 닿아 빛이 갈라져 무지개가 된다고 했습니다.

③ 지문에서는 공기 중의 물방울이 햇빛에 닿을 때 무지개가 된다고 했습니다.
④ 지문에서 햇빛이 물방울에 닿으면 빛이 여러 방향으로 퍼지고 색이 갈라진다고 했습니다. 따라서 지문과 같은 내용입니다.

① The passage states that a rainbow appears "after the rain," so the mention of "when the clouds clear" does not match the passage.
② The passage explains that when sunlight reaches water droplets, the light is split and forms a rainbow.
③ The passage states that a rainbow is formed when sunlight strikes or reaches water droplets in the air.
④ The passage says that when sunlight reaches water droplets, the light spreads in various directions and separates into colors. Therefore, this is consistent with the passage.

13

정답 ②

제시문

(가) 최근 꿀벌의 수가 줄어들고 있어 다양한 문제가 예상되고 있다.
(나) 이러한 이유로 꿀벌이 줄어들면 농사에도 문제가 생길 수 있다.
(다) 식물이 열매를 맺기 위해서는 꿀벌의 도움이 꼭 필요하기 때문이다.
(라) 따라서 이러한 문제를 해결하려면 꿀벌을 보호하기 위한 노력이 필요하다.

• **주제**: 꿀벌 감소 문제 • **텍스트 유형**: 설명문

문제 유형 **알맞은 순서로 배열한 것 고르기**

문제 해결 전략

이 문제는 문장의 순서를 바르게 배열하는 문제입니다. 먼저 주제를 소개하는 문장을 찾은 후에 이유 → 결과 → 해결 방안의 순서로 배열하면 문제를 쉽게 풀 수 있습니다. '-기 때문이다', '이러한 이유로', '따라서' 같은 연결 표현을 중심으로 문장 흐름을 파악하면 문제를 푸는 데 도움이 됩니다.

This question asks you to arrange the sentences in the correct order. Start by identifying the sentence that introduces the main topic, then arrange the remaining sentences in this order: reason → result → solution. Paying attention to linking expressions such as "because," "for this reason," and "therefore" will help you understand the flow of the text more easily.

함께 보기: EBS TOPIK Ⅱ 종합서 p.144 유형 10

해설

(가)는 '꿀벌의 수가 줄어들고 있어 다양한 문제가 예상된다'고 하며 글의 주제를 소개하는 도입 역할을 합니다.
(다)는 문제가 예상되는 이유를 설명하고 있습니다.
(나)는 꿀벌의 중요성을 설명한 (다)를 근거로 이야기하고 있습니다.
(라)는 '따라서'로 시작하며 앞에서 설명한 문제를 해결하기 위해 노력해야 한다고 주장합니다.

(가) introduces the topic by stating that "the number of bees is decreasing, and various problems are expected," serving as the opening of the passage.
(다) explains the reason why such problems are expected.
(나) builds on (다) by discussing the importance of bees, using the explanation in (다) as its basis.
(라) begins with "therefore" and asserts that efforts should be made to solve the problems mentioned earlier.

14

정답 ③

제시문

(가) 처음에는 내가 내린 결정이 맞는지 불안한 마음이 컸다.
(나) 나는 오랫동안 고민한 끝에 결국 직장을 옮기기로 결심했다.
(다) 그래서 지금은 그 선택이 나에게 좋은 선택이었다고 생각한다.
(라) 하지만 새로운 회사에서 일을 배우며 점점 자신감을 찾을 수 있었다.

• **주제**: 이직 경험 • **텍스트 유형**: 수필

문제 유형 알맞은 순서로 배열한 것 고르기

문제 해결 전략

이 글은 직장을 옮긴 사람의 경험을 시간 순서대로 소개하고 있습니다. '처음에는', '하지만', '그래서' 같은 연결 표현과 감정의 흐름을 잘 따라가면서 알맞은 순서를 찾아야 합니다.

This passage presents the experience of someone who changed jobs in chronological order. To determine the correct sentence sequence, pay close attention to connecting expressions like "at first," "however," and "so," as well as the progression of emotions throughout the passage.

함께 보기: EBS TOPIK Ⅱ 종합서 p.144 유형 10

해설

(나)는 이야기의 출발점을 보여 주는 문장입니다. 지시어나 연결어가 없기 때문에 글의 시작으로 자연스럽습니다.

(가)는 결정을 한 직후의 감정을 설명합니다. '처음에는'이라는 시간 표현은 앞 문장이 있어야 자연스럽기 때문에 두 번째 문장에 잘 어울립니다.

(라)는 불안한 감정이 변화하는 내용입니다. '하지만'은 앞 문장의 부정적인 상황과 대조되기 때문에 (가) 다음에 오는 것이 자연스럽습니다.

(다)는 전체 경험의 결과를 정리합니다.

(나) presents the starting point of the story. Since it contains no reference words or connectors, it naturally serves as the opening sentence.

(가) describes the emotions felt immediately after making the decision. The time phrase "at first" requires a prior context, making it suitable as the second sentence.

(라) shows a shift from anxiety to confidence. The connector "however" contrasts with the negative emotion in (가), so it naturally comes after (가).

(다) summarizes the overall outcome of the experience.

15

정답 ③

제시문

(가) 몸 안에 있는 공기의 양이 많을수록 물에 더 잘 뜨게 된다.

(나) 그래서 물 위에 오래 떠 있으려면 숨을 깊이 들이마셔야 한다.

(다) 반대로 몸 안에 공기가 적거나 무게가 무거우면 가라앉기 쉽다.

(라) 수영할 때 사람이 물에 뜨는 것은 몸 안의 공기와 무게가 관련이 있다.

• **주제**: 몸이 물에 뜨는 원리 • **텍스트 유형**: 설명문

문제 유형 알맞은 순서로 배열한 것 고르기

문제 해결 전략

이 글은 사람이 물에 뜨는 원리를 설명하고 있습니다. 먼저 주제를 소개하는 문장을 찾은 후에 원리와 조건, 반대 상황, 결론의 흐름으로 배열하면 문제를 쉽게 풀 수 있습니다. '반대로', '그래서' 같은 연결 표현과 설명의 흐름에 주의해야 합니다.

This passage explains the principle of how a person floats in water. To find the correct order, start with the sentence that introduces the topic, then follow this sequence: principle → condition → contrasting case → conclusion condition → opposite case → conclusion. Pay attention to connecting expressions like "on the other hand" and "therefore," as well as the logical progression of the explanation.

함께 보기: EBS TOPIK Ⅱ 종합서 p.144 유형 10

해설

(라)는 이 글의 주제를 소개하는 도입 역할을 합니다.

(가)는 몸이 물에 뜨는 원리와 조건을 설명합니다.

(다)는 앞 문장인 (가)와 반대되는 상황을 설명합니다.

(나)는 앞 내용을 바탕으로 한 결론과 조언을 제시합니다.

(라) serves as the introduction by presenting the main topic of the passage.

(가) explains the principle and conditions of how a person floats in water.

(다) describes the opposite situation in contrast to the explanation in (가).

(나) presents a conclusion and advice based on the previous content.

16

정답 ③

제시문

현대 사회에서 휴식은 단순히 쉬는 시간 이상의 의미를 가진다. 바쁜 일상 속에서 잠시 멈추고 자신을 돌아보는 시간은 정신 건강에도 큰 도움이 된다. 하지만 많은 사람들은 여전히 (   ) 생각한다. 그래서 바쁘게 움직이는 사람만 부지런하다고 여기며 쉼은 낭비라고 여기는 경우도 많다.

- **주제**: 휴식에 대한 오해와 인식
- **텍스트 유형**: 설명문

문제 유형 문맥을 파악해 빈칸에 알맞은 말 고르기

문제 해결 전략

이 문제는 문장의 빈칸에 들어갈 내용을 고르는 문제입니다. 이 유형은 빈칸 앞뒤 문장의 흐름을 잘 살피는 것이 중요합니다. 글의 앞 문장에서는 휴식이 정신 건강에 도움이 된다고 긍정적으로 말하고, 빈칸 뒤에서는 '쉼은 낭비라고 여긴다'는 부정적인 시각이 나옵니다. 따라서 빈칸에는 사람들이 휴식을 부정적으로 생각한다는 내용이 들어가야 자연스럽습니다.

This question asks you to choose the sentence that best fits the blank. In this type of question, it is important to closely examine the flow of the sentences before and after the blank. The sentence before the blank makes a positive statement that rest is helpful for mental health. while the sentence after the blank presents a negative view, saying that "rest is considered a waste." Therefore, the blank should contain a statement reflecting people's negative perception of rest to maintain coherence.

함께 보기: EBS TOPIK Ⅱ 종합서 p.158 유형 11

해설

① '일은 삶의 목적'이라는 내용은 휴식을 부정적으로 보는 시각과 연결되지 않습니다.
② 건강을 중요하게 생각하는 것은 휴식을 긍정적으로 보는 관점이므로 문맥에 맞지 않습니다.
③ 사람들이 쉼을 낭비라고 여긴다는 문장과 자연스럽게 연결됩니다. 휴식을 부정적으로 생각한다는 의미이므로 빈칸에 적절합니다.
④ 시간의 가치에 대한 표현으로 지문의 주제나 흐름과 관련이 없습니다.

① The statement "work is the purpose of life" is not connected to a negative view of rest.
② Considering health to be important reflects a positive perspective on rest, so it does not fit the context.
③ This connects naturally with the statement that people regard rest as a waste, meaning that rest is viewed negatively; therefore, it is appropriate for the blank.
④ An expression about the value of time is not related to the theme or flow of the passage.

17

정답 ④

제시문

요즘은 대부분의 도서관에서 무인 반납함을 운영하고 있다. 도서관 운영 시간 외에도 원하는 시간에 언제든 책을 반납할 수 있어 이용자들의 만족도가 높다. 특히 직장인이나 학생처럼 낮에 시간을 내기 어려운 사람들에게는 매우 편리하다. 이로 인해 (   ) 도서관 서비스의 접근성과 활용도가 높아지고 있다.

- **주제**: 도서관 무인 반납함 • **텍스트 유형**: 설명문

문제 유형 문맥을 파악해 빈칸에 알맞은 말 고르기

문제 해결 전략

이 유형은 빈칸 앞뒤 문장의 흐름을 잘 살피는 것이 중요합니다. 앞에서는 무인 반납함 덕분에 언제든 책을 반납할 수 있어서 편리하다는 점을 말하고 있고 빈칸 뒤에서는 '도서관 서비스의 접근성과 활용도가 높아지고 있다'는 결과를 이야기하고 있습니다. 따라서 빈칸에는 무인 반납함이 주는 편리함과 이용 증가의 원인이 자연스럽게 들어가야 합니다.

In this type of question, it is important to carefully examine the flow of the sentences before and after the blank. The sentence before the blank highlights the convenience of returning books at any time thanks to the unmanned return box. The sentence after the blank mentions the result: "library service accessibility and usage are increasing." Therefore, the blank should contain a statement that naturally connects the convenience of the unmanned return box to the increased usage, serving as the cause of the trend described.

함께 보기: EBS TOPIK Ⅱ 종합서 p.158 유형 11

해설

① 책을 빌리는 횟수는 앞 문장과 관련이 없습니다. 도서관 접근성과도 연결되지 않습니다.
② 도서관이 무료인 점은 사실이지만 앞 문장의 무인 반납함에 대한 내용과 이어지지 않습니다.
③ 부정적인 결과로 '활용도가 높아진다'는 다음 문장과 어울리지 않습니다.
④ 앞 문장의 '운영 시간 외에도 책을 반납할 수 있다'는 내용과 잘 연결되며 '접근성과 활용도가 높아진다'는 결과와도 자연스럽게 이어집니다.

① The number of times books are borrowed is not related to the previous sentence and is also unrelated to library accessibility.
② Although it is true that libraries are free, this does not connect with the previous sentence about unmanned return boxes.
③ The phrase "utilization increases" describes a positive outcome, so it does not fit with the idea of a negative result.
④ The previous sentence states that "books can be returned even outside of operating hours," which naturally leads to the result that "accessibility and utilization increase."

18 정답 ③

제시문

과거에는 다리를 사람이나 차량이 지나다니는 길로만 생각해 왔다. 하지만 요즘에는 다리의 디자인까지 중요하게 여겨지고 있다. (　　　　　　) 다리를 보기 위해 일부러 찾아가는 사람들도 많아지고 있다. 이제 다리는 단순한 길이 아니라 사람들에게 즐거움을 주는 장소가 되었다. 이런 다리는 지역의 유명한 관광지가 되기도 하고 도시의 상징으로 여겨지기도 한다.

• **주제**: 다리 기능의 변화　• **텍스트 유형**: 설명문

문제 유형 문맥을 파악해 빈칸에 알맞은 말 고르기

문제 해결 전략

앞 문장에서는 '다리의 디자인까지 중요하게 여겨진다'고 말하고 있고 빈칸 뒤에서는 '다리를 보기 위해 일부러 찾아가는 사람들'이 많아졌다고 설명합니다. 따라서 빈칸에는 사람들이 '구경하러 갈 만한 다리의 디자인이나 특징'이 들어가는 것이 자연스럽습니다.

The previous sentence states that "even the design of bridges is considered important," and the sentence after the blank explains that "more people are now visiting just to see the bridges." Therefore, the blank should contain a statement about the design or features of the bridges that are visually appealing or worth visiting, to maintain the logical flow of the passage.

함께 보기: EBS TOPIK Ⅱ 종합서 p.158 유형 11

해설

① 통행량이 많다는 뜻이지만 '디자인를 보기 위해 찾아간다'는 문장과 연결되지 않습니다.
② 다리 디자인과는 관련이 없는 표현입니다.
③ 앞 문장의 '디자인을 중요하게 여긴다'는 내용과 잘 연결되며 '보러 간다', '즐거움을 준다'는 뒤 내용과도 자연스럽게 이어집니다.
④ 지역의 교통 기능을 강조한 표현으로 '관광지'나 '즐거움', '도시의 상징'과는 관련이 없습니다.

① It means that traffic volume is high, but it does not connect with the sentence stating that people visit to see the design.
② This expression is unrelated to the design of the bridge.
③ It connects well with the previous sentence about "valuing design" and also fits naturally with the following ideas of "going to see it" and "providing enjoyment."
④ This emphasizes the bridge's transportation function within the area and is not related to "tourist attractions," "enjoyment," or "a symbol of the city."

19~20

제시문

많은 기업이 소비자의 관심을 끌기 위해 할인 마케팅을 활용하고 있다. 이런 전략은 제품을 싸게 살 수 있다는 장점 때문에 소비자들의 구매를 유도하는 데 효과적이다. (　　　　　　) 다양한 할인 행사나 한정 기간 세일은 소비자의 구매 욕구를 더욱 자극한다. 하지만 가격이 저렴하더라도 제품의 품질이 기대에 못 미치면 소비자 불만이 커질 수 있다. 실제로 제품을 저렴하게 구매한 소비자들 중에는 품질에 대한 실망으로 브랜드에 대한 인식이 나빠진 경우도 있었다.

- **주제:** 할인 마케팅의 효과와 한계
- **텍스트 유형:** 설명문

19

정답 ②

문제 유형 문맥을 파악해 빈칸에 알맞은 말 고르기

문제 해결 전략

이 문제는 문장의 빈칸에 들어갈 연결어를 고르는 문제입니다. 이 유형은 빈칸 앞뒤 문장의 관계가 어떤 논리인지 파악하는 것이 중요합니다. 빈칸 앞에서는 '제품을 싸게 살 수 있어서 효과적이다'는 긍정적인 내용을 말하고 있고 빈칸 뒤에서는 '다양한 할인 행사나 세일이 구매 욕구를 더 자극한다'는 내용이 이어집니다. 할인 마케팅이 소비자의 구매를 유도한다는 내용을 덧붙이고 있으므로 추가 설명이나 강조의 의미를 나타내는 연결어가 들어가는 것이 자연스럽습니다.

The sentence before the blank states a positive effect—"It is effective because products can be purchased at lower prices." The sentence after adds that "various discount events and sales further stimulate consumers' desire to buy." Since the second sentence adds more information supporting the same idea, a connector that signals addition or emphasis is most appropriate.

함께 보기: EBS TOPIK Ⅱ 종합서 p.158 유형 11

해설

① '차라리'는 선택의 대안이나 비교 상황에서 쓰는 표현으로 문장 흐름과 맞지 않습니다.

② '게다가'는 앞 문장의 내용을 덧붙여 강조하는 표현입니다. '싸게 살 수 있어서 효과적이다'라는 내용 뒤에 '게다가 욕구를 더 자극한다'라고 이어지면 문장의 흐름이 자연스럽습니다.

③ '오히려'는 반대 상황을 강조할 때 쓰는 표현으로 이 문맥에는 어울리지 않습니다.

④ '반면에'는 두 가지 내용을 비교하거나 대조할 때 사용하는 표현으로 상반된 내용을 말할 때 어울립니다.

① "Rather" is used to express alternatives or comparisons, which does not fit the flow of the sentence.

② "Moreover" adds emphasis to the previous statement. The progression from "it is effective because it's cheaper" to "it further stimulates desire" is smooth and logical, making this the best choice.

③ "On the contrary" emphasizes a contrasting situation, which is not appropriate in this context.

④ "On the other hand" is used for comparing or contrasting two different ideas, and does not match the consistent tone of the passage.

20

정답 ③

문제 유형 중심 내용 고르기

문제 해결 전략

이 문제는 글의 주제를 고르는 문제입니다. 전체 글의 중심 생각을 파악하고 글의 일부가 아닌 전체를 대표할 수 있는 내용을 선택해야 합니다. 이 글은 할인 마케팅의 효과에 대해서 말하고 있지만 제품의 품질을 중요하게 여기지 않으면 부정적인 결과로 이어질 수 있다는 점을 강조하고 있습니다.

This question asks you to identify the main topic of the passage. To answer correctly, you must grasp the central idea of the entire text and choose an option that represents the overall message, not just a part of it. The passage discusses the effectiveness of discount marketing but emphasizes that if product quality is not valued, it can lead to negative outcomes.

함께 보기: EBS TOPIK Ⅱ 종합서 p.172 유형 12

해설

① 지문에서는 일부 소비자의 실망을 예로 들어 이야기하고 있습니다. 이 내용은 부분적인 정보이므로 전체적인 주제가 되기에는 부족합니다.

② 소비자 심리의 한 측면만 강조한 문장으로 글 전체를 대표하지는 않습니다.
③ 할인 마케팅의 효과와 그 한계를 함께 다룬 지문의 중심 내용으로 적합합니다.
④ 지문의 앞부분에 해당하는 내용입니다. 하지만 마지막에 제시된 품질 문제를 반영하지 못하는 문장입니다.

① The passage mentions the disappointment of some consumers as an example. Since this is only partial information, it is insufficient to serve as the overall theme.
② This sentence emphasizes only one aspect of consumer psychology and does not represent the entire passage.
③ This is suitable as the central idea of the passage, as it addresses both the effects and limitations of discount marketing.
④ This corresponds to the earlier part of the passage, but it does not reflect the issue of product quality presented at the end.

21~22

제시문

사회가 빠르게 변화하고 개인 간의 경쟁이 심해지면서 서로의 마음을 나누거나 감정을 털어놓기 어려워하는 사람들이 많아지고 있다. 특히 가까운 사람과도 ( ) 사는 경우가 많아 혼자 우울함이나 외로움을 느끼는 이들이 늘고 있다. 이런 문제를 해결하기 위해 정부는 누구나 신청할 수 있는 심리 상담 지원 사업을 시작했다. 이 사업은 혼자 고민하는 사람들에게 대화의 기회를 제공하기 위해 마련된 것이다. 이는 마음을 열고 대화할 수 있는 환경을 만드는 데 도움이 된다.

• **주제**: 사회 변화에 따른 정서적 소외
• **텍스트 유형**: 설명문

21

정답 ①

문제 유형 문맥을 파악해 빈칸에 알맞은 말 고르기

문제 해결 전략

이 문제는 문장의 빈칸에 들어갈 관용 표현을 고르는 문제입니다. 빈칸에 들어갈 알맞은 것을 찾는 문제는 앞뒤 문장의 흐름과 상황을 파악해 어떤 표현이 자연스럽게 이어지는지 판단해야 합니다. 빈칸 앞에서는 '가까운 사람과도', 빈칸 뒤에서는 '혼자 우울함이나 외로움을 느낀다'고 되어 있습니다. 따라서 심리적인 거리감을 나타내는 표현이 빈칸에 어울립니다.

This question asks you to choose the appropriate idiomatic expression to complete the sentence. To select the correct option, it is important to understand the flow and context of the sentences before and after the blank. The sentence before the blank mentions "even with someone close," and the sentence after the blank states that the person "feels lonely or depressed." Therefore, an expression that conveys emotional or psychological distance would be the most natural fit.

함께 보기: EBS TOPIK Ⅱ 종합서 p.158 유형 11

해설

① '담을 쌓고'는 사람 사이에 관계를 끊거나 벽을 만드는 것을 의미합니다. 단절된 관계를 나타내므로 문맥에 잘 어울립니다.
② '앞뒤를 재고'는 이익을 따지거나 계산적으로 행동한다는 뜻으로 이 문맥과는 맞지 않습니다.
③ '바람을 넣고'는 부추기거나 꼬드긴다는 의미로 인간관계의 단절과는 관련이 없습니다.
④ '진땀을 흘리고'는 곤란하거나 긴장된 상황에서 매우 힘들어하는 것을 의미하므로 문맥에 어울리지 않습니다.

① "Build a wall" means to cut off or block relationships between people. Since it represents a broken relationship, it fits well with the context.
② "Weigh the pros and cons" means to act in a calculating or self-serving way, which does not fit this context.
③ "Egg someone on" means to incite or urge someone, and it is not related to the idea of broken human relationships.
④ "Break out in a cold sweat" means to struggle in a very difficult or tense situation, so it does not suit the context.

22

정답 ③

문제 유형 세부 내용을 파악해 일치하는 내용 고르기

문제 해결 전략

이 문제는 글의 내용과 같은 것을 고르는 문제입니다. 지문 전체의 흐름과 핵심 정보를 정확히 파악해야 합니다. 지문에 나오지 않은 추측이나 과도한 일반화는 오답일 수 있습니다.

This question asks you to choose the statement that matches the content of the passage. To answer correctly, it is essential to understand the overall flow and key information in the text. Be cautious of choices that include assumptions not stated in the passage or overly generalized expressions, as these are likely to be incorrect.

함께 보기: EBS TOPIK Ⅱ 종합서 p.130 유형 09

해설

① 지문에는 시간에 따른 변화에 대한 설명이 없습니다.

② 지문에는 사업이 시작되었다는 설명만 있습니다. 효과에 대한 결과는 언급되지 않았습니다.

③ '사회가 빠르게 변화하고 경쟁이 심해지면서', '혼자 우울함이나 외로움을 느끼는 이들이 늘고 있다'는 내용이 지문에 나옵니다. 지문과 일치하는 내용입니다.

④ 지문에는 '누구나 신청할 수 있는 심리 상담 지원'이라고 되어 있으므로 지문 내용과 다릅니다.

① The passage does not provide any explanation about changes over time.

② The passage only states that the project has begun, but it does not mention any results regarding its effects.

③ The passage mentions that "as society changes rapidly and competition intensifies, the number of people who feel depressed or lonely is increasing," which is consistent with the passage.

④ The passage states that it is "psychological counseling support open to anyone," so this option does not match the passage.

23~24

제시문

며칠 전 급하게 발걸음을 옮기던 중 휴대 전화를 떨어뜨렸다. 휴대 전화를 주우려고 허리를 굽혔다가 우연히 길가에 핀 작은 꽃을 보게 되었다. 작은 틈을 비집고 피어난 작고 하얀 꽃이었다. 문득 아무도 주목하지 않는 틈새에서 피어나 꿋꿋하게 자라난 모습이 내 모습처럼 보였다. 평소 같았으면 바쁘게 걸어가느라 보지 못했을 작은 꽃을 바라보며 한참을 그 자리에 서 있었다. 바쁜 일상 속에서 잠시 멈춰 선 것도 꽃을 바라보는 것도 정말 오랜만이었다. 자신의 자리를 묵묵하게 지키고 있는 그 꽃이 나에게 큰 울림을 주었다. 아무도 주목하지 않는 곳에서 자신의 자리를 지키고 있는 그 꽃처럼 나도 나의 자리에서 주어진 일들에 최선을 다하는 사람으로 살아야겠다고 다짐했다.

- **주제**: 작은 꽃으로 인한 일상 속 감동
- **텍스트 유형**: 경험담

23

정답 ②

문제 유형 인물의 심정 고르기

문제 해결 전략

이 문제는 글 속 인물의 심정을 추론하는 문제입니다. 이 유형은 '나'의 행동과 시선, 그리고 감정 표현이 담긴 문장을 중심으로 심정을 파악하는 것이 중요합니다. 특히 '문득', '큰 울림을 주었다', '다짐했다' 같은 표현에 주목해야 합니다.

This question requires inferring the character's emotional state in the passage. In this type of question, it is important to focus on the character's actions, observations, and emotional expressions. Pay particular attention to phrases such as "suddenly," "left a deep impression," and "made a resolution," which provide clues to the character's feelings.

함께 보기: EBS TOPIK Ⅱ 종합서 p.188 유형 13

해설

① '걱정스럽다'는 불안하거나 근심이 많은 상태를 말합니다. 하지만 글에서는 그런 감정이 드러나지 않습니다.

② 작은 꽃을 보고 '큰 울림을 주었다', '나와 닮았다고 느꼈다', '다짐했다'고 표현하고 있습니다. 감정이 움직였고 마음에 깊은 인상을 받은 것을 알 수 있습니다.
③ 글 전체에 의심이나 불확실한 태도는 없으므로 어울리지 않습니다.
④ 자신에 대한 다짐은 나오지만 현재 상태에 대한 만족은 글에 나타나지 않았습니다.

① "Worried" refers to a state of anxiety or concern, but such an emotion is not expressed in the passage.
② The passage describes seeing a small flower and feeling "deeply moved," "finding resemblance to oneself," and "making a resolution." This shows that emotions were stirred and a strong impression was made.
③ There is no doubtful or uncertain attitude throughout the passage, so this does not fit.
④ While there is a resolution about oneself, no satisfaction with the present state is expressed in the passage.

24 정답 ③

문제 유형 세부 내용을 파악해 일치하는 내용 고르기

문제 해결 전략

이 문제는 글의 내용과 같은 것을 고르는 문제입니다. 지문에 나오는 사실 그대로와 일치하는 문장을 찾아야 합니다. 과장된 표현, 반대 내용, 지문에 없는 정보는 오답일 가능성이 높습니다.

This question asks you to choose the statement that matches the content of the passage. To answer correctly, you must find the sentence that aligns exactly with what is stated in the text. Exaggerated expressions, contradictory statements, or information not mentioned in the passage are likely to be incorrect.

함께 보기: EBS TOPIK Ⅱ 종합서 p.130 유형 09

해설

① 꽃은 작고 하얗다고만 묘사되었고 '화려하다'는 표현은 나오지 않았습니다.
② 지문에는 '발걸음을 멈추고 한참 동안 바라보았다'고 되어 있습니다.
③ '아무도 주목하지 않는 틈새에서 꿋꿋하게 자라난 모습이 나같이 느껴졌다'는 지문의 내용과 일치합니다.
④ 지문에 '아무도 주목하지 않는 틈새'라고 되어 있습니다. 지문과 반대 의미입니다.

① The flower is described only as small and white, and the word 'splendid' is not used.
② The passage states that "I stopped walking and looked at it for a long time."
③ The passage states, "It stood firm in an unnoticed corner, and I saw myself in it," which is consistent with the content.
④ The passage states "an unnoticed corner," so this option conveys the opposite meaning.

25 정답 ②

제시문

한류 스타 미나, 건강 적신호로 스케줄 전면 취소

- **주제**: 한류 스타 건강 문제
- **텍스트 유형**: 신문 기사 제목

문제 유형 중심 내용 고르기(기사 제목 설명 고르기)

문제 해결 전략

이 문제는 신문 기사 제목을 읽고 그 내용과 같은 것을 고르는 문제입니다. 이 유형은 제목 속 핵심 표현이 무엇을 말하는지 정확히 이해하는 것이 중요합니다. 이 제목에서는 '건강 적신호'와 '스케줄 전면 취소'라는 표현이 핵심입니다. 따라서 건강 문제로 모든 활동을 중단했다는 내용이 포함된 문장이 정답입니다.

This question asks you to read a newspaper headline and choose the statement that matches its content. In this type of question, it is important to understand exactly what the key expressions in the headline mean. In this headline, the core phrases are "health warning" and "complete cancellation of schedule." Therefore, the correct answer should reflect that all activities have been halted due to health issues.

함께 보기: EBS TOPIK Ⅱ 종합서 p.172 유형 12

해설

① '건강 적신호'는 건강이 나쁘다는 의미이므로 반대되는 내용입니다.
② '건강 적신호', '스케줄 전면 취소'라는 제목과 설명이 정확히 일치합니다.

③ 지문에서는 활동 중단에 대해 이야기하고 있으므로 기사 제목과 반대입니다.

④ 스케줄을 줄이는 것이 아니라 '전면 취소'라고 했으므로 지문과 다른 내용입니다.

① "Health warning" means that one's health is in poor condition, so this option conveys the opposite meaning.

② The title "Health Warning" and "Complete Cancellation of Schedule" match the explanation.

③ The passage talks about suspension of activities, so this is contrary to the article's title.

④ The passage states "complete cancellation," not "reduction of schedule," so this does not match the passage.

26

정답 ②

제시문

불황 속에 웃는 중고 거래, 중고 시장 활활

- **주제**: 경제 불황 속 중고 거래 시장
- **텍스트 유형**: 신문 기사 제목

문제 유형 중심 내용 고르기(기사 제목 설명 고르기)

문제 해결 전략

이 유형은 제목에 담긴 핵심 표현이 무엇을 말하는지 파악하는 것이 중요합니다. 이 제목의 핵심은 '불황 속에 웃는', '활활'입니다. '활활'은 불이 크게 타오르는 모습을 표현한 말로 시장이 매우 활발하다는 의미입니다. 따라서 경제가 어려운 상황에서도 중고 거래가 활발하게 이루어지고 있다는 내용이 정답이 됩니다.

In this type of question, it is important to understand the meaning of the key expressions in the headline. The key phrases in this headline are "smiling in a recession" and "blazing." The word "blazing" metaphorically describes a strong and active situation and—here, it refers to a very lively market. Therefore, the correct answer should convey that secondhand trading is thriving despite the economic downturn.

함께 보기: EBS TOPIK Ⅱ 종합서 p.172 유형 12

해설

① '활활'이라는 표현과 반대되는 내용으로 기사 제목과 맞지 않습니다.

② '불황 속에 웃는', '활활'이라는 표현과 정확히 일치하는 내용입니다.

③ 소비자들의 피해에 대한 내용은 기사 제목에 없습니다.

④ '불황 속'이라는 표현은 경제 불황이 진행 중이라는 의미입니다. 선택지의 '회복'이라는 표현은 기사 제목과 어울리지 않습니다.

① The content contradicts the meaning of the expression "burning fiercely", so it does not match the article's title.

② The expressions "smiling in a recession" and "burning fiercely" match the title.

③ The passage does not mention negative impacts on consumers, and such content is not included in the article's title.

④ The phrase "in a recession" indicates that an economic downturn is ongoing, so the expression "recovery" in the option does not fit the title.

27

정답 ④

제시문

정부 지원 확대, 출산율 반등 기대감 솔솔

- **주제**: 정부 지원 확대와 출산율 회복 기대

문제 유형 중심 내용 고르기(기사 제목 설명 고르기)

문제 해결 전략

이 문제는 기사 제목을 읽고 그 내용과 같은 문장을 고르는 문제입니다. 제목의 핵심 표현은 '정부 지원 확대', '출산율 반등 기대감'입니다. 실제로 출산율이 반등했다는 내용이 아니라 반등할 것이라는 기대가 있다는 표현이라는 점에 주의해야 합니다.

This question asks you to read a news headline and choose the statement that matches its content. The key expressions in the headline are "expanded government support" and "expectation of a rebound in the birth rate." It is important to note that the headline mentions hope or expectation—not that the birth rate has actually increased. The correct answer should reflect this nuance accurately.

함께 보기: EBS TOPIK Ⅱ 종합서 p.172 유형 12

해설

① 기사 제목에서는 정부의 '지원 확대'와 출산율 반등에 대한 '기대감'을 나타내고 있습니다. 하지만 이 선택지는 지원 확대가 아닌 대책 검토에 대해 말하고 있으며 기대감과도 관련이 없습니다.

② '반등했다'는 표현은 이미 출산율이 올랐다는 의미입니다. 하지만 기사 제목에는 '기대감'만 나타내고 있으므로 다른 내용입니다.

③ 출산율에 변화가 없다는 설명은 '기대감'을 표현하는 기사 제목과 반대되는 내용입니다.

④ '정부 지원 확대'와 '기대감'이라는 제목의 핵심을 모두 포함하고 있는 문장입니다.

① The article's title conveys the government's "expanded support" and "expectations" for a rebound in the birth rate. However, this option refers to a policy review rather than expansion of support and is unrelated to expectations.

② The expression "rebounded" means that the birth rate has already risen, but the article's title only conveys "expectations," so this is different.

③ The explanation that there has been no change in the birth rate is the opposite of the "expectations" expressed in the article's title.

④ This option includes both key elements of the title: "expanded government support" and "expectations."

28

정답 ①

제시문

가전제품을 (　　　　　　　) 서비스가 새로운 소비 방식으로 주목받고 있다. 이 서비스는 제품을 구매하지 않고 필요한 기간 동안 사용한 뒤 반납할 수 있다는 점에서 합리적인 소비 방식으로 여겨진다. 특히 초기 비용 부담이 적고 사용하는 기간 동안 정기적인 관리 서비스가 제공되는 것이 큰 장점이다. 이사나 고장 등의 상황 변화에도 부담 없이 계약을 종료하거나 제품을 바꿀 수 있어 이용자들의 만족도가 높다.

- **주제**: 가전 렌탈 서비스의 장점
- **텍스트 유형**: 설명문

문제 유형 **문맥을 파악해 빈칸에 알맞은 말 고르기**

문제 해결 전략

이 문제는 빈칸에 들어갈 문장을 고르는 문제입니다. 이 유형은 앞뒤 문장의 흐름을 살피고 특히 빈칸 뒤에서 어떤 설명이 이어지는지를 파악하는 것이 중요합니다. 이 글에서는 가전제품을 구매하지 않고 일정 기간 사용한 뒤 반납할 수 있는 서비스를 소개하고 있습니다. 초기 비용이 적고 정기적인 관리도 제공된다고 했기 때문에 빈칸에는 '일정 기간만 빌려 쓰는'과 같은 이 서비스의 핵심 개념이 들어가는 것이 자연스럽습니다.

This question asks you to choose the sentence that best fits the blank. In this type of question, it is important to examine the flow of the text, especially what explanation follows the blank. The passage introduces a service that allows users to borrow home appliances for a certain period instead of purchasing them. Since it mentions low initial costs and regular maintenance, the blank should naturally include the core idea of "using the product temporarily and returning it afterward."

함께 보기: EBS TOPIK Ⅱ 종합서 p.158 유형 11

해설

① '구매하지 않고 필요한 기간 동안 사용한 뒤 반납할 수 있다'는 지문의 내용과 정확히 일치합니다.

② 큰돈이 한번에 들지 않기 때문에 구매 부담이 적다는 내용은 있으나 재구매할 때 할인해 준다는 내용은 지문에 없습니다.

③ 설치나 관리는 이 서비스의 특징 중 일부입니다. 이

서비스의 핵심은 '필요한 기간 동안 빌려 쓰고 반납한다'는 것입니다.

④ 다양한 제품을 비교하거나 추천해 준다는 내용은 지문에 없습니다.

① The statement "you can use it for the required period without purchasing and then return it" matches the passage.

② The passage mentions that there is less financial burden since a large sum is not required at once, but it does not state that discounts are given upon repurchase.

③ Installation and maintenance are part of the features of this service, but its core lies in "renting for the necessary period and then returning."

④ The passage does not mention comparing or recommending various products.

29

정답 ④

제시문

학생들이 질문하거나 발표를 하면서 실수할 때가 있다. 그럴 때마다 다른 학생들이 웃거나 지적하면 말하는 사람은 위축되고 점점 입을 열지 않게 된다. 반대로 실수를 하더라도 받아들여지는 환경에서는 말하는 사람도 점점 자신감을 가지게 된다. 실수를 통해 더 나은 결과를 얻을 수 있기 때문이다. 그러므로 학교에서는 (   ) 배움의 일부로 보는 태도가 필요하다.

- **주제**: 실수를 받아들이는 태도
- **텍스트 유형**: 설명문

문제 유형 문맥을 파악해 빈칸에 알맞은 말 고르기

문제 해결 전략

이 문제는 빈칸에 들어갈 문장을 고르는 문제입니다. 이 유형은 앞뒤 문장의 흐름과 논리 관계를 파악하는 것이 중요합니다. 글에서는 실수를 지적받는 분위기에서는 위축되고 실수가 받아들여지는 환경에서는 자신감을 얻는다는 내용을 대조하고 있습니다. 마지막 문장은 실수를 배움의 일부로 받아들여야 한다는 결론을 제시하고 있습니다. 따라서 빈칸에는 '실수를 지적하기보다'처럼 부정적인 반응을 피하자는 내용이 들어가야 자연스럽습니다.

This question asks you to choose the sentence that best fits the blank. In this type of question, it is important to understand the flow and logical relationship between the surrounding sentences. The passage contrasts how people become discouraged in environments where mistakes are criticized with how they gain confidence in settings where mistakes are accepted. The final sentence concludes that mistakes should be viewed as part of the learning process. Therefore, the blank should contain a statement encouraging the avoidance of negative reactions—such as "rather than pointing out mistakes"—to maintain a coherent and supportive tone.

함께 보기: EBS TOPIK Ⅱ 종합서 p.158 유형 11

해설

① 발표 준비는 이 글의 핵심 내용과 직접적인 관련이 없습니다.

② 실수를 줄이자는 말은 실수를 긍정적으로 받아들이자는 글의 흐름과 맞지 않습니다.

③ 실수에 대한 반응이 주제이기 때문에 이 내용은 문맥과 어울리지 않습니다.

④ 앞에서 실수에 대한 비판이 발표자의 자신감을 꺾는다고 했고 빈칸이 있는 문장에서는 '실수를 배움의 일부로 봐야 한다'고 말하고 있습니다. 따라서 글의 흐름과 가장 자연스럽게 연결됩니다.

① Preparing for a presentation is not directly related to the main idea of this passage.

② The statement about reducing mistakes does not align with the flow of the passage, which emphasizes accepting mistakes with a positive attitude.

③ Since the main theme is the reaction to mistakes, this content does not fit the context.

④ The passage previously stated that criticism of mistakes discourages the presenter, and the sentence with the blank says that "mistakes should be seen as part of learning." Therefore, this connects most naturally with the flow of the passage.

30

정답 ③

제시문

사육사에게서 자란 판다는 대나무를 부러뜨릴 때 얼굴을 찡그리는 경우가 있다. 이는 힘이 부족해서가 아니라 사육사의 (   ) 때문이다. 실제로 판다는 사람보다 훨씬 힘이 세기 때문에 대나무를 부러뜨릴 때 굳이 인상을 쓸 필요가 없다. 하지만 어릴 때부터 사육사가 얼굴을 찡그리며 대나무를 부러뜨리는 모습을 반복해서 본 판다는 이를 그대로 따라 하게 된다. 이렇듯 판다의 행동은 학습에서 비롯된 것을 알 수 있다.

• **주제**: 판다의 모방 행동 • **텍스트 유형**: 설명문

문제 유형 문맥을 파악해 빈칸에 알맞은 말 고르기

문제 해결 전략

이 유형은 빈칸 앞뒤 문장이 어떤 논리 관계인지 파악하는 것이 중요합니다. 지문에서는 판다가 찡그리는 이유가 '힘이 부족해서가 아니라'라고 말하며 '사육사의 행동을 따라 한 것'임을 강조하고 있습니다. 따라서 빈칸에는 "모방(따라 하기)"과 관련된 내용이 들어가야 자연스럽습니다.

In this type of question, it is important to understand the logical relationship between the sentences before and after the blank. The passage explains that the panda's grimace is "not because it lacks strength," but rather because it is "imitating the zookeeper's behavior." Therefore, the blank should naturally include a statement related to "imitation" to maintain coherence with the passage's focus.

함께 보기: EBS TOPIK Ⅱ 종합서 p.158 유형 11

해설

① '판다가 사람보다 훨씬 힘이 세다'고 뒤 문장에서 이야기하고 있으므로 사육사의 힘이 세다는 이 내용은 글의 내용과 다릅니다.

② 사육사의 행동이 재미있어서 따라 했다는 내용은 지문에 없습니다.

③ 지문에서 '사육사의 모습을 반복해서 본 판다는 이를 그대로 따라 하게 된다'고 설명했으므로 '모방'이 가장 적절한 이유입니다.

④ 지문에서는 판다가 대나무를 부러뜨리는 장면에 집중하고 있으므로 문맥에 어울리지 않습니다.

① The passage states afterward that "a panda is much stronger than a person," so the idea that the zookeeper is stronger does not match the content.

② The passage does not mention that the panda imitated the zookeeper because the actions were amusing.

③ The passage explains that "a panda, after repeatedly watching the zookeeper, came to imitate him," so "imitation" is the most appropriate reason.

④ The passage focuses on the scene of the panda breaking bamboo, so this does not fit the context.

31

정답 ②

제시문

도시에서는 자동차나 공사, 사람들의 활동 등으로 인해 여러 소음이 끊이지 않는다. 이러한 소음은 도시에서 살아가는 사람들의 스트레스를 높이고 수면의 질을 떨어뜨리는 등 일상생활에까지 영향을 미칠 수 있다. 이러한 점을 고려해 건축 설계 단계에서부터 (   ) 다양한 방법들이 연구되고 있다. 그중에서도 창문의 구조와 재질은 외부 자극을 줄여 생활의 쾌적함을 높이는 데 중요한 역할을 한다. 특히 이중창은 외부 소음을 포함한 여러 자극을 효과적으로 차단하는 데 도움이 되는 것으로 알려져 있다.

• **주제**: 도시 소음을 줄이는 건축 설계
• **텍스트 유형**: 설명문

문제 유형 문맥을 파악해 빈칸에 알맞은 말 고르기

문제 해결 전략

이 글에서는 도시 소음이 사람들의 스트레스를 높인다는 문제를 언급하며 건축 설계 단계에서 소음을 줄이기 위한 연구와 그 방법을 소개하고 있습니다. 따라서 빈칸에는 삶의 질 개선, 생활 환경 개선과 관련된 표현이 들어가야 합니다.

This passage discusses how urban noise increases people's stress levels and introduces research and methods to reduce noise at the architectural design stage. Therefore, the sentence that fills the blank should be related to improving the quality of life or enhancing living environments to maintain the logical flow of the passage.

함께 보기: EBS TOPIK Ⅱ 종합서 p.158 유형 11

해설

① 지문은 소음을 줄이기 위한 방안을 연구하는 내용으로 소음을 측정하는 것과는 관련이 없습니다.
② '일상생활에 영향을 미친다', '쾌적함을 높인다'는 표현과 잘 연결되며 전체 흐름과 가장 잘 맞습니다.
③ 스트레스에 대한 언급은 있으나 스트레스에 대한 반응을 분석한다는 내용은 아닙니다.
④ 인구 밀도는 지문에서 다루고 있는 소음 문제나 건축 설계와 관련이 없습니다.

① The passage discusses research on ways to reduce noise, so it is not related to measuring noise.
② While stress is mentioned in the passage, it does not mention analyzing responses to stress.
③ The passage makes no mention of energy or consumption, so this is irrelevant.
④ Population density is not related to the noise issue or architectural design discussed in the passage.

32

정답 ②

제시문

선인장은 주로 건조한 지역에서 자라기 때문에 다른 식물과는 다른 독특한 뿌리 구조를 가지고 있다. 비가 거의 오지 않는 지역에서는 짧은 시간 동안 내린 비를 빠르게 흡수하는 것이 중요하다. 이를 위해 선인장의 뿌리는 얕은 땅속에 넓게 퍼져 있다. 일부 선인장은 수분을 더 오래 저장할 수 있도록 뿌리 아랫부분이 굵게 발달했다. 이러한 구조 덕분에 선인장은 오랜 가뭄에도 버틸 수 있는 것이다.

- **주제**: 선인장의 독특한 뿌리 구조
- **텍스트 유형**: 설명문

문제 유형 세부 내용을 파악해 일치하는 내용 고르기

문제 해결 전략

이 문제는 지문과 같은 내용을 찾는 문제입니다. 이 유형은 전체 흐름을 파악한 후에 선택지에서 지문의 문장과 같은 의미를 가진 표현을 찾아야 합니다. 과장, 생략, 반대 의미가 들어간 문장은 오답일 수 있으므로 주의해서 비교해야 합니다

This question asks you to find the statement that matches the content of the passage. In this type of question, it is important to grasp the overall flow and then identify the choice that expresses the same meaning as a sentence from the text. Carefully check that the entire sentence aligns with the passage and be cautious of any exaggerated or contradictory information.

함께 보기: EBS TOPIK Ⅱ 종합서 p.130 유형 09

해설

① 지문에서는 뿌리의 구조가 수분 저장과 관계가 있다고 했지만 줄기에 대한 내용은 없습니다.
② '비를 빠르게 흡수하는 것이 중요하다', '뿌리는 얕은 땅속에 넓게 퍼져 있다'는 지문 내용과 일치합니다.
③ 지문에서는 넓게 퍼진 뿌리와 굵게 발달한 부분이 있다고 했습니다. 지문의 내용과 반대입니다.
④ 지문에서는 '뿌리가 얕은 땅속에 넓게 퍼져 있다'고 했습니다. 깊이 내린다는 내용은 없습니다.

① The passage states that the structure of the roots is related to water storage, but it does not mention the stem.
② The passage says that "absorbing rain quickly is important" and that "the roots spread widely near the surface," which is consistent with the text.
③ The passage mentions that the roots spread widely and have thickly developed parts, so this option is the opposite of the passage.
④ The passage states that "the roots spread widely in the shallow soil," and it does not mention growing deep into the ground.

33

정답 ①

제시문

한옥에는 온돌이라는 바닥 난방 방식이 있다. 온돌은 바닥 아래로 열이 지나가도록 만든 구조로 집 안을 따뜻하게 데우는 데 사용된다. 불을 때면 그 열이 바닥 전체로 퍼지고 그 과정에서 생긴 연기는 밖으로 빠져나가도록 설계되어 있다. 이 구조는 바닥을 데우는 동시에 집 안의 습기를 밖으로 내보내 쾌적한 환경을 유지하는 데 도움을 준다. 그래서 온돌은 겨울이 추운 한국의 기후에 잘 맞는 지혜로운 난방 방식으로 평가받고 있다.

• **주제**: 온돌의 구조와 기능 • **텍스트 유형**: 설명문

문제 유형 세부 내용을 파악해 일치하는 내용 고르기

문제 해결 전략

이 문제는 지문의 내용과 같은 것을 고르는 문제입니다. 이 유형은 전체 흐름과 정보에 맞는 문장을 정확히 찾는 것이 중요합니다. 지문에 없거나 과장되거나 반대되는 내용은 모두 정답이 아닙니다.

This type of question asks you to choose the option that matches the content of the passage. In this question type, it is important to find the sentence that fits the overall flow and information accurately. Anything not mentioned in the passage, exaggerated, or contrary to the passage cannot be the correct answer.

함께 보기: EBS TOPIK Ⅱ 종합서 p.130 유형 09

해설

① '바닥 아래로 열이 지나가도록 만든 구조', '바닥 전체로 퍼지고', '쾌적한 환경을 만든다'는 지문 내용과 일치합니다.

② '집 안의 습기'를 내보낸다는 내용은 있지만 주로 '여름철'에 사용하지는 않습니다. 지문에서도 '겨울이 추운 한국의 기후에 잘 맞는 난방 방식'이라고 말하고 있습니다.

③ 지문에서는 '바닥 아래로 열이 지나가도록' 만든 구조라고 했습니다. 벽과 천장은 언급되지 않았습니다.

④ 지문에는 '연기는 밖으로 빠져나가도록 설계되었다'고 했으므로 반대되는 내용입니다.

① "Ondol is designed so that heat passes under the floor, spreads throughout the entire floor, and creates a comfortable environment," which is consistent with the passage.

② While the passage mentions that ondol helps release moisture from inside the house, it does not state that it is mainly used in the summer. In fact, it describes ondol as "a heating system well suited for Korea's cold winters."

③ The passage states that ondol is structured to allow heat to pass under the floor, but it does not mention the walls or ceiling.

④ The passage says that "It was designed so that the smoke could flow outside" so this option is the opposite of the passage.

34

정답 ③

제시문

요즘은 많은 사람들이 사진, 영상, 글 등 다양한 기록을 디지털 공간에 남긴다. 하지만 사람이 사망한 뒤에도 이러한 기록이 그대로 남아 새로운 사회적 문제가 되고 있다. 이런 문제를 해결하기 위해 디지털 유산 관리사라는 새로운 직업이 등장했다. 이들은 고인의 온라인 계정과 디지털 자산을 정리하고 필요한 정보는 가족에게 전달하는 일을 한다. 앞으로는 디지털 유산을 안전하게 정리하고 관리하는 직업이 더 중요해질 것으로 보인다.

• **주제**: 디지털 유산 관리사 • **텍스트 유형**: 설명문

문제 유형 세부 내용을 파악해 일치하는 내용 고르기

문제 해결 전략

이 문제는 지문의 내용과 같은 문장을 고르는 문제입니다. 글의 중심 내용을 정확히 파악한 뒤 지문과 의미가 일치하는 선택지를 찾는 것이 중요합니다. 지문과 정확하게 일치하지 않는 표현, 과장된 표현, 반대되는 설명은 정답이 될 수 없습니다.

This type of question asks you to choose the sentence that matches the content of the passage. It is important to grasp the main idea of the passage accurately and then find the option that aligns with its meaning. Any expression that does not match the passage, is exaggerated, or provides an opposite explanation cannot be the correct answer.

함께 보기: EBS TOPIK Ⅱ 종합서 p.130 유형 09

해설

① 지문에서는 기록이 그대로 남아 사회적 문제가 되고 있다고 했습니다. '이용이 불가능하다'는 내용은 지문과 일치하지 않습니다.

② 지문에는 '고인의 계정을 정리하고 필요한 정보는 가족에게 전달한다'고 했습니다. '모두 삭제한다'는 설명은 지문의 내용과 다릅니다.

③ 지문에 나온 '디지털 유산 관리사'의 역할과 직업의 등장을 정확히 설명하고 있습니다.

④ 지문에서는 '고인의 계정을 정리하고 필요한 정보는 가족에게 전달한다'고 했습니다. '사망 전 약속'은 지문의 내용과 다른 조건입니다.

① The passage states that records remain as they are and become a social problem. The idea that they are "unusable" does not match the passage.

② The passage says that "the deceased's accounts are organized and necessary information is provided to the family," so the statement "everything is deleted" is not consistent with the passage.

③ This option accurately explains the role of the "digital inheritance manager" mentioned in the passage and the emergence of the profession.

④ The passage states that "the deceased's accounts are organized and necessary information is provided to the family," but the condition of a "promise made before death" is not part of the passage.

35

정답 ④

제시문

노인의 지하철 무임승차 제도는 고령층의 이동권을 보장하기 위해 마련된 정책이다. 일부에서는 이 제도가 지하철 운영에 재정적인 부담을 준다고 우려하지만 여러 연구는 이 제도가 가져오는 사회적 편익이 비용보다 크다고 분석하고 있다. 외부 활동이 늘어난 노인들은 신체적, 정신적 건강이 향상되고 여가 활동 참여도 증가해 경제와 복지 측면에서도 긍정적인 효과가 나타난다. 즉 이 제도는 단순한 교통 지원이 아니라 사회 전체에 이익을 주는 복지 정책으로 이해할 필요가 있다.

- **주제**: 노인 무임승차 제도의 사회적 가치
- **텍스트 유형**: 설명문

문제 유형 중심 내용 고르기

문제 해결 전략

이 문제는 글의 전체 내용을 대표하는 주제를 고르는 문제입니다. 이 유형에서는 예시나 일부 정보가 아닌, 글에서 말하고자 하는 중심 생각이 무엇인지 파악하는 것이 가장 중요합니다. 특히 마지막 문장에 핵심 주장이 포함된 경우가 많기 때문에 주의 깊게 읽어야 합니다.

This question asks you to choose the main topic that best represents the overall content of the passage. In this type of question, it is important to focus on identifying the central idea, rather than selecting a sentence based on examples or partial information. Pay special attention to the final sentence, as it often contains the author's key conclusion or main argument.

함께 보기: EBS TOPIK Ⅱ 종합서 p.172 유형 12

해설

① 지문에서 언급된 부분 정보로 글 전체를 대표하기에는 부족합니다.

② 일부 우려를 소개한 것은 사실이지만 이 글은 긍정적 효과와 가치에 초점을 맞추고 있습니다.

③ 글의 출발점이기는 하지만 글의 전체 주제는 '이동권 보장'보다 제도의 사회적 가치에 있습니다.

④ 지문에서 '비용보다 편익이 크다', '사회 전체에 이익을 준다'고 강조하고 있으며 마지막 문장에서도 '복지 정책'으로 이해해야 한다고 설명하고 있습니다.

① The passage mentions partial information, which is insufficient to represent the entire text.

② While some concerns are introduced, the passage focuses on positive effects and values.

③ Although this is the starting point of the text, the overall theme lies more in the social value of the system than simply in "guaranteeing mobility rights."

④ The passage emphasizes that "the benefits outweigh the costs" and that it "brings advantages to society as a whole," and in the final sentence it explains that it should be understood as a "welfare policy."

36

정답 ①

제시문

어떤 냄새를 맡으면 예전에 겪었던 일이나 감정이 떠오를 때가 있다. 이는 냄새를 처리하는 뇌의 영역이 기억이나 감정을 담당하는 부분과 가까이 연결되어 있기 때문이다. 그래서 다른 감각보다 냄새가 기억을 더 생생하게 떠올리게 하거나 감정을 더욱 자극하기도 한다. 향기를 이용해 긴장을 줄이거나 기분을 전환하려는 시도도 여러 분야에서 이루어지고 있다. 냄새는 단순한 후각 자극을 넘어서 감정과 기억에 영향을 주는 중요한 감각으로 주목받고 있다.

- **주제**: 후각 자극이 감정과 기억에 미치는 영향
- **텍스트 유형**: 설명문

문제 유형 중심 내용 고르기

문제 해결 전략

이 문제는 글의 전체 내용을 대표하는 주제를 고르는 문제입니다. 후각이 감정과 기억에 어떤 영향을 주는지가 중심 내용이며 마지막 문장에서 '냄새는 감정과 기억에 영향을 주는 감각으로 주목받는다'는 결론이 주제를 잘 보여 줍니다.

This question asks you to choose the main topic that best represents the overall content of the passage. The core message of the passage is how the sense of smell affects emotions and memory. The final sentence—"Smell is gaining attention as a sense that influences emotions and memory"—clearly conveys the key idea and helps identify the main theme.

함께 보기: EBS TOPIK Ⅱ 종합서 p.172 유형 12

해설

① '감정과 기억에 영향을 준다'는 글 전체 내용을 잘 요약한 문장입니다.
② 지문에 나온 예시 중 하나로 전체 주제를 대표하기에는 부족합니다.
③ 이와 관련된 내용은 지문에 없습니다.
④ 예시로 제시된 내용이므로 글의 중심 주제가 될 수 없습니다.

① "It affects emotions and memory" is a good summary of the overall content of the passage.
② This is one of the examples mentioned in the passage, so it is insufficient to represent the overall theme.
③ There is no content related to this in the passage.
④ Since this is presented as an example, it cannot serve as the central theme of the passage.

37

정답 ④

제시문

동물 복지는 동물을 보호하는 것을 넘어서 인간 사회가 생명을 얼마나 존중하는지를 보여 주는 척도이기도 하다. 동물을 하나의 생명체로 존중하며 그들의 고통을 줄이려는 태도는 사회의 약자를 대하는 자세와도 밀접한 관련이 있다. 동물에 대한 태도는 사회 구성원 간의 연대와 배려 문화를 반영한다. 동물의 생명을 소중히 여기는 사회일수록 사람 간의 배려와 공존의 가치도 함께 높게 평가받는 것이다. 이러한 가치 인식은 사회 전반의 문화와 정책 방향에도 영향을 미치고 있다.

- **주제**: 사회 가치 판단의 척도가 되는 동물 복지 수준
- **텍스트 유형**: 설명문

문제 유형 중심 내용 고르기

문제 해결 전략

이 문제는 글의 중심 생각을 대표하는 주제를 고르는 문제입니다. 지문에서는 동물 복지를 생명 존중, 약자 배려, 연대 문화의 지표로 설명하고 있으며 마지막 문장에서는 사회 전반의 문화와 정책에도 영향을 미친다고 말합니다. 즉 동물 복지를 사회 수준의 기준으로 본다는 인식이 글의 핵심입니다.

This question asks you to choose the main topic that best represents the central idea of the passage. In the passage, animal welfare is presented as a measure of respect for life, protection of the weak, and social solidarity. The final sentence states that it also influences broader societal culture and policies. In short, the core idea of the passage is that animal welfare is an indicator of a society's advancement.

함께 보기: EBS TOPIK Ⅱ 종합서 p.172 유형 12

해설

① 지문은 제도보다는 가치와 문화적 관점에서 동물 복지를 다루고 있습니다.
② 지문의 일부 내용입니다. 따라서 글의 전체 주제를

충분히 포함하지 못합니다.

③ 지문의 내용과 연결되는 내용입니다. 하지만 중심 주제인 '동물 복지'를 포함하고 있지 않기 때문에 글 전체를 대표하기에는 부족합니다.

④ '동물 복지는 생명 존중의 척도', '사회 구성원 간 배려 문화를 반영한다'는 지문의 핵심을 가장 잘 담고 있습니다.

① The passage discusses animal welfare from the perspective of values and culture rather than from a policy standpoint.

② This is related to the passage, but since it does not include the main theme of animal welfare, it cannot fully represent the text as a whole.

③ This connects with the passage but does not include the central theme of "animal welfare," so it is insufficient to represent the whole text.

④ The statement that "animal welfare is a measure of respect for life" and "reflects a culture of consideration among members of society" best conveys the core of the passage.

38

정답 ①

제시문

'자기 결정성 이론'에 따르면 동기는 행동을 일으키는 힘이며 외적 보상과 내적 동기는 서로 다른 방식으로 사람들의 행동에 영향을 미친다. 자율성과 흥미에 기반한 내적 동기가 형성되면 사람들은 더 지속적이고 자발적인 행동을 보이는 경향이 있다. 반대로 외적 보상에 지나치게 의존하면 행동이 오래가지 못하고 보상이 사라질 때 흥미도 함께 줄어드는 경우가 많다. 따라서 이 이론은 개인의 선택과 자율성을 존중하는 환경을 조성하여 내적 동기를 강화하는 것이 중요하다고 강조한다.

- **주제**: 내적 동기와 자율적 환경의 중요성
- **텍스트 유형**: 설명문

문제 유형 중심 내용 고르기

문제 해결 전략

이 문제는 글의 전체 내용을 대표하는 주제를 고르는 문제입니다. 지문에서는 내적 동기와 자율성이 행동의 지속성에 중요한 역할을 한다는 점을 중심으로 설명하고 있습니다. 마지막 문장에서는 '자기 결정성 이론'이 개인의 선택과 자율성을 존중하는 환경을 강조한다고 말하고 있습니다.

This question asks you to choose the theme that represents the overall content of the passage. The passage focuses on explaining how intrinsic motivation and autonomy play a key role in sustaining behavior. In the final sentence, it states that "Self-Determination Theory" emphasizes the importance of environments that respect individual choice and autonomy. Therefore, the correct answer should reflect the significance of intrinsic motivation and autonomous environments in maintaining consistent behavior.

함께 보기: EBS TOPIK Ⅱ 종합서 p.172 유형 12

해설

① 지문의 중심 내용인 '지속적인 행동', '내적 동기', '자율성'의 관계를 모두 담고 있습니다.

② 지문에서 외적 보상은 오히려 흥미를 떨어뜨릴 수 있다고 했으므로 지문의 내용과 반대입니다.

③ 지문에서는 개인의 선택과 자율성을 존중하는 환경이 중요하다고 했습니다. '외적 보상 중심의 환경'이라는 설명은 지문과 다릅니다.

④ 지문에서는 외적 보상에 의존하면 행동이 오래가지 못하고 흥미도 줄어든다고 했습니다. 따라서 '만족을 오랫동안 유지한다'는 설명은 지문과 반대입니다.

① This option includes all of the central ideas of the passage: "sustained behavior," "intrinsic motivation," and "autonomy."

② The passage states that external rewards may actually reduce interest, so this option is the opposite of the passage.

③ The passage emphasizes the importance of an environment that respects personal choice and autonomy, so the description of an "environment centered on external rewards" does not match.

④ The passage explains that relying on external rewards causes behavior to be short-lived and reduces interest, so the statement that it "maintains satisfaction for a long time" is contrary to the passage.

39

정답 ③

제시문

> 이와 같이 소리의 조화를 고려한 악기 배치는 음악의 일부로 여겨진다.

오케스트라는 여러 악기가 조화를 이루며 함께 연주하는 형태이다. (㉠) 무대에 자리한 악기들의 위치가 보기에는 평범해 보일 수 있지만 실제로는 섬세하게 계산된 결과이다. (㉡) 예를 들어 현악기는 주로 지휘자 가까이에 배치되어 선율을 이끌고 금관 악기는 뒤쪽에 위치해 강한 소리로 무대를 가득 채운다. (㉢) 섬세한 계산에 의해 배치된 악기의 소리는 하나로 어우러진 음악이 되고 이것이 곧 오케스트라가 된다. (㉣)

- **주제:** 오케스트라 배치의 중요성
- **텍스트 유형:** 설명문

문제 유형 알맞은 순서로 배열한 것 고르기(위치 찾기)

문제 해결 전략

문장의 위치를 찾는 문제는 주어진 문장이 앞뒤 문맥과 논리적으로 자연스럽게 연결되는 위치를 찾아야 합니다. '이러한 이유로'와 같은 지시어가 있는 경우 앞 문장에서 그 이유나 근거가 충분히 설명되었는지 확인하는 것이 중요합니다.

In sentence insertion questions, it is important to identify the position where the given sentence fits naturally within the flow of the passage. When the sentence includes referential words like "for this reason," you must check whether the preceding sentence clearly presents the reason or basis being referred to.

함께 보기: EBS TOPIK Ⅱ 종합서 p.144 유형 10

해설

① ㉠은 오케스트라의 기본적인 특징을 설명하는 문장 바로 뒤입니다. '이러한 이유로'라는 결과 표현을 넣기에는 앞에 나온 이유 설명이 부족합니다.

② ㉡은 악기 배치에 대한 설명이 막 시작되는 위치입니다. 이 위치에 문장을 넣기에는 앞의 정보가 충분하지 않습니다.

③ ㉢의 앞에 악기 배치의 구체적인 예(현악기, 금관 악기 위치)가 나옵니다. 이 예시들을 바탕으로 '이러한 이유로'라는 결과 표현이 들어가는 것이 가장 자연스럽습니다.

④ ㉣의 앞에서는 배치된 악기의 결과가 이미 한 번 나옵니다. '이러한 이유로'라는 표현을 넣으면 결과 문장이 반복되어 흐름이 어색해집니다.

① ㉠ follows a sentence explaining the basic characteristics of the orchestra. Since there is insufficient reasoning provided beforehand, inserting a result expression such as "for this reason" here would be inappropriate.

② ㉡ is at the point where the explanation of instrument arrangement is just beginning. At this point, there is not enough information to add the sentence.

③ Before ㉢, there are concrete examples of instrument arrangement (the placement of strings and brass). Based on these examples, inserting a result expression like "for this reason" is the most natural.

④ Before ㉣, the outcome of instrument arrangement has already been presented once. Adding another result expression here would cause redundancy and disrupt the flow.

40

정답 ②

제시문

> 그런데 이 세균들은 감정 조절과 관련된 뇌의 신경 경로에도 영향을 준다.

장 안에는 수많은 세균이 살고 있으며 이들은 소화 과정에 관여할 뿐 아니라 면역 기능 유지에도 관여한다. (㉠) 장내 세균은 특정 물질을 분비하여 면역 세포의 활동을 조절한다. (㉡) 실제로 장내 환경이 불안정할 경우 우울감이나 불안 증상을 겪는 사례도 적지 않다. (㉢) 정서적으로 안정된 사람의 장에서는 다양한 종류의 유익한 세균이 균형을 이루고 있다. (㉣)

- **주제:** 장내 세균과 감정의 관계
- **텍스트 유형:** 설명문

문제 유형 알맞은 순서로 배열한 것 고르기(위치 찾기)

문제 해결 전략

문장의 위치를 찾는 문제는 앞뒤 문장의 흐름이 자연스럽게 이어지는 위치를 찾는 것이 중요합니다. 특히 '그런데'처럼 앞 내용과 대비되거나 추가되는 의미를 가진 연결어가 있는 경우에는 그 앞 문장이 내용적으로 대비되거나 새로운 정보가 나올 수 있는 지점인지 확인해야 합니다.

In sentence insertion questions, it is important to find the position where the flow of sentences remains smooth and natural. Especially when the sentence includes a connector like "however," which signals contrast or a shift, you should check whether the preceding sentence introduces content that logically sets up a contrast or allows for the addition of new information.

함께 보기: EBS TOPIK Ⅱ 종합서 p.144 유형 10

해설

① ㉠ 앞 문장은 장내 세균이 소화와 면역 기능에 관여한다는 내용입니다. 여기에 바로 감정 조절 이야기가 나오면 설명이 너무 급격히 바뀌게 되어 흐름이 어색해집니다.

② ㉡의 뒤 문장에서 장내 환경이 불안정할 경우 우울감, 불안 증상이 생긴다고 했습니다. 따라서 여기에 문장을 넣으면 감정과 장내 세균의 관계가 구체적으로 이어져 자연스럽습니다.

③ ㉢의 앞에서 이미 '감정 조절'에 대한 설명을 했으므로 이 위치에 문장을 넣으면 흐름이 연결되지 않습니다.

④ ㉣ 앞에서는 정서적으로 안정된 사람의 장내 환경을 설명하고 있습니다. 여기에 '그런데'와 같은 전환 표현이 들어가면 글의 마무리가 어색해집니다.

① The sentence before ㉠ explains that intestinal bacteria are involved in digestion and immune function. Introducing emotional regulation immediately afterward would cause the explanation to shift too abruptly, making the flow awkward.

② The sentence following ㉡ states that when the intestinal environment is unstable, symptoms of depression and anxiety may occur. Placing the sentence here naturally connects emotions with intestinal bacteria.

③ Since "emotional regulation" has already been explained before ㉢, inserting the sentence at this point would disrupt the flow.

④ Before ㉣, the text describes the intestinal environment of emotionally stable individuals. Adding a transition expression such as "however" here would make the conclusion awkward.

41

정답 ③

제시문

> 하지만 이러한 관점이 과거에만 해당하는 것이 아니라는 것도 강조한다.

건축 평론가 조태형이 신간 『시선을 설계하다』를 펴냈다. (㉠) 이 책은 건축물이 공간 설계를 넘어 사회적 맥락 속에서 어떻게 정치적 메시지를 전달해 왔는지를 면밀히 추적하며 건축과 권력의 관계를 새롭게 조명한다. (㉡) 저자는 역사 속 여러 건축물을 사례로 들며 건축이 어떻게 권력을 시각화하고 공간을 통해 영향력을 행사해 왔는지를 설명한다. (㉢) 저자는 오늘날 우리가 마주하는 건축물 또한 과연 어떤 메시지를 품고 있는지에 대해 우리에게 조용한 질문을 던지고 있다. (㉣)

• **주제**: 건축과 권력의 관계 • **텍스트 유형**: 서평(책 소개)

문제 유형 알맞은 순서로 배열한 것 고르기(위치 찾기)

문제 해결 전략

문장의 위치를 찾는 문제를 풀 때는 앞뒤 문장의 논리적 흐름을 고려하는 것이 중요합니다. 특히 '하지만'처럼 반대되는 내용을 도입하는 연결어가 있을 경우 그 앞 문장이 어떤 주장이나 관점을 이야기하고 있는지를 확인한 뒤 그에 대한 보완이나 전환 설명이 이어지는지 살펴봐야 합니다.

When solving sentence insertion questions, it is important to consider the logical flow of the sentences before and after the blank. In particular, if the sentence includes a connector like "however," which introduces a contrasting idea, you should first check whether the preceding sentence presents a claim or perspective, and then see if the inserted sentence serves as a supplement or a shift from that point.

함께 보기: EBS TOPIK Ⅱ 종합서 p.144 유형 10

해설

① ㉠은 책 소개 바로 뒤입니다. 아직 '관점'에 대한 설명이 나오지 않았기 때문에 '이러한 관점'이라는 지시어가 무엇을 가리키는지 명확하지 않습니다.

② ㉡ 앞 문장에서는 건축이 과거에 권력을 어떻게 시각화했는지를 설명하고 있습니다. 그런데 이 위치에 '과거에만 해당하지 않는다'는 전환 문장이 들어가면 아직 과거 사례가 충분히 마무리되지 않아 흐름이 자연스럽지 않습니다.

③ ㉢ 앞에서는 건축이 과거에 어떻게 권력을 시각화해 왔는지에 대해 설명하고 있습니다. 여기에 '하지만 이러한 관점이 과거에만 해당하는 것이 아니다'라는 문장이 들어가면 앞의 내용을 바탕으로 현재까지 확장하는 흐름이 자연스럽게 이어집니다.

④ ㉣ 앞에서는 오늘날 건축물도 메시지를 담고 있다는 내용이 나옵니다. 이미 '과거뿐 아니라 현재도 그렇다'는 흐름이 전개된 뒤이므로 여기에 문장을 넣으면 정보가 반복되어 문맥이 어색해집니다.

① ㉠ comes right after the book introduction. Since the concept of "perspective" has not yet been explained, the referent of "this perspective" would be unclear.

② The sentence before ㉡ explains how architecture visualized power in the past. Inserting the transition "not only in the past" at this point would be premature, as past examples have not been sufficiently completed.

③ Before ㉢, the passage discusses how architecture visualized power in the past. Inserting the sentence "however, this perspective does not apply only to the past" here naturally extends the discussion from past to present.

④ Before ㉣, the text states that even modern architecture conveys messages. Since the flow "not only in the past but also in the present" has already been established, adding the sentence here would repeat information and make the passage awkward.

42~43

제시문

수진은 부모님과 함께 텔레비전을 보고 있었다. 소파 옆 탁자 위에는 충전기에 꽂힌 수진이의 휴대 전화가 놓여 있었다. 곁눈질로 화면을 몇 번 확인했지만 여전히 알림은 없었다. 오늘은 지난달에 부모님 몰래 지원한 교육 대학원 합격자 발표 날이었다. 떨어지더라도 부모님께 설명하지 않아도 되니 괜찮다고 생각하며 애써 텔레비전을 보는 척했다. 하지만 수진은 왠지 점심때 먹은 밥이 소화가 되지 않는 것 같은 느낌에 손끝으로 무릎 담요를 만지작거리며 마음을 가라앉히려 했다. (중략)

어머니는 수진에게 어제 다녀온 사진 전시회는 어땠느냐고 물었다. 잘 다녀왔노라고 짧게 대답할 뿐 수진의 온 신경은 다른 곳에 가 있었다. 수진은 다리를 꼬았다가 풀고 이내 다시 팔짱을 꼈다. 옆에 앉은 아버지는 텔레비전 화면에서 눈을 떼지 않았지만 수진의 모습이 못내 신경 쓰였다. (중략)

순간 휴대 전화 화면에 메시지가 도착했다는 알람이 표시됐고 수진은 재빨리 손을 뻗었다.

"엄마! 나 됐어! 합격했어!"

"그게 무슨 말이야?" (중략)

수진은 그제야 부모님께 비밀을 털어놓았다. 순간 정적이 흘렀지만 어머니가 웃으며 수진에게 축하한다는 말을 건넸다. 그러자 아버지는 모른 척하느라 힘들었다며 수진을 안아 주었다. 수진은 아무 말을 하지 않았지만 이미 수진의 마음은 말없이도 전해진 것 같았다.

- **주제**: 부모님 몰래 지원한 대학원 합격 이야기
- **텍스트 유형**: 서사문

42

정답 ④

문제 유형 등장인물의 심정 고르기

문제 해결 전략

인물의 심정을 묻는 문제는 그 인물이 처한 상황과 행동, 말, 몸짓 등을 종합적으로 파악하는 것이 중요합니다. 특히 묘사된 행동이나 표현에 주목하면 감정을 유추하는 데 도움이 됩니다.

When a question asks about a character's feelings, it is important to consider the situation the character is in, along with their actions, words, and gestures. Paying close attention to the behaviors or expressions described can be especially helpful in inferring the character's emotional state.

함께 보기: EBS TOPIK Ⅱ 종합서 p.188 유형 13

해설

① '속상하다'는 상처를 받거나 실망했을 때의 감정입니다. 수진은 아직 결과를 확인하지 않은 상황이기 때문에 해당되지 않습니다.

② '담담하다'는 '침착하고 감정이 흔들리지 않는 상태'를 의미합니다. 수진은 감정을 감추려 노력하고 있지만 행동에서 불안과 긴장이 드러나고 있기 때문에 담담하다고 보기 어렵습니다.

③ '답답하다'는 막힌 느낌이나 표현하지 못하는 상황에서의 감정입니다. 이 지문에서 수진은 표현을 참는 모습보다는 기다리는 불안한 모습이기 때문에 '답답하다'와 어울리지 않습니다.

④ 수진은 곁눈질로 휴대폰 화면을 확인하고 무릎 담요를 만지작거리며 다리를 꼬았다 풀었다는 반복적인 행동을 보이고 있습니다. 이러한 모습은 긴장과 불안, 기다림 속의 '초조한' 감정을 잘 보여 줍니다.

① "Upset" is the emotion felt when one is hurt or disappointed. Since Sujin has not yet checked the result, this does not apply.

② "Calm" means being composed and unaffected by emotions. Although Sujin tries to hide her feelings, her actions reveal anxiety and tension, so it is difficult to say she is calm.

③ "Frustrated" refers to a blocked or suppressed feeling. In this passage, Sujin is not holding back expression but rather showing anxious anticipation, so "frustrated" does not fit.

④ Sujin repeatedly glances at her phone screen, fiddles with her lap blanket, and crosses and uncrosses her legs. These actions clearly show the "nervous" emotions of tension and anxiety while waiting.

43

정답 ①

문제 유형 세부 내용을 파악해 일치하는 내용 고르기

문제 해결 전략

내용 일치 문제는 지문에 명확하게 드러난 사실과 선택지 내용을 비교하여 일치하는 내용을 찾는 것이 핵심입니다. 일부만 일치하거나 지문에 없는 내용은 오답이므로 주의하여야 합니다.

In content-matching questions, the key is to compare the statements in the options with the facts clearly stated in the passage. Be careful—choices that are only partially correct or that contain information not mentioned in the passage should be considered incorrect.

함께 보기: EBS TOPIK Ⅱ 종합서 p.130 유형 09

해설

① 마지막 부분에서 '아버지는 모른 척하느라 힘들었다'는 표현이 나옵니다. 이 문장은 아버지가 이미 알고 있었음을 보여 줍니다.

② 수진은 합격 알림을 받은 직후 "엄마! 나 됐어! 합격했어!"라고 소리치며 부모님께 알렸습니다. 지문과 일치하지 않습니다.

③ 어머니는 "어제 사진 전시회는 어땠니?"라고 질문하고 수진은 잘 다녀왔다고 짧게 대답합니다. 이는 어머니가 함께 가지 않았음을 보여 줍니다.

④ 지문에서는 부모님의 반대나 꿈에 대한 걱정이 전혀 언급되지 않습니다.

① In the final part, the passage states, "Father struggled to pretend not to know." This shows that he was already aware.

② Right after receiving the acceptance notice, Sujin shouted, "Mom! I made it! I passed!" and told her parents. This does not match the passage.

③ The mother asks, "How was the photo exhibition yesterday?" and Sujin briefly replies that it went well. This indicates that the mother did not attend with her.

④ The passage does not mention any opposition from the parents or concerns about Sujin's dream.

44~45

제시문

인류는 오래전부터 정보를 기록하고 전달하는 방법을 고민해 왔다. 인쇄술이 발명되기 전에는 책 한 권을 만들기 위해 모든 내용을 직접 손으로 써야 했으므로 지식에 (　　　　　　　　). 이런 한계를 극복하기 위해 등장한 것이 바로 금속활자이다. 나무나 돌에 글자를 새기는 기존의 인쇄 방식과 달리 금속활자는 글자 하나하나를 주조하여 만들어 낸 후 이를 조합해 문장을 인쇄할 수 있었다. 이 기술 덕분에 적은 비용으로 많은 정보를 빠르게 찍어 낼 수 있게 되었고 그 결과 귀족이나 일부 지식인만 접할 수 있던 정보가 점차 대중에게도 퍼지기 시작했다. 정보가 빠르게 보급되면서 사회는 새로운 지식에 더 빠르게 반응하게 되었고 이는 사람들의 사고방식과 사회 구조에 이르기까지 변화를 가져왔다. 기술의 발달로 금속활자의 쓰임은 많이 줄었지만 이 기술이 남긴 지식의 대중화라는 가치는 지금까지도 이어지고 있다.

- **주제**: 금속활자의 등장과 지식의 대중화
- **텍스트 유형**: 설명문

44

정답 ②

문제 유형 문맥을 파악해 빈칸에 알맞은 말 고르기

문제 해결 전략

이 문제는 앞뒤 문장의 의미 흐름을 파악하여 내용상 자연스럽고 논리적인 문장을 고르는 것이 중요합니다. 앞 문장은 정보 생산 방식의 불편함을, 뒤 문장은 그 문제를 해결하기 위한 기술 등장을 말하고 있으므로 빈칸에는 불편함이나 제약을 표현하는 문장이 들어가야 자연스럽습니다.

In sentence completion questions, it is important to understand the flow of meaning between the preceding and following sentences and select a sentence that is logically and contextually appropriate. In this case, the previous sentence discusses the inconvenience of traditional information production methods, while the following sentence introduces new technology that addresses this issue. Therefore, the blank should be filled with a sentence that describes some limitation or inconvenience.

함께 보기: EBS TOPIK Ⅱ 종합서 p.158 유형 11

해설

① 문맥과 어울리지 않는 내용입니다.

② 금속활자 발명 이전에는 '귀족이나 일부 지식인만 접할 수 있었다'는 내용이 있으므로 이 선택지와 지문 내용이 일치합니다.

③ 역량이나 관심에 대한 직접적인 내용은 지문에 없습니다. '지식인'에 대한 과도한 해석입니다.

④ 금속활자가 등장한 후의 결과에 해당하는 내용으로 빈칸 앞 문장의 문제 상황과 어울리지 않습니다.

① The content does not fit the context of the passage.

② The passage states that "before the invention of metal type, only nobles or a few intellectuals had access," which matches this option.

③ The passage does not include any direct mention of ability or interest, so this interpretation of "intellectuals" is an overreading.

④ This describes a result that came after the invention of metal type, so it does not match the problem situation in the sentence before the blank.

45

정답 ②

문제 유형 중심 내용 고르기

문제 해결 전략

주제 찾기 문제는 지문 전체에서 가장 핵심이 되는 내용을 요약한 문장을 고르는 것이 중요합니다. 특히 세부적인 정보에 치우친 문장이나 지문에 언급되지 않은 정보가 포함된 문장은 오답이므로 주의해야 합니다.

In main idea questions, it is important to choose the sentence that best summarizes the core content of the entire passage. Be cautious of choices that focus too heavily on specific details or contain information not mentioned in the text, as these are likely to be incorrect.

함께 보기: EBS TOPIK Ⅱ 종합서 p.172 유형 12

해설

① 정보를 보호하는 것이 아니라 금속활자를 통해 정보를 널리 퍼뜨리는 것을 강조하고 있습니다.

② 지문 전체가 금속활자를 통한 정보의 보급과 그에 따른 사회 변화를 중심으로 설명하고 있으므로 이 선택지는 지문의 주제를 가장 잘 담고 있습니다.

③ 금속활자의 등장 배경보다는 그것이 지식의 대중화에 끼친 영향을 중심으로 설명하고 있습니다. '철학과 이념의 영향'에 대한 직접적인 언급은 없으므로 지문의 주제로 보기 어렵습니다.

④ 지문에서 인쇄 비용 절감은 언급되었지만, 이는 부수적인 효과일 뿐이며 금속활자의 핵심 가치는 정보 확산과 지식의 대중화입니다.

① The passage emphasizes spreading information through metal type, not protecting it.

② Since the entire passage focuses on the distribution of information through metal type and the resulting social changes, this option best conveys the main theme.

③ The passage focuses more on the impact of movable metal type on the spread of knowledge than on the background of its invention. Since there is no direct mention of philosophy or ideology, this cannot be considered the main theme of the passage.

④ Although the passage mentions reduced printing costs, this is only a secondary effect. The core value of metal type lies in the spread of information and the democratization of knowledge.

46~47

제시문

인터넷 플랫폼은 사용자의 검색 기록이나 클릭한 콘텐츠를 분석하여 그와 유사한 정보를 중심으로 콘텐츠를 보여 준다. 이러한 알고리즘은 정보를 빠르게 찾는 데 유용하지만 사용자가 다양한 시각을 접할 기회를 제한할 수도 있다. 특히 사용자가 기존에 가진 생각과 일치하는 정보만 반복적으로 접하게 되면 확증 편향에 빠질 위험이 있다. 이는 사회적 갈등이 있는 이슈에서 상반된 의견을 접하지 못하게 하고 타인의 입장을 이해하는 데 장애가 될 수 있다. 문제는 대부분의 사용자가 이러한 편향을 인식하지 못한다는 점이다. 자신이 자유롭게 정보를 선택한다고 느끼지만 실제로는 알고리즘에 의해 제한된 정보만 소비하고 있기 때문이다. 정보 제공 플랫폼이 사용자의 선호에만 지나치게 의존할 경우 정보의 편향성이 심화되어 사회적 갈등이나 여론의 분열의 골이 더욱 깊어질 수 있다는 점을 간과해서는 안 된다.

- **주제**: 알고리즘 기반 정보 제공의 한계와 사회적 영향
- **텍스트 유형**: 논설문

46

정답 ①

문제 유형 필자의 태도 고르기

문제 해결 전략

필자의 태도를 묻는 문제는 전체 글의 목적과 중심 주장을 파악해야 합니다. 특히 지문의 어조가 경고, 주장, 제안, 비판 중 어떤 성격인지 파악하는 것이 핵심입니다.

When a question asks about the writer's attitude, it is important to understand the overall purpose and main argument of the passage. In particular, identifying the tone—whether it is warning, persuasive, suggestive, or critical—is key to selecting the correct answer.

함께 보기: EBS TOPIK Ⅱ 종합서 p.188 유형 13

해설

① 지문 전체는 알고리즘이 사용자의 선호를 분석해 편향된 정보만 보여 주는 구조를 비판하고 있으며

'확증 편향', '갈등 심화', '골이 깊어질 수 있다'는 표현에서 필자의 경고하는 태도를 확실히 알 수 있습니다.

② 지문에서 사용자가 편향을 인식하지 못한다고 했기 때문에 개인의 책임을 강조하는 태도로 보기 어렵습니다.

③ 지문 일부에서는 알고리즘의 효율성을 언급하고 있지만 전반적으로는 그 한계와 부작용에 초점을 맞추고 있습니다.

④ 오히려 플랫폼이 사용자 선택을 제한하고 있다는 점을 비판하고 있습니다.

① The entire passage criticizes the structure in which algorithms analyze user preferences and show only biased information, and from expressions such as "confirmation bias," "intensifying conflict," and "divisions may deepen," the author's warning attitude is clear.

② Since the passage states that users are unaware of their bias, it is difficult to see the author's stance as emphasizing individual responsibility.

③ Although part of the passage mentions the efficiency of algorithms, the overall focus is on their limitations and side effects.

④ On the contrary, the passage criticizes the fact that platforms restrict user choice.

47

정답 ④

문제 유형 세부 내용을 파악해 일치하는 내용 고르기

문제 해결 전략

내용 일치 문제는 지문에 명확하게 언급된 사실과 선택지 내용을 비교하여 완전히 일치하는 선택지를 고르는 것이 핵심입니다. 지문에 없는 정보, 일부만 맞는 정보, 지문과 의미가 반대인 선택지는 모두 오답입니다. 특히 주어와 동사의 의미가 정확히 일치하는지를 꼼꼼히 확인해야 합니다.

In content-matching questions, the key is to compare the facts clearly stated in the passage with the answer choices and select the one that is accurate. Any option that includes information not mentioned, is only partially correct, or conveys the opposite meaning is incorrect. It's especially important to carefully check whether the subject and verb match the meaning presented in the passage.

함께 보기: EBS TOPIK Ⅱ 종합서 p.130 유형 09

해설

① 사용자가 자유롭게 선택한다고 느낄 뿐 실제로는 알고리즘에 의해 제한된 정보를 소비하고 있다고 했으므로 지문과 일치하지 않습니다.

② 지문에서는 대부분의 사용자가 이러한 편향을 인식하지 못한다고 했으므로 반대되는 내용입니다.

③ 지문은 상반된 의견을 접하지 못할 때 타인을 이해하기 어렵다고 했으므로 원인 관계가 다릅니다.

④ 지문에 '검색 기록이나 클릭한 콘텐츠를 분석하여 유사한 정보를 중심으로 보여 준다'는 내용이 있으므로 지문과 일치합니다.

① The passage states that although users feel they are choosing freely, in reality they consume information restricted by algorithms. Therefore, this does not match the passage.

② Since the passage says that most users are unaware of such bias, this option conveys the opposite meaning.

③ The passage explains that when people do not encounter opposing opinions, it becomes difficult to understand others, so the cause-and-effect relationship here is different.

④ The passage states that "search records and clicked content are analyzed, and similar information is mainly shown," so this matches the passage.

48~50

제시문

많은 위성을 띄우며 운영되는 인공위성 시스템은 우리 삶에 편리함을 주고 있다. 하지만 동시에 우주 쓰레기가 지구 궤도에 남아 심각한 문제를 일으키고 있다. 우주 쓰레기는 수명이 끝난 위성, 로켓 잔해, 충돌 파편 등으로 이루어져 운용 중인 위성과 충돌 위험을 높인다. 이에 일부 선진국과 민간 기관에서는 우주 쓰레기를 줄이기 위한 기술 개발과 규제 방안을 논의하며 자기장이나 그물망을 활용한 수거 장치를 개발하고 있다. 하지만 이러한 기술은 아직 초기 단계에 머물러 있고 관련 규제나 기준을 마련하는 국제적 협의도 충분하지 않다. 더 큰 문제는 책임 소재가 모호하다는 점이다. 우주 개발이 여러 국가 및 기관에 의해 진행되다 보니 파편 발생 시 (   ) 분명하지 않다. 이 때문에라도 우주 개발이 여러 국가와 기관에 의해 진행되는 만큼 특정 국가가 아닌 전 세계가 함께 논의하고 협력해야 한다. 따라서 우주 쓰레기 문제 해결에는 기술 개발뿐 아니라 국제적 합의와 협력이 선행되어야 한다는 지적이 나오고 있다.

• **주제**: 우주 쓰레기 문제　• **텍스트 유형**: 논설문

48

정답 ①

문제 유형 필자가 글을 쓴 목적 고르기

문제 해결 전략

글의 목적을 묻는 문제는 글 전체에서 말하고자 하는 핵심 의도를 정확히 파악하는 것이 중요합니다. 도입부터 결론까지의 전개를 따라가며 글이 강조하는 중심 메시지가 무엇인지 확인해야 합니다. 단순한 정보 나열이 아니라 문제 제기에서 해결 방향 제안으로 이어지는 구조의 글이라면 글의 목적은 '경고', '권유', 또는 '문제 인식 촉구'일 수 있습니다.

In questions about the purpose of a passage, it is important to accurately identify the writer's main intent throughout the entire text. Follow the development from the introduction to the conclusion to determine what message the text emphasizes. If the passage moves from presenting a problem to suggesting a direction for resolution, the purpose is likely to be a "warning," "recommendation," or "raising awareness of an issue," rather than merely providing information.

함께 보기: EBS TOPIK Ⅱ 종합서 p.188 유형 13

해설

① 지문은 인공위성의 편리함 이면에 존재하는 우주 쓰레기 문제를 지적하고 있습니다. 또한 기술적 한계, 국제 협력 부족, 책임 소재의 모호함 등을 언급하며, 이 문제가 전 세계가 함께 해결해야 할 공동 과제임을 강조하고 있습니다. 따라서 우주 쓰레기 문제에 대한 경각심을 일깨우는 것이 이 글의 목적이라고 볼 수 있습니다.

② 글의 초점은 기술 진보 자체가 아니라 쓰레기 문제와 그 해결의 어려움에 있습니다.

③ 제도의 미비는 언급되어 있지만 비판 자체가 글의 중심 목적은 아닙니다. 글의 전개는 비판보다 문제 인식과 협력의 필요성을 강조하는 데 초점이 맞춰져 있습니다.

④ 지문에서는 '주도한다'는 태도보다 문제를 함께 인식하고 해결하자는 방향이 강조되고 있습니다.

① The passage points out the issue of space debris behind the convenience of satellites. It also mentions technological limitations, lack of international cooperation, and ambiguity of responsibility, emphasizing that this problem is a global challenge that must be solved together. Therefore, the purpose of the passage can be seen as raising awareness of the space debris problem.

② The focus of the text is not on technological progress itself, but on the problem of debris and the difficulty of solving it.

③ Although institutional shortcomings are mentioned, criticism itself is not the central purpose of the text. The development of the passage emphasizes awareness of the problem and the need for cooperation rather than criticism.

④ The passage stresses recognizing and solving the problem together, rather than taking a leading role.

49

정답 ④

문제 유형 문맥을 파악해 빈칸에 알맞은 말 고르기

문제 해결 전략

빈칸에 들어갈 문장을 고르는 문제는 앞뒤 문장의 의미 흐름을 자연스럽게 연결하는 것이 중요합니다. 특히 빈칸 앞 문장의 핵심 주제와 빈칸 뒤 문장의 연결 방식이나 설명 구조를 파악하여 어떤 내용이 이어져야 자연스러운지 판단해야 합니다. 이 문제의 경우 빈칸이 포함된 문장은 '책임 소재가 모호하다'는 설명의 일부로 빈칸에는 책임 주체와 관련된 내용이 들어가는 것이 자연스럽습니다.

In sentence completion questions, the most important task is to select a sentence that connects naturally with the flow of meaning before and after the blank. Pay close attention to the main idea of the preceding sentence, and look at the connecting words and structure of the sentence that follows the blank. In this case, the sentence with the blank is part of an explanation about the ambiguity of responsibility. Therefore, a sentence providing concrete information about the responsible party fits best in the blank.

함께 보기: EBS TOPIK Ⅱ 종합서 p.158 유형 11

해설

① 이 선택지는 기술적 절차에 대한 내용으로 '책임 소재가 모호하다'는 문장과 연결되지 않습니다.

② 이 역시 기술적 기준이나 위험성 평가에 관한 내용으로 책임 소재와는 관련이 없습니다.

③ 개발 절차 조율은 국제 협의나 정책 방향과 관련된 내용이므로 '책임'에 대한 설명과는 어울리지 않습니다.

④ 바로 앞 문장에서 '더 큰 문제는 책임 소재가 모호하다는 점이다'라고 언급한 뒤 구체적인 예시로 '어느 주체가 책임을 져야 하는지 분명하지 않다'고 이어지는 것이 문맥상 가장 자연스럽습니다.

① This option deals with technical procedures and does not connect with the statement that "responsibility is ambiguous."

② This also concerns technical standards or risk assessment and is unrelated to the issue of responsibility.

③ Coordination of development procedures relates to international agreements or policy directions, so it does not match the explanation about responsibility.

④ In the preceding sentence, the passage states, "the bigger problem is that responsibility is ambiguous," and it naturally continues with the concrete example, "it is unclear which party should bear responsibility."

50

정답 ④

문제 유형 세부 내용을 파악해 일치하는 내용 고르기

문제 해결 전략

내용 일치 문제는 지문에 명확하게 언급된 내용과 선택지를 비교하여 완전히 일치하는 선택지를 고르는 것이 핵심입니다. 일부만 맞거나 지문에 없는 내용이 포함되어 있거나 지문과 의미가 다르게 해석된 문장은 모두 오답입니다.

In content-matching questions, the key is to compare the answer choices with the information clearly stated in the passage and choose the one that fully matches. Any option that is only partially correct, includes information not found in the passage, or interprets the meaning differently from the text is incorrect.

함께 보기: EBS TOPIK Ⅱ 종합서 p.130 유형 09

해설

① 기술 개발이 활발하다는 언급은 있지만 쓰레기의 양이 감소했다는 내용은 지문에 없습니다. 일부가 지문과 다른 내용입니다.

② 지문에 민간 기업의 기술 개발은 나와 있으나 경쟁이 문제를 촉발했다고 하지 않았습니다.

③ 지문에서는 국제 협의가 충분하지 않다고 설명하고 있으므로 협약이 이미 적용되고 있다는 내용은 지문과 일치하지 않습니다.

④ 지문에 '우주 쓰레기는 수명이 끝난 위성, 로켓 잔해, 충돌 파편 등으로 이루어져 있다'는 내용이 있으므로 이 선택지는 지문과 일치합니다.

① Although the passage mentions that technological development is active, it does not state that the amount of debris has decreased. Part of this option does not match the passage.

② The passage notes that private companies are developing technology, but it does not say that competition triggered the problem.

③ The passage explains that international agreements are insufficient, so the statement that an agreement is already in effect does not match the passage.

④ The passage states that "space debris consists of defunct satellites, rocket remnants, and collision fragments," so this option matches the passage.

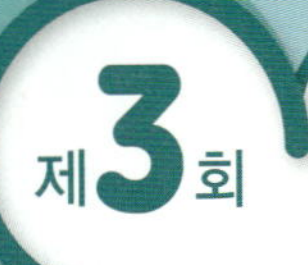

제3회 정답과 해설

1교시 | 듣기 정답

◆ 배점: 각 2점

1	2	3	4	5	6	7	8	9	10
②	①	④	①	①	④	④	③	④	②
11	**12**	**13**	**14**	**15**	**16**	**17**	**18**	**19**	**20**
④	②	③	③	④	③	②	②	②	④
21	**22**	**23**	**24**	**25**	**26**	**27**	**28**	**29**	**30**
①	①	③	④	③	④	②	①	①	④
31	**32**	**33**	**34**	**35**	**36**	**37**	**38**	**39**	**40**
④	④	④	④	③	③	③	③	②	③
41	**42**	**43**	**44**	**45**	**46**	**47**	**48**	**49**	**50**
③	④	②	①	①	④	③	①	③	④

1교시 | 쓰기 정답

◆ 배점: 각 10점

문항 번호	모범 답안 및 채점 기준
51	㉠ 미뤄졌어
	㉡ 확인해 봐
52	㉠ 부족해지는
	㉡ 노력이 필요하다

◆ 배점: 30점

53

	교	육	부	에		따	르	면		20	19	년		외	국	어		학	습		인	구	는	
26	3	만		명	이	었	으	나		20	23	년	에	는		41	2	만		명	으	로		증
가	했	다	.	20	19	년	부	터		20	21	년	까	지	는		19	.8	%	가		증	가	했
고	,	20	21	년	부	터		20	23	년	까	지	는		30	.8	%	의		증	가	율	을	
보	였	다	.	외	국	어		학	습		인	구	가		증	가	하	는		이	유	는		여
행		및		문	화		이	해	와		해	외		거	주		또	는		유	학		준	비
하	는		사	람	들	이		많	아	졌	기		때	문	이	다	.	주	요		외	국	어	
학	습		방	법	으	로	는		온	라	인		강	의	가		48	%	로		가	장		많
았	고	,	학	습		앱	이		44	%	,	동	영	상	·	S	N	S		콘	텐	츠	가	
39	%		순	으	로		나	타	났	다	.	반	면		어	학		학	원	에		다	니	는
사	람	은		28	%	였	다	.	이	를		통	해		외	국	어		학	습	은		대	부
분		디	지	털		플	랫	폼	을		통	해		진	행	되	고		있	음	을		알	
수		있	다	.																				

◆ 배점: 30점

54

오늘날 인류는 기후 변화, 환경 오염, 자원 고갈 등 심각한 환경 문제에 직면해 있다. 현대 사회의 편리함은 환경의 희생 위에 세워졌고, 이제 우리는 그 대가를 치르고 있다. 더 늦기 전에 환경을 보호하기 위한 실천이 절실하다.

현대 사회는 편리함을 추구하는 과정에서 자연을 훼손하고, 심각한 환경 문제를 초래해 왔다. 기후 변화, 해수면 상승, 미세 먼지, 플라스틱 오염 등은 모두 인간의 생존을 위협하는 문제로, 환경보호는 이제 선택이 아닌 필수다. 건강한 환경 없이 지속 가능한 삶도 불가능하기 때문이다.

환경을 보호하지 않으면 우리가 겪게 될 문제는 매우 크다. 먼저 기후 변화로 인한 자연재해가 늘어나고 농업 생산성이 떨어져 식량 위기가 올 수 있다. 또한 대기 오염은 호흡기 질환을 유발하고, 수질 오염은 식수 부족 문제를 악화시킨다. 이처럼 환경 파괴는 인간의 삶을 전반적으로 위협하는 요소다.

이러한 상황에서 환경 보호를 위해 개인은 일상 속에서 작은 것부터 실천하려고 노력해야 한다. 예를 들어 분리수거를 철저히 하고, 일회용품 사용을 줄이며, 대중교통 이용이나 친환경 소비를 생활화해야 한다. 또한 환경 교육을 확대하여 국민의 인식 수준을 높이는 것도 중요하다. 학교나 주민 센터에서 환경 교육 프로그램을 실시하여 많은 사람들에게 환경 문제를 알려야 한다.

2교시 | 읽기 정답

◆ 배점: 각 2점

1	2	3	4	5	6	7	8	9	10
②	①	①	④	②	③	①	②	③	②
11	12	13	14	15	16	17	18	19	20
②	④	①	①	③	①	③	④	③	④
21	22	23	24	25	26	27	28	29	30
②	③	①	②	①	②	④	④	③	④
31	32	33	34	35	36	37	38	39	40
②	③	①	④	③	④	③	④	④	①
41	42	43	44	45	46	47	48	49	50
④	④	①	②	③	③	②	②	①	④

1

정답 ②

제시문

여자: 짐 찾는 게 생각보다 오래 걸리네요.
남자: 조금 더 기다려 봐요. 시간이 좀 걸리나 봐요. 근데 가방이 무슨 색이었죠?
여자: 제 가방은 빨간색이에요.

• **주제**: 짐 찾기 • **담화 유형**: 대화

문제 유형 알맞은 그림이나 그래프 고르기

문제 해결 전략

대화를 듣고 그림을 고르는 유형입니다. 이 문제에서는 '여자가 짐을 찾는 중'이라는 상황을 먼저 이해해야 합니다. "제 가방은 빨간색이에요."라는 말을 통해서 빨간 가방을 든 사람을 찾아야 합니다.

This is the type of question where you listen to a conversation and choose the correct picture. In this case, you should first understand the situation that the woman is looking for her luggage. From the line "My bag is red," you need to identify the person holding the red bag.

함께 보기: EBS TOPIK Ⅱ 종합서 p.14 유형 01

해설

① 짐을 찾고 있는 상황과 관련이 없으므로 정답이 아닙니다.
② 공항에서 짐을 찾고 있는 상황이므로 정답은 ②번입니다.
③ 면세점에서 쇼핑하고 있는 상황이므로 정답이 아닙니다.
④ 이미 남자가 짐을 찾은 상황이므로 정답이 아닙니다.

① This is not the correct answer because it is not related to someone looking for luggage.
② The answer is ② because the situation takes place at the airport, where someone is looking for their luggage.
③ This is not the correct answer because the situation is about shopping at a duty-free shop.
④ The man has already found his luggage, so it's not the answer.

2

정답 ①

제시문

남자: 공원에 나와서 달리기를 하니까 훨씬 상쾌하지 않아요?
여자: 네. 날씨도 좋고 따라 나오길 정말 잘한 것 같아요.
남자: 그럼 조금 더 달리고 나서 쉴까요? 가다가 보면 벤치가 있을 거예요.

• **주제**: 달리기 • **담화 유형**: 대화

문제 유형 알맞은 그림이나 그래프 고르기

문제 해결 전략

이 문제도 대화에 맞는 그림을 고르는 유형입니다. 이 대화에서는 두 사람이 공원에서 함께 달리기를 하고 있는 상황입니다. "그럼 조금 더 달리고 나서 쉴까요? 가다가 보면 벤치가 있을 거예요."라는 말을 통해 아직 달리기를 완전히 끝내지 않았음을 알 수 있습니다.

This is also a question where you choose the picture that matches the conversation. In this dialogue, two people are running together in a park. From the line, "Shall we run a little longer and then take a break? There should be a bench along the way," you can tell that they have not finished running yet.

함께 보기: EBS TOPIK Ⅱ 종합서 p.14 유형 01

해설

① 두 사람이 공원에서 달리기를 하는 상황이므로 정답은 ①번입니다.
② 현재 남자와 여자가 달리면서 이야기를 나누고 있으므로 벤치에서 쉬고 있는 상황은 맞지 않습니다.
③ 두 사람은 공원에서 달리기를 하고 있으므로 실내 체육관에서 달리는 그림은 대화 상황과 맞지 않습니다.
④ 두 사람은 현재 달리기를 하고 있으므로 TV를 보는 장면은 대화 상황과 맞지 않습니다.

① Two people are running in the park, so the answer is number ①.
② This is not the correct answer because the man and woman are running and talking, not resting on a bench.
③ The two are running in the park, so the picture of them running in the indoor gym is not the answer.

④ This is not the correct answer because the two are running, not watching TV.

3 정답 ④

제시문

남자: 최근 한 조사에 따르면 2019년부터 2024년까지 교통사고 건수는 계속해서 증가하고 있는 것으로 나타났습니다. 교통사고 종류로는 졸음운전으로 인한 사고가 가장 많았고, 과속으로 인한 사고 그리고 횡단보도가 아닌 곳으로 길을 건너면서 발생하는 무단 횡단 사고가 그 뒤를 이었습니다.

• 주제: 교통사고 • 담화 유형: 뉴스/보도

문제 유형 알맞은 그림이나 그래프 고르기

문제 해결 전략

이 문제는 수치에 대한 정보를 그림과 연결해야 합니다. 이 경우는 연도별 교통사고 수에 관한 내용이므로 그래프의 추세에 주목해야 합니다. 횡단보도 사고의 비율이 가장 크게 제시되어야 합니다.

For this problem, you should match the numerical information with the correct graph. This case is about the number of traffic accidents by year, so you should pay attention to the trends in the graph. The proportion of crosswalk accidents should be the largest.

함께 보기: EBS TOPIK Ⅱ 종합서 p.14 유형 01

해설

① 연도별 교통사고 수는 계속 증가하고 있으므로 감소했다가 증가하는 그래프는 답이 될 수 없습니다.
② 이 그래프는 2023년까지 증가하다가 2024년에 감소했으므로 답이 될 수 없습니다.
③ 이 그래프는 무단 횡단이 높고, 졸음운전, 과속 운전 순서이므로 정답이 아닙니다.
④ 교통사고 종류는 졸음운전이 가장 높았고, 과속 운전과 무단 횡단 사고가 차례로 뒤를 이었다고 했으므로 정답은 ④번입니다.

① The number of traffic accidents by year continues to increase, so a graph that decreases and then increases cannot be the answer.
② This graph increases until 2023 and then decreases in 2024, so it can't be the answer.
③ This is not the correct answer because in this graph jaywalking is the highest, followed by drowsy driving and then speeding.
④ As for the type of traffic accident, drowsy driving was the highest, followed by speeding and jaywalking accidents, so the answer is ④

4 정답 ①

제시문

여자: 민수야, 볼펜 잠깐 빌려줄래?
남자: 근데 파란색 볼펜밖에 없는데 괜찮아?

• 주제: 볼펜 • 담화 유형: 대화

문제 유형 이어질 말이나 행동 고르기

문제 해결 전략

이 문제는 대화에서 이어질 수 있는 적절한 말을 고르는 문제입니다. 남자가 "파란색 볼펜밖에 없는데 괜찮아?"라고 색깔을 확인하며 질문했으므로 여자의 대답은 '파란색이 괜찮은지'에 대한 대답이 되어야 합니다.

This question asks you to choose the appropriate response that can naturally follow in the conversation. Since the man asked, "I only have a blue pen. Is that okay?", the woman's response should directly answer whether the blue pen is acceptable.

함께 보기: EBS TOPIK Ⅱ 종합서 p.24 유형 02

해설

① 남자가 색깔이 괜찮은지 물었으므로 괜찮다고 대답하는 것이 가장 자연스럽습니다. 따라서 정답은 ①번입니다.
② 볼펜을 못 샀다는 이 대화 주제와 관계없는 말입니다.
③ 남자는 볼펜을 빌려주겠다고 했으므로 이 대답은 어울리지 않습니다.
④ 남자가 이미 파란색이라고 말했으므로 이 대답은 맞지 않습니다.

① The man asked if the blue pen was okay, so it is most natural to answer "Yes, it's fine." Therefore, the correct answer is option ①.
② "I didn't buy a pen" is irrelevant to this conversation

topic.

③ The man already offered to lend the pen, so this response is inappropriate.

④ The man already said it was a blue pen, so saying "I don't know what color it is" does not fit the conversation.

5 정답 ①

제시문

여자: 수미 씨가 늦네요.

남자: 그러게요. 한 번도 약속에 늦은 적이 없는데 말이에요.

• **주제**: 약속 • **담화 유형**: 대화

문제 유형 이어질 말이나 행동 고르기

문제 해결 전략

이 문제는 대화에서 이어질 수 있는 적절한 말을 고르는 문제입니다. 문제를 풀 때는 현재 대화 상황과 자연스럽게 이어질 수 있는 반응이나 행동을 선택해야 합니다. 여자와 남자는 수미 씨가 늦은 상황에 대해 이야기하고 있으므로 이어질 말은 '왜 늦었는지 확인하려는 행동'이 가장 적절합니다.

This question asks you to choose the appropriate response that naturally follows the conversation. When solving this problem, you should carefully select a response that matches the current situation. Since the man and woman are talking about Sumi being late, the next sentence should logically be an action to check on her.

함께 보기: EBS TOPIK Ⅱ 종합서 p.24 유형 02

해설

① 늦은 사람을 걱정하는 상황에서 연락해 보겠다는 반응이 자연스럽습니다. 따라서 정답은 ①번입니다.

② 현재 대화는 수미 씨가 늦은 상황인데 버스가 일찍 왔다는 말은 대화 흐름과 맞지 않습니다.

③ 수미 씨가 도착한 상황에서 할 수 있는 말이지만 지금은 아직 기다리는 상황이므로 어색합니다.

④ 수미 씨가 늦었다고 말하고 있으므로 늦은 사람이 없다는 말은 대화 내용과 반대입니다.

① In this situation, where they are concerned about someone who is late, offering to call is the most natural response. Therefore, the correct answer is option ①.

② The conversation is about Sumi being late, so talking about an early bus does not match the flow.

③ This would be appropriate after meeting Sumi, but she hasn't arrived yet, so it doesn't fit here.

④ The conversation just said that Sumi is late, so this statement is the opposite of what was discussed.

6 정답 ④

제시문

여자: 안색이 안 좋은 것 같은데 괜찮아요?

남자: 아, 심하진 않은데 머리가 좀 아파서요.

• **주제**: 두통 • **담화 유형**: 대화

문제 유형 이어질 말이나 행동 고르기

문제 해결 전략

이 문제는 대화 상황에 자연스럽게 이어질 수 있는 말을 고르는 유형입니다. 대화의 흐름, 말하는 사람의 감정과 상황을 잘 파악하는 것이 중요합니다. 이 문항에서는 남자가 몸이 좋지 않다고 말했기 때문에 이어지는 말은 상대의 상태를 걱정하거나 집에 가서 쉬라고 배려하는 표현이 자연스럽습니다.

This question asks you to choose the most natural response in a given conversation. It is important to understand the flow of the dialogue, as well as the speaker's feelings and situation. In this case, the man says he is not feeling well, so a natural response would be to show concern for his condition or suggest that he go home and rest.

함께 보기: EBS TOPIK Ⅱ 종합서 p.24 유형 02

해설

① 이미 상태가 나아졌다고 할 때 쓸 수 있는 표현이므로 이 상황에는 적절하지 않습니다.

② 남자 자신이 해야 할 설명이므로 여자의 말로 보기에는 어색합니다.

③ 남자가 아프다고 말한 상황에서 여자가 먼저 간다는 말은 알맞지 않습니다.

④ 남자의 상태를 걱정하며 집에 가서 쉬라고 권하는 말로 상황에 가장 자연스럽게 어울립니다. 따라서 정답은 ④번입니다.

① This expression is used when the person is already feeling better, so it is not appropriate in this context.
② This is something the man himself should say, so it sounds awkward if the woman says it.
③ It is not suitable for the woman to say she will leave first when the other person has just said he is sick.
④ This response shows concern for the man and suggests that he rest, which fits the situation best. Therefore, the correct answer is option ④.

7

정답 ④

제시문

여자: 과제가 너무 많은 것 같은데요.
남자: 그러게요. 혼자 하기 힘들 것 같아요.

• 주제: 과제 • 담화 유형: 일상적 대화

문제 유형 이어질 말이나 행동 고르기

문제 해결 전략

이 문제는 대화 상황에 자연스럽게 이어질 수 있는 말을 고르는 유형입니다. 대화의 흐름을 잘 파악하고 말하는 사람의 감정이나 상황을 이해하는 것이 중요합니다. 이 문항에서는 남자가 혼자 과제를 하기 힘들 것 같다고 말했으므로 여자의 이어지는 말은 함께 하자고 제안하는 표현이 자연스럽습니다.

This question asks you to choose the most natural response in a conversation. It is important to understand the flow of the dialogue and the speaker's feelings or situation. In this item, the man says he thinks it's hard to do the assignment alone, so a natural response from the woman would be to suggest doing it together.

함께 보기: EBS TOPIK Ⅱ 종합서 p.24 유형 02

해설

① 남자가 혼자 하기 힘들다고 했기 때문에 긍정적인 표현은 상황과 어울리지 않습니다.
② 이미 과제가 나온 상태이므로 선생님께서 과제를 내 주실 것이라는 말은 상황에 맞지 않습니다.
③ 제출이나 완료에 대한 말이 없었기 때문에 알맞지 않습니다.
④ 혼자 하기 힘들겠다는 남자의 말에 이어서 같이 하자고 제안하는 말은 상황에 가장 자연스럽게 어울립니다. 따라서 정답은 ④번입니다.

① The man said it would be hard to do it alone, so a positive remark like this does not match the situation.
② The assignment has already been given, so saying the teacher will give it is not appropriate.
③ There was no mention of submitting or completing the assignment, so this is not a suitable response.
④ The man said it would be difficult to do it alone, so the woman's suggestion to work together fits the situation best. Therefore, the correct answer is option ④.

8

정답 ③

제시문

여자: 서류 한 장을 보내려고 하는데요. '빠른 등기'로 부치면 내일 도착할까요?
남자: 네, 고객님. 지금 보내시면 내일까지 가능합니다.

• 주제: 서류 발송 • 담화 유형: 대화

문제 유형 이어질 말이나 행동 고르기

문제 해결 전략

이 문제는 대화 상황에 자연스럽게 이어질 수 있는 말을 고르는 유형입니다. 대화의 흐름, 말하는 사람의 의도, 감정, 상황 등을 파악해야 올바른 답을 고를 수 있습니다. 이 문항에서는 여자의 질문에 대해 남자가 적절한 안내를 하고 있으므로 여자의 다음 말은 이 안내를 받아들이며 요청하는 표현이 가장 자연스럽습니다.

This type of question asks you to choose the line that can naturally continue the conversation. To answer correctly, you need to consider the flow of the dialogue, the speaker's intention, feelings, and the situation. In this item, since the man gives appropriate guidance in response to the woman's question, the woman's next line should naturally be an expression of accepting this guidance and making a request.

함께 보기: EBS TOPIK Ⅱ 종합서 p.24 유형 02

해설

① 이 말은 우체국 직원이 해야 할 말이므로 이어질 여자의 말로는 적절하지 않습니다.
② 서류를 지금 보내야 내일 도착한다고 했으므로 오후에 가져오겠다는 여자의 말은 내용과 맞지 않습니다.

③ 대화에서는 서류 한 장을 보낸다고 했으므로 '서류가 많다'는 말은 맞지 않습니다.
④ 지금 보내야 내일까지 도착한다고 했으므로 이어질 여자의 말로 알맞습니다. 정답은 ④번입니다.

① This is something that the postal clerk would say, so it is not appropriate as the woman's next line.
② The man said the document must be sent now to arrive tomorrow, so the woman's response about bringing it in the afternoon does not match the passage.
③ The dialogue mentions sending only one document, so saying that there are many documents is not correct.
④ The man explained that the document will arrive by tomorrow only if it is sent now, so this is the appropriate response. Therefore, the correct answer is Option ④.

9 정답 ④

제시문

여자: 민수야, 뭐 해? 사과 깎아 왔어. 같이 먹자.
남자: 아, 좀 이따 주말 드라마 시작하잖아. 그거 기다리는 중이야.
여자: 아, 나도 봐야 되는데. 그럼 나 이메일 하나만 보내고 올게. 드라마 시작하면 불러 줘.
남자: 알았어. 누나. 빨리 다녀와.

• **주제**: 드라마 보기 • **담화 유형**: 대화

문제 유형 이어질 말이나 행동 고르기

문제 해결 전략

여자의 다음 행동을 묻는 문제이므로 여자가 직접 말한 계획을 중심으로 파악해야 합니다. 대화에서 여자는 이메일을 보내러 간다고 말했으므로 그 행동이 이어질 가능성이 가장 높습니다.

Since the question asks what the woman will do next, you should focus on the plan she stated directly. In the conversation, the woman says she will send an email, so that is the most likely next action.

함께 보기: EBS TOPIK Ⅱ 종합서 p.24 유형 02

해설

① 드라마는 아직 시작하지 않았고, 드라마 시작 전에 이메일을 먼저 보내러 간다고 했으므로 맞지 않습니다.
② 여자는 이미 사과를 깎아 왔다고 말했으므로 알맞지 않습니다.
③ 남자에게 드라마가 시작하면 자신을 불러 달라고 했으므로 여자가 남자를 부르는 상황이 아닙니다.
④ 여자는 드라마 시작 전에 이메일을 보내고 온다고 말했으므로 다음 행동으로 자연스럽습니다. 따라서 정답은 ④번입니다.

① The drama hasn't started yet, and the woman said she would send an email before it begins, so this option is incorrect.
② The woman said she already brought the apples after peeling them, so this option is not appropriate.
③ The woman asked the man to call her when the drama starts, so she is not the one who will call him.
④ The woman said she would send an email before the drama starts, so this is the action that naturally follows. Therefore, the correct answer is Option ④.

10 정답 ②

제시문

여자: 박물관이 생각보다 크네. 특별 전시장이 어디 있지?
남자: 그러게. 내가 안내 책자 좀 가져올게. 보면서 다니는 게 좋을 것 같아.
여자: 그래, 그럼 나 여기 기념품 가게 잠깐 둘러보고 있어도 될까? 엽서 사고 싶은데 마침 보여서.
남자: 천천히 보고 있어. 금방 갔다 올게.

• **주제**: 박물관 관람 • **담화 유형**: 대화

문제 유형 이어질 말이나 행동 고르기

문제 해결 전략

이 문제는 여자의 다음 행동을 묻고 있습니다. 따라서 여자가 직접 말한 계획이나 의도를 중심으로 파악해야 합니다. 여자는 기념품 가게를 잠깐 둘러보겠다고 했으므로 그곳에 들어가는 행동이 가장 적절합니다.

This question asks about the woman's next action. Therefore, it is important to focus on the plan or intention she directly mentions. Since she says she will briefly look around the souvenir shop, entering the shop is the most appropriate choice.

함께 보기: EBS TOPIK Ⅱ 종합서 p.24 유형 02

해설

① 여자가 엽서를 사고 싶다고 했지만 아직 가게에 들어가기 전입니다.
② 여자가 기념품 가게를 잠깐 둘러보겠다고 말했기 때문에 가장 자연스럽고 적절한 말입니다. 따라서 정답은 ②번입니다.
③ 특별 전시장은 나중에 보려는 장소이며 지금은 기념품 가게에 들르는 상황이므로 순서상 맞지 않습니다.
④ 안내 책자는 남자가 가지러 가기로 했으므로 여자의 행동으로 볼 수 없습니다.

① The woman says she wants to buy a postcard, but she hasn't entered the shop yet.
② The woman says she will briefly look around the souvenir shop, so this is the most natural and appropriate option. Therefore, the correct answer is ②.
③ The special exhibition is a place they plan to visit later. Since the woman is stopping by the souvenir shop first, this option is out of sequence.
④ The man said he would go get the guidebook, so this is not the woman's action.

11

정답 ④

제시문

여자: 이 한복 어때요? 전 이걸로 입어 보려고요. 사진이 예쁘게 나올 것 같아요.
남자: 예쁘네요. 저는 가게에 한복이 너무 많아서 뭐로 해야 할지 모르겠네요.
여자: 그래요? 그럼 제가 골라 줄게요.
남자: 고마워요. 그럼 이쪽으로 와 주세요.

• 주제: 한복 대여 • 담화 유형: 대화

문제 유형 이어질 말이나 행동 고르기

문제 해결 전략

이 문제는 여자의 다음 행동을 묻는 문제입니다. 문제를 풀 때는 여자가 직접 말한 계획이나 의도에 주목해야 합니다. 여자가 "제가 골라 드릴까요?"라고 제안했고, 남자가 이에 동의했기 때문에 여자가 남자의 한복을 고르러 가는 상황임을 알 수 있습니다.

This question asks about the woman's next action. To answer it correctly, you should pay attention to the plan or intention she directly mentions. Since the woman says, "Shall I choose one for you?" and the man agrees, we can infer that she is about to help him choose a hanbok.

함께 보기: EBS TOPIK Ⅱ 종합서 p.24 유형 02

해설

① 현재 한복 가게에 있고 아직 사진을 찍으러 가지 않았기 때문에 맞지 않습니다.
② 여자가 한복을 입어 보려고 하다가 먼저 남자를 도와주려는 상황이 되었으므로 적절하지 않습니다.
③ 여자는 이미 자신이 입을 한복을 선택한 상태입니다.
④ 여자가 "골라 드릴까요?"라고 직접 말했고 남자도 동의했기 때문에 가장 자연스럽고 적절합니다. 따라서 정답은 ④번입니다.

① They are currently in a hanbok shop and have not gone to take photos yet, so this option is incorrect.
② The woman was planning to try on a hanbok, but now she is going to help the man first, so this is not appropriate.
③ The woman has already chosen the hanbok she wants to wear.
④ The woman offered to help choose a hanbok, and the man agreed, so this is the most natural and appropriate option. Therefore, the correct answer is Option ④.

12

정답 ②

제시문

남자: 민아 씨, 우리 지난번 세미나 때 찍은 사진 받았어요? 홍보팀에서 보내 준다고 했잖아요.
여자: 아직 못 받았습니다. 지금 홍보팀 담당자에게 전화해 보겠습니다.
남자: 좋아요. 그리고 통화할 때, 사진 몇 장이 홍보 자료에 들어가는지도 한번 물어보세요.
여자: 네. 알겠습니다. 확인하고 말씀드리겠습니다

• 주제: 회사 홍보 사진 • 담화 유형: 대화

문제 유형 이어질 말이나 행동 고르기

문제 해결 전략

이 문제는 여자의 다음 행동을 묻고 있습니다. 정답을 고르기 위해서는 여자가 직접 말한 계획이나 의도에 주목해야 합니다. 여자는 "지금 홍보팀 담당자에게 전화해 보겠습니다"라고 말했기 때문에 가장 먼저 이어질 행동은 홍보팀에 연락하는 것입니다.

This question asks about the woman's next action. To choose the correct answer, you need to focus on the plan or intention she directly stated. The woman said, "I'll call the person in charge at the PR team now," so her next immediate action is to contact the PR team.

함께 보기: EBS TOPIK Ⅱ 종합서 p.24 유형 02

해설

① 여자는 아직 사진을 받지 못했다고 했기 때문에 지금은 사진을 고를 수 없습니다.

② 여자가 지금 전화해 보겠다고 말했으므로 가장 자연스러운 행동입니다. 따라서 정답은 ②번입니다.

③ 여자가 확인하고 말씀드리겠다고 말했지만 지금 당장은 연락을 먼저 해야 하므로 순서상 맞지 않습니다.

④ 세미나는 이미 지난 일이며 현재 상황과 관련이 없습니다.

① The woman said she hasn't received the photos yet, so she cannot select them at this point.

② The woman said she would make a call right now, so this is the most natural next action. Therefore, the correct answer is Option ②.

③ Although the woman said she would report back, she needs to make the call first, so this is not the correct sequence.

④ The seminar is already over and is not directly related to the current situation.

13

정답 ③

제시문

여자: 민수 씨, 이번 주말에도 캠핑 가요? 비가 온다고 하던데요.

남자: 많이 오지는 않는대요. 그래서 그냥 가려고요.

여자: 혼자 캠핑하면 심심하지 않아요? 저는 혼자서는 어디 잘 못 가겠더라고요.

남자: 전 조용하고 여유로워서 좋아해요. 이번에도 소설책 한 권 들고 가려고요.

• **주제**: 캠핑 계획 • **담화 유형**: 대화

문제 유형 들은 내용과 같은 것 고르기

문제 해결 전략

이 문제는 대화 내용을 듣고 그 내용과 일치하는 것을 고르는 문제입니다. 말 속에 드러난 표현과 태도를 바탕으로 선택지와 완전히 일치하는지 여부를 따져야 합니다. 이 문항에서는 남자의 캠핑 계획과 독서 의도, 여자의 혼자 가는 여행에 대한 반응을 중심으로 판단해야 합니다.

This question asks you to choose the option that matches the content of the conversation. You should determine whether each option is fully consistent with what is expressed directly or implicitly through the speakers' words and attitudes. In this item, focus on the man's camping plan and intention to read, and the woman's reaction to traveling alone. In this question, the man explained his current situation, the housewarming plan, his weekday schedule, and his future action. You should pay close attention to the options that state the opposite of what the man actually said.

함께 보기: EBS TOPIK Ⅱ 종합서 p.34 유형 03

해설

① 대화에서 남녀 모두 비가 올 거라고 이야기했기 때문에 날씨가 맑다는 표현은 내용과 일치하지 않습니다.

② 여자는 혼자서는 어디 잘 못 가겠다고 말하며 혼자 여행하는 것을 어려워하는 태도를 보입니다.

③ 남자는 이번에도 소설책 한 권 들고 갈 거라고 말하며 주말에 책을 읽을 계획임을 밝혔습니다. 따라서 정답은 ③번입니다.

④ 남자는 주말에 캠핑을 갈 계획이라고 했기 때문에 집에 있을 거라는 내용은 사실과 다릅니다.

① Both the man and the woman mention that it will rain, so saying that the weather will be clear is not consistent with the conversation.

② The woman says that she usually can't go anywhere by herself. which shows that she feels uncomfortable traveling alone.

③ The man says he plans to bring a novel to read, indicating that he intends to read during his camping trip. Therefore, the correct answer is Option ③.

④ The man says he plans to go camping this weekend, so it is not true that he will stay home all weekend.

14

정답 ③

제시문

여자: (딩동댕) 오늘도 행복마트를 찾아 주신 고객 여러분, 진심으로 감사드립니다. 주말인 오늘은 평일보다 1시간 늦은, 밤 10시에 문을 닫습니다. 지금부터 오늘의 마지막 할인 시간을 안내해 드립니다. 신선 식품 코너의 모든 생선 상품을 30% 할인된 가격에 판매하고 있으니 필요하신 분들은 지금 이용해 주시기 바랍니다. 계산은 밤 9시 50분까지 마쳐 주시기 바랍니다.

• **주제:** 마트 할인 • **담화 유형:** 안내 방송

문제 유형 들은 내용과 같은 것 고르기

문제 해결 전략

이 문제는 안내 방송 내용을 듣고 내용과 일치하는 사실을 찾는 문제입니다. 부분 정보가 빠졌거나 잘못 일반화된 표현은 오답일 수 있으므로, 세부 내용을 끝까지 비교해야 합니다. 이 문항에서는 마트의 영업시간, 할인 대상, 할인 시점, 계산 마감 시간 등 구체적으로 제시된 사실 정보를 정확히 비교하며 판단하는 것이 중요합니다.

This question asks you to choose the statement that matches the information in the announcement. To answer correctly, you must compare the specific details in the broadcast carefully, such as closing time, discount items, and checkout deadline. Be cautious of options that generalize or omit key facts.

함께 보기: EBS TOPIK Ⅱ 종합서 p.34 유형 03

해설

① 이 마트는 밤 10시에 문을 닫고, 계산을 밤 9시 50분까지 하라고 한 것이므로 내용과 맞지 않습니다.

② 지금부터 모든 생선 상품을 할인하여 판매한다고 했으므로 판매가 진행 중이며 오전에 다 팔렸다는 말은 사실과 다릅니다.

③ 주말인 오늘은 평일보다 1시간 늦은, 밤 10시에 문을 닫는다고 하였으므로 평일과 주말의 마감 시간이 다름이 명확하게 드러나 있습니다. 따라서 ③이 정답입니다.

④ 모든 생선 상품을 30% 할인한다고 했으므로 내용과 다릅니다.

① The store closes at 10 p.m., but checkout must be completed by 9:50 p.m. Therefore, this statement is inaccurate.

② It is currently stated that fish products are being sold at a discount, so they were not all sold out in the morning.

③ It is clearly stated that today (a weekend), the store closes an hour later than usual, at 10 p.m. So weekday and weekend closing times differ. Therefore, the correct answer is Option ③.

④ The announcement only mentions a 30% discount on fish products, not all store items, so this option is incorrect.

15

정답 ④

제시문

남자: 오징어는 간단하게 요리할 수 있고 한 끼 식사로 먹기에도 좋은 재료입니다. 그런데 최근 싸고 영양 많은 오징어가 점점 줄어들고 있다고 합니다. 특히 국내에서 오징어를 잡는 양이 줄면서 오징어의 유통량도 점점 감소하고 있는 건데요. 특히 기온이 올라가고 날씨가 변하면서 오징어를 잡기가 더 어려워진 것이 큰 원인입니다. 따라서 앞으로 오징어 가격도 함께 상승할 것으로 예상됩니다.

• **주제:** 오징어 • **담화 유형:** 뉴스/보도

문제 유형 들은 내용과 같은 것 고르기

문제 해결 전략

이 문제는 뉴스/보도이므로 화자의 의견보다는 사실 정보, 원인과 결과, 수치 변화에 집중해야 합니다. '오징어를 잡는 양이 줄어듦 → 공급량 감소 → 가격 상승 예상'이라는 흐름을 파악하고 사실 정보를 중심으로 들어야 합니다.

Since this is a news report, the focus should be on factual information, causes and effects, and numerical changes rather than the speaker's opinion.

Pay attention to the flow—"a decrease in squid catch → reduced supply → expected price increase"—and concentrate on the factual details.

함께 보기: EBS TOPIK Ⅱ 종합서 p.34 유형 03

해설

① 기온이 올라가고 날씨가 변하면서 오징어를 잡는 것이 어렵다고 말했으므로 정답이 아닙니다.

② 오징어를 잡는 양이 줄고 있다고 언급했으므로 틀립니다.

③ 오징어는 싸고 영양이 많은 재료라고 소개하고 있으므로 사실과 다릅니다.

④ 마지막에 오징어를 잡기 어려워 가격이 오를 것이라고 했으므로 정답은 ④번입니다.

① This is not the correct answer because the passage says it is difficult to catch squid as temperatures rise and the weather changes.

② The amount of squid being caught is described as decreasing, which makes this option incorrect.

③ The passage does not describe squid as a cheap and nutritious ingredient, so this choice is incorrect.

④ The speaker explains that because squid is becoming harder to catch, prices are expected to rise, making ④ the correct answer.

16

정답 ③

제시문

여자: 앵무새의 매력에 푹 빠져서 현재 열 마리와 함께 생활하고 있으시다고요. 다른 새들과 달리 앵무새는 어떤 특징이 있는지 소개 부탁드립니다.

남자: 네, 우선 앵무새는 다른 새들과 달리 깃털이 굉장히 화려하고 아름답다는 점이 큰 매력입니다. 성격도 온순해서 사람을 잘 따르고 사람과 교감하려는 성향이 강한 새죠. 또 가장 큰 특징은 사람의 말을 그대로 따라 할 수 있다는 점인데요. 일반 새들은 입을 아래로만 움직이지만 앵무새는 위아래 모두 움직일 수 있어서 사람의 목소리를 자연스럽게 따라 할 수 있는 거죠.

• **주제**: 앵무새 • **담화 유형**: 인터뷰

문제 유형 들은 내용과 같은 것 고르기

문제 해결 전략

이 대화에서는 "앵무새의 특징"에 대해 설명하고 외모, 성격, 모방 능력 등을 순차적으로 설명하고 있습니다. 중심 내용의 흐름을 잡고 들으면서 핵심적인 특징을 메모하는 것이 좋습니다.

In this conversation, the topic is the characteristics of parrots, explained in sequence through their appearance, personality, and ability to imitate. As you listen, it is helpful to follow the flow of the main ideas and take notes on the key characteristics.

함께 보기: EBS TOPIK Ⅱ 종합서 p.34 유형 03

해설

① 앵무새는 온순하고 사람을 잘 따르는 성격이라고 언급되었으므로 정답이 아닙니다.

② 앵무새가 성격이 순하다고 했으므로 민감한 성격이라는 표현은 내용과 맞지 않습니다.

③ 앵무새의 매력은 깃털이 화려하고 아름답다고 소개하고 있으므로 정답은 ③번입니다.

④ 앵무새는 입을 위아래로 모두 움직일 수 있어서 사람의 말을 따라 할 수 있다고 했으므로 정답이 아닙니다.

① This is not the correct answer because parrots were described as gentle and friendly toward people.

② Since parrots are said to have a gentle personality, the expression "sensitive personality" does not fit the content.

③ The correct answer is ③ because parrots are described as having colorful and beautiful feathers.

④ This option is incorrect because it claims parrots can move both the upper and lower parts of their beak, enabling them to imitate human speech.

17

정답 ②

제시문

남자: 수미 씨, 또 커피 마셔요? 너무 많이 마시는 것 같은데 커피 대신 물을 마시는 건 어때요?

여자: 물은 특별한 맛이 안 나서 잘 안 마시게 돼요.

남자: 건강 생각해서 마시는 거죠. 수미 씨도 조금씩 바꿔 보세요.

• **주제**: 물 마시기 • **담화 유형**: 대화

문제 유형 중심 생각, 중심 내용, 화제 고르기

문제 해결 전략

이 문제는 화자의 중심 생각을 묻는 문제입니다. 대화에서는 남자가 수미 씨의 커피 습관을 걱정하며, 물 마시기를 권유합니다. 따라서 문제를 풀기 위해서는 남자가 말하는 가장 중요한 조언이 무엇인지를 중심으로 들어야 합니다.

This question asks about the main idea of the speaker. In the dialogue, the man is concerned about Sumi's coffee-drinking habit and suggests drinking water instead. Therefore, to answer the question correctly, you must focus on the man's main advice.

함께 보기: EBS TOPIK Ⅱ 종합서 p.54 유형 04

해설

① 여자가 물의 맛에 대한 이야기는 하였으나 남자의 중심 생각과 관련이 없습니다.

② 남자가 물은 건강을 생각해서 마시는 거라고 말하며 대화의 핵심 주장을 직접적으로 나타냈습니다. 따라서 정답은 ②번입니다.

③ 물을 어떻게 마셔야 한다는 내용은 없으므로 맞지 않습니다.

④ 남자가 물을 마시라고 권하지만 정해진 양에 대한 말은 없습니다.

① The woman does mention the taste of water, but this is not related to the man's main point, so this option is incorrect.

② The man clearly states that he drinks water for his health, which directly conveys the core message of the dialogue. Therefore, the correct answer is Option ②.

③ There is no mention of how to drink water, so this option is not appropriate.

④ While the man encourages drinking water, he does not mention a specific daily amount, making this option incorrect.

18

정답 ②

제시문

남자: 어, 이 노래. 제가 공부할 때 자주 듣는 건데 카페에서 들으니까 반갑네요.

여자: 민수 씨는 항상 음악 들으면서 공부하죠? 전 조용해야 집중이 잘되던데 어때요?

남자: 사람마다 다르긴 하죠. 전 음악이 있으면 훨씬 잘되더라고요.

- **주제**: 음악 들으면서 공부하기
- **담화 유형**: 대화

문제 유형 중심 생각, 중심 내용, 화제 고르기

문제 해결 전략

이 문제는 화자의 중심 생각을 묻는 문제입니다. 말하는 사람의 생각이나 주장을 가장 잘 드러내는 부분, 특히 남자의 마지막 말을 중심으로 들어야 합니다. 이 대화에서는 남자의 마지막 말 "전 음악이 있으면 훨씬 잘되더라고요."가 중심 생각을 보여 줍니다.

This question asks about the speaker's main idea. To answer it, you must focus on the part of the dialogue that best expresses the speaker's opinion or argument, especially the man's final statement. In this dialogue, his last comment, "I can concentrate much better when there's music," reveals his main idea.

함께 보기: EBS TOPIK Ⅱ 종합서 p.54 유형 04

해설

① 일반적인 조언처럼 보이지만 남자의 말에는 방법을 찾자는 제안이 없습니다.

② 남자는 음악이 있으면 집중이 잘된다고 말하며 자신의 공부 방식에 대해 정확하게 밝힙니다. 따라서 정답은 ②번입니다.

③ 현재 대화 장소가 카페일 뿐, 남자의 중심 생각과는 맞지 않습니다.

④ 남자는 자신의 방법에 대해서만 이야기하였습니다. 다른 방식에 대한 제안은 없었으므로 맞지 않습니다.

① Although this sounds like general advice, the man does not suggest "finding a way to concentrate," so this option is incorrect.

② The man clearly states that he studies better with music. Therefore, the correct answer is Option ②.

③ This is not the correct answer because, although the

conversation takes place in a café, that is not related to the man's main idea.

④ The man only talks about his own way of studying. He does not suggest trying different methods, so this is also incorrect.

19

정답 ②

제시문

여자: 지난주에 인터넷으로 중고 거래한 물건이 오늘 도착했는데, 상태가 생각보다 안 좋더라고요.

남자: 속상하겠어요. 물건을 직접 확인을 못 하니까 그런 문제가 생길 수 있죠.

여자: 사진으로 봤을 땐 괜찮아 보였거든요.

남자: 그래서 저는 중고 거래할 땐 직접 만나서 물건을 확인하고 사요. 귀찮아도 이게 안전하더라고요.

• **주제**: 중고 거래 • **담화 유형**: 대화

문제 유형 중심 생각, 중심 내용, 화제 고르기

문제 해결 전략

이 문제는 화자의 중심 생각을 파악하는 유형입니다. 중심 생각을 찾기 위해서는 말하는 사람이 가장 강조한 점, 특히 문장의 마지막 부분이나 반복적으로 나타나는 태도에 주목해야 합니다. 이번 대화에서는 남자가 중고 거래에서 물건을 직접 보고 사는 것이 좋다는 점을 강조하고 있으므로 그의 행동 원칙이 무엇인지 정확히 파악하는 것이 중요합니다.

This question asks you to identify the main idea of the speaker. To answer correctly, focus on what the speaker emphasizes the most, especially toward the end of the dialogue or any repeated expressions. In this conversation, the man stresses the importance of checking the item in person when buying secondhand. Understanding this principle is key to answering the question.

함께 보기: EBS TOPIK Ⅱ 종합서 p.54 유형 04

해설

① 남자는 직접 보고 거래하면 괜찮다고 말하고 있으므로 남자의 생각과 일치하지 않습니다.

② 남자는 직접 만나서 물건을 확인하고 산다고 말하며 이를 가장 중요하게 여기고 있습니다. 따라서 정답은 ②번입니다.

③ 중고 물건의 가격에 대한 말은 없었으므로 맞지 않습니다.

④ 사진이 실제 상태와 달랐다는 언급은 있지만 남자가 말한 내용이 아니므로 맞지 않습니다.

① The man says it's okay as long as you check the item in person, so this choice does not match his opinion.

② The correct answer is ② because the man says he prefers to meet in person and check the item before buying.

③ There was no mention of the price of the secondhand item, so this option is incorrect.

④ Although the woman mentions a discrepancy between the photos and the actual item, this is not the point emphasized by the man, so this choice is not correct.

20

정답 ④

제시문

여자: 아이들을 가르치면서 가장 중요하게 생각하는 점은 무엇인가요?

남자: 학교는 지식을 전달하는 곳이지만, 저는 얼마나 많이 가르치느냐보다 배우는 과정에서 즐거움을 느끼게 해 주는 것이 더 중요하다고 생각합니다. 배움이 즐거우면 아이들은 앞으로도 스스로 배우려는 태도를 갖게 될 테니까요. 그래서 저는 수업에 활동이나 놀이를 자주 활용해 학생들이 즐겁게 참여할 수 있도록 노력하고 있습니다.

• **주제**: 배움의 즐거움 • **담화 유형**: 인터뷰

문제 유형 중심 생각, 중심 내용, 화제 고르기

문제 해결 전략

이 문제는 화자의 중심 생각을 묻는 유형입니다. 화자의 발언 전체가 어떤 하나의 생각으로 모아지는지를 파악하는 것이 중요합니다. 이 문항에서는 남자가 지식을 많이 가르치는 것보다 배우는 과정에서 즐거움을 느끼게 하는 것이 더 중요하다고 말하고 있습니다.

This question asks about the speaker's main idea. To solve this type of question, it is important to understand how the speaker's entire message comes together into one central idea. In this passage, the man says that it is more important to make the learning process enjoyable than to simply provide a lot of knowledge.

함께 보기: EBS TOPIK Ⅱ 종합서 p.54 유형 04

해설

① 수업을 다양하게 한다는 말은 있지만 중심이 되는 생각은 아닙니다.
② 사회성에 대한 내용은 없었으므로 맞지 않습니다.
③ 남자는 지식을 얼마나 많이 가르치느냐보다 과정의 즐거움을 중시한다고 했기 때문에 틀립니다.
④ 배움의 즐거움을 느끼게 해 주는 것이 중요하다고 했으므로 중심 생각에 가장 알맞은 선택지입니다. 따라서 정답은 ④번입니다.

① Although he mentions using various activities in class, that is not the main focus of his message.
② Since there is no mention of social development, this option is also incorrect.
③ The man emphasizes the joy of learning over how much knowledge is taught, so this option is incorrect.
④ The man clearly states that making students enjoy learning is important, which directly reflects the central idea. Therefore, the correct answer is option ④.

21~22

제시문

여자: 새로 만든 안내 책자 디자인 보셨어요? 어때요?
남자: 들어갈 정보가 많아서 그런지 글자가 너무 많고, 사진은 작게 들어간 것 같아요. 그런데 그런 책자는 사람들이 잘 안 읽게 되거든요.
여자: 그럴 수도 있겠네요. 이번에 2차 수정할 때 꼭 반영해야겠어요. 색깔이 좀 어두운 것 같은데, 그건 괜찮을까요?
남자: 그러네요. 눈에 잘 띄고 보기 쉽게 만드는 게 중요하니까 색깔도 다시 조정하는 게 좋겠어요.

• **주제**: 안내 책자 디자인 • **담화 유형**: 대화

21

정답 ①

문제 유형 중심 생각, 중심 내용, 화제 고르기

문제 해결 전략

이 유형은 화자의 발언 전체에서 중심이 되는 생각을 전략적으로 파악해야 합니다. 특히 강조되는 표현이나 반복되는 논리 흐름에 주목하면 핵심을 더 쉽게 찾을 수 있습니다. 이 문항에서는 남자가 글자가 많고 사진이 작으면 사람들이 잘 읽지 않는다고 지적하며 정보가 많더라도 보기 쉽게 만드는 것이 중요하다고 강조합니다.

This question type asks you to identify the speaker's main idea by strategically analyzing their overall remarks. Pay special attention to repeated reasoning or emphasized expressions to more easily find the key point. In this item, the man points out that if a brochure contains too much text and the pictures are too small, people tend not to read it. He emphasizes that even if there is a lot of information, it is important to make the brochure easy to read.

함께 보기: EBS TOPIK Ⅱ 종합서 p.54 유형 04

해설

① 남자는 글자 수, 사진 크기, 색상 등을 언급하며 안내 책자는 보기 쉽게 만드는 것이 중요하다고 강조하고 있습니다. 따라서 정답은 ①번입니다.
② 정보의 양과 디자인에 대한 말은 있지만 '최신 정보'에 대한 언급은 없으므로 맞지 않습니다.
③ 정보의 정확성에 대한 내용은 나오지 않았기 때문에 정답이 될 수 없습니다.
④ 안내 책자가 눈에 잘 띄어야 한다는 말은 읽기 편한 디자인을 뜻하는 것이지, 책자를 어디에 배치해야 한다는 의미는 아닙니다.

① The man mentions the amount of text, picture size, and color, emphasizing the importance of making the brochure easy to read. Therefore, the correct answer is option ①.
② Although the man talks about the amount of information and design, there is no mention of "up-to-date" information, so this is incorrect.
③ Since the man does not refer to the accuracy of information, this choice is not appropriate.
④ When the man says the brochure should stand out, he is talking about its readability, not about where the brochure should be placed.

22

정답 ①

문제 유형 **들은 내용과 같은 것 고르기**

문제 해결 전략

이 문제는 대화에서 말한 사실과 같은 내용을 고르는 유형입니다. 말한 내용을 정확히 기억하고 선택지 속 표현과 일치하는지를 꼼꼼히 비교하는 것이 중요합니다. 이 문항에서는 안내 책자의 구성, 즉 사진 유무, 색상, 수정 계획 등 세부적인 표현에 주목해 들어야 합니다.

This is a question that asks you to choose the statement that matches the facts mentioned in the conversation. To answer this type of question correctly, it is important to remember the details accurately and compare them carefully with the answer choices. In this question, focus on specific details related to the layout of the brochure, such as whether it contains photos, the color scheme, and whether any revisions are planned.

함께 보기: EBS TOPIK Ⅱ 종합서 p.34 유형 03

해설

① 남자가 사진이 작게 들어간 것 같다고 말했으므로 사진이 들어가 있다는 사실은 맞습니다. 따라서 정답은 ①번입니다.

② 여자가 '새로 만든 책자'라고 말했기 때문에 오래전에 만든 것이라는 선택지 내용은 틀렸습니다.

③ 여자가 색깔이 어두운 것 같다고 하고 남자도 동의했으므로 '밝은색'이라는 표현은 사실과 다릅니다.

④ 여자가 2차 수정할 때 반영하겠다고 했으므로 수정 없이 제작할 예정이라는 선택지 내용은 틀립니다.

① The man said, "The photos seem small," which means the brochure does contain photos. Therefore, the correct answer is option ①.

② The woman said it's a "newly made brochure," so the statement that it was made a long time ago is incorrect.

③ The woman said, "The color seems dark," and the man agreed, so describing it as having a "bright color" is inaccurate.

④ The woman said, "I'll reflect that in the second revision," which means a revision is planned. Saying it will be produced without revision is not true.

23~24

제시문

남자: (전화벨 소리) 거기 서울극장이죠? 연극 공연을 보려고 하는데요. 단체 예매를 하려고 합니다.

여자: 네. 고객님. 단체 인원이 몇 명인가요?

남자: 한 30명 정도 됩니다. 가능하면 좌석은 앞쪽으로 부탁드리고요. 공연 책자도 인원수만큼 미리 준비해 주셨으면 좋겠습니다.

여자: 죄송하지만 앞쪽 좌석은 이미 예약이 끝났습니다. 괜찮으시면 중간 정도의 자리로 예매해 드릴 수 있습니다. 공연 책자는 필요하시면 미리 자료를 보내드릴 수도 있습니다.

• **주제**: 연극 공연 단체 예매 • **담화 유형**: 대화

23

정답 ③

문제 유형 **대화 상황/참여자를 고르거나 화자의 의도, 태도, 말하는 방식 파악하기**

문제 해결 전략

대화를 듣고 남자의 행동 목적이나 중심 활동을 정확히 이해하는 것이 중요합니다. 남자가 "공연을 보려고 하는데 단체 예매를 하려 한다"고 말하며 좌석 요청, 공연 책자 요청 등을 하고 있습니다.

In this type of question, it is important to understand the man's purpose or main activity in the conversation. He is calling the theater to say he would like to watch a performance and book group tickets. During the call, he also asks about available seats and a performance brochure.

함께 보기: EBS TOPIK Ⅱ 종합서 p.78 유형 05

해설

① 대화에서 공연 시간에 대한 언급이 없으므로 정답이 아닙니다.

② 남자는 공연 책자를 요청했을 뿐 인쇄하지 않습니다.

③ 남자는 단체로 연극을 관람하기 위해 좌석을 예매하고 있으므로 정답은 ③번입니다.

④ 무대에서 공연하고 싶다는 내용은 나오지 않으므로 정답이 아닙니다.

① There is no mention of the performance time in the conversation, so it is not the correct answer.
② He only requested a performance booklet; he did not print one himself.
③ The man is booking a seat to watch the play as a group, so the answer is number ③.
④ It's not the answer because there's no one saying they want to perform on stage.

24

정답 ④

문제 유형 들은 내용과 같은 것 고르기

문제 해결 전략

이 문제는 들은 내용과 같은 것을 골라야 합니다. 누가 무엇을 말했는지, 구체적인 정보(인원 수, 좌석 위치, 책자 요청 등)에 집중하면서 들어야 합니다. 비슷한 말이라도 사실과 다르면 정답이 될 수 없습니다.

In this type of question, you need to choose the statement that matches what you heard. Pay close attention to who said what and to specific details such as the number of people, seat location, and booklet request. Even if the wording is similar, it cannot be the correct answer if it does not match the facts.

함께 보기: EBS TOPIK Ⅱ 종합서 p.34 유형 03

해설

① 남자는 30명 정도가 된다고 말하면서 단체 예매를 하고 있으므로 정답이 아닙니다.
② 앞쪽 좌석이 단체 고객에게만 제공된다는 내용은 대화에서 확인할 수 없습니다.
③ 연극 공연 책자는 미리 보내드릴 수 있다고 했으므로 정답이 아닙니다.
④ 앞쪽 좌석은 이미 예약이 끝났고 중간 정도의 자리에 예매할 수 있다고 했으므로 정답은 ④번입니다.

① The man said there were about 30 people and was making a group reservation, so this cannot be the correct answer.
② The conversation never mentions that front seats are available only to group ticket buyers, which makes this option incorrect.
③ It was said that the play booklet could be sent in advance, so this choice is not right.
④ This is the correct answer because the front seats were already booked, and he said they could reserve seats in the middle instead.

25~26

제시문

여자: 올해로 5주년을 맞은 마을 축제가 그 어느 때보다 반응이 좋았는데요. 그 이유가 뭐라고 생각하십니까?

남자: 다양한 체험 프로그램을 마련하고 유명 가수를 초대한 것도 요인이 되겠지만, 주민들이 직접 참여한 것이 가장 중요했다고 생각합니다. 작년에는 외부 업체가 행사를 맡아 지역의 특색이 잘 드러나지 않았고, 수익도 외부로 많이 빠져나갔습니다. 반면 올해는 프로그램 구성부터 운영, 판매까지 주민들이 직접 참여하면서 지역 경제에 도움이 되었고, 축제의 만족도도 훨씬 높았습니다.

• **주제**: 축제 주민 참여 • **담화 유형**: 인터뷰

25

정답 ③

문제 유형 중심 생각, 중심 내용, 화제 고르기

문제 해결 전략

이 문제는 화자의 중심 생각을 묻는 유형입니다. 문제를 풀 때는 화자가 가장 강조한 말, 여러 번 언급된 표현, 또는 마무리 부분에서 정리한 생각에 주목해야 합니다. 이 문항에서는 남자가 '주민 참여'를 강조하고 있습니다.

This question asks about the speaker's main idea. To solve this type of question, learners should pay attention to what the speaker emphasizes most, repeated expressions, or summary statements at the end. In this dialogue, the man clearly emphasizes resident participation.

함께 보기: EBS TOPIK Ⅱ 종합서 p.54 유형 04

해설

① 남자가 다양한 체험 프로그램을 언급하긴 했지만 가장 중요하다고 한 것은 아니므로 중심 생각은 아닙니다.
② 지역 축제를 자주 열어야 한다는 이야기는 하지 않았습니다.

③ 주민 참여가 가장 중요하다고 명확히 이야기했으며, 경제적 효과와 만족도 향상을 예로 들었습니다. 따라서 정답은 ③번입니다.
④ 가수 초청은 긍정적 요인 중 하나로 이야기하였습니다.

① The man did mention various experience programs, but he did not say they were most important, so this is not the main idea.
② The man did not say that local festivals should be held frequently.
③ The man explicitly stated that resident participation was the most important factor. He supported this by mentioning economic benefits and increased satisfaction. Therefore, the correct answer is Option ③.
④ Inviting singers was mentioned as a positive factor, but it was not the central idea.

26

정답 ④

문제 유형 들은 내용과 같은 것 고르기

문제 해결 전략

이 문제는 대화에서 말한 사실과 같은 내용을 고르는 유형입니다. 구체적인 정보를 정확히 기억하고 선택지의 표현과 일치 여부를 꼼꼼히 비교하는 것이 중요합니다. 이 문항에서는 축제의 운영 주체, 체험 프로그램 유무, 시기 등에 집중해서 들어야 합니다.

This question asks you to choose the statement that matches the content of the conversation. To solve this type of question, it is important to remember specific details accurately and carefully compare them with the options provided. In this item, you should focus on the organizers of the festival, the existence of hands-on programs, and the timing of the event.

함께 보기: EBS TOPIK Ⅱ 종합서 p.34 유형 03

해설

① 여자가 질문할 때 5주년을 맞았다고 했으므로 틀립니다.
② 주민들이 직접 참여했다고 했기 때문에 주민들이 잘 몰랐다는 표현은 사실과 다릅니다.
③ 남자는 작년에는 외부 업체가 맡았지만 올해는 주민이 운영했다고 했으므로 틀린 내용입니다.
④ 남자가 체험 프로그램을 마련했다고 분명히 말했으므로 맞는 내용입니다. 따라서 정답은 ④번입니다.

① The woman clearly stated in her question that it was the 5th anniversary of the festival, so this option is incorrect.
② The man said that residents actively participated in organizing and running the event, so the idea that they didn't know much about it is inaccurate.
③ The man explained that last year the event was run by an outside company, but this year the residents took charge, so this option is incorrect.
④ The man explicitly mentioned that they prepared various hands-on programs, so this statement is true. TTherefore, the correct answer is Option ④.

27~28

제시문

여자: 시청 앞에 있는 오래된 고가 도로를 없애고 공원으로 만든다는데 그러면 공사로 오히려 교통이 복잡해질 것 같아.
남자: 공사하는 동안에는 길이 좀 막히긴 해도 공원이 새로 만들어지면 산책할 곳이 생겨서 더 좋을 것 같은데.
여자: 주변이 언덕이라 계단이 많은 공원을 만든다는데 올라가기도 힘들 것 같지 않아?
남자: 그래서 접근성을 높이려고 엘리베이터를 설치한다고 들었어. 회사 근처라 공원이 생기면 점심 먹고 산책도 할 수 있어서 난 기대돼.
여자: 이미 시청 근처에 공원이 있는데 또 공원을 만든다는 게 세금 낭비라고 생각해.

• **주제**: 공원 조성 • **담화 유형**: 대화

27

정답 ②

문제 유형 대화 상황/참여자를 고르거나 화자의 의도, 태도, 말하는 방식 파악하기

문제 해결 전략

이 문제는 남자가 말하는 부분을 중심으로 집중해서 듣고 남자가 말하는 의도를 찾아야 합니다. 여기에서는 남자가

공원이 조성되면 산책할 곳이 생겨서 좋고, 기대가 된다는 표현을 하고 있습니다. 따라서 공원 조성의 장점에 대해 말하고 있다는 것을 알 수 있습니다.

In this type of question, you should focus on what the man says and identify his intention. Here, he expresses that he is glad to have a place to take a walk once the park is built and that he is looking forward to it. From this, you can see that he is talking about the advantages of creating a park.

함께 보기: EBS TOPIK Ⅱ 종합서 p.78 유형 05

해설

① 남자는 공원의 위치에 대해서는 구체적으로 언급하지 않으며 안내하고 있지 않습니다.

② 남자는 공원이 새로 만들어지면 산책할 곳이 생겨서 좋을 것 같다며, 긍정적인 측면을 말하고 있으므로 정답은 ②번입니다.

③ 남자는 예산 문제에 대해 언급하지 않았습니다. 세금 낭비에 대한 비판은 여자가 하고 있습니다.

④ 남자는 공사 기간 동안 길이 막힌다고 말하며 불편을 인정하긴 하지만, 문제 삼지 않고 긍정적인 태도를 보이고 있으므로 정답이 아닙니다.

① The man does not specifically mention the location of the park and does not guide it.

② The man says that if the park is newly built, it would be nice to have a place to take a walk, so the answer is number ②.

③ The man did not comment on the budget issue. The woman is criticizing the waste of taxes.

④ The man acknowledges that the road will be blocked during the construction period and admits it is inconvenient, but he does not make it an issue and shows a positive attitude. Therefore, this is not the correct answer.

28

정답 ①

문제 유형 들은 내용과 같은 것 고르기

문제 해결 전략

이 문제는 들은 내용과 같은 것을 골라야 합니다. 구체적인 정보를 메모하면서 듣고, 선택지의 내용과 꼼꼼하게 비교하는 것이 중요합니다. 공원 조성에 대해 남자와 여자가 나누는 대화 내용을 집중해서 들어야 합니다.

This question requires selecting the option that matches what you hear. It is important to take notes on specific details while listening and carefully compare them with the content of the choices. You must listen attentively to the conversation between the man and woman about creating a park.

함께 보기: EBS TOPIK Ⅱ 종합서 p.34 유형 03

해설

① "이미 시청 근처에 공원이 있는데 또 공원을 만든다는 게 세금 낭비라고 생각해"라는 말을 통해 이미 시청 근처에 공원이 있다는 것을 알 수 있다. 정답은 ①번입니다.

② 남자는 공원 조성에 긍정적이지만 여자는 세금 낭비라고 생각하며 반대 의견을 보입니다.

③ 남자는 엘리베이터 설치가 계획되어 있다고 설명하므로 정답이 아닙니다.

④ 아직 공사를 시작하기 전이므로 실제로 민원이 발생했다는 언급은 내용과 다릅니다.

① "There is already a park near the city hall, but I think it's a waste of taxes to make another one," he said. The answer is number ①.

② The man is positive about creating parks, but the woman is against it, thinking that it's a waste of taxes.

③ The man explains that the elevator installation is planned, so it's not the answer.

④ Since construction has not yet begun, the mention that a civil complaint has actually occurred is different from the content.

29~30

제시문

여자: 요즘 특별한 공연을 준비하신다고 들었습니다. 구체적으로 어떤 일을 하시나요?

남자: 저는 로봇 공연 기획하는 일을 하고 있습니다. 보통 공연 기획자는 작품을 무대에 올리기 위해 작품 선정부터 홍보, 마케팅까지 담당하죠. 그런데 제가 하는 일은 공연 내용을 정리하고, 장면이 어떤 순서로 나오는지 그림처럼 계획을 세웁니다. 그리고 무대 영상과 음악은 물론 로봇의 움직임도 함께 제작합니다.

여자: 그럼 무대가 완성된 후에는 어떤 일을 하시나요?
남자: 제작이 끝나면 여러 번 연습 공연을 하면서 부족한 부분을 고칩니다. 로봇으로 공연하는 것은 사람이 하는 것과는 다르기 때문에 계속 테스트하고 수정한 다음에야 정식 공연을 할 수 있는 거죠.
여자: 로봇 공연을 올리기까지 정말 준비할 게 많네요.

• **주제**: 로봇 공연 기획 • **담화 유형**: 인터뷰

29 정답 ①

문제 유형 대화 상황/참여자를 고르거나 화자의 의도, 태도, 말하는 방식 파악하기

문제 해결 전략

남자가 무엇을 하는지 알기 위해서 남자가 말하는 업무나 역할을 잘 들어야 하는 문제입니다. 남자는 로봇 공연 기획자라는 것을 밝히면서 로봇 공연을 위해 하는 일을 설명합니다. 이런 문제는 '누가 무엇을 한다고 말했는지'가 가장 중요합니다.

To understand what the man does, you need to listen carefully to the tasks or roles he describes. In this conversation, he reveals that he is a robot performance planner and explains the work he does for the performance. In this type of question, the key is to focus on who said what.

함께 보기: EBS TOPIK Ⅱ 종합서 p.78 유형 05

해설

① 남자는 로봇 공연을 기획하는 일을 한다고 소개하고 있으므로 정답은 ①번입니다.
② 남자는 로봇 공연을 기획할 뿐 직접 만들지는 않습니다.
③ 공연을 촬영하는 카메라 감독은 내용과 맞지 않습니다.
④ 공연의 홍보 및 마케팅은 보통의 공연 기획자가 하는 일로 남자의 업무와는 다릅니다.

① The correct answer is ① because the man introduces himself as someone who plans robot performances.
② This is not the correct answer because the man plans robot performances but does not build the robots himself.
③ The camera director filming the performance doesn't match the content.
④ This is not the correct answer because promotion and marketing are usually the tasks of a general performance planner, not his role.

30 정답 ④

문제 유형 들은 내용과 같은 것 고르기

문제 해결 전략

선택지마다 인터뷰의 내용과 일치하는지, 과장되었거나 생략된 건 없는지 확인합니다. 선택지에서 내용을 바꿔 말하거나, 없는 정보를 넣거나, 일부만 맞는 경우는 정답이 아닙니다. 완전히 일치하는 내용을 선택해야 합니다.

For each option, check whether it matches the content of the interview without exaggeration or omission. If an option changes the wording, adds information that was not given, or is only partly correct, it is not the right answer. Choose the one that matches completely.

함께 보기: EBS TOPIK Ⅱ 종합서 p.34 유형 03

해설

① 남자는 일반 공연 기획자와 달리 홍보나 마케팅을 하지 않으므로 정답이 아닙니다.
② 남자는 제작이 끝난 뒤에도 여러 번 연습 공연을 하면서 부족한 부분을 고친다고 하면서 바로 공연할 수 없다고 했기 때문에 정답이 아닙니다.
③ 남자는 로봇으로 공연하는 것은 사람이 하는 것과는 달라서 여러 번 테스트하고 수정해야 한다고 말하며 시간이 더 많이 걸릴 수 있음을 강조했기 때문에 정답이 아닙니다.
④ 대화에서 남자는 무대 영상과 음악은 물론, 로봇의 움직임도 함께 제작한다고 했으므로 정답은 ④번입니다.

① This is not the correct answer because, unlike regular performance planners, the man does not handle promotion or marketing.
② This option is incorrect because the man said that even after the production is finished, he continues to rehearse and make improvements, so he cannot perform immediately.
③ Incorrect as well, since the man emphasized that

performing with robots is different from human performance, requiring repeated testing and revisions, which can take more time.

④ The correct answer is ④, because in the conversation the man said he produces not only the stage video and music but also the robot's movements.

31~32

제시문

여자: 우리 지역에 생활 폐기물 처리 시설이 들어선다면서요? 반대하는 분들도 있던데, 사실 지역에 꼭 필요한 시설 아니에요? 요즘은 기술도 좋아져서 안전 문제는 걱정 안 해도 된다고 하던데요.

남자: 그래도 지역 주민들 입장에서는 불안할 수밖에 없죠. 아무리 안전하다고 해도 쉽게 받아들이기 힘들 거예요.

여자: 그래서 주민들을 대상으로 설명회를 자주 열고 이미 설치된 다른 지역의 사례도 잘 알리면 오해가 좀 줄어들지 않을까요? 게다가 지역에 필요한 복지 시설도 같이 들어온다고 하더라고요.

남자: 그렇지만 소식만으로도 집값이 떨어질까 봐 걱정하는 분들이 많아요. 설명을 잘 해도 인식을 바꾸기는 쉽지 않을 거예요.

- **주제**: 생활 폐기물 처리 시설
- **담화 유형**: 토론

31 정답 ④

문제 유형 중심 생각, 중심 내용, 화제 고르기

문제 해결 전략

토론에는 다양한 정보가 포함되어 있지만 가장 중요한 것은 남자의 생각이 어떠한지를 정확히 파악해야 합니다. 이 토론은 '생활 폐기물 처리 시설'에 대한 대화로 남자는 시설이 설치되는 것에 반대하고 있습니다.

The discussion includes various pieces of information, but the most important task is to understand the man's opinion accurately. This debate is about a household waste treatment facility, and the man is opposed to having it installed.

함께 보기: EBS TOPIK Ⅱ 종합서 p.54 유형 04

해설

① 지역에 꼭 필요한 시설이라는 입장은 여자의 생각이므로 정답이 아닙니다.

② 설명회를 통해 인식을 바꿀 수 있다는 의견도 여자의 입장이므로 정답이 아닙니다.

③ 다른 지역 사례를 통해 해결 가능하다는 제안 역시 여자가 말한 것입니다.

④ 남자는 주민들의 인식 문제와 불안감 해소의 어려움을 강조하고 있습니다. 따라서 정답은 ④번입니다.

① The position that it is an essential facility in the region is not the correct answer because it is the woman's idea.

② The opinion that the perception can be changed through the briefing session is also not the correct answer because it is the woman's position.

③ The suggestion that it can be resolved through other local cases is also what the woman said.

④ The man emphasizes the problem of residents' perception and the difficulty of resolving their anxiety. Therefore, the answer is number ④.

32 정답 ④

문제 유형 대화 상황/참여자를 고르거나 화자의 의도, 태도, 말하는 방식 파악하기

문제 해결 전략

이 문제를 풀기 위해서는 전체 주제와 말하기는 사람의 생각을 파악한 뒤, 사실 정보 중심으로 집중해서 듣습니다. 생활 폐기물 처리 시설 설치에 대한 주제로 남자는 시설이 필요하지만 주민들의 인식 변화가 어렵다는 입장이고 여자는 설명회를 통해 주민들의 인식을 바꿔야 한다고 말하고 있습니다.

To solve this problem, first grasp the overall topic and each speaker's viewpoint, then focus on the factual information. On the issue of installing a household waste treatment facility, the man says the facility is necessary but that it is difficult to change residents' perceptions, while the woman says their perceptions should be changed through a briefing session.

함께 보기: EBS TOPIK Ⅱ 종합서 p.78 유형 05

해설

① 기존 사례나 해결책 제시는 여자의 태도로 정답이 아닙니다.

② 긍정적이며 낙관적인 태도를 보이는 것은 여자이므로 정답이 아닙니다.

③ 설득하려는 쪽은 여자로 남자는 설득보다는 우려되는 부분을 강조하고 있습니다.

④ 남자는 주민들의 우려와 감정을 고려하는 태도를 보이고 있으므로 정답은 ④번입니다.

① This is not the correct answer because presenting existing cases or solutions reflects the woman's stance, not the man's.

② It is the woman who is positive and optimistic, so it is not the answer.

③ This is not the correct answer because it is the woman who tries to persuade while the man emphasizes concerns rather than persuasion.

④ The correct answer is ④ because the man shows an attitude that takes the residents' concerns and feelings into account.

33~34

제시문

여자: 한 연구팀이 실내 공기에 대한 흥미로운 조사를 진행했습니다. 그 결과, 공기 질이 좋은 교실에서 수업한 학생들이 기억력 테스트에서 더 높은 점수를 받은 것으로 나타났는데요. 미세 먼지가 많은 날에는 과제 수행 시간이 늘어나고 집중력도 눈에 띄게 떨어지는 경향이 있었다고 합니다. 또한 교실에 식물이 있을 때 심박수가 안정적으로 유지되고 과제 수행 시간도 더 짧아졌다는 연구 결과도 있었는데요. 실내 공기 오염은 학습 능력 저하는 물론, 결석률 증가와도 관련이 있는 것으로 나타나 교실 환경의 중요성을 새삼 생각해 보게 됩니다.

- **주제**: 실내 공기 질과 학습 능력
- **담화 유형**: 강연

33

정답 ④

문제 유형 중심 생각, 중심 내용, 화제 고르기

문제 해결 전략

이 문항은 화자의 설명이 전반적으로 다루는 주제가 무엇인지 파악해야 하는 문제입니다. 특히 처음과 끝에서 언급되는 주제, 반복적으로 강조되는 개념, 연결되는 사례나 연구 결과의 공통점 등을 중심으로 주제를 추론해야 합니다. 이 강연에서는 다양한 연구 결과가 소개되지만, 이 모든 정보는 '실내 공기 질'이 학생들의 학습 활동에 어떤 영향을 주는지를 보여 주는 예시입니다.

This question tests your ability to understand the overall topic of the speaker's explanation. To answer it correctly, focus on the beginning and ending of the passage, repeated key terms, and the common theme of the examples or research results presented. In this passage, various research findings are introduced. However, they all serve to illustrate how indoor air quality affects students' learning performance.

함께 보기: EBS TOPIK Ⅱ 종합서 p.54 유형 04

해설

① 심박수 등 건강과 관련된 내용이 나오기는 하지만 정신 건강에 대한 구체적인 말은 없으므로 맞지 않습니다.

② 실내 공기 오염에 대한 얘기는 있으나 환기에 대한 직접적인 표현은 없습니다.

③ 교실 환경과 관련된 이야기이지만 교실의 온도 변화에 대한 이야기는 없습니다.

④ 공기 질이 학습 능력에 어떤 영향을 주었는지를 다양한 사례를 통해 설명하고 있습니다. 따라서 정답은 ④번입니다.

① Although the passage briefly mentions heart rate and other physical effects, it does not directly discuss mental health, so this is incorrect.

② While air pollution is mentioned, there is no specific explanation about how to ventilate indoor spaces, making this option incorrect.

③ The speaker does discuss the classroom environment, but temperature changes are not mentioned.

④ The passage explains how air quality influenced learning ability through various research examples. Therefore, this is the correct answer.

34

정답 ④

문제 유형 들은 내용과 같은 것 고르기

문제 해결 전략

이 문제는 화자의 말과 같은 사실을 고르는 유형입니다. 정답을 찾기 위해서는 대화 속 구체적인 정보를 기억하고, 선택지의 표현이 내용과 정확히 일치하는지를 꼼꼼히 비교해야 합니다. 특히 이 문항에서는 기억력 테스트 점수, 과제 수행 시간, 심박수, 결석률 등 연구 결과로 제시된 구체적인 변화에 주의해서 들어야 정답을 고를 수 있습니다.

This question asks you to identify the statement that matches what the speaker said. To answer correctly, you must carefully remember specific details from the conversation and check whether the statements in the choices exactly match what was said. In this question, special attention should be paid to concrete findings from the research, such as memory test scores, task performance time, heart rate, and absenteeism rates.

함께 보기: EBS TOPIK Ⅱ 종합서 p.34 유형 03

해설

① 미세 먼지가 많은 날에는 집중력이 떨어졌다고 했으므로 반대 내용입니다.

② 식물이 있을 때 심박수가 안정적으로 유지되었다고 했으므로 반대 의미입니다.

③ 실내 공기 오염은 결석률 증가와도 관련이 있다고 말했기 때문에 관련이 없었다는 내용은 틀렸습니다.

④ 공기 질이 좋은 교실에서는 기억력 테스트 점수가 높았다고 했으므로 대화 내용과 정확히 일치합니다. 따라서 정답은 ④번입니다.

① The speaker said that concentration decreased on days with high fine dust levels, so this is the opposite of what was stated.

② The speaker said that heart rates remained stable in classrooms with plants, so this choice has the opposite meaning.

③ Since the speaker mentioned that indoor air pollution is related to increased absenteeism, saying there is no relation is incorrect.

④ The speaker said that students in classrooms with better air quality scored higher on memory tests, which matches the passage. Therefore, the correct answer is option ④.

35~36

제시문

남자: 저희 회사 제품을 믿고 사용해 주신 고객 여러분께 진심으로 감사드립니다. 최근 일부 전기차 모델에서 과도한 발열 현상이 발생한 문제에 대해 말씀드리려고 합니다. 먼저 사용에 불편을 드려 깊이 사과를 드립니다. 원인을 조사한 결과 특정 배터리 부품의 결함으로 인해 온도가 비정상적으로 상승하는 문제가 확인되었습니다. 현재 문제의 원인을 파악하고 개선된 배터리로 교체 서비스를 제공하고 있습니다. 해당 전기차를 구입한 고객께서는 가까운 서비스센터를 통해 무상으로 부품을 교체하실 수 있습니다. 앞으로도 더 안전하고 신뢰할 수 있는 제품을 위해 최선을 다하겠습니다. 다시 한번 사죄의 말씀을 드립니다.

- **주제**: 전기차 부품 결함 사과
- **담화 유형**: 공식적 자리에서의 인사말

35

정답 ③

문제 유형 대화 상황/참여자를 고르거나 화자의 의도, 태도, 말하는 방식 파악하기

문제 해결 전략

이 담화는 공식적인 자리에서의 인사말이라는 점이 중요합니다. 화자의 목적을 파악하려면 '감사 표현이 있는가?', '문제 상황에 대한 설명이 있는가?', '책임을 인정하거나 사과하는가?' 등의 요소에 주의하면서 들어야 합니다.

The important point here is that this speech is a formal greeting. To identify the speaker's purpose, pay attention to elements such as whether there is an expression of gratitude, an explanation of a problem, or an acknowledgment of responsibility or apology.

함께 보기: EBS TOPIK Ⅱ 종합서 p.78 유형 05

해설

① 사용 방법을 설명하거나 교육하는 내용은 대화에서 나타나지 않습니다.

② 홍보 목적의 담화가 아니라 문제 상황에 대한 설명과 사과가 나타나는 대화입니다.

③ 최근 일부 전기차 모델에서 과도한 발열 현상이 발생한 문제에 대해 말씀드리려 한다, 깊이 사과를 드린다 등의 표현을 통해 소비자에게 사과하고 있다는 것을 알 수 있습니다. 정답은 ③번입니다.
④ 새 자동차 모델에 대한 내용은 대화에서 찾을 수 없습니다.

① This is not the correct answer because the conversation does not include instructions or training.
② This is not correct either, since it is not a promotional message but a speech that explains the problem and includes an apology.
③ The correct answer is ③, because expressions such as "I would like to address the recent problem of excessive heat in some EV models" and "I sincerely apologize" show that the speaker is apologizing to consumers.
④ The conversation does not mention anything about a new car model, so this is not the correct answer.

36

정답 ③

문제 유형 들은 내용과 같은 것 고르기

문제 해결 전략

선택지의 내용을 먼저 읽으면서 어떤 내용을 주의해서 들어야 할지 생각합니다. 이 문제의 핵심어는 "전기차 부품 결함", "책임 인정", "무상 교체" 등입니다. 다시 들을 수 없기 때문에 듣는 중에 메모하거나 머릿속으로 요약하는 습관이 중요합니다.

Read the options first and think about what to focus on while listening. The key words in this problem are "EV parts defect," "accepting responsibility," and "free replacement." Since the recording cannot be replayed, it is important to take notes or summarize the main points in your head while listening.

함께 보기: EBS TOPIK Ⅱ 종합서 p.34 유형 03

해설

① 소비자의 과실이 아니라 제품 자체의 결함이 원인이므로 정답이 아닙니다.
② 조사는 이미 완료되었고 그 결과 배터리 부품 결함이라는 원인까지 확인된 상태로 정답이 아닙니다.
③ 개선된 배터리로 교체 서비스를 제공하고 있다는 내용에서 배터리 무상 교환 조치를 하고 있다는 사실을 확인할 수 있습니다. 정답은 ③번입니다.
④ 기존 제품의 문제 해결에 대한 내용만 다루고 있으며 신제품 출시에 대한 언급은 없습니다.

① It is not the correct answer because it is not the fault of the consumer, but the defect of the product itself.
② The investigation has already been completed and as a result, the cause of the battery part defect has been identified, and it is not the correct answer.
③ The statement that a replacement service with an improved battery is being provided confirms that the batteries are being exchanged free of charge. Therefore, ③ is the correct answer.
④ It only deals with troubleshooting existing products and there is no mention of new product launches.

37~38

제시문

남자: 오래된 책은 보존이 어렵다는 얘기를 들었는데요, 구체적으로 어떤 점을 신경 써야 하나요?

여자: 우리 도서관에서는 발행된 지 50년 이상 된 책은 따로 보관하고 있습니다. 겉보기에는 멀쩡해 보여도 실제로는 내부가 손상된 경우가 많기 때문에 전문가가 정기적으로 상태를 점검하고 있지요. 특히 1970년 이전에 만들어진 책들은 대부분 산성 종이로 제작되어 있어 종이가 갈색으로 변하거나 쉽게 부서지기 쉬워요. 또 종이에서 나오는 휘발성 물질이 주변 책까지 손상시킬 수 있어서 주의가 필요합니다. 이런 점들을 고려하면 일반인이 직접 관리하기에는 한계가 있습니다.

• **주제**: 오래된 책 관리 • **담화 유형**: 교양 프로그램

37

정답 ③

문제 유형 중심 생각, 중심 내용, 화제 고르기

문제 해결 전략

이 문제는 여자의 중심 생각을 찾는 문제입니다. 중심 생각은 단순한 사실이 아니라 화자의 의견이나 주장이므로 '~해야 한다'와 같은 강조 표현에 주의해야 합니다. 이 문항에서는 '전문가의 관리', '일반인의 한계'라는 표현을 통해 화자의 생각을 파악할 수 있습니다.

This question asks you to identify the woman's main idea. The main idea is not a simple fact but rather the speaker's opinion or claim, so pay attention to expressions that emphasize necessity, such as "should" or "must." In this dialogue, phrases like "professional management" and "the limits of non-experts" help reveal the speaker's main idea.

함께 보기: EBS TOPIK Ⅱ 종합서 p.54 유형 04

해설

① 오래된 책의 손상에 대해서는 말했지만 복원에 대한 내용은 없습니다.

② 일반인의 점검은 어렵다고 하였으므로 반대되는 내용입니다.

③ 전문가의 정기적인 점검이 필요하다고 강조하였으므로 중심 생각에 해당합니다. 따라서 정답은 ③번입니다.

④ 휘발성 물질에 대한 설명은 있으나 그에 대한 연구 필요성은 말하지 않았습니다.

① The damage to old books is mentioned, but there is no discussion about restoration.

② The speaker said it is difficult for non-experts to inspect old books, so this is the opposite of what she said.

③ The need for regular expert inspection is clearly emphasized, so this is the main idea. Therefore, the correct answer is option ③.

④ Although volatile substances from paper are discussed, the speaker does not mention the need for further research.

38

정답 ③

문제 유형 들은 내용과 같은 것 고르기

문제 해결 전략

이 문제는 들은 내용을 정확히 기억하고, 보기와 비교하여 같은 내용을 고르는 유형입니다. 구체적인 사실이나 수치, 조건 등을 중심으로 지문과 선택지를 꼼꼼히 비교해야 합니다. 특히 이 문항에서는 '1970년 이전', '휘발성 물질', '전문가 점검' 등과 같은 구체적 정보와 표현을 그대로 기억하고 연결하는 능력이 중요합니다.

This question asks you to choose the statement that matches what you heard. You need to carefully compare the passage and the options, focusing on concrete facts, numerical data, and conditions. In particular, this question requires you to accurately recall and connect specific expressions such as "before 1970," "volatile substances," and "expert inspection."

함께 보기: EBS TOPIK Ⅱ 종합서 p.34 유형 03

해설

① 겉보기에는 멀쩡해 보여도 실제로는 내부가 손상된 경우가 많다고 했으므로 반대 내용입니다.

② 1970년 이전에 만들어진 책들이 산성 종이로 제작되었다고 했으므로 잘못된 정보입니다.

③ 종이에서 나오는 휘발성 물질이 주변 책까지 손상시킬 수 있다고 했으므로 일치합니다. 따라서 정답은 ③번입니다.

④ 오래된 책은 이 도서관에서 따로 보관하고 있다고 하였으므로 맞지 않습니다.

① The speaker said that although the books may look fine, many are actually damaged inside. So this is the opposite.

② The text stated that books made before 1970 were made with acidic paper. This option reverses the time expression, so it's incorrect.

③ The passage clearly mentioned that volatile substances from paper can damage surrounding books. Therefore, the correct answer is option ③.

④ The speaker said the library keeps old books in a separate storage, not that they donated them. So this is incorrect.

39~40

제시문

여자: 지금까지 플라스틱 쓰레기로 생기는 환경 문제에 대해 이야기 나눠 봤는데요. 박사님, 그렇다면 일상생활에서 플라스틱 사용을 줄이려면 어떤 노력이 필요할까요?

남자: 플라스틱 문제는 우리가 매일 쓰는 물건들과 관련이 있기 때문에, 생활 속에서 개인의 작은 실천이 중요합니다. 예를 들어, 장을 볼 때 비닐봉지 대신 장바구니를 쓰고, 일회용 컵 대신 텀블러를 사용하는 거죠. 또 물건을 살 때 포장이 간단한 제품을 고르는 것도 도움이 됩니다. 무엇보다 중요한 건 플라스틱이 환경에 어떤 영향을 주는지를 사람들이 알아야 하고요. 스스로 줄이려는 마음을 가져야 합니다. 이런 개개인의 인식이 바뀌면 사회 전체의 소비 습관도 달라질 수 있습니다.

• **주제**: 플라스틱 쓰레기 • **담화 유형**: 대담

39 정답 ②

문제 유형 대화 전/후의 내용 고르기

문제 해결 전략

대화 전의 이야기를 추측하기 위해서는 여자의 말에 집중해서 들어야 합니다. 여자가 "지금까지 플라스틱 쓰레기로 생기는 환경 문제에 대해 이야기를 나눠봤는데요"라고 말하고 있으므로 플라스틱 쓰레기로 생긴 환경 문제 사례에 대한 이야기가 있었을 가능성이 큽니다.

To guess what happened before the conversation, you should listen carefully to the woman. Because she says, "We've talked about environmental issues caused by plastic use," it's likely that there was a story about an environmental issue caused by plastic waste.

함께 보기: EBS TOPIK Ⅱ 종합서 p.102 유형 06

해설

① 기술 개발에 대한 언급은 대화 내용에도 없고 대화의 맥락상 이전에도 나올 수 없습니다.

② 지금까지 플라스틱 쓰레기로 생기는 환경 문제에 대해 이야기를 나눴다는 말을 통해 이 대화 전에는 플라스틱 쓰레기로 인해 발생하는 환경 문제에 대한 이야기가 진행되었음을 알 수 있습니다. 정답은 ②번입니다.

③ 분리배출 방법이 아니라 일상에서 실천할 수 있는 사용 줄이기 방안에 대해 이야기하고 있습니다.

④ 대화 중에 남자는 플라스틱 사용을 줄이자는 인식 변화의 필요성을 강조하고 있습니다.

① There is no mention of technology development in the conversation and it cannot come before it in the context of the conversation.

② The remark that they have been talking about environmental issues caused by plastic waste shows that the earlier part of the conversation was about those problems. Therefore, ② is the correct answer.

③ This option is incorrect because the discussion is about ways to reduce plastic use in daily life, not about methods of separate disposal.

④ During the conversation, the man is emphasizing the need for a change of perception to reduce plastic use.

40 정답 ③

문제 유형 들은 내용과 같은 것 고르기

문제 해결 전략

이 문제는 플라스틱 쓰레기 줄이기에 대한 이야기이며, '비닐봉지 대신 장바구니 사용, 일회용 컵 대신 텀블러 사용, 포장 줄이기' 등의 방안을 제시하고 있습니다. 선택지에서는 들은 내용과 완전히 일치하는 것을 찾는 것이 중요합니다. 비슷하게 보이지만 단어 하나 바꿔서 의미가 달라진 선택지는 정답이 아닐 가능성이 큽니다.

This issue is about reducing plastic waste, and it suggests "using shopping bags instead of plastic bags, using tumblers instead of disposable cups, and reducing packaging." In the options, it is important to find the exact same thing that you hear. An option that looks similar but changes the meaning by altering even a single word is very likely incorrect.

함께 보기: EBS TOPIK Ⅱ 종합서 p.34 유형 03

해설

① 장을 볼 때는 장바구니를 써야 한다고 했으므로 정답이 아닙니다.

② 일회용 컵 대신 텀블러를 사용하라고 말했으므로

정답이 아닙니다.

③ 물건을 살 때는 포장이 간단한 제품을 고르라고 했습니다. 따라서 정답은 ③번입니다.

④ 개인의 작은 실천과 인식 변화가 중요하다고 강조하고 있으므로 정부의 노력이 중요하다는 것은 들은 내용과 맞지 않습니다.

① It is incorrect because it stated that one should use a shopping basket when grocery shopping.

② This is not the correct answer because it mentions using a tumbler instead of disposable cups.

③ It instructed choosing products with minimal packaging when purchasing goods. Therefore, the correct answer is ③.

④ It emphasizes that individual small actions and shifts in awareness are crucial, so the statement about government efforts being important does not align with what was heard.

41~42

제시문

여자: 크기가 5밀리미터 이하인 미세 플라스틱은 눈에 잘 보이지 않지만 우리 생활 곳곳에 존재합니다. 자연적으로 잘 분해되지 않고, 작고 가벼워 공기나 해류를 따라 바다, 강, 토양 등으로 널리 퍼지지요. 최근에는 우리가 마시는 물, 먹는 음식, 심지어 공기 중에서도 미세 플라스틱이 발견되고 있습니다. 이처럼 어디에서나 접촉할 수 있는 상황에서, 체내에 들어올 경우 염증이나 세포 손상을 일으킬 수 있다는 가능성이 제기되고 있습니다. 실제로 동물 실험에서는 미세 플라스틱이 세포 손상과 염증 반응을 유발한다는 결과가 확인되어 건강에 대한 우려가 커지고 있습니다.

• **주제**: 미세 플라스틱 • **담화 유형**: 강연

41

정답 ③

문제 유형 중심 생각, 중심 내용, 화제 고르기

문제 해결 전략

이 문항은 강연의 중심 내용을 파악하는 문제입니다. 도입부와 결론부, 그리고 반복적으로 강조되는 내용을 중심으로 듣는 것이 중요합니다. 이 강연에서는 미세 플라스틱의 정의, 퍼지는 경로, 건강에 미치는 영향 등이 모두 중심 내용을 뒷받침하는 설명입니다.

This question asks you to identify the main idea of the lecture. To answer correctly, focus on the introduction, conclusion, and content that is emphasized repeatedly. In this lecture, the explanation of what microplastics are, how they spread, and their impact on health all serve to support the main idea.

함께 보기: EBS TOPIK Ⅱ 종합서 p.54 유형 04

해설

① 이동 경로에 대해서는 설명하지만 그 연구가 중요하다는 말은 없습니다.

② 미세 플라스틱의 문제를 설명하지만 이를 해결하려는 노력이나 대응 방안은 제시되지 않습니다.

③ 강연 전체에서 가장 강조된 내용으로, 중심 내용에 해당합니다. 따라서 정답은 ③번입니다.

④ 동물 실험 결과에 대한 얘기가 나오지만 동물 실험 자체에 문제가 있다고 말하지는 않았습니다.

① The speaker talks about how microplastics spread, but not about the importance of studying their pathways.

② The speaker explains the problem of microplastics but does not mention any efforts or strategies to address it.

③ This is the main point emphasized throughout the lecture. Therefore, the correct answer is option ③.

④ The passage mentions the results of animal experiments, but it does not say that animal experimentation itself is a problem.

42

정답 ④

문제 유형 들은 내용과 같은 것 고르기

문제 해결 전략

이 문제는 '들은 내용과 같은 것을 고르기' 유형입니다. 지문에서는 미세 플라스틱의 성질, 발견 위치, 건강 영향, 실험 결과 등 구체적인 정보가 제시되므로 사실 여부를 정확히 확인하며 듣는 것이 중요합니다.

This question asks you to choose the statement that matches what you heard. The passage presents specific facts about microplastics, such as their properties, where they are found, their health effects, and experimental results. Therefore, it is important to listen carefully and verify whether each option is factually accurate.

함께 보기: EBS TOPIK Ⅱ 종합서 p.34 유형 03

해설

① 미세 플라스틱의 크기는 5밀리미터 이하이므로 들은 내용과 맞지 않습니다.
② 미세 플라스틱은 자연적으로 잘 분해되지 않는다고 말했으므로 정답이 아닙니다.
③ 미세 플라스틱은 공기와 해류를 따라 널리 발견되고 있으므로 정답이 아닙니다.
④ 미세 플라스틱은 체내에 들어올 경우 염증이나 세포 손상을 일으킬 수 있다는 것을 말하고 있습니다. 따라서 정답은 ④번입니다.

① The size of microplastics is 5 millimeters or smaller, so this does not match the information provided.
② Since microplastics are said to not break down naturally, this is not the correct answer.
③ Microplastics are widely found carried by air and ocean currents, so this is not the correct answer.
④ It states that microplastics can cause inflammation or cell damage when ingested. Therefore, the correct answer is ④.

43~44

제시문

남자: 천천히, 그러나 깊게. 시간이 우리의 장을 만든다. 전통 된장은 메주를 띄우는 일에서 시작된다. 잘 말린 콩을 삶아 찧고, 짚으로 묶어 매달거나 선반에 올려 두면 자연의 미생물이 살아 숨을 쉰다. 이 발효 과정은 장 속에 풍부한 유익균을 만들어 내며 장 건강과 면역력에 도움이 된다. 이렇게 완성된 메주는 소금물에 담가 수개월 동안 발효되는데, 위로 떠오른 맑은 액은 간장으로, 아래 남은 덩어리는 된장으로 나뉜다. 이후 된장은 항아리에 담겨 햇살과 바람을 맞으며 오랜 시간 숙성된다. 오랜 세월 이어져 온 이 발효 음식은 단순한 조미료가 아니다. 한민족의 식문화와 지혜가 담긴 유산이다.

• **주제**: 된장 만드는 순서 • **담화 유형**: 다큐멘터리

43

정답 ②

문제 유형 중심 생각, 중심 내용, 화제 고르기

문제 해결 전략

이 유형은 지문 전체의 중심 내용(주제)을 파악하는 문제입니다. 처음부터 끝까지 가장 일관되게 강조되거나 반복되는 내용이 무엇인지 판단하는 것이 중요합니다. 이 문항에서는 된장의 정의나 역사보다는, 콩을 삶는 것부터 숙성까지의 과정이 단계적으로 설명되고 있으므로 '순서 중심 설명'인지 여부에 주목하면 정답을 쉽게 고를 수 있습니다.

This question type requires identifying the main idea (topic) of the entire passage. To answer correctly, it's important to determine which idea is consistently emphasized or repeated from beginning to end. In this question, rather than focusing on the definition or historical background of doenjang (fermented soybean paste), the passage explains the step-by-step process—from boiling the beans to fermentation and aging. Therefore, paying attention to whether the passage is structured around a sequence of steps will help you choose the correct answer.

함께 보기: EBS TOPIK Ⅱ 종합서 p.54 유형 04

해설

① 오랜 세월 이어져 온 음식이라는 언급은 있지만 역사적 의미를 중심으로 설명하고 있지는 않습니다.
② 된장이 만들어지는 과정을 순서대로 설명하고 있습니다. 따라서 정답은 ②번입니다.
③ 된장의 지역적 특성에 대한 내용은 없었습니다.
④ 된장의 숙성 과정은 설명되었지만 보관법이나 관리 방법에 대한 내용은 나오지 않았습니다.

① Although the passage mentions that doenjang has been passed down since the Goryeo period, it does not focus on its historical significance.
② The passage explains the process of how doenjang is made in sequential order. Therefore, the correct answer is option ②.
③ The passage does not provide any information about the regional characteristics of doenjang.
④ While the aging process of doenjang is described, there is no mention of how it is stored or managed.

44

정답 ①

문제 유형 들은 내용과 같은 것 고르기

문제 해결 전략

이 문제는 대화에서 들은 사실과 같은 내용을 찾는 문제입니다. 단어가 비슷하다고 고르지 말고 정확히 들은 내용인지를 기준으로 판단해야 합니다. 이 문항에서는 된장이 만들어지는 순서를 중심으로 내용을 잘 듣는 것이 중요합니다.

This question asks you to choose the option that matches the factual information heard in the dialogue. Do not choose an answer just because the words sound similar—instead, judge based on whether the content matches what was clearly stated. In this item, it is important to focus on the sequence of how doenjang is made and listen carefully.

함께 보기: EBS TOPIK Ⅱ 종합서 p.34 유형 03

해설

① 위로 떠오른 맑은 액은 간장으로, 아래 남은 덩어리는 된장으로 나뉜다고 했으므로 지문과 내용이 일치합니다. 따라서 정답은 ①번입니다.
② 된장은 항아리에 담겨 햇살과 바람을 맞으며 오랜 시간 숙성된다고 했으므로 '고온'과 '빠르게'는 지문과 반대되는 내용입니다.
③ 메주는 소금물에 담가 수개월 동안 발효된다고 했으므로 '하루 발효'는 틀린 정보입니다.
④ 된장은 햇살과 바람을 맞으며 숙성된다고 했으므로 바람이 없는 곳에서 보관한다는 말은 맞지 않습니다.

① The passage says that the clear liquid that rises to the top becomes soy sauce, and the remaining solid becomes doenjang. Therefore, the correct answer is ①.
② It is stated that doenjang is stored in jars and aged slowly with sunlight and wind. Therefore, "high temperature" and "quickly" are the opposite of what is said.
③ The passage explains that meju is fermented in salt water for several months. So "fermented in one day" is incorrect.
④ It is incorrect because the passage states that doenjang is aged while being exposed to sunlight and wind, not stored in a place without wind.

45~46

제시문

여자: 오늘은 조선 시대 실학자 정약용의 개혁 사상에 대해 말씀드리겠습니다. 정약용은 조선 후기의 대표적인 사상가이자 실학자입니다. 그는 백성의 삶을 바꾸기 위해 여러 제도를 비판하고 새로운 정책을 제안했는데요. 특히 목민심서를 통해 지방 관리가 지녀야 할 자세와 백성에 대한 책임을 강조했습니다. 또한, 경세유표에서는 나라의 제도와 정치 구조에 대해 체계적인 개혁안을 제시하기도 했습니다. 정약용은 이 외에도 과학, 기술, 교육 등 다양한 분야에서도 실용적인 방안을 모색했습니다. 그의 사상은 단순한 이론에 그치지 않고 백성들의 삶을 실질적으로 개선하려는 실천적 철학이었습니다. 정약용의 사상은 당시 사회의 모순을 비판하는 데 그치지 않고, 현실적인 대안을 제시했다는 점에서 오늘날까지도 의미 있는 철학으로 평가받고 있습니다.

• **주제**: 정약용의 개혁 사상 • **담화 유형**: 강연

45

정답 ①

문제 유형 들은 내용과 같은 것 고르기

문제 해결 전략

들은 내용과 같은 것을 고르는 문제 유형으로 정약용이 주장한 개혁의 구체적인 내용을 들으면서 간단히 메모합니다. 선택지의 내용을 메모와 비교하여 들은 내용과 정확히 일치하는지를 확인합니다.

This is a question type where you choose the statement that matches what you heard. While listening, make brief notes on the specific reforms proposed by Jeong Yakyong. Then compare the options with your notes to check which one matches.

함께 보기: EBS TOPIK Ⅱ 종합서 p.34 유형 03

해설

① 강연에서 정약용은 조선 후기 대표적인 실학자로서 백성의 삶을 바꾸기 위해 여러 제도를 비판하고 정치·사회 개혁안을 제시했다고 했으므로 정답은 ① 번입니다.

② 강연에서 정약용은 과학, 기술에도 관심을 가졌다고 했으므로 사실과 다릅니다.

③ 정약용이 '왕권 강화'보다는 '백성 중심의 개혁'에 관심을 두었다는 설명과 맞지 않습니다.

④ 정약용은 조선 후기의 대표적인 실학자이므로 정답이 아닙니다.

① In the lecture, Jeong Yak-yong, as a representative scholar of the late Joseon Dynasty, criticized various systems and proposed political and social reforms to change the lives of the people, so the answer is number ①.

② In the lecture, Jeong Yak-yong said that he was also interested in science and technology, so it is not true.

③ It does not fit the explanation that Jeong Yak-yong was interested in "people-centered reform" rather than "strengthening the monarchy."

④ Jeong Yak-yong is a representative Silhak scholar of the late Joseon Dynasty, so it is not the correct answer.

46

정답 ④

문제 유형 대화 상황/참여자를 고르거나 화자의 의도, 태도, 말하는 방식 파악하기

문제 해결 전략

이 문제는 강연을 듣고 여자가 말하는 방식을 찾아야 합니다. 여자가 어떤 순서로 내용을 설명하는지를 확인한 후, 구체적인 사례(목민심서, 경제 제도 개혁), 분야별 나열, 객관적 설명 등 어떤 방식을 사용하는지 파악해야 합니다. 이 문제는 정약용이라는 인물의 업적과 의미를 쉽게 전달하고 있습니다.

For this question, you should listen to the lecture and find the way the woman speaks. After checking in which order the woman explains the content, you should figure out what method she uses, such as specific examples(people's mind book, economic reform), listing by field, and objective explanation. This question easily conveys the achievements and meaning of the character, Jeong Yak-yong.

함께 보기: EBS TOPIK Ⅱ 종합서 p.78 유형 05

해설

① 정약용의 업적을 비판하거나 주장하지 않았으므로 정답이 아닙니다.

② 담화에서 다른 실학자들과의 비교는 등장하지 않습니다.

③ 통계 자료나 수치 분석은 사용되지 않았습니다.

④ 이 강연에서는 조선 시대 실학자 정약용의 사상과 업적을 중심으로 설명하고 있습니다. 정약용의 업적을 나열하고, 그 의미를 해석하여 설명하는 방식이기 때문에 ④번이 정답입니다.

① It is not the correct answer because it did not criticize or claim Jeong Yak-yong's achievements.

② Comparisons with other realists do not appear in the discourse.

③ No statistical data or numerical analysis was used.

④ This lecture focuses on the thoughts and achievements of Jeong Yak-yong, a real scholar of the Joseon Dynasty. Number ④ is the correct answer because it is a method of listing the achievements of the protagonist and interpreting and explaining the meaning.

47~48

제시문

여자: 최근 급속한 고령화로 인해 노인 돌봄에 대한 관심이 높아지고 있습니다. 박사님, 현재 우리 사회의 노인 돌봄 시스템은 어떤 과제를 안고 있다고 보시나요?

남자: 네. 고령 인구가 빠르게 증가하고 있음에도 불구하고 돌봄 인력과 제도적 기반은 여전히 미비한 상황입니다. 특히 과거처럼 가족이 중심이 되는 돌봄이 점차 어려워지면서 국가와 지역 사회가 돌봄 책임을 분담해야 한다는 인식이 확산되고 있는데요. 최근에는 노인이 시설에 의존하지 않고 자신이 거주하는 지역에서 필요한 서비스를 통합적으로 제공받는 '커뮤니티 케어', 즉 지역 사회 중심 돌봄이 대안으로 부상하고 있습니다. 이는 노인의 삶의 질을 향상시키는 동시에, 자율성을 보장한다는 점에서 지속 가능한 돌봄 모델로 평가받고 있습니다.

• **주제**: 노인 돌봄 체계 • **담화 유형**: 대담

47

정답 ③

문제 유형 들은 내용과 같은 것 고르기

문제 해결 전략

이 문제는 들은 내용과 같은 것을 고르는 문제입니다. 핵심어 중심으로 메모합니다. 남자의 말에서는 '돌봄 인력·제도 기반 부족, 가족 중심 돌봄의 한계, 국가와 지역 사회 역할, 커뮤니티 케어' 등이 중요합니다. 이 정보를 바탕으로 대화 내용과 완전히 일치하는 선택지를 찾아야 합니다.

This is a question type where you choose the statement that matches what you heard. Take notes focusing on keywords. In the man's comments, important points include "lack of care personnel and institutional support, limitations of family-centered care, the roles of the state and community, and community care." Based on these points, you must find the option that fully matches the conversation.

함께 보기: EBS TOPIK Ⅱ 종합서 p.34 유형 03

해설

① 남자는 현행 돌봄 정책은 여전히 가족에게 부담이 크다고 지적하며 제도의 변화가 필요하다고 했기 때문에 맞지 않는 내용입니다.

② 커뮤니티 케어는 지역 사회 안에서 일상생활을 유지하며 돌봄을 받을 수 있게 하는 제도입니다. 요양 시설 확대와는 방향이 다르므로 정답이 아닙니다.

③ 남자는 고령 사회에서는 가족에게만 돌봄 책임을 지우기보다 지역 사회가 돌봄의 중심이 되어야 한다고 말하고 있으므로 정답은 ③번입니다.

④ 현재 정책은 오히려 가족, 특히 여성에게 부담이 집중되어 있어 이를 해결해야 한다는 지적이 있었습니다. 따라서 정답이 아닙니다.

① The man pointed out that the current care policy is still burdensome to the family and said that the system needs to be changed, so it is not right.

② Community care is a system that allows people to maintain their daily lives and receive care within the community. It is not the answer because it is in a different direction from the expansion of nursing homes.

③ The man says that in an aging society, the community should be the center of care rather than the responsibility of care only for the family, so the answer is number ③.

④ It was pointed out that the current policy is rather focused on families, especially women, and that it should be addressed. Therefore, it is not the correct answer.

48

정답 ①

문제 유형 대화 상황/참여자를 고르거나 화자의 의도, 태도, 말하는 방식 파악하기

문제 해결 전략

남자의 태도로 알맞은 것을 고르는 문제로 남자 말의 전반적인 분위기를 파악해야 합니다. 남자는 노인 돌봄 체계의 문제→필요성 강조→커뮤니티 케어와 같은 대안 제시→지속 가능한 돌봄 필요성을 강조하는 구조로 이야기하고 있습니다.

This question asks you to choose the option that best reflects the man's attitude, so you need to grasp the overall tone of his remarks. He speaks in a structure that moves from problems in the elderly care system → emphasis on the need for reform → presenting alternatives such as community care → stressing the importance of sustainable care.

함께 보기: EBS TOPIK Ⅱ 종합서 p.78 유형 05

해설

① 현재 노인 돌봄 시스템이 제도적, 인력적으로 미비하다는 점을 지적하고 있으며 기존 가족 중심 돌봄의 한계를 언급한 후, 새로운 대안을 제시하고 있습니다. 따라서 정답은 ①번입니다.

② 고령화 문제를 과장되었다고 평가한 내용이 아니므로 정답이 아닙니다.

③ 남자는 국가와 지역 사회의 책임 분담이 필요하다고 말하고 있으므로 정답이 아닙니다.

④ 돌봄 체계가 여전히 미비하다는 말과 상반되는 내용으로 남자의 태도로 맞지 않습니다.

① It points out that the current system of care for the elderly is systematically and manpower-deficient, and after mentioning the limitations of existing family-centered care, a new alternative is suggested. Therefore, the answer is number ①.

② It is not an exaggerated evaluation of the aging problem, so it is not the correct answer.

③ The man is saying there needs to be a shared responsibility between the state and the community, so it's not the answer.

④ This is not the correct answer because it contradicts the statement that the care system is still inadequate, and therefore does not reflect the man's attitude.

49~50

제시문

남자: 여러분은 '영웅'이라고 하면 어떤 인물이 떠오르시나요? 전쟁터에서 나라를 위해 싸운 장군일까요? 과거 전통적인 사회에서 '영웅'은 특별한 능력을 지닌 사람이나 국가적 위기 상황에서 나타난 존경받는 인물을 의미했습니다. 하지만 최근에는 영웅의 의미가 조금 달라지고 있는데요. 예를 들어, 불이 난 건물에서 생명을 구하기 위해 위험을 무릅쓰고 뛰어든 이웃 주민, 혹은 사회적 약자의 인권을 지키기 위해 거리로 나선 평범한 시민들도 '사회적 영웅'이라 불리고 있습니다. 이들은 특별한 직업이나 지위를 가지고 있지는 않지만 공공의 이익을 위해 자신의 이익을 기꺼이 희생하는 용기를 보여 줍니다. 이런 점에서 현대 사회에서 주목받는 새로운 영웅상이라 할 수 있습니다. 즉, 영웅의 개념이 전통적인 기준에서 벗어나 더욱 다양해지고 있으며 이러한 변화는 우리가 영웅을 바라보는 시각에도 큰 영향을 주고 있습니다.

• **주제**: 사회적 영웅 • **담화 유형**: 강연

49

정답 ③

문제 유형 들은 내용과 같은 것 고르기

문제 해결 전략

이 문제는 들은 내용과 같은 것을 찾아야 합니다. 제시된 예시는 반드시 핵심적인 주제(영웅 개념 변화)와 연결해서 이해해야 합니다. 선택지를 읽으며 숫자, 시기, 조건 등이 들은 내용과 같은지 꼼꼼하게 비교해야 합니다. 원문과 의미가 조금이라도 바뀌면 정답이 아닐 가능성이 큽니다.

This is a "match what you heard" question. Read the examples in relation to the core theme—a shift in the concept of a hero. As you go through the options, carefully compare numbers, time frames, and conditions with the listening passage. If the wording or meaning differs even slightly from what you heard, the option is likely incorrect.

함께 보기: EBS TOPIK Ⅱ 종합서 p.34 유형 03

해설

① 남자는 특별한 직업이나 지위를 가지고 있지 않아도 영웅이 될 수 있다고 말하고 있으므로 정답이 아닙니다.

② 남자는 일상 속 시민들도 영웅이 될 수 있다고 설명하므로 맞지 않습니다.

③ 전통적인 영웅이 전쟁이나 재난 등 극한 상황에서 용기를 보인 인물을 의미했지만 최근에는 개념이 확장되어 일상 속에서 사회적 가치를 실현한 평범한 시민들 또한 사회적 영웅으로 인식되고 있다고 설명합니다. 따라서 정답은 ③번입니다.

④ 남자는 최근 들어 영웅의 개념이 확장되고 있다고 하며 전통적 개념이 변화 중임을 설명하고 있으므로 정답이 아닙니다.

① The statement that a man can be a hero even without a special occupation or status is incorrect.

② This is not the correct answer because the man explained that even ordinary citizens in daily life can be heroes.

③ The correct answer is ③, because the man said that while traditional heroes were defined as those who showed courage in extreme situations such as wars or disasters, the concept has now expanded to include ordinary citizens who realize social values in everyday life.

④ The man says that the concept of hero has been expanding recently and explains that the traditional concept is changing, so it's not the answer.

50

정답 ④

문제 유형 대화 상황/참여자를 고르거나 화자의 의도, 태도, 말하는 방식 파악하기

문제 해결 전략

남자가 말하는 방식에 대한 문제입니다. 전체 내용을 듣고 남자가 무엇을 전달하려고 하는지를 확인합니다. 이 문제는 전통적인 영웅 개념과 현대의 사회적 영웅 개념을 비교하여 설명하고 변화된 시각을 전달하는 것이 목적입니다. '예를 들어', '혹은'과 같은 표현은 사례 제시 방식입니다. 그리고 대조적 표현인 '하지만', '과거에는', '최근에는'과 같은 표현에도 주목해야 합니다.

It's a question of how a man talks. Listen to the whole story and see what the man is trying to convey. This problem aims to compare traditional hero concepts with modern social hero concepts to explain them and to convey a changed perspective. Expressions such as 'for example', 'or' are case presentation methods. And you should pay attention to contrasting expressions such as 'but', 'in the past', and 'in recent years'.

함께 보기: EBS TOPIK Ⅱ 종합서 p.78 유형 05

해설

① 사회적 영웅의 사례는 나열되었지만 긍정적으로 소개했을 뿐 비판하지 않았습니다.

② 통계나 수치 자료는 전혀 등장하지 않았습니다.

③ 전문가의 말을 인용하거나 자신의 주장을 증명하며 말하고 있지 않습니다.

④ 최근의 사회적 영웅의 개념 변화를 설명하면서 예시를 통해 비교하고 변화의 흐름을 설명하고 있습니다. 따라서 ④번이 정답입니다.

① This option is incorrect because cases of social heroes were listed only in a positive way and were not criticized.

② This is not the correct answer because no statistics or numerical data were mentioned.

③ This option is incorrect because the speaker did not quote experts or support the points with proof.

④ The correct answer is ④ because the speaker explained recent changes in the concept of social heroes, compared them through examples, and showed the flow of that change.

51

정답 ㉠ 미뤄졌어
㉡ 확인해 봐

제시문

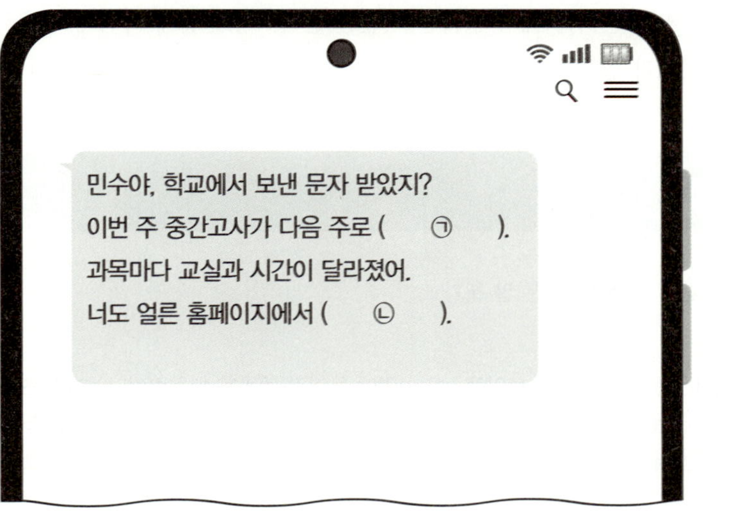

민수야, 학교에서 보낸 문자 받았지?
이번 주 중간고사가 다음 주로 (㉠).
과목마다 교실과 시간이 달라졌어.
너도 얼른 홈페이지에서 (㉡).

- **주제**: 시험 일정 변경
- **텍스트/자료 유형**: 개인 메시지

문제 유형 맥락에 맞게 빈칸에 알맞은 말 쓰기

문제 해결 전략

우선 ( ) 앞뒤에 제시된 문장의 내용을 파악해 ( ) 안에 들어갈 내용을 떠올립니다. 그다음으로 제시된 글의 문장 형식과 통일해 써야 합니다. 구어체 반말 표현을 사용한 일상 대화형 문장을 사용하고 있고, 먼저 정보를 전달한 뒤 행동을 유도하는 구성을 가지고 있습니다.

First, think about the content of the sentences before and after the blank to figure out what should go in it. Next, make sure that your sentences is consistent with the structure used in the given passage. The passage uses informal, conversational language in a casual tone. It first provides information, then encourages the reader to take a specific action.

함께 보기: EBS TOPIK Ⅱ 종합서 p.208 유형 14

해설

"이번 주 중간고사가 다음 주로 (㉠)."

시험 날짜가 바뀌었음을 전달하고 있는데 '다음 주'라는 표현이 있으므로 기존보다 더 늦춰졌다는 내용이 들어가야 합니다. 따라서 (㉠)에는 일정이 뒤로 이동했음을 의미하는 '연기됐어, 미뤄졌어, 늦춰졌어' 정도가 어울립니다.

"너도 얼른 홈페이지에서 (㉡)."

달라진 정보에 대한 상세 내용을 홈페이지에서 확인하라는 내용이 이어집니다. '홈페이지에서' 뒤에는 '확인하다', '찾다'라는 동사가 들어가야 자연스럽습니다. 따라서 '확인해 봐, 찾아봐' 등이 적절합니다.

"This week's midterm has been (㉠) to next week."

This sentence conveys that the exam date has changed. Since it mentions "next week", it implies that the exam has been postponed. Therefore, appropriate expressions for (㉠) include "postponed", "pushed back" or "rescheduled."

The following sentence conveys the idea that detailed information about the changes should be checked on the website. After the phrase "on the website", it is natural for a verb such as "confirm" or "find" to follow. Therefore, expressions such as "check on the website" or "find on the website" are appropriate.

52

정답 ㉠ 부족해지는
㉡ 노력이 필요하다

제시문

요즘 청소년들은 스마트폰이나 게임에 많은 시간을 쓴다. 이로 인해 학업에 집중하지 못하거나 수면 시간이 (　　㉠　　) 문제가 발생한다. 이런 문제를 줄이기 위해서는 하루 사용 시간을 정하고, 스스로 조절하는 습관을 기르려는 (　　㉡　　). 올바른 스마트폰 사용 습관은 건강한 생활을 하는 데 큰 도움이 된다.

• **주제**: 스마트폰 과다 사용의 문제점과 해결 방안
• **텍스트/자료 유형**: 설명문

문제 유형 맥락에 맞게 빈칸에 알맞은 말 쓰기

문제 해결 전략

우선 (　) 앞뒤에 제시된 문장의 내용을 파악해 (　) 안에 들어갈 내용을 떠올립니다. 그다음으로 제시된 글의 문장 형식과 통일해 써야 합니다. 이 글은 스마트폰 과다 사용의 문제점과 그 해결 방법을 제시하는 글입니다. 먼저 현실의 문제를 지적하고 그에 대한 해결 방안을 제시하고 있습니다. 명확한 원인, 결과 구조를 보이고 있으며 마지막으로 독자에게 바람직한 행동을 유도하고 있습니다.

First, examine the content of the sentences before and after the blank to determine what should go in it, and then make sure that your sentence is consistent with the structure and tone of the passage. This text addresses the problems caused by excessive smartphone use and presents possible solutions. It begins by pointing out real-life issues, then proposes ways to resolve them. The passage follows a clear cause-and-effect structure and ultimately encourages readers to take desirable actions.

함께 보기: EBS TOPIK Ⅱ 종합서 p.208 유형 14

해설

"이로 인해 학업에 집중하지 못하거나 수면 시간이 (㉠) 문제가 발생한다."

앞에서 문제 상황을 진술한 이후, 그로 인한 결과를 설명하는 내용입니다. '수면 시간이'라는 주어와 '문제가 발생한다'라는 결과를 연결해 주는 형태입니다. 이때 빈칸에는 '수면 시간이 어떻게 변했는지'를 나타내는 상태 변화 표현이 필요합니다. 주어의 상태가 변했음을 자연스럽게 표현해야 하므로 '부족해지다', '줄어들다' 정도가 적당합니다.

"이런 문제를 줄이기 위해서는 하루 사용 시간을 정하고, 스스로 조절하는 습관을 기르려는 (㉡)."

(㉡)은 문제 해결을 위한 행동과 태도를 강조하는 부분이므로, '기르려는 (㉡)'이라는 문장 구조에 맞는 명사 형태의 단어를 선택해야 자연스럽습니다. '기르려는' 뒤에는 목적어나 대상이 올 수 있는 명사 자리가 필요합니다. 따라서 행동을 강조하는 명사인 '노력'을 넣으면 '습관을 기르려는 노력'이라는 명사구가 완성되어 문법적으로 올바르고 의미도 명확해집니다.

"As a result, problems arise such as being unable to concentrate on studies or experiencing (㉠) sleep time."
The passage first states the problem and then explains its consequences. Here, (㉠) needs to express a change in the state of "sleep time" in a natural way, such as "a decrease" or "a reduction" which conveys that sleep time has become insufficient.

"To reduce these problems, it is necessary to set a daily usage time and develop the (㉡) to control it yourself."
(㉡) emphasizes the behavior and attitude needed to solve the problem. Since the phrase structure is "develop the (㉡)", it requires a noun that serves as the object. Therefore, a noun that expresses trying, like "effort", completes the phrase as "effort to build good habits" which is grammatically correct and clear in meaning.

53

제시문

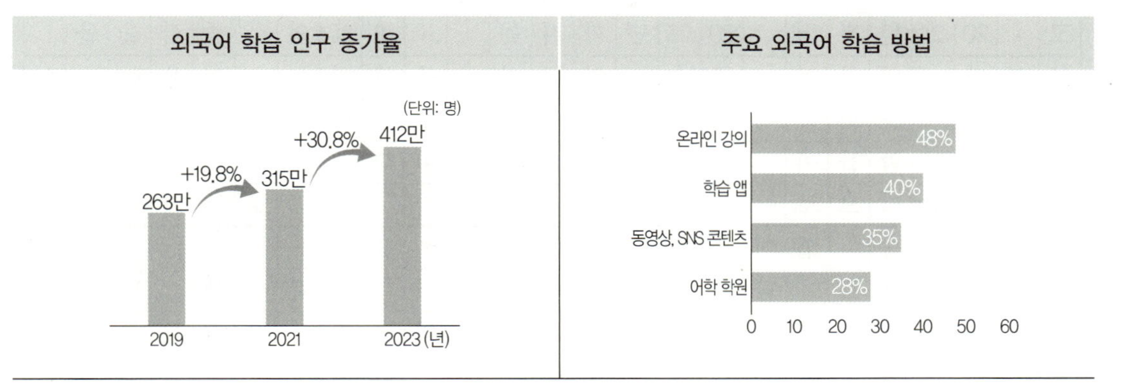

외국어 학습 증가 이유	• 여행 및 문화 이해 • 해외 거주 및 유학 준비

- **주제:** 외국어 학습 인구 증가
- **자료 설명**
  1) 외국어 학습 인구 변화의 흐름을 제시
  2) 외국어 학습 증가 이유 기술
  3) 주요 외국어 학습 방법 제시(디지털 중심이라는 점 부각)

문제 유형 자료를 설명하는 글 쓰기

문제 해결 전략

이 문제는 '외국어 학습 인구 증가'와 관련된 세 가지 자료를 요약해 설명하는 과제입니다. 전체 흐름은 '인구 변화 → 이유 → 학습 방법' 순으로 정리하는 것이 적절합니다. 각 문장은 하나의 자료에 기반하여 중복 없이 정보 요약, 그리고 해석과 연결 문장을 덧붙이면 됩니다. 각 자료를 정확하게 연결하고 통합하면서 논리적 흐름을 잘 유지하는 것이 핵심입니다.

This task involves summarizing and explaining three sources related to the increase in the population learning foreign languages. The overall structure should follow this order / the following order: "population change → reasons → learning methods." Each sentence should be based on one source without overlapping information. Additionally, include interpretation and connecting sentences. The key is to accurately link and integrate each source while maintaining a coherent and logical flow.

함께 보기: EBS TOPIK Ⅱ 종합서 p.220 유형 15

해설

1. 외국어 학습 인구의 증가 현상을 요약합니다. 2019년~2023년의 급증을 강조하고, 그 원인을 추론적으로 연결합니다.
2. 외국어 학습 증가의 이유로 여행 및 문화 이해와 해외 거주 및 유학 준비로 설명합니다.
3. 어떻게 학습하는가에 대한 정보를 요약하여, 학습이 디지털 기반 학습 중심이라는 점을 부각시킵니다.

1. Summarize the trend of the increasing number of people learning foreign languages, emphasizing the sharp rise between 2019 and 2023, and infer possible reasons for this surge.
2. Explain the reasons for this increase, focusing on travel and cultural understanding, as well as preparation for living or studying abroad.
3. Summarize how people are learning foreign languages, highlighting that most of this learning now takes place on digital platforms.

	교	육	부	에		따	르	면		20	19	년		외	국	어		학	습		인	구	는	
26	3	만		명	이	었	으	나		20	23	년	에	는		41	2	만		명	으	로		증
가	했	다	.	20	19	년	부	터		20	21	년	까	지	는		19	.8	%	가		증	가	했
고	,	20	21	년	부	터		20	23	년	까	지	는		30	.8	%	의		증	가	율	을	
보	였	다	.	외	국	어		학	습		인	구	가		증	가	하	는		이	유	는		여
행		및		문	화		이	해	와		해	외		거	주		또	는		유	학		준	비
하	는		사	람	들	이		많	아	졌	기		때	문	이	다	.	주	요		외	국	어	
학	습		방	법	으	로	는		온	라	인		강	의	가		48	%	로		가	장		많
았	고	,	학	습		앱	이		40	%	,	동	영	상	·	S	N	S		콘	텐	츠	가	
35	%		순	으	로		나	타	났	다	.	반	면		어	학		학	원	에		다	니	는
사	람	은		28	%	였	다	.	이	를		통	해		외	국	어		학	습	은		대	부
분		디	지	털		플	랫	폼	을		통	해		진	행	되	고		있	음	을		알	
수		있	다	.																				

54

제시문

기후 변화, 대기 오염, 자원 고갈 등 환경 문제가 갈수록 심각해지고 있다. 이러한 문제는 인간의 생존과 직결되는 만큼 환경 보호를 위한 실천이 어느 때보다 절실하다. 아래의 내용을 중심으로 환경 보호의 필요성과 이를 실현하기 위한 구체적인 방안에 대한 자신의 생각을 쓰라.

- 환경 보호가 왜 중요한가?
- 환경을 보호하지 않을 경우 어떤 문제가 발생하는가?
- 환경 보호를 위해 개인과 사회가 실천할 수 있는 방안은 무엇인가?

- **주제**: 환경 보호의 중요성과 구체적인 실천 방안
- **필수 포함 내용**
  1) 환경 보호가 왜 중요한지 설명
  2) 실천하지 않을 경우에 발생하는 문제 분석
  3) 개인과 사회가 실천할 수 있는 구체적 해결 방안 제시

문제 유형 주장하는 글 쓰기

문제 해결 전략

환경 문제는 인간 생존과 직결된다는 점을 강조해야 합니다. 단순 이론이 아닌 일상 속 실천 가능한 방안을 제시해야 설득력이 있습니다. 그리고 환경 문제에 대하여 개인과 사회가 공동으로 책임을 져야 함을 강조하면서 마무리합니다. 이 글의 핵심은 '환경은 선택이 아닌 생존의 조건'이라는 명제를 중심으로, 위기감과 책임감을 전달하면서 개인과 사회가 함께 실천할 수 있는 구체적 대안을 논리적으로 제시하는 데 있습니다.

It is essential to emphasize that environmental issues are directly linked to human survival. To be persuasive, the argument should not remain theoretical but must present practical, everyday solutions that individuals can realistically apply. The conclusion should stress that both individuals and society share responsibility for addressing environmental problems. At the heart of this essay is the idea that "the environment is not a choice, but a condition for survival." The goal is to convey a sense of urgency and responsibility while logically presenting concrete actions that can be taken collectively by individuals and the broader community.

함께 보기: EBS TOPIK Ⅱ 종합서 p.258 유형 16

해설

서론	환경 문제의 심각성과 환경 보호의 시급성
본론	1. 환경 보호가 중요한 이유 2. 환경 파괴가 초래하는 문제
결론	개인적, 사회적 실천 방안

1. 서론: 문제 제기와 주제 의식 제시

먼저 기후 변화, 환경 오염, 자원 고갈 등 환경 문제가 점점 심각해지고 있으며, 이로 인해 환경 보호가 더 이상 미룰 수 없는 과제가 되었다는 점을 강조합니다. "현대 사회의 편리함은 환경의 희생 위에 세워졌고, 이제는 그 대가를 치르고 있다. 더 늦기 전에 환경을 보호하기 위한 실천이 절실하다." 정도가 적절합니다.

2. 본론 1: 환경 보호가 중요한 이유

두 번째 단락에서는 환경이 인간 생존의 기반이라는 점을 중심으로 중요성을 설명합니다. 깨끗한 공기, 안전한 식수, 안정된 기후 없이는 건강한 삶과 지속 가능한 사회가 불가능하다는 논리를 전개합니다. "환경은 인간의 생명과 직결된 토대이며, 이를 보호하는 것은 곧 우리의 삶을 지키는 일이다."라는 문장이 핵심 주장을 잘 드러냅니다.

3. 본론 2: 환경을 보호하지 않을 경우의 문제

이 문단에서는 환경 파괴가 실제 삶에 끼치는 부정적 영향을 구체적으로 설명합니다. 기후 변화 → 폭우, 폭염, 해수면 상승. 대기 오염 → 호흡기 질환, 조기 사망. 자원 고갈 → 식수·식량 부족. "환경 문제는 어느 한 분야에 그치지 않고, 사회 전체의 위기로 번질 수 있다."처럼 문장을 마무리하면 좋습니다.

4. 결론: 실천 가능한 방안 제시

결론에서는 개인과 사회의 역할 분담과 실천 방안을 구체적으로 서술합니다. 개인이 실천할 수 있는 것으로 일회용품 줄이기, 대중교통 이용, 친환경 제품 소비, 분리배출 실천 등이 있습니다. 사회적 실천 방안으로는 친환경 정책 확대, 기업의 지속 가능한 생산 장려, 환경 교육 강화를 들 수 있습니다. "환경 보호는 거창한 일이 아니라, 작은 행동의 습관화에서 시작된다."처럼 실천의 문턱을 낮추는 표현으로 기술하며 글을 마무리합니다.

1. Introduction: Stating the problem and central theme

Begin by emphasizing that environmental issues such as climate change, pollution, and resource depletion are becoming increasingly severe. As a result, protecting the environment is no longer optional but an urgent necessity. A sentence like, "Modern convenience has been built at the expense of the environment, and now we are paying the price. It is critical that we take action to protect the environment before it's too late," effectively presents the problem and sets the tone.

2. Body Paragraph 1: Why environmental protection is essential

This paragraph should focus on the idea that the environment is the foundation of human survival. Without clean air, safe water, and a stable climate, healthy lives and a sustainable society are impossible. A core sentence such as, "The environment is directly tied to human life, and protecting it means safeguarding our future," clearly conveys the argument.

3. Body Paragraph 2: Consequences of environmental destruction

Here, describe the real-life consequences of not protecting the environment. Climate change leads to extreme weather events like heavy rainfall, heatwaves, and rising sea levels. Air pollution causes respiratory diseases and premature deaths. Resource depletion results in water and food shortages. End the paragraph with a statement such as, "Environmental issues do not remain isolated—they escalate into full-scale social crises".

4. Conclusion: Practical solutions for individuals and society

In the conclusion, the division of roles between individuals and society, along with concrete measures for practice, are described in detail. Actions that individuals can take include reducing the use of disposable products, using public transportation, consuming environmentally friendly products, and practicing waste sorting. Social measures include expanding eco-friendly policies, encouraging sustainable production by companies, and strengthening environmental education. The writing concludes with an expression that makes practice feel more approachable, such as: "Environmental protection is not a grand undertaking, but begins with small daily habits."

오늘날 인류는 기후 변화, 환경 오염, 자원 고갈 등 심각한 환경 문제에 직면해 있다. 현대 사회의 편리함은 환경의 희생 위에 세워졌고, 이제 우리는 그 대가를 치르고 있다. 더 늦기 전에 환경을 보호하기 위한 실천이 절실하다.

현대 사회는 편리함을 추구하는 과정에서 자연을 훼손하고, 심각한 환경 문제를 초래해 왔다. 기후 변화, 해수면 상승, 미세 먼지, 플라스틱 오염 등은 모두 인간의 생존을 위협하는 문제로, 환경 보호는 이제 선택이 아닌 필수다. 건강한 환경 없이 지속 가능한 삶도 불가능하기 때문이다. 환경을 보호하지 않으면 우리가 겪게 될 문제는 매우 크다. 먼저 기후 변화로 인한 자연재해가 늘어나고 농업 생산성이 떨어져 식량 위기가 올 수 있다. 또한 대기 오염은 호흡기 질환을 유발하고, 수질 오염은 식수 부족 문제를 악화시킨다. 이처럼 환경 파괴는 인간의 삶을 전반적으로 위협하는 요소다.

이러한 상황에서 환경 보호를 위해 개인은 일상 속에서 작은 것부터 실천하려고 노력해야 한다. 예를 들어 분리수거를 철저히 하고, 일회용품 사용을 줄이며, 대중교통 이용이나 친환경 소비를 생활화해야 한다. 또한 환경 교육을 확대하여 국민의 인식 수준을 높이는 것도 중요하다. 학교나 주민 센터에서 환경 교육 프로그램을 실시하여 많은 사람들에게 환경 문제를 알려야 한다.

2교시 | 읽기 해설

1

정답 ②

제시문

시험에 ( ) 열심히 공부하고 있다.

문제 유형 알맞은 문법 고르기

문제 해결 전략

문장의 앞과 뒤의 관계를 잘 생각하면서 어떤 문법이 필요한지 판단해야 합니다. 특히 이유, 목적, 조건, 양보, 결과와 같은 의미 흐름에 따라 알맞은 표현을 선택하는 것이 중요합니다.

When analyzing a sentence, it is important to consider the relationship between its parts in order to determine the appropriate grammatical structure. In particular, it is essential to select expressions that correspond to the logical flow of meaning, such as reason, purpose, condition, concession, or result.

함께 보기: EBS TOPIK Ⅱ 종합서 p.110 유형 07

해설

① '합격하지만'은 앞뒤 문장이 반대되는 의미를 가질 때 사용하는 양보 표현입니다.

② '합격하도록'은 '합격'이라는 목적을 이루기 위해 '열심히 공부하고 있다'는 의미로 문맥상 가장 자연스럽습니다.

③ '합격할수록'은 정도가 더해질 때 사용하는 표현으로 '열심히 공부하고 있다'는 내용과 어울리지 않습니다.

④ '합격할까 봐'는 어떤 일이 일어날까 걱정되어 행동하는 것을 의미합니다.

① "Although I pass" is a concessive expression used when the preceding and following sentences have contrasting meanings.

② "In order to pass" indicates studying hard with the goal of passing, which is the most natural fit in this context.

③ "The more I pass" is used to show an increasing degree, which does not fit with the idea of studying hard.

④ "For fear of passing" means acting out of worry that something might happen, which does not suit this context.

2

정답 ①

제시문

너무 피곤해서 결국 수업 시간에 ( ).

문제 유형 맥락에 맞게 빈칸에 알맞은 말 쓰기

문제 해결 전략

문장의 앞부분에 제시된 이유나 상황을 잘 파악한 뒤 그 결과로 어떤 일이 일어났는지를 생각해야 합니다. 특히 '결국'과 같은 부사어는 결과를 나타내므로 실제 일어난 행동을 나타내는 표현을 고르는 것이 중요합니다.

You must first understand the reason or situation presented in the first part of the sentence, and then consider what event occurred as a result. In particular, adverbs like "eventually" indicate a result, so it is important to choose an expression that describes an action that actually took place.

함께 보기: EBS TOPIK Ⅱ 종합서 p.110 유형 07

해설

① '졸고 말았다'는 결국 어떤 행동을 하게 되었음을 강조하는 표현입니다. '너무 피곤해서'라는 원인 뒤에 가장 자연스럽게 이어지는 문법입니다.

② '졸 수 있었다'는 어떤 행동을 할 수 있었던 가능성을 말하는 표현으로 실제로 졸았다는 사실을 말하는 경우에는 사용하지 않습니다.

③ '졸 걸 그랬다'는 하지 않은 것을 후회한다는 의미를 나타내는 표현입니다.

④ '졸려면 멀었다'는 아직 어떤 상태가 되기까지 시간이 멀었다'는 의미로 '결국 졸았다'는 상황을 설명하는 데는 적절하지 않습니다.

① "Ended up dozing off" emphasizes that an action eventually happened, and it follows most naturally after the cause "because I was so tired."

② "Could have dozed off" expresses possibility, but it is not used when stating the fact that one actually dozed off.

③ "I should have dozed off" indicates regret about not having done something.

④ "Far from dozing off" means that it was still a long way from reaching the state of dozing, so it is not appropriate to describe the situation of "eventually dozing off."

3

정답 ①

제시문

기차표를 구하는 대로 바로 출발할 예정이다.

문제 유형 알맞은 문법 고르기

문제 해결 전략

밑줄 친 표현이 어떤 의미인지 정확하게 파악한 뒤 비슷한 뜻을 가진 문법을 찾아야 합니다. 특히 시간 관계나 원인, 결과 등 문장 간의 의미 연결에 주의하며 살펴야 합니다.

You must accurately understand the meaning of the underlined expression and then identify the grammatical structure with a similar meaning. In particular, pay close attention to the logical connections between sentences, such as those involving time relationships, cause, and result.

함께 보기: EBS TOPIK Ⅱ 종합서 p.110 유형 07

해설

① '구하자마자'는 어떤 일이 일어난 직후에 바로 다른 일이 이어진다는 의미로 '구하는 대로'와 가장 유사한 의미입니다.

② '구하나 마나'는 어떤 행동의 결과가 뻔하거나 의미 없다는 뜻으로 지문의 의미와 관련이 없습니다.

③ '구하는 데다가'는 앞의 사실에 다른 내용을 덧붙일 때 사용하는 표현입니다.

④ '구하는 바람에'는 어떤 일의 원인이 되어 부정적인 결과가 따를 때 쓰는 표현입니다.

① "As soon as (I) get" means that one action immediately follows another, and it is the closest in meaning to "as (I) get."

② "Whether (I) get it or not" implies that the result is obvious or meaningless, which is unrelated to the passage.

③ "In addition to getting" is used to add another fact to the previous statement.

④ "Because (I) got" is used when something becomes the cause of a negative result.

4

정답 ④

제시문

너무 아파서 약속을 취소할 수밖에 없었다.

문제 유형 맥락에 맞게 빈칸에 알맞은 말 쓰기

문제 해결 전략

밑줄 친 표현이 어떤 상황에서 쓰이는지 생각해 보고 비슷한 의미를 가진 문법을 고르는 것이 중요합니다. 특히 부정의 강조나 추측처럼 문장의 뜻이 어떻게 달라지는지 잘 살펴보아야 합니다. 유사 문법 문제는 보기의 모양이 비슷해 보여도 뜻이나 쓰임이 다르기 때문에 문장의 전체 흐름과 상황을 정확히 이해하는 것이 중요합니다.

It is important to consider the context in which the underlined expression is used and to choose a grammatical form with a similar meaning. In particular, pay close attention to how the meaning of the sentence changes with features like emphatic negation or speculation. In questions involving similar grammatical structures, even if the answer choices appear similar in form, their meanings and usages may differ, so it is essential to understand the overall flow and context of the sentence accurately.

함께 보기: EBS TOPIK Ⅱ 종합서 p.110 유형 07

해설

① '취소하는 줄 몰랐다'는 어떤 사실을 알지 못했다는 의미입니다.

② '취소할 리가 없었다'는 어떤 일이 일어날 가능성이 없었다는 뜻으로 지문의 내용과 반대입니다.

③ '취소할지도 몰랐다'는 가능성을 조심스럽게 말할 때 쓰는 표현입니다.

④ '취소하지 않을 수 없었다'는 어쩔 수 없이 취소했다는 뜻으로 '취소할 수밖에 없었다'와 가장 유사한 표현입니다.

① "Didn't know it was canceled" means being unaware of a certain fact.

② "There was no way it would be canceled" expresses impossibility, which is the opposite of the passage.

③ "It might have been canceled" is used to cautiously suggest a possibility.

④ "Could not help but cancel" means it was inevitably canceled, and it is the closest in meaning to "had no choice but to cancel."

5 정답 ②

제시문

강력한 힘과 가벼운 무게로
우리 집 구석구석 깨끗하게 !

• 주제: 청소기 • 텍스트 유형: 광고

문제 유형 화제 고르기

문제 해결 전략

짧은 문장에서 중심이 되는 단어와 제품의 특징을 잘 파악해야 합니다. 특히 어떤 기능이나 효과가 강조되는지를 살펴보면 무엇에 대한 광고인지 쉽게 찾을 수 있습니다. '구석 구석 깨끗하게'를 통해 청소와 관련된 광고임을 알 수 있습니다.

In short texts, it is important to identify the key words and the features of the product. Pay particular attention to what functions or effects are being emphasized, as this can help you easily determine what is being advertised. The phrase "keep every corner clean" clearly indicates that the advertisement is related to cleaning, making it easy to infer that it is about a vacuum cleaner.

함께 보기: EBS TOPIK Ⅱ 종합서 p.120 유형 08

해설

① 냉장고는 음식 보관 기능과 관련이 있으므로 '강력한 힘', '가벼운 무게' 등의 표현과 어울리지 않습니다.
② 청소기는 집안의 먼지를 제거해 깨끗하게 만드는 도구이며 '강력한 힘과 가벼운 무게'라는 특징과도 잘 어울립니다.
③ 에어컨은 시원하게 해 주는 기능을 가진 제품으로 청소와 관련이 없습니다.
④ 세탁기는 빨래를 위한 제품으로 '우리 집 구석구석'이라는 표현과 어울리지 않습니다.

① Refrigerator is related to food storage, so it does not match expressions such as "powerful strength" or "light weight."
② Vacuum cleaner is a tool that removes dust from the house to make it clean, and it matches well with the features of "powerful strength and light weight."
③ Air conditioner is a product that provides cool air and is unrelated to cleaning.
④ Washing machine is for doing laundry and does not fit with the expression "every corner of our house."

6 정답 ③

제시문

오늘을 기억하는 가장 좋은 방법!
특별한 순간을 아름답게 담아드립니다.

• 주제: 사진관 • 텍스트 유형: 광고

문제 유형 화제 고르기

문제 해결 전략

광고 문구에서는 어떤 행동이나 서비스를 제공하는지를 중심으로 살펴야 합니다. '기억', '순간', '담아 드립니다'와 같은 표현은 추상적이지만 그 안에 핵심 힌트가 들어 있습니다. '특별한 순간을 담는다'는 표현은 사진이나 기록과 관련이 있을 가능성이 높습니다.

In advertisement texts, it is important to focus on what action or service is being offered. Expressions like "memory," "moment," and "we deliver" may seem abstract, but they contain key hints. The phrase "capturing a special moment" strongly suggests a connection to photography or recording services.

함께 보기: EBS TOPIK Ⅱ 종합서 p.120 유형 08

해설

① 여행사는 여행을 계획하고 예약하는 곳으로 '순간을 담는다'는 표현과 직접적인 관련이 없습니다.
② 우체국은 우편물과 관련된 장소로 광고 문구의 내용과 어울리지 않습니다.
③ 사진관은 특별한 순간을 사진으로 남기는 장소로 '기억', '아름답게 담는다'는 표현과 잘 어울리므로 정답입니다.
④ 운동장은 활동이나 경기와 관련된 공간으로 광고의 내용과 관련이 없습니다.

① Travel agency is a place for planning and booking trips, so it is not directly related to the expression "capturing the moment."
② Post office is related to mail services and does not fit the content of the advertisement.
③ Photo studio is a place that preserves special moments in photographs, which matches well with expressions like "memory" and "capturing beautifully." Therefore, this is the correct answer.
④ Playground is a space for activities or games and is unrelated to the content of the advertisement.

7 정답 ①

제시문

진동으로 조용하게
작은 배려가 만드는 편안한 공간

• 주제: 공공 예절 • 텍스트 유형: 광고

문제 유형 화제 고르기

문제 해결 전략

이 유형에서는 어떤 행동을 권장하거나 주의시키는 표현이 핵심입니다. '조용하게', '배려', '편안한 공간'과 같은 표현은 다른 사람을 위한 공공장소에서의 예절과 관련이 있을 가능성이 높습니다.

In this type of question, expressions that recommend or caution a certain behavior are key. Phrases such as "quietly," "consideration," and "comfortable space" suggest that the message is likely related to etiquette in public spaces for the benefit of others.

함께 보기: EBS TOPIK Ⅱ 종합서 p.120 유형 08

해설

① 공공 예절은 다른 사람을 배려하는 태도를 말합니다. '진동으로 조용하게'와 '작은 배려'라는 표현에 가장 잘 어울립니다.
② 건강 관리는 신체적인 건강 상태를 관리하는 것과 관련되어 있으며 지문과는 관련이 없습니다.
③ 화재 예방은 불이 나는 것을 막기 위한 행동과 관련되어 있으나 지문에는 그런 내용이 없습니다.
④ 봉사 활동은 다른 사람을 돕는 활동입니다.

① Public etiquette refers to behavior that shows consideration for others. It best matches expressions like "quietly in vibration mode" and "small acts of consideration," making it the correct answer.
② Health management is related to maintaining one's physical health and has no relevance to the passage.
③ Fire prevention involves actions taken to prevent fires, which are not mentioned in the passage.
④ Volunteer work refers to activities that involve helping others, but it is not directly connected to the topic of the passage.

8 정답 ②

제시문

▶ 가격도 저렴하고 품질도 좋아서 추천하고 싶어요.
▶ 색깔은 조금 아쉽지만 디자인이 마음에 드네요.

• 주제: 사용 후기 • 텍스트 유형: 후기

문제 유형 화제 고르기

문제 해결 전략

제품에 대한 평가가 담긴 글은 '사용 후기'입니다. 가격, 품질, 디자인처럼 제품의 장단점을 언급하는 표현에 주목하면 글의 목적이 무엇인지 쉽게 파악할 수 있습니다.

Sentences that include star ratings along with product evaluations are usually "user reviews." By focusing on expressions that mention pros and cons of the product—such as price, quality, and design—you can easily determine the purpose of the text.

함께 보기: EBS TOPIK Ⅱ 종합서 p.120 유형 08

해설

① 주문 방법은 물건을 어떻게 사는지를 설명하는 내용이므로 별점이나 느낌과는 관련이 없습니다.
② 사용 후기는 제품을 사용한 후 개인적인 평가를 쓴 글입니다. 제시문에서 제품의 장점, 단점을 말하고 있으므로 '사용 후기'가 정답입니다.
③ 안전 관리는 물건을 안전하게 사용하는 방법과 관련 있으나 지문 내용에는 그런 정보가 없습니다.
④ 주의 사항은 사용 전 알아야 할 위험이나 경고를 포함한 정보로 후기 내용과는 관련이 없습니다.

① How to order explains the process of purchasing a product, and is unrelated to star ratings or personal impressions.
② User review is a type of text that provides a personal evaluation after using a product. Since the passage mentions both strengths and weaknesses of the product, user review is the correct answer.
③ Safety management refers to information on how to use a product safely, which is not mentioned in the passage.
④ Cautions provide warnings or risks to be aware of before use, which are not relevant to a review.

9

정답 ③

제시문

인주 시민 수영장 이용 안내

• 운영 기간: 3월 ~ 12월
• 운영 시간: 오전 6시 ~ 오후 10시 (주말은 오후 6시까지 운영)
• 이용 요금: 성인 10,000원 / 아동 7,000원
※ 수영모 착용 필수

• **주제**: 수영장 이용 안내 • **텍스트 유형**: 안내문

문제 유형 세부 내용을 파악해 일치하는 내용 고르기

문제 해결 전략

안내문에는 구체적인 정보가 나열되어 있기 때문에 하나 하나 정확하게 확인하는 것이 중요합니다. 특히 숫자 정보나 조건 표현은 지문과 선택지의 표현이 다르게 제시되므로 주의해야 합니다.

Notices present specific information in a detailed manner, so it is important to check each point carefully. Particular attention should be paid to numerical data and conditional expressions, as these are often modified slightly in the answer choices.

함께 보기: EBS TOPIK Ⅱ 종합서 p.130 유형 09

해설

① 수영장 운영 기간은 3월부터 12월까지로 1년 내내 운영되지 않습니다.
② 안내문에 성인은 10,000원, 아동은 7,000원으로 요금이 다릅니다.
③ 평일은 오후 10시까지, 주말은 오후 6시까지 운영하기 때문에 주말 운영 시간이 평일보다 짧습니다.
④ 안내문에 '수영모 착용 필수'라고 안내되어 있으므로 수영 모자는 반드시 착용해야 합니다.

① The swimming pool operates from March to December, so it is not open year-round.
② The notice states that the fee is 10,000 won for adults and 7,000 won for children, so the rates are different.
③ On weekdays it operates until 10 p.m., and on weekends until 6 p.m., meaning weekend hours are shorter than weekday hours.
④ The notice says "swim caps required," so swim caps must be worn.

10

정답 ②

제시문

대학생과 직장인의 새해 목표는 얼마나 다를까?

(조사 대상: 대상별 각 1,000명)

대학생		직장인
취업	1위	체력 관리
외국어 공부	2위	승진/연봉 인상
자격증 취득	3위	자격증 취득
연애/결혼	4위	이직
체력 관리	5위	연애/결혼

• **주제**: 대학생과 직장인의 새해 목표 비교
• **자료 유형**: 그래프

문제 유형 세부 내용을 파악해 일치하는 내용 고르기

문제 해결 전략

그래프 문제는 항목별 순위를 정확히 비교하는 것이 가장 중요합니다. 같은 항목이 두 집단에서 같은 순위를 차지했는지 다른 위치에 있는지를 정확히 확인해야 합니다. 숫자나 순서와 관련된 선택지는 특히 주의 깊게 살펴보아야 합니다.

In graph questions, it is most important to compare the rankings of each item accurately. You must carefully check whether the same item holds the same rank in both groups or occupies a different position. Choices related to numbers or order require particular attention.

함께 보기: EBS TOPIK Ⅱ 종합서 p.130 유형 09

해설

① 직장인의 새해 목표 1위는 '체력 관리'이고 '승진/연봉 인상'은 2위입니다.
② 대학생과 직장인 모두 자격증 취득이 3위로 나타났으므로 그래프와 일치합니다.
③ 대학생의 새해 목표 1위는 '취업'이고 '연애/결혼'은 4위로 연애나 결혼보다 취업을 원하는 대학생이 더 많습니다.
④ 대학생과 직장인 모두 '자격증 취득'과 '연애/결혼'을 새해 목표 중 하나로 꼽았지만 그 외 항목은 다릅니다.

① For office workers, the number one New Year's resolution is "fitness management," while "promotion/salary increase" ranks second.
② Both university students and office workers ranked

"obtaining a certification" third, so this matches the graph.

③ For university students, the top New Year's resolution is "employment," while "romance/marriage" ranks fourth, meaning more students want employment than romance or marriage.

④ Both university students and office workers selected "obtaining a certification" and "romance/marriage" as one of their New Year's resolutions, but the other items differ.

11

정답 ②

제시문

어제 오후에 내린 갑작스러운 폭우로 일부 지역 도로와 주택이 물에 잠겼다. 도로 위 차량은 움직이지 못했고 몇몇 지하상가도 피해를 입었다. 시청은 긴급 대응팀을 보내 배수 작업을 진행 중이다. 그러나 앞으로 며칠간 비가 계속 내릴 것으로 예상되어 주의가 필요하다.

• **주제**: 폭우로 인한 피해 • **텍스트 유형**: 신문 기사

문제 유형 세부 내용을 파악해 일치하는 내용 고르기

문제 해결 전략

이 유형은 사실 확인이 중요하므로 시간 표현과 구체적인 피해 내용을 중심으로 지문과 선택지를 정확히 비교해야 합니다. 지문에서 '언제', '무엇이', '어떻게 되었는지'와 같은 핵심 정보를 파악한 뒤 선택지와 일치하는지를 꼼꼼히 확인해야 합니다.

In this type of question, fact-checking is essential. Carefully compare the passage and the answer choices, focusing on time expressions and specific details of the incident. Identify key information in the passage, such as "when," "what happened," and "how it happened," and verify whether it matches the answer choices.

함께 보기: EBS TOPIK Ⅱ 종합서 p.130 유형 09

해설

① 지문에서는 '오늘 아침'이 아닌 '어제 오후'에 폭우가 내렸다고 했습니다.

② '도로 위 차량은 움직이지 못했고 몇몇 지하상가도 피해를 입었다'는 내용이 지문에 있으므로 도로와 지하상가가 물에 잠기면서 피해가 발생했다는 내용은 지문과 일치합니다.

③ 지문에는 '배수 작업을 진행 중이다'라고 되어 있습니다.

④ '며칠 동안' 비가 내릴 것이라는 예상은 일치하나 '큰 피해가 없을 것이라는 예상'은 지문에 없는 내용입니다.

① The passage states that the heavy rain fell "yesterday afternoon," not "this morning."

② The passage says, "vehicles on the road could not move and several underground shopping areas were damaged," so the content about flooding on roads and in underground malls causing damage matches the passage.

③ The passage states that "drainage work is in progress."

④ The expectation that "it will rain for several days" matches the passage, but the idea that "no major damage is expected" is not mentioned.

12

정답 ④

제시문

한 택시 기사의 선행이 온라인 게시판을 통해 알려지며 화제가 되고 있다. 최근 이 기사는 비 오는 밤에 우산 없이 서 있는 승객을 태웠다. 승객이 내릴 때 자신의 우산을 건네며 "다음에 다른 사람을 도와주세요."라며 따뜻한 말을 전했다고 한다. 이 이야기는 많은 사람들에게 전해지며 감동을 주고 있다.

• **주제**: 택시 기사의 선행 • **텍스트 유형**: 신문 기사

문제 유형 세부 내용을 파악해 일치하는 내용 고르기

문제 해결 전략

이런 유형의 글은 사건의 핵심 내용과 전달 방식에 주목해야 합니다. 누가 어떤 행동을 했고, 그 행동이 어떻게 알려졌는지를 정확하게 파악한 뒤 지문과의 일치 여부를 따져야 합니다. 특히 일부만 맞는 내용이나 과장된 표현은 오답일 가능성이 높습니다.

For this type of passage, it is important to focus on the core details of the incident and how the information is conveyed. Carefully identify who did what and how the event became known, and then check whether the answer choices match the passage. Statements that are only partially correct or that exaggerate the facts are likely to be incorrect.

함께 보기: EBS TOPIK Ⅱ 종합서 p.130 유형 09

해설

① 지문에 택시 기사가 뉴스에 소개되었다는 내용은 있지만 큰 상을 받았다는 내용은 없습니다.

② 이 이야기는 '온라인 게시판을 통해 알려졌다'고 되어 있으므로 두 사람의 인터뷰를 통해 알려졌다는 이 선택지는 지문과 다릅니다.

③ 승객이 기사에게 우산을 빌려 달라고 요청한 것이 아니라 기사가 먼저 우산을 건넸습니다.

④ 지문에 '비 오는 밤에 우산 없이 서 있는 승객을 태우고 자신의 우산을 건넸다'고 되어 있으므로 이 선택지와 일치합니다.

① The passage mentions that the taxi driver was introduced in the news, but it does not say that he received a major award.

② The story is said to have spread "through an online forum," so the claim that it became known through interviews with the two people does not match the passage.

③ It was not the passenger who asked the driver to lend an umbrella; rather, the driver offered it first.

④ The passage states that "on a rainy night, the driver picked up a passenger who was standing without an umbrella and offered his own," so this option matches the passage.

13

정답 ①

제시문

(가) 하지만 최근 꽃 대신 화분을 선물하는 사람들이 늘고 있다.

(나) 사람들은 생일이나 기념일에 친구나 가족에게 꽃을 선물한다.

(다) 이러한 이유로 화분을 선물하는 것이 새로운 문화로 자리 잡고 있다.

(라) 화분은 꽃보다 오래 두고 감상할 수 있고 공기 정화에도 도움이 되기 때문이다.

• **주제**: 화분 선물 증가 • **텍스트 유형**: 설명문

문제 유형 알맞은 순서로 배열한 것 고르기

문제 해결 전략

설명문은 일반적으로 배경 제시 → 변화 소개 → 이유 설명 → 결론 또는 평가의 흐름으로 전개됩니다. 문장의 내용뿐 아니라 '하지만', '이러한 이유로'와 같은 연결어와 지시어를 중심으로 문장 간 관계를 파악하면 알맞은 배열을 찾을 수 있습니다.

Expository texts are generally organized as follows: background introduction → introduction of changes → explanation of reasons → conclusion or evaluation. In addition to the content of each sentence, you can find the correct sequence by focusing on connectives and reference words such as "however" or "for this reason," which help clarify the relationship between sentences.

함께 보기: EBS TOPIK Ⅱ 종합서 p.144 유형 10

해설

(나)는 생일이나 기념일에 꽃을 선물하는 기존의 문화를 소개하며 글의 배경을 제시하고 있습니다.

(가)는 '하지만'이라는 표현을 통해 (나)와 대조되며 최근 변화된 문화를 설명합니다.

(라)는 (가)에서 말한 화분 선물이 늘어나고 있는 이유를 구체적으로 설명하고 있습니다.

(다)는 '이러한 이유로'라는 연결어로 시작하며 앞에서 말한 이유를 바탕으로 앞의 내용을 정리하며 글을 마무리합니다.

(나) introduces the background of the text by presenting the traditional culture of giving flowers on birthdays or anniversaries.

(가) contrasts with (나) through the expression "however" and explains the recently changed culture.
(라) provides specific reasons why the giving of potted plants, mentioned in (가), has been increasing.
(다) begins with the connector "for these reasons" and, based on the reasons stated earlier, summarizes and concludes the text.

14 정답 ①

제시문

(가) 나는 발표를 잘하고 싶었지만 사람들 앞에 서는 것이 두려웠다.
(나) 발표를 마치고 나니 걱정했던 마음은 사라지고 뿌듯함이 남았다.
(다) 그래서 매일 거울 앞에서 발표 내용을 연습하며 자신감을 쌓았다.
(라) 발표 날이 다가오자 긴장되었지만 연습한 덕분에 잘 해낼 수 있었다.

• **주제**: 발표 준비 경험 • **텍스트 유형**: 경험담

문제 유형 **알맞은 순서로 배열한 것 고르기**

문제 해결 전략

경험담은 일반적으로 상황 소개 → 노력 과정 → 결과 또는 변화 → 느낀 점의 순서로 전개됩니다. 시간의 흐름과 감정 변화, '그래서', '덕분에', '마치고 나니'와 같은 연결어를 주의 깊게 살펴보면 자연스러운 배열을 찾을 수 있습니다.

Experience-based narratives typically follow the structure: introduction of the situation → effort or process → result or change → personal reflection. Pay close attention to the flow of time, emotional shifts, and connectives such as "so," "thanks to," or "after finishing," as these will help you identify the most logical order of the sentences.

함께 보기: EBS TOPIK Ⅱ 종합서 p.144 유형 10

해설

(가)는 발표를 잘하고 싶지만 두려웠다는 시작 상황과 감정을 보여 주며 글을 시작합니다.
(다)는 '그래서'라는 연결어를 통해 앞 문장의 두려움을 극복하기 위한 연습 과정을 설명합니다.
(라)는 발표 당일의 상황을 말하며 연습한 덕분에 잘할 수 있었다는 결과를 보여 줍니다.
(나)는 발표를 마친 뒤 느낀 감정의 변화를 나타내며 글을 마무리합니다.

(가) opens the text by showing the initial situation and feelings of wanting to give a good presentation but being afraid.
(다) uses the connector "therefore" to explain the practice process for overcoming the fear mentioned earlier.
(라) describes the situation on the day of the presentation and shows the result that the presentation went well thanks to the practice.
(나) concludes the text by presenting the emotional change felt after finishing the presentation.

15 정답 ③

제시문

(가) 얇은 옷을 겹쳐 입으면 옷 사이에 공기층이 생기기 때문이다.
(나) 두꺼운 옷 하나보다 얇은 옷을 여러 겹 입는 것이 훨씬 따뜻하다.
(다) 이 공기층은 몸의 열을 밖으로 나가지 않게 막아 주는 역할을 한다.
(라) 그래서 겨울철에는 얇은 옷을 겹쳐 입는 것이 보온에 더 효과적이다.

• **주제**: 겨울철에 효과적인 옷차림
• **텍스트 유형**: 설명문

문제 유형 **알맞은 순서로 배열한 것 고르기**

문제 해결 전략

설명문은 보통 일반적인 주장 → 이유 설명 → 구체적 원리 → 결론 또는 요약의 구조로 전개됩니다. '그래서', '때문이다'와 같은 연결어와 지시어가 문장 간 관계를 파악하는 데 중요한 단서가 됩니다. 각 문장이 주장과 근거 중 어디에 해당하는지를 생각하면서 순서를 정하면 좋습니다.

Expository texts usually follow the structure: general statement → explanation of reasons → specific principles → conclusion or summary. Connectives and reference words such as "therefore" and "because" are key clues for identifying relationships between sentences. It is helpful to determine whether each sentence presents a claim or a supporting reason in order to find the correct sequence.

함께 보기: EBS TOPIK Ⅱ 종합서 p.144 유형 10

해설

(나)는 두꺼운 옷 하나보다 얇은 옷을 여러 겹 입는 것이 따뜻하다는 주장을 제시하며 글을 시작합니다.

(가)는 그 이유를 '옷 사이에 공기층이 생기기 때문'이라고 설명하며 (나)의 내용을 뒷받침합니다.

(다)는 공기층이 열을 막아 주는 원리를 더 자세히 설명하며 (가)의 내용을 구체화합니다.

(라)는 '그래서'라는 연결어를 사용해 앞의 내용을 정리하고 글을 마무리합니다.

(나) begins the text by presenting the claim that wearing several thin layers of clothing is warmer than wearing one thick layer.

(가) supports (나) by explaining that the reason is "because layers of air form between the clothes."

(다) elaborates on (가) by explaining in greater detail how air layers block heat loss.

(라) uses the connector "therefore" to summarize the previous points and conclude the text.

16

정답 ①

제시문

환경 보호를 위해 많은 사람들이 다회용 컵을 사용하고 있다. 일회용 컵을 줄이기 위해 (   ) 고객에게는 음료 값을 할인해 주는 카페도 생겼다. 이러한 노력은 환경을 살리는 데 도움이 될 뿐만 아니라 사람들이 환경 보호에 쉽게 참여할 수 있게 돕는 좋은 방법이다.

• **주제**: 다회용 컵 사용 장려   • **텍스트 유형**: 설명문

문제 유형 문맥을 파악해 빈칸에 알맞은 것 고르기

문제 해결 전략

빈칸에 들어갈 문장을 고르는 문제는 빈칸 앞뒤 문장의 의미 관계를 파악하는 것이 중요합니다. 이 글에서는 '일회용 컵을 줄이기 위해'라는 목적과 '고객에게는 할인해 준다'는 결과 사이에 어떤 조건이 들어가는지 생각해야 합니다. 빈칸에 들어갈 말은 환경 보호와 연관된 행동이어야 자연스럽습니다.

In questions that ask you to choose a sentence to fill in the blank, it is important to understand the relationship between the sentences before and after the blank. In this passage, you need to consider what condition connects the purpose of "reducing disposable cup use" with the result of "offering a discount to customers." The sentence that fits in the blank should describe an action related to environmental protection in order to flow naturally.

함께 보기: EBS TOPIK Ⅱ 종합서 p.158 유형 11

해설

① 컵을 직접 가져오는 것은 다회용 컵 사용과 연결되며 '할인해 주는 카페'라는 문장과도 자연스럽게 이어집니다. 빈칸에 어울리는 표현입니다.

② 음료를 많이 마시는 것은 환경 보호와 관련된 행동이 아닙니다.

③ 주문을 빨리 하는 것은 환경 보호와 관련이 없기 때문에 빈칸에 들어갈 표현으로 적절하지 않습니다.

④ 일회용을 선호하는 것은 지문에서 말하는 일회용을 줄이기 위한 내용과 반대됩니다.

① Bringing one's own cup is connected to the use of reusable cups and also links naturally with the sentence about "cafes that offer discounts." It is appropriate for the blank.

② Drinking a lot of beverages is not an action related to environmental protection.

③ Ordering quickly is unrelated to environmental protection, so it is not suitable for the blank.

④ Preferring disposable products is the opposite of the passage's message about reducing single-use items.

17

정답 ③

제시문

요즘 달리기를 시작하는 사람들이 부쩍 늘고 있다. 텔레비전이나 여러 영상에서 연예인들이 달리기를 하거나 마라톤에 참가하는 모습을 자주 볼 수 있다. 이처럼 (   ) 달리기를 따라 하는 사람들이 많아지고 있는 것이다. 한편 소득 수준이 높아진 것이 건강에 대한 관심 증가로 이어진 결과라고 보는 의견도 있다.

• **주제**: 달리기 유행 확산 • **텍스트 유형**: 설명문

문제 유형 **문맥을 파악해 빈칸에 알맞은 말 고르기**

문제 해결 전략

빈칸에 들어갈 문장을 고르는 문제는 앞뒤 문장의 흐름과 원인-결과 관계를 파악하는 것이 중요합니다. 이 글에서는 빈칸 앞에서 매체를 통해 '연예인들이 달리기를 하는 모습'을 자주 볼 수 있다고 설명하고 있고 빈칸 뒤에서는 '달리기를 따라 하는 사람이 많아지고 있다'고 설명하고 있습니다. 따라서 빈칸에는 연예인을 보고 영향을 받게 된 이유나 그로 인해 생긴 반응이 들어가는 것이 자연스럽습니다.

When answering a question that asks you to choose a sentence to fill in the blank, it is important to understand the flow of the passage and the cause-and-effect relationship between sentences. In this passage, the sentence before the blank states that the media often shows celebrities running, and the sentence after the blank explains that more people are starting to follow their example and take up running. Therefore, the sentence that best fits the blank should explain why people are influenced by seeing celebrities or describe the resulting reaction to that influence.

함께 보기: EBS TOPIK Ⅱ 종합서 p.158 유형 11

해설

① 긍정적인 동기처럼 보이지만 지문에 언급된 것처럼 매체에서 본 연예인들의 행동에 직접 반응하는 내용은 아닙니다.

② 달리기나 마라톤의 인기는 영상에 등장하는 연예인들이 달리기하는 모습을 대중들이 따라하게 되면서 생긴 결과입니다. 원인과 결과가 바뀐 잘못된 설명입니다.

③ 방송을 보고 관심을 갖게 되었다는 내용은 앞 문장의 '텔레비전이나 영상에서 연예인들이 달리는 모습'과 자연스럽게 이어지며, 그 결과로 '달리기를 따라 하는 사람들'이 생겼다는 흐름과 가장 잘 맞습니다.

④ 지문의 흐름과 관련이 없고 사람들이 달리기를 따라 하게 되는 이유로도 자연스럽지 않습니다.

① Although it may appear to be a positive motivation, it is not directly about reacting to celebrities' actions shown in the media, as mentioned in the passage.

② The statement is incorrect because it explains the high popularity of marathons as resulting from celebrities running in videos, whereas in fact the cause and effect are reversed.

③ The idea that people became interested after watching a broadcast connects naturally with the previous sentence about "celebrities running on television or in videos" and best matches the flow that "people began to take up running" as a result.

④ This is unrelated to the flow of the passage and does not naturally explain why people began to take up running.

18

정답 ④

제시문

엘리베이터 안에 거울이 있는 것을 보고 대부분의 사람들은 자신의 모습을 확인하기 위한 것이라고 생각한다. 하지만 거울은 외모를 점검하려는 목적 외에 다른 이유로 설치된 것이다. 휠체어나 유아차를 사용하는 사람은 뒤를 돌아보기 어려운데 거울이 있으면 이동 방향을 쉽게 확인할 수 있다. 이처럼 엘리베이터 안의 거울은 (   ) 장치로도 활용되고 있다.

• **주제**: 엘리베이터 거울의 설치 목적
• **텍스트 유형**: 설명문

문제 유형 문맥을 파악해 빈칸에 알맞은 말 고르기

문제 해결 전략

빈칸에 들어갈 문장을 고를 때는 빈칸 앞 문장의 핵심 정보와 문장의 전체 흐름을 파악해야 합니다. 이 글에서는 앞부분에서 사람들이 흔히 생각하는 '외모 점검'이라는 일반적인 인식과 달리 휠체어나 유아차 이용자들의 이동을 돕기 위한 실제 목적이 설명되고 있습니다. 따라서 빈칸에는 실질적인 기능과 관련된 표현이 들어가야 합니다.

When choosing a sentence to fill in the blank, it is important to understand the key information in the sentence before the blank and the overall flow of the passage. In this text, while the beginning addresses the common perception of "checking appearance," it goes on to explain the actual purpose—helping wheelchair or stroller users navigate. Therefore, the blank should be filled with a sentence that relates to the mirror's practical function.

함께 보기: EBS TOPIK Ⅱ 종합서 p.158 유형 11

해설

① 외모를 확인하기 좋다는 내용은 지문에서 언급되지만 거울의 다른 목적이 더 중요하게 설명되고 있으므로 빈칸에 어울리지 않습니다.
② 휠체어나 유아차 이용자에게 도움이 된다는 기능이 드러나 있지 않아 빈칸에 어울리지 않습니다.
③ 심리적인 안정에 관한 내용은 지문에 언급되지 않았습니다.
④ '휠체어나 유아차를 사용하는 사람들이 이동 방향을 확인할 수 있다'는 내용과 연결되며 사람들의 이동을 돕기 위한 목적으로 거울을 설치했다는 지문 내용과 자연스럽게 이어집니다.

① Although the passage mentions that mirrors can be useful for checking appearance, it emphasizes other purposes more strongly, so this is not appropriate for the blank.
② The function of helping wheelchair or stroller users is not presented, so this does not fit the blank.
③ Psychological stability is not mentioned in the passage.
④ The statement that "people using wheelchairs or strollers can check their direction" connects with the passage's explanation that mirrors were installed to assist people's movement, so it fits naturally.

19~20

제시문

현대 사회에서는 디지털 치매라는 말이 생길 정도로 사람들이 스마트 기기에 의존하고 있다. 스마트폰이나 컴퓨터 없이는 일상생활이 어렵다고 말하는 사람도 많다. 모든 정보를 기기에 저장하고 기억하지 않다 보니 예전보다 사람들의 기억력이 떨어지고 있다는 지적도 있다. 실제로 전화번호나 중요한 날조차 외우지 못하는 일이 많아지고 있다. 편리한 기술이 (　　　　　　) 인간의 인지 능력을 약화시키는 부작용을 낳고 있는 것이다.

- **주제**: 디지털 기기와 인지 능력
- **텍스트 유형**: 설명문

19

정답 ③

문제 유형 문맥을 파악해 빈칸에 알맞은 말 고르기

문제 해결 전략

빈칸에 들어갈 연결 표현을 고르는 문제는 문장 사이의 논리적 관계를 파악하는 것이 핵심입니다. 이 글에서는 기술이 편리함을 주는 반면 인간의 능력을 약화시킨다는 서로 반대되는 내용을 함께 설명하고 있기 때문에 빈칸에는 두 상황을 대조적으로 이어 주는 표현이 들어가는 것이 자연스럽습니다.

In questions that ask you to choose a connector to fill in the blank, the key is to understand the logical relationship between the sentences. In this passage, it discusses how technology provides convenience but also weakens human abilities—two contrasting ideas. Therefore, the blank should be filled with a connector that highlights this contrast between the two situations.

함께 보기: EBS TOPIK Ⅱ 종합서 p.158 유형 11

해설

① '혹시'는 어떤 가능성을 조심스럽게 말할 때 사용하는 표현으로 지문처럼 앞뒤 문장이 사실을 설명하고 있는 상황에는 어울리지 않습니다.
② '과연'은 감탄이나 강조를 나타내는 표현으로 논리적인 연결에는 적절하지 않습니다.
③ '오히려'는 앞뒤 문장이 반대되거나 예상과 다른 내

용을 나타낼 때 사용하는 표현입니다. 지문에서는 '기술이 편리함을 주지만 그로 인해 인지 능력이 저하된다'는 대조적인 내용을 말하고 있으므로 빈칸에 가장 적절한 표현입니다.

④ '게다가'는 앞의 내용을 덧붙이는 연결어로 서로 반대되는 내용을 연결할 때는 사용하지 않습니다.

① "Perhaps" is used to cautiously suggest a possibility, so it does not fit a context in which the sentences are stating factual information.

② "Indeed" is used to express admiration or emphasis, making it unsuitable for logical contrast.

③ "Rather" is used when the preceding and following sentences present contrasting ideas. It is the most appropriate choice here, as the passage contrasts the convenience of technology with the decline in human cognitive abilities.

④ "Moreover" is used to add information, not to contrast opposing ideas, so it is not suitable in this context.

20

정답 ④

문제 유형 중심 내용 고르기

문제 해결 전략

주제를 고르는 문제는 글 전체에서 말하고자 하는 핵심 주장이 무엇인지 파악해야 합니다. 이 글에서는 스마트 기기의 편리함보다 그것이 인간의 기억력과 인지 능력에 부정적인 영향을 줄 수 있다는 점에 초점을 맞추고 있습니다. 글의 일부 내용이 아니라 전체 흐름을 대표하는 문장을 선택해야 합니다.

When answering a question about the main idea, you must identify the central claim the entire passage is trying to convey. In this passage, the focus is not on the convenience of smart devices, but rather on how they may negatively affect human memory and cognitive abilities. It is important to select a sentence that represents the overall flow of the passage, not just a specific part of it.

함께 보기: EBS TOPIK Ⅱ 종합서 p.172 유형 12

해설

① 기술 발전이나 필요성은 지문에서 중심적으로 말하고 있는 내용이 아닙니다.

② 현대인이 스마트 기기 없이 일상생활을 하기 어렵다는 내용은 지문에 언급되었지만 글 전체의 핵심 주장이라기보다는 상황 설명에 해당합니다.

③ 새로운 기술을 빨리 받아들이는 사람일수록 기억력이 떨어진다는 내용은 지문에 언급되지 않았습니다.

④ 디지털 기기의 지나친 사용이 인지 능력에 부정적인 영향을 준다는 내용은 지문에서 말하고 있는 주장을 가장 잘 요약한 문장입니다.

① Technological development or necessity is not the central focus of the passage.

② The passage mentions that modern people find it difficult to live daily life without smart devices, but this serves more as contextual description than the core argument.

③ The idea that people who adopt new technology quickly have weaker memory is not mentioned in the passage.

④ The statement that excessive use of digital devices negatively affects cognitive ability best summarizes the passage's main argument.

21~22

제시문

청소년기에는 자신을 이해해 주고 인정해 주는 대상에 특별한 관심을 갖게 된다. 청소년들은 공통의 관심사로 연예인을 좋아하고 그 관심을 또래들과 함께 나누며 소속감을 느끼곤 한다. 이들은 팬 커뮤니티에서 같은 관심사를 가진 친구들을 만나고 감정을 공유한다. 그러면서 가족이나 주변 어른들과는 점점 대화가 줄고 서로를 이해하지 못해 갈등이 생기기도 한다. 부모님의 진심 어린 조언은 잔소리로만 느껴진다. 그래서 가족들과 이야기하는 대신 (   ) 또래들과 어울리며 연예인의 이야기나 팬 활동을 통해 즐거움을 느끼는 경우가 많다.

- **주제**: 청소년기의 소속감 형성
- **텍스트 유형**: 설명문

21

정답 ②

문제 유형 문맥을 파악해 빈칸에 알맞은 말 고르기

문제 해결 전략

빈칸에 들어갈 표현은 청소년이 가족과의 소통 대신 누구와 어울리며 소통하는지 설명하는 부분입니다. 앞 문장에서는 가족과의 대화가 줄고 부모의 조언이 잔소리로 들리는 갈등 상황이 나옵니다. 뒤 문장에서는 또래들과 함께 연예인 이야기를 나누고 팬 활동을 하며 즐거움을 느낀다고 설명하고 있습니다. 따라서 빈칸에는 감정과 생각이 잘 통하는 대상인 또래들과 어울리는 이유를 나타내는 표현이 나와야 자연스럽습니다.

The expression that fills the blank should explain with whom teenagers prefer to interact and communicate instead of their families. The previous sentence describes a conflict where conversations with family decrease and parental advice is perceived as nagging. Therefore, the blank should be filled with an expression that highlights why teenagers choose to be with peers who understand their emotions and thoughts.

함께 보기: EBS TOPIK Ⅱ 종합서 p.158 유형 11

해설

① '눈이 높은'은 기대 수준이 높다는 뜻입니다. 사람들과 잘 어울린다는 의미와는 관련이 없습니다.

② '말이 통하는'은 서로의 생각이 잘 통하고 대화가 원활하게 이루어지는 관계를 나타내는 표현으로 빈칸에 알맞은 표현입니다.

③ '귀가 가려운'은 다른 사람이 자신에 대해 이야기하고 있다고 느낄 때 사용하는 표현으로 이 문맥과는 관련이 없습니다.

④ '열을 올리는'은 무언가에 매우 몰두하거나 집중하는 상태를 나타내는 표현입니다.

① "Having high standards" means having high expectations, which is unrelated to the idea of getting along well with others.

② "Speaking the same language" refers to being able to communicate and understand each other well, making it an appropriate fit for the blank.

③ "Feeling like one's ears are burning" is used when someone thinks others are talking about them, which does not fit the context here.

④ "Being passionate about something" describes being deeply focused or absorbed in something, which is not relevant to this passage.

22

정답 ③

문제 유형 세부 내용을 파악해 일치하는 내용 고르기

문제 해결 전략

이 문항은 지문 전체의 내용을 정확히 파악하고 선택지와 비교하여 내용이 일치하는지를 판단하는 문제입니다. 따라서 청소년의 행동 변화, 또래와의 관계, 가족과의 소통 문제 등의 핵심 정보를 정확히 이해한 뒤 선택지와 대조해 보아야 합니다.

This question requires a precise understanding of the entire passage and a careful comparison with the answer choices to determine which one matches the content. To solve it, you must accurately grasp key points such as changes in teenagers' behavior, their relationships with peers, and communication issues with family, and then compare each choice accordingly.

함께 보기: EBS TOPIK Ⅱ 종합서 p.130 유형 09

해설

① 팬 활동으로 가족과의 대화가 줄고 갈등이 생긴다고 했으므로 지문과 반대되는 내용입니다.

② 지문에서는 부모의 조언이 잔소리로 느껴진다고 나와 있습니다.

③ 청소년과 가족이 서로를 이해하지 못해 갈등이 생긴다고 했으므로 이 선택지는 지문과 일치합니다.

④ 청소년들이 팬 활동을 통해 즐거움을 느낀다고 했으므로 이 선택지는 지문의 내용과 다릅니다.

① The passage states that fan activities reduce family conversations and cause conflict, so this option is the opposite of the passage.

② The passage says that teenagers perceive parents' advice as nagging.

③ The passage explains that conflict arises because teenagers and family members fail to understand each other, so this option matches the passage.

④ The passage mentions that teenagers feel joy through fan activities, so this option does not match the passage.

23~24

제시문

주말에 아이와 함께 가까운 놀이공원에 갔다. 아이는 신이 나서 이리저리 뛰어다녔고 그 모습을 보며 잘 왔다는 생각이 들었다. 아이의 사진을 한참 찍다가 전화가 와서 잠깐 친구와 통화를 했다. 통화를 하다가 문득 주변이 조용해진 느낌이 들어 고개를 돌려 보았더니 아이가 보이지 않았다. 나는 너무 놀라 놀이공원 곳곳을 다니며 아이를 찾기 시작했다. "혹시 이 근처에서 남자아이 못 보셨어요?"라고 지나가는 사람들에게도 물었다. 가슴이 쿵쾅거리고 다리가 후들거렸다. 10분쯤 지났을 때 한 놀이기구 앞에서 직원이 아이의 손을 잡고 달래 주고 있는 모습을 발견했다. 아이는 울다 지친 모습이었고 나를 보자마자 달려와 안겼다. 나는 아이를 안고 눈물을 흘렸다. 아이는 금방 웃음을 되찾았지만 아이가 눈앞에서 사라진 순간을 생각하면 지금도 심장이 두근거린다.

- **주제**: 아이를 잃어버린 긴박한 심정
- **텍스트 유형**: 경험담

23 정답 ①

문제 유형 인물의 심정 고르기

문제 해결 전략

심정을 묻는 문제는 밑줄이 있는 장면이 어떤 상황인지 파악하는 것이 중요합니다. 그 순간에 '나'가 어떤 감정을 느꼈는지를 파악해야 합니다. 지문에서는 아이가 사라지고 나서 '가슴이 쿵쾅거리고 다리가 후들거렸다'고 표현하고 있습니다. 이는 놀람, 걱정, 불안과 관련된 표현입니다.

For questions about emotions, it is important to understand the situation described in the underlined part. You need to determine what emotion the narrator felt at that specific moment. In the passage, the narrator describes their heart pounding and legs trembling after the child went missing—expressions that are associated with surprise, worry, and anxiety.

함께 보기: EBS TOPIK Ⅱ 종합서 p.188 유형 13

해설

① 아이가 보이지 않아 놀라고 두려워하는 상황이므로 '불안하고 걱정스럽다'는 밑줄의 상황에 가장 잘 어울리는 감정입니다.
② 지문에는 짜증이나 불만과 관련된 상황이나 감정이 나타나지 않으므로 어울리지 않습니다.
③ '당황'은 일부 상황에 어울릴 수 있으나 '억울하다'는 감정은 지문에 전혀 드러나지 않는 감정입니다.
④ 밑줄의 상황은 '어색한 상황'과는 전혀 관련이 없습니다.

① Since the situation involves being surprised and afraid because the child is not visible, "anxious and worried" best fits the underlined situation.
② The passage does not present any situation or emotion related to annoyance or dissatisfaction, so this does not fit.
③ "Embarrassed" may fit in some situations, but "feeling wronged" is not expressed at all in the passage.
④ The underlined situation has nothing to do with an "awkward situation."

24 정답 ②

문제 유형 세부 내용을 파악해 일치하는 내용 고르기

문제 해결 전략

내용 일치 문제는 지문 전체의 흐름을 정확히 이해하고, 선택지와 사실 여부를 비교하여 판단하는 것이 중요합니다.

For content-matching questions, it is essential to understand the overall flow of the passage and compare each option with the text to determine whether it is true or not.

함께 보기: EBS TOPIK Ⅱ 종합서 p.130 유형 09

해설

① 아이가 놀이공원에서 이리저리 뛰어다녔다는 내용은 지문에 있지만 다쳤다는 내용은 없습니다.
② 지문에는 '놀이기구 앞에서 직원이 아이의 손을 잡고 달래 주고 있는 모습'이 나와 있으므로 놀이공원 직원이 아이를 달래 주며 보호하고 있었다는 내용은 지문과 일치합니다.
③ 친구와 통화하는 동안 아이는 옆에 있지 않고 사라졌기 때문에 통화하는 동안 아이가 내 옆에 앉아 있었다는 이 선택지 내용은 지문과 다릅니다.
④ 지문에는 놀이공원에 방송을 부탁했다는 내용이 언급되지 않았습니다.

① The passage mentions that the child was running around in the amusement park, but it does not say that the child was injured.
② The passage describes "an employee holding the child's hand in front of a ride and comforting him," so the statement that the amusement park staff protected and comforted the child matches the passage.
③ While the parent was on the phone with a friend, the child was not beside them but had disappeared, so the statement that the child was sitting next to the parent during the call does not match.
④ The passage does not mention that a broadcast announcement was requested in the amusement park.

25

정답 ①

제시문

꽃샘추위 계속, 봄꽃 축제 시기 '갈팡질팡'

- **주제**: 봄꽃 축제 시기
- **텍스트 유형**: 신문 기사 제목

문제 유형 중심 내용 고르기(기사 제목 설명 고르기)

문제 해결 전략

신문 기사 제목은 핵심 정보만 간결하게 요약합니다. 이 제목에서는 '꽃샘추위 계속'이라는 원인과 '축제 시기 갈팡질팡'이라는 결과가 중심 정보입니다. 따라서 선택지를 고를 때는 날씨 변화가 축제 일정에 미치는 영향을 바르게 설명하고 있는지를 중심으로 판단해야 합니다.

Newspaper headlines summarize only the key information in a concise manner. In this headline, the main ideas are the cause—"cold snap continues"—and the result—"uncertainty in festival scheduling." Therefore, when choosing the correct answer, focus on whether it accurately explains how weather changes affect festival planning.

함께 보기: EBS TOPIK Ⅱ 종합서 p.172 유형 12

해설

① '꽃샘추위'와 '축제 시기 불확실'이라는 핵심 정보가 모두 포함되어 있어 기사 제목을 가장 잘 설명하는 문장입니다.
② 제목에는 '축제 시기 불확실'이라는 부정적인 상황이 중심이므로 '앞당겨졌다'는 표현은 적절하지 않습니다.
③ '갈팡질팡'은 축제 시기가 정해지지 않아 혼란스러운 상황을 의미하므로 '일찍 열릴 예정이다'라는 선택지와 다른 내용입니다.
④ 제목에서는 '꽃샘추위가 계속되고 있다'고 했으므로 '잦아든다'는 표현은 기사 제목과 다른 설명입니다.

① This option includes both key pieces of information—"cold snap" and "uncertain festival schedule"—so it best explains the article's title.
② Since the title focuses on the negative situation of "uncertain festival schedule," the expression "moved earlier" is not appropriate.
③ "Confusion" refers to the unsettled situation caused by the festival date not being fixed, so the option "scheduled to open early" conveys a different meaning.
④ The title states that "the cold snap continues," so the expression "subsides" does not match the article's title.

26

정답 ②

제시문

연이은 물가 상승, 소비 심리 '꽁꽁'

- **주제**: 물가 상승으로 인한 소비 심리 위축
- **텍스트 유형**: 신문 기사 제목

문제 유형 중심 내용 고르기(기사 제목 설명 고르기)

문제 해결 전략

신문 기사 제목은 원인과 그에 따른 결과를 간결하게 제시합니다. '물가 상승'이라는 원인과 '소비 심리 꽁꽁'이라는 결과가 중심 정보입니다. 따라서 선택지를 고를 때는 물가 상승 → 소비 위축이라는 흐름이 정확히 설명된 문장을 찾아야 합니다.

Newspaper headlines present the cause and its result in a concise manner. In this headline, the cause is "rising prices" and the result is "frozen consumer sentiment." Therefore, when selecting an answer, you should choose a sentence that accurately reflects the flow from rising prices to reduced consumer activity.

함께 보기: EBS TOPIK Ⅱ 종합서 p.172 유형 12

해설

① '더 싸게 사려는 노력'은 소비자 반응의 하나일 수 있으나 제목의 핵심인 소비 심리 위축을 직접적으로 설명하지 못하므로 적절하지 않습니다.

② '물가 상승'과 '소비 감소'라는 원인과 결과가 기사 제목과 정확하게 일치하므로 정답입니다
③ '소비 심리 위축'이라는 결과가 드러나지 않은 내용으로 기사 제목을 충분히 설명하지 못합니다.
④ 제목에서는 '물가 상승', '소비 심리 꽁꽁'이라고 표현했기 때문에 이 선택지의 설명은 기사 제목과 반대되는 설명입니다.

① "trying to buy things at a lower cost" may be one consumer reaction, but it does not directly explain the main point of the title, which is the shrinkage of consumer sentiment, so it is not appropriate.
② The cause-and-effect relationship of "rising prices" and "decline in consumption" matches the article's title, so this is the correct answer.
③ Since the result of "shrinking consumer sentiment" is not shown, this option does not sufficiently explain the article's title.
④ The title expresses "rising prices" and "frozen consumer sentiment," so this option conveys the opposite meaning of the title.

27

정답 ④

제시문

온라인 진료 허용 확대, 시장 반응 엇갈려

- **주제**: 온라인 진료에 대한 시장 반응
- **텍스트 유형**: 신문 기사 제목

문제 유형 중심 내용 고르기(기사 제목 설명 고르기)

문제 해결 전략

신문 기사 제목은 변화된 상황과 그에 대한 사회적 반응을 요약하여 전달합니다. '온라인 진료 허용 확대'가 정책 변화이고 '시장 반응 엇갈려'는 이에 대한 의견 대립을 보여 줍니다. 따라서 선택지를 고를 때는 변화된 사실과 찬성, 반대 등의 다양한 반응을 모두 담고 있는지를 확인해야 합니다.

Newspaper headlines summarize a changed situation and the social response to it. "Expansion of online medical consultations" indicates a policy change, while "mixed market reactions" reflects differing opinions. Therefore, when choosing an answer, you should check whether the option includes both the factual change and the variety of responses, such as support and opposition.

함께 보기: EBS TOPIK Ⅱ 종합서 p.172 유형 12

해설

① '우려가 커지고 있다'는 부정적 반응만 나타낸 것으로 '시장 반응 엇갈려'라는 기사 제목을 충분히 설명하지 못합니다.
② 특정 집단의 의견만을 다룬 내용으로 전체적으로 '엇갈린' 반응이라는 기사 제목과 일치하지 않습니다.
③ '모두가 환영'은 찬성 의견만 있는 상황을 의미하므로 '엇갈리는 반응'과 반대되는 설명입니다.
④ 정책 변화(온라인 진료 확대)와 상반된 반응(찬성과 반대)을 모두 포함하고 있어 기사 제목을 가장 잘 설명하고 있는 문장입니다.

① "Concerns are growing" shows only a negative reaction, so it does not sufficiently explain the article's title, "Mixed Market Reactions."
② This deals with the opinion of only a specific group, so it does not match the title's meaning of "divided reactions."
③ "Everyone welcomes" suggests only supportive opinions, which is the opposite of "mixed reactions."
④ This option includes both the policy change (expansion of online medical treatment) and the contrasting responses (support and opposition), so it best explains the article's title.

28

정답 ④

제시문

한국의 전통 공연이라고 하면 아리랑과 같은 민요를 떠올리는 사람이 많다. 하지만 실제로는 (   ) 공연이 많이 있다. 신나는 리듬을 즐기고 싶다면 사물놀이, 전통 음악과 함께 연극을 즐기고 싶다면 탈춤 공연이 좋다. 이야기 중심의 공연을 원한다면 마당놀이도 좋은 선택이 될 수 있다. 마당놀이는 판소리로 옛이야기를 전하면서도 춤과 노래를 통해 쉽게 이해할 수 있어 남녀노소 모두 즐길 수 있다.

• **주제**: 다양한 한국 전통 공연
• **텍스트 유형**: 설명문

문제 유형 문맥을 파악해 빈칸에 알맞은 말 고르기

문제 해결 전략

빈칸에 들어갈 문장은 앞 문장에서 언급한 '한국 전통 공연에 대한 일반적인 인식'과 그다음 문장에서 제시된 구체적인 공연의 예시 사이를 연결하는 역할을 합니다. 앞에서는 민요 중심의 인식이 언급되고 뒤에서는 사물놀이, 탈춤, 마당놀이 등 형식과 내용이 다양한 공연이 소개되므로 빈칸에는 이러한 공연의 다양성과 특징을 보여 주는 문장이 들어가는 것이 자연스럽습니다.

The sentence that fills the blank should connect the general perception of traditional Korean performances mentioned in the previous sentence with the specific examples presented in the next. The previous sentence discusses the perception centered on folk songs, while the following sentence introduces various performances such as samulnori, mask dance, and madangnori. Therefore, the blank should be filled with a sentence that highlights the diversity and characteristics of these traditional performances.

함께 보기: EBS TOPIK Ⅱ 종합서 p.158 유형 11

해설

① '특징이 없는 공연이 많다'는 내용은 뒤에 나오는 공연의 구체적인 설명과 어울리지 않습니다.
② 일부 공연은 이야기가 중심이지만 '사물놀이'처럼 리듬이 중심인 공연도 포함되어 있으므로 전체를 대표하기에는 적절하지 않습니다.
③ 공연의 길이에 대한 설명은 지문에 언급되지 않았습니다.
④ 뒤 문장에서 소개되는 사물놀이, 탈춤, 마당놀이 등의 다양한 전통 공연과 가장 잘 어울리며 민요 중심의 인식과 대조되는 표현으로 적절합니다.

① The statement "many performances lack distinctive features" does not fit with the detailed explanations of performances that follow.
② Some performances are story-centered, but others, like samulnori, are rhythm-centered, so this option is not appropriate to represent the whole.
③ The passage does not mention the length of performances.
④ This best matches the following descriptions of various traditional performances such as samulnori, mask dance, and madang play, and is appropriate as a contrast to the view that folk songs are central.

29

정답 ③

제시문

발표는 단지 말하는 사람만을 위한 시간이 아니다. 발표자가 준비한 내용을 이해하려고 집중해서 듣고 필요한 경우 적절한 질문이나 피드백을 주는 것도 중요하다. 발표를 들을 때 이런 태도를 가지면 발표자뿐 아니라 듣는 사람도 배움의 폭이 넓어진다. 듣는 태도도 발표의 중요한 부분이기 때문이다. 발표를 들을 때는 (   ) 것이 아니라 함께 참여하는 자세가 필요하다.

• **주제**: 발표를 듣는 바람직한 태도
• **텍스트 유형**: 설명문

문제 유형 문맥을 파악해 빈칸에 알맞은 말 고르기

문제 해결 전략

이 글은 발표 상황에서 듣는 사람의 역할과 태도를 강조하고 있습니다. 빈칸 앞 문장은 '듣는 태도도 발표의 중요한 부분'이라는 글의 핵심을 말하고 있고 빈칸 뒤 문장은 '함께 참여하는 자세가 필요하다'고 강조합니다. 따라서 빈칸에는 '소극적 태도'를 의미하는 말이 들어가야 '참여'라는 적극적 태도와 대조되며 자연스럽게 연결됩니다.

This passage emphasizes the listener's role and attitude during a presentation. The sentence before the blank highlights that "the attitude of the listener is also an important part of the presentation," and the sentence after stresses "the need for an attitude of active participation." Therefore, the blank should contain an expression that suggests a passive attitude, creating a natural contrast with the idea of participation.

함께 보기: EBS TOPIK Ⅱ 종합서 p.158 유형 11

해설

① 발표에서 배움을 기대하는 태도는 긍정적인 태도로 '함께 참여하는 자세가 필요하다'는 문장과 대조되지 않아 어색합니다.

② 질문을 고민하는 것은 적극적인 태도로서 빈칸 뒤 문장의 '참여하는 자세'와 의미가 중복되므로 빈칸에 어울리지 않습니다.

③ '단순히 듣기만 한다'는 소극적인 태도로 '함께 참여하는 자세가 필요하다'는 뒤 문장과 의미상 대조되어 자연스럽게 연결됩니다.

④ 지문에서는 '듣는 태도'에 대해 이야기하고 있으므로 '발표자의 태도를 평가'하는 것은 빈칸에 어울리지 않습니다.

① Expecting to learn from a presentation is a positive attitude, so it does not contrast with the following sentence, "a participatory attitude is necessary," and thus feels awkward.

② Thinking about questions shows an active attitude, but this overlaps in meaning with the following sentence about "a participatory attitude," so it does not fit the blank.

③ "Simply listening" reflects a passive attitude, which contrasts with the following statement that "a participatory attitude is necessary," making this the most natural connection.

④ The passage discusses "the listener's attitude," so evaluating "the presenter's attitude" is not appropriate for the blank.

30

정답 ④

제시문

건축물에서 화재나 지진 같은 재난이 발생했을 때 건물의 용도에 따라 대피 경로가 달라질 수 있다. 예를 들어 공연장처럼 많은 사람이 동시에 모이는 장소의 경우에 대부분의 사람들이 같은 출입구로 몰리면 더 위험한 상황이 생길 수 있다. 이러한 상황은 오히려 추가적인 피해를 일으킬 수 있어 위험하다. 따라서 공연장처럼 많은 사람들이 이용하는 시설에는 (   ) 다른 용도의 건물보다 더 많은 비상구를 설치해야 한다.

• **주제**: 비상구 설치 필요성 • **텍스트 유형**: 설명문

문제 유형 문맥을 파악해 빈칸에 알맞은 말 고르기

문제 해결 전략

빈칸에 들어갈 문장은 '공연장에는 다른 건물보다 비상구를 더 많이 설치해야 하는 이유'를 설명하는 문장입니다. 앞 문장에서는 많은 사람이 한 출입구로 몰릴 경우 더 큰 피해가 생길 수 있다는 점을 경고하고 있으며, 그에 따른 예방책으로서의 비상구 설치 이유를 자연스럽게 이어 줘야 합니다. 따라서 빈칸에는 비상구 설치의 목적을 설명하는 표현이 들어가야 자연스럽습니다.

The sentence that fills the blank should explain why more emergency exits need to be installed in theaters compared to other buildings. The previous sentence warns that greater harm can occur when too many people rush toward a single exit. Therefore, the blank should be filled with a phrase that explains the purpose of by describing the purpose of installing emergency exits as a preventive measure.

함께 보기: EBS TOPIK Ⅱ 종합서 p.158 유형 11

해설

① 건물 용도를 변경하는 것은 재난 대비와 관계없는 행정적 행위이므로 문맥과 관련이 없습니다.

② 출입구 수를 줄이는 것은 위험을 줄이려는 목적과 반대되는 내용이므로 맥락에 맞지 않습니다.

③ 관람 편의는 재난 시 대피와 직접적인 관련이 없어 빈칸 문맥과 어울리지 않습니다.

④ 공연장에는 사람들이 몰릴 위험이 있으므로 신속한 대피를 위한 구조적 대비가 필요하다는 앞 문장과 자연스럽게 이어집니다.

① Changing the use of a building is an administrative act unrelated to disaster preparedness, so it does not fit the context.
② Reducing the number of exits goes against the purpose of minimizing danger, so it does not match the context.
③ Audience convenience is not directly related to evacuation in case of a disaster, so it does not suit the blank.
④ Since performance halls carry the risk of large gatherings, the idea of structural measures for quick evacuation connects naturally with the preceding sentence.

31

정답 ②

제시문

같은 물건이라도 어떤 때에는 비싸게 팔리고 어떤 때에는 싸게 팔리기도 한다. 이는 수요와 공급이라는 경제 원리 때문이다. 같은 물건을 사려고 하는 사람들이 많으면 가격이 올라가고 반대로 (   ) 가격이 내려간다. 예를 들어 휴가철에는 수요가 많아 비행기표가 비싸지만 그렇지 않은 때에는 저렴한 가격으로 살 수 있다. 이렇듯 시장에서는 수요와 공급의 변화에 따라 가격이 달라진다.

- **주제**: 수요와 공급에 따른 가격 변화
- **텍스트 유형**: 설명문

문제 유형 문맥을 파악해 빈칸에 알맞은 말 고르기

문제 해결 전략

이 글은 수요와 공급이라는 경제 원리에 따라 물건의 가격이 달라지는 이유를 설명하고 있습니다. 빈칸 앞 문장에서는 수요가 많으면 가격이 올라간다고 설명하고 있고 빈칸 뒤 문장은 가격이 내려간다는 반대 상황을 보여 줍니다. 따라서 빈칸에는 수요가 줄어드는 상황이나 수요보다 공급이 많은 상황을 설명하는 문장이 들어가야 합니다.

This passage explains why the price of goods changes according to the economic principle of supply and demand. The sentence before the blank states that when demand is high, prices rise, while the sentence after the blank presents the opposite situation, in which prices fall. Therefore, the blank should be filled with a statement that describes either a situation where demand decreases or one where supply exceeds demand.

함께 보기: EBS TOPIK Ⅱ 종합서 p.158 유형 11

해설

① '수요와 공급의 원리'라는 경제 원리와 직접적인 관련이 없습니다.
② 수요보다 공급이 많다는 의미로 가격이 내려가는 원인을 경제 원리에 맞게 설명하고 있어 빈칸에 들어갈 말로 가장 잘 어울립니다.
③ 이는 수요와 공급의 직접적인 원인 설명이라 보기 어렵고 지문 내용과도 자연스럽게 이어지지 않습니다.
④ 이는 공급이 줄어들고 가격이 올라갈 가능성에 대한 내용입니다. 가격이 내려간다는 다음 문장과 어울리지 않습니다.

① This is not directly related to the economic principle of "supply and demand."
② Explaining that supply exceeds demand, causing prices to fall, is consistent with the economic principle and fits best in the blank.
③ This is not a direct explanation of the cause in terms of supply and demand, and it does not connect naturally with the passage.
④ This refers to a decrease in supply and a possible rise in prices, which does not fit with the following sentence about prices falling.

32

정답 ③

제시문

벌집은 대부분 육각형 모양으로 되어 있다. 육각형은 여러 모양 중에서 공간을 가장 효율적으로 사용할 수 있는 구조로 알려져 있다. 같은 넓이일 때 원이나 삼각형보다 빈틈이 적고 서로 맞닿는 면이 많기 때문에 재료가 적게 든다. 벌들은 이러한 구조를 이용해 더 적은 양의 밀랍으로 많은 양의 꿀을 저장할 수 있다. 그래서 벌집의 육각형 구조는 공간과 자원을 아끼는 자연의 지혜라고 불린다.

• **주제**: 벌집의 육각형 구조 • **텍스트 유형**: 설명문

문제 유형 세부 내용을 파악해 일치하는 내용 고르기

문제 해결 전략

이 유형은 지문 전체의 내용을 정확히 파악하고, 선택지와 비교하여 사실이 일치하는지를 판단하는 문제입니다. 특히 수치, 비교 대상, 원인과 결과 등의 정보가 지문에 있는 내용과 정확히 일치하는지 확인해야 합니다. 지문의 일부만 이야기하고 있거나 과장, 반대되는 표현이 포함된 선택지는 오답입니다.

This type of question requires a precise understanding of the entire passage and a careful comparison with the answer choices to determine factual accuracy. Pay special attention to numerical data, comparisons, and cause-and-effect relationships to ensure they match what is stated in the passage. Choices that mention only part of the passage or include exaggerated or opposite information should be considered incorrect.

함께 보기: EBS TOPIK Ⅱ 종합서 p.130 유형 09

해설

① 지문에서는 육각형은 빈틈이 적고 재료가 적게 든다고 했으므로 지문과 일치하지 않습니다.
② 벌집의 육각형 구조는 '꿀벌의 비행 편리'가 아닌 '효율'을 추구하는 형태입니다.
③ 지문에 '같은 넓이를 사용할 때 원이나 삼각형보다 빈틈이 적다'는 설명이 있으므로 일치하는 내용입니다.
④ 지문에서는 육각형이 가장 효율적인 구조라고 했으므로 이 문장은 지문 내용과 다릅니다.

① The passage states that hexagons leave fewer gaps and require less material, so this option does not match.
② The passage states that the hexagonal structure of a beehive is not for the convenience of bee flight but for efficiency.
③ The passage explains that "when using the same area, hexagons leave fewer gaps than circles or triangles," so this matches the passage.
④ The passage says that hexagons are the most efficient structure, so this statement does not match.

33

정답 ①

제시문

지구와 달리 우주는 중력이 거의 없는 무중력 상태이다. 이런 환경에서는 물이 아래로 흐르지 않고 공처럼 둥근 모양으로 떠 있는 모습을 보인다. 이는 중력이 작용하지 않는 상태에서 물을 끌어당기는 힘이 사라지고 대신 물 분자끼리 서로 끌어당기는 힘인 표면 장력이 작용하기 때문이다. 이 힘 때문에 물은 흩어지지 않고 한곳에 모여 둥글게 움직인다. 이러한 무중력 상태에서는 우리가 익숙한 물의 움직임이 달라지기 때문에 우주에서의 실험과 생활 방식도 지구와는 다르게 설계된다.

• **주제**: 무중력 상태에서 물의 움직임
• **텍스트 유형**: 설명문

문제 유형 세부 내용을 파악해 일치하는 내용 고르기

문제 해결 전략

이 문제는 지문에서 설명한 내용을 바탕으로 사실이 정확히 일치하는 문장을 찾는 문제입니다. 특히 과학적 개념(중력, 표면 장력), 원인과 결과, 물의 모양과 움직임 같은 세부 정보를 정확히 비교해야 합니다.

This question asks you to identify the sentence that accurately matches the explanation provided in the passage. You should pay close attention to scientific concepts—such as gravity and surface tension—as well as cause-and-effect relationships and specific details about the shape and movement of water.

함께 보기: EBS TOPIK Ⅱ 종합서 p.130 유형 09

해설

① 지문에 '물 분자끼리 끌어당기는 힘인 표면 장력이 작용하여 둥글게 모여 움직인다'는 내용이 명확히 있으므로 지문과 일치하는 내용입니다.

② 우주는 '중력이 거의 없는 상태'이며 물이 흩어지지 않는다고 설명하고 있으므로 지문과 반대되는 내용입니다.

③ 지문에서는 서로 끌어당기는 힘인 표면 장력이 작용한다고 설명하고 있으므로 이 문장은 지문 내용과 다릅니다.

④ 지문에서는 우주에서의 생활 방식이 지구와 다르게 설계된다고 했으므로 이 문장은 지문 내용과 반대입니다.

① The passage clearly states that "surface tension, the force that pulls water molecules together, makes them gather into a round shape and move," so this matches the passage.

② The passage explains that space is "a state with almost no gravity" and that water does not scatter, so this option is the opposite of the passage.

③ The passage states that surface tension, the force that pulls molecules together, is at work, so this option does not match.

④ The passage explains that life in space is designed differently from life on Earth, so this option is the opposite of the passage.

34

정답 ④

제시문

조선 후기 실학자 박지원은 농민들이 겪는 어려움을 해결하기 위해 『과농소초』라는 책을 썼다. 이 책에는 농사 방법의 개선, 농기구 개량, 수리 시설 정비 등 실제 생활에 도움이 되는 제안들이 담겨 있다. 박지원은 이론보다 현실에 바로 적용할 수 있는 내용을 중심으로 조선의 농업 문제를 분석하고 구체적인 해결책을 제시하였다. 이 책은 농업 생산성을 높이고 농민의 삶을 안정시키려는 실천적인 개혁 노력의 결과물로 당시 사회를 바꾸려는 실용적인 생각이 담긴 중요한 기록이라고 평가받는다.

- **주제**: 박지원의 실학적 농업 개혁서 『과농소초』
- **텍스트 유형**: 설명문

문제 유형 세부 내용을 파악해 일치하는 내용 고르기

문제 해결 전략

이 유형은 지문 전체의 내용을 정확히 파악하고 선택지를 하나하나 비교하여 지문과 의미가 일치하는 문장을 고르는 문제입니다. 특히 주어, 행위, 평가, 목적 등이 지문과 동일한지를 꼼꼼히 확인해야 합니다. 지문에 없는 정보, 반대되거나 과장된 내용은 오답이 됩니다.

This type of question requires a clear understanding of the entire passage and careful comparison of each answer choice to identify the one that matches the passage's meaning. Pay special attention to whether the subject, actions, evaluations, and purposes in the choice align exactly with the passage. Information not mentioned, opposite, or exaggerated from what the passage says should be eliminated as incorrect.

함께 보기: EBS TOPIK Ⅱ 종합서 p.130 유형 09

해설

① 지문에서는 '이론보다 현실에 바로 적용할 수 있는 내용을 중심으로' 책에 제시하였다고 나옵니다. 이 문장은 지문 내용과 반대입니다.

② 선진국이나 외국 농업에 대한 내용은 지문에 언급되지 않았습니다.

③ 지문에서는 '현실에 바로 적용할 수 있는 내용'이라고 했고 '실용적인 생각이 담긴 중요한 기록'으로 평가받았다고 했으므로 반대되는 내용입니다.

④ '실제 생활에 도움이 되는 제안들', '구체적인 해결책', '실천적인 개혁 노력' 등의 표현이 지문에 있으므로 지문 내용과 일치합니다.

① The passage states that the book focused on "practical content that can be directly applied to reality rather than theory," so this option is the opposite of the passage.

② The passage does not mention developed countries or foreign agriculture.

③ The passage says it was praised as "an important record containing practical ideas that can be directly applied to reality," so this option is the opposite of the passage.

④ Expressions such as "proposals helpful for real life," "concrete solutions," and "practical reform efforts" appear in the passage, so this option matches the passage.

35

정답 ③

제시문

예전에는 일에 몰두하고 성과를 내는 것이 성공의 조건처럼 여겨졌다. 그러나 최근에는 직장에서의 성취보다 여가 시간의 만족이나 가족과의 균형 있는 삶을 더 중요하게 생각하는 사람들이 많아지고 있다. 실제로 직업 선택 시에도 연봉이나 승진보다는 근무 시간, 유연한 업무 환경을 더 우선시하는 경향이 나타나고 있다. 이러한 가치 변화는 특히 젊은 세대를 중심으로 빠르게 확산되고 있으며 기업의 인재 유치 전략에도 중요한 요소로 작용하고 있다.

- **주제**: 일과 삶의 균형을 중시하는 인식 확산
- **텍스트 유형**: 설명문

문제 유형 중심 내용 고르기

문제 해결 전략

이 유형은 지문 전체에서 말하고자 하는 중심 생각이 무엇인지를 파악하는 문제입니다. 예시나 부연 설명이 아니라 글 전체를 대표할 수 있는 문장을 선택해야 합니다. 이 글에서는 시간과 가치 인식의 변화에 따른 행동 경향을 중심으로 선택지를 비교하는 것이 중요합니다.

This type of question requires identifying the main idea of the entire passage, not just supporting details or examples. To find the correct answer, focus on shifts in time, values, and behavior trends throughout the text.

함께 보기: EBS TOPIK Ⅱ 종합서 p.172 유형 12

해설

① 지문에서는 성취보다 여가와 균형 있는 삶이 더 중요하게 여겨지고 있다고 설명하고 있으므로 이 문장은 지문 내용과 다릅니다.

② '연봉보다 승진'이라는 내용은 지문에 없으며 오히려 연봉·승진보다 근무 시간과 환경을 더 중시한다고 했으므로 지문 내용과 다릅니다.

③ 지문에 일보다 여가나 가족과의 삶을 중요하게 여기는 경향, 유연한 근무 환경을 중시하는 분위기, 젊은 세대를 중심으로 확산되는 가치 변화 등이 설명되어 있습니다. 글의 주제를 가장 잘 나타낸 문장입니다.

④ 유연한 근무 환경에 대한 언급은 있지만 지문의 초점은 '효율성'이 아니라 '가치 변화와 인식 전환'에 있으므로 주제로 적절하지 않습니다.

① The passage explains that leisure and a balanced life are valued more than achievement, so this option does not match the passage.

② The statement "promotion over salary" does not appear in the passage; rather, it says that working hours and environment are valued more than salary or promotion, so this option does not match.

③ The passage describes the tendency to value leisure or family life over work, the emphasis on flexible working environments, and the spread of shifting values among younger generations. This sentence best represents the main theme of the passage.

④ Although flexible working environments are mentioned, the focus of the passage is on "value shifts and changing perceptions," not "efficiency," so this option is not suitable as the theme.

36

정답 ④

제시문

범죄 피해로 고통을 겪는 사람들을 지원하기 위한 범죄 피해자 구조금 제도의 개선이 추진되고 있다. 지금까지는 일부 조건을 충족하는 경우에만 구조금이 지급되었지만 앞으로는 적법한 체류 자격이 있는 외국인 피해자나 한국인과 결혼한 사람, 자녀를 양육하는 사람도 지원 대상에 포함될 예정이다. 이는 그동안 제도의 사각지대를 줄이고 피해자의 일상 복귀와 실질적인 회복을 지원하려는 사회적 노력의 일환이다.

- **주제**: 범죄 피해자 지원 제도 개선
- **텍스트 유형**: 설명문

문제 유형 중심 내용 고르기

문제 해결 전략

이 유형은 지문 전체에서 말하고자 하는 중심 주제를 파악하는 문제입니다. 글에서 강조하고 있는 제도의 변화 방향과 사회적 의미를 대표하는 문장을 선택해야 합니다. 특히 '기존 제도의 한계 → 제도 개선 → 실질적 지원 확대'라는 흐름을 중심으로 글을 읽으면 정답을 찾는 데 도움이 됩니다.

This type of question asks you to identify the main theme of the entire passage. You should select a sentence that represents the direction of policy change and its broader social significance. Paying attention to the flow—"limitations of the existing system → system improvement → expansion of practical support"—will help you find the correct answer.

함께 보기: EBS TOPIK Ⅱ 종합서 p.172 유형 12

해설

① 지문에서는 적법한 체류자뿐 아니라 한국인과 결혼한 사람, 자녀를 양육하는 사람까지 포함해 지원을 확대할 예정이라고 설명하고 있습니다. 이 문장은 지원 대상을 제한하는 표현이 포함되어 지문과 일치하지 않습니다.

② 지문은 범죄 피해자를 위한 '기금 조성'이 아닌 '구조금 제도 개선'에 대한 내용입니다.

③ 지문은 지원 확대의 긍정적인 변화와 필요성을 설명하고 있으며 예산 부담이나 부정적인 평가와 관련된 내용은 없습니다.

④ '사각지대를 줄이고', '실질적인 회복을 지원하려는 노력', '지원 대상 확대' 등은 모두 지원 대상 제도 개선과 관련된 내용입니다. 지문 전체의 핵심을 가장 잘 요약한 선택지입니다.

① The passage explains that support will be expanded not only to legal residents but also to those married to Koreans and those raising children. Since this option includes wording that restricts the beneficiaries, it does not match the passage.

② The passage is about improving the compensation system for crime victims, not about creating a fund.

③ The passage explains the positive changes and necessity of expanding support, with no reference to budget burdens or negative evaluations.

④ Expressions such as "reducing blind spots," "efforts to provide practical recovery support," and "expansion of beneficiaries" all relate to the expansion of support and system improvements. This option best summarizes the main idea of the passage.

37

정답 ③

제시문

자율 주행차는 센서와 인공 지능 알고리즘을 활용해 주변 상황을 인식하고 스스로 경로를 판단한다. 운전자의 개입 없이도 주행이 가능하다는 점에서 많은 기대를 받고 있지만 실시간으로 방대한 데이터를 처리해야 하므로 돌발 상황에서는 반응이 늦어지거나 판단이 어려운 상황이 발생할 수 있다. 이러한 기술적 한계를 줄이고 알고리즘의 정밀성과 반응 속도가 개선된다면 자율 주행차의 일상적 활용 가능성도 더 높아질 것으로 기대된다.

• **주제**: 자율 주행 기술 • **텍스트 유형**: 설명문

문제 유형 중심 내용 고르기

문제 해결 전략

이 유형은 지문 전체에서 주장하는 주제를 파악하는 문제입니다. '기술의 소개 → 한계점 → 개선'이라는 흐름을 파악하면 주제를 찾는 데 도움이 됩니다. 특히 기술 변화의 방향이나 글에서 강조하는 핵심 메시지에 집중해야 합니다. 단순한 설명이나 일부 예시가 포함된 내용은 전체 주제를 나타낼 수 없습니다.

This type of question asks you to identify the main argument of the entire passage. Focus on the structure of the passage—introduction of the technology → limitations → potential improvements—as this helps reveal the theme. Pay close attention to the direction of technological change or the key message being emphasized, as simple explanations or examples alone are not sufficient to represent the main idea.

함께 보기: EBS TOPIK Ⅱ 종합서 p.172 유형 12

해설

① 지문에서는 자율 주행이 기대는 받고 있지만 여전히 기술적 과제가 존재한다고 설명하고 있으므로 이 선택지는 지문 내용과 다릅니다.

② 지문에서는 오히려 돌발 상황에서는 반응이 늦거나 판단이 어렵다고 했습니다. 지문과 반대되는 내용입니다.
③ '실시간 처리의 어려움', '돌발 상황에서 반응 문제', '정밀성·속도 개선 필요' 등 지문에 기술적 한계와 개선 과제가 명확히 언급되어 있으므로 글의 주제를 가장 잘 나타낸 문장입니다.
④ 지문에서는 자율 주행차가 센서와 알고리즘을 통해 스스로 판단한다고 설명하고 있으며 운전자의 방식을 모방한다는 내용은 없습니다.

① The passage explains that while autonomous driving is receiving attention, there are still technical challenges, so this option does not match the passage.
② On the contrary, the passage states that in unexpected situations, responses are delayed or judgments are difficult. This option is the opposite of the passage.
③ Technical limitations and improvement tasks such as "difficulty in real-time processing," "response problems in unexpected situations," and "the need for improved precision and speed" are clearly mentioned in the passage, so this sentence best represents the main theme.
④ The passage explains that autonomous vehicles make judgments through sensors and algorithms, not by imitating the driver's method.

38

정답 ④

제시문

생성형 인공 지능 기술의 발달로 다양한 콘텐츠가 빠르게 제작되고 있다. 인공 지능이 만든 소설이나 음악이 해당 분야에서 성과를 거두는 사례도 등장하고 있다. 이에 대해 어떤 사람들은 그 결과물이 창의적이고 새롭다면 인간의 개입이 없어도 창작으로 인정할 수 있다고 본다. 반면 창작이란 감정과 경험, 의도가 담긴 과정을 포함해야 하므로 인공 지능의 산출물을 창작으로 보기 어렵다는 의견도 있다. 인공 지능 산출물이 급증하고 있는 만큼 창작에 대한 논의가 필요하다.

• **주제**: 인공 지능 창작물에 대한 사회적 논의
• **텍스트 유형**: 설명문

문제 유형 중심 내용 고르기

문제 해결 전략

이 유형은 글 전체에서 말하고자 하는 중심 쟁점이나 논의의 흐름을 파악하는 문제입니다. 찬성이나 반대 입장을 고르는 것이 아니라 양측의 견해를 모두 소개하며 다루고 있는 주제를 포괄적으로 나타내는 문장을 선택해야 합니다. 지문에서 반복되거나 마지막 문장에 요약된 핵심 메시지에 주목하는 것이 문제를 푸는 데 도움이 됩니다.

This type of question asks you to identify the main issue or flow of discussion presented in the entire passage. Rather than choosing a specific stance (support or opposition), you should select a sentence that broadly represents the topic addressed from both perspectives. Pay attention to key ideas that are repeated throughout the passage or summarized in the concluding sentence for guidance.

함께 보기: EBS TOPIK Ⅱ 종합서 p.172 유형 12

해설

① 지문에 창작은 감정·경험·의도를 포함해야 한다는 견해가 나오기는 하지만 이는 반대 입장의 일부 의견일 뿐 전체 주제를 나타내기에는 좁은 관점입니다.
② 이것도 지문에서 소개된 반대 입장의 의견 중 일부일 뿐 전체 글의 중심 논의를 대표하는 문장은 아닙니다.
③ 지문의 한 문장을 사실대로 설명한 세부 정보 수준의 문장이며 주제로 보기 어렵습니다.
④ 지문 전체는 인공 지능이 만든 콘텐츠의 창작 여부에 대한 다양한 의견을 소개하고 있으며 '창작이란 무엇인가'에 대한 새로운 논의의 필요성이 마지막 문장에서 강조되고 있습니다. 따라서 이 문장은 글의 주제를 가장 잘 요약한 문장입니다.

① The passage does present the view that creation must include emotions, experiences, and intentions, but this is only one of the opposing opinions and too narrow to represent the overall theme.
② This is also just part of the opposing view introduced in the passage and does not represent the central discussion of the text.
③ This option simply describes one sentence in the passage as factual detail and cannot be considered the main theme.
④ The passage as a whole introduces different opinions on whether AI-generated content can be considered

creation, and the final sentence emphasizes the need for new discussions on "what creation is." Therefore, this option best summarizes the main theme of the text.

39

정답 ④

제시문

> 덕분에 독자들은 공부법뿐 아니라 언어를 통해 세상을 바라보는 시각도 함께 얻게 된다.

언어학자 김수진이 쓴 『낯선 문장을 사랑하게 될 때』가 연일 화제다. (㉠) 이 책은 외국어 학습 에세이로 외국어를 공부하면서 겪는 시행착오와 그 안에서 얻은 깨달음을 소개하고 있다. (㉡) 독자들이 느낄 외국어 학습에 대한 불안감과 두려움에 공감하면서도 포기하지 않고 꾸준히 나아가야 한다는 메시지를 전한다. (㉢) 또한 언어에 담긴 문화와 가치관 등을 살펴봄으로써 언어가 의사소통 수단을 넘어 그 사회를 반영하는 창임을 일깨운다. (㉣)

- **주제:** 외국어 학습 에세이 소개
- **텍스트 유형:** 서평

문제 유형 알맞은 순서로 배열한 것 고르기(위치 찾기)

문제 해결 전략

위치 찾기 문제는 글의 흐름과 문장의 관계를 살펴 주어진 문장의 알맞은 위치를 찾는 문제입니다. 제시문에 있는 '덕분에'는 앞의 내용을 바탕으로 그에 따른 긍정적인 결과를 설명하는 표현입니다. 이 문장은 책을 읽은 독자가 얻게 되는 깨달음을 정리하고 있어 글 전체를 마무리하는 자리에 들어가는 것이 가장 자연스럽습니다.

Sentence placement questions require you to examine the flow of the passage and determine the most appropriate location for a given sentence. The phrase "thanks to" indicates a positive outcome based on the preceding content. Since the sentence reflects a realization gained by the reader after reading the book, it fits most naturally in the concluding part of the passage.

함께 보기: EBS TOPIK Ⅱ 종합서 p.144 유형 10

해설

① ㉠은 책의 개요를 소개하는 부분이므로 결과나 감상이 포함된 제시문이 위치하기에는 이릅니다.

② ㉡은 학습자의 불안과 극복 메시지를 전하는 부분입니다. 원인에 해당하는 내용이 구체적으로 드러나지 않아 '덕분에'와 연결하기엔 무리가 있습니다.

③ ㉢ 앞 문장에 '세상을 바라보는 시각'에 대한 내용이 없기 때문에 제시문이 들어가기에 적절하지 않습니다.

④ ㉣은 글의 마무리 부분으로 책의 내용을 종합적으로 정리하기에 가장 자연스럽습니다. '덕분에'라는 결과 표현이 직전에 소개된 책의 핵심 메시지들을 종합하며 적절하게 마무리되는 위치입니다.

① ㉠ introduces the overview of the book, so it is too early for a sentence that includes results or impressions.

② ㉡ presents the learner's anxiety and a message of overcoming it, but since the cause is not clearly stated, it is unsuitable to connect with "thanks to."

③ Before ㉢, there is no mention of "a perspective on viewing the world," so it is not appropriate to insert the given sentence here.

④ ㉣ is the concluding part of the text, making it the most natural place to summarize the book's content. Using the result expression "thanks to" here appropriately ties together the key messages introduced earlier.

40

정답 ①

제시문

> 이들은 특정 구간까지 일정한 속도를 유지해 주어 선수들의 경기 운영을 돕는 역할을 한다.

마라톤 경기에서는 기록 단축을 위해 페이스메이커가 함께 달리는 경우가 있다. (㉠) 보통 초반에는 너무 빠르게 달리는 실수를 범하기 쉬운데 페이스메이커가 속도를 조절해 줌으로써 선수들은 자신의 리듬을 유지하며 뛸 수 있다. (㉡) 페이스메이커는 중간에 경기를 멈추지만 선수들의 기록 향상에는 중요한 역할을 한다. (㉢) 마라톤은 혼자 뛰는 종목처럼 보이지만 사실은 이런 보이지 않는 협력이 숨겨져 있다. (㉣)

• **주제**: 마라톤에서 페이스메이커의 역할
• **텍스트 유형**: 설명문

문제 유형 **알맞은 순서로 배열한 것 고르기(위치 찾기)**

문제 해결 전략

문장 삽입 문제는 주어진 문장이 앞뒤 문맥과 자연스럽게 연결되는 위치를 찾는 것이 핵심입니다. 특히 삽입할 문장에 담긴 내용과 이어지는 문장의 지시어, 연결어, 반복되는 주제어 등을 함께 살펴야 합니다. 주어진 문장이 '이들은'으로 시작하므로 앞에 '이들'이 지칭하는 대상이 언급되어 있어야 자연스럽습니다.

In sentence insertion questions, the key is to find the position where the given sentence connects naturally with the surrounding context. Pay close attention to the content of the sentence to be inserted, as well as the referential words, connectors, and repeated key terms in the nearby sentences. Since the given sentence begins with "they," the preceding sentence must clearly mention the group or subject being referred to for the insertion to make sense.

함께 보기: EBS TOPIK Ⅱ 종합서 p.144 유형 10

해설

① ㉠ 앞 문장은 '마라톤에서는 페이스메이커가 함께 달리는 경우가 있다'라는 문장으로 '이들'이 지칭하는 '페이스메이커'가 있습니다. 따라서 주어진 문장이 이 뒤에 오면 가장 자연스럽습니다. '이들은 일정한 속도를 유지해 주어~'라는 설명이 자연스럽게 이어집니다.

② ㉡ 앞 문장에서는 '페이스메이커가 속도를 조절해 준다'는 구체적인 역할이 설명되므로 그보다 일반적인 설명인 제시문이 이 위치에 오는 것은 자연스럽지 않습니다.

③ ㉢의 앞 문장에서 페이스메이커의 구체적 역할 설명까지 이미 끝났습니다. 따라서 여기에 제시문을 넣으면 글의 흐름이 끊깁니다.

④ ㉣ 앞 문장은 글의 마무리 문장이며 새로운 정보를 덧붙이기에는 적절하지 않은 위치입니다.

① The sentence before ㉠ states that "in marathons, there are cases where pacemakers run together," so "they" clearly refers to pacemakers. Placing the given sentence here allows the explanation "they maintain a steady pace ~" to follow naturally.

② The sentence before ㉡ already explains the specific role of pacemakers—"they adjust the speed"—so inserting the more general given sentence here would be unnatural.

③ ㉢ shifts the focus away from pacemakers to the essence of marathons, so inserting the given sentence here would break the flow.

④ ㉣ is the concluding sentence of the passage, so it is not suitable for adding new information.

41

정답 ④

제시문

> 이로 인해 우리는 냄새의 원인으로부터 자연스럽게 멀어지게 된다.

냄새는 흔히 코로 느끼는 감각이라고 생각하기 쉽지만 실제로는 후각에 의해 뇌에서 처리되는 감각이다. (㉠) 사람들은 상한 음식이나 썩은 물질처럼 몸에 해로운 것에서 나는 냄새는 본능적으로 불쾌하게 느끼고 자연스럽게 불쾌한 냄새를 피하려는 반응을 보인다. (㉡) 이러한 반응은 단순히 기분 탓이 아니라 생존을 위한 자연스러운 반응이다. (㉢) 실제로 어떤 냄새가 감지되었을 때 뇌가 위험하다고 판단하면 우리 몸에 즉각적으로 회피하라는 신호를 보낸다. (㉣) 결국 불쾌한 냄새에 대한 회피 반응은 해로운 물질로부터 몸을 보호하기 위한 본능적인 생존 전략인 셈이다.

• **주제**: 불쾌한 냄새와 생존 본능
• **텍스트 유형**: 설명문

문제 유형 **알맞은 순서로 배열한 것 고르기(위치 찾기)**

문제 해결 전략

문장 삽입 문제는 제시된 문장이 앞뒤 문맥과 논리적으로 자연스럽게 연결되는 위치를 찾는 것이 핵심입니다. 이 문제의 경우 '이로 인해' 앞 문장의 원인이나 조건에 대한 직접적인 결과나 요약이 뒤따라야 문맥이 자연스럽습니다.

In sentence insertion questions, the key is to find the position where the given sentence connects logically and naturally with the sentences before and after it. In this case, since the sentence begins with "as a result," it should follow a sentence that clearly presents a cause or condition, so that the flow of reasoning remains smooth and coherent.

함께 보기: EBS TOPIK Ⅱ 종합서 p.144 유형 10

해설

① ㉠ 앞 문장은 후각 정보가 뇌에서 처리된다는 일반적인 설명입니다. 제시문은 '회피 반응'이라는 결과 중심 문장이므로 이 위치에는 적합하지 않습니다.

② ㉡ 앞에서는 '상한 음식 냄새를 피하려는 반응'이 서술되고 있지만 제시문은 뇌의 반응에 대한 직접적인 결과를 말하고 있기 때문에 이 위치는 논리적인 흐름과 어긋나는 위치입니다.

③ ㉢ 앞 문장은 '생존을 위한 자연스러운 반응'이라는 설명이고 뒤 문장은 '뇌가 위험하다고 판단해 회피 신호를 보낸다'는 과정의 구체적 설명입니다. 제시문은 결과를 설명하고 있으므로 원인을 말하는 문장보다 앞에 오면 흐름이 어색해집니다.

④ ㉣ 앞 문장은 뇌가 회피 신호를 보낸다는 설명이고 제시문은 그에 따른 행동 결과를 말합니다. 뒤 문장이 '생존 전략'이라는 결론이기 때문에, 이 위치에 제시문을 삽입하면 흐름이 자연스럽게 이어집니다. '이로 인해'는 앞 문장의 원인을 받아 결과를 연결하는 표현이므로 이 위치가 가장 적절합니다.

① The sentence before ㉠ gives a general explanation that olfactory information is processed in the brain. Since the given sentence is a result-focused statement about "avoidance response," it is not appropriate here.

② Before ㉡, the passage describes "the reaction of avoiding the smell of spoiled food," but the given sentence directly states the result of brain activity. This placement would disrupt the logical flow.

③ The sentence before ㉢ explains "brain activity directly linked to survival," and the following sentence gives details about the process: "the brain judges it as dangerous and sends an avoidance signal." Since the given sentence describes the result, placing it before the cause would make the flow awkward.

④ The sentence before ㉣ explains that the brain sends an avoidance signal, and the given sentence presents the resulting behavior. The following sentence concludes with "a survival strategy," so inserting the given sentence here makes the flow natural. The phrase "as a result" connects the cause in the previous sentence with the outcome, making this the most appropriate placement.

42~43

제시문

이제 막 5학년이 된 은하는 밤마다 옥상에 올라가 하늘을 올려다보곤 했다. 과학 발표 대회를 앞두고 있었기 때문이었다. 은하는 발표를 잘하고 싶은 마음에 할머니에게 망원경을 사 달라고 조른 일이 있었다.

"할머니, 나 망원경 하나 사 주면 안 돼?"

"우리 형편에 망원경은 무슨 망원경이야?"

할머니의 말이 틀리지 않다는 걸 알고 있지만 은하는 포기하고 싶지 않았다. (중략)

은하의 투정에 결국 할머니는 쌈짓돈을 꺼내어 낡은 망원경 하나를 사오고야 말았다. 학교를 마치고 집에 돌아와 망원경을 발견한 은하는 두 눈이 커졌다. 낡은 망원경으로 별을 관찰하는 일은 생각보다 쉽지 않았지만 별을 보고 있는 것도 과학 발표 대회를 준비하는 것도 은하에게는 즐거운 일이었다. 기온이 뚝 떨어진 밤에도 외투를 여며 입고 날마다 손전등과 수첩을 들고 옥상으로 향했다. 할머니는 그런 은하가 기특하면서도 걱정이 되어 마음에도 없는 잔소리를 하곤 했다. (중략)

대회 당일 은하는 많은 사람들 앞에서 별을 관찰한 기록을 차분히 발표했다. 화면 속에는 흐릿하지만 은하가 몇 달 동안 찍어 온 별들의 사진이 담겨 있었다. (중략)

우수상 발표의 순간 은하는 인생에서 그렇게 떨었던 적이 없다. 뒤에 앉아 있는 할머리를 생각하며 은하는 두 손을 모은 채 마음을 졸였다. 잠시 뒤 은하의 이름이 강당에 크게 울려 퍼졌다. 자신의 이름을 듣자마자 은하는 가슴이 터질 것만 같았다. 무대에 올라 소감을 말하며 강당 뒤편에 앉아 은하를 향해 힘차게 손을 흔드는 할머니의 모습에 눈물을 꾹 참았다. 그 순간 은하의 눈에는 밤하늘의 그 어떤 별보다 할머니가 더 밝게 빛나 보였다.

• **주제**: 할머니의 사랑 • **텍스트 유형**: 소설

42

정답 ④

문제 유형 등장인물의 심정 고르기

문제 해결 전략

심정을 묻는 문제는 밑줄 친 장면이 어떤 상황인지 파악한 뒤 그때 인물이 느낀 감정을 문맥 전체를 통해 유추해야 합니다. 특히 중요한 사건 직후의 반응이나 인물에 대한 인식 변화가 감정 판단의 단서가 됩니다.

In questions asking about a character's emotions, it is important to understand the situation surrounding the underlined scene and infer the character's feelings through the overall context. In particular, the character's reaction right after a significant event or a change in perception toward another person often serves as a key clue for identifying the emotion.

함께 보기: EBS TOPIK Ⅱ 종합서 p.188 유형 13

해설

① '흡족하다'는 만족스럽고 기쁘다는 의미이지만 지문에서는 단순한 만족을 넘어서는 감정이 담겨 있습니다.

② 상황이 곤란하거나 어찌할 바를 모를 때 쓰는 표현입니다. 대회 결과 발표 후의 벅찬 감정을 나타내는 표현으로는 어울리지 않습니다.

③ 밑줄 친 장면에서는 감동과 기쁨이 중심 감정이므로 적절하지 않습니다.

④ 은하가 상을 받고 자신을 응원해 준 할머니의 모습을 보며 눈물을 참는 장면에서는 기쁨과 감동이 함께 나타나는 '감격'의 감정이 드러납니다. 밑줄 친 문장과 가장 잘 어울리는 표현입니다.

① "Satisfied" means feeling content and pleased, but in the passage the emotion goes beyond simple satisfaction.

② This expression is used when someone is in a difficult situation or does not know what to do, so it does not fit the overwhelming emotions after the contest results are announced.

③ The underlined scene conveys emotions of joy and being moved, so this is not appropriate.

④ In the scene where Eunha receives the award and sees her grandmother who supported her, she holds back tears, showing both joy and deep emotion. The feeling of "being deeply moved" best fits the underlined sentence.

43

정답 ①

문제 유형 세부 내용을 파악해 일치하는 내용 고르기

문제 해결 전략

내용 일치 문제는 지문에 나온 사실을 정확히 확인한 후 선택지와 하나씩 직접 비교하며 사실 여부를 판단해야 합니다. 특히 시점, 행동, 감정, 결과 등의 세부 정보가 선택지와 정확히 일치하는지 살펴보는 것이 중요합니다.

In content-matching questions, you must carefully check the facts stated in the passage and compare them with each answer choice one by one. Pay close attention to specific details such as timing, actions, emotions, and outcomes to determine whether each statement matches the information in the text.

함께 보기: EBS TOPIK Ⅱ 종합서 p.130 유형 09

해설

① 지문에 '은하가 망원경을 사 달라고 조르자 할머니가 결국 쌈짓돈으로 낡은 망원경을 사다 주었다'는 내용이 있으므로 지문 내용과 일치합니다.

② 할머니는 걱정은 했지만 '기특해하면서도 잔소리'했다는 내용에서 알 수 있듯 은하의 행동을 못마땅하게 여긴 것은 아닙니다.

③ 지문에서 은하는 '별을 관찰하는 일과 준비 과정이 즐거운 일'이라고 느꼈으며 은하가 포기하고 싶어 했다는 내용은 지문에 없습니다.

④ '할머니의 모습을 보고 은하가 눈물을 꾹 참았다'는 내용은 있지만 할머니가 눈물을 흘렸다는 표현은 지문에 없습니다.

① The passage states that "when Eunha begged for a telescope, her grandmother eventually bought her an old one with her savings," so this matches the passage.

② Although the grandmother was worried, the passage says she "scolded her while also finding her admirable," which shows she did not disapprove of Eunha's actions.

③ The passage explains that Eunha felt "observing the stars and preparing for it was enjoyable," and there is no mention that she wanted to give up.

④ The passage mentions that "Eunha held back her tears when she saw her grandmother," but it does not say that the grandmother shed tears.

44~45

제시문

고려 시대에는 외세의 침입과 내부의 혼란이 반복되면서 백성들의 불안이 컸다. 이러한 위기를 극복하고자 고려는 다양한 방안을 모색했다. 국운이 위태로워지는 시기에 만들어진 팔만대장경은 단순히 불교 경전을 넘어 국가적 재난 속에서 국민의 마음을 하나로 모으기 위한 문화적 시도였다. 이를 통해 사람들의 불안을 해소하고 백성의 단결을 이끌어 내기 위해 고려는 대장경을 새겨 국난을 극복하고 (　　　　) 노력했다. 그 결과 수많은 사람들이 참여한 가운데 방대한 양의 경전이 정교하게 새겨졌다. 이 대장경은 고려의 뛰어난 인쇄 기술과 기록 문화의 성과일 뿐 아니라 공동체 정신을 회복하려는 노력의 상징이기도 하다. 이러한 점에서 팔만대장경은 민족의 정신 문화가 담긴 귀중한 유산이라 할 수 있다.

• **주제**: 팔만대장경　　• **텍스트 유형**: 설명문

44　　정답 ②

문제 유형 문맥을 파악해 빈칸에 알맞은 말 고르기

문제 해결 전략

빈칸 채우기 문제는 빈칸 앞뒤 문장의 흐름을 파악하고, 문맥에 맞는 의도나 목적이 자연스럽게 연결되는 표현을 선택해야 합니다. 이 문제에서는 고려가 팔만대장경을 제작한 이유가 빈칸에 들어가야 합니다. '국난 극복', '불안 해소', '백성의 단결'과 같은 공동체적 목적이 핵심 단서입니다.

In fill-in-the-blank questions, it's important to understand the flow of the sentences before and after the blank and choose an expression that naturally matches the context and purpose. In this case, the reason Goryeo created the "Tripitaka Koreana" must go in the blank. Key clues include community-oriented goals such as "overcoming a national crisis," "easing anxiety," and "uniting the people."

함께 보기: EBS TOPIK Ⅱ 종합서 p.158 유형 11

해설

① 국가적 위기를 극복하기 위한 방편으로 대장경을 새겼다는 내용이 중심이므로 단순한 종교 정책과 연결되는 이 선택지는 빈칸에 어울리지 않습니다.

② 앞 문장에서 '국민의 마음을 하나로 모으기 위한 문화적 시도', '백성의 단결'이라는 표현이 있으므로 '공동체의 결속'이 문맥과 가장 잘 어울리는 표현입니다.

③ 인쇄 기술은 결과적으로 나타난 성과로 언급되었을 뿐 대장경 제작의 주된 목적은 아니었기 때문에 적절하지 않습니다.

④ 팔만대장경 제작 목적은 국난 극복과 국민 통합이므로 이 선택지는 빈칸에 어울리지 않습니다.

① Since the main point is that the Tripitaka Koreana was carved as a means to overcome a national crisis, simply linking it to a religious policy does not fit the blank.

② The previous sentence mentions "a cultural attempt to unite the people" and "the solidarity of the people," so "the cohesion of the community" is the most appropriate expression for the context.

③ Printing technology is mentioned only as a resulting achievement, but the main purpose of creating the Tripitaka Koreana was not technological development, so this is not appropriate.

④ The purpose of producing the Tripitaka Koreana was to overcome national hardship and promote unity among the people, so this option does not fit the blank.

45

정답 ③

문제 유형 중심 내용 고르기

문제 해결 전략

주제를 고르는 문제는 글 전체의 중심 생각을 파악하고 전체를 대표하는 문장을 선택해야 합니다. 지문은 팔만대장경의 제작 배경과 의미를 중심으로 전개되고 있으며 역사적 위기 속 문화적 대응이라는 주제가 핵심입니다.

In main idea questions, it is important to identify the central thought of the entire passage and choose a sentence that best represents it. This passage focuses on the background and significance of the creation of the Tripitaka Koreana, with the key theme being a cultural response to a historical crisis.

함께 보기: EBS TOPIK Ⅱ 종합서 p.172 유형 12

해설

① 국가적 재난 속에서 국민을 하나로 모으려는 문화적 대응에 초점이 있으므로 이 문장은 부분적인 사실에 불과하며 주제로 적절하지 않습니다.

② 지문 끝부분에 고려의 인쇄 기술과 기록 문화가 언급되지만 이것은 핵심 목적이 아니라 부차적인 성과로 제시됩니다.

③ '외세 침입', '불안 해소', '백성의 단결', '공동체 정신'이라는 표현에서 알 수 있듯 이 글은 국가 위기 상황에서의 문화적 대응으로서의 팔만대장경 제작을 중심으로 설명하고 있습니다. 글 전체를 대표하는 문장으로 가장 적절합니다.

④ '뛰어난 인쇄 기술'이라는 내용은 지문에 있지만 '다양한 경전 제작'은 지문에 없으므로 일부만 맞는 내용입니다.

① The focus is on the cultural response to uniting the people during a national crisis, so this sentence is only a partial fact and not suitable as the main theme.

② At the end of the passage, Goryeo's printing technology and record culture are mentioned, but these are presented as secondary achievements rather than the core purpose.

③ Expressions such as "foreign invasions," "relieving anxiety," "unity of the people," and "community spirit" show that the passage centers on the production of the Tripitaka Koreana as a cultural response during a national crisis. This is the most appropriate sentence to represent the entire passage.

④ The passage mentions "advanced printing technology," but it does not mention "the production of various scriptures," so this choice is only partially correct.

46~47

제시문

해양 플라스틱 오염이 전 세계적으로 심각한 환경 문제로 떠오르고 있다. 해양에 유입된 플라스틱 폐기물은 수십 년 동안 분해되지 않은 채 해양 생태계를 위협한다. 플라스틱 쓰레기는 해양 동물의 신체에 직접적인 피해를 주기도 하며 물고기나 조개류가 미세 플라스틱을 섭취하면 그 플라스틱이 결국 인간의 식탁으로 이어질 수 있어 건강 문제로까지 확산될 우려가 있다. 이와 같은 오염은 해양 관광 산업에도 악영향을 미치며 지역 경제에 부담을 주고 있다. 이에 환경 단체들은 일회용 플라스틱 사용을 줄이고 해양 정화 활동을 강화해야 함을 촉구하고 있다. 무엇보다도 플라스틱 제품은 생산 단계부터 재활용 가능성을 고려한 설계가 이루어져야 한다는 목소리가 커지고 있다. 그러나 일부 기업들은 비용 부담을 이유로 친환경 제품 도입에 소극적인 태도를 보이고 있다. 그러나 이러한 대응은 초기 대응 시기를 놓치게 하여 사태를 더욱 악화시킬 수 있다. 해양 플라스틱 문제는 환경 문제를 넘어 인류의 미래와 직결된 중대한 과제로 인식되어야 한다.

- **주제**: 해양 플라스틱 오염의 심각성
- **텍스트 유형**: 논설문

46

정답 ③

문제 유형 필자의 태도 고르기

문제 해결 전략

필자의 태도를 묻는 문제는 전체 글의 주장과 관점을 파악하는 것이 핵심입니다. 글의 전개 방식, 예시의 방향성, 강조 표현 등을 통해 필자가 어떤 입장을 취하고 있는지 확인해야 합니다. 특히 마지막 문장에 필자의 입장이 명확하게 드러나는 경우가 많으므로 끝부분을 중심으로 정리하면 효과적입니다.

In attitude questions, focus on the writer's main argument and perspective. Check how examples and emphasis are used, and pay special attention to the final sentence—it often reveals the author's stance clearly.

함께 보기: EBS TOPIK Ⅱ 종합서 p.188 유형 13

해설

① 환경 단체의 개입을 '경계'하는 태도는 지문 내용과 다릅니다.

② 친환경 전환의 필요성은 언급되었지만 '이익'에 대한 구체적인 설명이나 긍정적 효과에 대한 언급은 지문에 없습니다.

③ '환경 단체의 촉구', '기업의 소극적 태도 비판' 등 필자는 해양 오염 문제에 적극적으로 대응해야 한다는 점을 강조하고 있습니다. 지문의 중심 태도와 일치합니다.

④ 피해 소개 자체가 글의 목적이 아니라 대응 촉구라는 논리 구조를 중심으로 서술되고 있습니다. 따라서 필자의 태도라고 보기에는 부족합니다.

① The attitude of "being wary" of environmental groups' involvement does not match the passage.

② Although the need for eco-friendly transition is mentioned, there is no specific explanation of "profits" or reference to positive effects in the passage.

③ With expressions such as "the urging of environmental groups" and "criticism of companies' passive attitudes," the author emphasizes the need for active responses to marine pollution. This aligns with the central attitude of the passage.

④ The purpose of the text is not merely to present damage but to call for action, so this option is insufficient to represent the author's stance.

47

정답 ②

문제 유형 세부 내용을 파악해 일치하는 내용 고르기

문제 해결 전략

내용 일치 문제는 지문에 나온 사실을 정확히 확인한 뒤 선택지와 하나씩 비교하여 일치 여부를 판단하는 것이 중요합니다. 선택지에 있는 내용이 지문에 실제로 등장했는지 의미가 과장되거나 왜곡되지 않았는지 꼼꼼히 확인해야 합니다.

In content-matching questions, it is important to carefully verify the facts stated in the passage and then compare them with each answer choice. Check whether the information in the choices actually appears in the passage and make sure it is not exaggerated or distorted in meaning.

함께 보기: EBS TOPIK Ⅱ 종합서 p.130 유형 09

해설

① 지문에서는 해양 오염이 '환경 문제'를 넘어서 '인간 건강', '지역 경제', '관광 산업' 등 다양한 영역에 영향을 미친다고 했습니다. 따라서 '오직 환경 보호 관점'이라는 표현은 지문과 다릅니다.

② 지문에 '물고기나 조개류가 미세 플라스틱을 섭취하면 결국 인간의 식탁으로 이어질 수 있다'는 내용이 있습니다. 이 선택지는 지문 내용과 일치합니다.

③ 지문에서는 오히려 '일부 기업들이 비용 부담 때문에 친환경 전환에 소극적'이라고 했으므로 반대되는 내용입니다.

④ '수십 년 동안 분해되지 않은 채' 해양에 남는다고 했으므로 이 선택지는 지문과 반대되는 내용입니다.

① The passage explains that marine pollution affects not only the "environment" but also "human health," "local economies," and the "tourism industry." Therefore, the phrase "only from an environmental protection perspective" does not match the passage.

② The passage states that "when fish or shellfish ingest microplastics, they may eventually end up on the human dining table." This option matches the passage.

③ The passage explains that "some companies are reluctant to switch to eco-friendly practices due to cost burdens," so this option is the opposite of the passage.

④ The passage states that microplastics "remain in the ocean for decades without decomposing," so this option is the opposite of the passage.

48~50

제시문

인간의 행동은 다양한 욕구와 내적 동기에 의해 움직인다고 알려져 있다. 이와 관련해 '욕구 단계 이론'은 인간이 추구하는 욕구가 일정한 순서를 따라 나타난다고 본다. 일반적으로 피라미드 형태로 설명되며, 가장 아래 단계에는 생리적 욕구가, 그 위로는 안전, 소속감, 존경이 이어지고 최상위에는 자아실현이 위치한다. 초기에는 하위 욕구가 충족되어야 상위 욕구가 활성화된다고 여겨졌으나 이후에는 이러한 순서가 (   ) 해석이 받아들여졌다. 실제로 생존이 불안정한 상황에서도 예술 활동이나 자아실현을 추구하는 사례가 있으며 여러 욕구가 동시에 작용하기도 한다. 자아실현은 자신의 잠재력을 발휘하고 삶에 의미를 부여하려는 욕구로 정의된다. 이후 이론은 확장되어 자아실현보다 높은 단계로 자기 초월이 제시되었는데 이는 타인의 성장이나 공동체적 가치 실현 등 자신을 넘어선 목적을 포함한다. 이처럼 욕구 단계 이론은 인간의 욕구가 생존을 넘어 점차 추상적이고 가치 중심적으로 확장된다고 설명한다.

- **주제**: 욕구 단계 이론의 구조와 변화
- **텍스트 유형**: 설명문

48 　정답 ②

문제 유형 필자가 글을 쓴 목적 고르기

문제 해결 전략

글쓴이의 목적을 파악하는 문제는 글 전체에서 중심이 되는 정보가 무엇인지 살펴보아야 합니다. 특히 이 글은 '욕구 단계 이론'에 대해 정의 → 구조 → 변화 → 적용의 흐름으로 전개되며 단일 개념이 아닌 이론 전체의 구조와 의미를 설명하고 있습니다. 따라서 전체 내용을 대표할 수 있는 선택지를 고르는 것이 중요합니다.

In questions asking about the writer's purpose, it is important to identify the main information presented throughout the entire passage. This particular text discusses the "hierarchy of needs theory" through a sequence of definition → structure → changes → application. Since it covers the theory as a whole rather than focusing on a single point, the correct answer should represent the overall structure and significance of the theory.

함께 보기: EBS TOPIK Ⅱ 종합서 p.188 유형 13

해설

① 이 지문은 여러 이론을 비교하지 않고 욕구 단계 이론 하나만 설명하고 있습니다.
② 욕구 단계의 순서와 구조, 단계별 특징, 상위 욕구의 확장까지 설명하고 있으므로 이론의 전체 구조와 의미를 정리한 글로 볼 수 있습니다.
③ 이 선택지의 내용은 지문의 일부분에 해당하기 때문에 글 전체의 목적을 대표하기에는 범위가 좁습니다.
④ 사회적 조건에 따른 변화는 지문에 언급되지 않았습니다.

① This passage does not compare multiple theories; it only explains the hierarchy of needs theory.
② Since it explains the order and structure of the stages, the characteristics of each stage, and the extension into higher-level needs, it can be seen as a text that summarizes the overall structure and meaning of the theory.
③ The content of this option corresponds only to a part of the passage, so it is too limited to represent the overall purpose of the text.
④ Changes according to social conditions are not mentioned in the passage.

49 　정답 ①

문제 유형 문맥을 파악해 빈칸에 알맞은 말 고르기

문제 해결 전략

이 문항은 빈칸 앞뒤 문장의 의미 관계를 파악하여 논리적으로 자연스럽게 이어지는 연결 표현을 찾는 문제입니다. 앞 문장에서는 초기 이론이 욕구가 일정한 순서로 나타난다고 보았다는 설명이 제시되어 있고 뒤 문장에서는 실제 사례에서 반드시 순서를 따르지 않는 경우도 존재한다고 말하고 있습니다. 따라서 빈칸에는 욕구 단계가 항상 일정한 순서를 따르지는 않는다는 해석의 변화가 들어가야 합니다.

This question asks you to choose the connective phrase that logically links the sentences before and after the blank. The previous sentence explains that the original theory assumed human needs appear in a fixed order. The following sentence states that in real-life cases, the order is not always followed. Therefore, the blank should introduce a shift or contrast to indicate that the stages of need do not always appear in a set sequence.

함께 보기: EBS TOPIK Ⅱ 종합서 p.158 유형 11

해설

① 앞 문장에서 '하위 욕구가 충족되어야 상위 욕구가 나타난다고 여겨졌다'고 설명하고 있으나 빈칸 뒤에는 '생존이 불안정해도 자아실현을 추구하는 경우'가 제시되고 있습니다. 이는 일정한 순서가 항상 고정적이지 않다는 점을 강조하는 흐름이므로 빈칸에 가장 적절한 표현입니다.

② 초기 이론의 설명과도 맞지 않고 지문의 흐름과도 반대되는 설명입니다.

③ 욕구가 교차하며 반복된다는 설명은 지문에 없습니다.

④ 문화적 맥락이나 환경 차이에 대한 내용은 지문에서 다루지 않았습니다.

① The previous sentence explains that "higher-level needs were thought to appear only after lower-level needs were satisfied," but the sentence after the blank presents cases where "people pursue self-actualization even when survival is unstable." This emphasizes that the order is not always fixed, making this the most appropriate expression for the blank.

② This does not match the explanation of the early theory and runs counter to the flow of the passage.

③ The passage does not mention that needs intersect or repeat.

④ The passage does not address cultural context or environmental differences.

50 정답 ④

문제 유형 세부 내용을 파악해 일치하는 내용 고르기

문제 해결 전략

이 문제는 지문에서 설명한 내용을 바탕으로 일치하는 문장을 찾는 문제입니다. 특히 이론의 핵심 개념인 자아실현, 자기 초월, 욕구의 순서와 작용 방식 등에 대한 설명과 정확히 일치하는지를 선택지와 대조하며 판단해야 합니다.

This question asks you to identify the sentence that matches the explanation given in the passage. To answer correctly, compare each choice with the passage and check whether it accurately reflects key concepts of the theory—such as self-actualization, self-transcendence, the order of needs, and how those needs function.

함께 보기: EBS TOPIK Ⅱ 종합서 p.130 유형 09

해설

① 지문에서는 '생존이 불안정한 상황에서도 예술 활동이나 자아실현을 추구하는 경우가 있다'고 설명하고 있으므로 이 선택지는 지문과 반대되는 내용입니다.

② 지문에 '자기 초월'이 자아실현 위의 단계로 제시되었으나 이를 필수적 단계로 규정하지는 않았습니다.

③ 지문에 따르면 생리적 욕구는 '가장 아래 단계'이며 가장 먼저 충족되어야 하는 욕구입니다. 선택지는 이와 정반대의 설명입니다.

④ 지문에서 자아실현은 '자신의 잠재력을 최대한 발휘하고 삶에 의미를 부여하려는 욕구'라고 설명하고 있습니다. 지문의 내용과 정확히 일치합니다.

① The passage explains that "even in situations where survival is unstable, people may pursue artistic activities or self-actualization." Therefore, this choice is the opposite of the passage.

② The passage introduces "self-transcendence" as a level above self-actualization, but it does not define it as a mandatory stage.

③ According to the passage, physiological needs are "the lowest level" and must be satisfied first. This choice states the exact opposite.

④ The passage explains that self-actualization is "the desire to maximize one's potential and give meaning to life." This choice matches the passage.

제4회 정답과 해설

1교시 | 듣기 정답

◆ 배점: 각 2점

1	2	3	4	5	6	7	8	9	10
②	①	③	③	④	②	②	①	③	③
11	**12**	**13**	**14**	**15**	**16**	**17**	**18**	**19**	**20**
④	①	①	③	②	③	②	③	①	③
21	**22**	**23**	**24**	**25**	**26**	**27**	**28**	**29**	**30**
②	③	②	④	②	②	①	①	③	②
31	**32**	**33**	**34**	**35**	**36**	**37**	**38**	**39**	**40**
③	②	③	④	①	④	④	④	①	②
41	**42**	**43**	**44**	**45**	**46**	**47**	**48**	**49**	**50**
③	②	①	④	②	④	③	②	④	④

1교시 | 쓰기 정답

◆ 배점: 각 10점

문항 번호	모범 답안 및 채점 기준
51	㉠ 타지 마십시오
	㉡ 갇힐 수 있습니다
52	㉠ 좋은 것은 아니다
	㉡ 생활에 맞는

◆ 배점: 30점

53

	통	계	청		자	료	에		따	르	면		국	내		주	요		기	업	의		친	환
경		제	품		출	시		건	수	가		꾸	준	히		늘	고		있	다	.	20	17	년
국	내		기	업	이		출	시	한		친	환	경		제	품	은		12	0	건	이	었	으
나		20	23	년	에	는		36	5	건	으	로		계	속		증	가	했	다	.	사	람	들
이		친	환	경		제	품	을		구	매	하	는		주	요		이	유	는		환	경	
보	호	와		건	강	을		위	해	서	였	다	.	소	비	자	들	이		가	장		많	이
선	택	한		친	환	경		제	품	은		생	활	용	품	이		41	%	로		가	장	
많	이		차	지	했	고	,	식	품		및		포	장	재	가		33	%	,	의	류		및
패	션	이		15	%	로		그		뒤	를		이	었	다	.	이	처	럼		친	환	경	
제	품	은		다	양	한		분	야	에	서		사	용	되	고		있	으	며	,	사	람	들
의		관	심	과		수	요	도		점	점		늘	어	나	고		있	다	.				

◈ 배점: 30점

54

직업은 단순히 생계를 위한 수단이 아니라 삶의 만족도와 방향을 결정짓는 중요한 요소이다. 직업은 자신을 실현하고 사회와 연결되는 경로이기도 하다. 따라서 직업 선택은 개인의 정체성과 직결된 중요한 문제라 할 수 있다.

직업을 선택할 때 고려해야 할 조건은 여러 가지가 있다. 대표적으로 적성, 안정성, 보람, 성장 가능성을 들 수 있다. 즉, 자신의 적성에 맞는지, 장기적으로 안정적인지, 사회적으로 의미 있는 일인지, 그리고 성장 기회가 있는지 등을 종합적으로 살펴야 한다.

이러한 조건들이 중요한 이유는 분명하다. 적성에 맞지 않으면 업무 스트레스가 커져 만족도가 낮아지고, 안정성이 부족하면 삶의 불안정이 높아져 가족 계획에도 영향을 미친다. 또한 보람 있는 일은 내적 동기를 부여하며, 성장 기회는 장기적인 자기 계발로 이어진다. 직업의 조건은 단순한 편의가 아니라 지속 가능한 삶을 설계하는 데 필수적이다.

직업을 선택할 때는 현실적인 상황도 고려하는 것이 중요하다. 자신의 성향과 가치를 파악하기 위해 성격 검사나 진로 상담을 받고, 인턴십이나 체험 프로그램을 통해 다양한 직업을 경험해 보는 것이 좋다. 또한 실제 그 일을 하고 있는 사람과의 인터뷰나 멘토링을 통해 생생한 정보를 얻는 것도 도움이 된다. 직업 선택은 단순히 정보로 고르는 것보다 직접 경험하는 과정이 중요하다.

2교시 | 읽기 정답

◆ 배점: 각 2점

1	2	3	4	5	6	7	8	9	10
③	②	④	①	③	①	③	②	②	④
11	**12**	**13**	**14**	**15**	**16**	**17**	**18**	**19**	**20**
③	④	①	③	①	①	③	④	②	①
21	**22**	**23**	**24**	**25**	**26**	**27**	**28**	**29**	**30**
④	②	①	④	④	②	③	③	②	①
31	**32**	**33**	**34**	**35**	**36**	**37**	**38**	**39**	**40**
①	③	②	①	④	②	③	③	②	①
41	**42**	**43**	**44**	**45**	**46**	**47**	**48**	**49**	**50**
③	①	③	①	④	②	④	②	④	①

1

정답 ②

제시문

여자: 죄송하지만, 시청에 가려면 어느 쪽으로 가야 하나요?
남자: 저쪽으로 쭉 가다가 사거리에서 오른쪽으로 돌면 바로 보일 거예요.
여자: 네. 알려 주셔서 감사합니다.

• **주제**: 시청 위치 • **담화 유형**: 대화

문제 유형 알맞은 그림이나 그래프 고르기

문제 해결 전략

두 사람의 대화를 듣고 상황에 알맞은 그림이나 그래프를 고르는 유형입니다. 대화의 목적(길 안내)과 방향을 설명하는 표현(저쪽, 오른쪽, 돌다 등)에 주의하면서 화자의 위치와 이동 경로를 떠올리며 들어야 합니다.

This type of question asks you to listen to two people's conversation and choose the picture or graph that matches the situation. Pay attention to the purpose of the conversation (giving directions) and to expressions indicating direction (such as that way, to the right, turn, etc.). While listening, visualize the speaker's location and the path of movement.

함께 보기: EBS TOPIK Ⅱ 종합서 p.14 유형 01

해설

① 카페에서 남자와 여자가 쉬고 있는 상황으로 대화 상황과 맞지 않습니다.
② 길거리에서 여자에게 남자가 길을 가르쳐 주고 있는 상황이므로 정답은 ②번입니다.
③ 버스 노선에 대해 이야기하는 것이 아니므로 대화 상황과 맞지 않습니다.
④ 횡단보도를 건너는 남자가 여자의 물건을 주워 주는 상황이므로 대화 상황과 맞지 않습니다.

① A man and a woman are resting at a café, which does not match the conversation.
② The man is giving the woman directions on the street, so the correct answer is option ②.
③ Since they are not talking about a bus route, this does not match the conversation.
④ A man is picking up the woman's belongings for her while crossing a crosswalk, which does not match the conversation.

2

정답 ①

제시문

남자: 셔츠를 하나 사려고 하는데요.
여자: 이 제품은 어떠세요? 이번에 새로 나왔는데 기능이 아주 좋습니다.
남자: 그래요? 혹시 입어 볼 수 있나요?

• **주제**: 셔츠 구입 • **담화 유형**: 대화

문제 유형 알맞은 그림이나 그래프 고르기

문제 해결 전략

셔츠를 구입하는 상황과 참여자(구매자와 판매자), 행동(제품 추천, 입어보기 요청)을 그림에서 파악해야 합니다. 남자가 "입어볼 수 있나요?"라고 말하고 있는 부분을 잘 들어야 합니다.

You need to identify the situation of buying a shirt, the participants (buyer and seller), and the actions (product recommendation, request to try on) in the picture. Pay close attention to the part where the man says, "Can I try this on?"

함께 보기: EBS TOPIK Ⅱ 종합서 p.14 유형 01

해설

① 남자가 옷을 사러 옷 가게에 와 있는 상황입니다. 아직 옷을 입어 보기 전에 추천을 받고 있으므로 ①번이 정답입니다.
② 옷을 계산하고 있는 그림으로 대화의 내용과 맞지 않습니다.
③ 옷을 입어 볼 수 있는지를 물어보고 있으므로 이미 옷을 입어 본 상황과는 맞지 않습니다.
④ 대화를 통해 남자는 손님, 여자는 직원임을 알 수 있습니다. 이 그림은 옷 가게 밖에서 구경하고 있으므로 정답이 아닙니다.

① The man is at a clothing store to buy clothes. Since he is receiving a recommendation before trying them on, option ① is correct.
② This picture shows paying for clothes, which does not match the conversation.
③ He is asking if he can try on the clothes, so it does not match a situation where he has already tried them on.
④ From the conversation, we know the man is the customer and the woman is the staff. This picture shows them looking from outside the store, so it is not the correct answer.

3

정답 ③

제시문

남자: 최근 한 조사에 따르면 1인 가구 수가 계속 증가하고 있는 것으로 나타났습니다. 1인 가구 생활을 하는 이유로는 '자유로운 생활 선호'라는 응답이 가장 많았고, '경제적인 문제', '직업 및 학교 문제'가 그 뒤를 이었습니다.

• 주제: 1인 가구 • 담화 유형: 뉴스

문제 유형 알맞은 그림이나 그래프 고르기

문제 해결 전략

뉴스를 듣고 알맞은 그래프를 고르는 유형입니다. 1인 가구 증가와 1인 가구 증가 이유에 대해 순서와 비율을 정확히 파악해야 합니다. 그래프에서 항목명, 비율 크기, 순서를 세심하게 비교하는 것이 중요합니다.

This is the type of question where you listen to the news and choose the appropriate graph. You must accurately understand both the increase in single-person households and the reasons for this increase, including the correct order and percentages. It is important to carefully compare the item labels, percentage sizes, and order in the graphs.

함께 보기: EBS TOPIK Ⅱ 종합서 p.14 유형 01

해설

① 1인 가구 수가 계속 증가하고 있으므로 증가하다가 감소하는 그래프는 답이 될 수 없습니다.

② 1인 가구 수가 계속 증가하고 있으므로 답이 될 수 없습니다.

③ 자유로운 생활 방식, 경제적인 문제, 직업 및 학교 문제가 차례대로 뒤를 이었다고 했으므로 정답은 ③번입니다.

④ 경제적인 문제, 자유로운 생활 선호, 직업 및 학교 문제의 순서로 제시되어 있으므로 정답이 아닙니다.

① Since the number of single-person households is continuously increasing, a graph showing an increase followed by a decrease cannot be the answer.

② Since the number of single-person households is continuously increasing, this cannot be the answer.

③ It was said that preference for a free lifestyle, economic issues, and job or school-related issues followed in that order, so the correct answer is option ③.

④ Since the order is given as economic issues, preference for a free lifestyle, and job or school-related issues, this is not the correct answer.

4

정답 ③

제시문

여자: 다리 아픈 건 괜찮아요?

남자: 좀 쉬면 괜찮을 줄 알았는데 계속 아프네요.

• 주제: 다리 • 담화 유형: 대화

문제 유형 이어질 말이나 행동 고르기

문제 해결 전략

이 문제는 대화에 자연스럽게 이어질 수 있는 말을 고르는 유형입니다. 말하는 사람의 감정과 의도를 파악하고, 앞 대화의 흐름에 어울리는 반응을 선택하는 것이 중요합니다. 이 대화에서는 남자가 여전히 다리가 아프다고 말했기 때문에 이에 대해 걱정하거나 조언하는 말이 가장 자연스럽습니다.

This question asks you to choose the sentence that can naturally follow the given dialogue. It is important to understand the speaker's emotions and intentions, and select a response that fits the flow of the conversation. In this dialogue, the man says his leg still hurts, so a response that shows concern or offers advice is the most natural.

함께 보기: EBS TOPIK Ⅱ 종합서 p.24 유형 02

해설

① 많이 쉬어서 힘들다는 말은 상황과 맞지 않으므로 적절하지 않습니다.

② 남자가 아직 아프다고 했으므로 이제 좋아져서 다행이라는 말은 상황에 맞지 않습니다.

③ 남자가 계속 아프다고 했기 때문에 병원에 가 보라고 조언하는 말은 자연스럽고 적절합니다. 따라서 정답은 ③번입니다.

④ 아픈 사람에게 운동할 수 있냐고 묻는 것은 상황에 어울리지 않습니다.

① Saying "Resting too much can be tiring" does not match the situation, so it is not appropriate.

② The man said he is still in pain, so saying "I'm glad you're feeling better" does not fit the situation.

③ Since the man said the pain continues, suggesting

that he go to the hospital is a natural and appropriate response. Therefore, the correct answer is ③.

④ Asking if he can exercise today is not suitable when the man has just said he is still in pain.

5

정답 ④

제시문

여자: 지난주에 개봉한 영화 봤어요? 이민수 씨 나오는 거요.

남자: 아직요. 재미있다고 하던데요.

• **주제**: 영화 개봉 • **담화 유형**: 대화

문제 유형 이어질 말이나 행동 고르기

문제 해결 전략

이 문제는 대화에 자연스럽게 이어질 수 있는 말을 고르는 유형입니다. 앞 대화의 흐름과 말하는 사람의 감정이나 의도를 고려하여 상황에 가장 잘 어울리는 반응을 선택하는 것이 중요합니다. 이 문항에서는 영화 개봉 소식과 긍정적인 반응이 이어졌으므로 그 흐름에 자연스럽게 맞는 말은 함께 보자는 제안입니다.

This question asks you to choose the sentence that naturally follows the conversation. It is important to consider the flow of the dialogue as well as the speaker's feelings and intentions, and select the response that best fits the situation. In this question, the conversation includes news about a movie release and a positive reaction to it. Therefore, a natural follow-up would be a suggestion to watch the movie together.

함께 보기: EBS TOPIK Ⅱ 종합서 p.24 유형 02

해설

① 아직 영화를 보러 가지 않은 상황에서 영화관에 대한 말은 적절하지 않습니다.

② 영화가 아직 개봉하지 않았다는 내용과 맞지 않아 어색한 반응입니다.

③ 영화는 주말에 개봉하므로 지금 시간이 괜찮다는 말은 상황과 맞지 않습니다.

④ 영화 개봉 소식과 흥미를 보인 반응에 자연스럽게 이어지는 말로, 함께 보자는 제안이 적절합니다. 따라서 정답은 ④번입니다.

① Since they haven't gone to see the movie yet, talking about the theater is not appropriate.

② This response is awkward because the movie has not been released yet, according to the dialogue.

③ The movie is scheduled to be released on the weekend, so saying you have time now doesn't fit the situation.

④ This is the most appropriate response because it naturally follows the positive reaction to the movie's release. Therefore, the correct answer is ④.

6

정답 ②

제시문

여자: 민수야, 왜 소파에서 자?

남자: 아, 누나. 잠깐 앉아 있었는데 잠이 들었네.

• **주제**: 소파에서 잠듦 • **담화 유형**: 대화

문제 유형 이어질 말이나 행동 고르기

문제 해결 전략

이 문제는 대화에 자연스럽게 이어질 수 있는 말을 고르는 유형입니다. 앞 대화의 흐름과 화자의 감정, 상황, 의도를 고려하여 그에 맞는 적절한 반응을 선택하는 것이 중요합니다. 이 문항에서는 소파에서 깜빡 잠든 남자에게 여자가 현실적인 조언이나 제안을 하는 것이 가장 자연스럽습니다.

This question asks you to choose the most natural response that can follow the given conversation. It is important to consider the flow of the dialogue, the speaker's emotions, the situation, and their intentions to select the most appropriate reply. In this case, since the man accidentally fell asleep on the sofa, the woman's realistic advice or suggestion is the most natural continuation.

함께 보기: EBS TOPIK Ⅱ 종합서 p.24 유형 02

해설

① 여자가 남자를 깨운 상황이므로 깨워 줘서 고맙다는 표현은 상황과 맞지 않아 자연스럽지 않습니다.

② 소파에서 잠든 남자를 보고 여자가 할 수 있는 걱정과 배려의 표현으로 상황에 잘 어울립니다. 따라서 정답은 ②번입니다.

③ 남자가 소파에서 잠이 든 상황과는 관련이 없는 이야기이므로 어색한 반응입니다.

④ 늦게 잔 것이 아니라 남자가 깜빡 잠든 상황이므로 어울리지 않습니다.

① The woman is the one who woke the man up, so saying "Thanks for waking me up" does not fit the situation and feels unnatural.
② This is an appropriate and considerate suggestion that the woman could naturally say to someone who fell asleep on the sofa. Therefore, the correct answer is option ②.
③ This comment about buying a new sofa is unrelated to the man's situation, making it an awkward response.
④ The man did not stay up late but fell asleep unintentionally, so this advice does not match the context.

7 정답 ②

제시문

여자: 지금 이 책상들을 옆 강의실로 옮긴다는 거죠?
남자: 네. 그런데 둘이 하기엔 힘들 것 같지요?

• **주제**: 책상 옮기기 • **담화 유형**: 대화

문제 유형 이어질 말이나 행동 고르기

문제 해결 전략

이 문제는 대화에 자연스럽게 이어질 수 있는 말을 고르는 유형입니다. 특히 상대가 문제를 제기했을 때는 그에 공감하거나 해결 방안을 제시하는 말이 자연스럽습니다. 이 문항에서는 남자가 "둘이 하기엔 힘들 것 같다"고 말하며 어려움을 표현했기 때문에 이에 대해 도움을 요청하거나 해결 방안을 제안하는 반응이 적절합니다.

This question asks you to choose the most natural response that follows the conversation. When the other speaker presents a problem, it is natural to respond with empathy or a suggestion for solving it. In this question, the man says, "It seems too difficult for just the two of us," expressing concern. Therefore, a response that proposes asking others for help or offers a solution is most appropriate.

함께 보기: EBS TOPIK Ⅱ 종합서 p.24 유형 02

해설

① 책상을 옮겨야 한다는 사실은 이미 언급되었기 때문에 이를 부정하거나 무시하는 말은 흐름에 맞지 않습니다.
② 남자의 말에 공감하며 다른 사람의 도움을 요청하는 제안은 문제 해결을 위한 자연스러운 반응입니다. 따라서 정답은 ②번입니다.
③ "아니요."라고 말한 뒤에는 둘이 할 수 있다는 긍정적인 내용이 이어지는 것이 자연스럽습니다. 책상이 너무 무겁다는 말은 상황과 맞지 않습니다.
④ "네."라고 말한 뒤에는 남자의 말에 동의하는 내용이 나와야 하는데 "금방 할 수 있을 것 같아요."는 앞말과 흐름과 맞지 않습니다.

① The idea of moving the desks has already been mentioned, so ignoring or denying it does not fit the flow of the conversation.
② The man expresses difficulty with the task, so the suggestion to call others for help is a natural and appropriate solution. Therefore, the correct answer is option ②.
③ Saying "No" would naturally be followed by a statement explaining why it's not difficult for two people. Saying the desks are too heavy contradicts this, so it is not appropriate.
④ After saying "Yes," a reason supporting the man's concern should follow. However, "I think we can finish quickly" contradicts the man's statement, so it is not suitable.

8 정답 ①

제시문

여자: 사장님, 5장짜리 70부 복사하려고 하는데요. 지금 될까요?
남자: 지금 일이 좀 밀려 있어서 바로 해 드리기는 어렵습니다.

• **주제**: 복사 • **담화 유형**: 대화

문제 유형 이어질 말이나 행동 고르기

문제 해결 전략

이 문제는 대화 상황에 자연스럽게 이어질 수 있는 말을 고르는 유형입니다. 상대방이 문제 상황을 이야기했을 때는 그에 공감하거나 해결을 위한 질문을 하는 반응이 자연스럽습니다. 이 문항에서는 '지금은 어렵다'는 말에 이어서, 복사가 가능한 시점을 묻는 표현이 가장 적절합니다.

This question asks you to choose the most natural continuation of the conversation. When the other person mentions a problem, it is natural to respond by expressing understanding or asking a follow-up question to resolve the issue. In this dialogue, the man says that it is difficult to make the copies right now, so the most appropriate response is to ask when the copies can be made.

함께 보기: EBS TOPIK Ⅱ 종합서 p.24 유형 02

해설

① 남자의 말을 듣고 복사가 가능한 시점을 묻는 자연스러운 반응입니다. 따라서 정답은 ①번입니다.
② 남자는 종이 부족이 아니라 일이 밀려 있다고 말했으므로 문제의 원인과 관련이 없어 부적절합니다.
③ 남자는 아직 복사를 하지 않았기 때문에 감사의 표현은 상황과 맞지 않습니다.
④ 남자는 복사기 문제에 대해 말하지 않았고 단지 일이 밀렸다고 했을 뿐이므로 적절하지 않은 반응입니다.

① This is a natural response that asks about the time when copying will be possible, based on what the man said. Therefore, the correct answer is option ①.
② The man said the delay is due to a backlog of work, not a shortage of paper, so this response is irrelevant.
③ Since the man has not yet made the copies, it is inappropriate to thank him at this point.
④ The man did not mention any issue with the copier itself—only that he is busy—so this response is not suitable.

9 정답 ③

제시문

여자: 민수야, 내 시계 못 봤어? 식탁 위에 뒀는데 안 보이네.
남자: 아, 저녁 먹기 전에 식탁 정리하면서 봤어. 그거 누나 책상 서랍에 넣어 뒀어.
여자: 그랬구나, 고마워. 지금 찾아볼게.
남자: 응. 두 번째 서랍이야.

• 주제: 시계 • 담화 유형: 대화

문제 유형 이어질 말이나 행동 고르기

문제 해결 전략
이 문제는 대화 상황에 이어질 수 있는 여자의 행동을 추론하는 유형입니다. 앞서 나온 내용의 흐름, 화자의 의도, 시간의 순서 등을 파악한 뒤, 여자가 실제로 하게 될 다음 행동을 예측해야 합니다. 이 문항에서는 남자가 시계의 위치를 구체적으로 알려 줬으므로 여자는 책상 서랍을 열어 보는 것이 가장 자연스럽습니다.

This question asks you to infer the woman's next action based on the situation in the conversation. You need to understand the flow of the conversation, the speaker's intent, and the sequence of events in order to predict what the woman is actually likely to do next. In this dialogue, since the man specifically told her the location of the watch, the most natural action for the woman is to open the desk drawer.

함께 보기: EBS TOPIK Ⅱ 종합서 p.24 유형 02

해설

① 남자가 저녁 먹기 전에 식탁을 정리했다고 말했으므로 여자가 다시 정리할 이유가 없습니다.
② 대화의 중심은 시계를 찾는 것이며 식사는 이미 끝났거나 관련이 없는 내용입니다.
③ 남자가 책상 서랍에 넣어 뒀다고 말했고 여자가 "찾아볼게"라고 했으므로 실제로 이어질 행동입니다. 따라서 정답은 ③번입니다.
④ 여자가 처음에 식탁 위에 두었다고 했지만 남자가 시계를 다른 곳(서랍)에 옮긴 상황이므로 어울리지 않습니다.

① The man said he had cleared the table before dinner, so the woman has no reason to clear it again.
② The focus of the conversation is on finding the watch, and dinner is either already finished or irrelevant.
③ The man said he put the watch in the desk drawer, and the woman said she would go look for it. Therefore, this is the action that naturally follows. Therefore, the correct answer is ③.
④ The woman said she originally placed the watch on the table, but the man moved it to another place (the drawer), so this is not appropriate in this situation.

10

정답 ③

제시문

여자: 손수건 하나 추천해 주시겠어요? 아버지께 드릴 거예요.

남자: 이게 요즘 남성분들께 제일 인기가 많습니다. 한번 펴 보세요.

여자: 오, 펴니까 더 예쁘네요. 이걸로 주세요. 카드로 계산할게요.

남자: 네, 잠시만요. 그리고 포장은 계산 후에 해 드리겠습니다.

• **주제**: 손수건 선물 • **담화 유형**: 대화

문제 유형 **이어질 말이나 행동 고르기**

문제 해결 전략

이 문제는 대화의 흐름을 바탕으로 여자가 실제로 하게 될 행동을 추론하는 유형입니다. "지금 ~할게요", "할게요", "하려고요" 등으로 의도를 직접 밝힌 표현이 나왔을 때, 그 말이 바로 다음 행동으로 이어지는 경우가 많습니다. 이 문항에서는 여자가 "카드로 계산할게요"라고 말한 부분을 잘 듣습니다.

This question asks you to predict what action the woman will take next based on the flow of the conversation. When expressions such as "I'll do it now," "I'll do it," or "I'm going to do it" appear, it often indicates that the speaker's next action will directly follow that statement. In this dialogue, pay attention to the woman's line: "I'll pay by card." This suggests that her next action will be to make the payment.

함께 보기: EBS TOPIK Ⅱ 종합서 p.24 유형 02

해설

① 여자는 이미 "펴니까 더 예쁘네요"라고 말하며 손수건을 펴 본 후 반응을 보였기 때문에 맞지 않습니다.
② 남자가 "포장은 계산 후에 해 드릴게요"라고 했으므로 포장은 남자가 할 일이며 여자의 행동과는 관련이 없습니다.
③ 여자가 "카드로 계산할게요"라고 말했고 남자가 "잠시만요"라고 응답했으므로 이후 실제로 계산하는 행동이 이어집니다. 따라서 정답은 ③번입니다.
④ 선물을 전달하는 행동은 물건을 구입한 후 나중에 이루어지는 것이므로 바로 이어질 행동으로 보기 어렵습니다.

① The woman already said, "It looks prettier when unfolded," indicating that she has already looked at the handkerchief, so this is incorrect.
② The man said, "I'll wrap it after the payment," which means he will handle the wrapping, not the woman.
③ The woman said, "I'll pay by card," and the man replied, "Just a moment," so it is natural that the next action will be making the payment. Therefore, the correct answer is option ③.
④ Giving the handkerchief to her father is something that happens later, after the purchase, so it is not the immediate next action.

11

정답 ④

제시문

여자: 여보, 텐트는 왜 꺼내 놨어요?

남자: 아, 주말에 캠핑 가기 전에 점검 좀 하려고요. 마른 수건 좀 갖다줄래요?

여자: 그럴게요. 근데 많이 더러워요?

남자: 아니요. 닦으면 괜찮을 것 같아요.

• **주제**: 텐트 점검 • **담화 유형**: 대화

문제 유형 **이어질 말이나 행동 고르기**

문제 해결 전략

이 문제는 대화 상황에 이어질 수 있는 여자의 실제 행동을 묻는 유형입니다. 대화 중에 '~해 줄래요?', '~할게요'와 같은 요청과 수락 표현이 나올 경우, 그 요청에 따른 행동이 다음 순서로 이어지는 경우가 많습니다. 특히 요청에 대한 긍정적인 응답이 있을 때는 그에 따른 구체적인 행동이 바로 이어질 수 있는지를 중심으로 판단해야 합니다.

This question asks you to infer the action the woman will take next based on the flow of the conversation. When expressions such as "Could you ~?" or "I'll do ~" appear during the conversation, it often indicates that the corresponding action will follow immediately. In particular, when a character responds positively to a request, it is important to determine whether the agreed-upon action will naturally occur next.

함께 보기: EBS TOPIK Ⅱ 종합서 p.24 유형 02

해설

① 남자가 이미 텐트를 꺼낸 상태이므로 여자가 텐트를 꺼내는 것은 자연스럽지 않습니다.

② 아직 수건을 가져다주지 않았기 때문에 텐트를 닦는 행동은 맞지 않습니다.

③ 주말 캠핑을 준비하는 중이므로 지금 캠핑을 하러 가는 것은 맞지 않습니다.

④ 남자가 수건을 갖다 달라고 요청했고 여자가 긍정적으로 응답했으므로 이어질 행동으로 적절합니다. 따라서 정답은 ④번입니다.

① The man has already taken out the tent, so it would be unnatural for the woman to do this.

② Since the towel hasn't been brought yet, it is not appropriate to say that the woman will clean the tent.

③ They are in the middle of preparing for a weekend camping trip, so going camping right now is not appropriate.

④ The man asked the woman to bring a towel, and she responded positively, so it is natural that her next action will be to bring it. Therefore, the correct answer is option ④.

12

정답 ①

제시문

남자: 출연자들, 의상 다 갈아입으셨지요? 잠시 후 무대에서 한번 해 보겠습니다. 민아 씨, 마이크 준비됐어요?

여자: 네, 감독님. 총 다섯 대 설치해 두었습니다.

남자: 좋아요. 그런데 무대 뒤쪽 조명이 조금 어두운 것 같은데요.

여자: 지금 바로 확인해 보겠습니다.

• **주제**: 공연 전 점검 • **담화 유형**: 대화

문제 유형 이어질 말이나 행동 고르기

문제 해결 전략

이 문제는 대화 상황에 이어질 여자의 실제 행동을 추론하는 유형입니다. 특히 "~하겠습니다", "~할게요"처럼 의도를 직접 언급하는 표현이 나온 경우, 그 말이 실제 행동으로 이어지는 경우가 많습니다. 이 대화에서는 여자가 마지막에 무엇을 확인하겠다고 하는지를 주의해서 듣습니다.

This question asks you to infer the woman's next action based on the flow of the conversation. When a speaker uses expressions like "I'll do it" or "I'll check," the action usually follows immediately. In this conversation, pay close attention to what the woman says she will check at the end.

함께 보기: EBS TOPIK Ⅱ 종합서 p.24 유형 02

해설

① 남자가 무대 뒤 조명이 조금 어두운 것 같다고 말하자, 여자는 지금 바로 확인해 보겠다고 했으므로 여자의 다음 행동으로 자연스럽습니다. 따라서 정답은 ①번입니다.

② 의상과 무대 위 연습은 출연자에 대한 이야기이며 여자의 역할과는 관련이 없습니다.

③ 여자는 이미 마이크를 다섯 대 설치해 두었다고 말했으므로 마이크 설치는 이미 완료된 상태입니다.

④ 남자가 의상을 갈아입었는지 묻는 대상은 출연진이며 여자의 행동과는 관계가 없습니다.

① The man says the lighting at the back of the stage seems a bit dark, and the woman responds that she will check it right away. Therefore, this is the most natural next action. The correct answer is option ①.

② The costume and stage rehearsal are related to the performers. These are not actions the woman would perform.

③ The woman has already said that she installed five microphones, so microphone setup is already completed.

④ The question about changing costumes was directed at the performers, not the woman. Therefore, this action is not relevant to her.

13

정답 ①

제시문

여자: 우리 동아리에 들어오고 나서 처음 맞는 생일이었지?

남자: 응, 내 생일에 동아리 회원들이 이렇게까지 챙겨줄 줄은 몰랐어.

여자: 네가 평소에 잘했잖아. 근데 선물 중에서 뭐가 제일 마음에 들었어?

남자: 다 좋았지만, 하나만 고르라면 농구공. 요즘 농구에 푹 빠져 있거든.

• **주제**: 생일 선물 • **담화 유형**: 대화

문제 유형 들은 내용과 같은 것 고르기

문제 해결 전략

이 문제는 대화 속에서 들은 구체적인 사실과 일치하는 내용을 고르는 유형입니다. 대화에서 말하는 사람의 감정이나 생각보다는 객관적으로 확인할 수 있는 정보에 주의해서 들어야 합니다. 특히 '요즘', '가장', '~했다'처럼 시점을 나타내는 표현이나 강조 표현을 중심으로 내용을 정리하며 듣는 것이 중요합니다.

This question asks you to choose the statement that matches the specific fact mentioned in the conversation. When solving this type of question, it is important to focus not on the speaker's feelings or opinions, but on objective information that can be clearly confirmed. Pay particular attention to expressions that indicate time or emphasis, such as 'these days,' 'the most,' or verbs in the past tense like 'did.'

함께 보기: EBS TOPIK Ⅱ 종합서 p.34 유형 03

해설

① 남자가 요즘 농구에 푹 빠져 있다고 직접 말했으므로 일치하는 내용입니다. 따라서 정답은 ①번입니다.

② 여자가 "네가 평소에 잘했잖아"라고 말했으므로 남자가 동아리 활동에 관심이 없는 것은 아닙니다.

③ 여자가 "우리 동아리에 들어오고 나서"라고 말했으므로 두 사람은 같은 동아리 회원입니다.

④ 동아리 회원들이 선물을 주고 파티까지 해 주었다는 말을 통해 남자의 생일을 알고 있었음을 알 수 있습니다.

① The man says that he is really into basketball these days, so this matches the content. Therefore, the correct answer is Option ①.

② The woman says, "You've always been nice to them," so the man is not uninterested in club activities.

③ The woman says, "since you joined our club," which shows that both speakers are in the same club.

④ Since the club members gave him presents and even threw a party, it's clear they knew it was his birthday.

14

정답 ③

제시문

여자: (딩동댕) 안내 말씀 드립니다. 우리 서점에서는 이번 주말 이틀 동안 중고책 교환 행사를 진행합니다. 2015년 이후에 출판된 책 세 권을 가져오시면 새 책 한 권으로 교환해 드립니다. 행사는 오후 한 시부터 다섯 시까지 일 층에서 진행되며, 여섯 권 이상 가져오신 분들께는 커피 쿠폰을 드리니 많은 참여 바랍니다.

• **주제**: 중고책 교환 • **담화 유형**: 안내 방송

문제 유형 들은 내용과 같은 것 고르기

문제 해결 전략

이 문제는 안내 방송에서 전달된 구체적인 사실 정보와 일치하는 내용을 찾는 유형입니다. 중고책 교환 행사의 기간, 시간, 조건, 장소, 혜택 등과 같은 객관적인 정보를 중심으로 주의 깊게 들어야 합니다.

This question asks you to identify information that matches the factual details delivered in the announcement. Pay close attention to objective details such as the duration, time, conditions, location, and benefits of the used book exchange event.

함께 보기: EBS TOPIK Ⅱ 종합서 p.34 유형 03

해설

① 행사는 '오후 한 시부터 다섯 시까지' 진행된다고 했으므로 오전에 열린다는 내용은 맞지 않습니다.

② 이번 주말 이틀 동안이라고 했으므로 이번 주 내내 진행된다는 내용은 틀립니다.

③ "2015년 이후에 출판된 책 세 권을 가져오시면 새 책 한 권으로 교환해 드립니다"라고 했으므로 정확한 정보입니다. 따라서 정답은 ③번입니다.

④ "여섯 권 이상 가져오신 분들께는 커피 쿠폰을 드립니다"라고 했으므로 책 세 권을 가져오면 커피 쿠폰을 받을 수 있다는 내용은 맞지 않습니다.

① The announcement states that the event runs from 1 p.m. to 5 p.m., so saying it is held in the morning is incorrect.

② It says the event takes place for two days over the weekend, so the statement that it continues throughout the week is incorrect.

③ The announcement clearly states, "If you bring three books published after 2015, you can exchange them for one new book." Therefore, the correct answer is option ③.

④ The announcement says a coffee coupon is given to those who bring six or more books, so the statement that bringing three books will earn a coffee coupon is incorrect.

15

정답 ②

제시문

남자: 어제 오후 3시경, 부산의 한 해수욕장에서 수영하던 사람 3명이 구조됐습니다. 이들은 깊은 곳까지 들어갔다가 갑자기 큰 파도에 휩쓸려 해안으로 돌아오지 못하고 있었습니다. 신고를 받은 구조대는 곧바로 출동해 15분 만에 세 사람을 모두 구했습니다. 다행히 모두 생명에는 지장이 없었지만, 한 명은 이상 증세를 보여 병원으로 옮겨졌습니다. 소방 당국은 물놀이를 할 때는 안전선 안에서만 수영해야 한다고 주의를 당부했습니다.

• **주제**: 물놀이 사고 • **담화 유형**: 뉴스/보도

문제 유형 들은 내용과 같은 것 고르기

문제 해결 전략

이 문제는 뉴스/보도문을 듣고 핵심 내용을 정확히 파악해 선택지에서 같은 뜻의 내용을 고르는 유형입니다. 먼저 사건의 장소(부산의 한 해수욕장), 시간(어제 오후 3시경), 사고 유형(물놀이 사고)과 같은 핵심 사실을 놓치지 않고 듣는 것이 중요합니다. 몇 명이 구조되었는지, 왜 사고가 생겼는지 등을 메모하면서 정답이 아닌 것부터 제외하면 답을 고르기가 쉽습니다.

This type of question asks you to listen to a news report or announcement, accurately grasp the key content, and choose the option with the same meaning. It is important not to miss the core facts such as the location of the incident (a beach in Busan), the time (around 3 p.m. yesterday), and the type of accident (a water-play accident). Taking notes on details such as how many people were rescued and why the accident happened will help you eliminate incorrect options first and make it easier to select the correct answer.

함께 보기: EBS TOPIK Ⅱ 종합서 p.34 유형 03

해설

① 사고는 어제 오후 3시경에 발생했다고 언급되어 있으므로 정답이 아닙니다.

② 해수욕장에서 수영을 하던 사람 3명이 구조되었으므로 정답은 ②번입니다.

③ 세 명 모두 구했다고 했으므로 한 명만 구조되었다고 하는 설명은 틀립니다.

④ 파도에 휩쓸렸던 사람들은 출동한 구조대의 도움으로 구조되었으므로 정답이 아닙니다.

① Since it was mentioned that the accident occurred around 3 p.m. yesterday, this is not the correct answer.

② Three people swimming at the beach were rescued, so the correct answer is option ②.

③ It was said that all three were rescued, so the statement that only one person was rescued is incorrect.

④ The people swept away by the waves were rescued with the help of the dispatched rescue team, so this is not the correct answer.

16

정답 ③

제시문

남자: 작가님의 글이 많은 독자들에게 사랑받는 이유는 뭐라고 생각하세요?

여자: 제 글이 특별히 화려하거나 거창하진 않지만 아마도 독자들의 마음을 조용히 위로해 주기 때문이 아닐까 싶어요. 힘든 시기를 견디고 있는 분들이 공감이 되고, 위로를 받았다는 이야기를 자주 하시거든요. 예전에 힘들었던 시간을 떠올리며 그때 받았던 위로의 감정을 글로 전하고 싶었어요. 그래서 60이 되어서야 작가가 되었고 따로 글을 배운 적도 없어요. 그런데도 제 글이 누군가에게 위로가 된다고 하니 감사한 마음이에요.

• 주제: 작가 • 담화 유형: 인터뷰

문제 유형 들은 내용과 같은 것 고르기

문제 해결 전략

인터뷰 내용을 듣고, 들은 내용과 같은 것을 고르는 유형입니다. 인터뷰하고 있는 작가의 글의 특징, 글을 쓰게 된 계기, 독자에게 전하고 싶은 마음 등을 중심으로 내용을 정확히 이해해야 합니다. 선택지에서는 표현을 바꿔 말하거나 의미를 확대·축소하는 경우가 많기 때문에 화자의 의도와 말한 내용이 정확히 반영되었는지 확인해야 합니다.

This type of question asks you to listen to an interview and choose the option that matches what you heard. You need to accurately understand the characteristics of the writer's work, the reason they began writing, and the message they want to convey to readers. In the answer choices, expressions are often rephrased or their meaning broadened or narrowed, so you must check carefully whether the speaker's intention and actual words are accurately reflected.

함께 보기: EBS TOPIK Ⅱ 종합서 p.34 유형 03

해설

① 여자는 60세에 처음 글을 쓰기 시작했다고 말하고 있으므로 정답이 아닙니다.

② 여자는 전문적으로 글을 배운 적이 없다고 했으므로 정답이 아닙니다.

③ 여자는 자신의 글이 독자의 마음을 위로해 준다고 말하고 있으므로 정답은 ③번입니다.

④ 여자는 자신의 글이 화려하거나 거창하진 않지만, 독자의 마음을 위로해 주기 때문에 인기가 있다고 생각하고 있으므로 정답이 아닙니다.

① The woman says she began writing at age 60, so this is not the correct answer.

② The woman stated she never received formal training in writing, so this is not the correct answer.

③ The woman says her writing comforts readers' hearts, so the correct answer is ③.

④ The woman believes her writing is popular not because it is flashy or grand, but because it comforts readers' hearts, so this is not the correct answer.

17

정답 ②

제시문

남자: 민아야, 핸드폰으로 영상 계속 보면 눈 안 아파?

여자: 많이 볼 땐 좀 그런데, 재밌는 게 많으니까. 넌 라디오 많이 듣지?

남자: 응. 영상은 눈이 너무 피로하더라고. 라디오는 안 봐도 되니까 편하고 좋아.

• 주제: 라디오 • 담화 유형: 대화

문제 유형 중심 생각, 중심 내용, 화제 고르기

문제 해결 전략

이 문제는 화자의 중심 생각을 묻는 유형입니다. 여러 가지 내용을 말하더라도 가장 강조한 생각이나 반복적으로 말한 표현에 집중해야 합니다. 특히 "그래서 ~가 좋다"처럼 자신의 경험이나 판단이 드러나는 표현을 주의 깊게 들어야 합니다.

This type of question asks about the speaker's main point. Even if various points are mentioned, you should focus on the thought emphasized the most or the expressions repeated. In particular, pay close attention to phrases like "That's why ~ is good," which reveal the speaker's own experience or judgment.

함께 보기: EBS TOPIK Ⅱ 종합서 p.54 유형 04

해설

① 눈의 피로함에 대해서는 말했지만 피로를 푸는 방

법에 대한 내용은 나오지 않았습니다.

② 남자는 영상은 눈이 너무 피로하고 라디오는 안 봐도 되니까 편하고 좋다고 말했으므로 '라디오는 눈이 피로하지 않아서 좋다'를 중심 생각으로 볼 수 있습니다. 따라서 정답은 ②번입니다.

③ 이 내용은 여자의 말이며 남자의 중심 생각이 아닙니다.

④ 라디오를 어떤 기기로 듣는지에 대한 내용은 없습니다.

① He did mention eye fatigue, but there was no content about ways to relieve it.

② The man says, "Videos make my eyes too tired, but radio is comfortable because I don't have to watch it." This clearly shows that his main idea is that radio does not make the eyes tired, so it is good. Therefore, the correct answer is ②.

③ This content is from the woman's words, not the man's main point.

④ There was no mention of what device is used to listen to the radio.

18

정답 ③

제시문

남자: 아침에 밥을 안 먹었더니 수업에 집중이 잘 안 돼.

여자: 그래? 난 오히려 아침을 먹으면 더 졸리던데.

남자: 나하고 반대구나. 난 힘이 없어서 그런지 수업이 잘 안 들리더라고.

• **주제**: 아침 식사의 중요성 • **담화 유형**: 대화

문제 유형 중심 생각, 중심 내용, 화제 고르기

문제 해결 전략

이 문제는 화자의 중심 생각을 묻는 유형입니다. 화자가 여러 가지 말을 하더라도 가장 강조하거나 반복적으로 드러내는 생각이 무엇인지 파악하는 것이 중요합니다. 이번 대화서는 '아침을 안 먹었더니', '수업이 잘 안 들려'처럼 원인과 결과가 연결된 표현에 주의하면 중심 생각을 쉽게 찾을 수 있습니다.

This type of question asks about the speaker's main point. Even if the speaker says many things, it is important to identify the thought that is most emphasized or repeatedly expressed. In this dialogue, pay attention to cause-and-effect expressions such as "Since I didn't eat breakfast" and "I couldn't focus well in class," as these make it easier to find the main point.

함께 보기: EBS TOPIK Ⅱ 종합서 p.54 유형 04

해설

① 여자가 한 말이므로 남자의 중심 생각이 아닙니다.

② 식사 시간에 대한 말은 없었으므로 맞지 않습니다.

③ 남자는 "아침에 밥을 안 먹었더니 수업에 집중이 안 된다", "힘이 없어서 수업이 잘 안 들린다"고 말하며 아침 식사가 수업에 영향을 준다는 자신의 경험을 강조했습니다. 따라서 중심 생각은 ③번입니다.

④ 쉬는 것에 대한 내용은 나오지 않았습니다.

① This was said by the woman, so it is not the man's main point.

② There was no mention of meal times, so this is not correct.

③ The man said, "Since I didn't eat breakfast, I couldn't concentrate in class," and "I had no energy, so I couldn't follow the class well," emphasizing his own experience that breakfast affects class performance. Therefore, the main point is option ③.

④ There was no mention of resting.

19

정답 ①

제시문

여자: 민수 씨, 아르바이트를 몇 개나 해요? 돈이 많이 필요한 거예요?

남자: 돈도 돈이지만, 사실 저는 경험을 쌓으려고 해요. 지금 아니면 이렇게 다양한 경험을 하긴 어렵다고 생각하거든요

여자: 그래도 너무 힘들 것 같아요.

남자: 힘들 때도 있지만 젊으니까 가능한 만큼 해 보려고요.

• **주제**: 아르바이트 • **담화 유형**: 대화

문제 유형 중심 생각, 중심 내용, 화제 고르기

문제 해결 전략

이 문제는 화자의 중심 생각을 묻는 유형입니다. 화자가 여러 가지 이야기를 하더라도 가장 강조하거나 반복적으로 말한 생각에 주목해야 합니다. 이 대화에서는 "지금 아니면 어렵다", "젊으니까"와 같은 표현처럼 자신의 판단이나 가치관이 드러나는 말에 주의해서 들어야 합니다.

This type of question asks about the speaker's main point. Even if the speaker talks about various things, you should focus on the thought that is most emphasized or repeatedly stated. In this dialogue, pay attention to expressions such as "If not now, it will be difficult" and "Because I'm young," which reveal the speaker's own judgment or values.

함께 보기: EBS TOPIK Ⅱ 종합서 p.54 유형 04

해설

① 남자는 "돈도 좋지만 경험을 쌓으려는 거예요", "지금 아니면 다양한 경험을 하긴 어렵다", "젊으니까 가능한 만큼 해 보려고요"라고 말하며, 젊은 시기에 다양한 경험을 해 보고 싶다는 생각을 반복해서 강조하고 있습니다. 따라서 정답은 ①번입니다.

② 남자가 '성장'에 대해 직접적으로 말하지 않았으며 힘든 일을 통해 성장한다는 내용도 없습니다.

③ 남자는 이미 여러 개의 아르바이트를 하고 있습니다. 새로운 일을 해 봐야 한다는 내용은 맞지 않습니다.

④ 남자는 돈보다는 경험이라고 말하며 돈을 많이 모으는 것이 목적이 아님을 분명히 밝혔습니다.

① The man says, "Money is good, but I want to gain experience", "It's hard to have this kind of experience unless it's now", and "I want to do as much as I can while I'm young." He repeatedly emphasizes his desire to gain various experiences while he is young. Therefore, the correct answer is ①.

② The man never directly mentions growth, and there is no content suggesting he believes hardship leads to growth.

③ The man is already working several part-time jobs. The idea that he should try a new job is not correct.

④ The man clearly states that experience is more important than money, so saving a lot of money is not his goal.

20

정답 ③

제시문

여자: 마라톤 훈련을 할 때 어떤 부분에 가장 신경을 쓰시나요?

남자: 마라톤은 결국 기록과의 싸움이잖아요. 좋은 기록을 내려면 체력이나 속도 조절도 중요하지만, 저는 무엇보다 훈련을 꾸준히 이어 가는 게 필요하다고 생각해요. 하루라도 쉬면 몸 상태가 금방 달라지거든요. 그래서 어떤 일정이 있어도 짧게라도 매일 훈련을 합니다.

• **주제**: 마라톤 훈련 • **담화 유형**: 인터뷰

문제 유형 중심 생각, 중심 내용, 화제 고르기

문제 해결 전략

이 문제는 화자의 중심 생각을 파악하는 유형입니다. 화자가 여러 가지 이야기를 하더라도 가장 강조하거나 반복적으로 말한 생각, 특히 "무엇보다 중요하다", "그래서 ~ 한다"와 같은 표현에 주의해서 들어야 합니다.

This type of question asks you to identify the speaker's main point. Even if the speaker talks about many things, you should focus on the thought that is most emphasized or repeatedly stated, especially expressions like "It's more important than anything" or "That's why I do ~."

함께 보기: EBS TOPIK Ⅱ 종합서 p.54 유형 04

해설

① 속도 조절도 중요하다는 말은 했지만 중심 생각은 아닙니다.

② 남자는 매일 훈련을 한다고 말하며 휴식보다는 꾸준함을 강조했으므로 틀립니다.

③ 남자는 "좋은 기록을 내려면... 훈련을 꾸준히 이어 가는 게 필요하다", "짧게라도 매일 훈련을 한다"고 말하며 꾸준한 훈련의 중요성을 가장 강조했습니다. 따라서 정답은 ③번입니다.

④ 기록이 중요하다고 했으므로 기록에 신경 쓰지 말아야 한다는 말은 맞지 않습니다.

① He did mention that adjusting speed is important, but that is not the main point.

② The man said he trains every day and emphasized consistency over rest, so this is incorrect.

③ The man said, "To achieve good records… it's necessary to continue training consistently," and "I train every day, even if only briefly," emphasizing most strongly the importance of steady training. Therefore, the correct answer is option ③.

④ He said records are important, so the idea that you shouldn't pay attention to them is incorrect.

21~22

제시문

남자: 주변에 회사가 많아서 점심시간에 식당에 사람이 너무 많아요.

여자: 그러게요. 거의 매일 20분 넘게 기다리니까 불편해요. 회사 안에 직원 전용 식당이 있으면 편할 텐데요.

남자: 점심시간을 좀 더 길게 쓰는 것도 생각해 볼 만하죠. 직원들 불편도 줄고 업무 집중에도 좋을 것 같아요. 점심시간은 근로 시간에 포함되지 않으니까 괜찮지 않을까요?

여자: 그런데 점심시간을 늘리면 퇴근 시간이 늦어지는 경우도 있다고 들었어요. 우리 회사는 어떻게 할지 모르겠네요.

• **주제**: 회사 점심시간 • **담화 유형**: 대화

21 정답 ②

문제 유형 중심 생각, 중심 내용, 화제 고르기

문제 해결 전략

이 문제는 화자의 중심 생각을 묻는 유형입니다. 화자가 말하는 여러 정보 중에서 가장 강조하거나 제안하는 생각에 주목해야 합니다. 특히 "생각해 볼 만하다", "좋을 것 같다"와 같은 표현 뒤에 이어지는 이유 설명을 잘 들어야 합니다.

This type of question asks about the speaker's main point. Among the various pieces of information the speaker mentions, focus on the thought that is most emphasized or suggested. In particular, listen carefully to the explanation of reasons that follow expressions like "It's worth considering" or "I think it would be good."

함께 보기: EBS TOPIK Ⅱ 종합서 p.54 유형 04

해설

① 식당에 사람이 많아 불편하다는 말은 있지만 식당이 더 많아져야 한다는 의견은 남자가 말한 중심 생각이 아닙니다.

② 남자는 "점심시간을 좀 더 길게 쓰는 것도 생각해 볼 만하다", "직원들 불편도 줄고, 업무 집중에도 좋을 것 같다"라고 말하며 점심시간을 늘리는 것이 좋다는 의견을 강조하고 있습니다. 따라서 정답은 ②번입니다.

③ 점심시간을 자율적으로 선택할 수 있어야 한다는 내용은 없습니다.

④ 점심시간을 줄이자는 말은 남자의 제안과 반대되는 내용입니다.

① He did say that crowded restaurants are inconvenient, but the idea that more restaurants should be added is not the man's main point.

② The man said, "It might be worth considering making lunchtime a bit longer," and "It would reduce employees' inconvenience and help with concentration at work," emphasizing that extending lunchtime would be good. Therefore, the correct answer is option ②.

③ There was no mention of allowing employees to choose their lunchtime freely.

④ Shortening lunchtime is the opposite of the man's suggestion.

22 정답 ③

문제 유형 들은 내용과 같은 것 고르기

문제 해결 전략

이 문제는 대화에서 말한 사실과 같은 내용을 고르는 유형입니다. 화자의 말을 정확하게 기억하고, 선택지의 표현과 일치하는지를 꼼꼼히 비교하는 것이 중요합니다. 특히 '있다/없다', '많다/적다', '편하다/불편하다'와 같은 상태를 나타내는 어휘에 주의해서 들어야 합니다.

This question asks you to choose the statement that matches the content of the conversation. To answer correctly, you need to accurately remember what the speakers said and carefully compare it with each option. Pay particular attention to words that indicate a state or condition, such as "exist, not exist," "many, few," "convenient, inconvenient."

함께 보기: EBS TOPIK Ⅱ 종합서 p.34 유형 03

해설

① 점심시간은 근로 시간에 포함되지 않는다고 했으므로 이 선택지는 내용과 반대입니다.
② 여자가 "회사 안에 직원 전용 식당이 있으면 편할텐데요."라고 말했으므로 현재 회사에는 직원 전용 식당이 없다는 것을 알 수 있습니다.
③ 남자가 "주변에 회사가 많다 보니"라고 말했으므로 이 선택지는 대화 내용과 일치합니다. 따라서 정답은 ③번입니다.
④ 두 사람이 "20분 넘게 기다린다"고 말한 것으로 보아, 회사 밖 식당을 이용하고 있음을 알 수 있습니다.

① The man says that lunch time is not included in working hours, so this option is the opposite of what was said.
② The woman says, "It would be convenient if there were a staff cafeteria in the building," which means there isn't one currently.
③ The man says, "There are many companies around here," so this option matches the conversation. Therefore, the correct answer is option ③.
④ Since both people mention waiting over 20 minutes for food, it can be inferred that they usually eat outside the office, not in the company cafeteria.

23~24

제시문

남자: 여보세요. 박물관이죠? 오늘 4시에 전통문화 체험 프로그램을 신청했는데요. 혹시 일찍 도착하면 2시 프로그램으로 바꿀 수 있을까요?
여자: 네. 2시 프로그램에 자리가 남아 있으면 변경 가능합니다. 박물관 1층에 있는 현장 체험 접수처에서 확인해 주시면 됩니다.
남자: 감사합니다. 그런데 혹시 박물관 안에 식사할 수 있는 공간이 있을까요?
여자: 네. 2층에 관람객 쉼터가 마련되어 있는데요. 거기에서는 음식물을 드실 수 있습니다.

• **주제**: 박물관 이용 문의 • **담화 유형**: 대화

23

정답 ②

문제 유형 대화 상황/참여자를 고르거나 화자의 의도, 태도, 말하는 방식 파악하기

문제 해결 전략

박물관 이용에 대해 문의하는 대화에서 참여자의 관계(방문객과 안내 직원), 그리고 화자의 목적(일정 변경 가능 여부, 식사 장소 확인 요청 등)을 정확히 파악해야 합니다. 안내하는 사람의 말투는 정중하고 친절한 설명 중심이라는 점에 주목해야 합니다.

In a conversation inquiring about museum use, you must accurately identify the relationship between the participants(visitor and information staff) and the speaker's purpose(asking about schedule changes, checking meal locations, etc.). Pay attention to the fact that the guide's manner of speaking is polite and focused on giving friendly explanations.

함께 보기: EBS TOPIK Ⅱ 종합서 p.78 유형 05

해설

① 박물관 위치에 대한 설명은 대화에서 언급되지 않았습니다.
② 체험 시간 변경과 식사 장소 등 박물관 이용에 대해 문의하고 있으므로 정답은 ②번입니다.
③ 남자는 자신이 예약한 시간을 변경할 수 있는지를 문의하고 있을 뿐 예약을 확인하고 있지는 않습니다.
④ 남자는 이미 4시에 전통문화 체험 프로그램을 예약한 상태입니다.

① The location of the museum was not mentioned in the conversation.
② Since he is asking about museum use, such as changing the experience time and meal locations, the correct answer is option ②.
③ The man is inquiring about whether he can change his reserved time, not confirming the reservation.
④ The man has already reserved the traditional culture experience program for 4 p.m.

24

정답 ④

문제 유형 들은 내용과 같은 것 고르기

문제 해결 전략

대화 속에 나온 구체적인 정보인 2시 프로그램 변경 조건, 식사 공간의 위치 등을 정확히 듣고 기억하는 것이 중요합니다. 대체로 정보가 많고 조건이 포함된 문장이 나오므로 이해한 내용을 간단히 정리하면서 듣는 습관이 필요합니다.

It is important to listen carefully and remember specific information mentioned in the conversation, such as the conditions for changing the 2 p.m. program and the location of the dining area. Since the conversation usually contains a lot of information and sentences with conditions, it is helpful to develop the habit of briefly summarizing what you understand while listening.

함께 보기: EBS TOPIK Ⅱ 종합서 p.34 유형 03

해설

① 관람객 쉼터에서 음식을 먹을 수 있다고 했으므로 정답이 아닙니다.

② 현장 체험 접수처는 1층에 있으므로 정답이 아닙니다.

③ 체험 프로그램 당일에도 자리가 있으면 변경 가능하다고 안내했으므로 정답이 아닙니다.

④ 박물관 2층 관람객 쉼터에서는 준비한 음식을 먹을 수 있다고 했으므로 정답은 ④번입니다.

① It was said that food can be eaten in the visitor lounge, so this is not the correct answer.

② The on-site experience registration desk is on the first floor, so this is not the correct answer.

③ It was explained that changes to the experience program are possible on the same day if there are available spots, so this is not the correct answer.

④ It was said that visitors can eat their own food in the museum's second-floor lounge, so the correct answer is option ④.

25~26

제시문

여자: 작년 말에 국제 행사를 치른 이후 불법 주정차가 다시 많아졌다고 들었습니다. 어떻게 해결할 수 있을까요?

남자: 네, 요즘 특히 학교나 병원 근처에 불법 주정차 차량이 많이 늘어나고 있습니다. 잠깐이면 괜찮다는 생각으로 차를 세우는 경우가 많습니다. 저희가 단속을 강화하고 전담 직원을 배치하고, 또 스마트폰 신고에도 신속히 대응하고 있지만 한계가 있지요. 시민 스스로 의식을 바꾸지 않으면 불법 주정차 문제를 근본적으로 해결하긴 쉽지 않다고 생각합니다.

• **주제**: 불법 주정차 단속 • **담화 유형**: 인터뷰

25

정답 ②

문제 유형 중심 생각, 중심 내용, 화제 고르기

문제 해결 전략

이 문제는 화자의 중심 생각을 묻는 유형입니다. '저는 ~라고 생각합니다', '~이 가장 큰 문제입니다', '~이 중요합니다' 등과 같은 표현에 주의해서 들어야 합니다.

This type of question asks about the speaker's main point. Pay attention to expressions such as "I think," "is the biggest problem," or "~ is important."

함께 보기: EBS TOPIK Ⅱ 종합서 p.54 유형 04

해설

① 스마트폰 신고에 대한 이야기는 있었지만 신고 방식을 다양화해야 한다는 말은 하지 않았습니다.

② 남자는 시민 스스로 의식을 바꾸지 않으면 불법 주정차 문제를 근본적으로 해결하긴 쉽지 않다고 말했습니다. 시민 의식 변화가 가장 중요한 해결책이라는 중심 생각을 밝힌 것입니다. 따라서 정답은 ②번입니다.

③ 단속에 대한 이야기는 있었지만 처벌 기준을 강화해야 한다는 내용은 없었습니다.

④ 단속 인력 보충이나 단속 강화에 대해 말했지만 이것은 중심 생각이 아닙니다.

① Although the speaker mentioned reporting illegal parking using smartphones, he did not say that reporting methods should be diversified.

② The man said, "Unless citizens change their mindset, it will be difficult to fundamentally solve the problem of illegal parking."
This shows that changing public awareness is the most important solution. Therefore, the correct answer is option ②.

③ While the speaker mentioned enforcement efforts, he did not say that punishment standards should be strengthened.

④ He did talk about reinforcing enforcement and deploying more staff, but that was not his main point.

26

정답 ②

문제 유형 들은 내용과 같은 것 고르기

문제 해결 전략

이 문제는 '들은 내용과 같은 것을 고르는' 유형입니다. 대화 속의 구체적인 사실 정보(시간, 장소, 가능 여부 등)에 주의해야 합니다. 특히 '언제, 어디서, 무엇을 할 수 있는가'와 같은 사실 확인 표현에 집중해서 듣는 것이 좋습니다.

This question asks you to choose the statement that matches the content of the dialogue. You need to pay close attention to specific factual information such as time, place, and whether something is possible. In particular, focus on expressions that confirm facts like "when," "where," and "what can be done."

함께 보기: EBS TOPIK Ⅱ 종합서 p.34 유형 03

해설

① 여자가 작년 말에 국제 행사를 치른 이후라고 말했으므로 선택지의 내용과 맞지 않습니다.

② 남자는 "스마트폰 신고에도 신속히 대응하고 있지만"이라고 말하며 현재 신고가 가능함을 나타냈습니다. 따라서 정답은 ②번입니다.

③ 남자는 학교나 병원 근처에 불법 주정차 차량이 많이 늘어나고 있다고 했으므로 많이 줄었다는 말은 반대 내용입니다.

④ 병원 근처는 불법 주정차가 늘어나고 있는 곳이며, 남자는 이곳도 단속하고 있다고 말했습니다. 따라서 선택지의 내용과 다릅니다.

① The woman said, "after hosting an international event at the end of last year," so this option is incorrect because it refers to this year, not last year.

② The man said, "we are also responding quickly to smartphone reports," which indicates that reporting via smartphone is currently possible. Therefore, the correct answer is ②.

③ The man said, "the number of illegally parked vehicles near schools and hospitals has greatly increased," so the statement that it has decreased is the opposite of what was said.

④ The man mentioned that illegal parking near hospitals is increasing, and that they are also cracking down in those areas. Therefore, this option is incorrect.

27~28

제시문

여자: 올해 초 정부에서 나눠 준 경제 회복 소비 쿠폰이 이달 말에 없어진다고 메일이 왔네.

남자: 어, 그거 아직 안 썼어? 나는 받자마자 식당에서 사용했는데. 식당이나 마트, 그리고 편의점에서 현금처럼 사용할 수 있어. 없어지기 전에 빨리 쓰는 게 좋아.

여자: 지금까지 어떻게 쓰는지 몰라서 그냥 뒀는데, 모든 매장에서 쓸 수 있는 거야?

남자: 아니. 일부 사용할 수 없는 곳도 있어. 인터넷에 소비 쿠폰 사용 방법이 자세히 나와 있으니까 한번 찾아봐. 음식 배달 앱에서 사용도 가능하대.

여자: 그래? 생각보다 다양한 데서 쓸 수 있구나. 이제 알았으니 알뜰하게 사용해야겠어.

• **주제**: 경제 회복 소비 쿠폰 • **담화 유형**: 대화

27

정답 ①

문제 유형 대화 상황/참여자를 고르거나 화자의 의도, 태도, 말하는 방식 파악하기

문제 해결 전략

이 유형에서는 대화의 상황과 맥락을 파악하는 것이 중요합니다. 남자는 경제 회복 소비 쿠폰에 대해 쿠폰 사용 방법과 활용처를 공유하면서 소비 쿠폰을 서둘러서 사용하라고 조언하고 있습니다.

In this type of question, it is important to understand the situation and context of the conversation. The man is sharing how to use the economic recovery coupons and where they can be used, while advising to use the coupons quickly.

함께 보기: EBS TOPIK Ⅱ 종합서 p.78 유형 05

해설

① 남자는 여자에게 소비 쿠폰을 서둘러서 사용하라고 조언하고 있으므로 정답은 ①번입니다.

② 소비 쿠폰을 다시 신청하는 방법에 대해서는 언급되지 않았으므로 정답이 아닙니다.

③ 사용 불가능한 매장이 있다는 사실은 언급되었지만 비판적 태도는 내용과 맞지 않습니다.

④ 소비 쿠폰을 사용할 수 있는 다양한 장소를 소개하고 있으므로 정답이 아닙니다.

① The man is advising the woman to use the consumption coupons quickly, so the correct answer is option ①.

② There was no mention of how to reapply for the coupons, so this is not the correct answer.

③ It was mentioned that there are stores where the coupons cannot be used, but a critical attitude does not match the content, so this is not the correct answer.

④ He is introducing various places where the coupons can be used, so this is not the correct answer.

28

정답 ①

문제 유형 들은 내용과 같은 것 고르기

문제 해결 전략

대화에서 언급된 쿠폰 사용 기한, 사용 가능한 장소, 사용 방법 안내 등을 기억하며 들어야 합니다. 특히 일부 정보(모든 매장에서 사용 가능한지 여부, 사용 전 확인 방법 등)는 조건이나 예외가 함께 제시되므로 선택지를 꼼꼼하게 읽고 정답을 찾아야 합니다.

You should listen while remembering details mentioned in the conversation such as the coupon's validity period, where it can be used, and instructions on how to use it. In particular, some information — like whether it's accepted at all stores and how to verify before using it — comes with conditions or exceptions, so read the choices carefully to find the correct answer.

함께 보기: EBS TOPIK Ⅱ 종합서 p.34 유형 03

해설

① 남자는 배달 앱에서 사용이 가능하다고 말했으므로 정답은 ①번입니다.

② 소비 쿠폰은 일부 사용할 수 없는 매장이 있으므로 정답이 아닙니다.

③ 여자는 아직 사용하지 않았지만 남자는 받자마자 사용했다고 했으므로 내용과 맞지 않습니다.

④ 소비 쿠폰은 경제 회복을 위해 정부에서 지급했다고 말하고 있으므로 정답이 아닙니다.

① The man said they can be used on delivery apps, so the correct answer is option ①.

② Some stores do not accept the consumption coupons, so this is not the correct answer.

③ The woman hasn't used hers yet, but the man said he used his as soon as he received it, so this does not match the content.

④ It was stated that the government issued the coupons for economic recovery, so this is not the correct answer.

29~30

제시문

여자: 드라마나 영화 속에서 글씨를 대신 써 주신다고 들었습니다. 구체적으로 어떤 일을 하시나요?

남자: 네. 저는 배우들이 글을 쓰는 장면에서 글씨를 대신 써 주는 일을 하고 있습니다. 인물의 성격이나 감정을 고려해서 글씨체를 정하고, 장면의 분위기에 어울리도록 표현하죠.

여자: 단순히 예쁘게만 쓰는 게 아니라 역할에 따라 글씨체도 달라지는군요.

남자: 맞습니다. 예를 들어 슬픈 장면에서는 얇고 부드럽게, 강한 인물은 힘 있게 글씨를 써야 해요. 배우가 보이지 않는 장면에서는 글씨 하나로 감정을 전달해야 하니까요. 그래서 배우의 연기나 상황을 이해하는 것도 중요합니다.

여자: 정말 한편의 연기를 글씨로 표현하는 일이라고 할 수 있겠네요.

• **주제**: 글씨체 대필 • **담화 유형**: 인터뷰

29 정답 ③

문제 유형 대화 상황/참여자를 고르거나 화자의 의도, 태도, 말하는 방식 파악하기

문제 해결 전략

대화 참여자의 역할이나 직업을 정확히 파악하는 것이 핵심입니다. 남자가 "배우의 감정과 장면에 맞게 글씨를 쓰는 일", "글씨로 인물의 성격을 표현", "배우가 보이지 않는 장면에 글씨 하나로 감정을 전달" 등 글씨를 통해 연기의 분위기와 감정을 대신 표현하는 역할을 하고 있음을 강조하고 있습니다.

The key is to accurately grasp the role or occupation of participants in the conversation. It is emphasized that men play a role in expressing the atmosphere and emotions of acting through letters, such as "writing according to the actor's emotions and scenes," "expressing the character's character through letters," and "transmitting emotions through one letter to the scene where the actor is not seen."

함께 보기: EBS TOPIK Ⅱ 종합서 p.78 유형 05

해설

① 남자는 배우의 글씨를 대신 써 주는 역할을 하며 대사를 쓰는 일은 하지 않으므로 정답이 아닙니다.
② 남자는 촬영 장비를 다루거나 카메라를 통해 드라마의 장면을 구성하지 않습니다.
③ 남자는 드라마나 영화에서 배우가 글씨를 쓰는 장면을 대신해서 글씨를 써 주는 사람이므로 정답은 ③번입니다.
④ 자막은 편집 작업 중 화면 아래에 삽입되는 글자 정보로, 남자가 하는 일과 일치하지 않습니다.

① The man's role is to write on behalf of the actor, not to write lines of dialogue, so this is not the correct answer.
② The man does not handle filming equipment or compose drama scenes through the camera, so this is not the correct answer.
③ The man is the person who writes in place of the actor in scenes where the actor is shown writing in a drama or film, so the correct answer is option ③.
④ Subtitles are text added at the bottom of the screen during editing, which does not match the work the man does.

30 정답 ②

문제 유형 들은 내용과 같은 것 고르기

문제 해결 전략

인터뷰를 듣고 사실과 정확히 일치하는 내용을 고르는 유형입니다. 남자의 말에서 강한 인물은 힘 있게, 배우가 보이지 않는 장면의 감정 전달 등에 대한 내용이 나옵니다. 이 내용을 요약해서 머릿속에 정리해 두고 선택지에서 과장되거나 일부만 언급된 내용은 오답일 수 있음을 유의해야 합니다.

This type of question asks you to listen to an interview and choose the statement that matches the facts exactly. In the man's words, he mentions things like writing powerfully for strong characters and conveying emotions in scenes where the actor is not visible. Summarize and organize this content in your mind, and keep in mind that options which exaggerate or mention only part of the content may be incorrect.

함께 보기: EBS TOPIK Ⅱ 종합서 p.34 유형 03

해설

① 남자는 글씨체를 인물의 성격과 감정에 맞게 다르게 써야 한다고 했으므로 정답이 아닙니다.
② 남자는 슬픈 장면은 부드럽게, 강한 인물은 힘 있게 글씨를 써야 한다고 하면서 감정에 따라 글씨체를 조절한다고 말했으므로 ②번이 정답입니다.
③ 남자는 손 글씨로 글을 쓴다고 했으며 컴퓨터 입력에 대한 언급은 없습니다.
④ 대화 내용에서 배경 음악과 관련된 언급은 없습니다.

① The man said he had to write differently according to the character's personality and emotions, so this is not the correct answer.
② The man said that in sad scenes he writes softly, and

for strong characters he writes powerfully, adjusting his handwriting to match the emotions. Therefore, the correct answer is option ②.

③ The man said he writes by hand, and there was no mention of computer input.

④ There was no mention of background music in the conversation.

31~32

제시문

여자: 대학 등록금은 국가가 지원해서 무상으로 제공해야 한다고 생각합니다.

남자: 무상 교육이 이상적일 수는 있겠지만, 현실적으로 국가 재정에 큰 부담이 되지 않을까요? 대학 교육은 개인의 경력 개발을 위한 투자이기도 하잖아요.

여자: 물론 재정 문제를 무시할 수는 없죠. 하지만 교육의 기회는 누구에게나 공평하게 주어져야 합니다.

남자: 하지만 등록금을 완전히 없애면 대학들이 재정적으로 위축돼 교육의 질이 떨어질 수도 있습니다. 등록금은 단순한 비용이 아니라 학생과 대학이 함께 책임지는 구조라고도 볼 수 있지 않을까요?

• 주제: 대학 등록금　• 담화 유형: 토론

31

정답 ③

문제 유형 중심 생각, 중심 내용, 화제 고르기

문제 해결 전략

남자가 대화에서 말하고자 하는 핵심 주장이 무엇인지를 파악하는 것이 중요합니다. 남자는 등록금 무상 지원의 한계와 부작용을 지적하면서 현실적인 대안을 드러내고 있습니다. 선택지에서는 이러한 의미를 담고 있는 문장을 찾는 것이 전략입니다.

It is important to understand what the man is trying to say in the conversation. He is revealing realistic alternatives by pointing out the limitations and side effects of free tuition support. In options, finding sentences that contain these meanings is a strategy.

함께 보기: EBS TOPIK Ⅱ 종합서 p.54 유형 04

해설

① 이 주장은 여자의 생각에 해당하며 남자는 무상 등록금에 대해 재정적 부담을 이유로 반대하는 생각을 가지고 있습니다.

② 등록금은 학생과 대학이 함께 책임지는 구조라고 했을 뿐 권리나 의무와는 거리가 멉니다.

③ 남자는 등록금을 완전히 없애면 대학의 재정이 위축되어 교육의 질이 떨어질 수 있다고 주장하고 있으므로 정답은 ③번입니다.

④ 대학의 재정 확보 방안에 대해 직접적으로 언급하지 않았으므로 답이 될 수 없습니다.

① This claim belongs to the woman's opinion, while the man opposes tuition-free education on the grounds of financial burden.

② He only said that tuition is a responsibility shared by students and universities, not about rights or obligations.

③ The man argued that if tuition were completely eliminated, universities' finances could shrink and the quality of education could decline. Therefore, the correct answer is option ③.

④ He did not directly mention ways to secure university finances, so this cannot be the correct answer.

32

정답 ②

문제 유형 대화 상황/참여자를 고르거나 화자의 의도, 태도, 말하는 방식 파악하기

문제 해결 전략

남자가 어떤 시각과 태도로 말하고 있는지를 파악해야 하기 때문에 남자의 의견, 표현 방식, 말투, 강조하는 논리에 주목해야 합니다. 남자는 여자의 주장(등록금 무상 지원)에 부분적으로 공감하면서도 현실적인 재정 문제를 지적하며 논리적으로 반박하고 있습니다.

You need to identify the perspective and attitude with which the man is speaking, so pay attention to his opinion, manner of expression, tone, and the logic he emphasizes. The man partially agrees with the woman's claim (tuition-free support), but he points out the practical financial issues and logically refutes her argument.

함께 보기: EBS TOPIK Ⅱ 종합서 p.78 유형 05

해설

① 남자는 무상 등록금이라는 여성의 주장을 수용하지 않고 있으므로 정답이 아닙니다.
② 남자는 현실적인 문제를 들어 여자의 주장에 논리적으로 반박하고 있으므로 정답은 ②번입니다.
③ 남자는 여자의 의견에 일관되게 반대 입장을 유지하고 있습니다.
④ 남자는 차분하고 이상적으로 현실적인 문제를 언급하며 반박하고 있습니다.

① The man is not accepting the woman's claim about tuition-free education, so it is not the correct answer.
② The man logically refutes the woman's claim by pointing out practical issues, so the correct answer is option ②.
③ The man consistently maintains an opposing stance to the woman's opinion.
④ The man refutes calmly and ideally by mentioning practical issues.

33~34

제시문

여자: 요즘 많은 분들이 잠을 잘 자지 못한다고 이야기합니다. 여러 가지 요인이 있겠지만, 저는 그중에서도 '조명'에 대해 말씀드리고 싶습니다. 먼저, 밝은 조명은 멜라토닌이라는 수면 유도 호르몬의 분비를 줄여, 쉽게 잠들기 어렵게 만듭니다. 특히 자기 직전에 밝은 불빛을 오래 쬐는 것은 뇌가 아직 깨어 있다고 착각하게 만들 수 있습니다. 스마트폰 화면에서 나오는 푸른빛도 뇌를 자극해 수면을 방해하는 주요 원인이 되지요. 이 빛은 멜라토닌 분비를 약 2배 이상 억제하며 수면 주기를 평균 90분 이상 늦출 수 있다고 합니다. 그래서 조명이 켜진 채로 자면 수면의 질이 떨어지게 되는 거지요.

- **주제**: 조명이 수면에 미치는 영향
- **담화 유형**: 강연

33

정답 ③

문제 유형 중심 생각, 중심 내용, 화제 고르기

문제 해결 전략

이 문제는 '무엇에 대한 내용인지 고르는' 중심 내용 파악 유형입니다. 강연의 앞부분에서 제시된 주제와 그에 대한 설명이나 예시가 어떻게 이어지는지를 살펴야 합니다. 또한 반복적으로 사용되는 어휘를 잘 확인해야 합니다.

This question asks you to identify the main topic of the passage. To answer this type of question, focus on how the topic introduced at the beginning is developed through explanations or examples. Also, pay close attention to frequently repeated keywords.

함께 보기: EBS TOPIK Ⅱ 종합서 p.54 유형 04

해설

① 수면 주기가 나오기는 하지만 그 변화 과정을 설명한 내용은 아닙니다.
② '좋은 조명'이나 그 조건에 대한 설명은 없으며 주로 수면을 방해하는 조명에 대해 이야기하고 있어 내용과 맞지 않습니다.
③ 강연 전체가 조명이 수면에 끼치는 부정적인 영향을 설명하고 있으므로 내용과 일치합니다. 따라서 정답은 ③번입니다.
④ 멜라토닌이라는 호르몬이 등장하지만 그 분비 원리에 대한 설명은 아니므로 정답이 아닙니다.

① Although the sleep cycle is mentioned, the passage does not explain the process of how it changes.
② The passage does not discuss "beneficial lighting" or its conditions; instead, it mainly addresses lighting that disturbs sleep. Therefore, this is not the correct answer.
③ The entire lecture explains the negative effects of lighting on sleep, which matches the content. Therefore, the correct answer is option ③.
④ Although the hormone melatonin is mentioned, the passage does not explain the mechanism of its secretion, so this is not the correct answer.

34

정답 ④

문제 유형 들은 내용과 같은 것 고르기

문제 해결 전략

이 문제는 '들은 내용과 같은 것을 고르는' 유형입니다. 강연 속에서 나온 구체적인 사실 정보(호르몬 이름, 조명 조건, 수면 주기 변화 등)를 정확히 기억하고, 선택지와 대조해야 합니다. 특히 수치를 포함한 정보나 인과관계를 나타내는 표현(~때문에, ~해서)을 잘 들어야 합니다.

This is a question type that asks you to choose the statement that matches what you heard. You need to accurately recall specific factual information from the lecture—such as the name of the hormone, lighting conditions, or changes in sleep cycles—and compare it with the answer choices. Pay special attention to expressions that include numerical values or causal relationships (e.g., "because," "as a result").

함께 보기: EBS TOPIK Ⅱ 종합서 p.34 유형 03

해설

① 밝은 조명은 멜라토닌 분비를 줄인다고 했으므로 이 선택지는 반대 내용입니다.

② 멜라토닌은 수면을 유도하는 호르몬이라고 했으므로 사실과 다릅니다.

③ 스마트폰의 푸른빛은 수면 주기를 90분 이상 늦출 수 있다고 했으므로 '빠르게 한다'는 표현은 반대 의미입니다.

④ 밝은 불빛을 오래 쬐면 뇌가 깨어 있다고 착각하게 만들 수 있다고 했으므로 내용과 일치합니다. 따라서 정답은 ④번입니다.

① It was stated that bright lighting reduces melatonin secretion, so this choice is the opposite of what was said.

② Melatonin was described as a hormone that induces sleep, so this choice is incorrect.

③ The blue light from smartphones was said to delay the sleep cycle by more than 90 minutes, so saying it "makes it faster" is the opposite.

④ It was stated that being exposed to bright light for a long time before sleep can make the brain think it's still awake, so this choice matches the content. Therefore, the correct answer is option ④.

35~36

제시문

남자: 오늘은 인주시의 대표 전통 시장인 '인주 시장'이 새 단장을 마치고 다시 문을 여는 뜻깊은 날입니다. 몇 해 전 화재로 큰 피해를 입은 이후, 시장을 다시 문을 열 수 있을까 많은 시민들이 우려해 왔습니다. 그러나 상인들의 열정과 시민들의 응원 덕분에 이곳은 다시 살아났습니다. 시장은 전통 시장의 멋을 살리면서도 현대적인 시설을 갖춘 공간으로 탈바꿈하였고, 가게들도 다시 문을 열어 손님들을 반갑게 맞이하고 있습니다. 인주 시장은 단순한 상업 공간을 넘어 지역 주민들의 삶과 이야기가 녹아 있는 소중한 장소입니다. 앞으로도 이곳이 많은 사람들에게 사랑받고 오랫동안 함께하는 공간이 되기를 기대합니다.

- **주제**: 인주 시장 기념행사
- **담화 유형**: 공식적 자리에서의 인사말

35

정답 ①

문제 유형 대화 상황/참여자를 고르거나 화자의 의도, 태도, 말하는 방식 파악하기

문제 해결 전략

이 문제는 화자가 어떤 역할로 어떤 상황에서 말하고 있는지를 파악하는 것이 핵심입니다. 남자의 말을 통해 인주 시장이 새 단장을 마치고 다시 문을 여는 날의 공식 행사에서 축하와 감사, 기대를 전하는 역할을 하고 있음을 알 수 있습니다.

The key to this question is identifying the role the speaker is taking and the situation in which he is speaking. From the man's words, it can be understood that he is delivering congratulations, gratitude, and hopes at an official event marking the reopening of Inju Market after its renovation.

함께 보기: EBS TOPIK Ⅱ 종합서 p.78 유형 05

해설

① 시장 문을 다시 열 수 있을지 많은 시민들이 우려해 왔다는 내용을 통해 시장이 다시 문을 열었다는 것

을 알 수 있습니다. 정답은 ①번입니다.

② 운영 방침이나 규정에 대한 설명은 대화에서 나타나지 않습니다.

③ 시장의 역사를 소개하는 것이 아닌 재개장이 된 이유를 밝히고 있으므로 정답이 아닙니다.

④ 이미 새 단장을 마치고 다시 문을 열었다는 내용이 나오므로 정답이 아닙니다.

① The fact that many citizens have been worried about whether the market will be able to reopen indicates that it has. The answer is number ①.

② Explanations about operating policies or regulations do not appear in the conversation.

③ It is not about introducing the history of the market but rather explaining the reason for its reopening, so this is not the correct answer.

④ It was mentioned that the renovation was completed and the market has already reopened, so this is not the correct answer.

36

정답 ④

문제 유형 들은 내용과 같은 것 고르기

문제 해결 전략

공식적인 인사말 속에 포함된 시장 재개장 이유, 새 단장 배경, 시민 참여, 공간의 의미 등의 정보를 정확히 듣고 기억하는 것이 중요합니다. 특히 구체적인 사실(예: 화재로 인해 피해, 시민의 노력으로 회복, 현대적 시설로 탈바꿈 등)을 논리적으로 정리하며 듣습니다.

It is important to accurately listen to and remember information such as the reason for the reopening of the market, the background of the refurbishment, civic participation, and the meaning of the space included in the official greeting. In particular, listen to specific facts (e.g., damage from fire, recovery through civic efforts, and transformation into modern facilities).

함께 보기: EBS TOPIK Ⅱ 종합서 p.34 유형 03

해설

① 배송 시스템에 대한 내용은 대화에서 알 수 없습니다.

② 시민들의 응원 덕분에 시장은 다시 살아났다는 말을 통해 시민들이 관심과 응원을 보냈음을 알 수 있습니다.

③ 역사 전시관이 문을 열었다는 내용은 대화에서 알 수 없습니다.

④ 시장이 불이 난 뒤 한동안 문을 닫았었다는 사실과 일치하므로 정답은 ④번입니다.

① Information about the delivery system cannot be found in the conversation.

② From the statement that the market was revived thanks to the citizens' support, we can see that the citizens showed interest and encouragement.

③ There is no mention in the conversation of a history exhibition hall opening.

④ It matches the fact that the market was closed for a while after a fire, so the correct answer is option ④.

37~38

제시문

남자: 수건에 대한 실험 영상이 사람들의 관심을 끌면서 수건 판매량이 늘고 있다고 합니다. 그 영상 보셨나요?

여자: 네, 그 영상은 제가 몇 달 전에 올린 겁니다. 사용 기간에 따라 수건의 상태가 얼마나 달라지는지 보여주는 건데요. 수건은 오래 쓸수록 섬유가 헐거워져 세균이 더 잘 달라붙기 때문에, 일이 년 안에 교체하는 게 좋습니다. 특히 피부 질환이 있거나 면역력이 약한 사람은 더 자주 바꿔야 하고요. 사용할 때도 60도 이상 고온 세탁하거나 햇볕에 말리는 것이 효과적인 살균 방법이라는 점을 기억하시면 좋겠습니다.

• **주제**: 수건 관리 • **담화 유형**: 교양 프로그램

37

정답 ④

문제 유형 중심 생각, 중심 내용, 화제 고르기

문제 해결 전략

이 문항은 여자가 강조한 중심 생각을 파악하는 문제입니다. 예시나 작은 정보들이 아닌, 전체 내용에서 전달하려는 것이 무엇인지를 파악해야 합니다. 이 대화에서는 '~기 때문에', '~을 해야 한다'와 같은 표현에 유의해서 들어야 합니다.

This question asks you to identify the main point emphasized by the woman. Rather than focusing on examples or minor details, you should understand what the speaker is mainly trying to convey throughout the conversation. In this dialogue, pay attention to expressions such as "because ~" and "should ~," which often indicate the speaker's main claim.

함께 보기: EBS TOPIK Ⅱ 종합서 p.54 유형 04

해설

① 수건 세탁에 대한 이야기는 있었지만 세탁을 구분해서 해야 한다는 말은 없으므로 관련이 없습니다.

② 수건을 만들 때 사용하는 소재에 대해서는 말하지 않았기 때문에 맞지 않습니다.

③ 피부 질환자나 면역력이 약한 사람은 더 자주 수건을 교체해야 한다는 내용이 있지만, 이는 교체 주기를 보충 설명한 것일 뿐 여자의 중심 생각은 아니므로 맞지 않습니다.

④ 여자가 가장 강조한 내용으로, '일이 년 안에 교체해야 한다', '더 자주 바꿔야 한다'는 말로 중심 생각을 분명히 드러내고 있습니다. 따라서 정답은 ④번입니다.

① The woman mentioned washing towels, but she did not say that towels should be separated from other laundry. Therefore, this option is not relevant.

② She did not talk about the materials used to make towels, so this option is incorrect.

③ The passage mentions that people with skin diseases or weak immunity should change towels more often, but this is only additional information about replacement frequency, not the woman's main idea. Therefore, this option is incorrect.

④ This is what the woman emphasized the most. She clearly stated that towels should be replaced within one to two years and more often for people with skin conditions or weak immunity. Therefore, the correct answer is ④.

38

정답 ④

문제 유형 들은 내용과 같은 것 고르기

문제 해결 전략

이 문항은 대화에서 들은 사실과 같은 내용을 찾는 문제입니다. 특히 '누가 말했는가'와 '사실 여부'를 정확히 구분하고, 숫자나 원인·결과 관계 같은 구체적인 정보에 주의해서 들어야 합니다.

This question asks you to choose the statement that matches the content of the conversation. In particular, it is important to clearly distinguish who said what and whether each statement is factually correct. Also, pay attention to specific information such as numbers and cause-effect relationships.

함께 보기: EBS TOPIK Ⅱ 종합서 p.34 유형 03

해설

① 여자가 "그 영상은 제가 몇 달 전에 올린 겁니다"라고 말했으므로 일치하지 않습니다.

② 여자가 "섬유가 헐거워져 세균이 더 잘 달라붙는다"고 했으므로 반대 의미입니다.

③ 여자가 "피부 질환이 있거나 면역력이 약한 사람은 더 자주 바꿔야 한다"고 했으므로 내용과 다릅니다.

④ 수건을 고온에서 세탁하면 세균을 줄일 수 있다.'는 '60도 이상 고온에서 세탁하는 것이 효과적인 살균 방법'이라는 내용과 일치합니다. 따라서 정답은 ④번입니다

① The woman said, "I uploaded that video a few months ago," so this statement does not match.

② The woman said, "The fabric becomes loose and bacteria stick more easily," so this choice expresses the opposite meaning.

③ The woman said, "People with skin conditions or weak immune systems should change towels more often," so this statement is different from what was said.

④ "Washing towels at a high temperature can reduce germs" matches the passage, which states that "washing at over 60 degrees Celsius is an effective sterilization method." Therefore, the correct answer is option ④.

39~40

제시문

여자: 그렇다면 기후 변화가 우리의 소중한 문화 유산에도 부정적인 영향을 미칠 수 있다는 말씀이신 거군요.

남자: 네, 기후 변화로 문화유산이 피해를 입는 일이 세계 여러 나라에서 생기고 있어서 유네스코 같은 국제기구에서도 대책을 논의하고 있습니다. 예를 들어, 바닷물이 높아져서 해안 근처에 있는 유적이 물에 잠기거나, 비와 바람이 심해져서 건물이 망가지는 경우도 있습니다. 그래서 요즘은 문화유산을 지키는 계획에 기후 문제도 함께 생각하고 있고 위험을 줄이기 위해 보호 장치를 설치하기도 합니다. 하지만 아직 기후 변화에 맞는 법이나 제도가 충분하지 않아서 앞으로 더 잘 준비해야 할 것 같습니다.

• **주제**: 기후 변화와 문화유산
• **담화 유형**: 대담

39

정답 ①

문제 유형 대화 전/후의 내용 고르기

문제 해결 전략

제시된 대화를 바탕으로 그 앞에서 어떤 질문이나 말이 있었는지 논리적으로 추론해야 합니다. 여자의 대화에서 "그렇다면…"이라는 연결어를 사용하고 있으므로 앞에서 기후 변화의 영향 전반에 대해 말했거나 기후 변화가 문화유산에 영향을 줄 수 있는지 질문했을 가능성이 높습니다.

You need to logically infer, based on the given dialogue, what question or statement preceded it. Since the woman uses the connective "Then…"/"In that case…," it is likely that the preceding part either discussed the overall impacts of climate change or asked whether climate change could affect cultural heritage.

함께 보기: EBS TOPIK Ⅱ 종합서 p.102 유형 06

해설

① 여자의 말을 통해 기후 변화가 우리의 소중한 문화 유산에도 부정적인 영향을 미칠 수 있다는 말씀이신 거군요를 통해 기후 변화로 문화유산이 위협받고 있음을 알 수 있습니다. 따라서 정답은 ①입니다.

② 대화에서는 문화유산 보호 사업의 성과나 평가에 대한 언급이 없으며 앞에 나올 수 없습니다.

③ 유네스코와 같은 국제기구가 논의 중이라는 내용은 있지만 대화 전에 나올 수 없는 내용입니다.

④ 국가 차원의 법이나 제도가 아직 부족하다는 내용은 있지만 정책 발표에 대한 구체적인 내용이 대화 전에 올 수 없습니다.

① From the woman's words, "So you're saying that climate change can also have a negative impact on our precious cultural heritage," we can see that the dialogue conveys that cultural heritage is being threatened by climate change. Therefore, the correct answer is option ①.

② The dialogue does not mention achievements or evaluations of cultural heritage protection projects, so this cannot come before.

③ Although there is mention of international organizations like UNESCO being in discussion, this cannot precede the dialogue.

④ While it is said that national-level laws and systems are still lacking, there is no concrete policy announcement that could come before the dialogue.

40

정답 ②

문제 유형 들은 내용과 같은 것 고르기

문제 해결 전략

대화 속에 제시된 기후 변화로 인한 문화유산 피해 사례, 국제 대응, 향후 과제 등에 대한 내용을 정확히 듣고 정답을 찾아야 합니다. 선택지에서 표현이 일부 바뀌거나 일부만 언급된 경우를 주의해야 합니다.

You need to listen carefully to the examples of cultural heritage damage caused by climate change, the international responses, and the future tasks mentioned in the dialogue, and then find the correct answer. Be cautious of answer choices where the wording is altered or only part of the information is mentioned.

함께 보기: EBS TOPIK Ⅱ 종합서 p.34 유형 03

해설

① 실제로는 유네스코 같은 국제기구에서 보호 대책을 논의하고 있습니다. 금지되었다는 내용은 사실이 아닙니다.
② 남자는 대화를 통해 세계 여러 나라에서 실제로 발생하고 있는 사례들을 제시하고 있으므로 정답은 ②번입니다.
③ 문화유산의 훼손 원인으로 언급된 것은 기후 변화이며 사람의 관리 부족에 대한 언급은 없습니다.
④ 남자는 아직 관련 법이나 제도가 충분하지 않다고 말했기 때문에 사실과 다릅니다.

① In reality, international organizations like UNESCO are discussing protection measures. The claim that it has been banned is not true.
② The man presents examples that are actually occurring in various countries around the world during the conversation, so the correct answer is option ②.
③ The cause of cultural heritage damage mentioned was climate change, with no mention of insufficient human management.
④ The man said that relevant laws and systems are still insufficient, so the statement is incorrect.

41~42

제시문

여자: 지하철에서 나는 소리가 상황에 따라 다르다는 거, 많이들 모르고 계신데요. 열차가 출발할 때는 빠르고 높은 음악으로 승객의 주의를 집중시키고 도착할 때는 부드럽고 느린 곡으로 불안감을 줄여 줍니다. 또 지하철 승강장에 있는 시각 장애인 점자 블록 앞에서는 짧고 반복적인 유도음이 나와 위치를 알 수 있도록 도와주지요. 최근에는 전동차 문이 닫히기 전에 승객이 끼이지 않도록 경고음이 추가되기도 했습니다. 이는 우리나라만 그런 것은 아닌데요. 지하철역마다 다른 음악을 사용해 위치를 쉽게 알 수 있도록 한 나라도 있습니다.

• **주제**: 지하철에서 나는 소리
• **담화 유형**: 강연

41

정답 ③

문제 유형 중심 생각, 중심 내용, 화제 고르기

문제 해결 전략

이 문항은 강연의 중심 내용을 파악하는 문제입니다. 도입부와 결론부, 그리고 반복적으로 강조되는 내용을 중심으로 듣는 것이 중요합니다. 이 강연에서는 지하철의 소리가 승객의 안전과 편의를 위해 설계되었다는 것을 말하기 위해 다양한 예시를 들고 있습니다.

This question tests your ability to identify the main idea of a lecture. It is important to focus on the introduction, conclusion, and the points that are repeatedly emphasized. In this lecture, the speaker uses various examples to explain that the sounds in the subway are designed for the safety and convenience of passengers.

함께 보기: EBS TOPIK Ⅱ 종합서 p.54 유형 04

해설

① 다른 나라의 사례는 있지만 국제 기준에 따라 바뀌어 왔다는 내용은 없습니다.
② 지하철 소리의 크기나 소리로 인해 불편을 느낀다는 이야기는 나오지 않았습니다.
③ 출발음, 도착음, 유도음, 경고음 등 여러 설명이 모두 이 중심 내용을 뒷받침하고 있습니다. 따라서 정답은 ③번입니다.
④ 소리를 하나로 통일하려는 계획은 나오지 않았고, 오히려 역마다 음악이 다른 나라의 예가 나왔으므로 맞지 않습니다.

① While examples from other countries are given, there is no mention that subway sounds have been changed according to international standards.
② The speaker does not talk about the volume of the sounds or any discomfort they may cause.
③ Explanations about departure sounds, arrival sounds, guidance sounds, and warning sounds all support this main idea. Therefore, the correct answer is option ③.
④ There is no discussion about efforts to unify subway sounds. In fact, the lecture includes an example of a country where each station uses different music, so this option is incorrect.

42

정답 ②

문제 유형 들은 내용과 같은 것 고르기

문제 해결 전략

이 문항은 강연에서 들은 사실 정보와 같은 내용을 고르는 문제입니다. '출발할 때 나는 음악의 성격', '유도음의 형태', '경고음이 나오는 시기', '역마다 다른 음악 사용 여부' 등 강연에 나온 구체적인 설명과 선택지를 하나씩 비교해 보며, 내용이 정확히 일치하는 항목을 찾는 것이 중요합니다.

This question asks you to choose the statement that matches the factual information presented in the lecture. You need to carefully compare each option with specific details from the lecture, such as the type of music played at train departure, the form of the guidance sound, the timing of the warning sound, and whether different music is used at each station.

함께 보기: EBS TOPIK Ⅱ 종합서 p.34 유형 03

해설

① 강연에서는 열차가 출발할 때 빠르고 높은 음악이 나온다고 했으므로 일치하지 않습니다.

② 지하철역마다 다른 음악을 사용하는 나라가 있다고 했으므로 선택지와 내용이 일치합니다. 따라서 정답은 ②번입니다.

③ 전동차 문이 닫히기 전에 경고음이 최근에 추가되었다고 했으므로 맞지 않습니다.

④ 점자 블록 앞에서는 짧고 반복적인 유도음이 난다고 했으므로 내용이 다릅니다.

① The lecture states that a fast and high-pitched sound is played when the train departs, so this option does not match.

② It is mentioned that some countries use different music at each subway station, so this statement is correct. Therefore, the answer is ②.

③ The warning sound was added recently to prevent people from getting caught in the doors, so this statement is incorrect.

④ The lecture says that short and repetitive guidance sounds are played near the tactile paving for the visually impaired, not one long sound. Therefore, this option is incorrect.

43~44

제시문

남자: 덥고 비가 거의 내리지 않는 사막. 그 척박한 환경 속에서도 굳건히 살아가는 생명이 있다. 바로 선인장이다. 선인장은 줄기가 두껍고 단단하게 발달해 비가 오면 물을 빠르게 흡수하고 오랫동안 저장한다. 잎 대신 뾰족한 가시를 가진 것도 특징이다. 이 가시는 수분 증발을 줄이고 동물의 접근을 막는 역할을 한다. 또한 뿌리가 넓게 퍼져 있어 적은 양의 빗물도 빠짐없이 흡수한다. 무엇보다 낮에 기공을 여는 다른 식물과 달리, 선인장은 밤에 기공을 열어 수분 손실을 줄인다. 이렇게 선인장은 극한의 사막에서 오늘도 생명을 이어 간다.

• **주제**: 선인장 • **담화 유형**: 다큐멘터리

43

정답 ①

문제 유형 중심 생각, 중심 내용, 화제 고르기

문제 해결 전략

이 문항은 '무엇에 대한 내용인지'를 묻는 유형입니다. 단어나 문장이 일부 비슷하다고 해서 선택하지 말고, 전체의 내용을 가장 잘 대표하는 보기를 골라야 합니다. 특히 도입부와 마무리 부분을 주의해서 듣습니다.

This question asks about "what the passage is about." Do not choose an answer just because some words or sentences seem similar. Instead, choose the option that best represents the overall content of the passage. Pay special attention to the beginning and ending parts when listening.

함께 보기: EBS TOPIK Ⅱ 종합서 p.54 유형 04

해설

① 전체 내용은 사막이라는 열악한 환경에서 선인장이 어떻게 살아남는지를 줄기, 가시, 뿌리, 기공 등의 특징을 중심으로 설명하고 있습니다. 따라서 정답은 ①번입니다.

② 선인장이 밤에 기공을 여는 특징은 나오지만 광합성의 전체 과정을 다룬 것은 아니므로 중심 내용과는 거리가 있습니다.

③ 뿌리에 대한 내용은 일부 있지만 다른 식물과 비교하거나 구조를 분석하는 내용은 나오지 않았습니다.
④ 선인장의 특성은 나타나지만 선인장의 재배나 관리에 대한 내용은 없습니다.

① The entire passage explains how cacti survive in the harsh desert environment, focusing on features such as their stem, spines, roots, and stomata. Therefore, the correct answer is option ①.
② Although the cactus's feature of opening its stomata at night is mentioned, the full process of photosynthesis is not explained. So this is not the main idea.
③ There is some information about the roots, but there is no comparison with other plants or analysis of structure.
④ The characteristics of cacti are introduced, but there is no mention of how to cultivate or manage them.

44

정답 ④

문제 유형 들은 내용과 같은 것 고르기

문제 해결 전략
이 문항은 '이유'를 묻는 유형입니다. 특히 '~해서', '~하기 위해서'와 같이 이유를 나타내는 연결어가 나오는 문장에 주목해야 합니다. 이 문제에서는 '줄기가 두꺼운 이유'를 묻고 있으므로 지문 속에서 '줄기'와 관련된 설명을 정확히 들어야 합니다.

This question asks for the reason behind a specific fact mentioned in the passage. Pay close attention to sentences with causal connectors such as "~해서" or "~하기 위해서" (in order to), as they indicate reasons or purposes. In this case, the question asks why the cactus has a thick stem, so it's important to carefully listen to the explanation related to the stem in the passage.

함께 보기: EBS TOPIK Ⅱ 종합서 p.34 유형 03

해설
① 기공을 여는 시점에 대한 설명은 있지만 기공을 잘 열기 위한 장치에 대해서는 말하지 않았습니다. 또한 기공은 줄기와 관련이 없습니다.
② 광합성은 기공과 관련된 설명에서 나오며 줄기의 두께와 직접 연결되지 않습니다.
③ 동물의 접근을 막는 기능은 줄기가 아니라 가시에 대한 설명입니다.
④ 줄기가 두껍고 단단하게 발달해 비가 오면 물을 빠르게 흡수하고 오랫동안 저장한다는 설명이 나오므로, 내용과 일치합니다. 따라서 정답은 ④번입니다.

① Although the passage mentions when the cactus opens its stomata, it does not explain that the stem is thick to help with this function. Also, stomata are not related to the stem.
② Photosynthesis is related to the explanation about stomata and is not directly connected to the thickness of the stem.
③ Preventing animal attacks is described as a function of the cactus's spines, not its stem.
④ The passage clearly states that "the stem is thick and firm so it can quickly absorb rainwater and store it for a long time," which matches this choice. Therefore, the correct answer is option ④.

45~46

제시문

여자: 여러분, 아직도 A형은 소심하다든지, B형인 사람은 다혈질이라는 말을 신뢰하십니까? 혈액형을 기준으로 인간의 성격을 분류하는 것은 과학적으로 타당성이 결여된 주장입니다. 최근까지도 혈액형에 따라 선호 음식, 옷차림, 심지어 연애 성향까지 결정된다고 믿는 경우가 적지 않지만, 실상은 다릅니다. 한국인의 혈액형 분포는 A형이 34%, O형이 28%, B형이 27%로 구성되어 있으며, 프랑스나 미국에서는 40% 이상이 A형입니다. 만약 혈액형과 성격 간의 직접적인 연관성이 존재한다면 국가별 성격 차이도 명확히 드러나야겠죠. 하지만 실제로는 그렇지 않습니다. 혈액형이 성격에 영향을 미친다는 믿음은, 경험적 데이터가 아니라 사회적 통념에서 비롯된 것입니다. 과학적 연구 결과에 따르면, 성격 형성에는 유전자뿐 아니라 양육 환경, 사회 문화적 요소 등이 복합적으로 작용합니다. 따라서 혈액형과 성격 간의 인과 관계는 입증되지 않았으며 단정적인 일반화는 경계해야 합니다.

• 주제: 혈액형 • 담화 유형: 강연

45

정답 ②

문제 유형 들은 내용과 같은 것 고르기

문제 해결 전략

이 지문에서는 화자가 혈액형과 성격의 관련성은 과학적 근거가 부족하다는 주장을 펼치면서 이를 뒷받침하는 통계 자료, 사회적 영향, 문화적 해석 등을 제시하고 있습니다. "따라서", "그러나" 같은 전환 표현을 중심으로 말의 방향이 바뀌는 부분도 잘 듣는 것이 좋습니다.

In this paper, the speaker claims that the relationship between blood types and personalities lacks scientific evidence and presents statistical data, social influences, and cultural interpretations that support this. It is also recommended to listen carefully to areas where the direction of speech changes, focusing on transition expressions such as "So" and "But."

함께 보기: EBS TOPIK Ⅱ 종합서 p.34 유형 03

해설

① 지문에서는 한국, 프랑스, 미국의 혈액형 분포가 서로 다르다고 설명하고 있습니다.

② 강연자는 혈액형별 성격 구분은 과학적 근거가 없다는 점을 설명하고 있으므로 정답은 ②번입니다.

③ 혈액형과 성격 사이에 뚜렷한 관계가 있다고 보는 것은 비과학적이며 그런 믿음은 사실과 다르다고 강조했습니다. 강연자는 이와 반대되는 입장을 말하고 있습니다.

④ 혈액형이 유전자보다 더 큰 영향을 준다는 주장은 지문에 없는 내용이며 강연자의 입장과도 맞지 않으므로 정답이 아닙니다.

① The passage explains that the distribution of blood types differs among Korea, France, and the United States.

② The lecturer explains that there is no scientific basis for dividing personalities by blood type, so the correct answer is option ②.

③ Believing there is a clear relationship between blood type and personality is unscientific and contrary to fact. The lecturer emphasizes this, so claiming the opposite would be incorrect.

④ The claim that blood type has a greater influence than genes is not in the passage and does not match the lecturer's position, so this is not the correct answer.

46

정답 ④

문제 유형 대화 상황/참여자를 고르거나 화자의 의도, 태도, 말하는 방식 파악하기

문제 해결 전략

이 유형은 화자가 정보를 어떤 방식으로 전달하고 있는지, 즉 말의 전개 방식과 표현 방식을 파악하는 것이 핵심입니다. 여자의 말은 강연 형식으로, 하나의 주장을 중심으로 논리적으로 근거를 제시하고 반박하며 결론을 이끌어 가는 방식을 사용합니다.

In this type of question, the key is to identify how the speaker conveys information, that is, the structure and style of speech. The woman's words are in a lecture format, using a method that develops one main argument, presents logical evidence, addresses counterarguments, and then draws a conclusion.

함께 보기: EBS TOPIK Ⅱ 종합서 p.78 유형 05

해설

① 강연에서는 실험 결과보다는 혈액형 분포 통계를 소개했을 뿐 실험을 통한 분석이나 실험 설계 등의 구체적인 설명은 없습니다. 따라서 다양한 실험 결과라는 표현은 맞지 않습니다.

② 강연자는 혈액형과 성격의 관계를 개인 사례를 통해 설명하지 않으므로 정답이 아닙니다.

③ 강연자는 혈액형 이론의 문제점과 비과학성을 비판하고 있습니다. 혈액형 이론을 찬성하거나 장점을 드러내려는 목적이 아니므로 정답이 아닙니다.

④ 강연자는 사람들이 흔히 믿는 혈액형과 성격의 관계라는 사회적 통념을 비판하며 이를 반박하는 과학적 관점과 통계 자료를 근거로 설명합니다. 따라서 정답은 ④번입니다.

① The lecture introduced blood type distribution statistics rather than experimental results, and did not include detailed explanations of experimental analysis or design. Therefore, the expression "various experimental results" is not correct.

② The lecturer did not explain the relationship between blood type and personality through individual cases, so this is not the correct answer.

③ The lecturer criticized the problems and unscientific nature of the blood type theory. Since the purpose was not to support or highlight the merits of the theory, this is not the correct answer.

④ The lecturer criticized the common social belief that blood type and personality are related, and explained this using scientific perspectives and statistical data as evidence. Therefore, the correct answer is option ④.

47~48

제시문

여자: 공공 데이터를 민간에 개방하는 정책이 활발하게 추진되고 있지만 실효성 논란이 끊이지 않고 있습니다. 실질적인 효과를 내기 위해서는 어떤 점이 보완되어야 할까요?

남자: 말씀하신 것처럼 공공 데이터 개방이 활발히 이루어지고 있지만 실제로 이를 잘 활용하는 사례는 아직 제한적인 것이 사실입니다. 가장 큰 문제는 데이터가 실제 수요자 중심으로 정리되어 있지 않다는 점이에요. 필요한 정보를 찾기 어렵거나 형식이 제각각이라 분석에 시간이 많이 들기도 하죠. 또 민간 기업이나 개인이 데이터를 어떻게 활용할 수 있는지에 대한 안내나 교육도 부족합니다. 결국 단순히 데이터를 공개하는 것을 넘어서 품질을 높이고 활용도를 높이기 위한 지원 체계가 함께 마련되어야 진정한 개방의 효과를 볼 수 있을 겁니다.

• **주제**: 공공 데이터 개방 • **담화 유형**: 대담

47

정답 ③

문제 유형 들은 내용과 같은 것 고르기

문제 해결 전략

들은 내용과 일치하는 것을 찾는 문제입니다. 공공 데이터 개방이 활발하지만 실효성이 낮다는 문제점과 원인, 제안을 모두 메모하면서 선택지와 일치하는지 확인해야 합니다. 선택지에서 내용의 부분 일치, 말 바꾸기, 의미 과장에 주의해야 합니다.

This type of question asks you to find the statement that matches what you heard. You should take notes on all the points mentioned — the problem that open access to public data is active but has low effectiveness, the causes, and the suggestions — and then check whether they match the answer choices. Be careful with partial matches, rephrased wording, or exaggerated meanings in the choices.

함께 보기: EBS TOPIK Ⅱ 종합서 p.34 유형 03

해설

① 대화에서는 활용 안내나 교육이 부족하다고 지적하고 있어 내용과 일치하지 않습니다.

② 듣기 내용에서는 정보를 찾기 어렵고 형식이 제각각이라 분석이 어렵다는 점을 문제로 언급하고 있어 정답이 아닙니다.

③ 남자는 단순한 데이터 개방만으로는 실효성이 낮고 품질 향상 및 활용 지원 체계가 필요하다고 말하고 있으므로 정답은 ③번입니다.

④ 실제로는 수요자 중심으로 정리되어 있지 않아 필요한 정보 찾기가 어렵다고 말하고 있으므로 사실과 다릅니다.

① The conversation points out that there is a lack of guidance or training, so it does not match the content.

② The listening passage mentions that it is difficult to find information and that the formats vary widely, making analysis challenging, so it is not the correct answer.

③ The man said that simply making data available has low effectiveness and that a system for improving quality and supporting utilization is needed. Therefore, the correct answer is option ③.

④ In reality, he said that the data is not organized in a user-centered way, making it difficult to find necessary information, so this statement is incorrect.

48

정답 ②

문제 유형 대화 상황/참여자를 고르거나 화자의 의도, 태도, 말하는 방식 파악하기

문제 해결 전략

남자가 자신의 입장을 어떤 태도와 말투로 표현하고 있는지를 파악하는 것이 핵심입니다. 남자는 공공 데이터 개방의 필요성에 대해 설명하면서 단점을 지적하지만 비판보다는 개선 방향을 제시합니다.

The key is to identify the attitude and tone with which the speaker expresses his position. The man explains the need for public data disclosure, points out its shortcomings, but focuses on suggesting improvements rather than criticizing.

함께 보기: EBS TOPIK Ⅱ 종합서 p.78 유형 05

해설

① 남자는 부작용을 경계하거나 개방을 반대하지 않습니다. 오히려 긍정적 입장입니다.

② 남자는 공공 데이터 개방 정책의 기본 방향에는 공감하면서도 현재의 정책이 실제 활용 측면에서 한계가 있다는 점을 지적하고 있습니다. 실효성을 높이기 위한 여러 가지 방안을 제안하고 있으므로 정답은 ②번입니다.

③ 개방의 필요성 자체를 부정하지 않고 있으며 회의적 태도보다는 개선 의지를 보이므로 정답이 아닙니다.

④ 정부 주도만을 주장하는 내용은 언급되지 않았고 오히려 민간 활용 촉진 방안을 강조하고 있으므로 정답이 아닙니다.

① The man does not warn against side effects or oppose disclosure. On the contrary, he has a positive stance.

② The man agrees with the basic direction of the public data disclosure policy but points out that the current policy has limitations in terms of practical use. Since he proposes various measures to increase effectiveness, the correct answer is option ②.

③ He does not deny the need for disclosure, and rather than showing a skeptical attitude, he shows a willingness to improve, so this is not the correct answer.

④ He did not mention insisting on government-led measures only; instead, he emphasized ways to promote private-sector use, so this is not the correct answer.

49~50

제시문

남자: 여러분, 장승을 보면 어떤 생각이 드시나요? 현대의 시선에서 보면 단순한 목조 조형물로 여겨질 수 있지만 장승은 오랜 세월 마을의 정신적 중심이자 공동체 신앙의 상징으로 기능해 왔습니다. 고려 시대부터 본격적으로 등장한 장승은 단순한 이정표나 수호신을 넘어 마을의 규범을 상징적으로 나타내는 매개체 역할도 했습니다. 예를 들어, 마을 입구에 세워진 장승은 외부인에게 경계심을 유도하는 동시에 내부 구성원에게는 공동체 소속감을 강화하는 역할을 했죠. 또 장승의 표정이나 문구를 통해 당대 사회의 풍속이나 가치관을 엿볼 수도 있습니다. 최근에는 장승을 단순히 전통 유산으로 보존하는 것을 넘어 지역 축제나 문화 콘텐츠로 활용하려는 시도도 활발히 이루어지고 있습니다.

• 주제: 장승 • 담화 유형: 강연

49

정답 ④

문제 유형 들은 내용과 같은 것 고르기

문제 해결 전략

이 문제는 강연 내용을 정확하게 듣고 들은 내용과 같은 것을 풀어야 합니다. 들은 내용을 메모하면서 핵심 내용을 정리한 뒤, 선택지를 하나씩 대조해 보는 것이 좋습니다. 강연에서는 장승이 단순한 목조 조형물로만 보일 수 있으나 오랜 세월 동안 마을의 정신적 중심이자 공동체 신앙의 상징으로 기능해 왔음을 설명하고 있습니다.

This question requires you to listen carefully to the lecture content and solve problems that match what you heard. It is advisable to take notes while listening, summarize the key points, and then compare each option one by one. The lecture explains that while jangseung may appear to be simple wooden sculptures, they have functioned for centuries as the spiritual center of the village and a symbol of communal faith.

함께 보기: EBS TOPIK Ⅱ 종합서 p.34 유형 03

해설

① 장승은 종교적 기능 외에도 이정표, 수호신, 공동체 결속 등 다양한 실질적 기능을 수행해 왔으며 강연에서는 종교 의식만을 강조하지 않으므로 정답이 아닙니다.
② 장승이 마을 입구에서 외부인의 접근을 경계하고 공동체 규범을 전달하며, 지역 축제나 문화 콘텐츠로 활용되는 실질적인 역할을 한다고 설명하고 있으므로 정답이 아닙니다.
③ 장승은 고려 시대부터 본격적으로 등장했다고 언급되며 조선 후기는 잘못된 시기 정보이므로 정답이 아닙니다.
④ 장승은 단순한 조형물이 아니라 시대와 상황에 따라 다양한 기능과 의미를 지닌다고 설명하고 있으므로 정답은 ④번입니다.

① Jangseung have served not only religious functions but also practical roles such as milestones, guardian deities, and community cohesion. Since the lecture does not emphasize only religious rituals, this is not the correct answer.
② It was explained that Jangseung, placed at village entrances, warn against outsiders' approach, convey community norms, and serve practical roles in local festivals or as cultural content, so this is not the correct answer.
③ Jangseung were said to have fully emerged during the Goryeo Dynasty, so identifying the late Joseon period as their beginning is incorrect, making this not the right answer.
④ Jangseung are not merely simple sculptures but objects that carried various functions and meanings depending on the era and circumstances. Therefore, the correct answer is option ④.

50

정답 ④

문제 유형 대화 상황/참여자를 고르거나 화자의 의도, 태도, 말하는 방식 파악하기

문제 해결 전략

이 문제는 남자가 말하는 방식을 찾아야 합니다. 남자는 장승의 외형적 특징이나 개인적 경험보다는 시대별로 장승이 어떤 의미와 기능을 해왔는지를 자세히 설명하고 있습니다.

This issue requires identifying the man's approach. Rather than focusing on the jangseung's physical characteristics or personal experiences, the man provides a detailed explanation of the jangseung's meaning and function throughout different historical periods.

함께 보기: EBS TOPIK Ⅱ 종합서 p.78 유형 05

해설

① 예술적 가치나 다른 조형물과의 비교는 다루지 않았습니다.
② 제작 방식이나 조형적 특징에 대한 설명은 언급되지 않았습니다.
③ 외형을 묘사하기보다는 설명적 정보 중심의 방식이므로 정답이 아닙니다.
④ 장승이 단순한 조형물이 아닌 공동체 신앙의 상징, 마을 규범의 매개체, 사회적 풍속을 반영하는 문화 요소라는 점을 설명하고 있습니다. 또한 현대에는 지역 축제나 콘텐츠로도 활용된다고 하며 활용 방안까지 제시하고 있으므로 ④번이 정답입니다.

① It doesn't address artistic value or comparisons to other sculptures.
② No description of how it was made or its formative features was mentioned.
③ Since the focus is on explanatory information rather than describing the appearance, this is not the correct answer.
④ It is explained that Jangseung are not just simple sculptures but symbols of community belief, mediators of village norms, and cultural elements reflecting social customs. In addition, it is mentioned that they are used in modern times for local festivals and as cultural content, presenting even ways of utilization. Therefore, the correct answer is option ④.

51

정답 ㉠ 타지 마십시오
㉡ 갇힐 수 있습니다

제시문

〈화재 시 대피 안내〉
높은 건물 안에 있을 때 불이 나면 빨리 대피해야 합니다.
이럴 때는 엘리베이터를 (㉠).
엘리베이터를 타면 전기가 끊겨서 엘리베이터 안에
(㉡).
화재가 발생했을 때는 가까운 계단으로 빨리 대피하시기 바랍니다.

- **주제**: 화재 시 대피 안내
- **텍스트/자료 유형**: 안내문

문제 유형 맥락에 맞게 빈칸에 알맞은 말 쓰기

문제 해결 전략

우선 ( ) 앞뒤에 제시된 문장의 내용을 파악해 ( ) 안에 들어갈 내용을 떠올립니다. 그다음으로 제시된 글의 문장 형식과 통일해 써야 합니다. 전체적으로 행동 중심의 실용적 정보를 전달하고 있습니다. 위험한 행동을 금지하고 있기 때문에, 전체적으로 정중하지만 단호하게 표현하고 있습니다.

First, read the sentences before and after the blank and think about what should go in the blank. Next, make sure that your sentence is consistent with the structure used in the given passage. Overall, the passage delivers practical, action-oriented information. Since it prohibits dangerous behavior, the overall tone is polite yet firm.

함께 보기: EBS TOPIK Ⅱ 종합서 p.208 유형 14

해설

"이럴 때는 엘리베이터를 (㉠)."

먼저 문제 상황을 제시한 후, 위험한 행동을 금지하고 금지하는 이유를 설명하는 구조입니다. 갇힐 수 있기 때문이라는 이유를 설명하고 있으므로, 목적어 '엘리베이터를' 뒤에는 동사 '타다'의 부정 명령 표현이 오는 것이 자연스럽습니다. 따라서 (㉠)에는 '타지 마십시오, 타지 마세요, 이용하지 마세요' 등이 어울립니다.

"엘리베이터를 타면 전기가 끊겨서 엘리베이터 안에 (㉡)."

앞 문장에서 "엘리베이터를 타면 전기가 끊겨서"라고 상황의 원인을 설명하고 있고, 빈칸 뒤에는 없으며 문장이 마무리됩니다. 따라서 (㉡)에는 전기가 끊겨 생기는 결과를 나타내는 내용이 들어가야 합니다. 이때 핵심은 '엘리베이터 안'이라는 장소와, 화재로 인한 정전으로 인해 탈출하지 못하는 상태를 연결하는 것입니다. 문맥상 '엘리베이터 안에 갇힌다'는 의미로 동사 '갇히다'의 가능성을 표현하는 '갇힐 수 있다' 또는 '갇히게 된다' 같은 형태가 적절합니다.

"In such situations, (㉠) the elevator."

The sentence first presents a problematic situation, then issues a prohibition and explains the reason for it. Since the reason given is that you could get trapped, the verb phrase following the object "the elevator" should naturally be a negative imperative. Therefore, appropriate expressions for (㉠) include: "do not take", "do not use" or "avoid using."

"If you take the elevator, and the power goes out, you (㉡) inside the elevator."
The preceding clause explains the cause — the power cut — and the sentence ends right after the blank. Therefore, (㉡) should express the possible result of being unable to escape due to the power outage, combining the location "inside the elevator" with the state of being trapped. Natural options for (㉡) include: "could get stuck", "might get trapped" or "will be trapped."

52

정답 ㉠ 좋은 것은 아니다
㉡ 생활에 맞는

제시문

운동은 건강을 유지하고 스트레스를 해소하는 데 도움이 된다. 그러나 운동이 무조건 (㉠). 무리하게 운동을 하면 다칠 수도 있고, 바빠서 시간을 내기 어려운 사람에게는 부담이 될 수 있다. 따라서 자신의 몸 상태와 (㉡) 운동을 선택하는 것이 중요하다.

- **주제**: 운동의 긍정적인 효과와 주의할 점
- **텍스트/자료 유형**: 설명문

문제 유형 **맥락에 맞게 빈칸에 알맞은 말 쓰기**

문제 해결 전략

우선 ( ) 앞뒤에 제시된 문장의 내용을 파악해 ( ) 안에 들어갈 내용을 떠올립니다. 그다음으로 제시된 글의 문장 형식과 통일해 써야 합니다. 이 글은 운동이 건강에 이로운 이유와 함께, 운동의 한계와 주의할 점을 구체적으로 설명하고 적절한 운동 방법을 선택할 필요성을 알려 주는 정보 제공형 글입니다. 단순히 운동의 장점을 나열하지 않고, 부정적인 측면과 주의 사항까지 균형 있게 다루고 있습니다. 글 전체의 흐름은 운동의 장점을 먼저 제시한 뒤 문제점과 부작용을 지적하고, 마지막에 해결 방안을 안내하는 구조이므로, 빈칸에도 이런 논리적 흐름을 유지하며 독자가 공감하고 실천할 수 있도록 하는 내용이 적합합니다.

First, read the sentences before and after the blank, and then think of what should go in the blank. Next, make sure to write it in a way that matches the sentence structure used throughout the given text. This text is an informative article that not only explains why exercise is beneficial for health but also describes in detail its limitations and necessary precautions, highlighting the importance of choosing the right type of exercise. Rather than simply listing the advantages of exercise, it balances both the positive and negative aspects, including warnings. The overall flow of the text starts by presenting the benefits of exercise, then points out its problems and side effects, and finally guides readers toward solutions. Therefore, the content that fills the blank should maintain this logical progression so that readers can relate to the information and be motivated to put it into practice.

함께 보기: EBS TOPIK Ⅱ 종합서 p.208 유형 14

해설

"그러나 운동이 무조건 (㉠)."
(㉠)의 경우 운동의 장점을 이야기한 뒤 단점을 지적하는 전환 부분에 위치해 운동의 긍정적인 측면과 대조적으로 단점을 부각하는 역할을 합니다. 따라서 무조건 긍정하는 태도를 반박하는 부정적 표현을 생각해야 합니다. '그러나'를 접속 부사로 사용해 앞 문장과 대조 관계를 만들었고, '무조건'이라는 부사어 뒤에는 '좋은 것은 아니다' 같은 보조적 부정 표현을 사용해 운동이 언제나 이로운 것만은 아니라는 의미를 자연스럽게 전달합니다.

"따라서 자신의 몸 상태와 (㉡) 운동을 선택하는 것이 중요하다."
이 부분은 앞에서 무리한 운동으로 인한 부상이나 바쁜 일정으로 인한 부담을 경고한 뒤, 올바른 해결책을 제시하면서 독자가 운동을 현명하게 실천할 수 있도록 안내하는 내용입니다. 따라서 (㉡)은 '자신의 몸 상태'와 병렬로 연결되는 요소를 묻고 있으므로, 개인의 생활, 환경이나 일정 등을 나타내는 명사 형태의 단어를 떠올려야 합니다. '~에 맞는' 형태는 명사 앞에서 꾸며 주는 관형어 역할을 하면서 자연스러운 병렬 구조를 완성합니다.

"However, exercise is not always (㉠)."
Since this part appears after discussing the benefits of exercise and serves as a transition to pointing out its drawbacks, it should contain a negative expression that refutes an unconditionally positive view. Therefore, appropriate phrases for (㉠) include: "beneficial", "good" or "advantageous" in the form "not always beneficial" or "not always good" naturally conveying that exercise is not universally positive.

"Therefore, it is important to choose an exercise routine that suits your physical condition and (㉡)."
This sentence follows warnings about injuries from excessive exercise and burdens caused by busy schedules, then offers a solution to help readers practice exercise wisely. Since (㉡) should connect in parallel with "your physical condition", it needs a noun expressing aspects like lifestyle, environment, or schedule. Natural options include "daily routine," "lifestyle" or "schedule" resulting in phrases like "your physical condition and lifestyle" or "your physical condition and schedule."

53

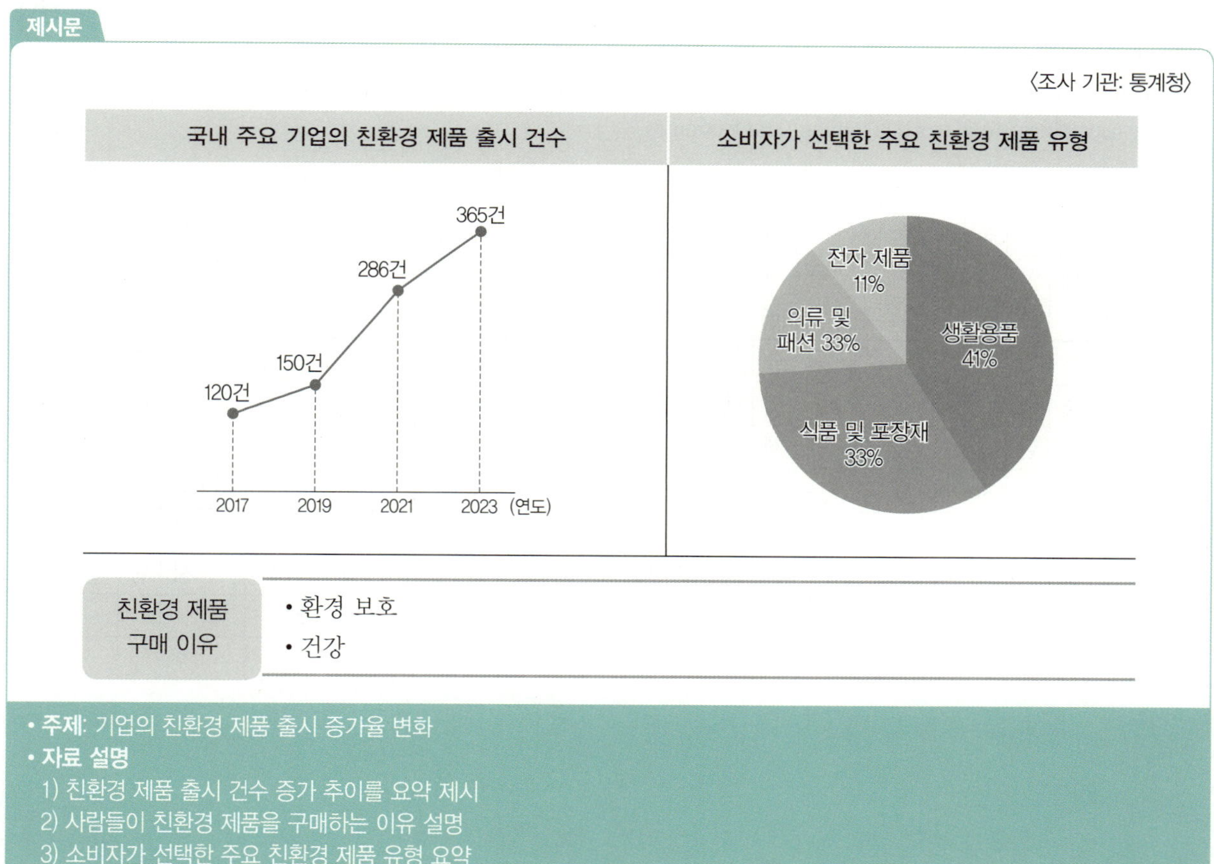

문제 유형 자료를 설명하는 글 쓰기

문제 해결 전략

이 문제는 기업의 친환경 제품 출시 증가율 변화를 다룬 다양한 자료를 바탕으로, 자료 간의 인과 관계를 파악하는 것이 핵심입니다. 증가된 수치를 소비자 인식 및 행동과 연결하여 변화의 원인과 방향성을 논리적으로 설명하는 것이 중요합니다. 전체 구성은 '현상 → 원인 → 소비 형태' 순으로 정리하고, 각각 다른 자료에 기반하되 중복 없이 구성합니다.

This task requires identifying the causal relationships among various data sources related to the increase in eco-friendly product launches by companies. It is important to logically explain the reasons and direction of this change by linking the growth in numbers to shifts in consumer awareness and behavior. The overall structure should follow this order: current trend → cause → consumption pattern, with each part based on a different source and avoiding repetition.

함께 보기: EBS TOPIK Ⅱ 종합서 p.220 유형 15

해설

1. 기업의 친환경 제품 출시 추세 변화를 요약합니다. 2017년 대비 2023년 약 세 배 증가했다는 사실이 핵심입니다.
2. 증가 이유에 대한 해석을 덧붙입니다. 설문 자료를 근거로 하되 환경 보호에 대한 관심이 주요 원인임을 밝힙니다.
3. 소비자가 가장 많이 구매하는 친환경 제품 유형을 소개하며 글을 정리합니다. 생활용품, 식품, 의류, 전자 제품 순으로 정리하면 됩니다.

1. First, summarize the trend in eco-friendly product launches. The number of such products released by companies in 2023 was nearly three times higher than in 2017, indicating a significant upward trend.
2. Next, interpret the reason for this increase using the survey data. The primary factor is heightened public interest in environmental protection,
3. Conclude by describing the most frequently purchased categories of eco-friendly products. They can be organized as: daily necessities, food items, clothing, and lectronics.

	통	계	청		자	료	에		따	르	면		국	내		주	요		기	업	의		친	환
경		제	품		출	시		건	수	가		꾸	준	히		늘	고		있	다	.	20	17	년
국	내		기	업	이		출	시	한		친	환	경		제	품	은		12	0	건	이	었	으
나		20	23	년	에	는		36	5	건	으	로		계	속		증	가	했	다	.	사	람	들
이		친	환	경		제	품	을		구	매	하	는		주	요		이	유	는		환	경	
보	호	와		건	강	을		위	해	서	였	다	.	소	비	자	들	이		가	장		많	이
선	택	한		친	환	경		제	품	은		생	활	용	품	이		41	%	로		가	장	
많	이		차	지	했	고	,	식	품		및		포	장	재	가		33	%	,	의	류		및
패	션	이		15	%	로		그		뒤	를		이	었	다	.	이	처	럼		친	환	경	
제	품	은		다	양	한		분	야	에	서		사	용	되	고		있	으	며	,	사	람	들
의		관	심	과		수	요	도		점	점		늘	어	나	고		있	다	.				

54

제시문

직업은 단순히 생계를 위한 수단을 넘어 개인의 자아실현과 삶에 질에 영향을 미치는 중요한 요소이다. 따라서 직업을 선택할 때는 다양한 조건을 고려해야 하며, 자신에게 적합한 기준을 설정하는 것이 필요하다. 아래의 내용을 중심으로 직업 선택의 조건에 대한 자신의 생각을 쓰라.

- 직업을 선택할 때 고려해야 할 조건에는 무엇이 있는가?
- 각 조건이 중요한 이유는 무엇인가?
- 자신에게 맞는 직업을 선택하기 위한 현실적이고 구체적인 방법은 무엇인가?

- **주제**: 직업 선택 시 고려해야 할 조건과 그 이유
- **필수 포함 내용**
  1) 직업 선택 시 고려해야 할 조건이 무엇인지 설명
  2) 각 조건이 왜 중요한지 분석
  3) 자신에게 맞는 직업을 찾기 위한 현실적이고 구체적인 방법 제시

문제 유형 주장하는 글 쓰기

문제 해결 전략

조건 나열보다는 우선순위와 개인 적합성 중심의 논리적 설명이 필요합니다. 적성, 안정성, 보람, 성장 가능성 등을 입체적으로 서술하는 것이 좋습니다. 단순한 정보 전달이 아니라 '왜 그런 조건을 고려해야 하는지'에 대한 설득력 있는 설명이 중심이 되어야 합니다. 그리고 '어떻게 찾을 것인지'에 대한 실행 가능한 방법을 제시해야 합니다.

Rather than listing job selection criteria, it is important to provide a logical explanation based on priority and personal suitability. Factors such as aptitude, stability, sense of fulfillment, and potential for growth should be discussed in a multidimensional way. The focus should not be on simply delivering information, but on offering persuasive reasons for why these factors matter when choosing a career. In addition, the response should include practical methods for how to identify a job that aligns with one's values and strengths.

함께 보기: EBS TOPIK Ⅱ 종합서 p.258 유형 16

해설

서론	직업은 자아실현과 삶의 질에 영향을 주는 중요한 선택임을 강조
본론	1. 고려해야 할 주요 조건 2. 각 조건이 중요한 이유
결론	현실적인 직업 선택 방법

1. 서론: 문제 제기와 주제 의식 제시

서론에서는 "직업은 단순한 생계 수단이 아니라 삶의 만족도와 방향을 결정짓는 중요한 요소"라는 점을 밝히며 글을 시작합니다. 예를 들면 "직업은 단지 돈을 벌기 위한 수단이 아니라, 자신을 실현하고 사회와 연결되는 중요한 경로이다." 정도가 적절합니다. 이렇게 쓰면 자기 정체성과 직업의 연관성을 강조하는 서론이 됩니다.

2. 본론 1: 직업 선택 시 고려해야 할 주요 조건

이 단락에서는 대표적인 조건 3~4가지를 나열하되, 각각 간결하게 설명합니다. 적성, 안정성, 보람, 성장 가능성을 예로 들 수 있습니다. "자신의 적성에 맞는지, 장기적으로 안정적인지, 사회적으로 의미 있는 일인지, 성장 기회가 있는지 등의 조건은 직업 선택 시 중요한 판단 기준이 된다."처럼 조건들을 종합적으로 구성한 문장이 적절합니다.

3. 본론 2: 각 조건이 중요한 이유 설명

위에서 언급한 조건들이 왜 중요한지를 논리적으로 연결합니다. 적성이 맞지 않으면 업무 스트레스 증가 → 직업 만족도 하락. 안정성이 없으면 삶의 불안정성 증가 → 가족계획에도 영향. 보람 있는 일은 내적 동기 부여, 성장 기회는 장기적 자기 계발 가능. "직업의 조건은 단순히 현재의 편의가 아니라, 지속 가능한 삶을 설계하는 데 필수적인 기준이다."와 같은 요약 문장으로 마무리합니다.

4. 결론: 현실적인 직업 선택 방법 제시

실질적인 방법을 서술해야 합니다. 자신의 성향과 가치를 파악하기 위한 성격 검사나 진로 상담, 다양한 직업을 경험해 보는 인턴십이나 체험 프로그램, 실제 직업 종사자와의 인터뷰 또는 멘토링 기회 활용 등을 서술하는 것이 적절합니다. "직업은 단지 정보를 보고 고르는 것이 아니라, 직접 경험하고 자신과의 궁합을 확인해야 하는 과정이다."처럼 행동 중심 문장으로 마무리합니다.

1. Introduction: Presenting the problem and core message

The introduction should begin by emphasizing that a job is not merely a means of earning a living, but a key factor that shapes one's overall life satisfaction and direction. For example, a sentence like, "A job is not just a way to make money-it is a meaningful path to self-realization and connection with society" effectively highlights the relationship between personal identity and one's career.

2. Body Paragraph 1: Key criteria to consider when choosing a job

This paragraph should briefly list three to four representative criteria and explain each clearly. Aptitude, stability, sense of fulfillment, and potential for growth are strong examples. A sentence such as, "When choosing a job, it is important to consider whether it matches one's aptitude, offers long-term stability, carries social value, and provides opportunities for growth" presents these factors in a well-structured way.

3. Body Paragraph 2: Why these criteria matter

Next, explain why each of these conditions is important. For instance, if a job does not align with one's aptitude, it may lead to higher stress and lower job satisfaction. Lack of stability can cause overall life insecurity, even affecting family planning. A sense of fulfillment boosts intrinsic motivation, while growth opportunities support continuous self-development. A summarizing sentence like, "These job criteria are not just about present convenience-they are essential for building a sustainable and meaningful life" ties the reasoning together.

4. Conclusion: Practical methods for choosing the right job

This section should suggest realistic, actionable strategies. These may include personality tests or career counseling to explore one's values and tendencies, internships or hands-on programs to experience different jobs, and interviews or mentoring sessions with professionals in the field. A sentence like, "Choosing a job is not about picking from a list of options-it is a process of self-discovery that requires real experiences and personal reflection" effectively conveys the importance of active engagement.

직업은 단순히 생계를 위한 수단이 아니라 삶의 만족도와 방향을 결정짓는 중요한 요소이다. 직업은 자신을 실현하고 사회와 연결되는 경로이기도 하다. 따라서 직업 선택은 개인의 정체성과 직결된 중요한 문제라 할 수 있다.

직업을 선택할 때 고려해야 할 조건은 여러 가지가 있다. 대표적으로 적성, 안정성, 보람, 성장 가능성을 들 수 있다. 즉, 자신의 적성에 맞는지, 장기적으로 안정적인지, 사회적으로 의미 있는 일인지, 그리고 성장 기회가 있는지 등을 종합적으로 살펴야 한다.

이러한 조건들이 중요한 이유는 분명하다. 적성에 맞지 않으면 업무 스트레스가 커져 만족도가 낮아지고, 안정성이 부족하면 삶의 불안정이 높아져 가족계획에도 영향을 미친다. 또한 보람 있는 일은 내적 동기를 부여하며, 성장 기회는 장기적인 자기 계발로 이어진다. 직업의 조건은 단순한 편의가 아니라 지속 가능한 삶을 설계하는데 필수적이다.

직업을 선택할 때는 현실적인 상황도 고려하는 것이 중요하다. 자신의 성향과 가치를 파악하기 위해 성격 검사나 진로 상담을 받고, 인턴십이나 체험 프로그램을 통해 다양한 직업을 경험해 보는 것이 좋다. 또한 실제 그 일을 하고 있는 사람과의 인터뷰나 멘토링을 통해 생생한 정보를 얻는 것도 도움이 된다. 직업 선택은 단순히 정보로 고르는 것보다 직접 경험하는 과정이 중요하다.

1

정답 ③

제시문

대학교에 (   ) 시험을 잘 봐야 한다.

문제 유형 알맞은 문법 고르기

문제 해결 전략

빈칸의 앞뒤를 살펴보고 '대학교에 입학하는 것'과 '시험을 잘 봐야 하는 것'의 관계를 파악합니다. 시험을 잘 봐야 대학교에 입학할 수 있으므로 뒤의 내용은 앞의 내용의 조건이 됩니다. 따라서 빈칸에는 의도하는 상황을 가정하는 문법이 필요합니다.

Look at the parts before and after the blank to see the relationship between 'entering college' and 'doing well on the exam.' Since doing well on the exam is necessary in order to enter college, the latter becomes the condition for the former. Therefore, the blank requires grammar that expresses an assumed situation.

함께 보기: EBS TOPIK Ⅱ 종합서 p.110 유형 07

해설

① '입학하면'은 단순한 가정을 의미하며 뒤에 그에 따른 결과를 함께 씁니다.

② '입학한 지'는 시간의 경과를 나타내는 '얼마나 되다'와 함께 씁니다.

③ '입학하려면'은 의도하는 상황을 가정하며 뒤에 선행 조건을 함께 씁니다.

④ '입학할수록'은 정도가 심해지는 것을 의미하며 뒤에 그에 따라 변화하는 결과를 함께 씁니다.

① 'Once you enter' means a simple assumption, and you write the result accordingly in the latter part.

② 'I have been admitted' is written with 'how long it has been' to indicate the passage of time.

③ 'To enter' assumes the intended situation and states the required condition that comes before it.

④ 'The more you enter' expresses an increasing degree, and it is followed by the result that changes accordingly.

2

정답 ②

제시문

버스를 탈 때 교통카드가 없으면 휴대폰으로 (   ).

문제 유형 알맞은 문법 고르기

문제 해결 전략

문장의 앞 내용은 교통카드가 없는 상황을 가정하는 내용입니다. 따라서 뒤의 내용은 그 상황에서 할 수 있는 반응이나 해결 방법을 써야 합니다. 휴대폰으로 결제하는 것이 문제 상황을 해결하는 방법이 되게 하는 문법을 사용해야 합니다.

The first clause assumes a situation where a transportation card is not available. Therefore, the subsequent clause should present a common response applicable under that condition. The grammatical structure should allow mobile phone payment to be seen as an alternative solution to the problem.

함께 보기: EBS TOPIK Ⅱ 종합서 p.110 유형 07

해설

① '결제하고 싶다'는 개인적인 희망을 의미하므로 일반적인 상황과 어울리지 않습니다.

② '결제해도 된다'는 허용을 의미하므로 휴대폰 결제가 사용 가능한 해결 방법임을 나타냅니다.

③ '결제하고 말았다'는 결국 결제를 하게 되는 결과가 나타났거나 어렵게 결제를 해냈다는 것을 의미합니다. 이미 끝난 결과에 대해 이야기하는 것은 일반적인 상황을 가정하는 시간이 맞지 않습니다.

④ '결제하는 중이다'는 지금 결제를 하고 있다는 의미로 일반적인 상황을 가정하는 지문의 내용과 시간이 맞지 않습니다.

① "I want to pay" means a personal hope, so it doesn't go with a typical situation.

② 'You can pay' expresses permission, indicating that mobile phone payment can serve as a possible solution.

③ "I paid" means that you either ended up making the payment or managed to pay with difficulty. Since it refers to a completed outcome, it does not fit a tense that assumes a general situation.

④ "Paying" means that the action is happening right now, which does not fit with a passage that assumes a general situation.

3

정답 ④

제시문

갑자기 많은 비가 내리는 탓에 계획대로 등산을 갈 수 없다.

문제 유형 알맞은 문법 고르기

문제 해결 전략

밑줄 친 '내리는 탓에'는 비가 내리는 것이 뒤의 내용에 이유가 됨을 나타내며, 그 결과로 부정적인 상황이 이어집니다. 따라서 '-는 탓에'처럼 이유 표현 중에서도 특히 부정적인 결과와 함께 쓰이는 표현을 찾아야 합니다.

The underlined 'because of the rain' indicates that the rain is the reason for the latter part, resulting in a negative situation. Therefore, you need to find a reason expression that is typically used with negative results, such as "because of the rain."

함께 보기: EBS TOPIK Ⅱ 종합서 p.110 유형 07

해설

① '내리는 김에'는 어떤 기회를 이용해 다른 행동을 할 때 쓰는 표현입니다.

② '내리는 대로'는 앞의 행동을 하는 즉시라는 뜻으로, 시간 관계를 나타냅니다.

③ '내리는 대신에'는 앞의 행동을 대체하여 다른 일을 한다는 의미입니다.

④ '내리는 바람에'는 예상치 못한 어떤 일 때문에 부정적인 결과가 발생했을 때 사용하는 표현으로 '내리는 탓에'와 비슷합니다.

① While it is raining is an expression used when you take the opportunity to do another action at the same time.

② 'As soon as it rains' means as soon as you take the previous action, indicating a time relationship.

③ 'instead of raining' means doing something else by replacing the previous action.

④ Because it rained (바람에) is used when something unexpected causes a negative result, similar to "because of rain (탓에).

4

정답 ①

제시문

회사에서 계속 전화가 오는 것을 보니 무슨 일이 생긴 모양이다.

문제 유형 알맞은 문법 고르기

문제 해결 전략

밑줄 친 '생긴 모양이다'는 앞의 상황을 보고 추측한 내용을 나타내며, 그 결과로 부정적인 상황이 이어집니다. 따라서 '-(으)ㄴ/는 모양이다'처럼 추측 표현을 찾아야 합니다.

The underlined "looks like it happened" expresses a guess based on the previous situation, which then leads to a negative outcome. Therefore, you should look for a speculative expression such as "it looks like ~."

함께 보기: EBS TOPIK Ⅱ 종합서 p.110 유형 07

해설

① '생겼나 보다'는 사실을 직접 확인하지 못했지만 상황상 그렇게 보일 때 사용하는 추측 표현으로 '생긴 모양이다'와 비슷합니다.

② '생겼을 뿐이다'는 그 외에는 아무것도 아니라는 것을 강조하는 표현입니다.

③ '생길 지경이다'는 어떤 일이 거의 일어날 정도로 상황이 심각하다는 의미입니다.

④ '생기기 나름이다'는 앞의 일을 어떻게 하는지에 따라 결과가 달라진다는 의미입니다.

① "It must have happened" is a speculative expression used when you cannot directly confirm something but it seems that way from the situation. It is similar to "it looks like something happened."

② "It only happened" is an expression that emphasizes nothing else occurred beyond that.

③ "It is about to happen" means the situation is so serious that something is nearly happening.

④ "It depends on what happens" means the outcome changes depending on how the earlier action is done.

5

정답 ③

제시문

땀도 음식물도 깨끗하게 싹~

매일 새 옷을 입는 것 같아요!

• **주제:** 세탁기 • **텍스트 유형:** 광고

문제 유형 화제 고르기

문제 해결 전략

이 광고에는 '땀도 음식물도 깨끗하게', '매일 새 옷을 입는 것 같다'는 표현이 나옵니다. 따라서 이것은 더러워진 옷을 깨끗하게 해 주는 제품이라는 것을 알 수 있습니다.

The advertisement includes phrases such as 'Completely washes away sweat and food stains' and 'It feels like wearing new clothes every day.' From this, you can tell that the product is for washing dirty clothes.

함께 보기: EBS TOPIK Ⅱ 종합서 p.120 유형 08

해설

① 치약은 이를 닦는 데 사용하는 것으로 땀이나 옷과 관련이 없습니다.

② 수건은 얼굴이나 몸을 닦는 데 사용하는 것으로 옷을 새 옷처럼 만들 수 없습니다.

③ 세탁기는 땀이나 음식물과 같은 오염으로 더러워진 옷을 깨끗하게 빨래하는 기계이기 때문에 광고 내용과 잘 어울립니다.

④ 선풍기는 더울 때 땀을 말려 줄 수 있지만 음식물로 더러워진 옷을 깨끗하게 할 수 없습니다.

① Toothpaste is used to brush teeth, and it is not related to sweat or clothes.

② Towels are used to clean your face or body, and you cannot make clothes like new ones.

③ A washing machine washes clothes made dirty by sweat or food, so it matches the advertisement well.

④ Fans can dry your sweat when it's hot, but they can't clean clothes dirty with food.

6

정답 ①

제시문

아픔이 사라진 자리에

건강을 되찾아 드립니다.

• **주제:** 병원 • **텍스트 유형:** 광고

문제 유형 화제 고르기

문제 해결 전략

이 광고에는 '아픔이 사라지다', '건강을 되찾다'라는 표현이 나옵니다. 따라서 이곳은 건강 회복을 목적으로 하는 장소라는 것을 알 수 있습니다.

This advertisement includes phrases like "pain disappears" and "regain health." Therefore, it can be inferred that this place is intended for the purpose of restoring health.

함께 보기: EBS TOPIK Ⅱ 종합서 p.120 유형 08

해설

① 병원은 아픈 것을 치료하고 건강을 다시 찾게 하는 장소이기 때문에 광고 내용과 잘 어울립니다.

② 은행은 돈과 관련된 일을 하는 곳으로 건강과 관련이 없습니다.

③ 경기장은 운동 경기를 하는 곳으로 건강을 회복시키지 않습니다.

④ 분실물 센터는 잃어버린 물건을 찾는 곳으로 건강과 관련이 없습니다.

① A hospital treats illnesses and helps individuals regain their health, aligning well with the advertisement.

② A bank deals with financial transactions and is unrelated to health.

③ A stadium is a venue for sports events, not for health recovery.

④ An embassy handles diplomatic affairs, such as immigration, and is unrelated to health.

7

정답 ③

제시문

내가 참은 커피 한 잔은 누군가의 한 끼 식사가 됩니다.
모두가 웃는 세상, 함께 만들어요.

• **주제**: 이웃 사랑 • **텍스트 유형**: 광고

문제 유형 화제 고르기

문제 해결 전략

이 광고에는 '누군가의 한 끼 식사', '모두가 웃는 세상'이라는 표현이 나옵니다. 이것은 내가 커피 한 잔을 마실 돈으로 다른 사람이 밥을 먹게 도우면 모두가 행복해진다는 의미입니다. 따라서 이 글은 기부나 나눔, 이웃에 대한 배려를 말합니다.

The advertisement has the terms "someone's meal" and "the world where everyone laughs." It means that if I help others eat with the money I need to drink a cup of coffee, everyone will be happy. Therefore, This advertisement refers to donation, sharing, and consideration for neighbors.

함께 보기: EBS TOPIK Ⅱ 종합서 p.120 유형 08

해설

① 건강 관리는 개인의 건강을 지키는 활동입니다.
② 식사 예절은 식사할 때 지켜야 할 규칙을 말합니다.
③ 이웃 사랑은 자신의 것을 참아서 나눔을 실천하는 행동과 관련이 있으므로 광고 내용과 잘 어울립니다.
④ 환경 보호는 자연을 지키는 활동으로 다른 사람에게 나누는 것과 관련이 없습니다.

① Health management involves maintaining personal well-being.
② Dining etiquette refers to rules observed during meals.
③ Loving one's neighbors involves sharing and self-sacrifice, which aligns with the message of the advertisement.
④ Environmental protection focuses on preserving nature, not on sharing with others.

8

정답 ②

제시문

- 구매한 지 7일 이내에 영수증을 가지고 방문해야 합니다.
- 소비자의 실수로 문제가 생긴 경우 반품이 안 됩니다.

• **주제**: 교환 안내 • **텍스트 유형**: 안내문

문제 유형 화제 고르기

문제 해결 전략

이 글에는 '구매', '영수증', '반품'이라는 표현이 나옵니다. 이 표현들은 제품을 구입하고 나서 바꿀 때 사용하는 표현이므로 이 글은 제품의 교환, 반품을 안내하는 글입니다.

In this notice, the expressions 'purchase,' 'receipt,' and 'return' are used. These expressions are related to exchanging or returning a product after buying it, so the notice guides you on how to do that.

함께 보기: EBS TOPIK Ⅱ 종합서 p.120 유형 08

해설

① 구입 문의는 제품을 구매하기 전에 하는 질문인데 이 글은 구매한 이후에 대해 이야기하고 있습니다.
② 교환 안내는 물건을 바꾸는 방법에 대해 알려 주는 것이므로 글의 내용과 잘 어울립니다.
③ 제품 설명은 물건의 특징이나 사용법을 알려 주는 것이므로 글의 내용과 관련이 없습니다.
④ 판매 장소는 물건을 파는 장소인데 이 글은 특정 장소를 나타내는 표현이 나오지 않습니다.

① Purchase inquiries involve questions before buying a product, whereas this text discusses post-purchase situations.
② Exchange information explains how to replace a purchased item, aligning well with the text's content.
③ Product descriptions provide details about features or usage, which is unrelated to the exchange process.
④ Sales locations indicate where products are sold, but this text does not specify any particular place.

9

정답 ②

제시문

제7회 인주시 봄꽃 축제

- 행사 기간: 5월 4일(일) ~ 5월 5일(월)
- 장소: 인주공원
- 입장료: 무료
- 내용: 책 읽는 정원 및 작은 음악회

※ 비가 오면 취소될 수 있으니 방문하기 전에 홈페이지를 확인하시기 바랍니다.

- **주제**: 봄꽃 축제 • **텍스트 유형**: 안내문

문제 유형 세부 내용을 파악해 일치하는 내용 고르기

문제 해결 전략

이 글은 행사 안내문으로 행사 기간, 장소, 입장료, 내용을 안내하고 있습니다. 지문에 있는 구체적인 날짜, 장소 등을 중심으로 선택지와 비교하면 쉽게 풀 수 있습니다.

This text is an event notice, providing information on the event period, location, participation fee, and details. By focusing on specific dates and locations mentioned in the text, one can easily compare the statements in the options.

함께 보기: EBS TOPIK Ⅱ 종합서 p.130 유형 09

해설

① '5월 5일(월)'은 주말이 아닙니다.
② '입장료: 무료'라고 안내되어 있으므로 내용과 일치합니다.
③ 제목에 '제7회'라고 써 있으므로 처음이 아닙니다.
④ '비가 오면 취소될 수 있다'고 했기 때문에 계획대로 축제를 하지 않을 수도 있습니다.

① May 5th (Monday) is not on a weekend.
② It says 'admission fee: free' so it matches the content.
③ It's not the first time because the title says "The 7th."
④ We may not have the festival as planned because they said, "It can be canceled if it rains."

10

정답 ④

제시문

온라인 선물하기로 많이 판매된 상품은?

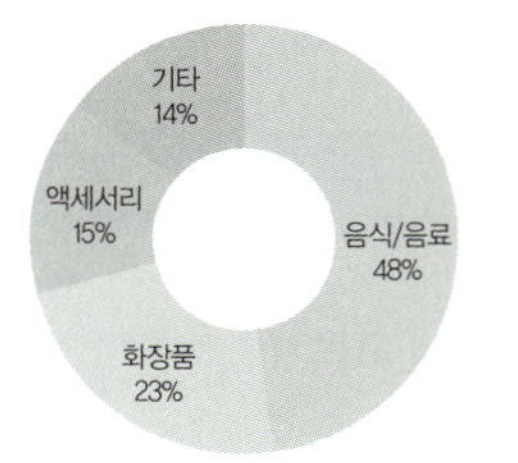

조사 기간: 2024년 1~12월

- **주제**: 온라인 선물 제품별 판매율
- **텍스트 유형**: 그래프

문제 유형 세부 내용을 파악해 일치하는 내용 고르기

문제 해결 전략

그래프를 볼 때는 각 항목의 수치를 정확히 읽고 선택지의 수치와 비교해야 합니다. '두 배', '가장', '절반'과 같은 표현에 주의해서 그래프와 설명이 같은지 파악합니다.

When viewing a graph, you should read each item's numerical value correctly and compare it with the optional numerical value. Be careful about expressions such as 'double', 'least', and 'half' to see if the graph and the description are the same.

함께 보기: EBS TOPIK Ⅱ 종합서 p.130 유형 09

해설

① 화장품은 23%, 액세서리는 15%입니다. 화장품은 액세서리의 두 배인 30%보다 적게 팔렸습니다.
② 액세서리는 15%, 기타는 14%입니다. 액세서리보다 기타 상품의 판매율이 더 낮습니다.
③ 음식/음료는 48%이므로 절반(50%) 이상은 아닙니다.
④ 조사 기간이 2024년 1월부터 12월까지이므로 1년 동안 조사한 것이 맞습니다.

① Cosmetics were sold at 23 percent and accessories at 15 percent. Cosmetics were sold at less than 30 percent, which is about double the figure for accessories.
② Accessories are 15% and others are 14%. Other products have lower sales rates than accessories.
③ Food/drink is 48%, so it's not more than half (50%).
④ The investigation period is from January to December 2024, so it is correct that the investigation was conducted for a year.

11

정답 ③

제시문

21일 오전 8시 17분 인주시의 21층 규모 아파트 4층에서 화재가 발생했다. 검은 연기를 본 아파트 주민의 신고로 8시 21분쯤 소방관이 현장에 도착했고, 화재 발생 한 시간 후인 9시 15분쯤 큰 불이 꺼졌다. 이 화재로 1명이 사망하고 13명이 다쳤다. 경찰은 아파트 주민이 불을 냈을 가능성을 열어 두고 화재 원인을 조사하고 있다.

• **주제**: 아파트 화재 사건 • **텍스트 유형**: 기사문

문제 유형 세부 내용을 파악해 일치하는 내용 고르기

문제 해결 전략

이 글은 아파트 화재 사건에 대한 신문 기사입니다. 지문에 나온 사실을 정확하게 파악하고 선택지 문장이 지문과 같은지 비교해야 합니다.

This text is a newspaper article about an apartment fire. It is important to accurately identify the facts stated in the text and compare them with the given options to determine correctness.

함께 보기: EBS TOPIK Ⅱ 종합서 p.130 유형 09

해설

① '21층 규모 아파트 4층에서' 불이 난 것이므로 사건의 장소가 틀렸습니다.

② 화재가 오전에 발생했으며 주민들이 자고 있었는지는 나와 있지 않습니다. 화재 사실을 알고 신고한 아파트 주민이 있기 때문에 '몰랐다'는 내용도 틀렸습니다.

③ '1명이 사망하고 13명이 다쳤다'고 나와 있습니다. 14명이 죽거나 다쳤으므로 큰 피해를 입었다고 할 수 있습니다.

④ '경찰은 화재 원인을 조사하고 있다'고 했으므로 아직 원인이 밝혀지지 않았습니다. 소방관은 불이 난 지 한 시간 만에 큰 불을 껐습니다.

① The location of the incident was wrong because a fire broke out on the fourth floor of a 21-story apartment building.

② It does not say whether the fire broke out in the morning and whether the residents were sleeping. It is also wrong to say "I didn't know" because there are apartment residents who reported the fire after learning about it.

③ It says, "One person died and 13 others were injured." Fourteen people were killed or injured, so it can be said that they suffered great damage.

④ The cause of the fire has not yet been determined, as police said they are investigating the cause of it. The firefighter put out the big fire an hour after it started.

12

정답 ④

제시문

유기 동물의 입양을 돕는 한 동물 보호 센터에서 감동적인 사연이 화제가 되고 있다. 고양이의 평균 수명은 15~20년으로 입양을 하는 사람들은 새끼 고양이를 선호한다. 지난달 한 가족이 새끼 고양이를 입양하러 방문했다가 몸이 좋지 않은 스무 살 고양이를 보고 입양을 결심했다고 한다. 이들의 따뜻한 마음으로 이 고양이는 늦은 나이에나마 가족이 생기게 되었다.

• **주제**: 유기 동물 입양(선행) • **텍스트 유형**: 기사문

문제 유형 세부 내용을 파악해 일치하는 내용 고르기

문제 해결 전략

이 글은 한 가족의 마음 따뜻한 사연을 다룬 짧은 신문 기사입니다. 지문에 나오는 사람(사람들, 입양자 가족), 상황(몸이 좋지 않은 스무 살 고양이, 입양), 반응(감동적인, 따뜻한 마음)을 중심으로 선택지와 비교하면 문제를 쉽게 풀 수 있습니다.

This text is a short newspaper article about a heartwarming story of a family. To solve the problem, focus on the people (adopting family), situation (20-year-old cat with health issues, adoption), and reactions (touching, warm-hearted) as described in the text.

함께 보기: EBS TOPIK Ⅱ 종합서 p.130 유형 09

해설

① 처음에는 새끼 고양이를 입양하려고 갔지만 실제로는 나이가 많은 스무 살 고양이를 입양했습니다.

② 센터의 직원이 아니라 센터에서 고양이를 입양한 가족의 이야기입니다.

③ 이 고양이는 '몸이 좋지 않다'고 소개했으니 건강하

지 않습니다.

④ '사람들은 새끼 고양이를 선호한다'고 나와 있기 때문에 지문과 일치합니다.

① At first, I went to adopt a kitten, but I actually adopted an older 20-year-old cat.

② It's not a staff member of the center, but a family member who adopted a cat from the center.

③ This cat is not healthy because it was introduced as "not feeling well".

④ It's consistent with the fingerprints because it says 'people prefer kittens'.

13

정답 ①

제시문

(가) 최근 식당들은 혼자 앉을 수 있는 1인 좌석을 늘리고 있다.

(나) 이는 1인 가구 증가로 혼자 밥을 먹는 사람이 많아졌기 때문이다.

(다) 이런 시설이 있으면 혼자 밥을 먹어도 심심하지 않아서 반응이 좋다고 한다.

(라) 1인 좌석에는 휴대폰을 놓고 영상을 볼 수 있는 휴대폰 받침대가 있기도 하다.

• **주제:** 식당의 1인 좌석 증가 • **텍스트 유형:** 설명문

문제 유형 알맞은 순서로 배열한 것 고르기

문제 해결 전략

이 글은 1인 가구 증가에 따라 식당에도 혼자 앉는 자리가 늘어나는 모습을 설명하는 글입니다. 문장의 흐름을 잘 살펴서 순서를 파악해야 합니다. 문장 사이에 있는 연결 표현(예: '이는', '~기 때문이다', '~기도 하다')을 중심으로 논리적 순서를 파악하면 문제를 푸는 데 도움이 됩니다.

This text discusses the increasing number of single-person seating arrangements in restaurants as a result of the rise in single-person households. To determine the correct sequence, focus on the logical flow and linking expressions (e.g., 'this is ~', 'because ~' and 'it is also ~').

함께 보기: EBS TOPIK Ⅱ 종합서 p.144 유형 10

해설

(가)는 요즘 변화된 식당의 상황으로, 1인 좌석이 늘어났다는 것을 소개하고 있습니다.

(나)는 변화의 이유로, 1인 가구가 증가하여 혼자 밥 먹는 사람도 많아진 것을 설명하고 있습니다.

(라)는 변화의 구체적인 예로, 혼자 온 손님의 편의를 위해 휴대폰 받침대를 제공하는 경우도 있다는 것을 부연 설명하고 있습니다.

(다)는 앞의 변화에 따른 반응으로, 사람들의 긍정적인 반응을 제시하고 있습니다.

(가) introduces the current situation in restaurants, highlighting the increase in single-person seating.

(나) explains the reason for the change, stating that the increase in single-person households has led to more people dining alone.

(라) provides a specific example of this change, mentioning that some restaurants even offer mobile phone stands for the convenience of solo diners.

(다) presents a response to these changes, emphasizing the positive reactions from people.

14

정답 ③

제시문

(가) 특히 할머니가 보고 싶어서 방학에 할머니 댁에 갔다.

(나) 오랜만에 만난 할머니는 쉴 틈 없이 계속 음식을 주셨다.

(다) 한국으로 유학을 온 지 1년이 넘으니 가족들이 그리워졌다.

(라) 배가 너무 불렀지만 할머니 사랑을 같이 먹은 것 같아 행복했다.

• **주제:** 할머니 댁 방문 일화 • **텍스트 유형:** 수필

문제 유형 알맞은 순서로 배열한 것 고르기

문제 해결 전략

이 글은 할머니 댁을 방문하는 일상의 경험을 담은 글입니다. 일화를 소개하는 글은 보통 "사건의 시작 → 행동 → 반응 → 느낀 점" 순서로 진행됩니다. 연결어가 없어도 시간의 흐름과 감정 변화에 주목하면 문장 순서를 파악할 수 있습니다.

This text recounts a personal experience of visiting one's grandmother's house. Narratives typically follow the structure: "Beginning of the event → Action → Reaction → Reflection." Even without explicit connectors, focusing on the progression of time and changes in emotion helps you identify the sequence.

함께 보기: EBS TOPIK Ⅱ 종합서 p.144 유형 10

해설

(다)는 사건의 시작으로, 가족에 대한 그리움을 이야기하고 있습니다.

(가)는 그에 따른 행동으로, 가장 그리운 할머니 댁에 방문한 것을 이야기하고 있습니다.

(나)는 할머니의 반응으로, 먹을 것을 계속 주시는 할머니의 모습을 이야기하고 있습니다.

(라)는 이 사건의 소감으로, 할머니의 대접을 통해 사랑을 느꼈다고 이야기하고 있습니다.

(다) introduces the beginning, expressing feelings of longing for family.

(가) follows with the action, describing the visit to the grandmother's house, the place most missed.

(나) presents the reaction, highlighting the grandmother's constant offering of food.

(라) concludes with the reflection, expressing how the grandmother's hospitality conveys love.

15 정답 ①

제시문

(가) 몸이나 옷의 오염 물질은 대부분 기름으로 되어 있다고 한다.

(나) 우리는 더러워진 몸이나 옷을 깨끗하게 씻기 위해 비누를 사용한다.

(다) 그래서 비누를 사용하고 물로 씻으면 기름때가 함께 씻겨 나가 깨끗해지는 것이다.

(라) 비누는 기름과 물을 끌어당기는 성질이 있어 이런 오염 물질을 떼어 물에 녹게 한다.

• **주제**: 비누의 세정 원리 • **텍스트 유형**: 설명문

문제 유형 알맞은 순서로 배열한 것 고르기

문제 해결 전략

이 글은 비누가 오염된 것을 깨끗하게 하는 원리를 설명하는 글입니다. 원리를 설명하는 설명문은 보통 "주제/일반적 사실 → 원리/배경 설명 → 구체적 현상 → 결론"의 흐름으로 글이 전개됩니다. 문장 사이의 연결어(예: '그래서')와 지시어(예: '이런 오염 물질')를 주의 깊게 살펴보면 자연스러운 배열을 찾을 수 있습니다.

This text explains how soap cleans contaminated objects. Explanatory texts typically follow the structure: "Topic/General Fact → Principle/Background Explanation → Specific Phenomenon → Conclusion." Identifying connectors (e.g., 'so') and references (e.g., 'such contaminants') helps determine the natural order.

함께 보기: EBS TOPIK Ⅱ 종합서 p.144 유형 10

해설

(나)는 비누를 사용하는 일반적인 상황을 소개하고 있습니다.

(가)는 오염 물질의 성분에 대한 배경 정보를 제공하고 있습니다.

(라)는 앞에서 설명한 '이런 오염 물질'을 없애는 비누의 원리를 설명하고 있습니다.

(다)는 '그래서' 비누를 사용하면 어떤 결과가 나타나는지 내용을 정리하고 있습니다.

(나) introduces the general context by describing the common use of soap.

(가) provides background information about the composition of contaminants.

(라) explains the principle by detailing how soap removes the 'such contaminants' mentioned earlier.

(다) concludes by summarizing the result, using the connector 'so' to indicate the outcome of using soap.

16 정답 ①

제시문

현재 많은 도시에서는 공유 자전거 서비스를 운영하고 있다. 공유 자전거는 스마트폰 앱을 통해 빌리고 반납할 수 있어 쉽게 이용할 수 있다. 또한 개인이 자전거를 사고 관리할 필요가 없기 때문에 편리하다. 이런 장점 덕분에 (   ) 있으며 도시의 환경 개선에도 도움이 되고 있다.

• **주제**: 공유 자전거 서비스의 이점
• **텍스트 유형**: 설명문

문제 유형 **문맥을 파악해 빈칸에 알맞은 말 고르기**

문제 해결 전략

이 글은 '공유 자전거 서비스의 장점'에 대해 설명하고 있습니다. 빈칸에 알맞은 말을 고르는 문제는 빈칸 앞뒤 문장의 흐름을 잘 살펴보고 문장이 서로 어떻게 연결되는지 알아야 합니다. 빈칸의 앞 내용은 공유 자전거의 편리함과 장점을 이야기하고 있고, 뒤 내용은 도시의 환경에도 도움이 된다는 긍정적인 결과가 제시됩니다. 따라서 '-(으)며'로 연결되는 빈칸의 내용도 긍정적인 결과 중 하나가 들어가야 합니다.

This text discusses the advantages of the public bike-sharing service. To choose the correct word for the blank, carefully examine the flow of the preceding and following sentences. The content before the blank highlights the convenience and benefits of bike-sharing, while the following sentence presents a positive outcome related to the urban environment. Therefore, the content in the blank, connected by 'and ~' should also express a positive outcome.

함께 보기: EBS TOPIK Ⅱ 종합서 p.158 유형 11

해설

① 장점에 따른 긍정적인 결과로 알맞은 내용입니다.
② 부정적인 결과로 앞의 장점과 연결되지 않습니다.
③ 공유 자전거 서비스는 자전거를 개인이 살 필요가 없는 것이 장점이므로 앞의 내용과 다릅니다.
④ 부정적인 결과로 앞의 장점과 연결되지 않습니다.

① It is suitable as a positive result according to its strengths.
② It is not linked to the previous advantage as a negative result.
③ The shared bicycle service is different from the previous one because individuals do not have to buy bicycles.
④ It is not linked to the previous advantage as a negative result.

17

정답 ③

제시문

스마트 잔은 음료를 ( ) 마실 수 있다. 이 잔은 음료를 넣고 시원한 음료인지 따뜻한 음료인지 설정하면 적절한 온도를 유지한다. 또한 휴대폰 충전기로 한 번 충전하면 12시간 사용이 가능해 밖에서도 사용할 수 있다. 이렇게 간단한 방법으로 하루 종일 취향에 맞게 음료를 즐길 수 있어 인기를 얻고 있다.

• **주제**: 온도 조절 스마트 잔 소개
• **텍스트 유형**: 설명문

문제 유형 **문맥을 파악해 빈칸에 알맞은 말 고르기**

문제 해결 전략

이 글은 '스마트 잔의 기능'에 대해 설명하고 있습니다. 빈칸의 뒤 내용은 온도를 설정하고, 온도를 유지하고, 오랫동안 사용이 가능하다는 구체적인 설명이 제시됩니다. 빈칸이 있는 첫 문장은 뒤의 내용을 요약한 중심 문장으로, 온도 조절 기능 때문에 어떤 결과가 가능한지 빈칸에 써야 합니다.

This text explains the features of a "smart cup." The cup can set temperature, maintain it, and be used for a long time. The sentence after the blank provides specific explanations about these functions. Therefore, the sentence with the blank should be a central statement summarizing the subsequent details, indicating what becomes possible due to the temperature control function.

함께 보기: EBS TOPIK Ⅱ 종합서 p.158 유형 11

해설

① 지문의 전체 내용은 기능에 대한 설명이므로 가격 정보는 어울리지 않습니다.
② 지문은 음료의 종류에 관계없이 온도 조절 기능을 중점으로 설명하고 있으므로 지문의 내용과 다릅니다.
③ 중심 내용인 온도 조절, 유지와 같은 의미로 빈칸에 알맞은 내용입니다.
④ 지문은 안전성이 아닌 온도 조절 기능을 설명하고 있으므로 지문의 내용과 다릅니다.

① Since the passage is about explaining the function, price information does not fit.
② The passage focuses on the temperature control function regardless of the type of drink, so that option

does not match.

③ Because the main point is temperature control and maintenance, this is the correct choice for the blank.

④ The passage explains temperature control, not safety, so that option does not match.

18

정답 ④

제시문

사람들은 스트레스를 받으면 단 것을 찾는다. 스트레스를 받으면 몸은 에너지를 빠르게 소비하는데 단 음식은 빠르게 에너지를 공급할 수 있기 때문이다. 뿐만 아니라 뇌에서 행복을 느끼는 물질이 나오게 하여 기분 전환에 도움을 주기도 한다. 그래서 스트레스 상황에서 급하게 (   ) 위해 나도 모르게 단 것을 먹게 되는 것이다.

- **주제**: 스트레스와 단 음식 섭취
- **텍스트 유형**: 설명문

문제 유형 문맥을 파악해 빈칸에 알맞은 말 고르기

문제 해결 전략

이 글은 '스트레스를 받으면 단 음식을 먹게 되는 이유'에 대해 설명하고 있습니다. 빈칸의 앞 내용은 스트레스 상황에서 단 음식을 먹는 이유와 효과를 이야기하고, 뒤 내용은 단 음식을 먹게 되는 결과가 제시됩니다. 따라서 '-기 위해'로 연결되는 빈칸의 내용은 단 것을 먹는 목적이 들어가야 합니다.

This text explains why people tend to eat sweet foods when stressed. The content before the blank discusses the reasons and effects of eating sweets in stressful situations, while the content after the blank presents the result of eating sweets. Therefore, the blank, connected by 'in order to ~' should contain the purpose of eating sweet foods.

함께 보기: EBS TOPIK Ⅱ 종합서 p.158 유형 11

해설

① 지문에서는 단 음식이 에너지를 빠르게 공급한다고 했기 때문에 에너지를 아끼는 것은 앞의 내용과 다릅니다.

② 효과 중에서 소화와 관련된 내용은 나오지 않았습니다.

③ 효과 중에서 노화 방지와 관련된 내용은 나오지 않았습니다.

④ 지문에서 말한 에너지 공급, 기분 전환 효과와 같은 의미로 빈칸에 알맞은 내용입니다.

① Since the passage says sweet foods supply energy quickly, "saving energy" does not match the passage.

② Effects related to digestion are not mentioned, so this option does not match the passage.

③ Anti-aging effects are not mentioned, so this option does not match the passage.

④ This option fits the blank because it aligns with the passage's points about supplying energy and improving mood.

19~20

제시문

철새들은 겨울이 오면 추위를 피해 따뜻한 지역으로 이동한다. 그때 수천 킬로미터 이상을 이동하는 경우도 있다. 새들은 이 긴 여행을 혼자 가지 않고 무리를 지어 함께 날아간다. (   ) 혼자 먼 길을 날아간다면 중간에 힘이 빠지거나 위험한 상황이 생길 수도 있다. 그렇기 때문에 철새 무리는 V자를 만들고 함께 날아간다. 그렇게 해서 에너지를 아끼고 길도 안내하면서 서로를 보호하는 것이다.

- **주제**: 철새의 이동 방식
- **텍스트 유형**: 설명문

19

정답 ②

문제 유형 문맥을 파악해 빈칸에 알맞은 말 고르기

문제 해결 전략

빈칸을 중심으로 앞, 뒤의 관계를 파악하여 그에 맞는 부사를 골라야 합니다. 앞 문장은 '무리를 지어 함께 날아간다'는 철새의 행동 특성을 말하고 있고, 빈칸 뒤의 내용은 '혼자 먼 길을 날아간다면'이라고 반대의 경우를 가정하고 있습니다. 따라서 빈칸에는 가정의 의미를 나타내는 부사어가 들어가야 합니다.

To choose the appropriate adverb for the blank, it is essential to understand the relationship between the preceding and following sentences. The preceding sentence states the migratory birds' behavioral trait of flying together in groups, while the sentence after the blank presents a contrasting hypothetical situation: "if one were to fly alone over a long distance." Therefore, the blank should contain an adverb that indicates a hypothetical condition.

함께 보기: EBS TOPIK Ⅱ 종합서 p.158 유형 11

해설

① '비록'은 양보의 의미로 '-지만'과 같이 씁니다.
② '만약'은 조건을 가정할 때 사용하며 '-다면, -(으)면'과 같이 씁니다.
③ '과연'은 의문이나 감탄을 나타낼 때 사용합니다.
④ '또는'은 또 하나의 선택이나 대안을 제시할 때 사용합니다.

① "Although" is used to express concession, meaning it contrasts with the following statement.
② "If" is used to express a condition, similar to saying "in case" or "provided that."
③ "Whether" is used to express doubt or admiration.
④ "Or" is used to suggest another choice or an alternative.

20

정답 ①

문제 유형 중심 내용 고르기

문제 해결 전략

이 문제는 글 전체에서 말하고 있는 가장 중요한 내용, 즉 '주제'가 무엇인지 찾는 문제입니다. 글의 흐름을 보면 처음에는 '철새들은 겨울에 따뜻한 지역으로 이동한다'는 일반 현상에 대해 말하고, 그 다음에는 '혼자가 아니라 무리 지어' 이동하는 특성을 부연 설명합니다. 그리고 마지막에는 에너지 절약, 길 안내, 보호 등 '무리로 날아가는 이유와 효과'에 대해 말하고 있습니다. 따라서 지문 전체 내용을 잘 정리한 선택지를 고르는 것이 좋습니다. 예시나 일부 정보만 담긴 선택지보다는 전체 흐름과 가장 잘 맞는 문장을 정답으로 선택해야 합니다.

This problem requires identifying the main idea of the text. The flow of the text begins by describing the general phenomenon of migratory birds moving to warmer regions during winter. It then elaborates on their characteristic of traveling in flocks rather than alone. Finally, it discusses the reasons and effects of flocking together, such as energy conservation, navigation assistance, and protection. Therefore, the correct answer should effectively summarize the entire passage rather than focusing on specific examples or partial information.

함께 보기: EBS TOPIK Ⅱ 종합서 p.172 유형 12

해설

① 무리 지어 이동하며 서로 보호한다는 핵심 내용을 적절히 요약했습니다.
② 지문에서 철새 무리가 협력하는 모습과 반대로 경쟁한다는 표현은 주제로 알맞지 않습니다.
③ 지문에서 철새는 이동하여 추위를 피한다고 했으므로 한곳에서 머문다는 내용은 주제로 알맞지 않습니다.
④ 지문의 내용과 비슷하지만 무리를 지어 이동한다는 핵심 내용을 담지 못했기 때문에 주제로 알맞지 않습니다.

① We have properly summarized the key point of moving in groups and protecting each other.
② The expression in the passage that migratory herds compete as opposed to cooperating is not appropriate as a theme.
③ In the text, migratory birds move and avoid the cold, so staying in one place is not appropriate as a theme.
④ It's similar comprehensively, but it doesn't fit as a theme because it doesn't contain the core content of moving in groups.

21~22

제시문

예전에는 학생들이 교사의 설명을 듣고 혼자서 공부하는 개별 학습이 중심이었다. 그러나 최근에는 여러 명이 조를 만들어 의견을 나누고 활동하는 수업이 많아지고 있다. 친구들과 (   ) 문제를 풀거나 발표를 준비하는 활동을 하면 혼자 할 때보다 더 좋은 아이디어가 떠오를 수 있기 때문이다. 게다가 조별 활동을 통해 역할을 나누어 협력하는 능력을 기를 수도 있어 교육적 효과가 크다고 한다.

- **주제**: 협동 학습의 교육적 효과
- **텍스트 유형**: 설명문

21 정답 ④

문제 유형 문맥을 파악해 빈칸에 알맞은 말 고르기

문제 해결 전략

빈칸을 중심으로 앞, 뒤의 내용을 파악하여 어울리는 관용 표현을 골라야 합니다. 앞 문장은 개별 학습과 반대되는 '여러 명이 조를 만들어' 활동하는 수업에 대해 소개했고, 빈칸 뒤의 내용은 '혼자 할 때보다 더 좋다'는 비교의 표현이 있습니다. 따라서 빈칸에는 친구들과 '같이' 한다는 의미를 나타내며 뒤의 '문제를 풀다'와 연결되는 표현이 들어가야 합니다.

To select the appropriate idiomatic expression for the blank, it is essential to understand the relationship between the preceding and following sentences. The previous sentence introduces an activity where several people form groups, which contrasts with individual learning. The sentence following the blank states that working together is more beneficial than working alone. Therefore, the blank should contain an expression that conveys the idea of collaborating with others to solve a problem.

함께 보기: EBS TOPIK Ⅱ 종합서 p.158 유형 11

해설

① '담을 쌓고'는 관계를 끊고 지낸다는 의미로 지문 내용과 반대되는 표현입니다.

② '손을 떼고'는 하던 일을 그만두고 관여하지 않는다는 의미로 지문 내용과 어울리지 않습니다.

③ '고개를 숙이고'는 인사하거나 사과하는 의미의 행동으로 지문 내용과 어울리지 않습니다.

④ '머리를 맞대고'는 여러 명이 의논하며 협력하는 상황을 표현하므로 빈칸에 알맞은 표현입니다.

① "build a wall" means to cut off relations, which contradicts the idea of group work.

② "take one's hands off" means to stop being involved, which does not fit the context of collaboration.

③ "bow one's head" implies showing respect or apologizing, unrelated to group problem-solving.

④ "put heads together" means to come together to discuss or solve a problem, matching the context perfectly.

22 정답 ②

문제 유형 세부 내용을 파악해 일치하는 내용 고르기

문제 해결 전략

이 문항은 지문 전체의 내용을 정확히 파악하고 선택지와 비교하여 일치하는 내용을 고르는 문제입니다. 문제를 해결하려면 주어, 행동, 결과 등의 세부 정보를 정확히 비교해야 합니다.

This question requires accurately understanding the entire passage and comparing it with the answer choices to find the one that matches. To solve the problem, it is essential to precisely compare details such as the subject, actions, and results.

함께 보기: EBS TOPIK Ⅱ 종합서 p.130 유형 09

해설

① 지문에는 조별 학습의 장점을 강조하고 있으므로 지문과 반대되는 내용입니다.

② 지문 마지막 문장에 '조별 활동을 통해 역할을 나누어 협력하는 능력을 기른다'고 했습니다. 협력하는 능력은 돕는 법과 의미가 같으므로 지문 내용과 일치합니다.

③ 지문에 '의견을 나눈다'는 표현은 있지만 자기 의견을 많이 말하는 것이 효과적이라는 내용은 없으므로 지문 내용과 일치하지 않습니다.

④ 교사의 설명을 듣고 혼자 공부하는 과거 공부 방식이 지문에 나타났지만 최근 교사의 설명이 줄었는지는 알 수 없으니 지문 내용과 일치하지 않습니다.

① The passage emphasizes the advantages of group learning, so this choice is the opposite of the passage.

② In the last sentence of the passage, it says that 'the ability to cooperate is developed by dividing roles through group activities.' Since the ability to cooperate is the same as helping, this matches the passage.

③ The passage mentions "sharing opinions," but it does not say that expressing your opinion a lot is effective, so this does not match the passage.

④ The passage does mention the old study method of listening to the teacher's explanation and studying alone. However, it does not say that teacher explanations have decreased recently, so this does not match the passage.

23~24

제시문

고등학교를 졸업하자마자 한 식당에서 아르바이트를 시작했다. 처음에는 일도 익숙하지 않은데 사장님도 무섭게 느껴져 긴장이 됐다. 그러던 어느 날 손님에게 음식을 가지고 가던 중에 접시가 손에서 미끄러져 바닥에 떨어졌다. 음식이 전부 바닥에 떨어진 것은 물론이고 접시마저 깨져 버렸다. <u>나는 머릿속이 하얘져서 바닥을 보고 멈춰 있다가 급히 앉아서 깨진 접시를 치우기 시작했다</u>. 그때 누군가가 나에게 다가왔다. 나는 가까워지고 있는 사람이 사장님이라는 것을 알았지만 고개를 들지 못하고 손만 바쁘게 움직였다. 고개를 들면 사장님이 무서운 얼굴로 나를 내려다볼 것 같았다. 그런데 사장님은 깨진 접시보다 내 손을 먼저 살펴보며 "손으로 하면 어떡해. 다치지 않았어?"라고 하셨다. 그 말을 듣고 나는 눈물이 날 뻔했다. 실수보다 사람을 먼저 생각해 주는 사장님의 정을 느껴 그날부터 사장님이 무섭지 않았다.

- **주제**: 아르바이트할 때 실수한 일
- **텍스트 유형**: 수필

23

정답 ①

문제 유형 인물의 심정 고르기

문제 해결 전략

지문에 나타난 인물의 상황과 감정 변화를 파악하는 문제입니다. 밑줄 친 문장의 앞 내용을 먼저 살펴보면 자신의 실수로 접시와 음식을 못 쓰게 되었다는 내용입니다. 밑줄 친 부분에는 '머릿속이 하얘졌다', '바닥을 보고 멈춰 있다'는 표현이 나옵니다. 따라서 이 사람의 심정은 자신의 잘못 때문에 놀라고 어쩔 줄 모르는 것으로 추측할 수 있습니다.

This question requires understanding the character's situation and emotional changes as described in the text. To determine the correct answer, examine the content preceding the underlined sentence: it mentions that the person's mistake ruined the dishes and food. The underlined part then describes "feeling mentally blank" and frozen while staring at the floor. This indicates the character's shock and helplessness due to their mistake.

함께 보기: EBS TOPIK Ⅱ 종합서 p.188 유형 13

해설

① 갑작스러운 실수로 아무 생각이 안 나서 바로 행동을 하지 못하고 멈춰 있는 상황이므로 당황했다는 심정이 가장 잘 어울립니다.

② 실수를 했을 때는 오히려 부끄럽기 때문에 지문의 상황에 반대되는 심정입니다.

③ 일을 잘 하고 싶은 부담은 있지만 이미 실수를 한 이후이므로 상황에 어울리지 않습니다.

④ 자신의 실수로 벌어진 상황이므로 타인이나 상황을 믿지 못하는 감정은 어울리지 않습니다.

① It's a situation where you can't act right away because you can't think of anything due to a sudden mistake, so the feeling of panic fits best.

② Since making a mistake usually makes one feel ashamed, this is the opposite of the situation described in the passage.

③ There may be pressure to do a good job, but since the mistake has already been made, this does not fit the situation.

④ Since the situation happened because of one's own mistake, feelings of distrust toward others or the situation do not fit.

24

정답 ④

문제 유형 세부 내용을 파악해 일치하는 내용 고르기

문제 해결 전략

이 문항은 지문 전체의 내용을 정확히 파악하고 선택지와 비교하여 일치하는 내용을 고르는 문제입니다. 특히 선택지에 등장하는 주어(나, 음식, 접시), 상황의 원인과 결과, 감정 표현 등을 주의해서 살펴봐야 합니다.

This question requires accurately grasping the entire passage and comparing it with the given choices to find the correct one. Pay particular attention to the subject (e.g., "I," "food," "plate"), the cause and effect of the situation, and the expression of emotions.

함께 보기: EBS TOPIK Ⅱ 종합서 p.130 유형 09

해설

① 지문에 '처음에는 일도 익숙하지 않고 사장님이 무서웠다'고 했으므로 일치하지 않습니다.

② 도망치지 않고 바닥을 보고 멈췄다가 떨어진 것을 정리했기 때문에 일치하지 않습니다.

③ '접시마저 깨져 버렸다'고 했으므로 일치하지 않습니다.

④ '사장님이 무서운 얼굴로 나를 내려다볼 것 같았다'고 생각했으므로 지문 내용과 일치합니다.

① It does not match because the passage says, "At first I wasn't used to the work and I was afraid of the boss."

② It does not match because instead of running away, the person looked at the floor, stopped, and cleaned up what had fallen.

③ It does not match because the passage says, "Even the plate broke."

④ It matches because the passage says the person thought, "The boss will look down at me with a scary face."

25

정답 ④

제시문

웹툰 원작 드라마 줄줄이 성공, 두 업계 함께 웃어

- **주제**: 웹툰과 드라마
- **텍스트 유형**: 신문 기사 제목

문제 유형 중심 내용 고르기(기사 제목 설명 고르기)

문제 해결 전략

기사 제목은 핵심 정보를 압축해서 짧게 표현됩니다. 선택지를 볼 때 '누가, 무엇을, 어떤 변화'의 요소를 중심으로 기사 제목과 비교해야 합니다. 자주 사용되는 관용 표현의 의미를 아는 것도 해석에 도움이 됩니다. 이 문제에서 '줄줄이'는 여러 개가 연이어 계속된다는 의미이고, '함께 웃어'는 둘 다 좋은 결과를 얻었다는 뜻입니다.

The title of a news article usually compresses key information into a brief and impactful statement. When choosing the correct answer, focus on elements such as "who," "what," and "what change occurred." Understanding idiomatic expressions also helps with interpretation. In this question, "in line" means "in succession" or "one after another." "laugh together" implies that both parties achieved positive outcomes.

함께 보기: EBS TOPIK Ⅱ 종합서 p.172 유형 12

해설

① 웹툰이 드라마로 제작되는 것까지만 설명하고 성공 여부가 언급되지 않아서 기사 제목의 설명으로 부족합니다.

② 웹툰이 드라마로 만들어진다는 지문 내용과 반대됩니다.

③ 성과를 부정적으로 말하고 있으므로 지문 내용과 반대됩니다.

④ 여러 개의 웹툰 원작 드라마의 성공한 결과까지 포함했으므로 기사 제목의 내용과 일치합니다.

① It is not enough to explain the title of the article because it only explains that the webtoon is produced as a drama and the success or failure is not mentioned.

② It is contrary to the text that webtoons are made into dramas.

③ It is negative about the achievements, so it does not match the passage.

④ It even included the successful results of several original webtoon dramas, so it matches the content of the article's title.

26

정답 ②

제시문

개인 정보 유출 사고 급증, 온라인 보안 '비상'

- **주제**: 개인 정보 유출
- **텍스트 유형**: 신문 기사 제목

문제 유형 중심 내용 고르기(기사 제목 설명 고르기)

문제 해결 전략

핵심 정보만 간단하게 전달된 신문 기사를 풀어서 해석해 봐야 합니다. 생략된 '원인-결과'의 관계를 유추하면, 개인 정보 유출 사고가 급증해서 온라인 보안이 비상 상황이라는 것을 알 수 있습니다.

To accurately interpret a concise news article, you need to infer the implied cause-and-effect relationship. In this case, it shows that the sharp increase in personal information leaks has led to an online security emergency.

함께 보기: EBS TOPIK Ⅱ 종합서 p.172 유형 12

해설

① 유출 사고의 증가에 대한 내용은 없으므로 기사 제목의 설명으로 부족합니다.
② '급증'을 '늘어'로, '비상'을 '심각하다'로 비슷하게 설명하여 기사 제목의 내용과 일치합니다.
③ '인식이 약해진다'는 내용은 지문에 없으므로 기사 제목의 내용과 다릅니다.
④ '정부의 규제'에 대한 내용은 지문에 없으므로 기사 제목의 내용과 다릅니다.

① As there is no mention of the increase in spill accidents, the description of the article title is insufficient.
② Similar descriptions of 'surge' as 'increase' and 'emergency' as 'serious' are consistent with the content of the article's title.
③ The content of 'weak perception' is not in the title, so it is different from the content of the article title.
④ The content of 'government regulation' is not in the title, so it is different from the content of the article title.

27

정답 ③

제시문

지방은 아파트도 '텅텅', 수도권 집값은 '쑥쑥'

- **주제**: 지역별 주택 문제
- **텍스트 유형**: 신문 기사 제목

문제 유형 중심 내용 고르기(기사 제목 설명 고르기)

문제 해결 전략

이 문제는 지방과 수도권의 부동산 관련 차이점을 비교하여 제시하고 있습니다. '텅텅'은 '텅 비다'와 비슷하게 사람이 별로 없다는 뜻이고, '쑥쑥'은 빠르게 상승한다는 의미입니다.

This issue compares the real estate-related differences between the provinces and the metropolitan area. "텅텅" has a meaning similar to "empty," indicating that there are very few people. "쑥쑥" means that something is rising quickly.

함께 보기: EBS TOPIK Ⅱ 종합서 p.172 유형 12

해설

① '개발'에 대한 내용은 지문에 없으며 '집값이 떨어졌다'는 '쑥쑥'과 반대되므로 기사 제목 내용과 다릅니다.
② 지문에는 대조되는 점을 강조하고 있으므로 '모두 집값이 비싸진다'는 내용은 기사 제목 내용과 다릅니다.
③ '텅텅'을 '빈집'으로, '쑥쑥'을 '크게 오르다'로 비슷하게 설명하여 기사 제목의 내용과 일치합니다.
④ 수도권을 떠나는 사람에 대한 내용은 지문에 없으므로 기사 제목 내용과 다릅니다.

① The content of 'development' is not in the title, and 'house prices have fallen' is contrary to 'Big Climb', so it is different from the title of the article.
② The text highlights the contrast, so the "All house prices go up." content is different from the article's title.
③ It is similar to the title of the article by explaining 'Tung Tung' as 'Empty House' and 'Ssuk Ssuk' as 'Big Climb'.
④ The mention of anyone leaving the metropolitan area is not in the title, so it is different from the article title.

28

정답 ③

제시문

미술에서는 색을 통해 자신의 감정을 표현할 수 있다. 밝고 따뜻한 색은 기쁨이나 설렘 같은 긍정적인 감정을 나타낸다. 반면에 어둡고 차가운 색은 슬픔, 외로움 등의 부정적인 감정을 표현한다. 한편 분노를 표현할 때는 강한 색이 사용되는데 반대로 (   ) 조용하고 평화로운 느낌을 줄 수 있다. 다시 말해 색은 단순한 시각적 요소를 넘어 감정 표현의 중요한 수단이 되는 것이다.

- **주제**: 색채를 통한 감정 표현
- **텍스트 유형**: 설명문

문제 유형 문맥을 파악해 빈칸에 알맞은 말 고르기

문제 해결 전략

빈칸은 '반대로'와 연결되어 앞의 내용과 반대되는 내용이 들어갑니다. 앞의 내용은 강한 색이 분노를 표현한다고 되어 있습니다. 이와 반대되는 '강하지 않은 색'은 조용하고 평화로운 느낌을 표현합니다.

This problem requires choosing the appropriate phrase to fill the blank based on the word "on the contrary." Since the previous sentence states that strong colors express anger, the following sentence should logically describe the opposite situation, where less intense colors convey a calm and peaceful feeling.

함께 보기: EBS TOPIK Ⅱ 종합서 p.158 유형 11

해설

① '분노'와 대조를 이루지만 뒤의 내용과 연결되지 않습니다.
② '색'과 관련된 중심 내용에서 벗어났습니다.
③ '강한 색'과 대조를 이루며 뒤의 내용과 알맞게 연결됩니다.
④ '강한 색'의 예로 앞의 내용과 대조를 이루지 않습니다.

① It contrasts with "anger," but it is not connected to the following content.
② It goes off topic from the central idea related to "color."
③ It contrasts with "strong color" and connects appropriately to the following content.
④ As an example of a "strong color," it does not contrast with the previous content.

29

정답 ②

제시문

사람들은 해야 할 일이 끝나지 않으면 그것이 자꾸 생각이 나서 불편함을 느낀다. 예를 들면, 시험을 앞두고 준비를 하지 못했는데 다른 일을 해야 되는 경우에 다른 것을 하면서도 계속 시험이 신경 쓰인다. 그러나 시험이 끝나고 나면 시험을 위해 공부했던 내용은 바로 잊어버리곤 한다. 이처럼 인간은 완성된 일은 기억에서 빨리 지우고 끝나지 않은 일은 (   ) 경향이 있다.

- **주제**: 신경 쓰이는 일
- **텍스트 유형**: 설명문

문제 유형 문맥을 파악해 빈칸에 알맞은 말 고르기

문제 해결 전략

빈칸 고르기 문제는 앞뒤 내용에 주의해야 합니다. 빈칸에는 앞의 완성된 일은 빨리 잊는다는 내용과 반대되는 내용이 이어져야 합니다. 뒤의 '경향이 있다'와 연결되려면 '–는'을 함께 써야 합니다.

This problem requires selecting the appropriate phrase to fill the blank, considering the contrast between the preceding and following sentences. The previous statement says that completed tasks are quickly forgotten, while the following sentence suggests that unfinished tasks tend to linger in one's mind. Therefore, the blank should contain a phrase that contrasts with forgetting quickly and also connects grammatically with the phrase "tends to".

함께 보기: EBS TOPIK Ⅱ 종합서 p.158 유형 11

해설

① 오히려 관심을 갖고 신경 쓰는 내용이 와야 하므로 지문의 내용과 반대됩니다.
② '기억에서 빨리 지운다'는 앞의 내용과 대조되며 뒤의 문법과도 알맞게 연결됩니다.
③ '신경이 쓰인다'는 정답 내용과 반대됩니다.
④ 기억에 대한 중심 내용과 맞지 않습니다.

① Since the passage emphasizes showing interest and

paying attention, this option is the opposite of the passage.

② "Erasing quickly from memory" contrasts with the previous content and also connects properly with the following grammar.

③ "Being bothered" is the opposite of the correct content, so it does not match.

④ This option does not match the central idea about memory.

30

정답 ①

제시문

복싱에서는 경기 전에 선수의 장갑을 엄격히 검사한다. 복싱은 두 사람이 둥근 장갑을 끼고 서로를 치는 스포츠 경기이다. 장갑으로 얼굴이나 상체를 때리기 때문에 장갑 안에 단단한 것이 들어 있으면 위험하다. 따라서 경기에 앞서 장갑을 자세히 살펴보는 것은 (   ) 위한 규칙이다.

• **주제**: 복싱의 특별한 규칙 • **텍스트 유형**: 설명문

문제 유형 문맥을 파악해 빈칸에 알맞은 말 고르기

문제 해결 전략

빈칸이 있는 문장은 '복싱 경기 전 장갑을 검사하는 목적, 이유'를 설명하는 부분입니다. 앞 문장에 '상대방을 때리기 때문에 장갑에 단단한 것이 있으면 위험하다'는 설명이 있으므로 '위험하고 다치는 일'과 관련된 표현이 들어가야 합니다.

This problem requires selecting the correct phrase to fill the blank by understanding the purpose of checking boxing gloves before a match. The previous sentence mentions that if there is something hard in the gloves, it can be dangerous when hitting the opponent. Therefore, the phrase that fills the blank should be related to preventing injuries or ensuring safety.

함께 보기: EBS TOPIK Ⅱ 종합서 p.158 유형 11

해설

① 선수가 다치는 일을 방지하는 일로 지문 앞의 내용과 일치합니다.

② 경기 시간에 대한 내용은 지문에 없으므로 적절하지 않습니다.

③ 장갑의 특성과 관련은 있지만 앞의 내용과 연결되지 않습니다.

④ '위험한 일'과 관련이 있지만 장갑의 기능과는 관련이 없으므로 적절하지 않습니다.

① This is to prevent athletes from getting hurt, which matches the earlier part of the passage.

② Since there is no mention of game time in the passage, this option is not appropriate.

③ Although it relates to the characteristics of the gloves, it is not connected to the previous content.

④ Although it relates to "dangerous things," it is not connected to the function of the gloves, so it is not appropriate.

31

정답 ①

제시문

지금은 모든 사람이 휴대하는 시계나 인터넷 등으로 시간을 쉽게 알 수 있지만 과거에는 시간을 확인하고 공유하기가 어려웠다. 그래서 과거 조선과 고려, 삼국 시대에는 종이나 북을 쳐서 (   ) 기록이 있다. 특히 밤을 알리는 소리는 자유롭게 밖을 다닐 수 없다는 통행금지를 의미해서 더 중요하게 생각되기도 했다.

• **주제**: 시간을 알리는 소리 • **텍스트 유형**: 설명문

문제 유형 문맥을 파악해 빈칸에 알맞은 말 고르기

문제 해결 전략

빈칸이 있는 문장은 '과거 한국의 역사 기록에서 종이나 북 소리로 무슨 일을 했다고 하는지'를 설명하는 부분입니다. 앞뒤 내용을 보면 '시간 확인'에 대해 이야기하고 있으므로 이와 관련된 표현이 들어가야 합니다.

To fill the blank correctly, we need to focus on the use of sound (bells or drums) in ancient Korea as described in the text. The context clearly revolves around "checking the time" using sound, so the phrase should convey this purpose.

함께 보기: EBS TOPIK Ⅱ 종합서 p.158 유형 11

해설

① 종, 북의 특징인 '소리'와 소리를 내는 목적인 '시간

확인'을 포함하므로 알맞은 내용입니다.
② '종'은 악기로 보기 어렵기 때문에 연주한다는 내용은 지문 내용에 어울리지 않습니다.
③ 시간에 대한 중심 내용과 맞지 않습니다.
④ 종과 북은 빛을 이용하지 않고 소리를 이용한다는 공통점이 있으므로 지문 내용에 어울리지 않습니다.

① This is appropriate because it includes "sound," a characteristic of bells and drums, and "telling time," the purpose of making sound.
② Since a bell is not usually considered a musical instrument, the idea of playing it does not fit the passage.
③ This does not match the central idea about time.
④ Bells and drums share the feature of using sound instead of light, so this option does not fit the passage.

32 정답 ③

제시문

'가시연꽃'은 물 위에 피는 연꽃의 일종으로 낮에만 꽃이 핀다. 줄기와 열매가 가시로 덮여 있고 커다란 잎은 주름져서 가시처럼 보이므로 가시연꽃이라는 이름이 붙여졌다. 가시연꽃은 최대 2미터나 되는 넓은 잎으로 햇빛을 차단해 수온이 급하게 오르는 것을 막는다. 또한 물속의 산소량을 유지해 생물들의 호흡을 돕는 데다가 수질 정화 능력을 가져 이로운 식물로 분류된다.

• **주제**: 가시연꽃의 특징 • **텍스트 유형**: 설명문

문제 유형 세부 내용을 파악해 일치하는 내용 고르기

문제 해결 전략

이 글은 '가시연꽃'의 특징과 주변 환경에서의 역할에 대해 설명하고 있습니다. 선택지를 읽으면서 지문 내용과 일치하는지 확인해야 합니다. 일부만 맞고 전체적으로 다르면 오답입니다.

To determine the correct answer, we must carefully analyze the text about the characteristics and roles of the prickly water lily. The correct choice should accurately reflect the information given in the text.

함께 보기: EBS TOPIK Ⅱ 종합서 p.130 유형 09

해설

① '햇빛을 차단한다'는 지문의 내용과 반대됩니다.
② 지문에서 꽃이 피는 기간은 나타나지 않았으며 '낮에만 꽃이 핀다'고 했으므로 오답입니다.
③ 지문에 제시된 '수온이 급하게 오르는 것을 막는다', '수질 정화 능력을 가진다'는 내용과 일치합니다.
④ 지문에서는 '물속의 산소량을 유지한다'고 했으므로 흡수한다는 내용과 일치하지 않습니다.

① "Blocking sunlight" is the opposite of what the passage says, so it does not match.
② The passage does not mention the blooming period, and since it says "It only blooms during the day," this option is incorrect.
③ This matches the passage, which says it prevents a rapid rise in water temperature and has the ability to purify the water.
④ The passage says it maintains the amount of oxygen in the water, so the idea of absorption does not match.

33 정답 ②

제시문

인주시에서 '걷기 좋은 도시 만들기' 사업을 추진하고 있다. 이는 시민들이 좋은 환경에서 일상 속 운동을 실천할 수 있도록 돕는 정책이다. 예를 들어 보행자 도로를 넓히고 가로수를 심는 등 도시 구조를 개선함으로써 보다 안전한 도보 이동이 가능하게 한다. 이 정책은 차량이 아닌 도보나 자전거를 이용하도록 유도하여 교통 혼잡과 미세먼지를 줄이는 데에도 긍정적인 영향을 줄 것으로 보인다.

• **주제**: 걷기 좋은 도시 정책 • **텍스트 유형**: 설명문

문제 유형 세부 내용을 파악해 일치하는 내용 고르기

문제 해결 전략

이 글은 '걷기 좋은 도시 만들기' 정책을 소개하고 기대되는 결과를 제시하고 있습니다. 선택지에서 일부 단어가 바뀌었거나 지문에 없는 내용이 추가된 경우는 오답일 수 있으니 주의해서 확인해야 합니다.

To find the correct answer, let's carefully analyze the content of the text about the policy to create walkable cities and check each option against the given information.

함께 보기: EBS TOPIK Ⅱ 종합서 p.130 유형 09

해설

① '보행자 도로를 넓힌다'는 지문의 내용과 반대됩니다.
② 지문에 제시된 '미세먼지를 줄이는 데에도 긍정적인 영향을 줄 것으로 보인다'는 내용과 일치합니다.
③ '다른 도시와의 비교'는 지문에 없는 내용이므로 오답입니다.
④ '자전거 사고와 안전'에 관련된 내용은 지문에 없는 내용이므로 오답입니다.

① "Widening pedestrian roads" is the opposite of what the passage says, so it does not match.
② This matches the passage, which says it is expected to have a positive effect on reducing fine dust.
③ "Comparison with other cities" is not mentioned in the passage, so this option is incorrect.
④ Content related to "bicycle accidents and safety" is not mentioned in the passage, so this option is incorrect.

34

정답 ①

제시문

고려 시대에는 중앙에서 파견된 관료 이외에 지방의 행정을 맡은 '향리'가 있었다. 향리는 세금, 군대, 재판 기록 등을 관리하는 역할로 지역 주민들과 직접 소통하면서 행정 업무를 담당했다. 지방 사정에 밝았기 때문에 실질적인 행정의 중심 역할을 했지만 신분이 낮아 승진에 제약이 있었다. 조선 중기 이후 중앙 집권이 강화되면서 향리의 권한은 점차 줄어들었다.

- **주제**: 고려 시대 행정직 향리
- **텍스트 유형**: 설명문

문제 유형 세부 내용을 파악해 일치하는 내용 고르기

문제 해결 전략

이 글은 '향리'라는 고려 시대 행정 직책에 대해 소개하고 있습니다. 선택지 중 일부가 지문에 없는 내용이거나 바뀐 정보가 있다면 오답입니다.

To choose the correct answer, let's examine the given text about the administrative position "Hyangni" during the Goryeo Dynasty and check each option against the information presented.

함께 보기: EBS TOPIK Ⅱ 종합서 p.130 유형 09

해설

① 지문에 제시된 '신분이 낮아 승진에 제약이 있었다'는 내용과 일치합니다.
② '중앙에서 파견된 관료 이외에'라며 향리를 소개한 지문 내용과 반대됩니다.
③ '주민과 직접 소통했고, 지방 사정에 밝았다'는 지문의 내용과 반대됩니다.
④ 지문에서 '조선 중기 이후 권한이 줄었다'고 했지만 사라졌다는 내용은 없어 조선 중기까지 존재한 직책으로 볼 수 있으므로 오답입니다.

① This matches the passage, which says that because their status was low, there were restrictions on promotion.
② This is the opposite of the passage, which introduces the hyangni as "in addition to the bureaucrats dispatched from the center."
③ This is the opposite of the passage, which says they communicated directly with residents and were familiar with local conditions.
④ The passage says that their authority decreased after the mid-Joseon period, but it does not say they disappeared. Therefore, this option is incorrect, since the position still existed until the mid-Joseon period.

35

정답 ④

제시문

쇼핑할 때 몇 개 이상을 사면 서비스로 제품을 더 받을 수 있거나 할인율이 높아지는 혜택을 발견하면 계획보다 많이 구매하게 된다. 이런 소비는 겉으로 보면 경제적인 선택처럼 보이지만 사실 불필요한 지출을 늘리고 자원의 낭비로 이어질 수 있다. 특히 유통 기한이 짧거나 자주 쓰지 않는 물건의 경우 많이 샀다가 결국 쓰지 못하고 버리게 되는 경우도 많다. 가격에 이끌린 대량 구매보다 필요에 따른 소비가 진정한 경제적 소비다.

• **주제**: 대량 구매의 문제점 • **텍스트 유형**: 논설문

문제 유형 중심 내용 고르기

문제 해결 전략

주제를 찾을 때는 글 전체에서 가장 강조하는 생각이 무엇인지 확인해야 합니다. 글의 시작과 끝에서 주장을 찾고 그에 따른 근거나 예시를 정리해야 합니다. 그리고 선택지가 핵심 내용을 담고 있는지 비교하면 정답을 찾는 데 도움이 됩니다.

To find the correct answer, we need to carefully examine the main point of the text. The key is to identify the central idea by looking at the beginning and ending statements and seeing how the supporting details or examples align with that idea.

함께 보기: EBS TOPIK Ⅱ 종합서 p.172 유형 12

해설

① 지문은 소비자 입장에서의 소비 행태를 말하고 있으므로 기업의 전략은 주제로 알맞지 않습니다.

② 가격을 내리는 것이 구매를 촉구하는 역할을 한다는 사실이 지문에 드러나긴 하지만, 지문은 가격 인하가 소비자에게 항상 좋은 것만은 아니라고 비판하고 있기에 주제로 알맞지 않습니다.

③ 지문은 필요성에 따른 소비를 강조한 한편 '품질'에 대한 내용은 없으므로 알맞지 않습니다.

④ 할인 가격에 이끌려 많이 사는 것은 불필요한 지출과 자원의 낭비가 될 수 있다는 지문 전체의 내용을 잘 담고 있으므로 주제로 적절합니다.

① The passage discusses consumer spending behavior, so company strategy is not an appropriate topic.

② Although the passage mentions that lowering prices encourages purchases, it also criticizes price reductions as not always beneficial for consumers. Therefore, this is not suitable as a topic.

③ The passage emphasizes consumption based on necessity, but it does not mention "quality," so this is not appropriate as a topic.

④ This is appropriate as a topic because the passage shows that buying excessively due to discount prices can lead to unnecessary spending and waste of resources.

36

정답 ②

제시문

아동용 미디어 콘텐츠에는 여전히 성 고정관념을 강화하는 표현이 자주 등장한다. 여성 캐릭터는 외모나 보조자로서의 역할이 강조되고 남성 캐릭터는 활동적이고 용감한 주인공으로 그려지는 경우가 많다. 이런 표현은 특정 성 역할을 자연스럽게 받아들이게 만든다. 문제는 어린 시절에 접한 미디어는 가치관 형성과 행동에 큰 영향을 미친다는 점이다. 그러므로 아동용 콘텐츠 제작자들은 재미뿐만 아니라 아이들이 균형 있는 가치관을 가질 수 있도록 내용 구성에 주의를 기울여야 한다.

• **주제**: 아동 콘텐츠의 성 고정관념
• **텍스트 유형**: 논설문

문제 유형 중심 내용 고르기

문제 해결 전략

글 전체에서 강조하는 생각을 중심으로 선택지를 확인해야 합니다. 아동 콘텐츠에 어떤 문제점이 있는지, 아동 콘텐츠를 제작할 때 어떤 점을 유의해야 하는지를 살펴보며 주제를 정리합니다.

To find the correct answer, we should focus on the main point emphasized throughout the text. The text discusses the problem of gender stereotypes in children's content and the importance of balanced portrayal to help children develop a healthy perspective.

함께 보기: EBS TOPIK Ⅱ 종합서 p.172 유형 12

해설

① 지문은 부모의 역할이 아닌 제작자의 책임을 강조하고 있으므로 적절한 주제가 아닙니다.
② 성에 대해 균형 있는 가치관을 가질 수 있게 아동 콘텐츠를 제작해야 한다는 지문의 주제로 적절합니다.
③ '구분된 성 역할'은 지문에서 비판하고 있는 성 고정관념을 의미하므로 적절한 주제가 아닙니다.
④ '미디어를 접하지 말아야 한다'는 극단적인 주장은 없기 때문에 적절한 주제가 아닙니다.

① The passage emphasizes the responsibility of the producer, not the role of the parent, so this is not an appropriate topic.
② This is an appropriate topic because the passage argues that children's content should be produced to help them develop balanced values about gender.
③ "Divided gender roles" are not an appropriate topic because they represent the gender stereotypes that the passage criticizes.
④ This is not an appropriate topic because the passage does not make the extreme claim that children should not be exposed to media.

37

정답 ③

제시문

우주 개발은 과거에 국가 주도로 이루어지는 것이 일반적이었지만 최근에는 민간 기업들이 우주 탐사에 활발히 참여하고 있다. 국가 주도 프로젝트에서는 비용과 기술 발전에 한계가 있었다. 그러나 민간 기업은 기술력과 자본을 바탕으로 로켓 재활용, 우주 관광, 위성 발사 등 다양한 분야에서 성과를 내고 있다. 우주 개발은 막대한 예산이 드는 만큼 정부와 민간이 협력하여 효율성과 범위를 확장시키는 것이 미래 발전을 위한 바람직한 방향이다.

• **주제**: 민간 기업의 우주 개발 참여
• **텍스트 유형**: 논설문

문제 유형 중심 내용 고르기

문제 해결 전략

중심 내용을 고르는 문제를 풀 때는 글 전체의 흐름과 중심 생각을 기준으로 판단해야 합니다. 이 글에서는 민간 기업이 우주 개발에 참여하는 것을 긍정적인 시각으로 설명하고 있습니다.

To identify the correct answer, we should focus on the main idea that the text consistently emphasizes. The text highlights the positive impact of private companies participating in space development and suggests that collaboration between the government and private sector can effectively expand space science.

함께 보기: EBS TOPIK Ⅱ 종합서 p.172 유형 12

해설

① 지문에서는 민간 기업과 정부가 협력할 것을 강조하고 있으므로 적절한 주제가 아닙니다.
② 방법 찾기의 시급성보다는 연구의 주체에 대해 이야기하고 있는 지문의 주제로 알맞지 않습니다.
③ 민간 기업과 정부가 협력해 우주 과학의 효율성과 범위를 확장시키는 것이 바람직하다는 지문의 중심 생각과 일치합니다.
④ 민간 기업의 참여를 긍정적으로 보고 있는 지문 내용과 반대됩니다.

① The passage emphasizes cooperation between private companies and the government, so this is not an appropriate topic.
② The passage discusses who is conducting the research, not the urgency of finding a method, so this is not an appropriate topic.
③ This matches the central idea of the passage, which says that cooperation between private companies and the government is desirable for expanding the efficiency and scope of space science.
④ This is the opposite of the passage, which views the participation of private companies positively.

38

정답 ③

제시문

사람들은 나이가 들면 몸의 모든 기능은 성장을 멈추고 저하될 거라고 생각한다. 그래서 노화를 느끼면 희망을 잃고 무기력해지기도 한다. 하지만 최근 연구에 따르면 노년기에도 뇌 기능을 유지하거나 향상시킬 수 있다고 한다. 이를 위해서는 악기 연주, 외국어 학습, 퍼즐 맞추기 등 적절한 인지 훈련을 해야 한다. 이러한 활동은 신경세포 간의 연결을 강화해 기억력이나 판단력 등 인지 기능을 활성화시키는 데에 도움이 된다.

- **주제**: 노년기 인지 훈련의 중요성
- **텍스트 유형**: 논설문

문제 유형 중심 내용 고르기

문제 해결 전략

이 글은 노년기에도 적절한 훈련을 통해 뇌 기능을 유지하거나 향상시킬 수 있음을 주장하고 있습니다. 선택지를 비교할 때는 중심 생각을 얼마나 잘 담고 있는지를 기준으로 판단해야 합니다.

To determine the correct answer, we need to focus on the main idea of the text, which emphasizes the positive impact of consistent cognitive training on brain function in old age.

함께 보기: EBS TOPIK Ⅱ 종합서 p.172 유형 12

해설

① 지문에서는 뇌를 자극하는 훈련을 긍정적으로 평가하고 있으므로 적절한 주제가 아닙니다.

② 일반적인 생각이지만 지문에서는 뇌 기능 저하를 막을 수 있는 가능성에 대해 이야기하고 있으므로 지문 내용에 반대됩니다.

③ 적절한 인지 훈련을 하면 인지 기능을 활성화시킬 수 있다는 지문의 주제로 적절합니다.

④ 지문은 신체 기능보다 인지 기능을 중점적으로 이야기하고 있으며 노인들도 인지 기능을 유지하거나 향상시킬 수 있다고 했으므로 적절한 주제가 아닙니다.

① The passage evaluates brain-stimulating training positively, so this is not an appropriate topic.

② Although this is a common belief, the passage discusses the possibility of preventing cognitive decline, so this option is the opposite of the passage.

③ This is an appropriate topic because the passage argues that proper cognitive training can activate cognitive function.

④ The passage focuses on cognitive rather than physical function, and it states that older adults can maintain or even improve cognitive abilities. Therefore, this is not an appropriate topic.

39

정답 ②

제시문

그런데 이를 보완하기 위해서 운동을 하려고 해도 기대한 효과가 없을 수도 있다.

사람들은 각자 신체에 약한 부위가 있다. (㉠) 배 근육이 약한 사람이 있는가 하면 어깨 근육이 약한 사람도 있다. (㉡) 예를 들면, 약한 복근을 강화하기 위해 윗몸 일으키기 운동을 하는 경우 뇌에서는 약한 근육을 쓰지 않고 다른 근육을 써서라도 어떻게든 동작을 완성시킨다. (㉢) 그렇게 되면 목이나 허리 등 다른 부위만 피곤해지고 배 근육은 강해질 수가 없다. (㉣) 따라서 특정 부위를 강화하려면 다른 힘의 개입을 통제할 수 있는 자세로 운동하는 것이 중요하다.

- **주제**: 특정 부위의 강화 운동
- **텍스트 유형**: 설명문

문제 유형 알맞은 순서로 배열한 것 고르기(위치 찾기)

문제 해결 전략

이 문제는 연결을 돕는 단어를 잘 이해해서 앞뒤 문장과 자연스럽게 이어지는 곳에 제시문을 넣어야 합니다. 제시문의 '그런데'는 화제를 전환하고 있으며 '이를(=이것을)'은 앞 문장의 내용을 받아 주는 연결 표현입니다. 따라서 보완해야 할 것이 먼저 제시된 뒤에 이 문장이 들어가는 것이 자연스럽습니다.

This question requires identifying the most appropriate placement for the given sentence within the passage. The sentence begins with "however", indicating a transition, and includes "this", which refers to something previously mentioned. Therefore, the sentence should follow a statement describing something that needs to be supplemented.

함께 보기: EBS TOPIK Ⅱ 종합서 p.144 유형 10

해설

① 앞 문장은 글의 화제를 소개하고 있습니다. 뒤 문장에 '신체의 약한 부위'의 예시가 이어지기 때문에 제시문이 들어갈 위치로 적절하지 않습니다.

② '신체의 약한 부위'의 예시 설명이 끝나고 또 다른 예시 문장이 시작됩니다. '약한 부위'는 보완되어야 할 '이(것)'으로 연결될 수 있으며 뒤 문장은 보완 운동할 때 나타나는 현상을 이야기하고 있습니다. 따라서 이 자리에 보완 운동으로 화제를 전환하는 제시문이 들어가야 합니다.

③ '그렇게 되면'으로 시작하는 뒤 문장은 앞의 상황의 문제점으로 연결되기 때문에 이 위치에 다른 문장이 들어가면 흐름이 깨집니다.

④ '따라서'로 시작하는 뒤 문장은 앞의 문제점에 대한 해결 방법으로 연결되기 때문에 이 위치에 다른 문장이 들어가면 흐름이 깨집니다.

① The previous sentence introduces the topic of the passage. Since the next sentence gives an example of "weak parts of the body," this is not the right place for the sentence to be inserted.

② After the example of "weak parts of the body," another example sentence begins. The "weak parts" can be linked to "this," which needs to be strengthened, and the following sentence explains what happens during complementary exercise. Therefore, this is the right place for a sentence that shifts the topic to complementary exercise.

③ The following sentence begins with "If that happens" and connects to the problem described in the previous situation. Inserting another sentence here would break the flow.

④ The following sentence begins with "Therefore" and connects to the solution for the previous problem. Inserting another sentence here would break the flow.

40

정답 ①

제시문

> 반면에 남성들은 강해 보이기 위해 비를 맞거나 모자만 쓰는 것을 선호했다.

고대 그리스와 로마에서 우산은 귀족 여성들에게 높은 지위와 부를 상징하는 액세서리로 사용되었다. (㉠) 이러한 남성들의 생각을 깨뜨리기 위해 18세기 중반 한 영국 남성은 30년 동안 매일 우산을 썼다고 한다. (㉡) 처음에는 그를 비웃던 사람들이 점차 우산의 필요성을 인식해 우산은 일반 사람들에게 받아들여지기 시작했다. (㉢) 그가 만든 초기의 우산은 나무로 만들었기 때문에 펴고 접는 것이 불편했지만 뼈대가 쇠로 바뀌면서 현대적 우산의 모습을 갖추게 되었다. (㉣)

• **주제:** 우산의 대중화　• **텍스트 유형:** 설명문

문제 유형 알맞은 순서로 배열한 것 고르기(위치 찾기)

문제 해결 전략

이 글은 일부만 사용하던 우산이 대중화되는 과정을 설명하고 있습니다. '반면에 남성들은'으로 시작하는 제시문은 이와 반대되는 여성의 우산 사용 내용 뒤에 연결되어야 자연스럽습니다.

This question requires identifying the most appropriate placement for the given sentence within the passage. The sentence starts with "Men on the other hand" indicating a contrast with the previous statement. Therefore, the sentence should follow the part that discusses women's use of umbrellas.

함께 보기: EBS TOPIK Ⅱ 종합서 p.144 유형 10

해설

① 고대 여성 귀족의 우산 사용에 대한 내용이 앞에 나오므로 대조되는 내용의 제시문 위치로 적절합니다. 우산에 대한 남성의 태도는 뒤 문장의 '이러한 남성들의 생각'으로 연결됩니다.

② 앞 문장에는 일반적인 남성의 생각을 깨뜨린 한 남자의 이야기가 나오며 뒤 문장에는 그에 대한 반응이 이어지므로 이 위치에 다른 문장이 들어가면 어색합니다.

③ 이미 우산이 일반화되었다는 이야기의 결론 부분이므로 우산에 대한 과거 남성들의 반응은 어울리지 않습니다.
④ ㉢과 비슷하게 이야기의 결론 부분으로 우산 재료가 변화하면서 더욱 자리 잡는 내용입니다. 따라서 우산을 거의 사용하지 않던 과거 남성들의 행동은 어울리지 않습니다.

① This is an appropriate position for a contrasting statement, since the previous sentence discusses the use of umbrellas by ancient female aristocrats. Men's attitudes toward umbrellas then connect to the following sentence, which begins with "the thoughts of these men."
② The previous sentence tells the story of a man who challenged the usual male view, and the following sentence gives the reaction to that. Inserting another sentence here would make the flow awkward.
③ This is the conclusion of the story that umbrellas had already become common, so past male reactions to umbrellas do not fit here.
④ Like ㉢, this is part of the conclusion, describing how umbrellas became more established as their materials changed. Therefore, past male behavior of rarely using umbrellas does not fit here.

41

정답 ③

제시문

> 작가는 골목을 따라 걷다가 과거의 자신을 마주친다.

박지수 씨가 신작 수필 『골목의 기억』을 발표했다. (㉠) 소설가인 작가는 이전에 쓴 책들과는 달리 자신의 어린 시절 오래된 골목에서의 기억들을 바탕으로 이번 책을 썼다. (㉡) 이 책은 골목길을 천천히 지나는 것처럼 작은 가게와 이웃의 인사, 정겨운 풍경을 하나하나 따뜻하게 그려 낸다. (㉢) 독자들도 작가의 시선을 따라가다 보면 잊고 지냈던 소중한 기억을 떠올릴 수 있을 것이다. (㉣)

- **주제**: 수필 『골목의 기억』 소개
- **텍스트 유형**: 서평/감상문

문제 유형 알맞은 순서로 배열한 것 고르기(위치 찾기)

문제 해결 전략

문장의 위치를 찾는 문제를 풀 때는 지문의 흐름을 파악해야 합니다. 이 글은 새로 나온 책을 소개하고 있으며 작가 소개에서 책의 내용, 독자들의 예상 반응으로 이어집니다. 제시문은 작가의 회상과 감정을 이야기하고 있습니다.

To solve sentence insertion problems, it is crucial to understand the logical flow of the passage. This passage introduces a newly published book, moving from the author's introduction to the book's content and anticipated reader reactions. The given sentence reflects the author's recollection and emotions.

함께 보기: EBS TOPIK Ⅱ 종합서 p.144 유형 10

해설

① 앞뒤 문장 모두 작가 소개와 새로 쓴 책을 소개하는 부분으로 내면 묘사가 들어가기에는 적절하지 않습니다.
② 앞 문장은 '골목과 추억'이 이 책의 소재임을 소개했고 뒤 문장은 책의 전개 방식을 소개하고 있습니다. 제시문은 걸으면서 지나치는 풍경을 묘사하는 듯한 책의 전개 방식과 관련이 있습니다. 그러나 뒤 문장보다 앞서 작가의 내면을 제시하는 것은 어색합니다.
③ 앞 문장에 골목의 묘사 방식을 소개하면서 '골목길을 천천히 지나는 것처럼' 쓰였다는 설명은 제시문의 '작가는 골목을 따라 걷다가'로 연결됩니다. 이 책은 작가가 골목길을 걷는 느낌으로 지나는 풍경들을 기록했다는 것입니다. 또한 뒤 문장에 '독자들도 따라간다'는 표현이 나오기 때문에 제시문이 들어갈 위치로 자연스럽습니다.
④ 현재 시제의 제시문은 미래 시제의 앞 문장보다 뒤에 들어가기 어색합니다. 또한 독자의 감상을 유도하는 결론이므로 작가의 내면 묘사가 들어가기에는 늦었습니다.

① Both the previous and following sentences introduce the author and the new book, so inserting an introspective description here would not be appropriate.
② The previous sentence introduces "Alleys and Memories" as the subject of the book, and the following sentence explains how the book unfolds. The suggested passage describes scenery while

walking, which relates to the book's development style. However, placing an introspective description before the following sentence feels awkward.

③ The previous sentence introduces the descriptive method of alleys, and the explanation that it was written "as if passing slowly through the alley" leads naturally into the suggested passage, which begins with "the author walks along the alley." The book records scenery as if the author were walking through the alleys, and since the following sentence also says "readers follow," this is a natural place for the passage.

④ The suggested passage is in the present tense, which is awkward after the previous sentence written in the future tense. In addition, since the following sentence serves as a conclusion that guides readers' appreciation, it is too late to insert an introspective description here.

42~43

제시문

명화는 더 이상 버틸 힘이 남아 있지 않았다. 병세는 갈수록 깊어졌고 밤마다 찾아오는 고통은 익숙해지려고 하면 더 날카로워졌다. 그럼에도 그녀는 한 번도 소영이 앞에서 아픈 내색을 하지 않았다. 기침을 하다가 소영과 눈이 마주치면 그녀는 언제 그랬냐는 듯 작은 손을 꼭 잡고 "엄마 괜찮아."라며 웃어 보였다. 그러나 이제는 준비해야 했다. 병이 나도록 일하며 모아둔 돈으로 명화는 딸의 옷을 샀다. 내년에 입을 옷, 그리고 그 다음 해에 신을 신발까지. 집으로 돌아오는 길에는 돼지고기도 넉넉하게 한 근을 샀다. 생선 장사하면서 남은 것만 먹인 것이 마음에 걸렸던 참이었다. 새 밥을 지어 상을 차리는 사이 학교에서 돌아온 소영의 얼굴이 환하게 밝아졌다.

"와, 고기 냄새! 오늘 무슨 날이야?" 소영이 맛있게 먹는 모습을 보며 명화는 잠시 아픈 것도 잊었다.

"엄마가 소영이 옷 사 왔지. 다 먹고 입어 보자." 밥상을 미뤄 두고 소영은 엄마가 사 온 옷을 받아 들었다. 생일도 아닌데 무슨 일이냐며 해맑게 웃었다. 그런데 명화는 옷 한 벌을 더 내밀었다. 딱 봐도 소영에겐 큰 옷이었다. 이어서 꺼내 보인 신발들도 소영에겐 아직 맞지 않을 크기였다. 그 순간 소영의 얼굴에서 웃음기가 사라졌다.

"엄마, 이게 다 뭐야? 어디 가?"

• **주제**: 어머니의 이별 준비 • **텍스트 유형**: 소설

42

정답 ①

문제 유형 등장인물의 심정 고르기

문제 해결 전략

이 문제는 지문 속 상황, 인물의 행동과 말을 통해 인물이 어떤 감정을 느끼고 있는지를 파악하는 문제입니다. 특히 밑줄 친 문장 앞뒤에서 나타나는 상황과 행동의 변화를 살펴봐야 합니다.

This question requires identifying the character's emotions based on the situation, actions, and dialogue within the passage. Focus on the changes in the character's feelings before and after the underlined sentence.

함께 보기: EBS TOPIK Ⅱ 종합서 p.188 유형 13

해설

① 큰 옷과 신발을 통해 엄마가 미래를 준비한 것을 느끼고 소영은 웃음을 멈췄습니다. 그리고 엄마가 떠나는 것인지 질문하며 불안해하고 있으므로 소영의 심정에 가장 어울립니다.

② 소영이 서두르고 있는 심정이 아니므로 오답입니다.

③ 처음 선물을 받았을 때는 기뻐했지만 웃음기가 사라졌으니 긍정적인 심정은 어울리지 않습니다.

④ 선물이 기대에 못 미쳐서 실망하는 상황이 아니므로 오답입니다.

① Feeling that her mother prepared for the future through her big clothes and shoes, Soyoung stopped laughing. And she is anxious asking if her mother is leaving, so it suits Soyoung's feelings best.

② Soyoung is not in a hurry, so it's the wrong answer.

③ Although there was joy when the gift was first

received, the smile soon disappeared, so positive feelings do not fit.

④ It's not a situation where you're disappointed because the gift didn't meet your expectations, so it's the wrong answer.

43

정답 ③

문제 유형 세부 내용을 파악해 일치하는 내용 고르기

문제 해결 전략

소설 지문의 특성을 따라 등장인물의 행동이나 정보, 상황의 변화, 일의 원인과 결과를 잘 파악해서 선택지와 비교해야 합니다. 지문에 직접 언급이 되었거나 유추 가능한 것만 정답이 될 수 있으며 과장되거나 근거가 없는 내용은 오답입니다.

When analyzing a novel passage, it is crucial to carefully examine the characters' actions, contextual information, changes in situations, and cause-and-effect relationships. Only the details that are explicitly stated or logically inferred from the passage should be considered correct, while exaggerated or unfounded statements are incorrect.

함께 보기: EBS TOPIK Ⅱ 종합서 p.130 유형 09

해설

① 소영이 선물을 받고 어디 가냐고 물은 것은 엄마가 떠날까 봐 걱정돼서 한 질문이었습니다. 따라서 여행 갈 기대를 하는 것은 지문 내용과 다릅니다.

② 명화는 매일 남은 생선을 주는 것을 미안해했지만 소영이 지겹다고 한 적은 없으니 오답입니다.

③ 지문에 '병이 나도록 일했다', '생선 장사하며 남은 것만 먹였다'는 것으로 명화의 직업과 딸을 돌보는 상황을 알 수 있기 때문에 정답입니다.

④ 병세가 깊어져 떠날 준비를 하고 있지만 딸을 다른 집에 보낼 계획은 없으므로 오답입니다.

① When Soyoung received the gift and asked where she was going, she asked because she was worried that her mom would leave. Therefore, expecting to go on a trip is different from the text.

② Myeonghwa felt sorry for giving leftover fish every day, but since Soyoung never said she was tired of it, this option is incorrect.

③ This is the correct answer because the passage says she "worked until she became ill" and "fed her daughter only leftovers from selling fish," which shows Myeonghwa's job and her situation in caring for her daughter.

④ Although her illness worsened and she was preparing to pass away, there is no plan to send her daughter to another household, so this option is incorrect.

44~45

제시문

중세 시대 서양은 신 중심의 세계관을 바탕으로 발전해 왔다. 그러나 14세기 중반에 전염병이 유럽 전역을 휩쓸면서 사람들의 인식은 점차 흔들리기 시작했다. 정체를 알 수 없는 병이 3년 동안 2천만 명에 가까운 목숨을 앗아가자 인간을 구하지 않는 신에 대한 불신이 퍼져 나갔다. 그러면서 사람들은 인간 본연의 감정과 이성에 관심을 가지게 되었고 이러한 변화는 예술과 문학, 과학 분야에도 영향을 미쳤다. 이전에는 신의 뜻과 이상을 표현하는 데에 집중했다면 이제는 (   ) 방향으로 바뀐 것이다. 결국 끔찍했던 전염병은 오랜 중세 시대를 마무리하고 새로운 시대를 여는 전환점이 되었다.

- **주제**: 중세 시대를 끝낸 전염병
- **텍스트 유형**: 설명문

44

정답 ①

문제 유형 문맥을 파악해 빈칸에 알맞은 말 고르기

문제 해결 전략

빈칸에는 앞뒤 문장 내용과 잘 연결되는 표현이 들어가야 합니다. 빈칸이 있는 문장은 '이전에는 ~다면, 이제는~'의 구조로 이전과 지금을 대조하고 있습니다. 이전에는 신의 뜻과 이상을 표현했다고 제시되어 있으니, 이와 반대되는 내용을 찾아서 빈칸에 넣어야 합니다.

The blank should be filled with an expression that logically connects the preceding and following sentences. The sentence containing the blank is structured as "Previously, it was , but now it is," highlighting the contrast between the past and present. Since the previous part mentions the expression of divine will and ideals, the blank should include a contrasting concept that reflects the change.

함께 보기: EBS TOPIK Ⅱ 종합서 p.158 유형 11

해설

① 신과 인간으로 대조되며 변화된 인간 중심의 분위기를 반영하고 있으므로 빈칸에 알맞은 내용입니다.
② 중세의 흐름과 비슷하여 변화된 방향과는 반대됩니다.
③ 과학적 변화와는 관련이 있지만 예술, 문학의 변화를 포함하기에는 부족합니다.
④ 변화를 받아들이고 새로운 시대로 나아가는 내용이 이어지므로 지문과 맞지 않습니다.

① It's contrasted with God and humans, and it reflects the changed human-centered atmosphere, so it's just right for the blank.
② It's similar to the trend of the Middle Ages, which is contrary to the changed direction.
③ It is related to scientific change, but it is not enough to include changes in art and literature.
④ This does not match the passage, which continues with the theme of embracing change and moving into a new era.

45 정답 ④

문제 유형 중심 내용 고르기

문제 해결 전략

주제를 고르는 문제를 풀 때는 글에서 가장 중요하게 말하고 있는 생각이 무엇인지 찾아야 합니다. 한 부분에만 나오는 내용이나 예시는 주제가 아닙니다. 글 전체의 흐름을 잘 보여 주는 문장이 정답입니다. 처음과 끝 문장에 주제가 나오는 경우가 많으니 잘 살펴보는 것이 좋습니다.

To choose the correct topic, it is essential to identify the central idea that the passage emphasizes the most. Details or examples that appear only in one part of the text are not the main topic. Usually, the first and last sentences provide clues to the main idea, so examining them carefully is helpful.

함께 보기: EBS TOPIK Ⅱ 종합서 p.172 유형 12

해설

① 예술 및 학문 연구의 방향이 바뀌었으나 연구를 중단하지 않았으므로 지문 내용과 다릅니다.
② 종교에 대한 불신이 커졌으므로 지문 내용과 다릅니다.
③ 많은 사람이 죽었으므로 전염병이 인구 감소의 원인이 된 것은 맞지만 지문에서는 그에 따른 결과가 중심 내용이므로 주제로 알맞지 않습니다.
④ 전염병 이후 신 중심의 사고가 인간 중심으로 바뀌어 여러 분야에도 영향을 미쳤다는 것이 중심 내용이므로 이 글의 주제로 적절합니다.

① Although the direction of artistic and academic research changed, research did not stop, so this does not match the passage.
② Since distrust of religion increased, this does not match the passage.
③ While it is true that the epidemic caused population decline, the passage focuses on the consequences of that decline, so this is not suitable as the topic.
④ The central idea is that after the epidemic, God-centered thinking shifted to human-centered thinking, influencing many fields. Therefore, this is an appropriate topic for the passage.

46~47

제시문

현대 사회에서 고용 안정은 개인의 삶의 질은 물론이고 사회 전체의 지속 가능성과도 깊이 관련된다. 이에 따라 경기 침체기나 고용 불안 시기에 정부가 공공사업 확대, 고용 장려금 지급, 실업 보험 강화 등의 정책을 시행해 왔다. 이러한 정책은 고용을 창출하고 실업률을 낮춰 고용 불안을 해소하는 데 기여했다. 하지만 고용 안정을 위한 정부의 재정 정책이 항상 긍정적인 효과만을 가져오는 것은 아니다. 정부 지출의 확대는 장기적으로 국가 경제의 부담으로 작용할 수 있으며 물가 상승을 유발해 실질적으로 소득을 감소시키는 부작용이 발생할 수도 있다. 무엇보다도 민간 경제의 자율성과 창의성을 저해할 수 있다는 점에서 한계를 가진다. 따라서 정부는 고용 시장에 개입할 때 그 효과뿐만 아니라 잠재적 부작용까지도 신중히 고려해서 시장 경제와 조화를 이룰 수 있는 방향으로 정책을 운용해야 한다. 목적이 아무리 타당하더라도 정부의 지나친 개입은 장기적으로 부정적 결과를 낳을 수 있기 때문이다.

- **주제**: 고용 안정과 정부의 역할
- **텍스트 유형**: 논설문

46 정답 ②

문제 유형 필자의 태도 고르기

문제 해결 전략

필자의 태도를 묻는 문제는 단순한 정보보다 글 전체에서 필자가 어떤 주장이나 입장을 취하고 있는지를 중심으로 판단해야 합니다. 처음에는 주제에 대해 소개하고 중간 이후부터 주장이나 해결 방향이 나오는 경우가 많은데 그 부분이 정답의 단서가 됩니다.

To answer a question about the author's attitude, it is important to focus on the overall stance taken throughout the passage, rather than just specific pieces of information. Typically, the author's opinion or proposed solutions emerge after the introduction, making the latter part of the passage crucial for determining the attitude.

함께 보기: EBS TOPIK Ⅱ 종합서 p.188 유형 13

해설

① 지문에서는 정부의 적극적인 개입의 문제를 우려하고 있으므로 필자의 태도와 반대됩니다.
② 지문에서는 정부 개입의 효과를 인정하면서도 잠재적 부작용을 고려해야 한다며 강조했으므로 필자의 태도와 일치합니다.
③ 경제 부담에 대한 내용은 있었지만 경제 발전과 복지 정책의 우선순위를 이야기하는 내용은 없습니다.
④ 민간 경제의 자율성을 기대하고 있지만 민간의 참여를 장려하는 내용은 없습니다.

① The passage expresses concern about active government intervention, so this is the opposite of the author's stance.
② The passage acknowledges the effectiveness of government intervention but emphasizes that potential side effects should be considered, so this is consistent with the author's stance.
③ Although the passage mentions the economic burden, it does not discuss the priorities of economic development and welfare policy.
④ The passage expresses hope for the autonomy of the private economy, but it does not encourage private participation.

47 정답 ④

문제 유형 세부 내용을 파악해 일치하는 내용 고르기

문제 해결 전략

이 유형에서는 선택지가 지문에 실제로 나온 내용인지, 또는 지문과 반대되거나 없는 내용인지를 잘 확인해야 합니다. 맞는 것처럼 보이지만 실제로는 지문에 없거나 과장된 내용일 수도 있으니 주의해야 합니다.

To correctly answer questions of this type, it is essential to carefully check whether the given options reflect the content of the passage. Some options may appear correct but actually contain information not stated, exaggerated, or opposite to what the passage conveys.

함께 보기: EBS TOPIK Ⅱ 종합서 p.130 유형 09

해설

① '고용 안정은 사회 전체의 지속 가능성과도 관련된다'는 지문의 내용과 반대됩니다.
② '정부의 지출이 증가하면 물가 상승을 유발한다'는 지문의 내용과 반대됩니다.

③ 민간 경제의 자율성이 중요하다는 내용은 있지만, 정부가 전혀 개입하면 안 된다는 극단적 표현은 없습니다.

④ '정부가 공공사업이나 고용 장려금, 실업 보험 등의 정책을 시행해 왔다'는 지문의 내용과 일치합니다.

① It is contrary to the text that 'employment security is also related to the sustainability of society as a whole'.

② It is contrary to the text that says, "Increasing government spending causes inflation."

③ There is a mention that the autonomy of the private economy is important, but there is no extreme expression that the government should not intervene at all.

④ It is consistent with the text that "the government has implemented policies such as public projects, employment incentives, and unemployment insurance."

48~50

제시문

연예인은 대중의 사랑과 관심 속에서 활동하며 사회적 영향력을 행사한다. 이 때문에 연예인 관련 정보들은 언론과 인터넷을 통해 실시간으로 노출되며 사적인 영역까지 공적 관심의 대상으로 여겨지곤 한다. 연예인의 일상, 가족사나 연애, 건강 상태에 이르기까지 관심이 집중되면서 사생활이 무분별하게 소비되는 일이 잦다. 최근에는 과거 연애 이력이나 가치관, 가족과 관련된 정보가 무단으로 유포되거나 왜곡되기도 한다. 이러한 사생활 공개는 단순한 호기심을 넘어 인권과 초상권을 위협하며 그 결과 본인뿐 아니라 주변인들까지 정신적 피해를 입는다. 물론 연예인이 공인으로서 일정 부분 사생활을 공개해야 한다는 주장도 있다. 그러나 사생활 보호는 누구에게나 보장된 기본 권리이다. 그러므로 연예인이라는 이유만으로 (   ) 안 된다. 대중은 무분별한 간섭을 경계하고, 언론도 자극적 보도를 지양해야 한다. 개인의 존엄성과 권리가 존중되는 사회를 위해 연예인의 사생활 역시 보호되어야 한다.

• **주제**: 연예인 사생활 침해 논란
• **텍스트 유형**: 논설문

48 정답 ②

문제 유형 필자가 글을 쓴 목적 고르기

문제 해결 전략

글의 목적을 찾을 때는 필자의 주장을 참고하여 이 글을 통해 하고자 하는 일이 무엇인지 확인해야 합니다. 마지막 부분에 필자의 주장이 나오는 경우가 많으므로 주의 깊게 읽어야 합니다. 선택지는 보통 목적을 나타내는 문법을 사용하여 구성됩니다.

To determine the purpose of a passage, it is essential to examine the author's main argument. Typically, the conclusion or final section of the text contains the primary message the author intends to convey. Also, purpose-related options often include specific expressions indicating intention.

함께 보기: EBS TOPIK Ⅱ 종합서 p.188 유형 13

해설

① 연예인의 사회적 역할은 앞부분에 소개되었으나 필자의 주장은 아니므로 오답입니다.

② 마지막 부분에 관심이 무분별한 간섭이 될 수 있음을 경계하라고 했으므로 이 글의 목적으로 적절합니다.

③ 대중의 행태를 이야기하고 있지만 필자의 주장은 비판과 경계까지 나아가고 있으므로 글의 목적을 정확히 담아내지 못했습니다.

④ 언론의 과도한 보도 관행을 비판하는 지문의 내용과 반대됩니다.

① The social role of celebrities is introduced at the beginning, but it is not the author's claim, so this option is incorrect.

② This is appropriate for the purpose of the article because, in the final part, the author warns that attention can turn into indiscriminate interference.

③ Although the passage mentions public behavior, the author's claim goes further to criticism and caution, so this option does not fully capture the purpose of the article.

④ This is the opposite of the passage, which criticizes the media's excessive reporting practices.

49

정답 ④

문제 유형 문맥을 파악해 빈칸에 알맞은 말 고르기

문제 해결 전략

이 문제는 빈칸이 있는 문장의 앞뒤 문장을 주의 깊게 읽고 자연스럽게 이어지는 내용을 선택하는 것이 중요합니다. 이 지문에서는 '그러므로'로 시작하는 문장에 빈칸이 있으므로 필자의 주장을 잘 정리하여 완성해야 합니다.

To select the correct option for the blank, it is crucial to carefully read the sentences before and after the blank to ensure a natural flow. Since the sentence containing the blank starts with "Therefore," it should logically summarize or conclude the preceding argument.

함께 보기: EBS TOPIK Ⅱ 종합서 p.158 유형 11

해설

① 연예인이라는 이유로 모든 행동이 용인된다는 것은 지문의 내용과 어울리지 않는 내용입니다.

② 지문은 연예인이 대중의 관심으로 오히려 피해를 보는 상황을 이야기하고 있으므로 어울리지 않는 내용입니다.

③ 연예인이 타인의 인권을 무시한다는 것은 연예인이 인권 침해를 받는다는 지문의 내용과 어울리지 않는 내용입니다.

④ 지문에서는 연예인의 인권 침해를 비판하고 있으므로 빈칸에 가장 알맞은 내용입니다.

① The idea that all actions are tolerated just because someone is a celebrity does not match the content of the passage.

② This option does not match the passage, which describes how celebrities can actually suffer harm from excessive public attention.

③ The claim that celebrities ignore others' human rights does not match the passage, which instead discusses celebrities themselves experiencing rights violations.

④ Since the passage criticizes the violation of celebrities' human rights, this is the most appropriate option for the blank.

50

정답 ①

문제 유형 세부 내용을 파악해 일치하는 내용 고르기

문제 해결 전략

이 문제를 풀 때는 선택지의 내용이 지문에 정확하게 나왔는지 확인하는 것이 중요합니다. 지문과 다르거나 없는 내용, 혹은 반대되는 표현이 들어 있다면 오답입니다.

When solving this type of problem, it is essential to carefully check whether the content of the choices accurately reflects the passage. Any content that differs from, contradicts, or is absent from the passage should be considered incorrect.

함께 보기: EBS TOPIK Ⅱ 종합서 p.130 유형 09

해설

① '정보가 왜곡되기도 한다'는 지문의 내용과 일치합니다.

② 법적 보호에 대한 내용은 없으며 '연예인의 인권과 사생활도 존중받아야 한다'는 지문의 내용에 반대됩니다.

③ 알 권리를 주장하는 사람도 있지만 지문은 가족 정보를 포함한 무분별한 정보 공개에 문제를 제기하고 있으므로 지문의 내용과 다릅니다.

④ '연예인의 사생활에 관심이 집중된다'는 지문의 내용과 다릅니다.

① This is consistent with the passage, which says that "information is being distorted."

② There is no mention of legal protection, and this is the opposite of the passage, which says that "celebrities' human rights and privacy should also be respected."

③ Although some claim the right to know, the passage raises concerns about indiscriminate disclosure of information, including family details, so this option does not match.

④ This does not match the passage, which states that attention is focused on celebrities' private lives.

제5회 정답과 해설

1교시 | 듣기 정답

◆ 배점: 각 2점

1	2	3	4	5	6	7	8	9	10
①	③	③	④	①	③	③	①	④	④
11	**12**	**13**	**14**	**15**	**16**	**17**	**18**	**19**	**20**
②	②	④	③	①	②	②	①	②	③
21	**22**	**23**	**24**	**25**	**26**	**27**	**28**	**29**	**30**
②	④	①	①	④	④	③	④	②	②
31	**32**	**33**	**34**	**35**	**36**	**37**	**38**	**39**	**40**
③	③	②	①	④	③	④	①	②	④
41	**42**	**43**	**44**	**45**	**46**	**47**	**48**	**49**	**50**
④	②	①	③	③	④	②	③	①	③

1교시 | 쓰기 정답

◆ 배점: 각 10점

문항 번호	모범 답안 및 채점 기준
51	㉠ 변경됩니다
	㉡ 확인해 주십시오
52	㉠ 미루게 된다
	㉡ 세워야 한다

◆ 배점: 30점

53 운동 횟수의 변화를 살펴보면 2018년부터 2023년까지 운동을 거의 하지 않는 사람이 45%에서 30%로 줄어든 반면 주 3회 이상 운동하는 사람은 20%에서 34%로 증가하였다. 선호하는 운동의 종류에서도 변화가 나타났는데 걷기, 헬스, 요가, 필라테스의 비율은 상승한 반면 자전거와 수영은 하락했다. 이러한 변화의 원인은 비용이 저렴하거나 무료로 이용 가능한 운동과 실내 운동을 선호하는 사람들이 많아졌고, 단순한 체력 향상을 넘어 체형 관리나 스트레스 해소 등을 목적으로 운동하는 사람들이 증가한 점을 꼽을 수 있다.

◆ 배점: 30점

54

도시화가 빠르게 진행되면서 자연 공간은 줄어들고, 그로 인해 시민의 삶의 질이 위협받고 있다. 도시는 발전하고 있지만 자연은 점점 사라지고 있으며, 이는 단순한 녹지 감소가 아니라 도시민의 삶이 삭막해지고 있음을 뜻한다.

도시에서 자연 공간이 중요한 이유는 다양하다. 첫째, 환경적 기능으로 미세 먼지를 줄이고 온도를 조절하며 수질을 정화한다. 둘째, 건강적 기능으로 운동과 산책의 기회를 제공하여 신체 건강을 유지하게 한다. 셋째, 심리적 안정 효과로 스트레스를 줄이고 정서적 안정을 돕는다. 공원이나 숲은 도시의 숨구멍이자 시민 정신 건강을 돌보는 공간이다.

반대로 자연 공간이 부족하면 여러 문제가 발생한다. 여름 폭염을 심화시키는 도시 열섬 현상이 나타나고, 대기 오염과 소음이 집중된다. 또한 시민의 우울감과 정서 불안이 증가해 사회적 비용이 커지며, 녹지 유무에 따른 지역 간 격차는 불평등을 심화시킨다. 자연 공간이 부족하면 도시를 병들게 하고 시민을 지치게 한다.

따라서 자연 공간 확보와 보존은 필수적이다. 도시계획 단계에서 의무 녹지 비율을 설정하고, 공공 주택과 학교, 상업지에도 소규모 공원을 설계해야 한다. 하천과 숲을 지키는 법적 장치를 마련하고 시민이 참여할 수 있는 텃밭 조성이나 나무 심기 사업을 확대하는 것도 필요하다. 도시 속 자연은 우리의 생존과 직결된 핵심 요소임을 잊지 말아야 한다.

2교시 | 읽기 정답

◈ 배점: 각 2점

1	2	3	4	5	6	7	8	9	10
④	①	③	①	②	④	②	③	④	③
11	**12**	**13**	**14**	**15**	**16**	**17**	**18**	**19**	**20**
①	③	④	①	②	②	①	②	④	③
21	**22**	**23**	**24**	**25**	**26**	**27**	**28**	**29**	**30**
④	②	④	①	②	②	①	③	③	④
31	**32**	**33**	**34**	**35**	**36**	**37**	**38**	**39**	**40**
①	②	②	③	①	②	④	①	④	③
41	**42**	**43**	**44**	**45**	**46**	**47**	**48**	**49**	**50**
①	①	②	③	①	④	④	③	②	③

1

정답 ①

제시문

여자: 여기는 언제 와도 사람이 많네요.
남자: 네, 특히 주말에는 줄을 서서 기다려야 해요. 이 식당 음식이 정말 맛있거든요.
여자: 그래요? 그럼 우리도 빨리 주문해요.

• **주제**: 식당 • **담화 유형**: 대화

문제 유형 알맞은 그림이나 그래프 고르기

문제 해결 전략

이 문제는 식당에서의 일상 대화를 듣고 알맞은 그림이나 그래프를 고르는 유형입니다. 대화에서 언급된 장소(식당), 상황(사람들이 식당에 있음), 화자의 반응(빨리 주문하자)을 잘 파악해야 합니다. 핵심 표현과 등장인물의 행동을 바탕으로 상황을 떠올리며 선택지를 비교하면서 답을 찾아야 합니다.

This type of question asks you to listen to a daily conversation at a restaurant and choose the appropriate picture or graph. You need to clearly identify the location(restaurant), the situation (people are in the restaurant), and the speaker's reaction(let's order quickly). Based on key expressions and the characters' actions, visualize the situation and compare the answer choices to find the correct one.

함께 보기: EBS TOPIK Ⅱ 종합서 p.14 유형 01

해설

① 식당에서 남자와 여자가 대화를 나누고 있습니다. 주문을 하자는 말을 통해 아직 주문하기 전의 상황임을 알 수 있습니다. 정답은 ①번입니다.
② 식당에서 식사를 마치고 계산을 하러 가는 상황이므로 정답이 아닙니다.
③ 대화를 나누는 장소가 식당이므로 집 안에서의 그림은 정답이 아닙니다.
④ 대화를 나누는 장소가 식당이므로 ④번도 정답이 될 수 없습니다.

① A man and a woman are talking in a restaurant. From the remark about ordering, we can tell it is before they have ordered. The correct answer is option ①.
② This shows a situation where they have finished eating at the restaurant and are going to pay, so it is not the correct answer.
③ Since the conversation takes place in a restaurant, a picture set inside a house is not the correct answer.
④ Since the conversation takes place in a restaurant, option ④ also cannot be correct.

2

정답 ③

제시문

남자: 여기 단풍나무 아래 한번 서 보세요. 여기서 찍으면 사진이 잘 나올 것 같아요.
여자: 그래요? 그럼 우리 같이 찍어요.
남자: 그럴까요? 잠깐만요. 저쪽에 있는 분한테 부탁해 볼게요.

• **주제**: 사진 촬영 • **담화 유형**: 대화

문제 유형 알맞은 그림이나 그래프 고르기

문제 해결 전략

이 문제는 사진 촬영 상황에 대한 대화를 듣고, 알맞은 그림이나 그래프를 고르는 유형입니다. 대화에서 언급된 장소(단풍나무 아래), 인물의 행동(같이 사진을 찍음, 다른 사람에게 부탁함), 방향(저쪽에 있는 분에게 부탁) 등을 중심으로 상황을 떠올려야 합니다.

This type of question asks you to listen to a conversation about taking a photo and choose the appropriate picture or graph. You need to visualize the situation based on the details mentioned in the dialogue: the location (under a maple tree), the characters' actions (taking a photo together, asking someone else to take it), and the direction (asking the person over there).

함께 보기: EBS TOPIK Ⅱ 종합서 p.14 유형 01

해설

① 단풍나무라는 말을 통해 가을 등산 중이므로 대화 상황과는 맞지 않습니다.
② 넘어진 여자가 괜찮은지 살피고 있는 상황으로 대화 상황과는 맞지 않습니다.
③ 남자가 단풍나무 아래에서 여자의 사진을 찍어 주려다가 여자가 같이 찍자고 제안하는 상황이므로 정답은 ③번입니다.
④ 두 사람은 등산 중에 사진을 찍고 있으므로 사진을 보고 있는 그림은 대화 상황과 맞지 않습니다.

① The mention of a maple tree indicates autumn hiking,

so this does not match the conversation.

② This shows a situation where a man is checking if a fallen woman is okay, which does not match the conversation.

③ The man is about to take the woman's photo under a maple tree when she suggests taking it together, so the correct answer is option ③.

④ Since the two are taking photos while hiking, a picture of them just looking at photos does not match the conversation.

3

정답 ③

제시문

남자: 최근 한 조사에 따르면 제주도 관광객 수가 계속 증가하고 있는 것으로 나타났습니다. 제주도 관광객이 증가한 이유로는 '접근성이 좋아서'라는 응답이 가장 많았고, '관광지가 많아서', '음식이 맛있어서'가 그 뒤를 이었습니다.

• **주제**: 제주도 관광객 • **담화 유형**: 뉴스

문제 유형 알맞은 그림이나 그래프 고르기

문제 해결 전략

이 문제는 뉴스 내용을 듣고 알맞은 그림이나 그래프를 고르는 유형입니다. 주요 정보인 제주도 관광객 수 증가와 이유의 순위나 비율에 주의하면서 듣는 것이 중요합니다. 듣고 난 뒤에는 어떤 정보가 가장 많았는지, 어떤 순서로 언급되었는지를 기억하고, 그래프와 정확히 일치하는 선택지를 찾아야 합니다.

This problem is the type of listening to the news and choosing the right picture or graph. It is important to listen carefully to the main information, the increase in the number of tourists to Jeju Island and the ranking or ratio of reasons. After listening, you should remember what information was most frequently mentioned and in what order it was mentioned, and look for options that exactly match the graph.

함께 보기: EBS TOPIK Ⅱ 종합서 p.14 유형 01

해설

① 제주도 관광객 수가 계속 증가하고 있다고 했으므로 감소했다가 증가하는 그래프는 정답이 아닙니다.

② 관광객 수가 계속 감소하고 있는 그래프이므로 답이 될 수 없습니다.

③ 관광객 증가 이유로는 접근성이 좋아서, 관광지가 많아서, 음식이 맛있어서가 차례대로 뒤를 이었다고 했으므로 정답은 ③번입니다.

④ 관광지가 많아서가 가장 많은 그래프이므로 답이 될 수 없습니다.

① Since it was said that the number of tourists to Jeju Island has been continuously increasing, a graph showing a decrease followed by an increase is not the correct answer.

② A graph showing the number of tourists continuously decreasing cannot be the correct answer.

③ The reasons for the increase in tourists were given in order as good accessibility, many tourist attractions, and delicious food. Therefore, the correct answer is option ③.

④ A graph showing "many tourist attractions" as the largest reason cannot be the correct answer.

4

정답 ④

제시문

남자: 수미 씨, 오늘 진수 씨 봤어요?

여자: 아니요. 왜요? 연락 안 돼요?

• **주제**: 친구 연락 • **담화 유형**: 대화

문제 유형 이어질 말이나 행동 고르기

문제 해결 전략

이 문항은 대화 흐름에 자연스럽게 이어질 수 있는 말을 고르는 유형입니다. 앞사람의 말에 대한 질문, 반응, 설명, 이유 제시가 어떻게 이어지는지를 잘 듣고, 가장 자연스럽게 연결되는 말을 찾아야 합니다. 특히 "왜요? 연락 안 돼요?"처럼 이유를 묻는 질문 뒤에는 그에 대한 직접적인 설명이 나오는 경우가 많습니다.

This question asks you to choose the most natural continuation of the conversation. Listen carefully to how the previous speaker's question, reaction, explanation, or reason is followed in the dialogue. In particular, when a speaker asks "Why? Can't you reach him?", the next speaker usually provides a direct explanation.

함께 보기: EBS TOPIK Ⅱ 종합서 p.24 유형 02

해설

① 남자가 진수 씨를 찾고 있으므로, 진수 씨를 잘 모른다는 말은 흐름과 맞지 않습니다.
② 연락이 안 되느냐는 질문에 남자가 자기 전화번호를 알려 주는 것은 상황에 어울리지 않습니다.
③ 진수 씨와 만났다는 말은 연락이 되지 않는 상황과 맞지 않습니다.
④ "연락 안 돼요?"라는 질문에 대해 "아침부터 계속 전화를 안 받는다"는 대답은 자연스럽게 이어지므로 가장 적절합니다. 따라서 정답은 ④번입니다.

① The man is looking for Jinsu, so saying he doesn't know Jinsu well does not fit the context.
② It is unnatural for the man to offer his phone number when the question was about Jinsu not answering his calls.
③ Saying that he met and spoke with Jinsu does not match the situation where the woman assumes he can't be reached.
④ Saying "He hasn't been answering my calls since this morning" naturally follows the woman's question and is the most appropriate. Therefore, the correct answer is ④.

5 정답 ①

제시문

여자: 주말에 영화 보기로 한 거, 언제 볼까요?
남자: 저는 토요일은 다 괜찮아요.

• **주제**: 시간 약속 • **담화 유형**: 일상적 대화

문제 유형 이어질 말이나 행동 고르기

문제 해결 전략

이 문항은 앞 사람의 말에 자연스럽게 이어지는 대답을 찾는 유형입니다. 특히 시간이나 날짜에 대한 질문과 답이 나온 뒤에는, 그 내용을 바탕으로 구체적인 제안이나 결정 표현이 나올 가능성이 큽니다. 남자가 "토요일은 다 괜찮다"고 했기 때문에 여자는 토요일 중 하나의 시간을 정해 말하는 것이 자연스럽습니다.

This question asks you to choose the response that would naturally follow the previous speaker's remark. In particular, when a question and answer about time or date appears, the next line is often a specific suggestion or decision based on that information. Since the man said, "Saturday works for me," it is natural for the woman to suggest a specific time on Saturday.

함께 보기: EBS TOPIK Ⅱ 종합서 p.24 유형 02

해설

① 남자의 말에 맞춰 구체적인 시간을 제시하는 자연스러운 반응입니다. 따라서 정답은 ①번입니다.
② 아직 영화를 보러 가지 않았기 때문에 상황에 맞지 않습니다.
③ 영화 시간도 정해지지 않은 상태에서 팝콘 이야기를 하는 것은 어울리지 않습니다.
④ 남자가 토요일이 괜찮다고 했으므로 일요일로 예약하겠다는 말은 대화 흐름과 맞지 않습니다.

① This is a natural response where the woman suggests a specific time based on the man's availability. Therefore, the correct answer is option ①.
② They haven't gone to see the movie yet, so this does not match the situation.
③ The movie time hasn't even been set, so talking about popcorn is inappropriate at this stage.
④ The man said Saturday works for him, so making a reservation for Sunday does not fit the flow of the conversation.

6 정답 ③

제시문

남자: 안경 왜 안 쓰고 왔어?
여자: 아침에 급하게 나오다 놓고 왔어.

• **주제**: 안경 • **담화 유형**: 일상적 대화

문제 유형 이어질 말이나 행동 고르기

문제 해결 전략

이 문항은 앞사람의 말에 자연스럽게 이어지는 말을 고르는 유형입니다. 상대방이 말한 상황과 감정을 고려해, 그에 어울리는 반응을 선택하는 것이 중요합니다. 특히 '놓고 왔다'는 표현 다음에는 불편함에 대한 공감이나 걱정을 담은 말이 자연스럽습니다.

This question asks you to choose the most natural response to the previous speaker's remark. It is important to consider the speaker's situation and feelings to select an appropriate reply. Especially after a statement like "I left it at home," a response that shows empathy or acknowledges the inconvenience tends to be most natural.

함께 보기: EBS TOPIK Ⅱ 종합서 p.24 유형 02

해설

① 지금 여자는 안경을 안 쓰고 있으므로 이 말은 상황과 어울리지 않습니다.

② 안경을 집에 두고 온 상태이므로 지금 잠깐 놔두는 것과는 관련이 없습니다.

③ 안경 없이 하루를 보내야 하는 상황에 대해 공감하며 자연스럽게 이어지는 말입니다. 따라서 정답은 ③번입니다.

④ 여자는 안경을 두고 온 상황을 말하고 있으며 눈이 나빠졌다는 이야기는 없으므로 이 말은 어울리지 않습니다.

① The woman is not wearing glasses now, so this response does not fit the situation.

② Since she left her glasses at home, a comment about leaving them here temporarily is irrelevant.

③ This shows empathy for the discomfort of being without glasses and naturally follows the conversation. Therefore, the correct answer is option ③.

④ The woman is talking about forgetting her glasses, not about her vision worsening, so this response does not match the context.

7

정답 ③

제시문

남자: 세탁기에서 이상한 소리가 나요.
여자: 산 지 얼마 안 됐는데 왜 그럴까요?

• **주제**: 세탁기 고장 • **담화 유형**: 대화

문제 유형 이어질 말이나 행동 고르기

문제 해결 전략

이 문항은 앞사람의 말에 자연스럽게 이어지는 말을 찾는 유형입니다. 상대방의 말이 의문이나 걱정을 표현할 경우, 그에 대한 공감, 대응, 해결 방안 제시가 이어지는 경우가 많습니다. 특히 "왜 그럴까요?"처럼 문제 상황을 함께 고민하는 표현 뒤에는 원인 추측이나 대책 마련이 담긴 반응이 자연스럽습니다.

This question asks you to choose the most natural response that follows the previous speaker's line. When the first speaker expresses a question or concern, it is common for the next speaker to respond with sympathy, a reaction, or a proposed solution. In particular, after a question like "Why would that happen?", a reply that includes a guess about the cause or a plan to fix the issue is likely to follow.

함께 보기: EBS TOPIK Ⅱ 종합서 p.24 유형 02

해설

① 여자는 산 지 얼마 안 됐다고 했으므로 오래 써서 생긴 문제는 아닙니다.

② 세탁기가 전자 제품이기는 하지만 전자 제품은 새것이 좋다는 말은 상황과 직접적인 관련이 없습니다.

③ 여자의 말에 공감하며, 서비스 센터에 연락하겠다는 해결 의지를 보이는 가장 자연스러운 반응입니다. 따라서 정답은 ③번입니다.

④ 세탁기에서 소리가 나는 것은 문제 상황이므로 소리가 마음에 든다는 말은 대화 흐름에 맞지 않습니다.

① The woman says "It hasn't been long since we bought it," so implying it's an issue from long-term use does not make sense.

② While a washing machine is indeed an electronic device, saying "New electronics are better" is unrelated to the specific situation.

③ This is the most appropriate response, as it shows sympathy and a willingness to solve the problem by contacting the service center. Therefore, the correct answer is ③.

④ Since the noise from the washing machine indicates a problem, saying "I like the sound too" is inappropriate for the context.

8

정답 ①

제시문

여자: 이 가방, 끈만 바꿀 수 있을까요?
남자: 그럼요. 끈 길이는 어떻게 할까요?

• **주제**: 가방 수선 • **담화 유형**: 대화

문제 유형 이어질 말이나 행동 고르기

문제 해결 전략

이 문항은 앞사람의 말에 자연스럽게 이어지는 대답을 고르는 유형입니다. 앞서 나온 질문의 내용과 상황을 바탕으로, 가장 자연스럽고 논리적인 반응을 선택해야 합니다. 특히 "끈 길이는 어떻게 할까요?"처럼 선택을 요구하는 말 뒤에는, 구체적인 요구나 선호를 드러내는 말이 자연스럽습니다.

This question asks you to choose the most natural response to the previous speaker's statement. You should base your choice on the content and situation of the previous dialogue, and select a response that is logical and fits naturally in context. Especially when a question like "How long should the strap be?" is asked, a specific preference or request is the most appropriate type of response.

함께 보기: EBS TOPIK Ⅱ 종합서 p.24 유형 02

해설

① 남자가 끈의 길이를 물었고 여자가 원하는 길이를 말하고 있으므로 가장 자연스러운 대답입니다. 따라서 정답은 ①번입니다.
② 끈 길이에 대해 묻는 말과는 연결되지 않으며 대화 흐름과 맞지 않습니다.
③ 아직 수선을 진행하기 전이므로 감사 인사는 어울리지 않습니다.
④ 끈을 바꾸기로 한 상황에서 끈이 없는 것이 유행이라는 말은 앞뒤가 맞지 않습니다.

① The man asked about the strap length, and the woman clearly states her preference. This is the most natural and logical response. Therefore, the correct answer is ①.
② This comment about the bag's condition is unrelated to the man's question and does not fit the flow of the conversation.
③ Since the strap has not yet been repaired, it is too early to offer thanks for the service.
④ In a situation where the woman has asked to replace the strap, saying that strapless bags are in fashion does not make sense.

9

정답 ④

제시문

여자: 이 가게 팥빙수가 정말 맛있대. 그걸로 주문할까?
남자: 우리 두 개 시킬 거니까 다른 메뉴도 한번 보자.
여자: 다 맛있어 보인다. 직원한테 뭐가 맛있는지 추천 좀 받아 볼게.
남자: 그래, 한번 물어봐 줘. 나 잠깐 화장실 좀 다녀올게.

• **주제**: 빙수 주문 • **담화 유형**: 대화

문제 유형 이어질 말이나 행동 고르기

문제 해결 전략

이 문항은 앞사람의 말을 듣고 이어질 행동을 추론하는 유형입니다. 말하는 사람이 무엇을 하겠다고 말했는지에 집중해야 하며, '~할게', '~하려고'와 같은 표현이 나오면 그 말이 실제 행동으로 이어질 가능성이 큽니다. 또한 두 사람의 역할이 어떻게 나뉘는지를 파악하는 것도 중요합니다.

This question asks you to choose the most appropriate action that the woman would take next after listening to the dialogue. Focus on what the speaker says they intend to do. Expressions like "I'll do~" or "I'm going to~" are strong indicators of the action that will follow. It is also important to understand the division of roles between the two speakers (e.g., one person going to the restroom, the other placing an order).

함께 보기: EBS TOPIK Ⅱ 종합서 p.24 유형 02

해설

① 화장실에 간다고 한 사람은 남자이므로 여자의 행동과는 맞지 않습니다.
② 아직 팥빙수를 주문하기로 확정한 상황이 아니며 여자는 그 전에 다른 행동을 하려고 합니다.
③ 이미 다양한 메뉴를 본 뒤, 고르기 어려워 여자가 다른 방식으로 결정하려는 상황입니다.

④ 여자가 하겠다고 한 말과 일치하며 가장 자연스럽게 이어지는 행동입니다. 따라서 정답은 ④번입니다.

① The man says he will go to the restroom, so this is not the woman's action.
② The woman has not decided to order the patbingsu yet; she plans to do something else first.
③ They have already looked over the menu, and the woman has decided to take a different approach because the decision was difficult.
④ This directly reflects the woman's stated intention and is the most natural next step. Therefore, the correct answer is ④.

10 정답 ④

제시문

여자: 조금 전에 구매하신 거, 한 치수 큰 걸로 바꾸시려는 거죠?
남자: 네, 아까 입어 봤을 때 괜찮긴 했는데 큰 게 더 편할 것 같아서요.
여자: 지금 그 치수는 매장에 없네요. 제가 금방 창고에서 가져다 드릴게요.
남자: 네, 감사합니다. 아까 받은 영수증은 여기 있어요.

• **주제**: 옷 치수 교환 • **담화 유형**: 대화

문제 유형 이어질 말이나 행동 고르기

문제 해결 전략

이 문항은 앞사람의 말을 듣고 이어질 행동을 추론하는 유형입니다. 특히 '~할게요', '갖다드릴게요'처럼 의도를 드러내는 표현이 들리면, 그 말이 곧 행동으로 이어질 가능성이 크기 때문에 주의 깊게 들어야 합니다. 또한 대화의 순서와 역할 분담도 함께 고려해야 합니다.

This question asks you to infer what the speaker will do next based on the previous line. In particular, if you hear expressions like "I'll do it" or "I'll bring it to you," they usually indicate what the person is actually going to do. It's also important to consider the sequence of the conversation and who is responsible for what.

함께 보기: EBS TOPIK Ⅱ 종합서 p.24 유형 02

해설

① 남자가 말한 행동으로 여자의 행동이 아니므로 적절하지 않습니다.
② 남자가 이미 입어 본 옷에 대해 말하고 있으며 현재 여자의 다음 행동을 묻고 있으므로 맞지 않습니다.
③ 여자가 지금 매장에 없다고 했기 때문에 이 대화 내용과 맞지 않습니다.
④ 여자가 "창고에서 가져다 드릴게요"라고 말했으므로 실제 이어질 행동과 일치합니다. 따라서 정답은 ④번입니다.

① This is an action the man mentioned, not the woman, so it is not appropriate.
② The man already talked about trying on the clothes, and the question is about what the woman will do next, so this option is not suitable.
③ The woman said the item is not in the store, so this choice does not match the situation.
④ The woman said "I'll bring it from the stockroom," which clearly indicates what she will do next. Therefore, the correct answer is option ④.

11 정답 ②

제시문

여자: 여보, 청소기는 돌렸지요?
남자: 네. 이제 빨래한 거 개려고요. 쓰레기는 버렸어요?
여자: 지금 나가서 버리려고요. 오는 길에 마트도 들를 건데, 필요한 거 있어요?
남자: 우유가 없던데 좀 사 올래요?

• **주제**: 집 청소 • **담화 유형**: 대화

문제 유형 이어질 말이나 행동 고르기

문제 해결 전략

이 문항은 앞사람의 말을 듣고 이어질 행동을 찾는 유형입니다. 대화 속 화자의 말에 나타난 계획이나 의도 표현을 주의 깊게 들어야 합니다. 이 대화에서는 '지금', '오는 길'과 같은 시간 표현에 주목해 흐름을 파악해야 합니다.

This question asks you to choose the most appropriate action the woman will take next based on what was said. You need to focus on expressions that indicate the speaker's plans or intentions. In this dialogue, pay close attention to time-related expressions such as "now" and "on the way" to understand the sequence of actions.

함께 보기: EBS TOPIK Ⅱ 종합서 p.24 유형 02

해설

① 남자가 하겠다고 한 행동이므로 여자의 행동이 아닙니다.

② 여자가 "지금 나가서 버리려고요"라고 말했으므로 바로 이어질 행동입니다. 따라서 정답은 ②번입니다.

③ 여자가 처음에 확인한 것으로 이미 끝난 상황에 해당하므로 맞지 않습니다.

④ 마트에 들르는 일은 쓰레기를 버린 이후에 일어날 일입니다.

① Folding the laundry is something the man said he would do, so it is not the woman's action.

② The woman said, "I'm going out to throw it away now," so this is the action she will take next. Therefore, the correct answer is ②.

③ The woman was confirming whether the cleaning had been done, which means it is already completed and not what she will do next.

④ Stopping by the store will happen after throwing out the trash.

12

정답 ②

제시문

여자: 민수 씨, 홍보 행사 때 쓸 물건들 다 옮겼지요?

남자: 네. 그런데 고객들 드릴 음료수가 좀 부족한 것 같던데 더 챙길까요?

여자: 그렇게 해 주세요. 그럼 저는 먼저 행사장에 가서 준비하고 있을게요.

남자: 네. 저도 출발할 때 연락드릴게요.

• 주제: 홍보 행사 물품 • 담화 유형: 대화

문제 유형 이어질 말이나 행동 고르기

문제 해결 전략

이 문항은 앞사람의 말을 듣고 이어질 행동을 찾는 유형입니다. 대화 속 사람이 무엇을 하겠다고 말했는지, 누가 말했는지를 잘 들어야 합니다. "~할게요", "~하려고요" 처럼 말하면 그 일이 곧 이어질 행동일 가능성이 큽니다.

This question asks you to choose the most appropriate action that will follow based on what was just said. You need to listen carefully to what the speaker says they will do, and also pay attention to who says it. Expressions like "I'll do it" or "I'm going to..." usually indicate what that person will do next.

함께 보기: EBS TOPIK Ⅱ 종합서 p.24 유형 02

해설

① 남자가 "더 챙길까요?"라고 했고 여자가 "그렇게 해 주세요"라고 말했으므로 이 행동은 남자가 합니다.

② 여자가 "먼저 행사장에 가서 준비하고 있을게요"라고 했기 때문에 여자의 다음 행동으로 자연스럽습니다. 따라서 정답은 ②번입니다.

③ "출발할 때 연락드릴게요"는 남자가 할 행동입니다.

④ 필요한 물건은 이미 옮겼다고 했기 때문에 다시 하는 일은 아닙니다.

① The man said, "Should I bring some more?" and the woman responded, "Yes, please do," so this is the man's action.

② The woman said, "I'll go to the event venue first and get things ready," so this is the natural next action for her. Therefore, the correct answer is option ②.

③ "I'll call when I leave" is something the man said he would do.

④ They already said that the necessary items were moved, so this is not something that will happen next.

13

정답 ④

제시문

여자: 고등학교 졸업하고 처음 와 본다.

남자: 우리가 학교 다닐 때랑 많이 변했네. 저기 체육관도 새로 생겼고.

여자: 그러게. 선생님은 3시에 뵙기로 했지?
남자: 응. 시간이 여유가 있으니까 운동장에서 좀 걷다가 선생님 뵈러 가자.

• 주제: 졸업 후 고등학교 방문
• 담화 유형: 대화

문제 유형 들은 내용과 같은 것 고르기

문제 해결 전략

이 문항은 들은 내용과 같은 사실을 고르는 문제입니다. 누가 말했는지, 지금 일인지 과거 일인지, 처음인지 아닌지 등을 잘 구분해서 들어야 합니다. 또한 '처음', '새로 생기다', '많이 변했다' 같은 표현에 주목해서 듣습니다.

This question asks you to choose the statement that matches the information you heard. You must clearly distinguish who said what, whether it refers to the present or past, and whether something is being experienced for the first time or not. Also, pay attention to expressions like "for the first time," "was newly built," or "has changed a lot," as they are key to understanding the facts.

함께 보기: EBS TOPIK Ⅱ 종합서 p.34 유형 03

해설

① 남자는 체육관이 새로 생겼다고 말했을 뿐, 지금 그곳에 있는 건 아닙니다.
② 여자는 이 학교를 졸업했다고 말했으므로 와 본 적이 있다는 뜻입니다.
③ 학교가 많이 변했다고 했고 체육관도 새로 생겼다고 했기 때문에 맞지 않습니다.
④ 선생님을 3시에 만나기로 했고 운동장을 걷다가 간다고 했으니 오늘 만날 계획이 맞습니다. 따라서 정답은 ④번입니다.

① The man said that the gym was newly built, but that doesn't mean he is in the gym now.
② The woman said she graduated from this school, which means she has been here before.
③ The man said the school has changed a lot and that the gym was newly built, so this is incorrect.
④ The woman said they planned to meet the teacher at 3 o'clock, and the man suggested walking around the field first. So, they are going to meet the teacher today. Therefore, the correct answer is option ④.

14

정답 ③

제시문

여자: (딩동댕) 안내 방송 드립니다. 김포에서 제주도로 가는 KE123편은 기상 악화로 인해 출발 시간이 지연되었습니다. 출발 예정 시간은 오전 11시 10분에서 오후 1시 20분으로 변경되었으며 탑승구는 5번에서 9번으로 바뀌었습니다. 탑승 수속은 낮 12시에 시작될 예정입니다. 승객 여러분의 양해 부탁드립니다.

• 주제: 비행기 지연 • 담화 유형: 안내 방송

문제 유형 들은 내용과 같은 것 고르기

문제 해결 전략

이 문항은 들은 내용과 같은 사실을 고르는 유형입니다. '어디서 어디로 가는지', '왜 지연되었는지', '시간과 장소가 어떻게 바뀌었는지' 등 구체적인 정보에 주의하며 들어야 합니다. 특히 '출발지/도착지', '탑승구 번호', '시간', '지연 원인' 등은 숫자나 명확한 이유로 제시되므로 정확히 기억해야 합니다.

This question type asks you to choose the statement that matches what you heard. Pay close attention to specific details such as the departure and arrival locations, the reason for the delay, and any changes in time or place. Especially focus on clear information like numbers and causes (e.g., gate number, new departure time, or reason for the delay).

함께 보기: EBS TOPIK Ⅱ 종합서 p.34 유형 03

해설

① '김포에서 제주도로 가는 KE123편'이라고 했으므로 목적지는 제주도입니다.
② 출발 시간이 오후 1시 20분으로 변경되었으므로 오전 출발이 아닙니다.
③ 탑승구는 5번에서 9번으로 바뀌었다고 안내하고 있습니다. 따라서 9번 탑승구로 가야 한다는 내용은 맞습니다. 따라서 정답은 ③번입니다.
④ 지연 사유는 기상 악화 때문이며 고장 때문이 아닙니다.

① The announcement states that Flight KE123 is going from Gimpo to Jeju, so the destination is Jeju. This statement is incorrect.
② The departure time was changed to 1:20 p.m., so it is

no longer a morning flight. This statement is incorrect.

③ It was clearly mentioned that the gate changed from Gate 5 to Gate 9, so passengers now need to go to Gate 9. Therefore, the correct answer is option ③.

④ The reason for the delay is bad weather, not a mechanical issue, so this statement is incorrect.

15

정답 ①

제시문

남자: 오늘 오전 8시경 지하철 5호선 인주역을 지나던 열차 안에서 화재 사고가 발생했습니다. 경찰에 따르면 한 시민이 열차 안에서 불을 지른 것으로 확인되었으며, 현장에서 바로 붙잡혔습니다. 당시 열차에 타고 있던 시민들이 안내 방송에 따라 신속하게 대피해 인명 피해는 발생하지 않았습니다. 불은 짧은 시간 안에 꺼졌지만, 열차가 멈추면서 출근길 시민들이 큰 불편을 겪었습니다. 현재 경찰은 목격자의 진술을 통해 정확한 사고 내용을 조사하고 있습니다.

• **주제**: 화재 사고 • **담화 유형**: 뉴스/보도

문제 유형 들은 내용과 같은 것 고르기

문제 해결 전략

이 문제는 뉴스/보도문을 듣고 핵심 내용을 정확히 파악해 선택지에서 같은 뜻의 내용을 고르는 유형입니다. 먼저 사건의 장소(지하철 5호선 인주역), 시간(오전 8시경), 사고 유형(열차 내 화재)과 같은 핵심 사실을 놓치지 않고 듣는 것이 중요합니다. 또한 인명 피해 여부, 시민들의 대처, 경찰의 대응 상황 등도 요점으로 정리해 두면 비슷한 말로 바뀐 선택지에서 정확한 정답을 고를 수 있습니다.

This type of question asks you to listen to a news report and accurately grasp the key details, then choose the option with the same meaning. It is important not to miss core facts such as the location of the incident (Inju Station on Subway Line 5), the time (around 8 a.m.), and the type of accident (a fire inside the train). You should also summarize key points such as whether there were any casualties, how citizens responded, and how the police handled the situation, so you can select the correct answer even if the options are rephrased.

함께 보기: EBS TOPIK Ⅱ 종합서 p.34 유형 03

해설

① 지하철 5호선 인주역을 지나던 열차 안에서 화재 사고가 발생했다고 언급되어 있으므로 정답은 ①번입니다.

② 불을 지른 사람은 현장에서 바로 붙잡혔으므로 사실과 다릅니다.

③ 오늘 오전 8시경에 발생한 사고로 늦은 밤이라는 정보는 사실과 다릅니다.

④ 인명 피해는 발생하지 않았으므로 많은 시민들이 다쳤다는 정보는 사실과 다릅니다.

① It was mentioned that a fire broke out inside a train passing through Inju Station on Subway Line 5, so the correct answer is option ①.

② The arsonist was caught immediately at the scene, so this statement is incorrect.

③ The accident occurred around 8 a.m. today, so the information about late at night is incorrect.

④ There were no casualties, so the information that many citizens were injured is incorrect.

16

정답 ②

제시문

남자: 선생님께서는 웃음 치료사로 활동하고 계신데요. 구체적으로 어떤 일을 하시나요?

여자: 처음에는 웃을 일이 없는 우울증 환자들이나 암 환자들을 대상으로 웃음 치료를 시작했어요. 그런데 요즘에는 병원뿐 아니라 일반인들을 대상으로도 웃음 치료를 진행하고 있어요. 웃음 치료는 말 그대로 웃음을 통해 마음의 건강을 돕는 일이에요. 가벼운 게임이나 이야기, 음악을 활용해 자연스럽게 웃음을 이끌어 냅니다. 사람마다 상태가 다르기 때문에 활동 전에 대상자의 상태나 반응을 먼저 살펴보는 것이 가장 중요해요.

• **주제**: 웃음 치료사 • **담화 유형**: 인터뷰

문제 유형 **들은 내용과 같은 것 고르기**

문제 해결 전략

이 문제는 인터뷰 내용을 듣고 같은 뜻의 내용을 고르는 유형으로, 핵심 정보를 정확히 이해하고 요약하는 능력이 중요합니다. 먼저 웃음 치료의 대상(처음엔 암 환자, 최근엔 일반인도 포함), 치료 방식(자연스럽게 웃음을 이끌어 냄), 그리고 활동 시 중요한 점(대상자의 반응과 상태를 먼저 살핌)과 같은 주요 내용을 중심으로 들어야 합니다.

This type of question asks you to listen to an interview and choose the statement with the same meaning, so the ability to accurately understand and summarize key information is important. You should focus on the main points: the target of laughter therapy (initially cancer patients, recently expanded to include the general public), the method of therapy (encouraging natural laughter), and the key aspect during activities (observing the subject's reaction and condition first).

함께 보기: EBS TOPIK Ⅱ 종합서 p.34 유형 03

해설

① 웃음 치료는 우울증 환자와 암 환자를 대상으로 하다가 지금은 일반인들도 참여하고 있으므로 사실과 다릅니다.

② 가벼운 게임, 이야기, 음악을 활용해서 자연스럽게 웃음을 이끌어 낸다는 말을 통해 ②번이 정답이라는 것을 알 수 있습니다.

③ 여자는 무조건 크게 웃는 것이 중요하다고 말하지 않습니다.

④ 웃음 치료는 사람마다 상태가 다르기 때문에 먼저 반응을 살핀 후 활동이 달라집니다. 따라서 정답이 아닙니다.

① Laughter therapy was initially for depression patients and cancer patients, but now even the general public participates, so this is incorrect.

② From the statement that light games, stories, and music are used to naturally draw out laughter, we can see that the correct answer is option ②.

③ The woman did not say that laughing loudly no matter what is important.

④ Since laughter therapy varies depending on each person's condition and starts by observing their reaction, this is not the correct answer.

17

정답 ②

제시문

남자: 약속 장소가 생각보다 가깝네요. 걸어가도 되겠어요.

여자: 그래도 차로 가는 게 더 편하지 않을까요?

남자: 오늘 날씨도 좋으니까 잠깐 걷는 것도 괜찮을 것 같은데요.

• **주제**: 가까운 곳 걷기 • **담화 유형**: 대화

문제 유형 **중심 생각, 중심 내용, 화제 고르기**

문제 해결 전략

이 문항은 남자의 중심 생각을 고르는 문제입니다. 여러 가지 말을 하더라도 가장 중요하게 전달하고자 하는 생각이 무엇인지 파악해야 합니다. 특히 마지막에 한 말이나 반복해서 강조한 표현에 주목하며 듣습니다.

This question asks you to choose the man's main point. Even if he says many things, you need to identify the thought he most importantly wants to convey. Pay special attention to what he says at the end or the expressions he repeats and emphasizes.

함께 보기: EBS TOPIK Ⅱ 종합서 p.54 유형 04

해설

① 남자가 걷자고는 하였으나 이것이 건강에 도움이 된다는 말은 하지 않습니다.

② 남자는 "생각보다 가깝다", "걸어가도 되겠어요", "잠깐 걷는 것도 괜찮을 것 같은데요."라고 말하며 걷는 것에 긍정적인 태도를 보였습니다. 따라서 정답은 ②번입니다.

③ 약속 시간에 대한 말은 하지 않았습니다.

④ 약속 장소를 정하는 기준에 대해서는 말하지 않았습니다.

① The man suggests walking, but he does not say it is good for health.

② The man says, "It's closer than I thought," "We could walk," and "Walking a bit wouldn't be bad," which shows his positive attitude toward walking. Therefore, the correct answer is ②.

③ There is no mention of the meeting time, so this choice is irrelevant.

④ The man does not talk about how to choose the meeting place, so this choice is unrelated.

18

정답 ①

제시문

남자: 너무 많이 담는 거 아니에요? 하루이틀 먹을 것만 사면 될 것 같은데요.

여자: 한번에 많이 사야 할인도 되고 자주 안 나와도 되잖아요.

남자: 그래도 너무 많이 사면 결국 다 먹지도 못하고 버리게 되니까요.

• **주제**: 장 보기 • **담화 유형**: 대화

문제 유형 중심 생각, 중심 내용, 화제 고르기

문제 해결 전략

이 문항은 남자의 중심 생각을 고르는 문제입니다. 여러 말을 하더라도 가장 강조하고 있는 생각이 무엇인지를 파악해야 합니다. 이 문제에서는 '너무 많이 사면 버리게 된다'는 이유가 중심 생각을 뒷받침하고 있습니다.

This question asks you to choose the man's main point. Even if he says many things, you need to identify the thought he emphasizes the most. In this case, the reason "If you buy too much, you'll end up throwing it away" supports the main point.

함께 보기: EBS TOPIK Ⅱ 종합서 p.54 유형 04

해설

① 남자는 "하루이틀 먹을 것만 사면 될 것 같다", "너무 많이 사면 버리게 된다"고 말하며 많이 사는 것에 반대하고 있습니다. 중심 생각과 가장 잘 맞습니다. 따라서 정답은 ①번입니다.

② 여자의 주장입니다. 남자는 이에 반대하는 입장을 보입니다.

③ 대화에서는 '미리 준비'에 대한 내용은 없습니다.

④ 남자는 남기지 않기 위해 필요한 만큼만 사야 한다고 말했을 뿐, 재활용 방법에 대해서는 말하지 않았습니다.

① T he man says, "I think just buying enough for a day or two is fine," and "If you buy too much, it ends up being thrown away," clearly showing his opposition to buying in large amounts. This matches the main Point best. Therefore, the correct answer is Option ①.

② This is the woman's opinion. The man disagrees with her.

③ The dialogue does not mention anything about preparing ingredients in advance.

④ The man says it's better to buy only as much as needed to avoid waste, but does not mention anything about how to reuse leftovers.

19

정답 ②

제시문

여자: 민수 씨, 그 책 또 읽어요? 내용 다 알잖아요.

남자: 네. 세 번째 읽는 건데, 내용을 알아도 다시 보면 또 재미있어요.

여자: 저는 내용 알면 재미없던데요. 여러 권의 책을 빨리 읽는 게 좋아요.

남자: 그렇군요. 저는 한 권을 여러 번 읽어요. 읽을 때마다 다른 매력이 있거든요.

• **주제**: 독서 방법 • **담화 유형**: 대화

문제 유형 중심 생각, 중심 내용, 화제 고르기

문제 해결 전략

이 문항은 남자의 중심 생각을 고르는 문제입니다. 여러 말을 하더라도 가장 강조한 생각이 무엇인지 파악해야 합니다. 남자는 책의 내용을 이미 알아도 반복해서 읽는 이유를 설명하며, 읽을 때마다 다른 매력이 있다고 강조합니다.

This question asks you to choose the man's main point. Even if he says many things, you need to identify the thought he emphasizes the most. The man explains why he rereads books even when he already knows the content, emphasizing that each reading reveals a different kind of appeal.

함께 보기: EBS TOPIK Ⅱ 종합서 p.54 유형 04

해설

① 책의 주제에 대한 내용은 나오지 않았습니다.

② 남자는 읽을 때마다 다른 매력이 있다고 말하며, 같은 책을 반복해서 읽는 즐거움을 말하고 있습니다. 따라서 정답은 ②번입니다.

③ 내용을 모르고 읽어야 재미있다는 말은 여자의 생각이며 남자는 반대 의견을 말합니다.

④ 책의 '스타일'에 대한 이야기는 나오지 않았습니다.

① The topic or subject of the book is not mentioned.

② The man says, "There's a different charm each time

I read it," showing that he enjoys reading the same book repeatedly. Therefore, the correct answer is ②.

③ "It's only fun when you don't know the content" is the woman's opinion. The man disagrees with this.

④ There is no mention of the style or type of book being discussed.

20

정답 ③

제시문

여자: 작가님은 사진을 찍을 때 어떤 점에 신경을 쓰시나요?

남자: 저는 풍경 사진을 자주 찍는데요, 원하는 장면이 쉽게 나타나지는 않습니다. 바람이 멈추거나, 구름이 조금 더 옮겨 가기를 기다리곤 하죠. 때로는 몇 시간씩 같은 자리에 서 있기도 합니다. 그래서 저는 순간을 잡는 것보다 순간이 오기를 기다리는 자세가 더 중요하다고 생각합니다.

• **주제**: 사진 찍는 자세 • **담화 유형**: 인터뷰

문제 유형 중심 생각, 중심 내용, 화제 고르기

문제 해결 전략

이 문항은 남자의 중심 생각을 파악하는 문제입니다. 대화에서 남자가 어떤 주장을 가장 강조했는지, 그리고 반복해서 말한 핵심 표현이 무엇인지 주의 깊게 들어야 합니다. 특히 마지막 부분을 잘 듣습니다. 마지막 문장의 '순간을 잡는 것보다 기다리는 것이 중요하다'는 남자의 말이 중심 생각을 보여 줍니다.

This question asks you to identify the man's main point. You need to listen carefully to what argument he emphasized the most in the conversation and which key expression he repeated. Pay special attention to the ending. In the final sentence, the man's statement that "*waiting is more important than capturing the moment*" reveals his main point.

함께 보기: EBS TOPIK Ⅱ 종합서 p.54 유형 04

해설

① 사진 연습의 중요성에 관한 내용으로 남자의 말과 관련이 없습니다.

② 풍경 사진을 찍는다고 말하긴 했지만 자연의 아름다움을 담는 법에 대해서는 말하지 않았습니다.

③ 남자는 "몇 시간씩 기다린다", "순간을 잡기보다 기다리는 자세가 중요하다"고 말하며 기다림의 중요성을 강조하고 있습니다. 따라서 정답은 ③번입니다.

④ 다른 사진을 보는 것이나 감각을 기르는 방법에 대한 이야기는 없습니다.

① This choice refers to the importance of practice, which is not mentioned in the man's remarks.

② Although the man mentions taking landscape photos, he does not talk about how to capture the beauty of nature.

③ The man says he sometimes waits for hours and emphasizes that having the patience to wait is more important than simply catching a moment. Therefore, ③ is the correct answer.

④ There is no mention of looking at other photos or developing one's photographic sense.

21~22

제시문

여자: 회의 시간이요. 지금처럼 매주 화요일 오전에 계속하면 될까요?

남자: 네, 저는 변동 없이 하는 게 좋다고 생각합니다. 요일이나 시간이 여러 번 바뀌었지만 지금이 가장 안정적인 것 같거든요.

여자: 그런데 요즘 야근이 많아져서 오전 회의가 부담된다는 의견도 있더라고요.

남자: 네, 그런 점도 이해는 되지만 오전이 아니면 회의 후 처리해야 할 일들이 밀릴 수 있어요. 게다가 자율 출퇴근제로 새벽에 출근해서 일찍 퇴근하는 직원들도 있잖아요.

• **주제**: 회의 시간 변경 • **담화 유형**: 대화

21

정답 ②

문제 유형 중심 생각, 중심 내용, 화제 고르기

문제 해결 전략

이 문제는 남자의 말에서 가장 중요하게 강조한 주장(중심 생각)이 무엇인지 파악하는 문제입니다. 남자가 반복해서 말하거나, "가장", "무엇보다", "그래서"와 같은 표

현 뒤에 이어지는 내용을 잘 살펴보아야 합니다. 이 대화에서는 남자가 회의 시간을 바꾸지 말자는 입장을 계속 강조하고 있다는 점에 주의해야 합니다.

This question asks you to identify the speaker's main opinion (central idea). Pay close attention to what the man repeats or says after expressions like "most," "above all," or "therefore." In this conversation, note that the man consistently emphasizes keeping the current meeting time.

함께 보기: EBS TOPIK Ⅱ 종합서 p.54 유형 04

해설

① 남자는 회의 시간이 길다는 내용에 대해 말하지 않았습니다.

② 남자는 "변동 없이 하는 게 좋다", "지금이 가장 안정적"이다라고 말하였으므로, 중심 생각으로 가장 알맞습니다. 따라서 정답은 ②번입니다.

③ 자율 출퇴근제는 이미 시행되고 있는 제도로, 남자의 중심 생각이라기보다 배경 설명입니다.

④ 회의 후 일 처리가 밀릴 수 있다는 말은 있었지만, 이것은 현재 회의 시간을 유지하자는 주장을 뒷받침하는 이유일 뿐 중심 생각은 아닙니다.

① The man does not say the meetings are too long, so this option is incorrect.

② The man says "It's best not to change it" and "This is the most stable," so this is the most appropriate choice for his main opinion. Therefore, the correct answer is option ②.

③ Flexible working hours are already in place, so this is background information, not the man's main point.

④ Although the man says work could be delayed if the meeting is not in the morning, this is simply a reason supporting his opinion to keep the current meeting schedule, not the main point itself.

22

정답 ④

문제 유형 들은 내용과 같은 것 고르기

문제 해결 전략

이 문제는 대화에서 들은 사실과 일치하는 내용을 고르는 유형입니다. 선택지를 읽기 전에 대화의 주요 정보를 잘 기억해 두는 것이 중요합니다. 이 문항에서는 '매주 화요일 오전', '여러 번 바뀌었다', '자율 출퇴근제', '요즘 야근이 많아졌다' 등의 구체적인 사실 표현에 주목하면 정답을 찾을 수 있습니다.

This question asks you to choose the statement that matches the information heard in the conversation. Before looking at the answer choices, it is important to remember key facts from the dialogue. In this question, pay attention to specific factual expressions such as "every Tuesday morning," "changed several times," "flexible working hours," and a "recent increase in late-night work." These will help you identify the correct answer.

함께 보기: EBS TOPIK Ⅱ 종합서 p.34 유형 03

해설

① 대화에서는 매주 화요일 오전이라고 했으므로 사실과 다릅니다.

② 남자가 요일이나 시간이 여러 번 바뀌었지만이라고 말했으므로 반대되는 내용입니다.

③ 남자가 자율 출퇴근제로 새벽에 출근해서 일찍 퇴근하는 직원들도 있다고 말했으므로 사실과 다릅니다.

④ 여자가 "요즘 야근이 많아져서"라고 말했으므로 밤늦게까지 일하는 직원이 늘었다는 내용을 확인할 수 있습니다. 따라서 정답은 ④번입니다.

① The conversation says "every Tuesday morning," so this choice is incorrect.

② The man says "The day and time have changed several times," so this choice is the opposite of what was said.

③ The man says "Some employees come in early and leave early because of the flexible working hours," so this choice is incorrect.

④ The woman says "There are more people working late these days," so it is correct that more employees are working late at night. Therefore, the correct answer is ④.

23~24

제시문

남자 : 여보세요? 인주 시청이죠? 돌잔치 때 입을 아이와 어른 한복을 무료로 빌릴 수 있다고 해서 전화드렸는데요. 어떻게 신청하면 되나요?

여자: 네, 이 서비스는 인주시에 살고 있는 인주 시민이라면 누구나 이용하실 수 있습니다. 한복 신청은 돌잔치 예정일 기준 일주일 전부터 가능하고요. 시청 홈페이지에서 원하시는 한복을 선택하고 예약하신 뒤, 예약한 날 신분증을 가지고 오시면 됩니다.

남자: 혹시 한복을 택배로 받을 수도 있을까요?

여자: 네, 가능합니다. 이메일로 신분증 사본을 보내 주시고 택배비를 미리 입금해 주시면 택배로 보내드립니다.

• **주제**: 한복 대여 • **담화 유형**: 대화

23

정답 ①

문제 유형 대화 상황/참여자를 고르거나 화자의 의도, 태도, 말하는 방식 파악하기

문제 해결 전략

이 문제는 사회적 상황에서의 대화를 듣고 화자의 의도, 태도, 방식을 파악하는 유형입니다. 대화의 상황(한복 대여 문의)과 화자들의 목적(정보 문의 vs 안내 제공)을 정확히 이해해야 합니다. 여자의 말에는 서비스 조건, 신청 절차, 대여 방식(직접 방문/택배) 등 구체적인 정보와 함께 친절하고 명확한 설명 방식이 나타나므로, 말하는 목적과 태도에 집중하며 들어야 합니다.

This type of question asks you to listen to a social conversation and identify the speaker's intention, attitude, and manner of speaking. You need to clearly understand the situation (inquiry about hanbok rental) and the speakers' purposes (asking for information vs. providing guidance). In the woman's words, specific details appear such as service conditions, application procedures, and rental methods (in-person visit/shipping), along with a kind and clear explanatory style. Therefore, focus on her purpose and attitude while listening.

함께 보기: EBS TOPIK Ⅱ 종합서 p.78 유형 05

해설

① 돌잔치에서 입을 한복을 대여할 수 있는 방법에 대해 문의하고 있으므로 정답은 ①번입니다.

② 한복은 무료로 대여할 수 있다고 했고, 택배비와 관련된 안내만 있기 때문에 정답이 아닙니다.

③ 남자는 아직 신청을 하지 않고 이용 방법을 알아보고 있으므로 정답이 아닙니다.

④ 남자는 한복을 대여하기 위한 문의를 하고 있을 뿐 서비스에 대한 홍보를 하고 있지 않습니다.

① Since he is asking about how to rent a hanbok for a first-birthday party, the correct answer is option ①.

② It was said that the hanbok can be rented for free, with only guidance about delivery fees, so this is not the correct answer.

③ The man has not applied yet and is only asking about how to use the service, so this is not the correct answer.

④ The man is inquiring about renting a hanbok, not promoting the service, so this is not the correct answer.

24

정답 ①

문제 유형 들은 내용과 같은 것 고르기

문제 해결 전략

들은 내용과 같은 것 고르기 유형으로, 대화 속에 제시된 정보를 정확하게 파악하고, 세부 조건이나 절차를 잘 기억하는 것이 중요합니다. 대화에서는 한복 대여의 대상(인주 시민), 신청 방법(홈페이지 예약), 이용 조건(신분증 지참), 배송 가능 여부(택배 신청) 등이 구체적으로 언급됩니다.

This is a "choose the statement that matches what you heard" type of question, so it is important to accurately grasp the information presented in the conversation and remember the specific conditions or procedures. In the dialogue, details are mentioned such as the eligibility for hanbok rental (Inju residents), the application method (website reservation), the usage condition (bringing an ID card), and delivery availability (requesting by mail).

함께 보기: EBS TOPIK Ⅱ 종합서 p.34 유형 03

해설

① 한복을 대여하려면 신분증을 제출해야 한다고 했으므로 정답은 ①번입니다.

② 한복은 신분증 사본을 미리 제출하고 택배비를 입금하면 택배로도 받을 수 있으므로 정답이 아닙니다.

③ 돌잔치 예정일 기준 일주일 전부터 가능하다고 했으므로 정답이 아닙니다.

④ 인주에 살고 있는 인주 시민이면 누구나 이용할 수 있다고 했으므로 정답이 아닙니다.

① It was said that you need to present an ID card to rent a hanbok, so the correct answer is option ①.
② A copy of the ID and prepayment of delivery fees allow for delivery by mail, so this is not the correct answer.
③ It was said that rentals are possible starting one week before the scheduled first-birthday party date, so this is not the correct answer.
④ It was said that anyone living in Inju can use the service, so this is not the correct answer.

25~26

제시문

여자: 온주동 거리를 찾는 사람이 정말 많아졌는데요. 온주시에서는 어떤 노력을 하신 건가요?

남자: 네, 이곳은 인구가 줄고 오래된 가게들이 문을 닫으면서 분위기가 많이 침체돼 있는 곳이었습니다. 특히 조명이 어둡고 벽에 낙서가 많아 일부러 피해서 다니는 사람도 있었죠. 그래서 바닥을 새로 깨끗하게 정리하고조명도 밝게 교체했으며 지역 주민들의 이야기를 담은 벽화를 그렸습니다. 또 사진을 찍을 수 있는 포토 존도 만들었어요. 이런 변화 덕분에 다시 이 거리를 찾는 사람이 늘었고 주변 상점들도 활기를 되찾고 있습니다.

• **주제**: 거리 개선 사업 • **담화 유형**: 인터뷰

25

정답 ④

문제 유형 **중심 생각, 중심 내용, 화제 고르기**

문제 해결 전략

이 문항은 남자의 중심 생각을 파악하는 문제입니다. 대화에서 남자가 말한 여러 세부 내용(조명 교체, 벽화 설치, 포토 존 등)은 중심 생각을 설명해 주는 예시일 뿐이며, 남자가 가장 강조한 내용이 무엇인지 생각해 보아야 합니다. 특히 마지막 문장에서 "이런 변화 덕분에 사람들이 다시 찾고 상점들도 활기를 되찾았다"고 말한 부분을 잘 들어야 중심 생각을 알 수 있습니다.

This question asks you to identify the man's main point. In the conversation, the man mentions several specific details (such as replacing the lights, painting murals, and setting up photo zones), but these are just examples that support his main point. You need to think about what he emphasizes the most. Especially in the final sentence, he says, "Thanks to these changes, more people started visiting again, and nearby shops became lively." This part clearly shows his main point.

함께 보기: EBS TOPIK Ⅱ 종합서 p.54 유형 04

해설

① 남자는 바닥을 정비하고 조명을 바꿨다고 했지만 정기적으로 관리해야 한다는 말은 하지 않았습니다.
② 남자는 오래된 가게들이 문을 닫았다고 했지만 가게를 도와야 한다는 말은 하지 않았습니다.
③ 남자는 벽화에 주민들의 이야기가 담겼다고 했지만 주민들이 직접 거리를 바꿔야 한다고 말하지는 않았습니다.
④ 남자는 바닥을 깨끗하게 정리하고 조명을 교체하며 벽화를 그리는 등 거리 환경을 개선한 결과, 사람들이 다시 찾고 상점들이 활기를 되찾았다고 했습니다. 따라서 정답은 ④번입니다.

① The man says they fixed the ground and changed the lights, but he doesn't say they need to manage them regularly.
② He says old stores closed down, but he doesn't say the stores should be supported.
③ The man said that the murals reflect the stories of local residents, but he did not say that the residents themselves directly changed the street or that they should do so.
④ The man said that after improving the street environment—by cleaning the ground, replacing the lights, and painting murals—people started to return and the shops regained their vitality. Therefore, the correct answer is option ④.

26

정답 ④

문제 유형 들은 내용과 같은 것 고르기

문제 해결 전략

이 문항은 대화에서 들은 사실과 같은 내용을 고르는 문제입니다. 정답을 고르기 위해서는 남자가 말한 내용을 정확히 기억하고, 선택지에 있는 표현이 지문 내용과 같은 의미인지 하나하나 비교해 보아야 합니다. 특히 이 문제에서는 거리의 변화와 관련된 내용(조명, 벽화, 포토존 등)을 중심으로 듣는 것이 중요합니다.

This question asks you to choose the statement that matches what was said in the conversation. To find the correct answer, you need to remember exactly what the man said and carefully compare each option to see if the meaning matches the original statement. In particular, this question focuses on the changes made to the street—such as lighting, murals, and photo zones—so it is important to listen for those details.

함께 보기: EBS TOPIK Ⅱ 종합서 p.34 유형 03

해설

① 남자가 이 지역의 인구가 줄고 거리 분위기가 침체되었다고 했으므로 틀립니다.

② 조명을 밝게 교체했다고 했으므로 조명이 없었다는 것은 사실이 아닙니다.

③ 벽화에는 지역 주민들의 이야기가 담겨 있다고 했으므로 내용과 다릅니다.

④ 남자가 사진을 찍을 수 있는 포토 존도 만들었다고 말했으므로 내용과 일치합니다. 따라서 정답은 ④번입니다.

① The man said that the population in the area had decreased and the street atmosphere had become stagnant, so this is incorrect.

② He said that the lighting was replaced with brighter ones, so it is not true that there was no lighting.

③ He said that the murals contain the stories of local residents, so this does not match.

④ The man said that a photo zone was also created for taking pictures, so this matches the content. Therefore, the correct answer is option ④.

27~28

제시문

여자: 다음 달부터 버스랑 지하철 요금이 모두 오른대. 출퇴근할 때 매일 이용하는 사람들한테는 꽤 부담이 되겠어.

남자: 맞아. 하지만 요즘 운영 적자가 너무 커서 어쩔 수 없다고 하더라. 요금이라도 올려야 서비스 수준을 유지할 수 있대.

여자: 요금은 오르는데 운행 시간은 그대로면 불만이 더 커질 수도 있지 않을까?

남자: 그래서 운행 횟수도 늘리고, 환승 할인도 유지한대. 불편함을 줄이려고 여러 대책을 마련하는 것 같아.

여자: 그래도 형편이 넉넉하지 않은 사람들한테는 교통비가 더 부담스러울 텐데⋯ 그런 분들을 위한 지원책도 같이 있었으면 좋겠네.

• 주제: 대중교통 요금 인상 • 담화 유형: 대화

27

정답 ③

문제 유형 대화 상황/참여자를 고르거나 화자의 의도, 태도, 말하는 방식 파악하기

문제 해결 전략

대중교통 요금 인상에 대한 일상적 대화를 듣고 화자의 의도, 태도, 방식을 파악하는 유형입니다. 두 사람의 입장 차이에 주목하며 남자와 여자가 어떻게 의견을 제시하는지 파악하는 것이 중요합니다. 여자는 요금 인상에 대해 이용자의 부담을 우려하고 있고 남자는 운영 적자 해소와 서비스 유지를 위한 불가피한 조치라고 설득하는 태도를 보입니다.

This type of question asks you to listen to a casual conversation about the increase in public transportation fares and identify the speakers' intentions, attitudes, and manner of speaking. Pay attention to the difference in their positions: the woman expresses concern about the burden on users, while the man takes a persuasive stance, arguing that the fare increase is an unavoidable measure to resolve operating deficits and maintain services.

함께 보기: EBS TOPIK Ⅱ 종합서 p.78 유형 05

해설

① 요금 인상에 대해 반대하는 태도를 보이고 있는 것은 여자입니다.
② 남자가 아닌 여자가 운행 시간의 문제점을 지적하고 있으므로 정답이 아닙니다.
③ 남자는 요금 인상의 필요성과 그에 따른 대중의 불편을 줄이기 위한 노력을 설명하면서 대중교통 요금 인상이 불가피하다는 것을 설득하고 있다. 따라서 정답은 ③번입니다.
④ 남자는 대중교통 이용을 줄이자고 의견을 제시하고 있지 않습니다.

① It is the woman who is opposing the rate hike.
② It's not the answer because the woman, not the man, is pointing out the problem with the driving time.
③ The man is persuading the audience that the public transportation fare increase is unavoidable, explaining the necessity of the fare hike and the efforts being made to minimize public inconvenience. Therefore, the correct answer is option ③.
④ The man is not suggesting to reduce public transportation.

28

정답 ④

문제 유형 듣은 내용과 같은 것 고르기

문제 해결 전략
대중교통 요금 인상에 관한 대화를 듣고 같은 내용을 정확히 파악해 답을 고르는 유형입니다. 따라서 대화에서 언급된 핵심 정보(요금 인상 이유, 이용자 반응, 대책 등)를 정확히 듣고 사실 여부나 말한 순서를 잘 기억해야 합니다.

This type of question asks you to listen to a conversation about the increase in public transportation fares and choose the statement that accurately reflects the content. Therefore, you must listen carefully to the key information mentioned in the dialogue (reasons for the fare increase, user reactions, countermeasures, etc.) and remember the facts and the order in which they were stated.

함께 보기: EBS TOPIK Ⅱ 종합서 p.34 유형 03

해설

① 대중교통 요금이 올라도 환승 할인은 그대로 유지된다고 말했으므로 정답이 아닙니다.
② 대중교통 운행 횟수를 늘릴 예정이라고 했으므로 내용과 맞지 않습니다.
③ 형편이 어려운 사람들은 교통비가 부담스럽기 때문에 지원 제도를 함께 마련해야 한다고 말하고 있으므로 아직 지원 제도가 마련되지 않았습니다.
④ 대중교통 요금 인상은 운영 적자 문제를 해결하기 위한 방법임을 설명하고 있으므로 정답은 ④번입니다.

① The man stated that transfer discounts would remain unchanged even if public transportation fares increased, so this is not the correct answer.
② The man said he planned to increase the number of public transportation runs, so this does not match the content.
③ People facing financial hardship say that transportation costs are burdensome, so support systems must be established alongside them. Therefore, support systems have not yet been put in place.
④ It explains that raising public transportation fees is a way to solve the operating deficit problem, so the answer is number ④.

29~30

제시문

여자: 인형 고치는 일을 하신다고 들었습니다. 구체적으로 어떤 일을 하시나요?
남자: 네. 팔이나 다리가 떨어진 인형을 수리하고 있어요. 인형이 찢어진 곳은 바느질해서 고치고 눈이나 팔 같은 부품이 빠지면 다시 만들어서 붙이는 거죠.
여자: 인형을 수리하는 데 시간이 오래 걸릴 것 같아요.
남자: 맞아요. 특히 인형에 주인의 추억이 담겨 있으면 처음 모습처럼 만들어 드리기 위해 더 조심해서 작업해요. 때로는 비슷한 천을 찾아서 직접 고치기도 합니다.
여자: 단순한 수리가 아니라 정성이 많이 필요한 일이네요.
남자: 네. 인형은 단순한 장난감이 아니라 소중한 기억이 담긴 물건인 경우가 많기 때문에, 작은 부분도 신경 쓰면서 책임감을 갖고 일하고 있습니다.

• 주제: 인형 수선 • 담화 유형: 인터뷰

29

정답 ②

문제 유형 대화 상황/참여자를 고르거나 화자의 의도, 태도, 말하는 방식 파악하기

문제 해결 전략

대화가 어떤 상황에서 이루어졌는지, 누가 어떤 입장이나 감정을 가지고 말하는지를 주의 깊게 들어야 합니다. 특히 화자의 말에 드러나는 정서(예: 소중함, 정성, 책임감)나 말투(예: 설명, 강조, 감탄)를 중심으로 듣고 정보 전달인지 설득인지 공감인지 등의 의도를 파악해야 합니다.

You need to pay close attention to the situation in which the conversation takes place, and to who is speaking with what position or emotion. In particular, focus on the feelings revealed in the speaker's words (e.g., affection, sincerity, sense of responsibility) and on their tone (e.g., explanation, emphasis, admiration). From this, determine whether the speaker's intent is to inform, persuade, or empathize.

함께 보기: EBS TOPIK Ⅱ 종합서 p.78 유형 05

해설

① 대화에 인형을 수집한다는 내용은 없습니다.
② 인형을 고쳐 주는 내용이므로 인형을 수리하는 사람입니다. 정답은 ②번입니다.
③ 인형 판매가 아닌 수리를 하는 사람으로 정답이 아닙니다.
④ 인형을 홍보한다는 내용은 없습니다.

① There is no mention in the conversation of collecting dolls.
② The content is about fixing dolls, so the person repairs dolls. The correct answer is option ②.
③ The person repairs dolls, not sells them, so this is incorrect.
④ There is no mention of promoting dolls.

30

정답 ②

문제 유형 들은 내용과 같은 것 고르기

문제 해결 전략

이 문제는 인형을 고치는 일에 대한 대화를 듣고 말한 내용과 같은 사실을 정확히 고르는 유형입니다. 인형 고치기의 구체적인 과정(부품을 다시 만들고 붙임), 태도(정성 어린 작업), 의미(단순한 장난감이 아님) 등 핵심 정보를 집중해서 들어야 합니다.

This question asks you to listen to a conversation about doll repair and identify the fact that matches what was said. You need to focus on the specific repair process (remaking and attaching parts), the attitude (careful, heartfelt work), and the meaning (the dolls are not just simple toys).

함께 보기: EBS TOPIK Ⅱ 종합서 p.34 유형 03

해설

① 자신의 일에 자부심과 사명감을 보이고 있습니다. 그만두고 싶다는 말은 하지 않았습니다.
② 눈이나 팔 같은 부품이 빠지면 다시 붙인다고 했으므로 ②번이 정답입니다.
③ 남자는 고장 난 인형을 처음 모습처럼 만들어 드리기 위해 조심해서 작업한다고 말했으므로 정답이 아닙니다.
④ 인형을 고치는 데는 정성이 필요하기 때문에 시간이 오래 걸린다고 했으므로 맞지 않습니다.

① He shows pride and a sense of duty in his work, but he did not say he wanted to quit.
② He said that if parts like the eyes or arms fall off, he reattaches them, so the correct answer is ②.
③ The man said he was working carefully to restore the broken doll to its original state, so this is not the correct answer.
④ He said that repairing dolls takes a long time because it requires care, so this is incorrect.

31~32

제시문

여자: 요즘 신조어가 너무 많이 생겨서 걱정이에요. 무슨 말인지 모를 때도 많고, 언어 질서가 무너지는 것 같아요.

남자: 그럴 수도 있지만 저는 신조어가 꼭 나쁘다고 보진 않아요. 시대에 따라 언어가 변하는 건 자연스러운 일이라고 생각해요.

여자: 하지만 세대 간 소통이 점점 어려워지고 있잖아요. 특히 공식적인 자리에서는 신조어가 오해를 불러올 수도 있고요.

남자: 물론 상황에 따라 조심해야겠지만 일상에서는 신조어가 표현을 더 재미있고 창의적으로 만들어 준다고 봐요. 저는 신조어도 하나의 언어문화라고 생각해요.

• 주제: 신조어 • 담화 유형: 토론

31 정답 ③

문제 유형 중심 생각, 중심 내용, 화제 고르기

문제 해결 전략

대화를 듣고 화제(주제), 중심 내용, 또는 화자의 중심 생각을 고르는 유형입니다. 대화 전체의 화제가 무엇인지 파악하고 각 화자의 주장과 근거를 정리하면서 듣는 것이 중요합니다. 특히 반복되거나 강조되는 표현, 의견이 드러나는 부분(예: ~중요해요)을 중심으로 들어야 중심 생각을 정확히 파악할 수 있습니다.

This type of question asks you to listen to the conversation and choose the topic, main content, or the speaker's main idea. It is important to grasp what the overall topic of the conversation is and organize each speaker's arguments and supporting points while listening. In particular, focus on repeated or emphasized expressions and on parts where opinions are revealed (e.g., "~ is important"), as these help you accurately identify the main idea.

함께 보기: EBS TOPIK Ⅱ 종합서 p.54 유형 04

해설

① 남자가 공식적인 자리에서는 조심해야 한다고 말했기 때문에 남자의 중심 생각으로 맞지 않습니다.

② 신조어 사용을 자제해야 한다는 의견은 여자의 생각입니다.

③ 신조어를 부정적으로 보지 않으며 오히려 시대 변화에 따라 생기는 자연스러운 언어 현상으로 인식하며 말하고 있습니다. 따라서 정답은 ③번입니다.

④ 세대 간의 소통을 방해한다는 것은 여자의 생각으로 정답이 아닙니다.

① The man said that one should be careful in official settings, so this is not his main idea.

② The opinion that the use of neologisms should be restrained is the woman's view.

③ He does not view new words negatively; rather, he sees them as a natural linguistic phenomenon that arises with changing times. Therefore, the correct answer is ③.

④ The idea that they hinder communication between generations is the woman's thought, so it is not correct.

32 정답 ③

문제 유형 대화 상황/참여자를 고르거나 화자의 의도, 태도, 말하는 방식 파악하기

문제 해결 전략

신조어에 대한 토론 대화를 듣고, 대화 상황이나 참여자, 또는 화자의 의도·태도·말하는 방식을 파악하는 유형입니다. 참여자의 입장 차이(신조어에 대한 우려 vs 긍정적 인식)를 주의 깊게 들어야 합니다. 화자의 표현 방식과 말투를 통해 의도와 감정을 파악하는 것이 좋습니다.

This type of question asks you to listen to a debate about new words and identify the conversation context, the participants, or the speaker's intention, attitude, and manner of speaking. You need to pay attention to the difference in positions between the participants (concern about new words vs. positive perception). It's best to understand the speaker's intention and feelings through their expressions and tone.

함께 보기: EBS TOPIK Ⅱ 종합서 p.78 유형 05

해설

① 비교를 통한 차이점 강조는 대화 내용에서 나타나지 않습니다.

② 남자는 상대의 의견을 일부 인정하긴 하지만 지지하거나 동의하지는 않습니다.

③ "상황에 따라 조심해야겠지만, 신조어도 하나의 언어 문화"라고 말하며 상대의 의견을 전적으로 지지하지 않고 자신의 관점을 부드럽게 드러내는 태도를 보이고 있습니다. 따라서 정답은 ③번입니다.

④ 실험 결과나 객관적인 자료는 전혀 언급되지 않았습니다.

① Emphasizing differences through comparison does not appear in the conversation.

② The man acknowledges part of the other person's opinion, but he does not support or agree with it.

③ He says, "We should be careful depending on the situation, but new words are also a part of language culture," showing that he does not fully support the other's opinion but instead gently reveals his own perspective. Therefore, the correct answer is ③.

④ Experimental results or objective data are not mentioned at all.

33~34

제시문

여자: 태풍에도 이름이 있는 거, 다 아실 텐데요. 원래는 태풍에는 번호만 붙였는데 사람들이 구별하기 어렵다는 이유로 이름을 사용하게 된 것입니다. 현재는 아시아 태풍 위원회에 속한 14개 나라가 각자 10개의 이름을 제출해 목록을 만듭니다. 이름은 순서대로 사용되며 태풍이 발생할 때마다 그 목록에서 다음 이름이 자동으로 붙습니다. 그런데 만약 큰 피해를 준 태풍이 있으면 그 이름은 다시 사용하지 않고 새 이름으로 바꿉니다. 이렇게 함으로써 사람들이 더 쉽게 태풍을 기억하고 대비할 수 있도록 하고 있습니다.

• **주제**: 태풍의 이름　　• **담화 유형**: 강연

33

정답 ②

문제 유형 중심 생각, 중심 내용, 화제 고르기

문제 해결 전략

이 문항은 강연의 주제가 무엇인지 찾는 문제입니다. 강연에서 여러 가지 정보가 나올 수 있지만, 그중에서 가장 중심이 되는 설명이 무엇인지 생각해야 합니다. 이 강연에서는 태풍 이름이 어떻게 정해지고, 언제 바뀌는지 등 이름을 붙이는 방법에 대해 자세히 말하고 있습니다.

This question asks you to identify the main topic of the lecture. Although a lecture can include various pieces of information, you should think about what the speaker is explaining most thoroughly and consistently. In this lecture, the speaker talks in detail about how typhoon names are chosen and when they are changed—that is, the method of naming typhoons.

함께 보기: EBS TOPIK Ⅱ 종합서 p.54 유형 04

해설

① 사람들이 쉽게 기억하고 대비할 수 있게 한다는 말은 있지만 의미에 대한 설명이 중심은 아닙니다.

② 이 강연은 이름을 붙이게 된 이유, 이름 목록, 붙이는 순서, 바뀌는 조건 등을 설명하고 있습니다. 따라서 정답은 ②번입니다.

③ 태풍의 규모(강도, 크기 등)와 이름이 어떻게 연결되는지는 설명하지 않았습니다.

④ 태풍 이름이 언제 정해지는지에 대한 설명은 없습니다.

① Although it is mentioned that names help people remember and prepare for typhoons, the meaning or significance of names is not the main topic.

② The lecture explains why names began to be used, how the name list is created, the order in which names are assigned, and when names are replaced. Therefore, the correct answer is option ②.

③ The lecture does not explain how the size or strength of a typhoon relates to its name.

④ There is no explanation about the specific timing of when a typhoon's name is decided.

34

정답 ①

문제 유형 들은 내용과 같은 것 고르기

문제 해결 전략

이 문항은 강연에서 들은 사실과 같은 내용을 고르는 문제입니다. 선택지를 고를 때는, 강연에서 말한 내용을 정확히 기억하고, 선택지의 표현과 의미가 같은지 하나하나 비교해 보아야 합니다. 강연에서는 태풍 이름이 어떻게 정해지는지, 어떤 경우에 이름이 바뀌는지에 대해 설명하고 있습니다.

This question asks you to choose the statement that matches the facts mentioned in the lecture. To answer correctly, you need to remember what was said and compare each option carefully to see if the meaning is the same. In the lecture, the speaker explains how typhoon names are determined and in what cases the names are changed.

함께 보기: EBS TOPIK Ⅱ 종합서 p.34 유형 03

해설

① 원래는 번호만 붙였지만 사람들이 구별하기 어려워 이름을 쓰게 되었다고 했으므로 내용과 일치합니다. 따라서 정답은 ①번입니다.

② 미리 정해진 목록에서 순서대로 붙인다고 했으므로

틀립니다.

③ 아시아 태풍 위원회 소속 14개 나라가 이름을 정한다고 했으므로 맞지 않습니다.

④ 큰 피해를 준 태풍의 이름은 다시 사용하지 않고 바꾼다고 했습니다. 따라서 같은 이름을 반복해서 쓰는 것이 아니므로 틀립니다.

① The speaker said, "Typhoons used to be given numbers only, but people found them hard to distinguish, so names began to be used." This matches the content of the lecture. Therefore, the correct answer is option ①.

② The speaker said that typhoon names are chosen in order from a pre-made list, not created each time. So this is incorrect.

③ The lecture stated that 14 member countries of the Typhoon Committee choose the names. It is incorrect to say that all countries in the world name typhoons.

④ If a typhoon causes severe damage, its name is removed from the list and replaced with a new one. So, using the same name again for strong typhoons is not correct.

35~36

제시문

남자: 올해로 6회를 맞이하는 인주시 마라톤 대회 개최를 진심으로 축하드립니다. 현대인들은 스트레스와 비만을 비롯한 다양한 건강 문제를 겪고 있습니다. 이러한 상황에서 건강을 유지하기 위해서는 일상에서 실천할 수 있는 생활 체육이 주목받고 있습니다. 그중에서도 마라톤은 체력 향상에 매우 효과적인 운동이며, 자신과의 끊임없는 도전을 통해 성취감을 얻을 수 있는 종목입니다. 마라톤 동호회 활동은 개인의 건강을 지키는 데 그치지 않고 이웃과 함께 달리며 지역 공동체와 교류할 수 있는 기회가 되기도 합니다. 모든 참가자 여러분들이 멋지게 결승선을 통과할 수 있기를 기원합니다.

- **주제**: 마라톤 대회
- **담화 유형**: 공식적 자리에서의 인사말

35

정답 ④

문제 유형 대화 상황/참여자를 고르거나 화자의 의도, 태도, 말하는 방식 파악하기

문제 해결 전략

어떤 상황에서 누구를 대상으로 한 것인지(예: 마라톤 대회 개회식 축사)와 화자의 역할을 파악해야 합니다. 또한 화자의 말에 담긴 의도와 함께 격식 있는 표현, 긍정적인 어조, 공감과 응원의 태도 등 말하는 방식을 살펴보는 것이 중요합니다.

You need to identify in what situation and to whom the speech is directed (e.g., a congratulatory address at the opening ceremony of a marathon) as well as the speaker's role. It is also important to pay attention to the speaker's intent, along with formal expressions, a positive tone, and an attitude of empathy and encouragement.

함께 보기: EBS TOPIK Ⅱ 종합서 p.78 유형 05

해설

① 남자는 마라톤 동호회 활동이 지역 공동체 활성화에 도움이 될 수 있다고 언급했을 뿐 방법을 소개하지 않습니다.

② 건강 문제에 대해 언급하긴 했지만 해결책을 제안하기보다는 마라톤 대회의 목적과 효과를 설명하고 있습니다.

③ 이미 열리는 마라톤 대회에 대해 축하와 설명을 하고 있으며 그것을 앞으로 꼭 개최해야 한다는 필요성을 보고하지 않습니다.

④ 남자는 마라톤 대회의 개최를 축하하며 생활 체육으로서의 마라톤 의의를 알리고 있으므로 정답은 ④번입니다.

① The man merely mentioned that marathon club activities could help revitalize the local community, without introducing any specific methods.

② While he did mention health issues, he focused on explaining the purpose and benefits of the marathon event rather than proposing solutions.

③ He offers congratulations and explanations about the marathon already taking place, not reporting on the necessity to hold it in the future.

④ The man is congratulating the marathon's holding and promoting the significance of marathon running as a form of recreational sports, so the correct answer is ④.

36

정답 ③

문제 유형 들은 내용과 같은 것 고르기

문제 해결 전략

들을 내용을 정확히 이해하고 같은 내용을 선택지에서 고르는 유형입니다. 따라서 먼저 행사명(인주시 마라톤 대회), 목적(건강 증진, 도전 정신 강조), 참가자에 대한 메시지(응원과 격려) 등 핵심 정보를 놓치지 않고 들어야 합니다.

This type requires accurately understanding what was said and then choosing the matching content from the options. Therefore, it is important not to miss the key information: the event name (Inju City Marathon), its purpose (promoting health and emphasizing the spirit of challenge), and the message to participants (support and encouragement).

함께 보기: EBS TOPIK Ⅱ 종합서 p.34 유형 03

해설

① 지문에서 올해로 6회를 맞이하는 인주시 마라톤 대회라고 언급되어 있습니다.

② 마라톤은 체력 향상에 도움이 된다고 말하고 있으므로 정답이 아닙니다.

③ 마라톤 동호회 활동은 지역 사람들과 교류할 수 있는 기회를 만들어 준다고 했으므로 정답은 ③번입니다.

④ 현대인들은 스트레스와 비만을 비롯한 다양한 건강 문제를 겪고 있다고 했을 뿐 비만을 강조하지 않았습니다.

① The conversation mentions that this year marks the 6th Inju City Marathon.

② Since it states that marathons help improve physical fitness, this is not the correct answer.

③ Since it states that marathon club activities provide opportunities to interact with local people, the correct answer is ③.

④ It only states that modern people suffer from various health issues including stress and obesity, without specifically emphasizing obesity.

37~38

제시문

남자: 박사님, 곤충이 소고기보다 단백질 함량이 두 배 이상 높다고 알려지면서 많은 관심을 받고 있는데요. 식품으로도 활용되고 있지요?

여자: 네, 곤충은 단백질이 풍부할 뿐만 아니라 온실가스 배출도 적어 친환경적인 자원으로 주목받고 있습니다. 국내에서는 2016년부터 식품 원료로 인정되면서 다양한 제품이 개발되고 있고요. 또 애완동물 사료나 화장품 원료로도 사용되고 있습니다. 하지만 여전히 많은 소비자들이 곤충을 먹는 데 부담을 느끼고, 위생에 대한 우려도 큽니다. 기술이나 생산 기반도 물론 중요하지만, 소비자 인식이 바뀌지 않으면 아무리 좋은 자원이라도 활용에는 한계가 있을 수밖에 없다고 생각합니다.

• **주제:** 곤충 식품 • **담화 유형:** 교양 프로그램

37

정답 ④

문제 유형 중심 생각, 중심 내용, 화제 고르기

문제 해결 전략

중심 생각을 묻는 문제이므로 말하는 사람이 강조한 핵심 주장이 무엇인지 파악해야 합니다. 도입부나 마지막 문장을 집중해서 듣는 것이 좋습니다. 이 대화에서는 여자가 마지막에 "소비자 인식이 바뀌지 않으면 아무리 좋은 자원이라도 활용에 한계가 있다"고 말한 부분에 주목해야 합니다.

This is a question that asks about the speaker's main point. To answer this type of question, it is important to figure out what the speaker is emphasizing most. Pay close attention to the beginning and especially the final part of the dialogue. In this conversation, the woman says at the end, "If consumer perception doesn't change, even a good resource will have limits in its use." This sentence clearly shows her main point.

함께 보기: EBS TOPIK Ⅱ 종합서 p.54 유형 04

해설

① 제품은 이미 만들어지고 있다는 내용은 있지만 많이 알릴 필요가 있다는 말은 하지 않았습니다.

② 기술이나 생산 기반도 중요하다고 했지만 연구 지원을 늘려야 한다는 내용은 중심이 아닙니다.
③ 애완동물 사료나 화장품에 쓰이고 있다는 말은 있었지만 활용 범위를 더 넓혀야 한다는 말은 하지 않았습니다.
④ 소비자 인식이 바뀌지 않으면 활용에 한계가 있다고 말했으므로 이 내용과 잘 맞습니다. 따라서 정답은 ④번입니다.

① The dialogue mentions that products have already been developed, but it does not say that they need to be promoted more.
② While the woman says that technology and production systems are important, she does not focus on the need to increase research support.
③ It is said that insects are used in pet food and cosmetics, but there is no mention that their use should be expanded further.
④ The woman says that without a change in consumer perception, it will be difficult to make use of insect-based food, so this choice is consistent with the content. Therefore, the correct answer is ④.

38

정답 ①

문제 유형 들은 내용과 같은 것 고르기

문제 해결 전략

이 문항은 들은 내용을 잘 기억하고 선택지에 나온 문장이 같은 의미인지 비교해야 합니다. 단백질 함량, 온실가스 배출, 사용 분야, 국내 인정 시기 등 구체적인 사실에 집중해서 들어야 합니다. 또한 선택지를 읽을 때 표현이 조금 달라졌는지도 확인해야 합니다.

This question asks you to determine which statement matches the content of the dialogue. You need to carefully remember what you heard and compare it with each option to see if the meaning is the same. Pay close attention to specific facts such as protein content, greenhouse gas emissions, areas of use, and the year insects were approved as food ingredients in Korea. Also, when reading the options, check if the wording has changed slightly from the original statement.

함께 보기: EBS TOPIK Ⅱ 종합서 p.34 유형 03

해설

① "화장품 원료로도 사용되고 있습니다"라는 말이 있었으므로 내용과 잘 맞습니다. 따라서 정답은 ①번입니다.
② 온실가스 배출도 적어 친환경적인 자원이라고 했으므로 반대 내용입니다.
③ 곤충이 소고기보다 단백질 함량이 두 배 이상 높다고 했으므로 틀렸습니다.
④ 2016년부터 식품 원료로 인정되었다고 했으므로 사실과 다릅니다.

① The speaker says, "They are also used as ingredients in cosmetics," so this matches the content well. Therefore, the correct answer is Option ①.
② The speaker says, "Insects emit less greenhouse gas and are seen as eco-friendly," so this is the opposite of what is stated.
③ The speaker says, "Insects have more than twice the protein content of beef," so this statement is incorrect.
④ The speaker says, "Insects have been recognized as food ingredients in Korea since 2016," so this statement is false.

39~40

제시문

여자: 이처럼 디지털 교육이 확대될 때는 학습 격차가 더 심해질 거라는 우려가 많았는데요. 지금은 어떤가요?

남자: 네, 처음에는 디지털 교육에 대한 걱정이 많았지만 지금은 여러 보완 정책이 시행되면서 상황이 많이 나아졌습니다. 교육부에서는 디지털 기기가 없는 학생들을 위해 컴퓨터나 노트북을 빌려주고, 온라인으로 공부할 수 있는 공간도 마련했습니다. 또 선생님들이 온라인 수업을 더 잘할 수 있도록 연수를 받고 있고요. 이런 노력 덕분에 수업의 질도 좋아지고, 학생들의 참여도도 높아졌습니다. 그리고 학부모와 학생들의 의견을 반영해서 수업 방식도 다양해졌습니다. 그래서 지금은 디지털 교육에 대한 만족도가 점점 높아지고 있습니다.

• 주제: 디지털 교육 • 담화 유형: 대담

39

정답 ②

문제 유형 대화 전/후의 내용 고르기

문제 해결 전략

대화 전이나 후에 나올 수 있는 내용을 예측하는 유형입니다. 여자의 말을 잘 들어야 합니다. '이처럼' 다음의 말이 대화 전에 나오는 내용입니다. 디지털 교육이 확대될 때는 학습 격차가 더 심해질 거라는 우려에 대한 대화를 나눴음을 알 수 있습니다.

It is a type of predicting what may come out before or after the conversation. Listen carefully to the woman. The following is what comes before the conversation. When digital education expands, we have a conversation about concerns that the learning gap will worsen.

함께 보기: EBS TOPIK Ⅱ 종합서 p.102 유형 06

해설

① 디지털 교육 확대에 대해 소극적이라는 내용은 대화의 앞에 올 수 없습니다.

② 처음에 디지털 교육이 확대될 때 학습 격차가 심해질 것이라는 우려도 많았다는 여자의 말을 통해 대화 전에는 디지털 교육 도입에 대한 걱정과 우려의 분위기가 있었음을 알 수 있습니다. 따라서 정답은 ②번입니다.

③ 디지털 교육에 대한 현재 진행 상황에 대한 이야기이므로 중단 발표에 대한 내용은 정답이 아닙니다.

④ 학습 의욕은 대화 중에 나오는 말로 대화 전에 나올 수 없습니다.

① The claim that there was reluctance toward expanding digital education cannot come before the dialogue.

② From the woman's statement that when digital education was first introduced, there were many concerns about widening learning gaps, we can infer that before the dialogue there was an atmosphere of worry and concern about digital education. Therefore, the correct answer is option ②.

③ Since this is about the current progress of digital education, any mention of halting it is incorrect.

④ Motivation to learn appears within the dialogue itself, so it could not have come before the dialogue.

40

정답 ④

문제 유형 들은 내용과 같은 것 고르기

문제 해결 전략

대화에서는 디지털 교육의 초기 우려, 지금의 변화된 상황, 교육부와 교사의 노력, 학생과 학부모의 반응 등 다양한 정보가 나옵니다. 들은 내용과 같은 것 고르기 유형으로 풀 때는, 대화에서 제시된 사실 정보를 정확하게 듣고 기억하는 것이 가장 중요합니다.

The dialogue presents various information such as the initial concerns about digital education, the current changes, the efforts of the Ministry of Education and teachers, and the reactions of students and parents. When solving a question that asks you to choose the statement that matches what you heard, it is most important to listen carefully and accurately remember the factual information presented in the dialogue.

함께 보기: EBS TOPIK Ⅱ 종합서 p.34 유형 03

해설

① 학생들의 학습 참여도가 높아졌다고 했으므로 참여도가 떨어졌다는 내용은 맞지 않습니다.

② 오히려 디지털 기기를 지원했기 때문에 금지 정책에 대한 내용은 정답이 아닙니다.

③ 학부모와 학생들의 의견을 반영해 수업 방식을 다양화한 것이 긍정적인 평가를 받고 있다고 했기 때문에 정답이 아닙니다.

④ 디지털 교육 확대를 위해 컴퓨터나 노트북을 빌려주며 지원했다는 내용은 사실이므로 정답은 ④번입니다.

① Since it was stated that students' learning participation increased, the claim that participation decreased is incorrect.

② Rather, because digital devices were provided, the statement about a prohibition policy is not correct.

③ Since it was stated that diversifying teaching methods to reflect parents' and students' opinions received positive evaluations, this is not the correct answer.

④ The statement that computers or laptops were lent to support the expansion of digital education is factual, so the correct answer is option ④.

41~42

제시문

여자: 여기 보이는 거울은 지금은 누구나 쉽게 사용하는 물건이지만 과거에는 그렇지 않았습니다. 고대 이집트에서는 청동이나 은 같은 금속을 닦아 만든 거울이 사용되었는데요. 제작 과정이 복잡하고 비용도 많이 들어 상류층만 소유할 수 있었습니다. 시간이 지나면 금속 표면이 쉽게 변색되는 등의 불편함도 있었지요. 그러다가 중세 유럽에서는 유리 거울이 등장했지만 여전히 비싼 수공예품이어서 주로 부유한 집이나 궁전에 장식품으로 놓였습니다. 화려한 틀과 조각이 더해져 부와 신분의 상징으로 여겨지기도 했습니다.

• 주제: 거울 • 담화 유형: 강연

41 정답 ④

문제 유형 중심 생각, 중심 내용, 화제 고르기

문제 해결 전략

이 문항은 강연의 중심 내용을 파악하는 문제입니다. 도입부와 마지막 문장, 그리고 반복해서 강조된 내용을 중심으로 듣는 것이 중요합니다. 이 강연에서는 마지막 문장인 "부와 신분의 상징으로 여겨지기도 했습니다"를 잘 들어야 합니다.

This question asks about the main idea of the lecture. It is important to focus on the beginning and the final sentence, as well as the points that are emphasized repeatedly. In this lecture, you should pay close attention to the final sentence: "It was also regarded as a symbol of wealth and social status."

함께 보기: EBS TOPIK Ⅱ 종합서 p.54 유형 04

해설

① 금속에서 유리로 바뀌었다는 말은 있었지만 제작 방식 자체가 중심 내용은 아닙니다.
② 재료에 대한 설명은 있었지만 재료에 따라 용도가 달라졌다는 내용은 나오지 않았습니다.
③ 강연에서는 과거에는 상류층만 사용할 수 있었고 흔하지 않은 물건이었다고 했습니다.
④ 금속 거울, 유리 거울, 장식품, 부와 신분의 상징이라는 내용이 모두 나왔습니다. 따라서 정답은 ④번입니다.

① Although the lecture mentions that mirrors changed from metal to glass, the production method itself is not the main point.
② The materials used are described, but there is no mention that their use changed depending on the material.
③ The lecture says that in the past, only the upper class could own mirrors and that they were not common items.
④ The lecture includes all of the following: metal mirrors, glass mirrors, decorative use, and mirrors as a symbol of wealth and status. Therefore, the correct answer is option ④.

42 정답 ②

문제 유형 들은 내용과 같은 것 고르기

문제 해결 전략

강연에서 말한 사실과 같은 내용을 고르는 문제입니다. 보기를 볼 때는 그 내용이 강연에서 실제로 나왔는지 정확히 확인해야 합니다. 특히 숫자, 재료, 사람, 시기처럼 구체적인 정보가 있는 선택지는 더 주의해서 비교해야 합니다.

This is a question that asks you to choose the statement that matches the facts mentioned in the lecture. When reading the options, you need to check carefully whether the content was actually stated in the lecture. Pay special attention to options that include specific information such as numbers, materials, people, or time periods, and compare them closely.

함께 보기: EBS TOPIK Ⅱ 종합서 p.34 유형 03

해설

① '고대 이집트에서는 거울의 제작 과정이 복잡하고 비용도 많이 들었다'고 했으므로 맞지 않습니다.
② '고대 이집트에서는 청동이나 은 같은 금속을 닦아 거울을 만들었다'고 했으므로 맞지 않습니다.
③ '시간이 지나면 금속 표면이 쉽게 변색되었다'고 했으므로 내용과 다릅니다.
④ '중세 유럽에서는 유리 거울이 등장했지만 여전히 비싼 수공예품이었다'고 했으므로 '손으로 만든 공예품이었다'는 내용과 일치합니다. 따라서 정답은 ④번입니다.

① The passage said that "in ancient Egypt, the production process of mirrors was complicated and costly," so this option is incorrect.
② The passage said that "in ancient Egypt, mirrors were made by polishing metals such as bronze or silver," so this option is incorrect.
③ The passage stated that "over time, the surface of metal mirrors easily became discolored," so this does not match.
④ The passage said that "in medieval Europe, glass mirrors appeared but were still expensive handcrafted items," which matches the statement that they were "handmade works of art." Therefore, the correct answer is option ④.

43~44

제시문

남자: 깊은 숲속 바위 틈아래, 어둡게 뚫린 구멍 하나가 보인다. 바로 동굴이다. 동굴의 시작은 석회암이다. 석회암은 물에 잘 녹는 성질을 가지고 있어 비나 지하수가 스며들면 조금씩 깎이기 시작한다. 이때 물속에 녹아 있는 탄산 성분이 석회암을 더 빠르게 녹게 만든다. 시간이 흐르면서 암석 속의 틈은 점점 넓어지고, 작은 구멍이 형성된다. 그 틈으로 빗물이나 지하수가 계속 흘러들면서 구멍은 더욱 넓고 깊어지게 된다. 마침내 사람이 들어갈 수 있을 만큼 커다란 공간이 만들어진다. 이렇게 동굴은 오랜 시간 동안 물과 암석이 만나 서서히 형성된, 자연이 만든 결과물이다.

• **주제**: 동굴 • **담화 유형**: 다큐멘터리

43 정답 ①

문제 유형 중심 생각, 중심 내용, 화제 고르기

문제 해결 전략

이 문항은 '무엇에 대한 내용인지'를 묻는 유형입니다. 처음과 끝 문장을 잘 들어야 합니다. 도입에서 "동굴의 시작은 석회암이다", 마지막에 "자연이 만든 결과물이다"라고 하며, 동굴이 어떻게 생기는지를 설명하고 있습니다.

This question asks what the passage is about. It is important to pay attention to the beginning and ending sentences. At the start, the narrator says, "The beginning of a cave is limestone," and at the end, "It is a result created by nature." These parts explain how caves are formed.

함께 보기: EBS TOPIK Ⅱ 종합서 p.54 유형 04

해설

① '석회암 → 빗물 → 탄산 → 침식 → 확장 → 동굴 형성'이라는 설명은 동굴이 생기는 과정을 잘 보여 줍니다. 따라서 정답은 ①번입니다.
② 동굴의 문화적 가치에 대한 내용은 나오지 않았습니다.
③ 동굴을 어떻게 보존하거나 보호해야 한다는 말은 없습니다.
④ '깊은 숲속'이라는 말은 있었지만 숲과 동굴의 관계에 대해서는 말하지 않았습니다.

① The explanation—"limestone → rainwater → carbonic acid → erosion → expansion → cave formation"—clearly describes the formation process of a cave. Therefore, the correct answer is ①.
② The cultural value of caves is not mentioned in the passage.
③ There is no mention of how to preserve or protect caves.
④ Although the phrase "deep in the forest" appears, the relationship between forests and caves is not discussed.

44 정답 ③

문제 유형 들은 내용과 같은 것 고르기

문제 해결 전략

이 문항은 동굴이 생기는 과정 중에서 '석회암이 더 빨리 녹는 이유'를 묻는 문제입니다. 지문을 들을 때, '석회암이 더 빨리 녹는다'는 내용이 나오는 부분을 집중해서 들어야 합니다.

This question asks about the reason limestone dissolves more quickly. When listening to the passage, focus on the part that explains why limestone dissolves faster.

함께 보기: EBS TOPIK Ⅱ 종합서 p.34 유형 03

해설

① 구멍이 넓어진다는 말은 있었지만 그것이 녹는 이유는 아닙니다.

② 숲에 있다는 설명은 있지만 위치가 녹는 이유가 된다는 말은 없습니다.

③ 물속에 녹아 있는 탄산 성분이 석회암을 더 빠르게 녹게 만든다'는 말이 있었으므로 이 선택지와 내용이 일치합니다. 따라서 정답은 ③번입니다.

④ 어두운 장소라는 설명은 있지만 이것이 석회암이 녹는 이유는 아닙니다.

① Although the passage mentions that cracks become wider, that is not the reason limestone dissolves.

② The cave is said to be in a forest, but its location is not the reason for the dissolution.

③ The passage states, "Carbonic acid in the water makes limestone dissolve more quickly." This matches the choice, so the correct answer is ③.

④ The passage describes the cave as dark, but darkness is not the reason limestone dissolves.

45~46

제시문

여자: 최근 한 심리학 연구에서 경제적 불안이 사람들의 소비 방식과 외모 관리에 어떤 영향을 미치는지를 살펴본 결과가 발표되었습니다. 특히 이 연구는 여성의 치마 길이, 메이크업 강도, 색채 선택 등과 같은 외적 표현이 경기 침체기에 어떻게 달라지는지를 분석했는데요. 연구 결과에 따르면, 경기가 불안정하거나 생활비 부담이 커질수록, 여성들은 더 짧은 치마나 화려한 색상의 립스틱, 그리고 강한 메이크업을 선호하는 경향을 보였습니다. 이는 심리적으로 위축된 상황에서 타인의 시선을 끌고 경쟁력을 확보하려는 일종의 보상 심리로 해석됩니다. 반면, 경제 상황이 안정적일 때는 자연스럽고 절제된 스타일이 선호되며, 이는 자신의 외모를 통해 주목받으려는 필요성이 상대적으로 줄어들기 때문입니다.

- **주제**: 경제와 외모의 연관성
- **담화 유형**: 강연

45

정답 ③

문제 유형 들은 내용과 같은 것 고르기

문제 해결 전략

강연 형식의 담화를 듣고 들은 내용과 같은 것을 고르는 유형입니다. 강연에서는 원인(경제적 불안), 결과(과시적 소비, 외모 꾸밈 행동)가 논리적으로 연결되므로, 인과 관계를 중심으로 정리하면서 듣는 것이 중요합니다.

This type of question asks you to listen to a lecture-style passage and choose the statement that matches what you heard. In the lecture, the cause (economic insecurity) and the results (conspicuous consumption, appearance-enhancing behavior) are logically connected, so it is important to focus on the cause-and-effect relationship while listening.

함께 보기: EBS TOPIK Ⅱ 종합서 p.34 유형 03

해설

① 강연에서는 경기 침체기일수록 오히려 짧은 치마, 빨간 립스틱 등 더 화려한 스타일을 선택한다고 설명합니다.

② 강연에서는 여성의 외모 표현이 경제 상황, 사회 분위기 등의 외부 요인과 관련되어 있다고 설명하고 있으므로 정답이 아닙니다.

③ 강연에서 언급된 심리학 연구는 여성들이 경제적 불안이 클수록 시선을 끌기 위해 더 화려한 외모를 추구한다는 내용을 담고 있습니다. 강연 내용과 일치하므로 정답은 ③번입니다.

④ 실제로는 경제가 어려울 때 더 화려한 메이크업이 선호된다고 설명하고 있으므로 사실과 다릅니다.

① The lecture explains that during economic recessions, women actually choose flashier styles such as short skirts and red lipstick.

② The lecture explains that women's appearance choices are related to external factors such as the economic situation and social atmosphere, so this is not correct.

③ The psychology study mentioned in the lecture states that the greater the economic insecurity, the more women pursue a flashy appearance to attract attention. This matches the lecture, so the correct answer is ③.

④ In fact, the lecture explains that more glamorous makeup is preferred when the economy is difficult, so this is incorrect.

46

정답 ④

문제 유형 대화 상황/참여자를 고르거나 화자의 의도, 태도, 말하는 방식 파악하기

문제 해결 전략

화자가 어떤 상황에서 누구에게 말하고 있는지, 그리고 어떤 의도와 태도로 내용을 전달하고 있는지를 파악하는 것이 핵심입니다. 이 강연에서는 연구 결과를 설명하고 정보를 전달합니다. 여자의 말하는 목적인 정보 제공의 내용을 잘 들어야 합니다.

The key is to understand in what situation the speaker is talking, to whom, and with what purpose and attitude the content is delivered. In this lecture, the speaker explains research findings and provides information. You should focus on the woman's purpose of delivering information.

함께 보기: EBS TOPIK Ⅱ 종합서 p.78 유형 05

해설

① 변화를 예측하는 내용은 없으므로 정답이 아닙니다.

② 수치에 대한 내용은 듣기 내용에서 확인할 수 없으므로 정답이 아닙니다.

③ 실험 결과를 나열하고 흐름을 전망하는 방식은 아니며 미래 예측보다는 과거 사례 분석이 중심입니다.

④ 심리학 연구 결과를 소개하면서 경제 상황과 여성의 메이크업 스타일 변화 간의 관련성을 설명하고 있으므로 정답은 ④번입니다.

① Since there is no content predicting changes, this is not the correct answer.

② Because numerical data is not mentioned in the listening passage, this is not the correct answer.

③ The lecture does not list experimental results or forecast trends; it focuses more on analyzing past cases than on predicting the future.

④ By introducing findings from psychological research, the lecture explains the relationship between economic conditions and changes in women's makeup styles. Therefore, the correct answer is ④.

47~48

제시문

여자: 최근 전기차와 더불어 수소차에 대한 관심도 높아지고 있는데요. 수소차는 어떤 점에서 주목받고 있는 건가요?

남자: 네. 수소차는 수소를 연료로 사용해 전기를 만들어 차량을 움직이는 방식인데 운행 중에 이산화 탄소를 배출하지 않는다는 점에서 친환경성이 뛰어납니다. 충전 시간이 짧고 주행 거리도 길어서 장거리 운행에 유리하다는 점도 장점이죠. 하지만 수소 생산과 충전 인프라가 아직 부족하다는 점은 한계로 지적되고 있습니다. 특히 충전소 설치에는 높은 비용과 시간이 필요하다는 현실적인 제약도 있습니다. 수소차의 활성화를 위해서는 정부와 민간의 협력이 필요한 시점입니다. 기술 개발과 함께 충전소 구축 등 실질적인 기반 마련이 병행되어야 할 것입니다.

• **주제**: 수소차 • **담화 유형**: 대담

47

정답 ②

문제 유형 들은 내용과 같은 것 고르기

문제 해결 전략

수소차의 장점(친환경성, 빠른 충전 시간 등)과 단점(충전 인프라 부족, 높은 비용 등)이 구체적으로 비교되어 제시되므로, 각각의 내용을 구분해서 정리하며 들어야 합니다. 남자가 말한 수소차의 장점, 한계, 개선 방향 등을 정확히 듣고 기억하는 것이 중요합니다.

The advantages of hydrogen cars (eco-friendliness, fast refueling time, etc.) and disadvantages (lack of refueling infrastructure, high costs, etc.) are specifically compared, so you need to separate and organize each point while listening. It is important to listen carefully and remember the man's comments about the advantages, limitations, and directions for improvement of hydrogen cars.

함께 보기: EBS TOPIK Ⅱ 종합서 p.34 유형 03

해설

① 수소차의 장점으로 충전 시간이 짧다고 언급되었기 때문에 사실과 반대되는 내용입니다.

② 수소차는 운행 중 이산화 탄소를 배출하지 않는다

는 점에서 친환경성이 뛰어나다고 설명하였기 때문에 ②번이 정답입니다.

③ 수소차는 주행 거리가 길어서 장거리 운행에 효과적이라고 했으므로 정답이 아닙니다.

④ 수소차의 한계로 충전 인프라가 부족하다는 내용이 나왔기 때문에 사실과 다릅니다.

① Since the advantage of hydrogen vehicles mentioned short charging times, this statement contradicts the facts.

② Since hydrogen vehicles are explained as highly eco-friendly because they emit no carbon dioxide during operation, ② is the correct answer.

③ Since hydrogen vehicles were described as effective for long-distance travel due to their extended range, this is not the correct answer.

④ Since the limitation of hydrogen vehicles mentioned insufficient charging infrastructure, this statement is inaccurate.

48

정답 ③

문제 유형 **대화 상황/참여자를 고르거나 화자의 의도, 태도, 말하는 방식 파악하기**

문제 해결 전략

화자의 태도를 파악하는 유형으로, 남자가 수소차에 대해 어떤 시각과 말하는 태도를 가지고 있는지를 이해해야 합니다. 현실적인 문제를 지적하면서도 앞으로의 발전 가능성을 강조하는 태도를 보입니다.

This is a type of question that requires identifying the speaker's attitude. You need to understand the man's perspective and tone when talking about hydrogen cars. While he points out practical problems, he also emphasizes the potential for future development.

함께 보기: EBS TOPIK Ⅱ 종합서 p.78 유형 05

해설

① 기술의 위험성에 대한 언급은 없으므로 정답이 아닙니다.

② 회의적인 시각을 드러내기보다는 발전 가능성과 조건을 언급하고 있으므로 정답이 아닙니다.

③ 기술 개발과 충전소 구축 등 현실적인 조건을 강조하고 있으므로 정답은 ③번입니다.

④ 전기차와의 비교는 이루어지지 않았으며 전기차를 수소차보다 더 낫다고 평가하지 않았습니다.

① There is no mention of the dangers of technology, so it is not the correct answer.

② Rather than expressing skepticism, it is referring to development potential and conditions, so it is not the correct answer.

③ It emphasizes realistic conditions such as technology development and charging station construction, so the answer is number ③.

④ There has been no comparison with electric cars, and they have not evaluated electric cars as better than hydrogen cars.

49~50

제시문

남자: 오늘날 기술의 발전은 인간을 본뜬 가상 인간의 등장을 가능하게 했습니다. 가상 인간은 실제 사람과 유사한 외형과 음성을 갖춘 인공 지능 기반 캐릭터로, 광고 모델이나 유튜브 크리에이터, 뉴스 앵커 등 다양한 분야에서 활동하고 있지요. 이들은 감정을 표현하거나 자연스럽게 대화할 수 있을 뿐 아니라, 개성 있는 캐릭터까지 구현해 점점 실제 인간과의 구별이 어려워지고 있습니다. 특히 기업들은 가상 인간을 마케팅 전략에 활용하며, 24시간 활동 가능하고 이미지 관리가 용이하다는 점에 주목하고 있습니다. 그러나 이제는 이들이 인간의 감정과 사회적 상호작용을 과연 대체할 수 있을지, 또 실제 인물과의 구분은 어떻게 명확히 해야 하는지에 대한 윤리적 논의도 함께 생각해 봐야 할 시점입니다.

• **주제**: 가상 인간 • **담화 유형**: 강연

49

정답 ①

문제 유형 **들은 내용과 같은 것 고르기**

문제 해결 전략

강연을 듣고, 들은 내용과 같은 것을 고르는 유형입니다. 가상 인간이라는 주제와 관련하여 화자가 설명하는 핵심 정보(예: 외형·기능, 실제 인간과의 구분 어려움, 기업 활용 사례,

윤리적 문제 제기 등)를 정확히 파악해야 합니다. 화자가 나열한 정보들은 서로 연결되어 있으며 그 중 일부만을 바꾸거나 축소·확대하여 오답으로 출제되는 경우가 많습니다.

This type of question asks you to listen to a lecture and choose the statement that matches what you heard. Regarding the topic of virtual humans, you must accurately identify the key information the speaker explains (e.g., appearance and functions, difficulty distinguishing them from real humans, examples of corporate use, raising of ethical issues). The information listed by the speaker is interconnected, and in many cases, incorrect options are created by altering, reducing, or exaggerating parts of this information.

함께 보기: EBS TOPIK Ⅱ 종합서 p.34 유형 03

해설

① "실제 인물과의 구분은 어떻게 명확히 해야 하는지에 대한 윤리적 논의도 함께 제기되고 있습니다"라는 말을 통해 가상 인간의 등장은 윤리적인 문제가 동반됨을 분명히 하고 있습니다. 따라서 정답은 ①번입니다.

② "실제 인간과의 구별이 어려워지고 있습니다"라는 말을 통해 기술적 완성도가 높아 구분이 어려움을 말하고 있으므로 틀린 내용입니다.

③ 가상 인간은 감정 표현 및 개성 구현이 가능하다고 했으므로 정답이 아닙니다.

④ 기업들이 가상 인간의 마케팅 활용성과 이미지 관리의 용이성에 주목한다고 했습니다. 자율성이나 법적 책임에 대한 논의는 확인할 수 없습니다.

① The statement "Ethical discussions are also being raised about how to clearly distinguish them from real people" makes it clear that the emergence of virtual humans is accompanied by ethical issues. Therefore, the correct answer is ①.

② The passage says that it is becoming difficult to distinguish them from real humans, showing that the technical sophistication is high, so this choice is incorrect.

③ It was mentioned that virtual humans can express emotions and individuality, so this is not correct.

④ Companies focus on the usefulness of virtual humans for marketing and the ease of image management. There is no mention of autonomy or legal responsibility, so this is not correct.

50

정답 ③

문제 유형 대화 상황/참여자를 고르거나 화자의 의도, 태도, 말하는 방식 파악하기

문제 해결 전략

남자의 말이 강연이라는 점에 주목하고 어떤 내용을 어떤 순서와 방식으로 전달하는지를 살펴야 합니다. 이 지문에서는 남자가 사례 제시, 문제 제기 방식으로 자신의 주장을 분명히 전달하고 있습니다.

You should pay attention to the fact that the man's speech is in the form of a lecture, and examine what content he delivers and in what order and manner. In this passage, the man clearly conveys his argument by presenting examples and raising issues.

함께 보기: EBS TOPIK Ⅱ 종합서 p.78 유형 05

해설

① 남자는 가상 인간의 등장에 대해 중립적 태도로 설명하고 있으며 부정적으로만 평가하지 않습니다.

② 오히려 기업이 마케팅 전략으로 가상 인간을 적극 활용하고 있다고 말하며 효과를 인정하는 입장입니다.

③ 구체적인 사례를 제시한 뒤, 윤리적 문제와 사회적 논의를 자연스럽게 이끌어 가고 있습니다. 따라서 정답은 ③번입니다.

④ 한계나 우려는 언급되지만 이를 중심으로 비판적으로 전개하지 않고 균형 잡힌 설명을 하고 있습니다.

① The man explains the emergence of virtual humans with a neutral attitude and does not evaluate them only negatively.

② On the contrary, he says that companies are actively using virtual humans as a marketing strategy, acknowledging their effectiveness.

③ After presenting concrete examples, he naturally leads into ethical issues and social discussions. Therefore, the correct answer is ③.

④ Although limitations or concerns are mentioned, he does not focus on criticism but gives a balanced explanation.

51

정답 ㉠ 변경됩니다
㉡ 확인해 주십시오

제시문

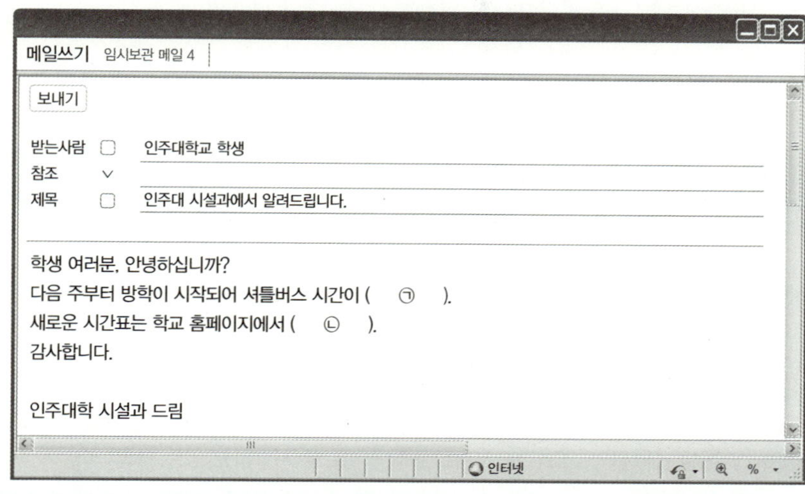
메일쓰기 임시보관 메일 4

보내기

받는사람 인주대학교 학생
참조
제목 인주대 시설과에서 알려드립니다.

학생 여러분, 안녕하십니까?
다음 주부터 방학이 시작되어 셔틀버스 시간이 (㉠).
새로운 시간표는 학교 홈페이지에서 (㉡).
감사합니다.

인주대학 시설과 드림

- **주제**: 셔틀버스 운행 시간 변경
- **텍스트/자료 유형**: 안내문

문제 유형 맥락에 맞게 빈칸에 알맞은 말 쓰기

문제 해결 전략

우선 ( ) 앞뒤에 제시된 문장의 내용을 파악해 ( ) 안에 들어갈 내용을 떠올립니다. 그다음으로 제시된 글의 문장 형식과 통일해 써야 합니다. 정보 전달이 주된 목적인 글로 정중하고 공식적인 문체를 사용하고 있습니다.

First, read the sentences before and after the blank and think about what should go in the blank. Next, make sure that your sentence is consistent with the structure used in the given passage. The passage is primarily intended to convey information, and it uses a polite and formal tone throughout.

함께 보기: EBS TOPIK Ⅱ 종합서 p.208 유형 14

해설

"다음 주부터 방학이 시작되어 셔틀버스 시간이 (㉠)."

방학 기간 동안 셔틀버스 시간이 달라졌음을 공지하는 내용입니다. 주어가 '시간이'로 제시되어 있으므로 (㉠)에는 피동 표현이 들어가야 합니다. 공식 안내문에 어울리는 어휘와 격식 있는 종결 어미를 사용해야 하므로 '변경됩니다, 바뀝니다' 등이 적절합니다.

"새로운 시간표는 학교 홈페이지에서 (㉡)."

'학교 홈페이지에서' 뒤에는 동작을 유도하는 내용이 들어가야 하므로 (㉡)에는 '확인하다'가 적절합니다. 그리고 정중하게 요청하는 표현이 필요합니다. 따라서 '확인해 주세요, 확인해 주십시오' 정도가 알맞습니다.

"As the vacation begins, the shuttle bus schedule will be (㉠)."
This sentence informs readers that the shuttle bus schedule has changed for the vacation period. Since the subject is "schedule" a passive construction is appropriate. Therefore, expressions such as "changed" or "adjusted" are suitable, as in "will be changed" or "will be adjusted."
"Please (㉡) the new timetable on the school website."
This part encourages an action from the reader, namely checking the updated schedule. Since it follows "on the school website", a polite request such as "please check" or "please refer to" is appropriate.

52

정답 ㉠ 미루게 된다
㉡ 세워야 한다

제시문

아무 계획 없이 생활하다 보면 일을 제시간에 끝내지 못하거나 (㉠). 끝내야 할 시간을 지키지 않거나 늦어지면 시간을 효율적으로 사용할 수 없다. 시간을 효율적으로 사용하려면 미리 하루 계획을 (㉡). 이런 습관을 기르면 하루를 훨씬 체계적으로 보낼 수 있다.

- **주제**: 시간을 효율적으로 사용하는 방법
- **텍스트/자료 유형**: 설명문

문제 유형 **맥락에 맞게 빈칸에 알맞은 말 쓰기**

문제 해결 전략

우선 ( ) 앞뒤에 제시된 문장의 내용을 파악해 ( ) 안에 들어갈 내용을 떠올립니다. 그다음으로 제시된 글의 문장 형식과 통일해 써야 합니다. 이 글은 시간을 효율적으로 사용하는 방법을 제시하고 있습니다. 생활 속 문제를 지적하고 해결책을 제시한 뒤, 실질적 조언을 덧붙이고 있습니다. 원인, 결과, 해결 방안을 논리적으로 서술하고 있는 글입니다.

First, examine the content of the sentences before and after the blank to determine what should go in it, and then make sure that your sentence is consistent with the structure and tone of the passage. This text presents methods for using time efficiently. It identifies problems in daily life, offers solutions, and provides practical advice. The writing logically describes causes, consequences, and corresponding solutions.

함께 보기: EBS TOPIK Ⅱ 종합서 p.208 유형 14

해설

"아무 계획 없이 생활하다 보면 일을 제시간에 끝내지 못하거나 (㉠)."

(㉠)은 앞의 "일을 제시간에 끝내지 못하거나"와 연결되어, 계획 부족으로 생길 수 있는 또 다른 부정적 행동을 나타내는 '미루게 되다'는 표현이 필요합니다. 미루게 된다는 표현은 일을 늦추거나 다음으로 넘기는 행위를 의미하며, '제시간에 끝내지 못한다'는 상황과 자연스럽게 연결됩니다.

"시간을 효율적으로 사용하려면 미리 하루 계획을 (㉡)."

(㉡)은 시간을 효율적으로 사용하기 위해 필요한 행동이 들어가야 합니다. '세우다', '짜다' 등은 앞의 '계획을'과 자연스럽게 어울리며, 의무성이나 필요성을 강조하는 '-아/어야 하다'를 사용하여 문장을 구성하는 것이 적절합니다.

"If one lives without any plans, one may fail to complete tasks on time or (㉠)."
For (㉠), an expression such as "postpone" or "put off" is appropriate, as it indicates another negative behavior that can result from a lack of planning. The expression "to put off" means to delay or push tasks to a later time, and it naturally connects with the situation of not finishing tasks on time.
"To use time efficiently, one (㉡) make a daily plan in advance."
For (㉡), an action necessary for efficient time management should be used. Expressions such as "establish" or "set up" naturally collocate with "a plan", and the construction "must" or "should" emphasizes necessity or obligation.

53

제시문

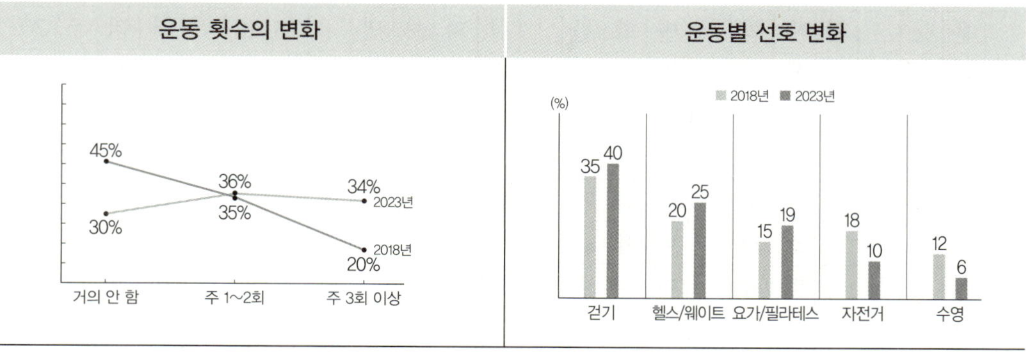

선호 운동 변화의 이유	비용이 저렴하거나 무료로 가능한 운동 선호
	실내에서 할 수 있는 운동 선호
	체력 증진 및 체형 관리, 스트레스 해소 등 다목적 운동 선호

- **주제**: 생활 환경에 따른 운동 습관의 변화
- **자료 설명**
  1) 운동 빈도의 변화 제시
  2) 선호하는 운동 종류의 변화 설명
  3) 선호 운동 변화의 원인 제시

문제 유형 자료를 설명하는 글 쓰기

문제 해결 전략

이 문제는 운동 빈도와 운동 종류의 구체적인 변화 양상을 간결하게 제시하고, 그 변화의 원인을 생활 환경과 목적 변화의 흐름 속에서 해석하는 것입니다. 단순히 수치를 나열하는 것이 아니라, '변화 요약 → 활동 비교 → 원인 분석'의 구조로 접근해야 하며, 변화의 방향성과 그 맥락을 잘 파악하는 것이 중요합니다.

This problem requires presenting the specific changes in exercise frequency and types in a concise manner, while interpreting the reasons behind these changes in the context of shifts in lifestyle and goals. Instead of merely listing the numbers, it is important to approach the task with a structure of "summary of changes → comparison of activities → analysis of reasons." Understanding the direction of the changes and their context is key.

함께 보기: EBS TOPIK Ⅱ 종합서 p.220 유형 15

해설

1. 운동 빈도의 변화를 중심으로 가장 눈에 띄는 수치를 요약합니다. 운동을 거의 하지 않는 사람이 45%에서 30%로 줄었고, 주 3회 이상 운동하는 사람은 20%에서 34%로 증가했다는 점을 핵심적으로 언급해야 합니다.
2. 선호하는 운동 종류의 변화를 소개합니다. 실내 중심적이고 비교적 간단한 운동이 증가한 반면, 자전거 타기나 수영처럼 장비나 장소가 필요한 운동은 감소한 사실을 써야 합니다.
3. 이러한 운동 선호 변화의 원인을 분석적으로 정리합니다. 비용 부담이 적고 실내에서 할 수 있으며, 체형 관리나 스트레스 해소 등 복합적인 목적을 만족시키는 운동이 늘었다는 점을 자연스럽게 연결하면 됩니다.

1. Summarize the most notable figures regarding changes in exercise frequency. Emphasize that the proportion of people who rarely exercise has decreased from 45% to 30%, while those who exercise three or more times a week have increased from 20% to 34%.
2. Introduce the changes in preferred types of exercise. Point out that indoor and relatively simple exercises have

increased, whereas activities requiring equipment or specific venues - such as cycling or swimming - have declined.

3. Analytically explain the reasons behind these changes in exercise preferences. Naturally connect the rise in exercises that are cost-effective, can be done indoors, and fulfill multiple goals such as body shaping and stress relief.

	운	동		횟	수	의		변	화	를		살	펴	보	면		20	18	년	부	터		20	23
년	까	지		운	동	을		거	의		하	지		않	는		사	람	이		45	%	에	서
30	%	로		줄	어	든		반	면		주		3	회		이	상		운	동	하	는		사
람	은		20	%	에	서		34	%	로		증	가	하	였	다	.	선	호	하	는		운	동
의		종	류	에	서	도		변	화	가		나	타	났	는	데		걷	기	,	헬	스	,	요
가	,	필	라	테	스	의		비	율	은		상	승	한		반	면		자	전	거	와		수
영	은		하	락	했	다	.	이	러	한		변	화	의		원	인	은		비	용	이		저
렴	하	거	나		무	료	로		이	용		가	능	한		운	동	과		실	내		운	동
을		선	호	하	는		사	람	들	이		많	아	졌	고	,	단	순	한		체	력		향
상	을		넘	어		체	형		관	리	나		스	트	레	스		해	소		등	을		목
적	으	로		운	동	하	는		사	람	들	이		증	가	한		점	을		꼽	을		수
있	다	.																						

54

제시문

빠르게 발전하는 도시화 속에서 아파트, 도로, 상업 시설이 증가하면서 자연 공간이 점점 줄어들고 있다. 그러나 도시에서도 공원, 숲, 하천과 같은 자연 공간의 존재는 사람들의 삶에 다양한 긍정적인 영향을 미친다. 아래의 내용을 중심으로 도시 속 자연 공간의 중요성과 이를 확보하는 방안에 대한 자신의 생각을 쓰라.

- 도시에서 자연 공간이 왜 필요한가?
- 자연 공간이 부족할 경우 발생할 수 있는 문제는 무엇인가?
- 도시 속 자연 공간을 확대하거나 보존하기 위한 방안은 무엇인가?

- **주제**: 도시 속 자연 공간의 중요성과 확보 방안
- **필수 포함 내용**
  1) 도시 내 자연 공간의 중요성 설명
  2) 도시 내 자연 공간이 부족할 경우 생기는 문제 분석
  3) 도시 내 자연 공간을 확보하고 보존하기 위한 구체적 방안 제시

문제 유형 주장하는 글 쓰기

문제 해결 전략

이 문제는 '도시화와 자연의 균형'이라는 이중 구조를 중심으로, 자연 공간의 필수성을 주장하고, 구체적이며 실행 가능한 대안을 제시하는 것이 핵심입니다. 자연 공간의 심리적, 생태적, 사회적 역할을 강조하고 개발 우선 도시 계획의 문제점을 비판적으로 서술합니다. 마지막으로 시민 참여와 제도 개선을 포함한 실천 가능한 대안을 제시합니다. 객관적 자료를 바탕으로 침착하고 설득력 있게 전개하는 어조를 유지해야 합니다.

This task focuses on the dual structure of "urbanization and the nature." The core objective is to argue for the essential role of natural spaces and to present concrete, feasible alternatives. The response should emphasize the psychological, ecological, and social functions of green areas, while critically addressing the problems of development-centered urban planning. In conclusion, practical solutions should be proposed, including institutional reform and active citizen participation. Throughout, a calm and persuasive tone should be maintained, supported by objective data and logical reasoning.

함께 보기: EBS TOPIK Ⅱ 종합서 p.258 유형 16

해설

서론	도시화로 인한 자연 공간 감소 문제
본론	1. 도시에서 자연 공간이 중요한 이유 2. 자연 공간 부족 시 발생하는 문제
결론	자연 공간 확대, 보존 방안

1. 서론: 문제 제기와 주제 의식 제시

첫 단락에서는 도시화가 진행되면서 자연 공간이 줄어들고, 그로 인해 시민의 삶의 질이 위협받고 있다는 점을 제시해야 합니다. "도시는 발전하고 있지만, 자연은 점점 사라지고 있다. 이는 단지 녹지의 감소를 의미하는 것이 아니라, 도시민의 삶이 점점 더 삭막해지고 있음을 뜻한다." 정도가 적절합니다.

2. 본론 1: 도시에서 자연 공간이 중요한 이유

이 단락에서는 자연 공간이 도시에서 어떤 역할을 하는지 설명합니다. 환경적 측면에서 미세 먼지를 줄이고, 온도를 조절하며 수질을 정화시킬 수 있습니다. 시민들에게 운동 및 산책의 기회를 제공하여 신체 건강을 유지하도록 도와줍니다. 자연 접촉은 스트레스를 감소시키며 정서 안정 효과 등의 심리적 안정을 줍니다. "공원이나 숲은 단지 쉼터가 아니라, 도시의 숨구멍 역할을 하며 시민의 정신 건강까지 돌보는 공간이다."라는 확장적 시각을 나타내는 문장을 구성하는 것이 적절합니다.

3. 본론 2: 자연 공간 부족 시 발생하는 문제

자연 공간이 부족할 때 도시와 시민에게 어떤 부작용이 생기는지 구체적으로 서술합니다. 도시 열섬 현상 심화 → 여름 폭염 피해 증가. 대기 오염, 소음 집중. 시민의 우울감, 정서 불안 증가 → 사회적 비용 상승. 사회적 불평등 심화(녹지가 있는 동네와 그렇지 않은 동네 간 차이). "자연 공간의 부재는 단순한 불편을 넘어서, 도시를 병들게 하고 시민을 지치게 만든다."라는 문장은 이 글의 주제를 효과적으로 부각시킬 수 있습니다.

4. 결론: 자연 공간 확보·보존 방안

실천 가능한 해결책을 제시하는 단락입니다. '제도적 + 설계적 + 참여적 접근'을 함께 담아야 합니다. 도시 계획 단계에서 의무 녹지 비율을 도입하거나 공공 주택, 학교, 상업지에도 소규모 공원과 녹지 설계를 필수화하는 방안을 들 수 있습니다. 그리고 기존 하천·숲 보호를 위한 법적 장치를 마련하고 시민의 참여를 유도하는 도시 텃밭, 나무 심기 사업 지원 등을 거론하는 게 적절합니다. 결론에서는 도시 속 자연 공간이 단지 '녹색 장식'이 아니라 도시 생존과 직결된 요소임을 강조하고 글을 마무리합니다.

1. Introduction: Presenting the problem and central theme

The opening paragraph should highlight how rapid urbanization has led to a reduction in natural spaces, which in turn threatens the quality of life for city dwellers. A sentence like, "Cities are expanding, but nature is disappearing. This does not simply mean fewer green areas-it reflects the increasing harshness and emotional emptiness of urban life," effectively introduces the issue and sets the thematic direction.

2. Body Paragraph 1: Why natural spaces are essential in cities

This paragraph explains the role of natural spaces within cities. From an environmental perspective, they can reduce fine dust, regulate temperature, and purify water. They also provide people with opportunities for exercise and walking, thereby helping them maintain physical health. Contact with nature reduces stress and offers psychological stability, such as emotional relaxation. You could write a sentence that shows a broader perspective, such as: Parks and forests are more than just resting places; they help the city breathe and support the mental well-being of its residents.

3. Body Paragraph 2: Consequences of lacking natural space

This section should explain the concrete consequences of a shortage of natural areas: worsening urban heat island effects that intensify summer heat damage, rising levels of air and noise pollution, and higher rates of depression and emotional instability that increase social costs. It should also note the deepening inequality between green-rich and green-poor neighborhoods. A sentence such as "The absence of natural space is not a minor inconvenience—it weakens cities and drains their people" highlights the idea effectively.

4. Conclusion: Practical strategies for securing and preserving natural space

This paragraph should present feasible solutions from institutional, design, and participatory perspectives. On the institutional side, cities can introduce mandatory green space ratios in urban planning and establish legal protections for existing rivers and forests. From a design perspective, public housing, schools, and commercial districts should be required to include small parks and green zones. At the participatory level, citizen involvement can be encouraged through initiatives such as urban gardening and tree-planting programs. Taken together, this multi-layered approach balances top-down policy with grassroots engagement and highlights that natural spaces in cities are not decorative luxuries but vital elements of urban survival.

도시화가 빠르게 진행되면서 자연 공간은 줄어들고, 그로 인해 시민의 삶의 질이 위협받고 있다. 도시는 발전하고 있지만 자연은 점점 사라지고 있으며, 이는 단순한 녹지 감소가 아니라 도시민의 삶이 삭막해지고 있음을 뜻한다.

도시에서 자연 공간이 중요한 이유는 다양하다. 첫째, 환경적 기능으로 미세 먼지를 줄이고 온도를 조절하며 수질을 정화한다. 둘째, 건강적 기능으로 운동과 산책의 기회를 제공하여 신체 건강을 유지하게 한다. 셋째, 심리적 안정 효과로 스트레스를 줄이고 정서적 안정을 돕는다. 공원이나 숲은 도시의 숨구멍이자 시민 정신 건강을 돌보는 공간이다.

반대로 자연 공간이 부족하면 여러 문제가 발생한다. 여름 폭염을 심화시키는 도시 열섬 현상이 나타나고, 대기 오염과 소음이 집중된다. 또한 시민의 우울감과 정서 불안이 증가해 사회적 비용이 커지며, 녹지 유무에 따른 지역 간 격차는 불평등을 심화시킨다. 자연 공간이 부족하면 도시를 병들게 하고 시민을 지치게 한다.

따라서 자연 공간 확보와 보존은 필수적이다. 도시 계획 단계에서 의무 녹지 비율을 설정하고, 공공 주택과 학교, 상업지에도 소규모 공원을 설계해야 한다. 하천과 숲을 지키는 법적 장치를 마련하고 시민이 참여할 수 있는 텃밭 조성이나 나무 심기 사업을 확대하는 것도 필요하다. 도시 속 자연은 우리의 생존과 직결된 핵심 요소임을 잊지 말아야 한다.

1

정답 ④

제시문

나는 책 읽는 것을 좋아해서 도서관에 자주 (   ).

문제 유형 알맞은 문법 고르기

문제 해결 전략

빈칸의 앞뒤를 살펴보고 '책 읽는 것을 좋아해서'와 '도서관'의 관계를 파악합니다. '-아/어서' 문법으로 연결되었으므로 앞 절은 뒤 절의 이유가 됩니다. 따라서 빈칸에는 책을 좋아해서 발생하는 결과의 내용이 들어갑니다.

To determine the appropriate choice for the blank, it is essential to examine the relationship between the preceding and following clauses. The construction "because ~" indicates that the preceding clause provides a reason for the subsequent action. Therefore, the blank should contain content that logically follows from the preference for reading books.

함께 보기: EBS TOPIK Ⅱ 종합서 p.110 유형 07

해설

① '갈 뻔했다'는 거의 갈 뻔했지만 실제로 가지 않는 것을 의미하여 앞 절의 이유와 어울리지 않습니다.
② '가게 한다'는 다른 사람을 가게 만든다는 것을 의미하는데 문장의 주어인 '나'가 독서를 좋아해서 본인이 도서관에 가는 것이므로 내용과 어울리지 않습니다.
③ '가고 말았다'는 결국 가게 되었다는 의미로 불가피한 상황에 씁니다. 좋아해서 하는 일은 불가피한 일이 아니므로 상황에 어울리지 않습니다.
④ '가는 편이다'는 자주 간다는 의미의 습관을 나타내므로 앞의 '자주'와 잘 어울립니다.

① "almost went" implies that the action was nearly taken but did not actually occur. This meaning does not align with the reason presented in the previous clause.
② "make someone go" suggests causing another person to go. Since the subject "I" is the one who likes reading and goes to the library, this option does not fit the context.
③ "ended up going" indicates an inevitable situation. However, enjoying reading is a voluntary action rather than an unavoidable circumstance, making this choice unsuitable.
④ 'tends to go" expresses a habitual action, which matches well with the adverb "often" and the context of regularly visiting the library.

2

정답 ①

제시문

부모는 아이가 자신감을 (   ) 칭찬을 자주 해 줘야 한다.

문제 유형 알맞은 문법 고르기

문제 해결 전략

문장의 뒷부분은 칭찬을 자주 해 줘야 한다는 주장입니다. '자신감을'이라는 단어로 추측했을 때 앞 절에는 그 이유나 목적이 되는 내용이 들어갑니다. 부모가 무슨 목적으로 칭찬을 하는지 알고 알맞은 문법을 고르는 것이 좋습니다.

The latter clause of the sentence emphasizes the need to frequently offer praise. Given the term "자신감을" (self-confidence), the preceding clause should logically express the reason or purpose of giving praise. To determine the correct grammatical structure, it is important to consider the purpose of parental praise.

함께 보기: EBS TOPIK Ⅱ 종합서 p.110 유형 07

해설

① '갖도록'은 갖게 하기 위한다는 의미로 목적을 나타내어 빈칸에 자연스럽게 연결됩니다.
② '갖거나'는 앞과 뒤의 행동 중에 선택한다는 의미로 '해야 한다'는 뒤의 내용과 어울리지 않습니다.
③ '갖고서'는 앞의 조건을 가진 후라는 의미로 뒤 절과 주어가 달라 연결할 수 없습니다.
④ '갖든지'는 하거나 안 하거나 선택한다는 의미로 '해야 한다'는 뒤의 내용과 어울리지 않습니다.

① "in order to have" indicates a purpose, making it naturally connect with the subsequent clause.
② "either have or not" suggests a choice between actions, which does not match the imperative mood of the latter clause.
③ "after having" indicates a conditional sequence, but since the subject of the subsequent clause differs, it is

grammatically incorrect.

④ "whether or not" also implies a choice, which does not align with the statement that one "should" do something.

3

정답 ③

제시문

옆집이 공사를 해서 머리가 아플 만큼 시끄럽다.

문제 유형 알맞은 문법 고르기

문제 해결 전략

밑줄 친 '아플 만큼'은 뒤의 시끄러운 것이 머리가 아픈 데까지로 정도가 심함을 의미합니다. 따라서 '-(으)ㄹ 만큼'처럼 정도를 나타내는 표현을 찾아야 합니다.

The phrase "to the point of being painful" in the given sentence emphasizes the severity of the noise, indicating that it causes a headache. Therefore, the correct answer must use a grammatical structure that expresses degree, such as 'to the extent that' or 'enough to'.

함께 보기: EBS TOPIK Ⅱ 종합서 p.110 유형 07

해설

① '아플까 봐'는 아프지 않을까 추측하면서 걱정할 때 쓰는 표현입니다.
② '아프더라도'는 아파도 상관없이 어떤 일을 하겠다는 의지를 나타낼 때 쓰는 표현입니다.
③ '아플 정도로'는 그 정도임을 강조할 때 쓰는 표현으로, '아플 만큼'과 비슷합니다.
④ '아프기 무섭게'는 아프자마자 즉시, 시간상 바로 다음 일이 진행됨을 나타내는 표현입니다.

① "In case it hurts" is an expression used when you are worried that it might hurt.
② "Even if it hurts" is an expression used to express a willingness to do something regardless of pain.
③ "To the point where it hurts" is an expression used to emphasize that much, and it is similar to 'to the point where it hurts'.
④ "As soon as it hurts" is an expression that shows the next event happens immediately after the pain begins.

4

정답 ①

제시문

라면을 좋아하는 것이 아니라 간편하니까 자주 먹을 따름이다.

문제 유형 알맞은 문법 고르기

문제 해결 전략

밑줄 친 '먹을 따름이다'는 단지 그 이유뿐이며 다른 이유는 없음을 나타냅니다. 지문 내용을 해석하면 라면은 간단하니까 먹는 것이지 그 외에 좋아한다거나 다른 이유는 없음을 말합니다. 따라서 '-(으)ㄹ 따름이다'처럼 단지 그것만을 강조하는 표현을 찾아야 합니다.

The phrase "I'm just eating" indicates that eating ramen is solely because it is simple, without any other reason such as personal preference. Therefore, the correct answer must include the grammatical structure "just do something", which emphasizes that there is only one reason or factor.

함께 보기: EBS TOPIK Ⅱ 종합서 p.110 유형 07

해설

① '먹을 뿐이다'는 단지 그것만 한다는 뜻으로 '먹을 따름이다'와 비슷합니다.
② '먹기 나름이다'는 먹는 방식에 따라 결과가 달라진다는 의미입니다.
③ '먹는 모양이다'는 먹는 것처럼 보인다는 추측의 의미입니다.
④ '먹을지도 모른다'는 먹을 수도 있고 아닐 수도 있다는 추측의 표현입니다.

① '먹을 뿐이다' means 'to only eat' or 'to just eat,' and it is similar in meaning to '먹을 따름이다,' which is a slightly more formal or literary way of saying the same thing.
② "It depends on how you eat it" means that the result depends on the way you eat it.
③ "It looks like it" means it looks like someone is eating, expressing a guess.
④ "Might eat" means someone might eat, expressing the possibility that it may or may not happen.

5

정답 ②

제시문

신는 순간부터 편하다!
오래 걸어도 피곤한지 몰라요.

• **주제**: 신발 • **텍스트 유형**: 광고

문제 유형 화제 고르기

문제 해결 전략
이 광고에는 '신다', '편하다', '걷다' 등의 표현이 나옵니다. 따라서 이것은 신고 걸을 수 있는 제품이라는 것을 알 수 있습니다.

This advertisement contains expressions such as "to wear", "comfortable", and "to walk." Therefore, it can be inferred that the product being advertised is something that can be worn and walked in.

함께 보기: EBS TOPIK Ⅱ 종합서 p.120 유형 08

해설
① 침대는 누울 수 있는 물건으로 신는 것과는 관련이 없습니다.
② 신발은 신을 수 있고 걷는 것과 관련이 있으므로 광고 내용과 잘 어울립니다.
③ 자전거는 교통수단으로 신는 것과 관련이 없으며 걷지 않고 이동하는 방법입니다.
④ 휴대폰은 전자 기기로 신거나 걷는 것과 관련이 없습니다.

① A bed is an item for lying down, unrelated to wearing or walking.
② Shoes can be worn and are associated with walking, which aligns with the content of the advertisement.
③ As a means of transportation, it is not related to wearing or walking.
④ As an electronic device, it is not related to wearing or walking.

6

정답 ④

제시문

지식과 상상이 가득한 종이 위의 세상에서
당신의 마음에 남길 한 문장을 찾아보세요.

• **주제**: 서점 • **텍스트 유형**: 광고

문제 유형 화제 고르기

문제 해결 전략
이 광고에는 '지식과 상상', '종이', '문장'이라는 표현이 나옵니다. 따라서 이곳은 지식과 상상이 문장에 담긴 종이, 책이 있는 곳이라는 것을 알 수 있습니다.

This advertisement contains expressions such as "knowledge and imagination", "paper" and "sentence". Therefore, it can be inferred that the place being advertised is one where knowledge and imagination are contained in sentences on paper, which suggests a place with books.

함께 보기: EBS TOPIK Ⅱ 종합서 p.120 유형 08

해설
① 꽃집은 꽃을 파는 곳으로 종이와는 관련이 없습니다.
② 공원은 여가 시간을 보내는 곳으로 지식과는 관련이 없습니다.
③ 은행은 종이로 된 돈은 있지만 지식과 상상, 문장과는 관련이 없습니다.
④ 서점은 종이로 된 책을 통해 지식과 상상의 세상, 감동적인 문장을 만날 수 있기 때문에 광고 내용과 잘 어울립니다.

① A place that sells flowers, unrelated to paper.
② A place for leisure activities, unrelated to knowledge.
③ Although it has paper money, it is not related to knowledge, imagination, or sentences.
④ A place where one can encounter knowledge, imagination, and impressive sentences through books made of paper, fitting the content of the advertisement.

7

정답 ②

제시문

매일 8시간 자기! 물 8잔 마시기!

작은 습관이 내 몸을 만듭니다.

- **주제**: 건강 관리
- **텍스트 유형**: 광고

문제 유형 화제 고르기

문제 해결 전략

이 광고에는 '8시간 자기', '물 마시기' 등 습관과 몸에 대한 표현이 나옵니다. 이것은 작은 습관들로 몸을 건강하게 만들 수 있다는 의미입니다. 따라서 이 글은 건강을 지키는 방법을 말합니다.

This advertisement contains expressions such as "8-hour sleep" and "drinking water", which are related to habits and the body. This implies that small habits can contribute to maintaining a healthy body. Therefore, the purpose of this text is to suggest ways to maintain health.

함께 보기: EBS TOPIK Ⅱ 종합서 p.120 유형 08

해설

① 시간 절약은 시간을 아끼는 것으로 수면, 물 마시기와 관련이 없습니다.

② 건강 관리는 건강을 지키는 방법으로 광고 내용과 일치합니다.

③ 안전 교육은 위험 예방과 관련된 교육을 말합니다.

④ 화재 예방은 불이 나지 않게 미리 준비하는 것으로 수면, 물 마시기와 관련이 없습니다.

① Refers to conserving time, which is unrelated to sleep or drinking water.

② Refers to methods of maintaining health, which aligns with the content of the advertisement.

③ Involves education on preventing risks, unrelated to sleep or drinking water.

④ Involves preparing to avoid fire accidents, unrelated to sleep or drinking water.

8

정답 ③

제시문

- 미끄러우니 뛰지 마세요.
- 씻은 후에 물에 들어갈 수 있습니다.

- **주제**: 수영장 이용 규칙
- **텍스트 유형**: 안내문

문제 유형 화제 고르기

문제 해결 전략

이 글에는 '미끄럽다', '씻다', '물에 들어가다'라는 표현이 나옵니다. 따라서 씻고 물에 들어갈 수 있는, 다닐 때 미끄러운 수영장을 떠올릴 수 있습니다. '-지 마세요' 등의 표현을 통해 수영장에서 주의해야 할 점을 이야기하고 있습니다.

This text contains expressions such as "slippery", "to wash" and "to enter the water." These expressions suggest a swimming pool, a place where one can wash and enter the water, and where the floor may be slippery. The use of expressions like "do not" indicates that the text addresses cautionary measures to follow in a swimming pool.

함께 보기: EBS TOPIK Ⅱ 종합서 p.120 유형 08

해설

① 관람 순서는 전시회 등에서 구경을 하는 순서를 나타냅니다.

② 사용 방법은 어떤 기계를 쓰는 방법입니다.

③ 이용 규칙은 어떤 시설을 이용할 때 지켜야 할 점을 말합니다.

④ 등록 문의는 어떤 과정에 등록하기 위해 물어본다는 뜻입니다.

① "viewing order" refers to the sequence in which visitors view exhibits at an exhibition.

② "usage instructions" explains how to operate a machine or device.

③ "usage rules" indicates the regulations to follow when using a facility.

④ "Registration inquiry" means asking about how to register for something

9 정답 ④

제시문

2026-1학기 기숙사 신청 안내

- 신청 기간: 2026년 1월 1일(목) ~ 1월 20일(화)
- 신청 대상: 인주대학교 외국인 유학생
- 신청 방법: 학교 홈페이지에서 온라인 접수
- 문 의: 기숙사 사무실 방문 또는 이메일 (inju_dorm@inju.com) 전송

• **주제**: 기숙사 신청 • **텍스트 유형**: 안내문

문제 유형 세부 내용을 파악해 일치하는 내용 고르기

문제 해결 전략

이 글은 기숙사 신청 안내문으로 신청 기간, 대상, 방법을 안내하고 있습니다. 지문에 있는 구체적인 날짜, 문의 방법 등을 중심으로 선택지와 비교하면 쉽게 풀 수 있습니다.

This text is a dormitory application notice that provides information on the application period, eligibility, and methods. To solve the problem efficiently, compare the statements in the options with specific dates and inquiry methods given in the text.

함께 보기: EBS TOPIK Ⅱ 종합서 p.130 유형 09

해설

① 1월 1일부터 20일까지 20일 동안 신청할 수 있습니다.
② 외국인 유학생만 신청 대상입니다.
③ 이메일로는 문의를 할 수 있고 신청서는 홈페이지에서 접수합니다.
④ 사무실에 방문하거나 이메일로 문의할 수 있습니다.

① You can apply for 20 days from January 1st to 20th.
② Only foreign students are eligible to apply.
③ You can inquire by e-mail, and the application is received on the website.
④ You can visit the office or contact via email.

10 정답 ③

제시문

대학생 졸업 후 계획

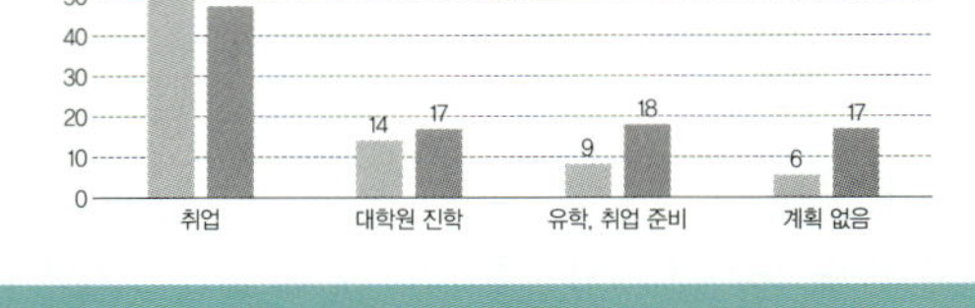

• **주제**: 대학 졸업 후 계획 • **텍스트 유형**: 그래프

문제 유형 세부 내용을 파악해 일치하는 내용 고르기

문제 해결 전략

그래프를 볼 때는 각 항목의 수치를 정확히 읽고 선택지의 수치와 비교해야 합니다. '증가/감소', '늘다/줄다', '두 배', '가장'과 같은 표현에 주의해서 그래프와 설명이 같은지 파악합니다.

When analyzing a graph, it is essential to accurately read each item's figures and compare them with the statements given. Pay attention to expressions such as "increase/decrease," "double," and "most" to determine if the graph matches the explanation.

함께 보기: EBS TOPIK Ⅱ 종합서 p.130 유형 09

해설

① 2015년 71%에서 2025년 48%로 줄었습니다.
② 2015년 14%, 2025년 17%로 2025년이 더 많습니다.
③ 2015년 6%에서 2025년 17%로 세 배 늘었습니다.
④ 유학, 취업 준비는 18%, 취업은 48%로 여전히 취업이 가장 높습니다.

① It decreased from 71% in 2015 to 48% in 2025.
② In 2025, the percentage is greater, increasing from 14% in 2015 to 17%
③ It has roughly tripled from 6% in 2015 to 18% in 2025.
④ Studying abroad and job preparation are 18% and employment is 48%, so employment is still the highest.

11

정답 ①

제시문

K자동차가 한국 브랜드 최초로 '세계 올해의 자동차'에 선정되었다. 이 상은 2004년에 시작되어 매년 전 세계의 새로 나온 차를 대상으로 심사한다. 수많은 경쟁 브랜드 사이에서 K자동차는 넓은 공간과 뛰어난 기술, 미래적인 디자인으로 주목받았다. 또한 세계 2개 이상의 대륙에서 1년 동안 1만대 이상 판매되어 큰 상을 수상하게 되었다.

- **주제**: 세계 자동차 대회 수상
- **텍스트 유형**: 기사문

문제 유형 세부 내용을 파악해 일치하는 내용 고르기

문제 해결 전략

이 글은 세계 자동차 대회 수상에 대한 신문 기사입니다. 지문에 나온 사실을 정확하게 파악하고 선택지 문장이 지문과 같은지 비교해야 합니다.

This text is a newspaper article about winning an international car race. You need to understand the facts presented in the passage accurately and compare whether the answer choices match the passage.

함께 보기: EBS TOPIK Ⅱ 종합서 p.130 유형 09

해설

① 한국 브랜드 최초로 상을 받았다고 나와 있습니다.
② 이 상은 2004년부터 있었고, 수많은 경쟁 브랜드가 있다고 했으므로 올해 경쟁률이 높았습니다.
③ 이 차는 1년 간 2개 이상의 대륙에서 1만대 이상 팔렸습니다. 모든 대륙에서 판매율이 가장 높았는지는 언급되지 않았습니다.
④ 시상이 2004년에 시작되었고, 차는 최근 새로 나왔습니다.

① It says that it was the first Korean brand to receive an award.
② This award has been around since 2004, and the competition rate has been high this year because there are many competing brands.
③ The car sold more than 10,000 units on more than two continents in a year. It was not said if it had the highest sales on all continents.
④ The awards started in 2004, and the cars were recently released.

12

정답 ③

제시문

최근 예술 활동에 하루만 참여해 볼 수 있는 '1일 체험 수업'이 유행이다. 전문가에게 수강료를 내고 설명을 들으면서 몇 시간 만에 하나의 작품을 완성하는 수업이다. 수강생들은 그림뿐만 아니라 목공, 도자기, 러그 등 다양한 작품을 직접 만들 수 있다. 이러한 변화는 과거 소수의 사람에게만 제한되었던 예술이 모두에게 확대된 것을 보여 준다.

- **주제**: 1일 체험 수업의 유행
- **텍스트 유형**: 기사문

문제 유형 세부 내용을 파악해 일치하는 내용 고르기

문제 해결 전략

이 글은 최근 사회에서 주목을 받는 '1일 체험 수업'에 대한 짧은 신문 기사입니다. 지문에 나오는 주제(1일 체험 수업), 시간과 비용, 대상, 반응 등을 중심으로 선택지와 비교하면 문제를 쉽게 풀 수 있습니다.

This passage is a brief newspaper article highlighting the recent social trend of "one-day classes." To find the correct answer, focus on the topic (one-day experience class), time and cost, target audience, and public response as stated in the passage.

함께 보기: EBS TOPIK Ⅱ 종합서 p.130 유형 09

해설

① 1일 체험이라고 해서 하루 24시간을 모두 쓰는 것은 아닙니다. 지문에 '몇 시간 만에' 작품을 완성한다고 했는데 24시간은 열 시간을 넘기 때문에 '몇 시간'으로 볼 수 없습니다.
② '수강료를 낸다'는 표현이 있으니 유료입니다.
③ '과거 소수의 사람에게만 제한되었다'는 표현과 일치합니다.
④ '전문가의 설명을 들으면서' 하는 수업이므로 스스로 집에서 하는 것이 아닙니다.

① A one-day experience does not mean that you spend all 24 hours a day. The text says that you will complete the work in a few hours, but 24 hours can't be viewed as several hours because it exceeds 10 hours.
② There is an expression that says, "You pay for the course fee," so you have to pay for it.

③ It is consistent with the expression 'limited to a small number of people in the past.'

④ It's a class that you do while listening to the explanation of an expert, so you don't do it yourself at home.

13

정답 ④

제시문

(가) 그러나 햇빛으로 얻는 비타민의 양은 우리 몸에 부족할 수 있다.

(나) 특히 겨울철에는 다른 비타민처럼 영양제로 보충해 주는 것이 좋다.

(다) 비타민 D는 햇빛을 받으면 피부에서 자연스럽게 생긴다고 알려져 있다.

(라) 그래서 사람들은 야외 활동을 하면 비타민 D를 충분히 흡수했다고 생각한다.

• 주제: 비타민 D 섭취 방법 • 텍스트 유형: 설명문

문제 유형 알맞은 순서로 배열한 것 고르기

문제 해결 전략

이 글은 비타민 D에 대한 일반적인 상식과 보충 방법을 설명하는 글입니다. 문장의 흐름을 잘 살펴서 순서를 파악해야 합니다. 문장 사이에 있는 연결 표현(예: '그래서', '특히', '그러나')을 중심으로 논리적 순서를 파악하면 문제를 푸는 데 도움이 됩니다.

This passage provides general information about vitamin D and methods for supplementation. To determine the correct sequence of sentences, carefully examine the flow and pay attention to transitional expressions (e.g., "therefore," "especially," "however") that help identify the logical order.

함께 보기: EBS TOPIK Ⅱ 종합서 p.144 유형 10

해설

(다)는 비타민 D 생성의 일반적인 상식으로, 햇빛을 통한 생성 방법을 소개하고 있습니다.

(라)는 상식에 따른 사람들의 반응으로, 밖에서 활동을 하면 비타민 D가 충분하다고 생각하는 것에 대해 설명하고 있습니다.

(가)는 '그러나'로 반전되어 (라)의 생각이 오해임을 밝히고 있습니다.

(나)는 부족한 비타민 D를 보충하는 방법으로, (가)에 대해 부연 설명을 하며 특히 이 방법이 필요한 상황을 제시하고 있습니다.

(다) is a common sense of vitamin D production, introducing how to generate it through sunlight.

(라) presents people's reaction based on common sense, explaining the belief that outdoor activity provides enough vitamin D.

(가) is introduced with "however," showing that the idea in (라) is a misunderstanding.

(나) presents a way to supplement insufficient vitamin D, providing additional explanation to (가) and highlighting situations where this method is especially needed.

14

정답 ①

제시문

(가) 어느 날 피곤했던 나는 지하철에서 졸다가 가방을 두고 내렸다.

(나) 그런데 지하철 문이 닫히고 나서야 가방이 없다는 것을 알았다.

(다) 그 사람과 직원들 덕분에 다른 역에 보관되어 있던 가방을 찾을 수 있었다.

(라) 당황한 나를 보고 옆에 있던 한국 사람이 지하철역 사무실에 데려다 주었다.

• 주제: 가방 분실 일화 • 텍스트 유형: 수필

문제 유형 알맞은 순서로 배열한 것 고르기

문제 해결 전략

이 글은 지하철에서 가방을 분실했던 경험을 담은 글입니다. 실수담을 소개하는 글은 보통 "사건의 시작 → 문제 인식 → 해결 과정 → 결말" 순서로 진행됩니다. 연결 표현(예: '그 사람', '그런데')을 참고하고, 시간의 흐름과 반응에 주목하면 문장 순서를 파악할 수 있습니다.

This text recounts a personal experience of losing a bag on the subway. In narratives that present a mistake, the structure generally follows the sequence of "beginning of the incident → recognition of the problem → problem-solving process → conclusion." To determine the correct order, pay attention to transitional expressions (e.g., "that person," "however"), the chronological flow, and the reactions of the narrator.

함께 보기: EBS TOPIK Ⅱ 종합서 p.144 유형 10

해설

(가)는 사건의 시작으로, 지하철에서 졸다가 가방을 잃어버린 일을 소개하고 있습니다.
(나)는 문제를 인식한 순간으로, 뒤늦게 가방이 없다는 것을 알게 되었다고 이야기하고 있습니다.
(라)는 문제의 해결 과정으로, 한국인의 도움을 받아 역 사무실에 가는 과정을 설명하고 있습니다.
(다)는 이 사건의 결말로 여러 사람의 도움으로 결국 가방을 찾았다며 이야기를 마무리하고 있습니다.

(가) is the beginning of the incident, introducing the story of losing a bag while dozing off on the subway.
(나) is the moment of realizing the problem, describing how the person belatedly noticed the bag was missing.
(라) is the process of solving the problem, explaining how the person went to the station office with the help of Koreans.
(다) is the conclusion of the incident, ending with the bag being found thanks to the help of several people.

15 정답 ②

제시문

(가) 이 공기 때문에 빵 반죽이 부풀어 커진다.
(나) 빵을 만들 때는 보통 이스트라는 재료가 들어간다.
(다) 이스트는 반죽 속에서 단 성분을 먹고 공기를 만든다.
(라) 그래서 오븐에 넣고 구우면 크고 부드러운 빵을 먹을 수 있게 된다.

• **주제**: 빵이 부푸는 원리 • **텍스트 유형**: 설명문

문제 유형 **알맞은 순서로 배열한 것 고르기**

문제 해결 전략

이 글은 빵을 만들 때 반죽이 부푸는 원리를 설명하는 글입니다. 원리를 설명하는 설명문은 보통 "주제/일반적 사실 → 원리/배경 설명 → 구체적 현상 → 결론"의 흐름으로 글이 전개됩니다. 문장 사이의 연결어(예: '그래서')와 지시어(예: '이 공기')를 주의 깊게 살펴보면 자연스러운 배열을 찾을 수 있습니다.

This text explains the principle behind dough rising when baking bread. Expository texts that explain principles usually follow the sequence of "topic/general fact → principle/background explanation → specific phenomenon → conclusion." To find the correct order, pay close attention to transitional expressions (e.g., "therefore") and demonstratives (e.g., "this air").

함께 보기: EBS TOPIK Ⅱ 종합서 p.144 유형 10

해설

(나)는 빵의 재료 중 하나인 이스트를 소개하고 있습니다.
(다)는 이스트의 작용 원리와 빵을 만들 때 하는 역할을 설명하고 있습니다.
(가)는 이스트 때문에 빵 만드는 과정에서 나타나는 현상을 설명하고 있습니다.
(라)는 '그래서' 이스트를 사용하면 빵의 결과물이 어떻게 되는지 이야기하며 내용을 정리하고 있습니다.

(나) introduces yeast as one of the ingredients of bread.
(다) explains how yeast works and the role it plays in bread-making.
(가) describes the phenomena that occur in the bread-making process because of yeast.
(라) concludes by explaining the outcome when yeast is used, beginning with "So."

16 정답 ②

제시문

해바라기 꽃은 해가 움직이는 방향을 따라 고개를 돌리는 것으로 유명하다. 이런 모습을 보고 한 사람만 바라보는 사랑을 떠올리기도 한다. 그런데 해바라기가 이렇게 움직이는 이유는 (   ) 위한 것이다. 해를 따라가며 광합성을 더 많이 하면 해바라기는 튼튼하게 자라고 꽃을 더 크게 피울 수 있다.

• **주제**: 해바라기가 해를 보는 이유
• **텍스트 유형**: 설명문

문제 유형 문맥을 파악해 빈칸에 알맞은 말 고르기

문제 해결 전략

이 글은 '해바라기가 해를 보는 이유'에 대해 설명하고 있습니다. 빈칸에 알맞은 말을 고르는 문제는 빈칸 앞뒤 문장의 흐름을 잘 살펴보고 문장이 서로 어떻게 연결되는지 알아야 합니다. 빈칸의 앞 내용은 해바라기의 특성과 대중의 반응을 이야기하고 있고, 뒤 내용은 해를 따라갈 때 나타나는 결과가 제시됩니다. 따라서 '-기 위한'으로 연결되는 빈칸에는 뒤의 내용을 참고하여 해바라기가 해를 보는 목적을 넣어야 합니다.

This text explains why sunflowers follow the sun. To select the appropriate word for the blank, carefully examine the flow of the preceding and following sentences. The sentence before the blank discusses the characteristics of sunflowers and the public's perception, while the sentence after the blank presents the result of following the sun. Therefore, the blank should be filled with a purpose phrase, using the structure "for", based on the subsequent content.

함께 보기: EBS TOPIK Ⅱ 종합서 p.158 유형 11

해설

① 지문의 중심 내용인 '해'와 관련이 없습니다.

② 마지막 문장에 해바라기가 해를 따라 움직이면 '튼튼하게 자랄 수 있다'고 나와 있습니다. 건강하게 성장하는 것은 이와 같은 의미이므로 알맞은 내용입니다.

③ 잘 자라는 것과 반대되는 내용으로 뒤의 내용과 어울리지 않습니다.

④ 꽃의 건강과 관련이 있지만 지문은 안으로 뿌리를 내리는 것보다 크게 자라는 것에 초점이 있으므로 지문의 내용과 일치하지 않습니다.

① It is not related to the central content of the passage, which is the sun.

② In the last sentence, the passage says that if a sunflower follows the sun, it can "grow strong." Since growing healthy has the same meaning, this option is appropriate.

③ This expresses the opposite of growing well, so it does not fit with the following content.

④ Although it relates to the health of flowers, the passage focuses on growing larger rather than putting down roots, so this does not match the content of the passage.

17

정답 ①

제시문

사람들은 예술 작품의 결과물만을 감상하고 기억한다. 그러나 현대의 일부 미술가들은 완성된 결과보다 (　　　　　　) 더 의미 있게 생각한다. 작가의 생각과 의도를 알면 작품을 더 깊이 이해할 수 있기 때문이다. 그래서 작업 장면을 공개하거나 완성되기 전의 모습을 그대로 전시하기도 한다.

- **주제**: 과정을 중시하는 현대 예술
- **텍스트 유형**: 설명문

문제 유형 문맥을 파악해 빈칸에 알맞은 말 고르기

문제 해결 전략

이 글은 '현대 예술의 변화'에 대해 설명하고 있습니다. 예술 작품의 완성된 결과를 감상하는 것이 일반적이었지만 최근에는 이와 대조되는 현상이 나타난다고 합니다. 뒤 내용에는 이러한 변화의 이유와 결과가 제시됩니다. 앞뒤 내용을 참고하면 현대 미술에서 나타난 변화를 유추할 수 있습니다.

This text discusses the transformation in "modern art." Traditionally, appreciating the final result of an artwork has been common, but recently a contrasting phenomenon has emerged. The subsequent content presents the reasons and outcomes of this change. By examining the context, one can infer the shifts occurring in contemporary art.

함께 보기: EBS TOPIK Ⅱ 종합서 p.158 유형 11

해설

① 과정은 앞서 나온 '결과'와 대조되며, 뒤의 '작업 장면을 공개하거나 완성되기 전의 모습을 전시한다'는 내용과 같은 의미이므로 알맞은 내용입니다.

② 관람객의 생각에 대한 내용은 없으므로 지문과 어울리지 않습니다.

③ 지문에서는 평가가 아닌 '감상'에 대해 이야기하고 있으므로 지문과 어울리지 않습니다.

④ 지문에서는 상업적인 면이 아닌 '예술의 이해'에 대해 이야기하고 있으므로 지문과 어울리지 않습니다.

① The process contrasts with the earlier mention of "result," and it matches the meaning of "revealing the work scene or displaying it before completion," so this option is appropriate.

② There is no mention of the audience's thoughts, so this does not match the passage.

③ The passage discusses "appreciation," not evaluation, so this does not match.

④ The passage focuses on "understanding art," not the commercial aspect, so this does not match.

18

정답 ②

제시문

한국의 전통 집인 한옥은 주변 환경을 고려해 건축되었다. 여름에는 시원하고 겨울에는 따뜻하게 지낼 수 있도록 지붕과 마루를 만들었다. 그리고 창문과 문을 크게 내서 집 안에서도 자연을 감상할 수 있도록 했다. 다시 말해서 한옥은 (   ) 주변 환경과 조화를 이루는 건축물을 세웠다는 특징이 있다.

• **주제**: 한옥의 건축 양식 • **텍스트 유형**: 설명문

문제 유형 문맥을 파악해 빈칸에 알맞은 말 고르기

문제 해결 전략

이 글은 '한옥을 건축할 때 고려하는 것'에 대해 설명하고 있습니다. 첫 문장에서 '주변 환경을 고려해 건축되었다'는 주제를 드러냈으며 이에 대한 구체적인 설명이 이어집니다. '여름과 겨울, 경치'에 대한 내용을 요약하면 빈칸의 내용을 유추할 수 있습니다.

This text discusses "factors considered when building a Hanok." The main idea, expressed in the first sentence, is that "it is constructed considering the surrounding environment," followed by specific explanations. Summarizing the contents related to "summer, winter, and scenery" helps infer the correct answer for the blank.

함께 보기: EBS TOPIK Ⅱ 종합서 p.158 유형 11

해설

① 여름에는 시원하게 지낸다고 했으므로 앞의 내용과 다릅니다.

② 여름에는 시원하고 겨울에는 따뜻하게 하는 것은 '날씨'로, 창문과 문을 통해 경치를 보는 것은 '풍경'으로 요약되어 알맞은 내용입니다.

③ 환기보다는 '경치를 보는 것'이 정확한 목적이며 계절에 대한 내용을 포함하지 않았으므로 답이 되기에 부족합니다.

④ 지문은 건물의 외면보다는 기능에 대해 이야기하고 있으므로 지문과 어울리지 않습니다.

① The passage says one stays cool in summer, so this option is different from the passage.

② Keeping cool in summer and warm in winter relates to "weather," and viewing scenery through windows and doors relates to "landscape," so this option is appropriate.

③ The main purpose is "looking at the scenery" rather than ventilation, and since this does not include seasonal content, it is insufficient as an answer.

④ The passage discusses functionality rather than the exterior of the building, so this option does not match.

19~20

제시문

많은 운동선수들은 경기를 앞두고 일정한 행동을 반복하는 습관이 있다. 예를 들어, 경기가 있는 날마다 같은 양말을 신는 선수도 있고 경기장에 들어오면 모자를 벗었다가 다시 쓰는 행동을 꼭 하는 선수도 있다. (   ) 긴장이 조금 풀리고 경기에 집중하게 된다고 한다. 이러한 행동이 경기력에 직접적인 영향을 주지는 않지만 선수의 마음을 안정시키고 자신감을 높이는 데에 도움이 될 수 있다.

• **주제**: 운동선수의 루틴 행동
• **텍스트 유형**: 설명문

19

정답 ④

문제 유형 문맥을 파악해 빈칸에 알맞은 말 고르기

문제 해결 전략

빈칸을 중심으로 앞, 뒤의 관계를 파악하여 그에 맞는 접속 부사를 골라야 합니다. 앞 문장은 운동선수들이 경기 전 반복하는 습관을 예를 들어 이야기하고 있고, 빈칸 뒤의 내용은 긴장을 풀고 집중이 되는 효과를 제시하고 있습니다. 따라서 빈칸에는 앞의 행동과 뒤의 결과를 이어주는 부사어가 들어가야 합니다.

To choose the appropriate conjunctive adverb, analyze the relationship between the sentences before and after the blank. The previous sentence gives an example of repetitive habits that athletes perform before competitions, while the following sentence presents the effect of reducing tension and enhancing concentration. Therefore, the blank should contain an adverb that connects the preceding action with the resulting effect.

함께 보기: EBS TOPIK Ⅱ 종합서 p.158 유형 11

해설

① '또는'은 선택의 의미로 앞과 뒤의 내용 중 하나를 고를 때 사용합니다.

② '또한'은 추가의 의미로 같은 주제에 대해 또 하나의 설명을 더할 때 사용합니다.

③ '그래도'는 대조의 의미로 앞과 뒤의 내용에 반전이 있을 때 사용합니다.

④ '그러면'은 앞의 행동으로 인해 뒤에 결과가 나타날 때 사용합니다.

① "Or" is used to indicate a choice between the preceding and following statements.

② "Also" is used to add another explanation related to the same topic.

③ "Nevertheless" indicates a contrast when there is a reversal between the preceding and following statements.

④ "Then" connects the preceding action to the subsequent result.

20

정답 ③

문제 유형 중심 내용 고르기

문제 해결 전략

이 문제는 글 전체에서 말하고 있는 가장 중요한 내용, 즉 '주제'가 무엇인지 찾는 문제입니다. 글의 흐름을 보면 처음에는 운동선수의 루틴에 대해 설명하고, 그 다음에는 그런 행동이 긴장을 풀고 집중력과 안정감, 자신감을 높이는 효과가 있음을 이야기합니다. 따라서 지문 전체 내용을 잘 정리한 선택지를 고르는 것이 좋습니다. 예시나 일부 정보만 담긴 선택지보다는 전체 흐름과 가장 잘 맞는 문장을 정답으로 선택해야 합니다.

This question requires identifying the most important point conveyed throughout the text, namely the "main idea." The flow of the text begins by explaining athletes' routines, followed by discussing how these routines help alleviate tension and enhance concentration, stability, and confidence. Therefore, selecting the answer that best summarizes the entire passage is crucial. It is preferable to choose a sentence that reflects the overall flow rather than an option containing merely examples or partial information.

함께 보기: EBS TOPIK Ⅱ 종합서 p.172 유형 12

해설

① 예시에 '같은 양말을 신는' 습관이 나오지만 운동선수의 습관을 모두 포함하지 않습니다.

② 선수마다 다른 습관을 예로 들고 있으므로 모두가 같은 행동을 한다는 일반화는 적절하지 않습니다.

③ 글의 주제와 효과를 요약한 것으로 적절합니다.

④ 이 글은 설명하는 글이기 때문에 마음을 준비해야 한다고 주장하는 것은 주제로 어울리지 않습니다.

① The example shows the habit of "wearing the same socks," but it does not comprehensively explain the habits of an athlete.

② Different players use different habits as an example, so the generalization that everyone does the same is not appropriate.

③ This is appropriate as a summary of the topic and the effect mentioned in the text

④ Since this is an explanatory text, the claim that one must prepare the mind is not an appropriate topic.

21~22

제시문

최근 일부 기업들은 직원의 정신 건강을 위해 다양한 복지 프로그램을 운영한다. 일주일에 한 번쯤 심리 상담 서비스를 제공하거나 스트레스를 풀 수 있는 사내 휴식 공간을 마련하는 것이 그 예이다. 특히 직원들의 의견을 반영한 복지를 제공하는 회사에 대해 만족도가 높다. 기업이 직원들의 목소리에 (   ) 때문에 직원들도 기업에 대한 애정과 업무에 열정이 생긴다고 한다.

- **주제**: 기업의 직원 복지 향상
- **텍스트 유형**: 설명문

21

정답 ④

문제 유형 문맥을 파악해 빈칸에 알맞은 말 고르기

문제 해결 전략

빈칸을 중심으로 앞, 뒤의 내용을 파악하여 어울리는 관용 표현을 골라야 합니다. 앞 문장에 '직원들의 의견을 반영한다'는 표현은 빈칸의 바로 앞 '목소리에'와 연결됩니다. 빈칸 뒤의 내용은 빈칸과 원인-결과로 이어져 '직원들도 기업에 대한 애정, 업무에 열정이 생긴다'는 결과가 제시되었습니다. 따라서 빈칸에는 기업이 직원에게 해 주는 긍정적인 일, 특히 의견을 반영하는 것과 관련된 표현이 들어가야 합니다.

To solve this problem, it is essential to analyze the context before and after the blank and select an appropriate idiomatic expression. The preceding sentence states "reflecting the opinions of employees," which connects with the phrase "to the voices" right before the blank. The subsequent content indicates a cause-and-effect relationship, mentioning that "employees develop affection for the company and passion for their work." Therefore, the blank should contain a positive action that the company takes for its employees, particularly related to reflecting their opinions.

함께 보기: EBS TOPIK Ⅱ 종합서 p.158 유형 11

해설

① '눈감아 주기'는 잘못된 것을 넘어가 준다는 의미로, '목소리에'와 연결되지 않습니다.

② '발목을 잡기'는 어떤 일을 못하게 방해한다는 부정적인 의미이므로 빈칸에 어울리지 않습니다.

③ '진땀을 흘리기'는 긴장하거나 힘든 상황에 쓰는 표현으로, 빈칸에 어울리지 않습니다.

④ '귀를 기울이기'는 의견을 잘 들어 준다는 의미로, 빈칸에 알맞은 표현입니다.

① "Turning a blind eye" means overlooking something wrong, and it does not connect with "voice."

② "To hold someone back" (literally "grab the ankle") has a negative meaning of preventing something from happening, so it does not fit in the blank.

③ "To break into a sweat" is used in tense or difficult situations, so it does not fit in the blank.

④ "To lend an ear" (literally "listen closely") means listening carefully to someone's opinion, so it is the appropriate expression for the blank.

22

정답 ②

문제 유형 세부 내용을 파악해 일치하는 내용 고르기

문제 해결 전략

이 문항은 지문 전체의 내용을 정확히 파악하고 선택지와 비교하여 일치하는 내용을 고르는 문제입니다. 문제를 해결하려면 상황, 주어, 행동, 결과 등의 세부 정보를 정확히 비교해야 합니다.

This question requires accurately understanding the entire passage and comparing it with the answer choices to select the matching statement. To solve the problem, it is necessary to carefully compare specific details such as the situation, subject, action, and outcome.

함께 보기: EBS TOPIK Ⅱ 종합서 p.130 유형 09

해설

① 복지 제도에 대해 이야기하고 있지만 근무 시간과 관련된 언급은 없습니다.

② '사내 휴식 공간을 마련한다'는 지문 내용과 일치합니다.

③ 지문에는 복지 프로그램만 나타났으며 '업무 속도'와 관련된 결과는 제시되지 않았습니다.

④ 정부가 아닌 '기업'이 정신 건강을 위한 제도를 마련한 주체가 됩니다.

① The passage discusses the welfare system, but it does

not mention working hours.

② This is consistent with the passage, which says "providing an in-house rest area."

③ The passage only mentions welfare programs and does not present any results related to "work speed."

④ It is companies, not the government, that are identified in the passage as the providers of mental health systems.

23~24

제시문

어머니는 내가 어렸을 때부터 혼자서 나를 키우셨다. 우리 두 사람의 생활비와 내 교육비를 위해 어머니는 아침 일찍 일터에 나가셔야 했다. 고등학생 때 내가 일어나면 어머니는 이미 출근하셨지만 식탁에 밥과 국, 계란말이가 매일 차려져 있었다. 그때는 똑같은 반찬이 지겨워 안 먹고 나갈 때도 있었다. 매일 만나던 어머니의 밥상이 당연한 줄 알았다. 어제는 아이가 아파서 하루 종일 제대로 밥을 못 먹고 아이를 돌보았다. 아이를 재우고 나니 배가 고픈 것이 느껴졌다. 그때 나는 돌아가신 어머니의 계란말이가 생각났다. 서둘러 계란말이를 만들고 식탁에 앉아 먹어 봤지만 그 맛이 나지 않았다. <u>이렇게 될 줄 알았다면 그때 그릇을 깨끗이 비우고 어머니께 정말 맛있었다고 말했을 것이다.</u> 엄마가 되어 보니까 그 마음을 알게 되어 눈물이 났다.

- **주제:** 그리운 어머니의 밥상
- **텍스트 유형:** 수필

23

정답 ④

문제 유형 인물의 심정 고르기

문제 해결 전략

지문에 나타난 인물의 상황과 감정 변화를 파악하는 문제입니다. 밑줄 친 문장의 앞 내용을 먼저 살펴보면 어머니가 힘든 상황에도 아침 식사를 준비해 주셨던 것을 회상하는 내용이며 그때는 지겨웠던 계란말이를 그리워하고 있다. 밑줄 친 부분에는 과거의 자신의 행동을 돌아보고 있으며, 뒤에 '눈물이 났다'는 감정 표현이 이어진다. 따라서 이 사람의 심정은 과거에 알지 못했던 어머니의 마음을 알고 아쉬워하며 반성하고 있다.

This question requires understanding the character's situation and emotional changes as presented in the passage. To grasp the sentiment expressed in the underlined sentence, first examine the preceding content: the speaker reminisces about how their mother used to prepare breakfast despite difficult circumstances, recalling that they once felt tired of eating the same rolled egg omelet but now miss it. The underlined part reflects the speaker's reflection on their past actions, and it is followed by the emotional expression "tears welled up." Therefore, the speaker's feelings involve reflecting on their past lack of understanding and feeling regretful after realizing their mother's intentions.

함께 보기: EBS TOPIK Ⅱ 종합서 p.188 유형 13

해설

① 감동하여 벅찬 마음을 나타내므로 반성하는 상황에는 어울리지 않습니다.

② 화나거나 귀찮은 상황에 쓰이는 표현으로, 회상하며 아쉬워하는 현재의 상황에 어울리지 않습니다.

③ 과거에는 어머니의 반찬에 만족하지 못했지만 현재는 그것을 그리워하고 있으므로 어울리지 않습니다.

④ 과거 어머니에게 하지 못한 말과 행동을 돌이키고 싶어 하는 상황이므로 후회하는 감정이 가장 적절합니다.

① It is not suitable for situations of self-reflection because it expresses an overwhelming feeling of emotion.

② It is an expression used in situations where you are angry or bothered, and it is not suitable for the current situation where you reminisce and regret.

③ In the past, the writer was not satisfied with the mother's side dishes, but now misses them, so this option does not fit.

④ Since this is a situation where the speaker wants to go back and undo the words left unsaid and actions not taken toward the mother in the past, the emotion of regret is the most appropriate.

24

정답 ①

문제 유형 세부 내용을 파악해 일치하는 내용 고르기

문제 해결 전략

이 문항은 지문 전체의 내용을 정확히 파악하고 선택지와 비교하여 일치하는 내용을 고르는 문제입니다. 특히 선택지에 등장하는 주어(어머니, 우리, 나), 인물의 행동과 결과, 감정 표현 등을 주의해서 살펴봐야 합니다.

This question requires accurately grasping the content of the entire passage and comparing it with the given options to find the correct answer. Pay particular attention to the subjects (mother, we, I), the actions of the characters, the results, and the expressions of emotion as they appear in the options.

함께 보기: EBS TOPIK Ⅱ 종합서 p.130 유형 09

해설

① '어머니가 혼자서 나를 키우셨다'는 지문의 내용으로 유추할 수 있습니다.
② '똑같은 반찬이 지겨워 안 먹을 때도 있었다'는 지문의 내용에 반대됩니다.
③ '계란말이를 만들어 봤지만 그 맛이 나지 않았다'는 지문의 내용과 다릅니다.
④ 아이에게 밥을 먹였다는 내용은 언급되지 않았습니다.

① It can be inferred from the content of the text that 'my mother raised me alone'.
② It is contrary to the text, "There were times when I was tired of the same side dishes and didn't eat them."
③ This does not match the passage, which says, "I tried making a rolled omelet, but it didn't taste the same."
④ It was not mentioned that the child was fed.

25

정답 ②

제시문

축구 국가대표 이정민, 한국 넘어 유럽으로 '훨훨'

• 주제: 축구 선수 해외 진출
• 텍스트 유형: 신문 기사 제목

문제 유형 중심 내용 고르기(기사 제목 설명 고르기)

문제 해결 전략

기사 제목은 핵심 정보를 압축해서 짧게 표현됩니다. 선택지를 볼 때 '누가, 무엇을, 어떤 변화'의 요소를 중심으로 기사 제목과 비교해야 합니다. 자주 사용되는 관용 표현의 의미를 아는 것도 해석에 도움이 됩니다. 이 문제에서 '훨훨'은 새가 높은 곳으로 날아가는 것처럼 큰 무대로 진출하는 것을 의미합니다.

Article titles are concise and compact, conveying key information briefly. When examining the options, focus on elements like "who," "what," and "what change" to compare with the title. Additionally, knowing the meaning of commonly used idioms helps in interpretation. In this problem, "far better" metaphorically signifies soaring to a bigger stage, akin to a bird flying high.

함께 보기: EBS TOPIK Ⅱ 종합서 p.172 유형 12

해설

① 대표팀에서 빠졌다는 부정적인 내용은 없습니다.
② 한국 대표팀 선수가 유럽에 진출했다는 기사 제목의 내용과 일치합니다.
③ '한국 넘어 유럽으로' 간다는 지문의 순서와 반대됩니다.
④ 부상 치료에 대한 내용은 언급되지 않았습니다.

① The passage does not contain any negative information such as being excluded from the national team.
② This is consistent with the article's title, which says that a Korean national team player advanced to Europe.
③ This is the opposite of the passage, which describes the sequence as "from Korea to Europe."
④ The passage does not mention anything about injury treatment.

26

정답 ②

제시문

지하철 출입문 고장, 출근길 발 묶인 승객들

- **주제**: 지하철 고장 사고
- **텍스트 유형**: 신문 기사 제목

문제 유형 중심 내용 고르기(기사 제목 설명 고르기)

문제 해결 전략

핵심 정보만 간단하게 전달된 신문 기사를 풀어서 해석해 봐야 합니다. '발이 묶였다'는 표현은 오고 가는 이동이 불가능한 것으로 해석할 수 있습니다. 따라서 이 지문은 '지하철 출입문이 고장 나서 출근하던 지하철의 승객들이 이동이 어려워진 상황'이라는 것을 알 수 있습니다.

This question requires interpreting a brief news article where only key information is presented. The expression "bound" indicates that movement has become impossible. Therefore, the passage describes a situation where subway passengers commuting to work face mobility difficulties due to a malfunctioning subway door.

함께 보기: EBS TOPIK Ⅱ 종합서 p.172 유형 12

해설

① 지문은 한 사건에 대해 말하고 있으며 '증가'나 '불만'에 대해서는 이야기하지 않았습니다.
② 지하철 출입문 고장으로 출근길 이동이 불가능했다는 지문의 내용과 일치합니다.
③ 출입문 고장의 원인에 대해서는 지문에 제시되지 않았습니다.
④ '수리'에 대한 내용은 지문에 나타나지 않았습니다.

① The passage describes a single incident and does not mention "increase" or "complaints."
② This matches the passage, which says that commuting was impossible due to a subway door malfunction.
③ The passage does not state the cause of the door malfunction.
④ The passage does not mention anything about repair.

27

정답 ①

제시문

대학 입시 정책 '오락가락', 입시생 혼란 커져

- **주제**: 대입 정책 변화
- **텍스트 유형**: 신문 기사 제목

문제 유형 중심 내용 고르기(기사 제목 설명 고르기)

문제 해결 전략

지문에서 생략된 '원인-결과'의 관계를 유추하여 해석해 보면, '대학 입시에 대한 정책이 자주 바뀌어서 입시생이 점점 더 혼란스러워하고 있다'는 상황을 알 수 있습니다. '오락가락'은 어떤 일이 왔다갔다 여러 번 바뀌고 번복된다는 뜻입니다.

To answer this question, it is essential to infer the cause-and-effect relationship omitted in the passage. The situation described is that "due to frequent changes in university entrance exam policies, students preparing for the exam are increasingly confused." The expression "entrance and return" means that something keeps changing back and forth repeatedly.

함께 보기: EBS TOPIK Ⅱ 종합서 p.172 유형 12

해설

① '오락가락'의 의미와 앞뒤 절의 '원인-결과' 관계를 잘 파악했으며, '혼란스럽다'는 심정과 유사한 '당황스럽다'를 사용해 기사 제목을 알맞게 해석했습니다.
② 정책이 오락가락 바뀌고 입시생은 혼란스럽다는 지문의 내용과 반대됩니다.
③ 지문과 달리 '덕분에'를 사용하여 바뀐 정책을 긍정적으로 평가하고 있습니다.
④ 시험의 난이도에 대한 내용은 지문에 나타나지 않았습니다.

① The meaning of "오락가락" (back and forth) and the cause—effect relationship between the clauses are well understood, and the article's title is appropriately interpreted using "perplexed," which is similar to the feeling of being "confused."
② This is the opposite of the passage, which says that policies change back and forth and entrance exam students are confused.
③ Unlike the passage, this evaluates the changed policy

positively by using "thanks to."

④ The passage does not mention anything about the difficulty of the test.

28

정답 ③

제시문

한국의 전통 결혼식에서는 신랑과 신부가 술을 나눠 마시는 문화가 있다. 이때 술잔으로 쓰는 바가지는 하나의 박을 나눠서 만든 것이다. 바가지에 따른 술을 반씩 마시고 잔을 바꾸어 나머지 반을 마신다. 이 순서는 단순히 술을 마시기 위해 하는 것이 아니다. 두 개의 술잔이 하나의 박을 이루는 것처럼 두 사람이 (   ) 것을 약속하는 의미이다.

- **주제**: 한국 전통 결혼식 문화
- **텍스트 유형**: 설명문

문제 유형 문맥을 파악해 빈칸에 알맞은 말 고르기

문제 해결 전략

빈칸의 앞부분에 '두 개의 술잔이 하나의 박을 이루는 것'은 '두 사람이' 무엇이 되는 것과 대치가 됩니다. 앞의 내용으로부터 '둘에서 하나'가 되는 구조를 가져와 결혼과 관련된 빈칸의 내용을 구성할 수 있습니다.

To correctly complete the blank, it is crucial to identify the relationship between the preceding and following parts of the sentence. The phrase "two glasses forming one gourd" corresponds to "two people" becoming something together. The structure of "two becoming one" in the previous context should be mirrored to reflect the concept of marriage in the blank.

함께 보기: EBS TOPIK Ⅱ 종합서 p.158 유형 11

해설

① 지문에 '재산'에 대한 내용은 나타나지 않았습니다.

② 단순히 기분이 좋은 것은 앞 절의 내용과 관련이 없습니다.

③ 술잔과 동일하게 '둘에서 하나'로 바뀌는 구조를 사용했으며, 결혼의 의미를 담은 내용이므로 빈칸에 적절합니다.

④ 지문에 '감사'에 대한 내용은 나타나지 않았습니다.

① The passage does not mention "property."

② Simply feeling good is not related to the content of the previous part.

③ It uses the same structure of changing "two into one" as with the wine glass, and since it conveys the meaning of marriage, this is appropriate for the blank.

④ The passage does not mention "gratitude."

29

정답 ③

제시문

안경을 쓰는 사람이라면 안경에 하얗게 습기가 생겨 앞을 볼 수 없었던 경험이 있을 것이다. 추운 곳에 있다가 따뜻한 실내에 들어오면 이런 현상이 나타나는데 이는 따뜻한 공기 안에 있던 수증기가 차가운 안경 렌즈와 만나 물방울로 변하는 것이다. 즉, 수증기가 렌즈 표면에서 하얗게 변하는 것은 (   ) 할 수 있다.

- **주제**: 안경에 습기가 차는 원리
- **텍스트 유형**: 설명문

문제 유형 문맥을 파악해 빈칸에 알맞은 말 고르기

문제 해결 전략

빈칸 고르기 문제는 앞뒤 내용에 주의해야 합니다. '즉'으로 시작되는 문장은 앞에서 설명한 내용을 다시 한번 정리하는 것입니다. 앞 문장에 쓰인 '따뜻한 수증기가 차가운 렌즈와 만나서 물방울이 된다'는 내용이 같은 의미의 다른 표현으로 정리되어 빈칸에 들어가야 합니다.

To select the correct answer for the blank, it is essential to carefully consider the preceding and following contexts. The sentence starting with "i.e." serves to summarize the previously stated content. The previous sentence explains that "warm steam meets the cold lens, forming droplets." This idea needs to be rephrased with a similar meaning and placed in the blank.

함께 보기: EBS TOPIK Ⅱ 종합서 p.158 유형 11

해설

① 지문에는 습도가 높은 것이 안경에 직접적인 영향을 미치는 요인으로 제시되지 않았습니다.

② 공기의 이동에 대한 내용은 지문에 나타나지 않았습니다.

③ '따뜻한 공기와 차가운 안경 렌즈가 만나서' 안경에

습기가 찬다는 지문의 내용과 의미가 같습니다.

④ 추운 곳에 있다가 따뜻한 곳에 가면 이런 현상이 발생하지만 지문에 렌즈의 온도가 변했다는 내용은 없습니다.

① The passage does not suggest that high humidity is a factor that directly affects glasses.

② The passage does not mention anything about the movement of air.

③ This matches the passage, which says that when warm air meets cold lenses, moisture forms on the glasses.

④ Although this happens when moving from a cold place to a warm place, the passage does not say that the temperature of the lenses changed.

30

정답 ④

제시문

최근 교육 현장에서는 수업에 디지털 기기를 (   ) 있다. 예전에는 교사가 앞에서 보여 주는 하나의 미디어 자료를 모두가 동시에 시청하는 방식이었다. 그러나 요즘은 학생이 각자 디지털 기기를 가지고 질문에 답하는 등 개개인이 참여하는 수업이 가능해졌다. 이는 소외되는 사람 없이 스스로 문제를 해결해 보고 각자의 속도에 맞게 학습을 진행하는 데에 도움이 되고 있다.

• **주제**: 디지털 기기 활용 수업
• **텍스트 유형**: 설명문

문제 유형 문맥을 파악해 빈칸에 알맞은 말 고르기

문제 해결 전략

빈칸이 있는 문장은 글의 도입으로 주제를 간략히 소개하고 있습니다. 뒤 문장에 제시된 '예전의 미디어 활용 방식'과 대조되는 내용이 '최근'으로 시작되는 빈칸에 들어가야 합니다. 뒤에 '그러나 요즘은' 이후로 다시 한번 부연 설명이 되고 있으므로 지문 후반부의 내용과 관련된 내용으로 빈칸의 내용을 구성할 수 있습니다.

The sentence with a blank serves as an introduction to briefly present the topic of the passage. The content that follows the blank contrasts with the "previous ways of using media" mentioned later. Therefore, the blank, which starts with "recently" should contain content that contrasts with the past and aligns with the latter part of the passage. Since the phrase "however, nowadays" further elaborates on this contrast, the content of the blank can be formulated based on the latter part of the passage.

함께 보기: EBS TOPIK Ⅱ 종합서 p.158 유형 11

해설

① '학생이 각자 디지털 기기를 가지고 수업에 참여한다'는 지문의 내용에 반대됩니다.

② 디지털 기기를 처음 사용하는 것이 아니기 때문에 지문의 중심 내용과 일치하지 않습니다.

③ 지문에 교사의 설명이 생략된다는 내용은 없습니다.

④ 예전에도 일부분 사용했지만 모든 학생으로 활용도가 높아졌다는 지문의 내용과 일치합니다.

① This is the opposite of the passage, which says that students each participate in class with digital devices.

② This does not match the central idea of the passage, since it is not about using digital devices for the first time.

③ The passage does not say that the teacher's explanation is omitted.

④ This matches the passage, which says that although digital devices were partly used in the past, their use has now expanded to all students.

31

정답 ①

제시문

사람들은 물건을 살 때 가격이나 품질 외에도 광고의 영향을 많이 받는다. 광고는 제품의 장점을 강조하거나 소비자가 공감할 수 있는 이야기로 구매를 유도한다. 또한 유명한 연예인이 광고에 나오면 소비자는 그 제품을 신뢰하게 된다. 이러한 효과로 인해 기업은 (   ) 더 큰 수익을 기대하며 광고에 정성을 쏟는다.

• **주제**: 광고의 효과 • **텍스트 유형**: 설명문

문제 유형 문맥을 파악해 빈칸에 알맞은 말 고르기

문제 해결 전략

빈칸이 있는 문장은 광고의 효과를 소개하는 글의 결론 부분입니다. 앞의 내용은 광고에 유명한 연예인을 활용하면 나타나는 효과를 말하고 있습니다. 또한 선택지는 모두 '-아/어도'나 '-더라도'의 문법을 사용해 앞의 조건에 대한 결과가 예상과 다름을 나타냅니다. 뒤에는 광고에 투자한다는 내용이 있으므로 이를 어렵게 만드는 조건이 빈칸에 들어가야 합니다.

The sentence containing the blank appears in the conclusion of a passage discussing the effects of advertising. The preceding content explains the effects of using famous celebrities in advertisements. Additionally, all options utilize the grammatical constructions "even so". which indicate that the result differs from the expected outcome based on the given condition. Since the latter part of the passage mentions investing in advertising, the blank should contain a condition that makes this investment challenging.

함께 보기: EBS TOPIK Ⅱ 종합서 p.158 유형 11

해설

① 유명한 연예인이 출연하면 광고비가 많이 듭니다. 그러나 비용에 대한 어려움을 감수해서라도 더 큰 수익을 기대하며 투자한다는 뒤의 내용과 잘 어울립니다.
② 광고의 허위성에 대한 내용은 앞에서 나타나지 않았습니다.
③ 광고가 제품의 단점까지 보완한다는 극단적인 내용은 지문에 나타나지 않았습니다.
④ '유명한 연예인의 광고 효과'를 이야기하는 앞 문장과 인과 관계가 맞지 않습니다.

① Advertising costs are high when a famous celebrity appears, but this fits with the following idea that companies invest despite the cost in anticipation of greater returns.
② The passage does not mention anything about the falsehood of advertisements.
③ The passage does not include the extreme claim that advertisements can even compensate for a product's shortcomings.
④ This does not match the causal relationship, since the previous sentence talks about "the advertising effect of famous celebrities."

32

정답 ②

제시문

추운 겨울을 나기 위해 겨울잠을 자는 동물들에 대해서는 흔히 알려져 있다. 그러나 반대로 더위와 건조한 환경을 피해 여름잠을 자는 동물도 있다. 대표적인 예로 아프리카 황소개구리는 건기에 진흙 속에 들어가 수개월 동안 움직이지 않는다. 이때 먹고 소화하는 기능도 멈추며 피부에는 보호막이 생겨 몸의 수분 손실을 막아 준다. 그러다 우기가 시작되면 땅에서 나와 다시 활동을 시작한다.

• **주제**: 여름잠을 자는 동물 • **텍스트 유형**: 설명문

문제 유형 세부 내용을 파악해 일치하는 내용 고르기

문제 해결 전략

이 글은 여름잠을 자는 동물에 대해 '아프리카 황소개구리'를 예로 설명하고 있습니다. 선택지를 읽으면서 지문 내용과 일치하는지 확인해야 합니다. 일부만 맞고 전체적으로 다르면 오답입니다.

This passage explains animals that undergo summer hibernation, using the example of the "African bullfrog." When reviewing the options, it is important to verify whether they fully align with the passage, as partially correct statements are considered incorrect.

함께 보기: EBS TOPIK Ⅱ 종합서 p.130 유형 09

해설

① 지문에 소개된 것처럼 여름잠을 자는 동물도 있습니다.
② 더위와 건조함을 피해서 여름잠을 자는 것이 생존 전략이므로 지문 내용과 일치합니다.
③ 지문에 '먹고 소화하는 기능도 멈춘다'고 했으므로 여름잠을 잘 때는 식사도 하지 않습니다.
④ '피부에 보호막이 생겨 수분 손실을 막는다'는 지문 내용에 반대됩니다.

① As the passage explains, some animals go into summer sleep.
② Since summer sleep is a survival strategy to avoid heat and dryness, this is consistent with the passage.
③ The passage says, "It also stops eating and digesting," so animals do not eat while in summer sleep.

④ This is the opposite of the passage, which says, "A protective film forms on the skin to prevent moisture loss."

33

정답 ②

제시문

클래식 음악에서 심벌즈는 기다림이 많은 악기라고 불린다. 강렬한 소리를 내는 심벌즈는 곡이 연주되는 동안 대기하다가 중요한 장면에 아주 잠깐 사용되기 때문이다. 하지만 연주 시간이 짧다고 해서 아무나 할 수 있다고 생각하면 안 된다. 짧은 등장이 곡 전체의 분위기를 좌우할 수 있어 고도의 집중력과 정확성이 요구된다. 그러므로 이 악기는 경험이 많은 타악기 연주자가 맡는다.

- **주제**: 심벌즈 연주의 특징
- **텍스트 유형**: 설명문

문제 유형 세부 내용을 파악해 일치하는 내용 고르기

문제 해결 전략

이 글은 '심벌즈'라는 악기를 소개하고 이 악기의 중요성을 강조하고 있습니다. 선택지에서 일부 단어가 바뀌었거나 지문에 없는 내용이 추가된 경우는 오답일 수 있으니 주의해서 확인해야 합니다.

This passage introduces the musical instrument "cymbals" and emphasizes its importance. When reviewing the options, pay close attention to words that may have been altered or to added information not present in the passage, as these can indicate incorrect answers.

함께 보기: EBS TOPIK Ⅱ 종합서 p.130 유형 09

해설

① '아무나 할 수 없다, 경험이 많은 연주자가 맡는다'는 지문의 내용과 반대됩니다.

② 지문에 제시된 '짧은 등장이 곡 전체의 분위기를 좌우한다'는 내용과 일치합니다.

③ 지문에 '중요한 장면에 사용된다'고 했지만 시작 부분에 쓰인다는 내용은 없습니다.

④ '아주 잠깐 사용되어 연주자의 집중력과 정확성이 요구된다'는 지문의 내용과 반대됩니다.

① This is the opposite of the passage, which says, "Not just anyone can do it; an experienced performer plays it."

② This matches the passage, which says that a "short appearance determines the atmosphere of the entire piece."

③ The passage says it is used in important scenes, but it does not mention being used at the beginning.

④ This is the opposite of the passage, which says, "It is used only briefly and requires the performer's concentration and accuracy."

34

정답 ③

제시문

장애인을 정규직으로 고용하는 한 기업이 주목받고 있다. 이 기업은 청각 장애인 플로리스트를 양성하여 이들이 만든 꽃다발을 고객에게 정기적으로 배송한다. 청각 장애인은 소리 정보에 약한 만큼 시각 정보에 민감해 꽃의 색감을 잘 다뤄야 하는 플로리스트로서 발전 가능성이 높다. 이런 특징을 활용해 기업은 청각 장애인이 기술을 가지고 자립할 수 있도록 돕고 있다.

- **주제**: 기업의 청각 장애인 고용
- **텍스트 유형**: 설명문

문제 유형 세부 내용을 파악해 일치하는 내용 고르기

문제 해결 전략

이 글은 청각 장애인에게 직업 교육을 하고 고용하는 사회적 기업을 소개하고 있습니다. 세부 내용 파악 문제는 지문의 각 부분을 자세히 살펴봐야 하며, 선택지 중 일부가 지문에 없는 내용이거나 바뀐 정보가 있다면 오답입니다.

This passage introduces a social that provides vocational training and employment for people with hearing impairments. When evaluating the options, be mindful of statements that include information not present in the passage or that contain altered details, as these are likely incorrect.

함께 보기: EBS TOPIK Ⅱ 종합서 p.130 유형 09

해설

① 지문은 제품이 아니라 청각 장애인을 고용하는 기업에 대한 글입니다.
② 지문에 '수익금 기부'에 대한 내용은 없으며 청각 장애인의 자립을 돕는 방식을 소개하고 있습니다.
③ '청각 장애인은 시각 정보에 민감해 꽃의 색감을 다루는 플로리스트로서 발전 가능성이 높다'는 지문의 내용과 일치합니다.
④ '기술 훈련을 통해 자립할 수 있다'는 지문의 내용과 일치하지 않습니다.

① The passage is not about products but about companies that hire people with hearing impairments.
② The passage does not mention "donation of proceeds"; instead, it introduces ways to help people with hearing impairments become self-reliant.
③ This matches the passage, which says, "People with hearing impairments, being sensitive to visual information, have strong potential to develop as florists who work with the colors of flowers."
④ This does not match the passage, which does not say that people can become self-reliant through technical training.

35

정답 ①

제시문

놀이는 단순히 재미를 위한 활동으로 여겨질 때가 많다. 그러나 유아에게 놀이는 학습과 발달에 중요한 수단이다. 유아기에는 놀이를 통해 상상력과 창의력을 키우고 사회적 규칙과 역할을 자연스럽게 배우기 때문이다. 특히 또래와 함께 놀이 활동을 하면 상호 작용과 공감 능력을 훈련할 수 있다. 따라서 전문가들은 유아의 전인적 발달을 위해 자유롭고 창의적인 놀이 환경을 조성해 줄 것을 강조한다.

- **주제**: 유아기 놀이의 중요성
- **텍스트 유형**: 설명문

문제 유형 중심 내용 고르기

문제 해결 전략

주제를 찾을 때는 글 전체에서 가장 강조하는 생각이 무엇인지 확인해야 합니다. 특히 '그러나', '하지만'으로 반전된 부분에 필자가 진짜 하고 싶은 말이 위치하는 경우가 많습니다. 지문에서 중심 내용을 발견한 뒤 해당 내용이 포함된 선택지를 찾으면 문제를 풀 수 있습니다.

When identifying the main idea, it is important to determine the central thought emphasized throughout the entire text. Pay particular attention to transition words like "however" and "but", as they often signal the writer's true intention. After identifying the central theme, choose the option that best reflects it.

함께 보기: EBS TOPIK Ⅱ 종합서 p.172 유형 12

해설

① 지문에 제시된 '상상력과 창의력'은 정서적 영역, '사회적 규칙과 역할, 상호 작용과 공감 능력'은 사회적 영역에 속하기 때문에 이 글의 주제로 적절합니다.
② '신체 발달'에 대한 내용은 지문에 나타나지 않습니다.
③ 지문에서는 '자유롭고 창의적인 놀이 환경'을 강조하고 있으므로 지문의 내용과 반대됩니다.
④ '놀이 자체가 학습 수단'이라는 지문의 내용과 일치하지 않습니다.

① "Imagination and creativity" belong to the emotional domain, while "social rules and roles, interaction, and empathy" belong to the social domain. Since these are presented in the passage, this is an appropriate topic for the text.
② The passage does not mention "physical development."
③ The passage emphasizes a "free and creative play environment," so this option is the opposite of the passage.
④ This does not match the passage, which says that "play itself is a means of learning."

36

정답 ②

제시문

공유 경제는 자원의 효율적 활용을 가능하게 해 긍정적인 평가를 받아 왔다. 하지만 공유 경제가 전통 산업을 위협하는 측면이 있다는 점에서 비판의 목소리도 존재한다. 예를 들어 차량 공유 서비스는 택시 산업에 영향을 미치고 숙박 공유 서비스는 주변 상권과의 갈등을 불러일으키곤 한다. 따라서 이를 보완하기 위한 사회적 조정과 제도가 마련되어야 한다.

• **주제**: 공유 경제의 문제점 • **텍스트 유형**: 논설문

문제 유형 중심 내용 고르기

문제 해결 전략

글 전체에서 강조하는 생각을 중심으로 선택지를 확인해야 합니다. 공유 경제에 어떤 이점과 문제점이 있는지, 문제를 어떻게 해결해야 하는지를 살펴보며 주제를 정리합니다.

To identify the main idea, focus on the key thoughts emphasized throughout the text. Examine the advantages and challenges of the sharing economy and how the problems should be addressed. After identifying the central theme, select the option that best reflects it.

함께 보기: EBS TOPIK Ⅱ 종합서 p.172 유형 12

해설

① 갈등을 해결할 필요성을 제기하는 지문의 내용과 일치하지 않습니다.

② 지문의 '전통 산업을 위협'하는 공유 경제의 부작용과 '제도 마련'으로 해결을 촉구하는 내용이 정리되었으므로 알맞은 주제입니다.

③ 공유 경제의 긍정적인 면으로 이야기한 내용이지만, 반대로 문제점을 강조하는 이 글의 주제로는 어울리지 않습니다.

④ 갈등을 조정할 것을 촉구하는 이 글의 결론과 일치하지 않습니다.

① This does not match the passage, which raises the need to resolve conflicts.

② This is an appropriate topic because the passage summarizes the side effects of the sharing economy that threaten traditional industries and emphasizes resolving them through the establishment of a system.

③ Although the passage mentions positive aspects of the sharing economy, this does not fit as the topic since the text emphasizes its problems.

④ This does not match the conclusion of the passage, which calls for conflict resolution.

37

정답 ④

제시문

해마다 '지구의 날'을 맞아 진행되는 소등 행사는 주요 도시에서 약 10분간 건물의 불을 끄는 행사다. 이는 상징적인 행동이기 때문에 실질적인 에너지 절감 효과는 크지 않다. 하지만 시민들이 환경 문제에 관심을 갖고 일상에서의 행동을 돌아보게 하는 계기가 된다. 기후 변화와 에너지 문제의 해결은 작은 실천에서 시작된다는 사실을 공유하는 것이 이 행사의 핵심인 것이다.

• **주제**: 지구의 날 소등 행사 • **텍스트 유형**: 설명문

문제 유형 중심 내용 고르기

문제 해결 전략

중심 내용을 고르는 문제를 풀 때는 글 전체의 흐름과 중심 생각을 기준으로 판단해야 합니다. 이 글에서는 지구의 날 소등 행사의 의의를 설명하고 있습니다.

When solving questions about the central idea, focus on the overall flow and main message of the text. This passage explains the significance of the Earth Day lights-out event.

함께 보기: EBS TOPIK Ⅱ 종합서 p.172 유형 12

해설

① 지문에서는 실제 전기 절약보다 인식 개선을 강조하고 있습니다.

② 주요 도시에서 소등 행사가 열릴 뿐, 주요 도시의 전기 사용이 에너지 문제의 직접적인 원인으로 분석되지 않았습니다.

③ 지문에서는 환경에 대한 인식을 강조하고 있으며 구체적인 정책을 제안하지는 않습니다.

④ 지문에 언급된 '에너지 절감 효과는 작지만 시민의 관심을 유도한다'는 소등 행사의 의의와 일치합니다.

① The passage emphasizes improving awareness rather than actual electricity savings.
② The passage only mentions that lights-off events were held in major cities; it does not analyze electricity use in major cities as a direct cause of the energy problem.
③ The passage emphasizes environmental awareness but does not propose specific policies.
④ This matches the passage, which says that although the energy-saving effect of lights-off events is small, they serve to draw the public's attention.

38

정답 ①

제시문

불법 촬영 범죄는 단순히 사생활을 침해하는 수준을 넘어 피해자의 일상과 정신 건강에 장기적인 고통을 주는 중대 범죄이다. 피해자는 자신의 얼굴이나 신체가 온라인에 유포되면 외출을 꺼리고 직장을 그만두는 등 평범한 생활조차 어려워진다. 그러나 가해자가 받는 처벌은 매우 미약한 경우가 많다. 초범이라는 이유로 벌금형에 그치는 사례가 반복되면서 피해자는 보호받지 못하고 가해자만 관대한 대우를 받는 현실이다. 이는 해당 범죄의 심각성을 충분히 고려하지 않은 결과로 보여진다.

• **주제**: 불법 촬영 범죄 처벌 • **텍스트 유형**: 논설문

문제 유형 중심 내용 고르기

문제 해결 전략

이 글은 불법 촬영의 심각성을 강조하며 그에 비해 미약한 처벌 강도를 비판하고 있습니다. 선택지를 비교할 때는 중심 생각을 얼마나 잘 담고 있는지를 기준으로 판단해야 합니다.

This passage emphasizes the severity of illegal filming and criticizes the lenient punishment associated with it. When comparing the options, consider how well each one captures the central idea.

함께 보기: EBS TOPIK Ⅱ 종합서 p.172 유형 12

해설

① 지문은 범죄의 심각성을 반영하지 않은 관대한 처벌을 비판하고 있으므로 처벌 강화를 주장하는 것은 지문의 주제와 일치합니다.
② 지문은 '빠른 처벌'이 아닌 '처벌 강화'를 주장하고 있습니다.
③ '예방 교육의 중요성'은 지문에 나타나지 않았습니다.
④ 초범이 감형을 받는 것을 비판하고 있는 지문의 내용과 반대됩니다.

① The passage criticizes lenient punishments that do not reflect the seriousness of the crime, so insisting on tougher punishment is consistent with the passage's theme.
② The passage argues for stronger punishment, not "faster punishment."
③ The passage does not mention "the importance of preventive education."
④ This is the opposite of the passage, which criticizes reduced sentences for first-time offenders.

39

정답 ④

제시문

> 이와 같은 장점 덕분에 유도선 설치는 빠르게 확산되었고 이후 도로의 교통 흐름이 전보다 원활해졌다.

도시의 차도가 복잡해지면서 운전 시 갈림길을 만나면 혼란스러울 때가 있다. (㉠) 이러한 문제를 해결하기 위해 인주시는 도로 위에 색깔 있는 선을 그려서 길을 안내하는 제도를 도입했다. (㉡) 이 유도선은 차로를 구분하는 흰색 차선과 달리 녹색, 붉은색으로 되어 있어 운전자가 쉽게 구별할 수 있다. (㉢) 게다가 도로 위에 색을 칠하기만 하면 되므로 설치가 쉽고 비용도 적게 든다. (㉣) 유도선이 도입되면서 운전자의 시야가 분명해지고 혼란이 줄었기 때문이다.

• **주제**: 색깔 있는 안내선 제도
• **텍스트 유형**: 설명문

문제 유형 알맞은 순서로 배열한 것 고르기(위치 찾기)

문제 해결 전략

이 문제는 연결을 돕는 단어를 잘 이해해서, 앞뒤 문장과 자연스럽게 이어지는 곳에 제시문을 넣어야 합니다. 제시문의 '이와 같은 장점'은 앞 문장의 내용을 받아 주는 연결 표현입니다. 또한 제도의 시행 '이후'에 나타나는 효과를 설명하고 있습니다. 따라서 제도에 대한 설명과 장점이 제시된 다음에 들어가야 하며 뒤 문장과의 연결도 자연스러워야 합니다.

This question requires a proper understanding of connective words to naturally place the given statement between preceding and following sentences. The phrase "this system" in the given statement acts as a connective expression that refers to the content of the previous sentence. Furthermore, it describes the effects observed "after" the system's implementation. Therefore, the given statement should be positioned after the introduction of the system and in a way that naturally connects to the following sentence.

함께 보기: EBS TOPIK Ⅱ 종합서 p.144 유형 10

해설

① 앞 문장은 문제 상황을 소개하고 있습니다. 이는 뒤 문장에서 '이러한 문제'로 연결되기 때문에 제시문이 들어갈 위치로 적절하지 않습니다.

② 앞에서 지적된 문제점의 해결책으로 색깔 있는 선을 활용한 제도가 도입되었다는 내용입니다. 뒤 문장은 색깔 있는 선을 '이 유도선'으로 받아 구체적인 색깔을 설명하고 있습니다.

③ 운전자가 쉽게 구분할 수 있으며 설치가 쉽고 비용도 적게 든다는 장점을 '게다가'를 사용하여 연결하고 있기 때문에 제시문이 들어갈 위치로 적절하지 않습니다.

④ 뒤 문장은 '~기 때문이다'로 끝나면서 어떤 이유를 설명하고 있습니다. '교통 흐름이 원활해졌다'는 효과와 '운전자의 혼란이 줄었기 때문'이라는 이유가 적절하게 연결되므로 이 위치에 제시문을 넣어야 합니다.

① The preceding sentence introduces the problem situation. Since the following sentence continues with "these problems," this is not an appropriate place for the given sentence.

② As a solution to the problems mentioned earlier, a system using colored lines was introduced. The following sentence refers to these colored lines as "this guidance line" and explains the specific colors, so this is the appropriate place for the sentence.

③ Because the advantages—easy distinction for drivers, simple installation, and low cost—are already connected with "in addition," this is not an appropriate place for the given sentence.

④ The following sentence ends with "because," explaining the reason. The effect of "smoother traffic flow" is appropriately linked with the reason "because driver confusion decreased," so this is the correct place for the given sentence.

40

정답 ③

제시문

> 이 모양의 교각은 둥근 곡선을 따라 힘을 분산시켜 무게를 효과적으로 나누어 준다.

다리를 건설할 때 가장 중요한 구조물 중 하나가 교각이다. (㉠) 교각은 다리 중간에 위치하며 무게를 바닥으로 전달하여 무거운 다리가 무너지지 않게 하는 역할을 한다. (㉡) 교각의 모양은 다양하지만 반원 모양의 아치형 교각은 고대 로마에도 존재했을 정도로 역사가 깊다. (㉢) 따라서 높은 안전성으로 인해 먼 옛날부터 현대에 이르기까지 다리 건축 현장에서 자주 쓰이고 있다. (㉣) 한국에서도 일부 혹은 전체가 아치형으로 된 다리를 흔히 볼 수 있다.

• **주제**: 아치형 교각의 원리 • **텍스트 유형**: 설명문

문제 유형 알맞은 순서로 배열한 것 고르기(위치 찾기)

문제 해결 전략

이 글은 교각의 중요성과 아치형 교각의 이점을 설명하고 있습니다. '이 모양의 교각'으로 시작하는 제시문은 교각의 모양이 제시된 뒤에 들어가야 합니다.

This passage discusses the importance of bridges and the advantages of arch-shaped bridges. The given statement, which starts with "this structure" should be positioned after the description of the bridge's shape.

함께 보기: EBS TOPIK Ⅱ 종합서 p.144 유형 10

해설

① 앞 문장은 도입 부분으로 교각의 중요성을, 뒤 문장은 교각의 기능을 설명하고 있으며 아치형 교각은 아직 소개되지 않았으므로 제시문이 들어갈 위치로 적절하지 않습니다.

② 뒤 문장에서 '아치형 교각'이 처음으로 등장합니다. 그보다 앞서 아치형 교각의 이점을 설명하는 것은 적절하지 않습니다.

③ 앞 문장은 아치형 교각의 모양과 역사를 설명하고 있습니다. '따라서'로 시작되는 뒤 문장은 높은 안정성 때문에 현장에 자주 사용된다는 내용으로 제시문의 내용과 잘 연결됩니다.

④ 앞 문장의 '자주 쓰인다'는 내용과 뒤 문장의 '한국에서도 흔히 볼 수 있다'는 내용이 자연스럽게 연결되므로 사이에 다른 문장이 들어가는 것은 적절하지 않습니다.

① The preceding sentence introduces the importance of bridge piers, and the following sentence explains their function. Since arch-shaped piers have not yet been introduced, this is not an appropriate place for the given sentence.

② The term "arch-shaped pier" appears for the first time in the following sentence. Therefore, it is not appropriate to explain the advantages of arch-shaped piers beforehand.

③ The preceding sentence explains the shape and history of arch-shaped piers. The following sentence, which begins with "therefore" and explains that they are often used in practice because of their high stability, connects well with the content of the given sentence.

④ Since the preceding sentence says they are "often used" and the following sentence adds that they are "commonly seen in Korea," inserting another sentence between them would not be appropriate.

41

정답 ①

제시문

이 책은 유명한 주인공의 옆에 있었던 인물을 중심으로 한국 역사를 바라본다.

역사학자 이영준 씨가 30년 전 베스트셀러에 올랐던 『조연으로 보는 한국사』를 개정하여 재출간했다. (㉠) 이와 같이 역사를 보는 새로운 관점으로 출판 당시 큰 인기를 끌었다가 30년 동안 새롭게 연구된 정보를 추가해 다시 쓰였다. (㉡) 치열한 경쟁 사회를 사는 젊은이들에게 이 책은 1등만 역사를 만드는 게 아니라는 가르침을 준다. (㉢) 또한 기존 책의 관점을 유지한 채 문장들은 새 책처럼 수정되었으므로 그 시절의 독자도 흥미롭게 읽을 수 있으리라 기대된다. (㉣)

- **주제**: 책 소개 『조연으로 보는 한국사』
- **텍스트 유형**: 서평/감상문

문제 유형 알맞은 순서로 배열한 것 고르기(위치 찾기)

문제 해결 전략

문장의 위치를 찾는 문제를 풀 때는 지문의 흐름을 파악해야 합니다. 이 글은 개정하여 다시 나온 책에 대한 소개이며 책의 바뀐 내용, 책의 교훈, 독자들의 예상 반응의 순서로 진행됩니다. 제시문은 책의 중심이 되는 관점을 간략히 설명하고 있습니다.

When solving sentence insertion questions, it is essential to understand the flow of the text. This passage introduces a revised and republished book, describing its updated content, the lesson conveyed by the book, and the expected reactions from readers in that order. The given statement briefly explains the book's central perspective.

함께 보기: EBS TOPIK Ⅱ 종합서 p.144 유형 10

해설

① 앞 문장은 작가와 책의 제목을 소개하고 있으며, 뒤 문장은 '이와 같이 역사를 바라보는 새로운 관점'으로 앞의 내용을 받습니다. 새로운 관점에 대해 이야기하려면 이 위치에 제시문이 들어가야 합니다.

② 앞 문장은 개정판의 바뀐 내용을 제시하고 있으며, 뒤 문장은 이 책의 의의와 교훈을 소개합니다. 두

문장의 연결은 어색하지 않습니다.

③ 책의 의의와 예상되는 긍정적인 반응이 '또한'으로 연결됩니다. 책의 좋은 면이 연결되는 부분으로 다른 문장이 들어가지 않고 자연스럽게 연결됩니다.

④ 독자들의 기대되는 반응을 제시함으로써 책에 대한 소개가 마무리되었기 때문에 제시문이 들어갈 위치로 적절하지 않습니다.

① The preceding sentence introduces the author and the title of the book, and the following sentence continues with "a new perspective on history." To discuss this new perspective, the given sentence should be placed here.

② The preceding sentence presents the changes in the revised edition, and the following sentence introduces the significance and lessons of the book. The connection between the two sentences is smooth.

③ The significance of the book and the expected positive responses are connected with "also." Since the favorable aspects are linked naturally, there is no need to insert another sentence here.

④ The introduction to the book concludes with the expected responses from readers, so it is not appropriate to insert the given sentence at this point.

42~43

제시문

6년을 다녀서인지 익숙하지만 그다지 정이 가지 않는 이곳을 정말 떠나도 될까. 새 회사라고 해서 뭐가 더 나을까. 직장은커녕 운전할 때조차 늘 가던 길로만 다니는 내가 새로운 도전을 한다는 게 어울리기나 할까. 그렇게 생각하면서도 나는 오늘도 어제와 같은 길을 따라가고 있었다. 그러다 문득 열두 살의 내가 떠올랐다. 수업이 끝나면 단짝 지원이와 모험을 즐기던 시절, 나도 그런 때가 있었구나.

운동장 끝에서 집으로 향하는 정문이 아닌 길이 없는 반대쪽으로 방향을 틀었다. 누가 먼저 그러자고 했는지는 기억나지 않는다. 어쩌면 나였을지도. 나무 밑으로 몸을 낮춰 가다가 건물과 담 사이 좁은 틈을 지나자 여기가 학교가 맞나 싶을 정도로 낯선 공간이 펼쳐졌다.

"어? 계단이 있어!" "무슨 계단일까?" "내려가 보자."

계단 아래 어두움 속에 커다란 철문이 있었다. "열릴까?" 나와 마주친 지원의 눈은 반짝이고 있었고 나 또한 가슴이 콩닥거렸다. 혹시 이 문이 우리를 다른 세상으로 인도해 줄까. '끼익—' 하고 철문이 열리니 장마철 옷장 냄새와 비슷한 것이 가득했다. 쌓여 있는 책상과 의자들 사이로 발을 더듬어 걷던 중 내 발에 무언가 걸렸다. 그리고 그것은 갑자기 다다다 소리를 내며 움직였다. "으아아악!" 들어올 때의 용기는 어디론가 사라지고, 우리는 누가 먼저랄 것도 없이 왔던 길로 되돌아 달렸다.

- **주제**: 어린 시절 친구와의 모험
- **텍스트 유형**: 소설

42

정답 ①

문제 유형 등장인물의 심정 고르기

문제 해결 전략

이 문제는 지문 속 상황, 인물의 행동과 말을 통해 인물이 어떤 감정을 느끼고 있는지를 파악하는 문제입니다. 특히 밑줄 친 문장 속 표현과 앞뒤에서 나타나는 상황, 행동의 변화를 살펴봐야 합니다.

This question requires identifying the character's emotions through their actions and words in the given context. Pay close attention to the expression in the underlined sentence and the changes in the situation or behavior before and after it.

함께 보기: EBS TOPIK Ⅱ 종합서 p.188 유형 13

해설

① 앞의 상황을 보면 두 사람이 망설임 없이 새로운 공간을 탐색하고 있습니다. 눈이 반짝이고 가슴이 콩닥거린다는 묘사를 통해 긍정적인 긴장감을 유추할 수 있으며, 뒤의 문장에서도 문을 연 이후에 대한 기대가 드러납니다. 따라서 호기심 때문에 두근거리는 심정이 적절합니다.

② 글의 마지막 부분에는 무서워하는 느낌이 있지만 이전까지는 긍정적인 긴장감이 더 크게 드러납니다.

③ 답답하던 것이 풀려 시원한 마음은 기대되는 행동을 하기 전의 상황과 어울리지 않습니다.

④ 당황하거나 놀라는 느낌은 문을 열기 전의 상황에 어울리지 않습니다.

① In the preceding scene, the two characters explore a new space without hesitation. From the description of their sparkling eyes and pounding hearts, we can infer a sense of positive tension. The following sentence also reveals their expectations after opening the door. Therefore, feeling excited and curious is appropriate.

② Although a sense of fear appears at the end of the passage, up to this point the stronger feeling is one of positive tension.

③ A sense of relief after frustration does not match the situation before taking the anticipated action.

④ Feelings of panic or surprise do not suit the situation before opening the door.

43

정답 ②

문제 유형 세부 내용을 파악해 일치하는 내용 고르기

문제 해결 전략

소설 지문의 특성을 따라 등장인물의 행동이나 정보, 상황의 변화, 일의 원인과 결과를 잘 파악해서 선택지와 비교해야 합니다. 지문에 직접 언급이 되었거나 유추 가능한 것만 정답이 될 수 있으며, 과장되거나 근거가 없는 내용은 오답입니다.

When interpreting a literary passage, it is crucial to accurately grasp the characters' actions, provided information, changes in the situation, and the cause-and-effect relationship. Only statements that are explicitly mentioned or logically inferred from the text can be considered correct. Exaggerated or unfounded content should be regarded as incorrect.

함께 보기: EBS TOPIK Ⅱ 종합서 p.130 유형 09

해설

① 직장에 대해 '익숙하지만 정이 가지 않는다'며 떠날 생각을 하고 있는 지문의 내용과 일치하지 않습니다.

② '운전할 때조차 가던 길로만 다닌다'는 지문의 내용과 일치합니다. 이 내용을 비롯해서 지문의 앞부분에는 익숙한 것에 의존하는 '나'의 성향이 드러나고 있습니다.

③ 철문은 책상과 의자가 쌓여 있는 창고의 입구였습니다.

④ 지원의 현재에 대한 내용은 언급되지 않으며, 과거에는 새로운 도전을 즐기는 성격이었습니다.

① This does not match the passage, where the writer thinks about leaving the job, saying, "I'm used to it, but I don't feel attached."

② This is consistent with the passage, which says, "Even when driving, I only take the usual road." In addition, the earlier part of the passage shows the writer's tendency to rely on familiar things.

③ The iron door was the entrance to a warehouse where desks and chairs were piled up.

④ The passage does not mention the writer's present situation; in the past, the writer enjoyed taking on new challenges.

44~45

제시문

나라마다 최초의 국가 설립에 대한 신화가 있듯이 한반도에 처음 나라를 세웠던 '단군'에 대해서도 신화가 존재한다. 단군 신화는 (   ) 왕이 탄생하는 구조를 지닌다. 하늘의 신 환인의 아들 환웅은 인간 세상을 다스리기 위해 하늘에서 내려와 한반도의 태백산 지역에 자리를 잡았다. 환웅은 농사, 질병, 사법 등을 맡은 신들과 함께 세상을 다스렸다. 어느 날 곰과 호랑이가 사람이 되고 싶다며 환웅을 찾아왔다. 환웅은 그들에게 쑥과 마늘을 주며 백 일 동안 햇빛을 보지 말고 이것만 먹으라고 했다. 곰은 끝까지 이를 지켜 여자가 되었고 환웅과 결혼해 단군 왕검을 낳았다. 단군은 고조선을 건국하고 왕이 되었다. 이 신화는 신과 인간의 만남으로 세워진 왕과 국가에 대해 정당성과 차별성을 말하고자 한 것이다.

- **주제:** 단군 신화의 정치적 의미
- **텍스트 유형:** 설명문

44

정답 ③

문제 유형 문맥을 파악해 빈칸에 알맞은 말 고르기

문제 해결 전략

빈칸에는 앞뒤 문장 내용과 잘 연결되는 표현이 들어가야 합니다. 해당 문장은 '왕이 탄생하는 구조'에 대해 이야기하고 있습니다. 아버지와 어머니에 대한 정보가 나온 이후에 단군이 태어나는 부분까지를 요약해 빈칸에 넣으면 됩니다.

The blank should be filled with an expression that logically connects the preceding and following sentences. The sentence in question discusses the "structure of a king's birth." After mentioning the father and mother, it summarizes the process of Dangun's birth, which should be appropriately placed in the blank.

함께 보기: EBS TOPIK Ⅱ 종합서 p.158 유형 11

해설

① 민주적인 지도자의 선출은 현대적인 방식이며 신화에는 쓰이지 않았습니다.

② 신들이 등장하지만 갈등이나 전쟁은 지문에 나타나지 않았습니다.

③ 신인 아버지와 인간인 어머니의 만남을 '하늘과 땅의 결합'으로 표현할 수 있으므로 빈칸에 알맞은 내용입니다.

④ 다른 지도자는 지문에 등장하지 않았습니다.

① The election of a democratic leader is a modern practice and does not appear in myths.

② Although gods appear, the passage does not mention conflict or war.

③ It is appropriate for the blank because the meeting between the divine father and the human mother can be expressed as "the union of heaven and earth."

④ No other leader appears in the passage.

45

정답 ①

문제 유형 중심 내용 고르기

문제 해결 전략

주제를 고르는 문제를 풀 때는 글에서 가장 중요하게 말하고 있는 생각이 무엇인지 찾아야 합니다. 이 글은 주장하는 글이 아니므로 이 글에서 설명하는 신화의 의미를 파악해야 합니다. 처음과 끝 부분에 주제가 나오는 경우가 많으니 잘 살펴보는 것이 좋습니다.

When selecting the theme of a passage, it is crucial to identify the central idea that the text primarily conveys. Since this text is not argumentative, it is important to grasp the meaning of myths as explained within the passage. The theme often appears at the beginning or end, so it is beneficial to examine these parts carefully.

함께 보기: EBS TOPIK Ⅱ 종합서 p.172 유형 12

해설

① 신의 후손이라는 점에서 평범하지 않으며 왕권의 정당성과 차별성을 부여받기 위해 이를 강조하고 있습니다. 지문의 마지막에 제시된 이 내용은 단군 신화가 갖는 의미로 이 글의 주제라고 할 수 있습니다.

② 환웅이 인간 세상을 다스렸다는 지문의 내용에 반대됩니다.

③ 곰은 단군의 탄생 이야기의 일부이므로 중심 내용이라고 할 수 없습니다.

④ 자연 법칙이 아닌 특별한 방법으로 왕이 탄생하여

나라가 세워졌으므로 지문 내용과 일치하지 않습니다.

① The myth highlights that the king is not an ordinary person, as he is a descendant of a god. This emphasizes the legitimacy and distinction of royal authority, which is presented as the myth's primary meaning in the final part of the text. Therefore, this option accurately reflects the main idea.
② The myth indicates that Hwanwoong ruled over the human world, contradicting this statement.
③ Although the bear's story is part of the myth, it is not the central focus, as the myth mainly deals with the divine lineage of the king.
④ The myth describes the king's birth through a supernatural method rather than a natural process, making this statement inaccurate.

46~47

제시문

최근 상용화 단계에 있는 자율 주행 기술은 인간의 운전 실수를 줄여 교통사고를 감소시키고 이동 편의성을 높인다는 이점이 있다. 특히 고령자나 장애인의 이동권을 확대할 수 있다는 점은 기술 발전의 사회적 가치를 잘 보여 준다. 그러나 이러한 기술적 변화가 사회적으로 수용되려면 그에 맞는 규범을 반드시 마련해야 한다. 자율 주행차는 센서 인식이나 돌발 상황 대처에 대해 위험 요소를 안고 있다. 그리고 개인 정보 유출과 같은 사이버 보안 문제를 낳을 수 있다. 사고 발생 시에는 운전자와 차 제조사, 소프트웨어 개발사 중에서 누가 법적인 책임을 질지 불분명해서 혼란을 초래할 수 있다. 따라서 자율 주행차 도입에 앞서 안전 기준과 법적 책임에 대한 명확한 규제를 마련해야 한다. 또한 비상 상황에서 소프트웨어가 내릴 윤리적 의사 결정에 대해 사회적 합의가 선행되어야 한다. 기술 개발에 제도가 뒤따르기보다는 기술이 작동할 수 있는 규범의 장치를 먼저 갖추는 것이 바람직하다.

- **주제**: 자율 주행차의 문제점과 해결책
- **텍스트 유형**: 논설문

46

정답 ④

문제 유형 필자의 태도 고르기

문제 해결 전략

필자의 태도를 묻는 문제는 단순한 정보보다 글 전체에서 필자가 어떤 주장이나 입장을 취하고 있는지를 중심으로 판단해야 합니다. 이 글은 자율 주행차의 장점과 문제점을 소개하고 있으며 이에 대한 해결책을 구하고 있습니다.

To answer a question about the author's attitude, it is crucial to focus on the writer's stance or argument rather than just the information presented. In this text, the author discusses the advantages and challenges of autonomous vehicles and calls for solutions to address these issues.

함께 보기: EBS TOPIK Ⅱ 종합서 p.188 유형 13

해설

① 교통 약자를 위한 자율 주행 기술의 이점을 소개하고 있으나 '보호법'에 대한 내용은 없습니다.
② 사회적 규제가 먼저 마련될 것을 요구하는 지문의 내용과 반대됩니다.
③ 기술 자체를 부정하지는 않았으며 '국내 도입'에 대한 내용은 없습니다.
④ 자율 주행차 도입에 앞서 규제와 사회적 합의를 마련해야 한다는 지문의 주장과 일치합니다.

① Although the text mentions the benefits of autonomous technology for vulnerable road users, it does not specifically discuss any protection law. Therefore, this option is inaccurate.
② The text does not express concerns about the introduction of autonomous vehicles in Korea nor does it criticize the technology itself.
③ The text actually emphasizes the need for regulations and social consensus prior to the widespread adoption of autonomous vehicles, contradicting this statement.
④ This option aligns with the text's primary message: the necessity of establishing regulations and social agreements to prepare for potential disruptions caused by autonomous vehicles.

47

정답 ④

문제 유형 세부 내용을 파악해 일치하는 내용 고르기

문제 해결 전략

이 유형에서는 선택지가 지문에 실제로 나온 내용인지, 또는 지문과 반대되거나 없는 내용인지를 잘 확인해야 합니다. 맞는 것처럼 보이지만 실제로는 지문에 없거나 과장된 내용일 수도 있으니 주의해야 합니다.

In this question type, it is essential to carefully verify whether the options accurately reflect the content presented in the passage or contradict it. Even if an option appears correct at first glance, it may contain information that is not stated in the passage or is exaggerated, so caution is needed.

함께 보기: EBS TOPIK Ⅱ 종합서 p.130 유형 09

해설

① 개인 정보 유출과 같은 보안 문제를 지적한 지문의 내용과 일치하지 않습니다.

② 교통사고를 감소시키는 측면도 있으나, '돌발 상황의 대처에 대한 위험성이 있다'는 지문의 내용과 일치하지 않습니다.

③ 지문에서는 책임 소재가 불분명함을 지적하고 있으므로 지문 내용과 일치하지 않습니다.

④ '고령자나 장애인의 이동권을 확대할 수 있다'는 지문의 내용과 일치합니다.

① This statement does not align with the passage, which points out security issues such as personal information leakage.

② While autonomous driving may reduce traffic accidents, the passage mentions the "risk of handling unexpected situations," indicating inconsistency.

③ The passage highlights the ambiguity regarding liability, so this statement does not match the content.

④ This statement is consistent with the passage, which states that "고령자나 장애인의 이동권을 확대할 수 있다."

48~50

제시문

한 국가의 경제를 안정시키기 위해 내수 시장을 활성화하는 것은 중요하다. 그러나 국내 소비에만 의존하는 경제 구조는 외부 충격에 취약하다. 자원과 기술, 인력이 부족한 국가는 더 큰 한계를 드러낸다. 이런 점에서 국제 무역은 경제에 활력을 불어넣는 수단이 된다. 무역은 부족한 자원을 보완하고 상품이나 서비스를 수출해 새로운 시장을 개척하게 한다. 또한 국가 간 분업을 통해 각국은 주력 산업에 집중하고 생산성과 효율성을 높인다. 특히 첨단 기술, 문화 콘텐츠 등은 국경을 넘어 부가가치를 창출하며 세계 경제의 선순환을 촉진한다. 하지만 일부 국가는 자국 산업 보호를 이유로 수입 규제를 강화하고 외국 자본이나 기술을 제한한다. 보호 무역주의는 단기적으로 자국 산업을 지킬 수 있으나 장기적으로는 (   ) 소비자의 선택권을 줄인다. 나아가 무역 갈등이 외교적 긴장을 초래할 수도 있다. 세계화 시대에 국제 무역은 선택이 아닌 필수이며 상호 협력을 통해 더 큰 이익을 추구해야 한다.

- **주제**: 국제 무역의 상호 발전 효과
- **텍스트 유형**: 논설문

48

정답 ③

문제 유형 필자가 글을 쓴 목적 고르기

문제 해결 전략

글의 목적을 찾을 때는 필자의 주장을 참고하여 이 글을 통해 하고자 하는 일이 무엇인지 확인해야 합니다. 마지막 부분에 필자의 주장이 나오는 경우가 많으므로 주의 깊게 읽어야 합니다. 선택지는 보통 목적을 나타내는 문법을 사용하여 구성됩니다. 이 글은 국제 무역의 필요성을 주장하고 있습니다.

When identifying the purpose of a passage, it is important to refer to the author's main argument to determine the intended goal of the text. Since the author's assertion often appears at the end, it is essential to read carefully. The options are typically structured using grammatical expressions that indicate purpose. This passage argues for the necessity of international trade.

함께 보기: EBS TOPIK Ⅱ 종합서 p.188 유형 13

해설

① 자국 산업만 보호하는 행태는 오히려 비판하고 있습니다.

② 한 예로 첨단 기술의 교류 확대가 소개되었으나 이 글의 전체적인 내용을 포함하지는 못합니다.

③ 이점에 더 큰 비중을 두고 국제 무역을 설명하는 지문의 중심 내용과 일치하므로 이 글의 목적으로 적절합니다.

④ 무역 갈등으로 인한 외교적 긴장이 언급되었지만 중심 내용으로는 부족합니다.

① The passage actually criticizes the practice of solely protecting domestic industries, so this option is incorrect.

② Although the passage mentions the expansion of advanced technology exchanges as an example, this does not encompass the overall content of the text.

③ This option is appropriate as it aligns with the main content of the passage, which emphasizes the economic benefits of international trade.

④ Although the passage mentions diplomatic tensions resulting from trade conflicts, this aspect is not the central focus of the text.

49

정답 ②

문제 유형 문맥을 파악해 빈칸에 알맞은 말 고르기

문제 해결 전략

이 문제는 빈칸이 있는 문장의 앞뒤 문장을 주의 깊게 읽고 자연스럽게 이어지는 내용을 선택하는 것이 중요합니다. 이 지문에서는 빈칸 앞에 '장기적으로'가 명시되어 있으며 이것은 앞의 '단기적으로'와 대조되는 내용이어야 합니다.

When solving this type of problem, it is essential to carefully read the sentences before and after the blank to select a naturally flowing continuation. In this passage, the word "in the long term" appears before the blank, indicating that it should contrast with the previous term "in the short term".

함께 보기: EBS TOPIK Ⅱ 종합서 p.158 유형 11

해설

① 긍정적인 내용은 뒤의 문제점과 어울리지 않습니다.

② 국제 무역을 거부하는 보호 무역주의를 비판하는 내용이며, 단기적으로 발생하는 이점과 대조되어야 하므로 경쟁력이 떨어진다는 내용이 적절합니다. 이는 소비자의 선택권이 줄어든다는 또 다른 단점과 자연스럽게 연결됩니다.

③ 중립적인 내용은 뒤의 부정적인 내용과 자연스럽게 연결되지 않습니다.

④ 보호 무역주의의 개념과 상반되는 내용으로 어울리지 않습니다.

① This positive statement does not align with the subsequent problematic content.

② This option is appropriate as it criticizes protectionism, which rejects international trade. Since it should contrast with short-term benefits, mentioning a decline in competitiveness is suitable. This naturally connects with the subsequent drawback of reduced consumer choice.

③ This neutral statement does not naturally connect with the following negative content.

④ This statement contradicts the concept of protectionism, making it unsuitable.

50

정답 ③

문제 유형 세부 내용을 파악해 일치하는 내용 고르기

문제 해결 전략

이 문제를 풀 때는 선택지의 내용이 지문에 정확하게 나왔는지 확인하는 것이 중요합니다. 지문과 다르거나 없는 내용, 혹은 반대되는 표현이 들어 있다면 오답입니다.

When solving this type of problem, it is essential to verify whether the content of each option is accurately presented in the passage. Any option that contains information differing from, contradicting, or not present in the passage should be considered incorrect.

함께 보기: EBS TOPIK Ⅱ 종합서 p.130 유형 09

해설

① 무역의 긍정적인 측면을 강조하는 지문의 내용과 반대됩니다.

② 문화 콘텐츠는 오히려 국경을 넘어 새로운 부가 가치를 창출하는 사례로 지문에 쓰였으므로 지문의 내용과 반대됩니다.

③ '자원과 기술, 인력이 제한적인 국가일수록 국내 소비에만 의존하면 한계를 드러낸다'는 지문의 내용과 일치합니다.

④ 단기적으로 자국의 산업을 보호하는 효과가 있지만 장기적으로는 경제적 손실이 있다는 지문의 내용과 반대됩니다.

① This statement contradicts the passage, which emphasizes the positive aspects of trade.

② The passage mentions that cultural content, rather than being closed, crosses borders and creates new added value, making this option incorrect.

③ It is consistent with the text 'Countries with limited resources, technology, and manpower reveal their limitations if they rely solely on domestic consumption'.

④ Although it has the effect of protecting domestic industry in the short term, this is the opposite of the passage, which says that in the long term it leads to economic losses.

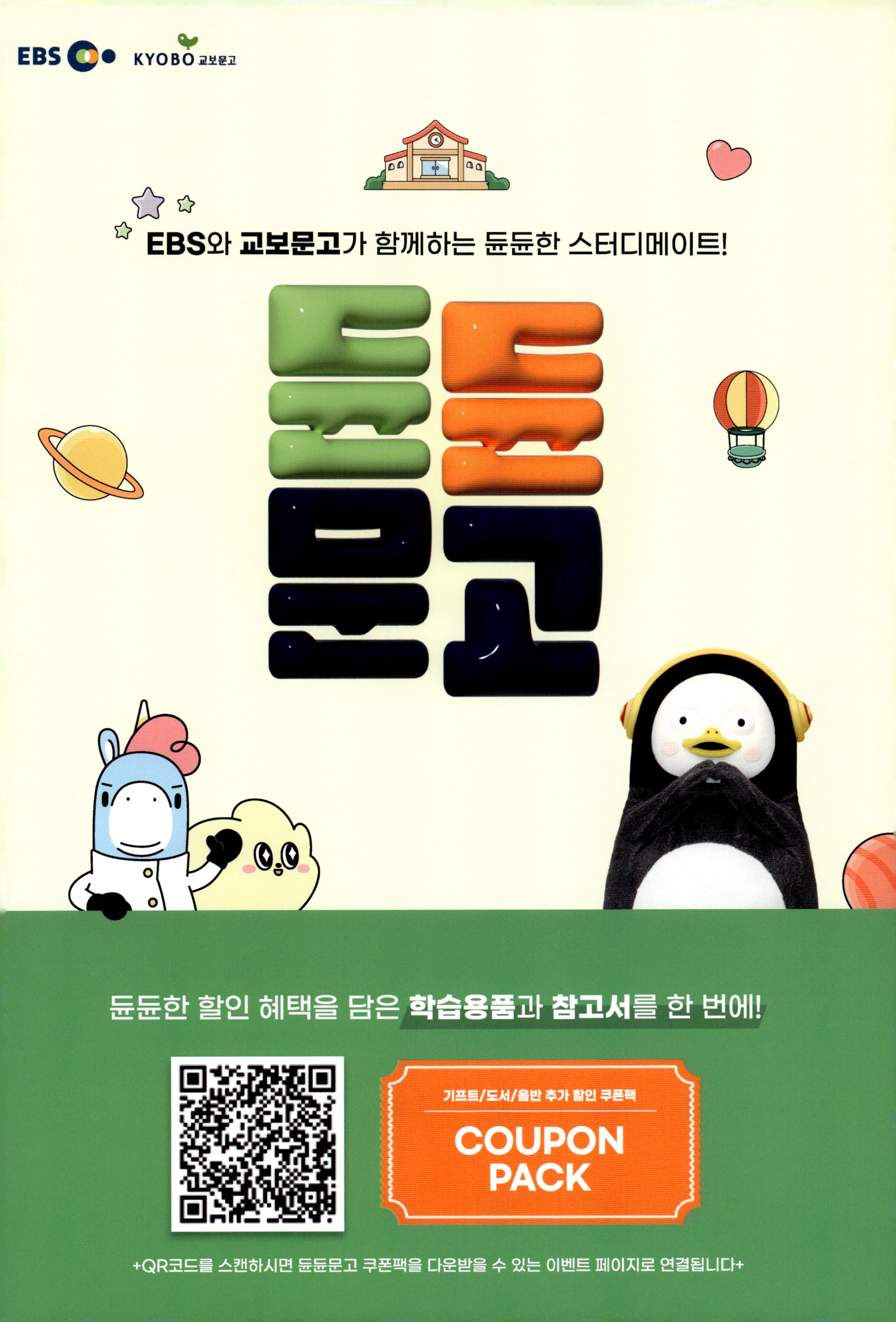

EBS

한국어능력시험 고득점을 위한

EBS TOPIK II 실전모의고사